Lehr- und Handbücher der Statistik

Herausgegeben von
Universitätsprofessor Dr. Rainer Schlittgen

Ökonometrische Analyse von Zeitreihen

Von

Andrew C. Harvey

London School of Economics

Aus dem Englischen übertragen von

Dr. Gerhard Untiedt

Institut für Ökonometrie

WWU Münster

Zweite Auflage

R. Oldenbourg Verlag München Wien

Titel der Originalausgabe:
„Andrew C. Harvey, The Econometric Analysis of Time Series, 2nd Edition“

Die Deutsche Bibliothek – CIP-Einheitsaufnahme

Harvey, Andrew C.:
Ökonometrische Analyse von Zeitreihen / von Andrew C. Harvey. Aus dem Engl. übertr. von Gerhard Untiedt. – 2. Aufl. – München ; Wien : Oldenbourg, 1994
(Lehr- und Handbücher der Statistik)
Einheitssacht.: The econometric analysis of time series ⟨dt.⟩
ISBN 3-486-22833-1

Gesamtherstellung: R. Oldenbourg Graphische Betriebe GmbH, München

ISBN 3-486-22833-1

Inhaltsverzeichnis

Vorwort

Wie aus dem Titel hervorgeht, konzentriert sich dieses Buch primär auf die mit Zeitreihendaten verbundene ökonometrische Theorie. Da in den einführenden Kapiteln allgemeine Grundsätze vorgestellt werden, gibt es nur wenige Themenbereiche der Ökonometrie, die nicht direkt oder indirekt berührt werden. Faktisch korrespondieren die in diesem Buch enthaltenen Themenbereiche ungefähr mit der ökonometrischen Theorie, die in Kursen für *final year undergraduates* an der *London School of Economics* vermittelt wird.

Dieses Buch kann als eine Abhandlung über die statistischen Aspekte ökonomischer Modellbildung angesehen werden. Es enthält drei Hauptthemen. Das erste befaßt sich damit, in welcher Weise neuere Erkenntnisse im Bereich der Zeitreihenanalyse die Entwicklung einer dynamischen Theorie der Ökonometrie beeinflußt haben. Das zweite befaßt sich mit der Darstellung eines integrierten Ansatzes für die Probleme der Schätzung und der Überprüfung auf der Basis der Maximum-Likelihood-Methode. Da es enorme Fortschritte im Bereich der Computertechnologie und begleitend eine Entwicklung von Algorithmen zur numerischen Optimierung gab, ist ein solcher Ansatz möglich, während dies vor fünfzehn Jahren noch nicht der Fall war. Das abschließende Thema ist der Versuch, eine vernünftige kohärente Strategie zur Modellauswahl vorzustellen. Das Auffinden einer angemessenen Spezifikation ist der schwierigste Teil jeder Anwendung ökonometrischer Modellbildung. Unglücklicherweise ist dieser Aspekt immer noch in seinem Anfangsstadium und das hier vorgestellte Material repräsentiert nur die Anfänge einer Lösung.

Fragen, die mit dem Schätzen, dem Testen und der Spezifikation dynamischer Modelle verbunden sind, die nicht auf verhaltenstheoretischen Aussagen beruhen, sind ausführlicher in dem korrespondierenden Band *Time Series Models* erörtert, das im folgenden an den zitierten Stellen mit *TSM* gekennzeichnet wird. Dieses Buch ist dennoch in sich geschlossen; ein Student, der die ökonometrische Theorie in einiger Tiefe studieren möchte, wäre gut beraten, sich mit dem in *TSM* enthaltenen Material vertraut zu machen.

Das Hauptanliegen dieses Textes liegt darin, ein Verständnis für die wesentlichen Ideen und Konzepte der Ökonometrie zu erzeugen und weniger darin, eine Reihe von exakten Beweisen zu präsentieren. Als Resultat ergibt sich, daß die mathematischen und statistischen Voraussetzungen nicht unangemessen schwer sind. Es wird vorausgesetzt, daß der Leser einen einführenden Kursus in Matrizenalgebra besucht hat; komplizierte Matrizenmanipulationen werden, wo immer es möglich ist, vermieden. Verschiedene Schlüsselbegriffe, wie zum Beispiel Matrizendifferentiation, werden in der Einführung und im Anhang behandelt. Für den Bereich der Statistik wird angenommen, daß der Leser mit den Grundideen der statistischen Inferenz und der Regressionsanalyse vertraut ist.

Die Gleichungen sind bezogen auf jeden Abschnitt numeriert. Auf die Angabe des Kapitels wird dann nicht verzichtet, wenn auf eine Gleichung in einem anderen Kapitel Bezug genommen wird. Beispiele werden analog zu den Gleichungen für jeden Abschnitt numeriert und es wird entsprechend zu den Gleichungen zitiert. Tabellen und Abbildungen werden innerhalb eines Kapitels fortlaufend numeriert, unabhängig davon, in welchem Abschnitt sie stehen. Die Anmerkungen, die am Ende eines jeden Kapitels stehen, sind primär als Literaturhinweise zu verstehen, auf die im Text kein Hinweis erfolgt und sie sind gleichzeitig zum vertieften Studium geeignet.

Einige Abschnitte sind mit einem Stern (*) gekennzeichnet. Sie enthalten Ausführungen, die komplizierter oder esoterischer oder beides sind. Sie können, ohne daß der Zusammenhang verlorengeht, ausgelassen werden, obgleich die meisten in einem *graduate course* enthalten sein würden.

Die Übungen am Ende eines jeden Kapitels sind speziell entwickelt worden, um das Verständnis verschiedener Punkte im Text zu überprüfen. Sie sollten nicht als examenstypische Fragen betrachtet werden. Das Buch von Phillips und Wickens *Excercises in Econometrics* stellt eine exzellente Quelle für weitere Fragen zu den hier präsentierten Inhalten dar. Ebenso bietet diese Veröffentlichung dem Leser die Möglichkeit, sein Wissen in verschiedenen Punkten zu erweitern.

Fettdruck ist in diesem Text nicht benutzt worden. Als generelle Regel kann angegeben werden, daß Kleinbuchstaben ein Skalar oder einen Vektor, während Großbuchstaben, von einigen Ausnahmen abgesehen, Matrizen kennzeichnen.

Mein Verständnis der Ökonometrie hat beträchtlichen Nutzen aus Diskussionen mit Kollegen an der LSE erhalten. Insbesondere haben die Ideen von Denis Sargan und David Hendry einen starken Einfluß auf meine Einstellung zu diesem Gegenstand gehabt, wenn sie auch in keiner Weise dafür verantwortlich sind, wie ich meine Ansichten in diesem Buch dargestellt habe. In ähnlicher Weise sind alle Kollegen und Freunde, die verschiedene Versionen der Kapitel freundlicherweise kommentiert haben, von der Verantwortung für die verbliebenen Fehler befreit. In diesem Sinne muß mein besonderer Dank an Dick Baillie, James Davidson, Katarina Juselius und Hugh Wills gehen.

Der größte Teil des Manuskripts ist an der LSE von Maggie Robertson und Sue Kirkbride getippt worden. Sue Pratt, Hazel Rice und Anne Usher hatten ebenso Anteil an der Bewältigung der Arbeiten. Einige der früheren Versionen wurden in Vancouver von Maryse Ellis getippt. Ich bin allen gegenüber dankbar für ihre Effizienz beim Schreiben dieses schwierigen Manuskripts. Letzlich, aber auf keinen Fall am wenigsten, möchte ich Lavinia Harvey für ihre Hilfe beim Schreiben, Zitieren und Indizieren danken.

London
März 1980

Die zweite Auflage enthält neues Material zu einer Reihe von Themen und mehrere Abschnitte sind komplett neu geschrieben worden. Ich möchte allen Kollegen und Studenten danken, deren Kommentare und Anregungen zu einer Verbesserung im Text geführt haben.

Seitdem die erste Auflage erschienen ist, ist eine Vielzahl ökonometrischer Software für Personal Computer verfügbar geworden. Die Systeme PC-GIVE von David Hendry und MICRO FIT von Bahram und Hashem Pesaran stimmen in ihren Anwendungsmöglichkeiten gut mit den Techniken und der Methodologie überein, die in diesem Buch beschrieben wird.

London
März 1989

Abkürzungsverzeichnis

ACF	Autokovarianz oder Autokorrelation, -funktion
AD	autoregressiv verteilt
AIC	Akaikes Informationskriterium
AR	autoregressiv
ARCH	autoregressiv conditional heteroskedasticity
ARIMA	autoregressiv-integrated-moving average
ARMA	autoregressiv-moving average
AN	asymptotisch normal
BHHH	Berndt, Hall, Hall, Hausman
BLUE	bester linearer unverzerrter Schätzwert
BLUP	bester linearer unverzerrter Prognosewert
BLUS	bestes linear unverzerrtes skalar
CES	konstante Substitutionselastizität
CSS	bedingte Quadratsumme
CUSUM	kumulierte Summe
D-W	Durbin-Watson
ECM	Fehlerkorrekturmodell
EWMA	exponentially weighted moving-average (exponentiell gewichteter gleitender Durchschnitt)
FIML	Full-Information-Maximum-Likelihood (Maximum-Likelihood Schätzung unter vollständiger Information)
FIVE	effiziente Full-Information-Instrumentvariablen-Schätzung
GLS	Verallgemeinerte Kleinste-Quadrate Schätzung
IV	Instrumentvariable(n)
KQ	Kleinste-Quadrate Schätzverfahren
LIML	Limited-Information-Maximum-Likelihood (Maximum-Likelihood Schätzung unter beschränkter Information)
LIVE	effiziente Limited-Information-Instrumentvariablen-Schätzung
LM	Lagrange-Multiplikator
LR	Likelihoodverhältnis
LUS	linear unverzerrt skalar
MA	moving-average (gleitender Durchschnitt)
MAD	minimale absolute Abweichung
ML	Maximum-Likelihood
MSE	Mittlerer Quadratischer Fehler
MMSE	Schätzfunktion oder Schätzwert mit minimalem Mittlereren Quadratischen Fehler
MMSLE	lineare Schätzfunktion mit minimalem Mittlereren Quadratischen Fehler
MVB	Varianzuntergrenze
MVUE	unverzerrte Schätzfunktion mit minimaler Varianz
NID(μ, σ^2)	normal und unabhängig verteilt mit Mittelwert μ und Varianz σ^2
PDF	Dichtefunktion
P(S)D	positiv (semi-)definit
SSE	Abweichungsquadratsumme
SURE	scheinbar unverbundene Regressionsgleichungen
TSM	Time Series Models
UMP	gleichbleibend am mächtigsten
URF	nichtrestringierte reduzierte Form
VAR	Vektorautoregression
VES	variable Substitutionselastizität
WLS	gewichtete Kleinste-Quadrate
WS	im allgemeinen Sinn
2SLS	zweistufige Kleinste-Quadrate
3SLS	dreistufige Kleinste-Quadrate

Kapitel 1

Einleitung

1.1 Schätzen, Testen und Modellauswahl

Die Ökonometrie beschäftigt sich mit der Schätzung von Beziehungen, die durch die ökonomische Theorie vorgeschlagen werden. Sie dient zwei Zielen. Erstens erlaubt sie die empirische Überprüfung ökonomischer Hypothesen. Zweitens liefert sie ein System, um rationale und konsistente Prognosen abzugeben. Diese zwei Ziele sind natürlich eng miteinander verbunden, da die Fähigkeit, erfolgreich Prognosen abzugeben, der kritische Test einer jeden Theorie ist.

Ökonometrische Modelle können sowohl für Zeitreihen- als auch für Querschnittsdaten geschätzt werden. Eine Befragung von Haushalten nach ihren Ausgaben stellt ein Beispiel für Querschnittsdaten dar und eine typische ökonomische Hypothese könnte die Ausgaben eines Haushaltes für ein Gut wie z.B. Lebensmittel betreffen. Angenommen, die ökonomische Theorie spezifiziert eine Verhaltensgleichung, in der die Lebensmittelausgaben von dem Haushaltseinkommen und der Familiengröße abhängig sind, so erhält man, falls die Beziehung zwischen diesen Variablen als linear unterstellt wird, als Modell

$$y = \delta + \beta_1 x_1 + \beta_2 x_2, \tag{1.1}$$

mit y als den Lebensmittelausgaben eines Haushaltes, x_1 als Haushaltseinkommen und x_2 als Familiengröße. Sind die Schätzwerte der Parameter δ, β_1 und β_2 bekannt, können Prognosen für die Lebensmittelausgaben von Haushalten, die nicht in der Stichprobe enthalten sind, ermittelt werden, sofern Informationen über ihr Einkommen und ihre Größe gegeben sind.

Schätzwerte für die Parameter in (1.1) können mit der Methode der Kleinsten-Quadrate ermittelt werden. Dies mag ausschließlich durch pragmatische Ursachen begründet sein; es ist ein Versuch, das Modell so zu bestimmen, daß es möglichst nahe an den beobachteten Werten liegt. Bei der Durchführung des obigen Beispiels ist implizit unterstellt, daß die in (1.1) aufgestellte Beziehung nicht exakt für alle in der Stichprobe enthaltenen Haushalte gilt. Das deterministische Modell läßt aber explizit keine Abweichungen zu. Während die Schätzwerte für δ, β_1 und β_2 natürlich differieren werden, wenn sie aus unterschiedlichen Stichproben ermittelt sind, wird in keiner Weise der Versuch unternommen, den erwarteten Wert der Veränderungen zu erfassen. In ähnlicher Weise wird kein Versuch unternommen, den marginalen Fehler, der sich bei Prognosen ergibt, zu bewerten. Es ist deshalb unmöglich, die ökonomische Hypothese unter Verwendung dieses Modells sinnvoll zu testen.

Die Lösung des obigen Problems besteht darin, ein statistisches Modell zu konstruieren. Indiziert man eine Beobachtung mit 'j' für den $j$ten Haushalt in einer Stichprobe vom

Umfang N, ist das statistische Modell für die in (1.1) vorgeschlagene Beziehung durch:

$$y_j = \delta + \beta_1 x_{1j} + \beta_2 x_{2j} + u_j, \qquad j = 1, ..., N, \tag{1.2}$$

mit u_j als Störterm, gegeben. Dieser repräsentiert den Einfluß aller Variablen, die aus dem Modell ausgeschlossen sind einschließlich der nichtbeobachtbaren wie z.B. dem individuellen Geschmack. Die Einführung eines solchen Termes erlaubt es, y_j als eine Zufallsvariable zu betrachten. Unter Berücksichtigung der Werte für x_{1j} und x_{2j} können verschiedene Annahmen über die Verteilung der y_j getroffen werden und diese Annahmen sind es, die die Spezifikation des statistischen oder stochastischen Modells komplettieren.

Ist die Wahrscheinlichkeitsstruktur des Modells gegeben, wird es möglich, die Eigenschaften der Schätzverfahren und Teststatistiken abzuleiten und deren Werte zu beurteilen. Die Teststatistiken können dazu verwendet werden, ausgewählte ökonomische Hypothesen mit den sich aus den Daten ergebenden empirischen Ergebnissen zu konfrontieren. Allgemeiner stellen sie eine Richtlinie dar, um zwischen verschiedenen ökonomischen Hypothesen zu wählen. Es ist diese Interaktion zwischen ökonomischer Theorie und statistischer Inferenz, die den Schlüssel zum erfolgreichen Arbeiten in der angewandten Ökonomie darstellt. Das Ziel der ersten fünf Kapitel dieses Buches ist, durch die Darstellung der Prinzipien zur Konstruktion effizienter Schätzverfahren die statistischen Grundlagen für derartiges Arbeiten zu legen und darzulegen, in welcher Weise statistische Testverfahren konstruiert und bei der Modellspezifikation angewandt werden können.

Schätzung

Für Modelle, wie das durch (1.2) gegebene, besitzt die Methode der Kleinsten-Quadrate eine starke intuitive Anziehung. In der Tat kann es unter sehr schwachen Bedingungen, die für die Verteilung der abhängigen Variable gelten, statistisch gerechtfertigt werden. Aber für viele in der Ökonometrie anzutreffenden Modelle ist die Methode der Kleinsten-Quadrate keine angemessene Schätztechnik. Ökonometrische Modelle bestehen typischerweise aus einer Vielzahl von Gleichungen, die Feedbackeffekte von einer Variable auf eine andere beinhalten. Diese sind bekannt als simultane Gleichungssysteme. Betrachtet man die Schätzung einer einzelnen Gleichung eines solchen Systems als eine Anwendung der multiplen Regression, so ergeben sich Schätzwerte mit, im allgemeinen, schwachen statistischen Eigenschaften. Selbst dann, wenn ein Modell als aus einer Gleichung bestehend betrachtet werden kann, wird die Gleichung oftmals in einer Form vorliegen, die nicht in den Rahmen der Regressionsanalyse hineinpaßt. Einige der dynamischen Modelle, die auf Zeitreihendaten angewandt werden, gehören in diese Kategorie.

Ein allgemeinerer Ansatz zur Schätzung der Parameter eines statistischen Modells ist die Anwendung der *Maximum-Likelihood*-Methode. Die Quintessenz dieses Ansatzes ist, die gemeinsame Dichtefunktion der Beobachtungen festzulegen und diese dann als eine Funktion der unbekannten Parameter zu behandeln. In diesem Sinne interpretiert wird sie zur Likelihoodfunktion, die die Plausibilität verschiedener Parameterwerte bei einem gegebenen Satz an Beobachtungen angibt. Als plausibelste Werte werden diejenigen genommen, die die Likelihoodfunktion maximieren. Das sind die Maximum-Likelihood-Schätzwerte und sie sind unter geeigneten Annahmen statistisch effizient. Diese Eigenschaften können aber allgemein nur in großen Stichproben nachgewiesen werden. Deshalb ist die Darstellung einiger Grundaspekte der asymptotischen Theorie in Abschnitt 1.4 zu finden.

Eine Schlüsselrolle bei der Maximum-Likelihood-Schätzung betrifft die Art der Verteilung der Beobachtungswerte. Wenn a priori Informationen nicht einen anderen Schluß nahelegen, werden diese allgemein als normalverteilt angenommen. In einem Regressionsmodell, in dem der Störterm als Zusammenfassung der ausgelassenen Variablen interpretiert wird, ist damit gemeint, daß die Annahme der Normalverteilung bis zu einem gewissen Grad mit dem zentralen Grenzwertsatz begründet werden kann. Ein mehr pragmatischer Grund für diese Annahme ist, daß die Likelihoodfunktion üblicherweise mathematisch relativ einfach zu handhaben ist. Falls die Annahme der Normalverteilung aber nicht korrekt ist, besitzt das Maximum-Likelihood-Verfahren sehr schlechte Eigenschaften, selbst dann, wenn die übrigen Größen des Modells korrekt spezifiziert sind. Dieser Punkt wird in Abschnitt 3.7 untersucht und eine Anzahl von Schätzverfahren, die *robust* bezogen auf die Art der gewählten Verteilung sind, werden eingeführt. Obwohl robuste Prozeduren zur Zeit in der Ökonometrie nicht oft angewandt werden, gibt es einen herausragenden Grund für ihre Anwendung. In der Tat verdient der gesamte Bereich der Robustheit mehr Aufmerksamkeit. Als ein allgemeines Konzept untersucht Robustheit die Sensibilität einzelner Schätztechniken in Bezug auf alle Annahmen des Modells und nicht nur in Bezug auf jene, die die Art der Verteilung betreffen.

Die Maximum-Likelihood-Schätzwerte werden generell über die Differentiation der Likelihoodfunktion bezogen auf die unbekannten Parameter ermittelt. Setzt man jede dieser Ableitungen gleich Null, so erhält man die Likelihoodgleichungen. Sind diese Gleichungen nichtlinear, was üblicherweise der Fall sein wird, müssen sie über iterative Prozeduren gelöst werden. In der Vergangenheit wurde dies als ein schwerwiegender Nachteil der Maximum-Likelihood-Schätzung angesehen. Aber mit der rapiden Entwicklung der Computertechnologie und der begleitenden Entwicklung von numerischen Optimierungsmethoden hat dieses Argument viel an Kraft verloren. Damit ist aber nicht gesagt, daß die Maximierung einer Likelihoodfunktion nun eine einfache Angelegenheit darstellt. Eine Vielzahl von Fallen erwarten den Ungeübten und es ist gut, einiges an Verständnis über das, was mit den benutzten Optimierungsprozeduren verbunden ist, zu besitzen. Deshalb werden, nachdem in Kapitel 3 die statistische Theorie des ML-Ansatzes beschrieben ist, in Kapitel 4 verschiedene Methoden zur Bestimmung der Schätzwerte im Überblick dargestellt. Wenn sich Kapitel 4 auch primär den numerischen Methoden widmet, ergibt sich in Abschnitt 4.5 ein theoretisch wichtiges Ergebnis. Dort wird gezeigt, daß numerische Methoden, die speziell auf die Maximum-Likelihood-Schätzung bezogen sind, auch als Basis zur Konstruktion von Schätzverfahren verwendet werden können, die, obschon nicht iterativ, vollständig effizient sind. Diese sind bekannt als *Zweistufige Schätzverfahren* und werden in der Ökonometrie oftmals als Schätzverfahren vorgeschlagen, ohne daß ihre Beziehung zum ML-Verfahren explizit angegeben wird. Allerdings bringen Zweistufige Schätzverfahren, die auf ad hoc-Grundlage konstruiert wurden, nicht die – mit der ML-Methode verbundenen – gewünschten Eigenschaften hervor.

Wenn in diesem Buch die Betonung auch auf dem ML-Ansatz liegt, wird die Methode der Kleinsten-Quadrate ausführlich in Kapitel 2 dargestellt. Das Material umfaßt das klassische lineare Regressionsmodell, das Verallgemeinerte Lineare Regressionsmodell und (nichtsimultane) Regressionsgleichungsmodelle. Die Eigenschaften des KQ-Verfahrens und der Verallgemeinerten Kleinste-Quadrate Methode werden nachgewiesen und die *Instrumentvariablen*-Methode wird eingeführt. Instrumentvariablenschätzfunktionen nutzen – wie die Methode der Kleinsten-Quadrate – nur Informationen, die in den ersten beiden Momenten der Daten vorhanden sind. Dennoch können sie – insbesondere in großen ökonometrischen Modellen – extrem nützlich sein. Weiterhin können

Instrumentvariablenschätzwerte oftmals als Startwerte für iterative Maximum-Likelihoodprozeduren verwandt werden. Aus theoretischer Sicht bietet die Instrumentvariablenmethode den Rahmen für eine einheitliche Darstellung verschiedener Schätzverfahren in simultanen Gleichungsmodellen. Solche Systeme werden in Kapitel 9 erörtert. Dort werden die Zweistufigen und Dreistufigen Kleinsten-Quadrate als Instrumentvariablenschätzfunktionen behandelt und diese Interpretation führt dann zur Konstruktion ähnlicher Schätzfunktionen in komplexeren Modellen.

Testen

In einem linearen Regressionsmodell können Hypothesentests auf der Grundlage der $t-$ und $F-$Statistik basieren. Diese werden in Kapitel 2 beschrieben, in Kapitel 5 wird aber gezeigt, daß sie auch im Rahmen des allgemeineren ML-Verfahrens entwickelt werden können. Die Ausgangstestprozedur basiert auf der Likelihoodverhältnis-Statistik, deren Nullhypothese besagt, daß verschiedene Restriktionen für das Modell gültig sind. Der Likelihoodverhältnis-Test besitzt, wie der Maximum-Likelihood-Schätzansatz, verschiedene wünschenswerte statistische Eigenschaften. Er leidet aber unter dem Nachteil, daß das Modell sowohl ohne als auch mit den Restriktionen, die sich aus der Nullhypothese ergeben, geschätzt werden muß. Glücklicherweise sind aber zwei Testprozeduren verfügbar, die ähnliche statistische Eigenschaften aufweisen. Es handelt sich um den Wald- und den Lagrange-Multiplikator-Test. Der Wald-Test benötigt nur die Schätzung des nichtrestringierten Modells, während der Lagrange-Multiplikator-Test auf dem restringierten Modell basiert.

Der Likelihoodverhältnis-, der Wald- und der Lagrange-Multiplikator-Test bilden die Basis der klassischen Hypothesenüberprüfung. Sie können aber nicht immer angewandt werden. Wenn zwei Modelle mit einander verglichen werden sollen, wobei das eine kein Sonderfall des anderen ist, müssen nichtgeschachtelte Testverfahren angewandt werden. Diese Verfahren werden ebenfalls in Kapitel 5 beschrieben und es ist angebracht anzumerken, daß auch sie im Rahmen eines Likelihoodansatzes entwickelt werden.

Methoden, die bestimmen, wie gut sich ein Modell an die Daten anpaßt, werden ebenfalls in Kapitel 5 dargestellt. Sie sind bekannt als Diagnoseüberprüfungen und beinhalten sowohl graphische Prozeduren als auch formale Teststatistiken. Sie sind primär im Kontext linearer Regressionen dargestellt, ihr Anwendungsbereich ist aber viel größer.

Modellauswahl

Eine Strategie zur Modellauswahl wird in Kapitel 5 dargelegt und in Kapitel 8 weiterentwickelt. Das Hauptinteresse besteht darin, wie die formalen Testprozeduren und die Diagnoseüberprüfungen verwendet werden können, um die angemessenste Spezifikation zu erzielen. Bevor aber die statistische Basis der Modellauswahl bedacht werden kann, muß zunächst die fundamentale Frage beantwortet werden, woraus ein 'gutes' Modell besteht. Sieben Kriterien werden unterschieden. Diese können charakterisiert werden als Sparsamkeit, Identifizierbarkeit, Datenzusammenhang, Datenzulässigkeit, theoretische Konsistenz, Prognosegüte und Encompassing.

Sparsamkeit Der Prozeß, durch den ökonomische Variablen generiert werden, ist unveränderlich komplex. Wenn ein Modell konstruiert wird, ist nicht beabsichtigt eine exakte Beschreibung der realen Welt abzugeben. Im Gegenteil ist es das Ziel, den unterliegenden Prozeß so zu simplifizieren, daß die wesentlichen Charakteristika hervortreten. In den Worten von Milton Friedman (1953, S. 14.): 'A hypothesis is important if it explains much by little ...'. Ähnliche Ansichten sind bei Popper (1959, S. 142) zu finden, wenn er sagt: 'Simple statements ... are to be prized more highly than less simple ones because they tell us more; because their empirical content is greater; and because they are better testable'.

Aus statistischer Sicht ist das Hauptcharakteristikum eines einfachen Modells, daß es eine geringe Anzahl an Parametern enthält. Es wird oftmals als das Prinzip der Sparsamkeit bezeichnet und ist durch (1.1) gut illustriert. Bei der Erklärung der Haushaltsausgaben für Lebensmittel sind wir uns durchaus bewußt, daß neben dem Einkommen und der Haushaltsgröße andere Einflußfaktoren vorliegen. Beruf, Bildung, sozialer Status und das Alter sind alles relevante Faktoren, aber bei der Formulierung von (1.1) wird angenommen, daß das Einkommen und die Familiengröße die dominierenden Faktoren sind. Sehr wenig an Erklärungsgüte geht verloren, wenn die anderen Faktoren dem Störterm zugewiesen werden und ein gutes Ergebnis wird erreicht, wenn die Aufmerksamkeit auf die Variablen konzentriert wird, die wirklich von Bedeutung sind.

Identifizierbarkeit Ein Modell ist nicht identifiziert, wenn es mehr als einen Satz von Parameterwerten gibt, der mit den Daten konsistent ist. Das Konzept ist fundamental für jedes statistische Modell, und es wird in Abschnitt 3.6 präziser definiert. Der Hauptpunkt, den es für den Augenblick anzumerken gilt, ist, daß, sofern ein Modell nicht identifizierbar ist, allgemein die Schätzwerte nicht in sinnvoller Weise interpretiert werden können. In der Ökonometrie ist Identifizierbarkeit insbesondere in Verbindung mit simultanen Gleichungsmodellen wichtig und ein großer Teil der Diskussion in Kapitel 9 befaßt sich mit den Regeln, die determinieren, ob eine gegebene Gleichung identifizierbar ist. Ist sie es nicht, gibt es keinen Grund, sich zu bemühen, diese zu schätzen, selbst dann nicht, wenn eine große Anzahl an Beobachtungen vorliegt.

Obgleich Identifizierbarkeit ein präzise definiertes statistisches Konzept ist, ist es mit dem der Sparsamkeit verbunden. Als allgemeine Regel kann angegeben werden: je sparsamer ein Modell ist umso weniger wird es unter dem Problem der Identifizierbarkeit leiden.

Datenzusammenhang Der Zweck der Bildung eines Modells wie (1.1) ist, die Veränderungen der abhängigen Variable zu erklären. Ist das Modell insgesamt erfolgreich, sollten Prognosen, die auf x_{1t} und x_{2t} basieren, für alle Punkte in der Stichprobe ziemlich nahe an den beobachteten Werten y_t liegen. Die Güte der Anpassung eines Modells kann über eine Maßgröße wie dem multiplen Korrelationskoeffizienten, R^2, charakterisiert werden und ähnliche Kriterien können für andere Modellklassen konstruiert werden. Gleichwohl können andere Überlegungen zu der Frage führen, ob die Veränderungen in einer Variable oder in mehreren Variablen adäquat durch das Modell erfaßt werden. Insbesondere sollten die *Residuen* eines geschätzten Modells approximativ zufällig sein. Sind sie es nicht, gibt es einige systematische Aspekte im Verhalten, die nicht erfaßt worden sind. Der Zweck der Diagnoseüberprüfung ist, grundsätzlich die Angemessenheit eines Modells unter diesem Gesichtspunkt abzuschätzen.

Datenzulässigkeit Ein Modell sollte nicht in der Lage sein, Werte zu prognostizieren, die definitorische Beschränkungen verletzen. Zum Beispiel können einige Variablen nicht negativ sein.

Theoretische Konsistenz Eine fünfte Anforderung an ein gutes Modell ist, daß es konsistent mit dem ist, was *a priori* bekannt ist, unabhängig davon, ob die Kenntnis aus der ökonomischen Theorie oder der allgemeinen Logik stammt. Beispielsweise sollte im Fall von (1.1) eine Schätzgleichung, in der entweder der Koeffizient von x_1 oder x_2 negativ war, mit Argwohn betrachtet werden.

Prognosegüte Ein weiteres Kriterium zur Beurteilung eines Modells ist die Genauigkeit ihrer Prognosen. Um wiederum Friedman (1953, S. 7) zu zitieren: '... the only relevant test of the validity of a hypothesis is comparison of its predictions with experience'. Es ist deshalb in diesem Zusammenhang wichtig, was mit Prognosegüte gemeint ist; insbesondere muß sie unterschieden werden von dem Kriterium 'Anpassungsgüte' innerhalb der Stichprobe.

In dem Querschnittsdatenbeispiel (1.2) ist auf der Basis von N Beobachtungen ein Modell spezifiziert und geschätzt worden. Die Genauigkeit der Prognosen innerhalb der Stichprobe wird über ein Gütemaß wie zum Beispiel R^2 festgehalten. Die wesentliche Frage ist allerdings, ob das geschätzte Modell in der Lage ist, die Lebensmittelausgaben eines Haushaltes zu schätzen, der außerhalb der Stichprobe ist, sofern die relevanten Informationen zum Einkommen und zur Haushaltsgröße vorliegen. Erfolg in dieser Hinsicht ist wesentlich überzeugender als die Kenntnis einer guten Anpassung innerhalb der Stichprobe, da die präferierte Spezifikation anhand komplett neuer Daten überprüft wurde. Ähnliche Überlegungen tauchen bei der Modellierung von Zeitreihen auf. Die übliche Strategie, die Genauigkeit der Prognosen zu ermitteln, besteht darin, Prognosen für Beobachtungen zu ermitteln, die nach dem Ende der Stichprobenperiode anfallen.

Eine Vielzahl von Kriterien zur Abschätzung der Prognosegüte für außerhalb der Stichprobe liegender Beoachtungswerte können formuliert werden. Eine naheliegende Möglichkeit ist die Summe der quadrierten Prognosefehler, und sie wird als Maßgröße am Ende des 5. Kapitels vorgeschlagen. Ist einmal eine solche Maßgröße gewählt, können einige handhabbare Konzepte zu der Vorstellung angegeben werden, daß ein Modell solange beizubehalten ist, bis es mit einer Alternative konfrontiert wird, die zu genaueren Prognosen führt.

Encompassing Ein Modell, so wird gesagt, umschließt eine rivalisierende Formulierung, sofern es die Resultate der rivalisierenden Formulierung erklären kann. In diesem Fall enthält die rivalisierende Formulierung keine Informationen, die dazu verwendet werden kann, das ausgewählte Modell zu verbessern; siehe Mizon (1984). Um ein Modell zu umschließen, muß es nicht allgemeiner formuliert sein als das rivalisierende. In der Tat ist der Begriff der sparsamen Umschließung wesentlich, um inhaltsleere Formulierungen zu vermeiden.

1.2 Zeitreihenbeobachtungen

Die Grundtechniken des Schätzens, des Testens und der Spezifikation werden in den Kapiteln 2 bis 5 entwickelt. Anwendbar sind diese Techniken sowohl auf Querschnitts- als auch auf Zeitreihenprobleme. Das Hauptinteresse liegt aber auf Zeitreihen und die letzten vier Kapitel sind primär mit der Anwendung der Methodologien in diese Richtung verbunden. Die zu untersuchende Variable y_t wird zusammen mit einem Satz erklärender Variablen für äquidistante Zeiträume für die Periode $t = 1, ..., T$ beobachtet. Die ökonometrische

Theorie befaßt sich mit den Problemen, die sich bei der Schätzung und der Spezifikation eines geeigneten Modells zur Erklärung und Prognose des Verhaltens von y_t ergeben. Allgemeiner ist y_t ein Vektor von Beobachtungen und das konstruierte Modell besitzt die Form eines Gleichungssystems.

Das Element Zeit führt eine neue Dimension in die Modellierung ein. Es bringt wichtige Fragen ein, die mit der ökonomischen Interpretation eines Modells verbunden sind. Insbesondere in Bezug auf Gleichgewicht und gleichgewichtigem Wachstum führt es zu einer ganzen Reihe statistischer Überlegungen, die mit der Modellierung von Variablen verbunden sind, die sich nicht unmittelbar an Veränderungen anderer Variablen anpassen. Die Modelle, die in der Zeitreihenanalyse vorgeschlagen werden, bilden die statistische Grundlage für die Modelle, die in der dynamischen Ökonometrie verwandt werden.

Statiken und Dynamiken

Das Modell

$$y_t = \beta x_t + u_t \tag{2.1}$$

ist statisch. Falls x sich verändert, reagiert y unmittelbar. Weiterhin gibt es keine Veränderung in y, falls x konstant bleibt. Dieses System wird deshalb stets in Gleichgewichts postion beobachtet.

Ein dynamisches Element kann in (2.1) durch die Einführung gelagter Werte der erklärenden Variable eingefügt werden. Eine sehr einfache Modifikation ist:

$$y_t = \beta_0 x_t + \beta_1 x_{t-1} + u_t. \tag{2.2}$$

Falls x um eine Einheit zunimmt, nimmt der erwartete Wert von y unmittelbar um β_0 Einheiten zu, die gesamte Änderung von '$\beta_0 + \beta_1$' Einheiten ist nur dann wahrzunehmen, wenn eine vollständige Zeitperiode vergangen ist.

Eine alternative Möglichkeit zur Einführung dynamischer Effekte in ein Modell ist durch den Fall einer gelagten endogenen Variable gegeben. Betrachtet man die Spezifikation:

$$y_t = \alpha y_{t-1} + \beta x_t + u_t, \tag{2.3}$$

mit α und β als Parameter, vernachlässigt den Störterm und substituiert fortwährend die gelagten Werte von y, folgt:

$$y_t = \beta x_t + \beta\alpha x_{t-1} + \beta\alpha^2 x_{t-2} + \ldots. \tag{2.4}$$

Angenommen, $|\alpha| < 1$, so ist der Einfluß der Werte von x, die in entfernter Vergangenheit liegen, vernachlässigbar. Unter diesen Umständen hat das Modell eine Gleichgewichtslösung, da, falls x_t konstant mit $x_t = \bar{x}$ ist, die rechte Seite der Gleichung (2.4) eine unendliche geometrische Reihe darstellt. Summiert man diese Größen, ist der Gleichgewichtswert für y durch

$$\bar{y} = \beta\bar{x}/(1-\alpha) \tag{2.5}$$

gegeben. Verändert sich x, so bewegt sich y allmählich auf das neue Gleichgewichtsniveau. Je näher $|\alpha|$ an Eins ist, umso langsamer findet die Anpassung statt.

Mehrgleichungssysteme

Ein einfaches Angebots- und Nachfragemodell besteht aus drei Gleichungen. Die erste ist die Angebotskurve, die angibt, wie die angebotene Menge, q^s, auf Änderungen im Preis p reagiert. Die zweite ist die Nachfragekurve, die die nachgefragte Menge, q^d, auf den Preis bezieht, während die dritte die Markträumungsbedingung ist. Sie ist einfach eine Identität, die die Nachfrage gleich dem Angebot setzt.

Unter der Annahme, daß sowohl die Nachfrage- als auch die Angebotsfunktion linear sind, ist eine mögliche deterministische Spezifikation:

$$q_t^s = \gamma_{11} p_t + \beta_{11} + \beta_{12} x_t \tag{2.6a}$$

$$q_t^d = \gamma_{21} p_t + \beta_{21} \tag{2.6b}$$

$$q_t^s = q_t^d. \tag{2.6c}$$

Es wird beobachtet, daß das Angebot von einer weiteren Variable als dem Preis abhängig ist. Die Variable x ist abweichend von p und q nicht innerhalb des Systems generiert. Sie ist *exogen* im Gegensatz zu *endogen.* Die Bedeutung dieser Unterscheidung wird zu gegebener Zeit offensichtlich werden. Der unmittelbar festzuhaltende Punkt ist, daß die drei Gleichungen in (2.6) auf zwei reduziert werden können. Setzt man $q_t^s = q_t^d = q_t$, so erhält man:

$$S: \quad q_t = \gamma_{11} p_t + \beta_{11} + \beta_{12} x_t, \tag{2.7a}$$

$$D: \quad q_t = \gamma_{21} p_t + \beta_{21}. \tag{2.7b}$$

Ist x_t konstant, so ist die Lage der Angebotsfunktion fixiert und sie kann aus (2.6a) abgeleitet werden. Die Nachfragekurve kann ebenso beschrieben werden und Abbildung 1.1 zeigt das bekannte Angebots- und Nachfragediagramm der ökonomischen Theorie. Die Gleichgewichtslösung ist durch den Schnittpunkt der Nachfrage- und Angebotsfunktion gegeben, und solange x_t konstant bleibt, verändert sich diese nicht. Sowohl q als auch p sind endogen und ist einmal x_t fixiert, sind ihre Werte gemeinsam über die Markträumungsbedingung determiniert. In anderen Worten, sie sind simultan determiniert. Deshalb ist, obgleich p_t auf der rechten Seite beider Gleichungen auftaucht, ihr Status exakt derselbe wie der von q_t.

Falls x_t sich auf ein neues Niveau bewegt, verschiebt sich die Angebotskurve nach S' und eine neue Gleichgewichtslösung wird erreicht. Da das System in (2.6) ein statisches ist, findet die Bewegung zu dieser neuen Position unverzüglich statt und keine weiteren Veränderungen werden folgen, sofern das neue Niveau von x_t beibehalten wird.

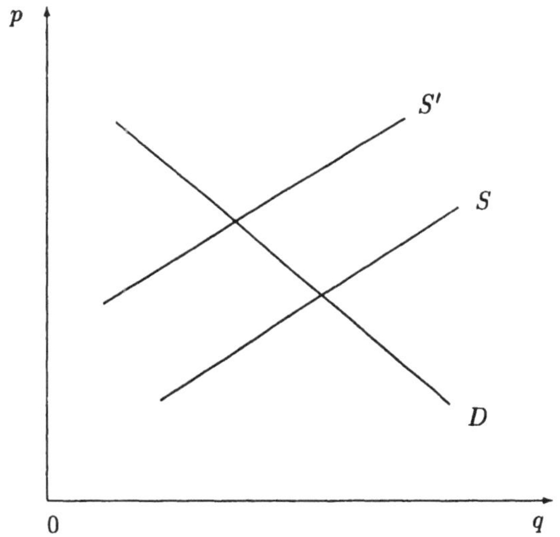

Abbildung 1.1 Nachfrage- und Angebotskurven für Modell 2.6

Jedes Mal, wenn x_t sich verändert, wird eine neue Gleichgewichtsposition erreicht und die Werte von p_t und q_t beschreiben die Nachfragekurve. Die Form der Angebotsfunktion kann aber nicht auf der Basis dieser Beobachtungen bestimmt werden. Obgleich das Modell deterministisch ist, ist ein Identifikationsproblem gegeben.

Wäre die exogene Variable der Nachfragefunktion hinzugefügt und nicht der Angebotsgleichung, könnte die Angebotskurve ermittelt werden. Die Nachfragekurve würde jetzt aber nicht beobachtbar sein. Interessanterweise kann sich diese Aussage in einem dynamischen Modell ändern. Betrachten wir die folgende Modifikation:

$$q_t^s = \gamma_{11} p_{t-1} + \beta_{11}, \tag{2.8a}$$

$$q_t^d = \gamma_{21} p_t + \beta_{21} + \beta_{22} x_t, \tag{2.8b}$$

$$q_t^s = q_t^d. \tag{2.8c}$$

Die Nachfragefunktion ist weiterhin statisch, die Angebotsfunktion ist aber insoweit dynamisch, als daß sich die angebotene Menge nicht unmittelbar an eine Preisänderung anpaßt. Die Konsequenzen hieraus sind in Abbildung 1.2 gezeigt. Vorausgesetzt, der Markt ist ursprünglich im Gleichgewicht mit (p_0, q_0), das Niveau von x verändert sich aber in $t = 1$ auf $\bar{x}$, so wird dadurch veranlaßt, daß sich die Nachfragekurve nach außen verlagert. Der Effekt dieser Änderung ist ein Preisanstieg. Da die angebotene Menge aber nur auf den Preis der vorhergehenden Periode reagiert, verbleibt q bei q_0. Folglich ist der direkte Effekt ein Anstieg des Preises von p_0 auf p_1, wie es im Diagramm gezeigt wird. In der nächsten Zeitperiode wird die angebotene Menge über den Preis p_1 determiniert. Bringt man aber die Menge q_2 auf den Markt, führt dies zu einem Preisrückgang im Zeitraum $t = 2$ und der beobachtete Preis und die Menge sind jeweils p_2 und q_2 mit

$$q_2 = \gamma_{11} p_1 + \beta_{11}$$

und

$$p_2 = q_2 - \beta_{21} - \beta_{22}\bar{x}.$$

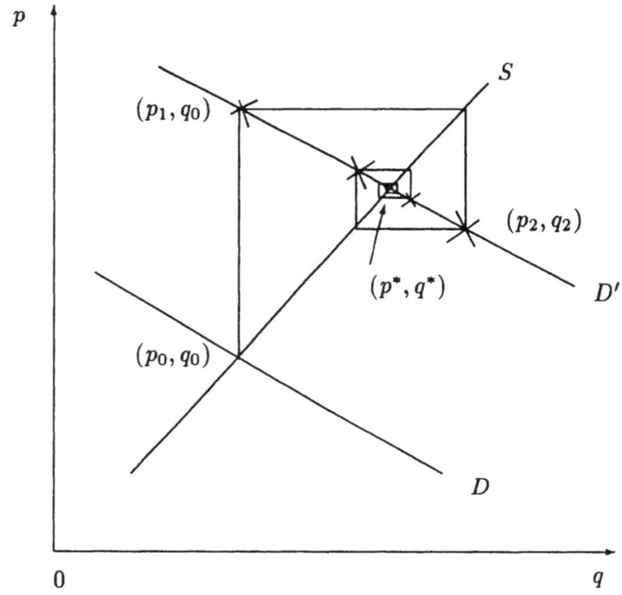

Abbildung 1.2 Spinnweb-Diagramm für Modell 2.8

Der obige Anpassungsprozeß setzt sich mit p_t und q_t sukzessive fort und die Bewegung geht schrittweise zur neuen Gleichgewichtsposition (p^*, q^*). Aus augenfälligen Gründen wird die Abbildung 1.2 oftmals als 'Spinnweb'-Diagramm bezeichnet. Die beobachteten Werte von q_t und p_t sind durch ein Kreuz gekennzeichnet und es wird beobachtet, daß ab $t = 1$ alle weiteren Beobachtungen auf der neuen Nachfragekurve liegen. Die Gleichgewichtswerte (p_0, q_0) und (p^*, q^*) liegen beide auf der Angebotskurve. Dieses legt nahe, daß die Einführung eines dynamischen Elements in das Modell in der obigen Weise das Identifikationsproblem löst. Informationen sowohl der Nachfrage- als auch der Angebotsfunktion sind verfügbar und können dazu benutzt werden, die Werte der Parameter in jeder Gleichung abzuleiten.

Die Frage, ob aktuell eine Gleichgewichtslösung existiert, ist nun nicht länger trivial. Wird die Abbildung 1.2 mit einer Nachfragekurve gezeichnet, die steiler oder genauso steil ist wie die Angebotskurve, wird sich herausstellen, daß p_t und q_t nicht länger auf eine neue Gleichgewichtslösung konvergieren. Überführt in die Formulierungen von (2.8) bedeutet dies, daß die Bedingung

$$|\gamma_{21}| > \gamma_{11} \tag{2.9}$$

erfüllt sein muß, damit das Modell stabil ist. (Es wird implizit unterstellt, daß $\gamma_{11} > 0$ und $\gamma_{21} < 0$ ist.) Falls das Modell (2.8) geschätzt wäre und die Bedingung (2.9) wäre nicht erfüllt, würde die Angemessenheit der Spezifikation ernsthaft in Frage zu stellen sein. Der letzte Punkt, den es über dieses Modell festzuhalten gilt, ist mit der Verfügbarkeit der Daten verbunden. Angenommen, (2.8) ist ein angemessenes Bild über die Funktionsweise des Marktes, wenn der Zeitraum einen Monat beträgt, die Beobachtungswerte werden aber nur alle sechs Monate aufgezeichnet. Falls Veränderungen in x_t relativ selten vorkommen, wird all das, was beobachtet wird, einer Serie von Gleichgewichtspositionen zuneigen. Infolgedessen – in Werten der Beobachtungsperiode – ist das Modell tatsächlich ein simultanes und die Nachfragekurve kann nicht identifiziert werden.

Zeitreihenmodelle

Ein univariates Zeitreihenmodell versucht, das Verhalten einer Variable y_t durch Elemente aus ihrer eigenen Vergangenheit zu erklären. Der aussichtsreichste Ansatz ist, y_t als einen stochastischen Prozeß zu betrachten, in dem sich die Beobachtungen über die Zeit gemäß bestimmter Wahrscheinlichkeitsgesetze entwickeln. Das autoregressive Modell 1. Ordnung:

$$y_t = \phi y_{t-1} + \epsilon_t \tag{2.10}$$

ist ein einfaches Beispiel. Das Element ϵ_t kennzeichnet eine Folge von unkorrelierten Störtermen mit Mittelwert Null und konstanter Varianz.

Ist der Absolutbetrag von ϕ kleiner 1, so werden die Beobachtungen, die über (2.10) erzeugt sind, um einen Mittelwert von Null schwanken. Falls auf der anderen Seite $|\phi|$ größer als Eins ist, ist das Modell explosiv. Ein Modell, das der Bedingung $|\phi| < 1$ genügt, wird als stationär bezeichnet. Stationarität ist ein wichtiges Konzept in der Zeitreihenmodellierung, wenn auch sehr wenige Zeitreihen die Charakteristiken, die impliziert sind, aufweisen. Dennoch kann die Theorie, die die stationären Zeitreihen umfaßt, oftmals auch auf nichtstationäre Reihen durch die Verwendung des einfachen Mittels der ersten oder zweiten Differenzen angewandt werden. Sei

$$\Delta y_t = \phi \Delta y_{t-1} + \epsilon_t, \tag{2.11}$$

mit $\Delta y_t = y_t - y_{t-1}$. Ist $|\phi| < 1$, ist Δy_t stationär, selbst dann, wenn y_t es nicht ist.

Das dynamische Regressionsmodell (2.3) kann als eine Verallgemeinerung von (2.10) betrachtet werden. Jede Erkenntnis, die mit der Schätzung oder dem Testen von (2.10) verbunden ist, ist deshalb direkt relevant für (2.3). Weiterhin wird jedes andere Modell, das analog zu (2.10) konstruiert wird, offensichtlich erhebliche Bedeutung für die Entwicklung einer Methodologie für die dynamische Ökonometrie haben.

Die einfachste Möglichkeit zur Erweiterung von (2.10) ist, y_t von vergangenen Werten bis zu einer Lag-Länge von beispielsweise p abhängig sein zu lassen. Dies führt zu einem autoregressiven Prozeß $p$ter Ordnung:

$$y_t = \phi_1 y_{t-1} + \phi_2 y_{t-2} + \dots + \phi_p y_{t-p} + \epsilon_t \tag{2.12}$$

wobei $\phi_1, \dots, \phi_p$ die Parameter sind. Eine alternative Möglichkeit zur Erfassung der Abhängigkeit von y_t von ihrer Vergangenheit ist das Moving-Average-Modell. Der Moving-Average-Prozeß 1. Ordnung ist definiert durch:

$$y_t = \epsilon_t + \theta \epsilon_{t-1}. \tag{2.13}$$

Wenn er auch in den Größen zweier nichtbeobachtbarer Zufallsvariablen formuliert wird, ergibt fortwährende Substitution:

$$y_t = -\sum_{j=1}^{\infty}(-\theta)^j y_{t-j} + \epsilon_t, \tag{2.14}$$

vorausgesetzt, daß $|\theta| < 1$ ist. Modell (2.13) ist deshalb ein autoregressiver Prozeß mit einer unendlichen Zahl von Lags, aber die Koeffizienten $\phi_1, \phi_2, ...$ sind so begrenzt, daß sie auf nur einem Parameter basieren.

Die verschiedenen Charakeristika der autoregressiven und der Moving-Average-Prozesse können in einem gemischten Modell kombiniert werden:

$$y_t = \phi_1 y_{t-1} + ... + \phi_p y_{t-p} + \epsilon_t + \theta_1 \epsilon_{t-1} + ... + \theta_q \epsilon_{t-q}. \tag{2.15}$$

Es ist als *autoregressiver moving-average (ARMA)*-Prozeß bekannt und stellt die flexibelste Modellklasse für univariate Zeitreihen dar. Angenommen, $\theta_1, ..., \theta_q$ genügen verschiedenen Bedingungen, dann kann (2.15) in der gleichen Weise wie (2.13) als ein autoregressiver Prozeß dargestellt werden. Bei der Auswahl eines geeigneten Modells aus der Klasse der ARMA-Prozesse sollte y_t so in Abhängigkeit ihrer Vergangenheit modelliert werden, daß eine minimale Anzahl von Parametern verwandt wird.

Die obigen Überlegungen lassen sich auf multivariate Zeitreihen übertragen. Ist y_t ein Vektor von Beobachtungen, kann dieser in Form eigener Vergangenheitswerte durch einen *multivariaten* oder *Vektor* ARMA-Prozeß modelliert werden:

$$y_t = \Phi_1 y_{t-1} + ... + \Phi_p y_{t-p} + \epsilon_t + \Theta_1 \epsilon_{t-1} + ... + \Theta_q \epsilon_{t-q}. \tag{2.16}$$

Die Parameter sind nun in den quadratischen Matrizen $\Phi_1, ..., \Phi_p, \Theta_1, ..., \Theta_q$ enthalten, während ϵ_t der Vektor der zufälligen Störgrößen ist. Ein rein autoregressiver Prozeß

$$y_t = \Phi_1 y_{t-1} + ... + \Phi_p y_{t-p} + \epsilon_t$$

ist das statistisch am einfachsten zu behandelnde Modell. Es ist als Vektorautoregression bekannt und wird abgekürzt als VAR bezeichnet.

Datengenerierung

Das Querschnittsmodell (1.2) wird für eine Stichprobe bestehend aus N Haushalten verwendet, die zufällig ausgewählt wurden. Die Grundannahme, die der statistischen Inferenz in einen solchen Modell unterliegt, ist diejenige, daß die realisierte Stichprobe einfach eine aus einer unendlichen Zahl möglicher Stichproben ist. Die gesamte Vorgehensweise des Ziehens einer Stichprobe und der Schätzung der Parameter auf dieser Basis könnten so oft wiederholt werden, wie man es wünscht.

Ähnliche Überlegungen wurden für die Modellierung von Zeitreihen angenommen. Die Beobachtungen werden als einfache *Realisationen* von einem unterliegenden datengenerierenden Prozeß angesehen. Abweichend von dem Querschnittsdatenfall kann in der Praxis aber nur ein Satz an Beobachtungen erhalten werden. Dennoch ist es möglich, den unterliegenden datengenerierenden Prozeß als – im Prinzip – fähig zu betrachten, über dieselbe Zeitperiode eine unendliche Anzahl von Realisationen hervorzubringen. Auf dieser Basis werden die Eigenschaften dynamischer Modelle abgeleitet und statistische Inferenzaussagen gemacht.

Dies ist alles, was gesagt werden muß, wenn es sich um ein reines Zeitreihenmodell analog (2.10) handelt. Das Modell generiert einen Satz von Beobachtungen $y_1, ..., y_T$, deren Werte auf den zufälligen Störtermen $\epsilon_1, ..., \epsilon_T$ und auf dem Startwert y_0 basieren. Für ein Regressionsmodell analog (2.3) ergibt sich eine zusätzliche Komplikation durch die erklärende Variable. Sie kann als fest oder stochastisch betrachtet werden. Sofern sie fest ist, werden die beobachteten Werte reproduziert, wenn ein anderer Satz von Beobachtungen für y generiert wird. Ist sie stochastisch werden sich ihre Werte bei wiederholten Realisationen ändern, dadurch wird eine zusätzliche Quelle für Variationen in y eingeführt. Im Querschnittsdatenmodell wie z. B. (1.2) ist es relativ einfach, sowohl feste als auch stochastische erklärende Variablen zu verdeutlichen: Die Erhebung könnte wiederholt werden mit denselben Haushaltungen oder mit einer Stichprobe vollständig verschiedener Haushaltungen. Für ein dynamisches Modell ist die Unterscheidung weniger klar, aber als allgemeine Regel ist es angemessener, die erklärenden Variablen als stochastisch zu betrachten. Jedoch ist vom statistischen Standpunkt die Unterscheidung zwischen stochastischen und nichtstochastischen Variablen oftmals unwichtig. Sofern keine Informationen verloren gehen, wenn die erklärenden Variablen beschränkt werden, m.a.W., wenn diese als fest behandelt werden, werden diese Variablen als *exogen* bezeichnet. Bis auf weiteres wird eine exogene Variable mit dem Symbol 'x' gekennzeichnet und kann tatsächlich als fixiert in Stichprobenwiederholungen betrachtet werden.

Extrapolation (Schätzung) und Prognosen

Modell (2.3) enthält eine Verhaltenshypothese, in der versucht wird, die Veränderungen in y_t durch Veränderungen der Werte in x_t zu erklären. Ein Test auf Gültigkeit der Theorie, daß y durch x bedingt ist, wird vorgenommen über einen Vergleich von Ex-post Beobachtungen von y mit den Schätzwerten aus Gleichung (2.3), die auf Ex-post Beobachtungen von x basieren. Dieses wird manchmal als *Ex-post*-Prognose bezeichnet. Sie sollte sorgfältig von *Ex-ante*-Prognosen unterschieden werden, die unbedingte Schätzwerte für zukünftige Werte von y sind. Eine Ausgestaltung in vorgenannter Weise setzt Schätzwerte für zukünftige Werte von x voraus.

Unbedingte Schätzwerte werden als Prognosen bezeichnet. Die Verwendung des Termini Schätzwert ohne irgendeine Einschränkung impliziert, daß die zukünftigen Werte der exogenen Variable bekannt sind. Für reine Zeitreihenmodelle wie (2.15) gilt natürlich, daß es keine Unterscheidung zwischen beschränkten und unbeschränkten Schätzwerten gibt.

1.3 Mathematische und statistische Vorbemerkungen

Es wird unterstellt, daß der Leser über Grundwissen in Wahrscheinlichkeitstheorie und statistischer Inferenz verfügt und mit höherer Analysis und Matrizenalgebra vertraut ist. Dieser Abschnitt ist lediglich dazu bestimmt, einige Grundkonzepte in diesen Bereichen im Überblick darzustellen und einige Vereinbarungen bezüglich der Notation einzuführen.

Kenntnisse der asymptotischen Theorie werden nicht vorausgesetzt und Abschnitt 4 befaßt sich mit einer relativ heuristischen Einführung in diesen Bereich.

Matrizenalgebra

Ein eingehendes Verständnis der Basisoperationen der Matrizenalgebra, wie z.B. der Addition und der Inversion, ist notwendig. Zusätzlich sollte der Leser mit dem Konzept der Spur einer Matrix, d.h. der Summe der Elemente auf der Hauptdiagonalen, und den Definitionen einer positiv definiten (p.d.) und positiv semi-definiten (p.s.d.) Matrix vertraut sein. Eine symmetrische Matrix A ist p.d., falls $x'Ax > 0$, für jeden Vektor x für den gilt $x \neq 0$; sie ist p.s.d., falls $x'Ax \geq 0$ gilt. Kronecker-(Tensor-) Produkte sind im Anhang im Überblick wiedergegeben.

Die Faktorisierung einer p.d. Matrix erscheint im Text an einigen Stellen. Kennzeichnet A eine solche Matrix, kann sie immer faktorisiert werden als $A = L'L$, wobei L nichtsingulär ist. Eine Möglichkeit um diese Faktorisierung durchzuführen, ist beispielsweise die *Cholesky Dekomposition*. In diesem Fall ist L eine untere Dreiecksmatrix mit positiven Elementen auf der Hauptdiagonalen; siehe z. B. Wolfe (1978, S. 275 - 277). Eine alternative Formulierung ist $A = \bar{L}'D\bar{L}$, mit $\bar{L}$ als unterer Dreiecksmatrix mit Einsen auf der Hauptdiagonalen und D als Diagonalmatrix.

Vektor- und Matrizendifferentiation spielen eine wichtige Rolle bei der Schätzung und folgende Definitionen werden verwandt. Ist $f(x)$ eine Funktion eines $n \times 1$ Vektors der Variablen $x = (x_1, x_2, ..., x_n)$, dann ist der Vektor der ersten partiellen Ableitungen:

$$\frac{\partial f}{\partial x} = \left(\frac{\partial f}{\partial x_1}, \frac{\partial f}{\partial x_2}, \dots, \frac{\partial f}{\partial x_n}\right)'. \tag{3.1}$$

Die Bezeichnung $\partial f/\partial x'$ kennzeichnet den Zeilenvektor $(\partial f/\partial x)'$. Die $n \times n$ Matrix der zweiten partiellen Ableitungen ist:

$$\frac{\partial^2 f}{\partial x \partial x'} = \begin{bmatrix} \frac{\partial^2 f}{\partial x_1^2} & \frac{\partial^2 f}{\partial x_1 \partial x_2} & \cdots & \frac{\partial^2 f}{\partial x_1 \partial x_n} \\ \frac{\partial^2 f}{\partial x_2 \partial x_1} & \frac{\partial^2 f}{\partial x_2^2} & \cdots & \frac{\partial^2 f}{\partial x_2 \partial x_n} \\ \vdots & \vdots & & \vdots \\ \frac{\partial^2 f}{\partial x_n \partial x_1} & \frac{\partial^2 f}{\partial x_n \partial x_2} & \cdots & \frac{\partial^2 f}{\partial x_n^2} \end{bmatrix}. \tag{3.2}$$

Diese Matrix ist bekannt als *Hessesche*. Sie ist symmetrisch, sofern die zweiten partiellen Ableitungen eine stetige Funktion der x sind.

Einige spezielle Resultate aus der Vektor- und Matrizendifferentiation sind im Anhang wiedergegeben.

Zufallsvariablen und der Erwartungswertoperator

Die Wahrscheinlichkeitsdichtefunktion (p.d.f.) für eine Zufallsvariable y wird mit $p(y;\psi)$ bezeichnet, dabei ist ψ der Vektor der Parameter. Sie wird oftmals abgekürzt als $p(y)$. Der *Erwartungswert* von y ist der Mittelwert dieser Verteilung; ist y im Bereich $-\infty < y < \infty$ stetig, ist:

$$E(y) = \mu = \int_{-\infty}^{\infty} yp(y)dy. \tag{3.3}$$

Die Varianz ist definiert als:

$$Var(y) = \sigma^2 = E\left[(y-\mu)^2\right] = \int_{-\infty}^{\infty} (y-\mu)^2 p(y)dy. \tag{3.4}$$

Für einige Aussagen ist es nur notwendig – oder wünschenswert – den Mittelwert und die Varianz einer Verteilung zu spezifizieren. Wenn dieses der Fall ist, wird manchmal die Abkürzung $y \sim WS(\mu, \sigma^2)$ verwandt; WS steht für verteilt im allgemeinen Sinne.

Eine Linearkombination zweier Zufallsvariablen ist definiert durch $w_1y_1 + w_2y_2$ mit w_1 und w_2 als festen Gewichten. Falls

$$y_1 \sim WS(\mu_1, \sigma_1^2) \quad \text{und} \quad y_2 \sim WS(\mu_2, \sigma_2^2),$$

dann ist:

$$E(w_1y_1 + w_2y_2) = w_1\mu_1 + w_2\mu_2 \tag{3.5}$$

und es gilt:

$$Var(w_1y_1 + w_2y_2) = w_1^2\sigma_1^2 + w_2^2\sigma_2^2 + 2w_1w_2Cov(y_1, y_2). \tag{3.6}$$

Sind die beiden Variablen unkorreliert, ist $Cov(y_1, y_2) = 0$ und der letzte Term in (3.6) entfällt.

Verallgemeinert können wir den Vektor der Zufallsvariablen $y = (y_1, ..., y_n)$ betrachten. Er hat eine multivariate Verteilung mit dem Vektor der Mittelwerte:

$$\mu = E(y) = \{E(y_1), E(y_2), ..., E(y_n)\}' \tag{3.7}$$

und der Varianz-Kovarianz-Matrix:

$$V = E\left\{(y-\mu)(y-\mu)'\right\}. \tag{3.8}$$

Die Matrix V, die üblicherweise einfach als *Kovarianzmatrix* bezeichnet wird, ist unter der Annahme, daß die individuellen Varianzen – die die Elemente auf der Hauptdiagonalen sind – streng positiv sind, p.d. Die Ergebnisse (3.5) und (3.6) können durch die Definition einer $m \times n$ Matrix fester Werte W erweitert werden, um die Eigenschaften des $m \times 1$ Vektors der Zufallsvariablen $z = Wy$ zu betrachten. Wenn $y \sim WS(\mu, V)$ ist, dann ist:

$$E(z) = W \cdot E(y) = W\mu \tag{3.9}$$

und es gilt:

$$Var(z) = E\left\{W(y-\mu)(y-\mu)'W'\right\} = WVW'. \tag{3.10}$$

Die Normalverteilung

Die Dichtefunktion der Normalverteilung ist

$$p(y;\mu,\sigma^2) = -\frac{1}{\sigma\sqrt{2\pi}}exp\left\{-\frac{1}{2}\frac{(y-\mu)^2}{\sigma^2}\right\}. \quad (3.11)$$

Die Verteilung ist vollständig spezifiziert, wenn μ und σ^2 gegeben sind und es ist üblich (3.11) zusammenfassend als $y \sim N(\mu,\sigma^2)$ zu schreiben. Die *Standard*normalverteilung besitzt die Parameter $\mu = 0$ und $\sigma^2 = 1$.

Falls der $n \times 1$ Vektor $y = (y_1, ..., y_n)'$ eine multivariate Normalverteilung aufweist, hängt die gemeinsame Dichte der Variablen von dem Vektor der Mittelwerte μ und der Kovarianzmatrix V, wie sie in (3.7) und (3.8) definiert wurden, ab. Die p.d.f. ist:

$$p(y;\mu,V) = (2\pi)^{-n/2}|V|^{-1/2}exp\left\{-\frac{1}{2}(y-\mu)'V^{-1}(y-\mu)\right\}, \quad (3.12)$$

dabei muß V p.d. sein. Wie im univariaten Fall kann die Abkürzung $y \sim N(\mu,V)$ verwendet werden. Falls V eine Diagonalmatrix ist, sind $y_1,...,y_n$ wechselseitig unkorreliert. Weiterhin kann die gemeinsame Dichtefunktion (3.12) zerlegt werden als $p(y_1,...,y_n) = p(y_1)\cdot p(y_2)\cdots p(y_n)$. Somit sind normalverteilte Zufallsvariablen, die unkorreliert sind, ebenfalls unabhängig. Eine Menge unabhängiger normalverteilter Zufallsvariablen $y_1,...,y_T$ mit Mittelwert μ und Varianz σ^2 wird durch die Schreibweise $y_t \sim NID(\mu,\sigma^2), t = 1,...,T$ gekennzeichnet.

Unter Verwendung der monentengenerierenden Funktion der Normalverteilung kann gezeigt werden, daß jede Linearkombination normalverteilter Variablen wiederum normalverteilt ist. Allgemeiner gilt, falls, $y \sim N(\mu,\sigma^2)$ ist, und $z = Wy$ mit W als einer $m \times n$ Matrix, $z \sim N(W\mu, WVW')$. Festzuhalten ist, daß W vollen Zeilenrang aufweisen muß, damit WVW' p.d. ist.

Eine Reihe von Verteilungen sind mit der Normalverteilung verbunden. Sind $y_1,...,y_n$ standardnormalverteilte Veränderliche, folgt, daß $z = y_1^2 + y_2^2 + ... + y_n^2$ eine *Chi-Quadrat-*Verteilung mit n Freiheitsgraden besitzt; d.h. $z \sim \chi_n^2$. Sind weiterhin z und x unabhängige χ^2 Variablen mit n bzw. m Freiheitsgraden, dann ist $z + x \sim \chi_{n+m}^2$.

Ein wichtiges Ergebnis verbindet die χ^2 Verteilung mit der multivariaten Normalverteilung. Ist y ein $n \times 1$ Vektor mit $y \sim N(\mu, V)$, dann ist:

$$(y-\mu)'V^{-1}(y-\mu) \sim \chi_n^2. \quad (3.13)$$

Der Beweis ist wie folgt. Da V p.d. ist, ist V^{-1} ebenfalls p.d. und es existiert eine nichtsinguläre Matrix L, sodaß $L'L = V^{-1}$ gilt. Die n Variablen, die über die Transformation $z = L(y-\mu)$ definiert werden, sind $NID(0,1)$, da $E(z) = 0$ ist und

$$Var(z) = LVL' = L(L'L)^{-1}L' = LL^{-1}(L')^{-1}L' = I.$$

Das Ergebnis folgt unmittelbar, da die quadratische Form in (3.13) gleich der Summe der Quadrate $z'z$ ist.

Die F-Verteilung mit (n,m) Freiheitsgraden wird definiert in Größen des Verhältnisses zweier unabhängiger χ^2 verteilter Veränderlichen. Sind $z \sim \chi_n^2$ und $x \sim \chi_m^2$, dann folgt:

$$F = \frac{z/n}{x/m}, \quad (3.14)$$

einer F-Verteilung mit (n, m) Freiheitsgraden.

Schließlich, sind $z \sim N(0,1)$ und $x \sim \chi^2_m$ verteilt und sind x und z unabhängig, ist das Verhältnis

$$t = \frac{z\sqrt{m}}{\sqrt{x}} \tag{3.15}$$

Student 't'-verteilt mit m Freiheitsgraden. Anzumerken ist, daß die Quadrierung von (3.15) zu einer Veränderlichen führt, die einer F-Verteilung mit $(1, m)$ Freiheitsgraden folgt.

Eigenschaften von Schätzfunktionen

Der Einfachheit wegen sei angenommen, daß ein Modell einen einzelnen unbekannten Parameter ψ enthält. Soll dieser geschätzt werden, brauchen wir eine Regel, die Auskunft darüber gibt, wie mit den Beobachtungswerten $y_1, ..., y_n$ zu verfahren ist, wenn diese gegeben sind. Solch eine Regel definiert eine Schätzfunktion für ψ und diese Schätzfunktion ist eine Funktion der Beobachtungen. Wird die Schätzfunktion für einen bestimmten Satz an Beobachtungen angewandt, wird sie zum Schätzwert.

Eine 'gute' Schätzfunktion sollte eine 'angemessen' hohe Wahrscheinlichkeit besitzen, um Schätzwerte hervorzubringen, welche 'angemessen' nahe an den wahren Parameterwerten sind. Ein mögliches Kriterium ist die Anforderung, daß die Schätzfunktion den minimalen Mittleren Quadratischen Fehler aufweist. Der *Mittlere Quadratische Fehler* (MSE) einer Schätzfunktion ψ ist definiert durch:

$$MSE(\hat{\psi}) = E\left[(\hat{\psi} - \psi)^2\right]. \tag{3.16}$$

Falls $\hat{\psi}^*$ jede andere Schätzfunktion für ψ darstellt, kann gesagt werden, daß $\hat{\psi}$ den MSE minimiert, sofern $MSE(\hat{\psi}) \leq MSE(\hat{\psi}^*)$ für alle ψ ist. Leider ist dieses üblicherweise eine unrealistische Anforderung, da $\hat{\psi}^*$ immer gleich einem willkürlichen Wert innerhalb des Parameterraums gesetzt werden kann und der MSE dann – für diesen speziellen Wert – gleich Null sein wird. Eine Schätzfunktion dieser Art ist kaum vernünftig, sie kann aber durch das Aufstellen der Anforderung der Unverzerrtheit ausgeschlossen werden. Eine Schätzfunktion wird als *unverzerrt* bezeichnet, falls:

$$E(\hat{\psi}) = \psi \qquad \text{für alle } \psi \tag{3.17}$$

gilt. Der MSE ist gleich der Varianz für eine unverzerrte Schätzfunktion und führt zu dem Konzept einer *unverzerrten Schätzfunktion* mit *minimaler Varianz* (MVUE).

Unglücklicherweise besitzt das MVUE Konzept schwerwiegende Nachteile zur Bewertung verschiedener Schätzfunktionen. Es enthält ein Element an Willkürlichkeit, insbesondere mit Bezug auf die Unverzerrtheit. Deshalb besitzt es, obgleich das Konzept des MVUE für statische Regressionsmodelle, wie z. B. (2.1) relevant ist, nur geringen Wert für (2.10), das eines der einfachsten Beispiele für ein dynamisches Modell darstellt. Die Kleinste-Quadrate Schätzfunktion in (2.1) ist *linear* in den Beobachtungen, da sie in der Form

$$b = \sum_{t=1}^{T} w_t y_t \tag{3.18}$$

geschrieben werden kann, mit $w_t = x_t / \sum x_t^2$. Die Gewichte $w_1, ..., w_T$ sind nichtstochastisch und somit können der Mittelwert und die Varianz von b unter Verwendung von (3.5) und (3.6) ermittelt werden. Es ist nicht schwierig zu zeigen, daß b unverzerrt ist. Auf der anderen Seite, bezieht man y_{t-1} auf y_t, wie in (2.10), erhält man einen Schätzwert für ϕ, der verzerrt ist. Darauf zu bestehen, hier das MVUE Konzept anzuwenden, würde dazu führen, die Kleinste-Quadrate Schätzfunktion auszuschließen, selbst dann, wenn sie vollkommen vernünftig reagiert. Tatsächlich ist es schwierig, exakte Gleichungen für sowohl den Mittelwert als auch die Varianz dieser Schätzfunktion zu erhalten und so ist kein Kriterium, das auf Überlegungen für kleine Stichproben basiert, in dieser speziellen Situation hilfreich.

1.4 Asymptotische Theorie

Für viele Schätzfunktionen können exakte Resultate in kleinen Stichproben nicht nachgewiesen werden. Es ist normalerweise aber möglich wenigstens die Eigenschaften einer Schätzfunktion approximativ zu bestimmen. Solche Approximationen werden im allgemeinen umso genauer, je größer die Stichprobe ist und sie können formal nachgewiesen werden durch die Ableitung eines Ergebnisses, das exakt in dem Grenzfall $T \longrightarrow \infty$ gilt. Eigenschaften von Schätzfunktionen, die auf dieser Basis ermittelt werden, werden als asymptotisch bezeichnet. Dieser Abschnitt skizziert diese Eigenschaften.

Konsistenz

Es ist für eine Schätzfunktion wünschenswert, daß sie mit zunehmenden Stichprobenumfang in dem Sinne genauer wird, daß die Wahrscheinlichkeit ihres Schätzwertes, 'nahe' an dem wahren Wert des Parameters zu liegen, zunimmt. Diese Absicht wird durch die Eigenschaft der *Konsistenz* erreicht, die formal wie folgt dargelegt werden kann. Betrachten wir eine Reihe von Zufallsvariablen (a_T); d.h. $a_1, a_2, ..., a_T$. Diese Reihe, so wird gesagt, konvergiert stochastisch zu einer Konstanten a, falls:

$$Pr(|a_T - a| < \epsilon) > 1 - \eta, \quad \text{für alle } T > T_0, \tag{4.1}$$

wobei ϵ und η willkürlich festgelegte kleine Werte sind. Mit anderen Worten, sind ϵ und η gegeben, ist es immer möglich eine Stichprobengröße zu finden, so daß die Wahrscheinlichkeit, daß a_T außerhalb des Intervalls $a \pm \epsilon$ liegt, kleiner η ist.

Eine alternative Möglichkeit zur Darstellung von (4.1) ist:

$$\lim_{T \to \infty} Pr(|a_T - a| > \epsilon) = 0 \quad \text{für alle } \epsilon > 0. \tag{4.2}$$

Die Schreibweise in (4.1) und (4.2) ist ziemlich unpraktisch. Falls eine Reihe stochastisch zu a konvergiert, ist es üblicher

$$\text{plim } a_T = a \tag{4.3}$$

zu schreiben. Dieser Ausdruck zeigt an, daß die *Wahrscheinlichkeitsgrenze* (oder plim) der Reihe (a_T) gleich a ist.

Sind (a_T) und (b_T) Reihen von Zufallsvariablen mit den jeweiligen Wahrscheinlichkeitsgrenzen a und b, ist es nicht schwierig zu zeigen, daß gilt:

$$\text{plim}\,(a_T + b_T) = a + b. \tag{4.4}$$

Diese Eigenschaft ist ebenfalls für den Erwartungswertoperator gegeben. Wahrscheinlichkeitsgrenzen haben aber eine Zahl von Eigenschaften, die nicht mit dem Erwartungswert geteilt werden. Insbesondere ist:

$$\text{plim}\,(a_T b_T) = ab, \tag{4.5}$$

ungeachtet dessen, ob a_T und b_T unabhängig sind oder nicht. Ist $g(\cdot)$ eine stetige Funktion, dann gilt weiterhin:

$$\text{plim}\, g(a_T) = g(\text{plim}\, a_T) = g(a). \tag{4.6}$$

Das Konzept einer Wahrscheinlichkeitsgrenze kann auf Vektoren und Matrizen erweitert werden, wobei die Eigenschaften (4.4) bis (4.6) in diesen Fällen ebenfalls gültig sind. Ein Ergebnis, das besonders wichtig ist, folgt aus einer Verallgemeinerung von (4.6). Sei A_T eine quadratische Matrix von Zufallsvariablen, für die gilt:

$$\text{plim}\, A_T = A, \tag{4.7}$$

wobei A p.d. ist. Dann ist:

$$\text{plim}\, A_T^{-1} = (\text{plim}\, A_T)^{-1} = A^{-1}. \tag{4.7}$$

Im Kontext der Schätztheorie kann eine Schätzfunktion für einen einzelnen Parameter ψ, die auf T Beobachtungen basiert, durch $\hat{\psi}_T$ gekennzeichnet sein. Die Schätzfunktion wird dann als *konsistente* Schätzfunktion bezeichnet, wenn gilt:

$$\text{plim}\, \hat{\psi} = \psi. \tag{4.8}$$

Als ein Beispiel betrachten wir eine Zufallsstichprobe mit T Beobachtungen, $y_1, ..., y_T$, die aus einer Wahrscheinlichkeitsverteilung mit Mittelwert μ und Varianz σ^2 gezogen wurde. Der Stichprobenmittelwert $\bar{y}$ ist unverzerrt und seine Varianz beträgt σ^2/T. Mit zunehmenden T tendiert $Var(\bar{y})$ gegen Null und damit ist angezeigt, daß sich die Verteilung von $\bar{y}$ mehr und mehr um den wahren Parameterwert μ konzentriert.

Konsistenz kann formal durch die *Tschebyscheffsche Ungleichung* nachgewiesen werden. Sie besagt, daß für jede Zufallsvariable z, mit endlichem Mittelwert und endlicher Varianz, μ bzw. ω^2, die Wahrscheinlichkeit einer Abweichung vom Mittelwert um ein k oder mehrfaches der Standardabweichung höchstens $1/k^2$ ist, d.h.:

$$Pr\,[|z - \mu| \geq k\omega] \leq 1/k^2, \quad \text{für jedes } k > 0. \tag{4.9}$$

Im Fall des Stichprobenmittelwertes $\bar{y}$ beträgt der Mittelwert μ und die Varianz σ^2/T, so daß die Ungleichung in den eckigen Klammern gleich $|\bar{y} - \mu| \geq k\sigma/\sqrt{T}$ ist. Setzt man $k = \epsilon\sqrt{T}/\sigma$, folgt:

$$Pr\,[|\bar{y} - \mu| \geq \epsilon] \leq \sigma^2/\epsilon^2 T, \quad \text{für jedes } \epsilon > 0.$$

Da $\sigma^2/\epsilon^2 T$ für jedes $\epsilon > 0$ gegen Null konvergiert, falls $T \longrightarrow \infty$ geht, folgt aus der Definition (4.2), daß $\bar{y}$ ein konsistenter Schätzwert für μ ist.

Betrachten wir als zweites Beispiel die Schätzung von σ^2 in dem obigen Beispiel. Eine geeignete Schätzfunktion ist:

$$s^2 = (T-1)^{-1} \sum (y_t - \bar{y})^2 \tag{4.10}$$

und sofern die Beobachtungen normalverteilt sind, kann gezeigt werden, daß

$$(T-1)s^2/\sigma^2 \sim \chi^2_{T-1} \tag{4.11}$$

gilt. Da $Var(\chi_f) = 2f$ ist, folgt $Var(s^2) = 2\sigma^4/(T-1)$. Geht man wie im vorhergehenden vor, kann gezeigt werden, daß gilt:

$$\text{plim } s^2 = \sigma^2. \tag{4.12}$$

Eine alternative Schätzfunktion für die Varianz ist in dieser Situation

$$\tilde{\sigma}^2 = T^{-1} \sum (y_t - \bar{y})^2. \tag{4.13}$$

Wenn diese Schätzfunktion auch in kleinen Stichproben verzerrt ist, ist sie in dem Sinne asymptotisch unverzerrt, daß $E(\tilde{\sigma}^2) = \sigma^2$ ist. Von diesem Ergebnis ausgehend, ist es relativ einfach zu zeigen, daß die Schätzfunktion konsistent ist.

Die Konsistenz einer Schätzfunktion kann oftmals unter schwächeren Bedingungen als denjenigen, die in der obigen Diskussion impliziert sind, dargelegt werden. Tatsächlich kann gezeigt werden, daß, sofern eine Zufallsvariable aus einer Verteilung einer Grundgesamtheit mit endlichem Mittelwert μ entnommen ist, der Stichprobenmittelwert selbst dann ein konsistenter Schätzwert sein wird, wenn die Varianz σ^2 unendlich ist.

Eine abschließende Aussage über konsistente Schätzfunktionen betrifft die Implikationen von (4.6). Ist z.B. $y_t \sim NID(\mu, \sigma^2)$, dann ist $\bar{y}^{-1}$ ein konsistenter Schätzwert für μ^{-1}. Es ist aber *nicht* richtig, daß $E(\bar{y}^{-1}) = \mu^{-1}$ ist, aus dem einfachen Grund, daß der Erwartungswert in diesem Fall nicht berechnet werden kann.

Asymptotische Verteilungen

Angenommen, eine Stichprobe mit T unabhängigen Beobachtungen $y_1, ..., y_T$ wurde aus einer Normalverteilung mit Mittelwert μ und Varianz σ^2 gezogen. Aus Vereinfachungsgründen sei unterstellt, daß σ^2 bekannt ist. Aus den Eigenschaften der Normalverteilung folgt, daß der Mittelwert $\bar{y}$ normalverteilt ist mit Mittelwert μ und Varianz σ^2/T. Unterstellen wir nun, daß exakt die gleiche Situation gegeben ist, außer, daß die Beobachtungen aus einer normalverteilten Grundgesamtheit stammen. Unter diesen Umständen ist es normalerweise nicht möglich, die exakte Verteilung von $\bar{y}$ abzuleiten. Für 'ausreichend große' Werte von T kann $\bar{y}$ aber als *approximativ* normalverteilt mit Mittelwert μ und Varianz σ^2/T betrachtet werden. Wodurch eine 'ausreichend große' Stichprobe unter diesen Umständen bestimmt ist, hängt von der Form der Verteilung der y_t und dem Grad der Approximation ab, der toleriert werden kann. Der *zentrale Grenzwertsatz*, der die Basis für unsere Behauptung der approximativen Normalverteilung von $\bar{y}$ darstellt, gibt keine Auskunft über diesen Punkt. Durch ihn wird formal bewiesen, daß $\sqrt{T}\bar{y}$ gegen eine *Verteilung konvergiert*, die eine normalverteilte Variable mit Mittelwert

$\sqrt{T}\mu$ und Varianz σ^2 ist. Mit anderen Worten, die Verteilung $\sqrt{T}\bar{y}$ nähert sich mit zunehmenden Werten für T der Verteilung $N(\sqrt{T}\mu, \sigma^2)$. Dies wird üblicherweise dargestellt durch:

$$\sqrt{T}(\bar{y} - \mu) \xrightarrow{L} N(0, \sigma^2), \tag{4.14}$$

wobei die Notation bedeutet, daß $\sqrt{T}\bar{y}$ im Grenzfall eine Normalverteilung aufweist.

Die Darstellung der Ergebnisse in der Form $\sqrt{T}\bar{y}$ und nicht als $\bar{y}$ führt hin und wieder zu Verwirrung. Diese Darstellung ist aber notwendig, um eine asymptotische Verteilung zu begründen. Angenommen, wir haben den ursprünglichen Fall mit $y_t \sim N(\mu, \sigma^2)$. Die Varianz von $\bar{y}$ ist σ^2/T, im Grenzfall $T \rightarrow \infty$ geht diese aber gegen Null. Folglich ist die asymptotische Verteilung degeneriert, wobei sich all ihre Masse im Punkt $\bar{y} = \mu$ konzentriert. Dies ist natürlich keine Richtlinie für die verteilungstheoretischen Ergebnisse, die in endlichen Stichproben erwartet werden können. Dennoch, wenn sich auch die asymptotischen Ergebnisse formal auf die Grenzverteilung von $\sqrt{T}\bar{y}$ beziehen, ist es die approximative Verteilung von $\bar{y}$, die von Interesse ist. Wenn (4.14) gegeben ist, so wird gesagt, ist $\bar{y}$ *asymptotisch normalverteilt* und kann geschrieben werden als:

$$\bar{y} \sim AN(\mu, \sigma^2/T). \tag{4.15}$$

Die *asymptotische Varianz* ist:

$$\text{Avar}(\bar{y}) = \sigma^2/T. \tag{4.16}$$

Cramérs Theorem

Das folgende Resultat, das manchmal als *Cramérs Theorem* bezeichnet wird, spielt eine wichtige Rolle bei der Bestimmung der asymptotischen Eigenschaften verschiedener Schätzfunktionen.

Angenommen, $\eta = H_T \xi_T$ ist ein $n \times 1$ Vektor von Zufallsvariablen mit einer multivariaten normalen Grenzverteilung mit Mittelwert μ und Kovarianz Ω; d.h. $\xi_T \xrightarrow{L} N(\mu, \Omega)$ und H_T ist eine $n \times n$ Matrix mit der Eigenschaft:

$$\text{plim}\, H_T = H,$$

wobei H p.d. ist. Dann ist:

$$\eta_T \xrightarrow{L} N(H\mu, H\Omega H'). \tag{4.17}$$

Beispiel Betrachten wir die statistische Kenngröße:

$$\frac{\bar{y} - \mu}{s/\sqrt{T}}, \tag{4.18}$$

die für eine Zufallsstichprobe aus einer nicht normalverteilten Verteilung konstruiert wurde. Die Standardabweichung der Verteilung in der Grundgesamtheit, σ, sei unbekannt und sie wird durch den konsistenten Schätzwert s, der in (4.10) definiert wurde, ersetzt. Aus dem zentralen Grenzwertsatz folgt $\sqrt{T}(\bar{y} - \mu) \xrightarrow{L} N(0, \sigma^2)$. Falls $\sqrt{T}(\bar{y} - \mu)$ als Zufallsvariable angenommen wird, entspricht sie η_T in Cramérs Theorem und $H_T^{-1} = s$. Da $\text{plim}\, s = \sigma$, folgt aus (4.17):

$$\frac{\bar{y}-\mu}{s/\sqrt{T}} \xrightarrow{L} N(0,1). \tag{4.19}$$

Dies ist die Rechtfertigung dafür um (4.18) als ein asymptotisches t-Verhältnis zu betrachten, das als eine standardnormalverteilte Veränderliche in großen Stichproben angesehen werden kann. Die Quadratwurzel der Schätzfunktion der asymptotischen Varianz (4.16)

$$\text{avar}(\bar{y}) = s^2/T \tag{4.20}$$

ist der asymptotische Standardfehler.

1.5 Zeitreihenanalyse und Modellentwicklung

Einige einfache Zeitreihenmodelle wurden in Abschnitt 2 eingeführt. Dieser Abschnitt zeigt Möglichkeiten zur Charakterisierung der Eigenschaften solcher Modelle auf und zeigt, wie diese erweitert werden können, so daß sich nützliche univariate Modelle für die Art von Zeitreihen ergeben, wie sie typischerweise in der Ökonomie vorliegen. Eine detailliertere Darstellung dieser Thematik ist in dem zugehörigen Band *Time Series Models (TSM)* zu finden.

Stationarität

Der Störterm ϵ_t, der in allen ARMA-Modellen des Abschnittes 2 auftrat, ist das einfachste Beispiel eines stationären stochastischen Prozesses. Für jeden Wert von t hat ϵ_t einen Mittelwert von Null und eine konstante Varianz und ist unkorreliert mit jeder anderen Variable in der Reihe. Für eine Reihe bestehend aus T Werten $\epsilon_1, \epsilon_2, ..., \epsilon_T$, können diese Eigenschaften formal wie folgt dargelegt werden:

$$E(\epsilon_t) = 0, \quad t = 1, ..., T, \tag{5.1a}$$

$$E(\epsilon_t^2) = \sigma^2, \quad t = 1, ..., T, \tag{5.1b}$$

$$E(\epsilon_t \epsilon_s) = 0, \quad t \neq s \text{ und } t, s = 1, ..., T. \tag{5.1c}$$

Der Erwartungswertoperator kennzeichnet den erwarteten Wert über alle möglichen Realisationen.

Die Eigenschaften in (5.1) definieren einen 'white noise' Prozeß (mit Mittelwert Null). Der Prozeß ist schwach oder kovarianzstationär, da die folgenden Kriterien erfüllt sind: (*i*) der Mittelwert ist unabhängig von t; (*ii*) die Varianz ist unabhängig von t; und (*iii*) jede Autokovarianz $E(\epsilon_t \epsilon_s)$ ist nur abhängig von der Differenz zwischen t und s. Wäre eine Normalverteilung für ϵ_t spezifiziert, so würden die Bedingungen in (5.1) hinreichend sein, um sicherzustellen, daß der Prozeß streng stationär ist. Die Unterscheidung zwischen schwacher und strenger Stationarität ist in diesem Buch aber nicht wichtig und der Begriff Stationarität wird immer dann verwendet, wenn die Kriterien der schwachen Stationarität erfüllt sind.

Betrachten wir nun den Moving-Average-Prozeß 1. Ordnung, der üblicherweise als MA(1)-Prozeß bezeichnet wird und in (2.13) definiert wurde. Aus (5.1a) folgt:

$$E(y_t) = E(\epsilon_t) + \theta E(\epsilon_{t-1}) = 0. \tag{5.2a}$$

Aus (5.1b) und (5.1c) folgt:

$$E(y_t^2) = E(\epsilon_t^2) + 2\theta E(\epsilon_t \epsilon_{t-1}) + \theta^2 E(\epsilon_{t-1}^2) = \sigma^2(1 + \theta^2). \tag{5.2b}$$

Der Mittelwert und die Varianz des Prozesses sind somit unabhängig von t. Weiterhin ist:

$$E(y_t y_{t-1}) = E\left\{(\epsilon_t + \theta\epsilon_{t-1})(\epsilon_{t-1} + \theta\epsilon_{t-2})\right\} = \theta\sigma^2 \tag{5.2c}$$

und

$$E(y_t y_{t-\tau}) = 0, \qquad \tau = \pm 2, \pm 3, \dots. \tag{5.2d}$$

Die Autokovarianzen sind deshalb nur von $\tau = t - s$ abhängig und das Modell erfüllt somit die Anforderungen der Stationarität.

Auf ähnliche Weise kann gezeigt werden, daß der MA(q)-Prozeß

$$y_t = \theta_0 + \epsilon_t + \theta_1\epsilon_{t-1} + \dots + \theta_q\epsilon_{t-q} \tag{5.3}$$

stationär ist. Keine Restriktionen werden benötigt, weder für θ_0 noch für die Moving-Average Parameter $\theta_1, \dots, \theta_q$. Restriktionen müssen hingegen den Parametern des autoregressiven Modells auferlegt werden. Die Bedingung für die Stationarität eines AR(p)-Prozesses ist, daß die Quadratwurzeln der charakteristischen Gleichung

$$x^p - \phi_1 x^{p-1} - \dots - \phi_p = 0 \tag{5.4}$$

in Absolutbeträgen kleiner als Eins sein sollten. Die gleiche Bedingung muß dem in (2.15) definierten allgemeinen ARMA(p,q)-Prozeß auferlegt werden.

Die Bedingung für Stationarität eines $AR(1)$-Modells (2.10) ist, daß $|\phi| < 1$ ist. Wenn diese Bedingung erfüllt ist, führt fortwährende Substitution der gelagten Werte von y_t zu einem unendlichen Moving-Average:

$$y_t = \sum_{j=0}^{\infty} \phi^j \epsilon_{t-j}. \tag{5.5}$$

Dies ist ein Abbild eines allgemeineren Resultates, nämlich dem, daß jeder stationäre AR- oder ARMA-Prozeß als unendlicher MA-Prozeß dargestellt werden kann.

Aus (5.1a) folgt unmittelbar, daß $E(y_t) = 0$ ist. Bezüglich der Varianz gilt:

$$E(y_t^2) = \sum_{j=0}^{\infty}\sum_{i=0}^{\infty} \phi^{i+j} E(\epsilon_{t-j}\epsilon_{t-i}) = \sigma^2 \sum_{j=0}^{\infty} \phi^{2j}$$

und summiert man die unendliche geometrische Reihe $1, \phi^2, \phi^4, \dots$ folgt:

$$Var(y_t) = \sigma^2/(1 - \phi^2). \tag{5.6}$$

Die Autokovarianzen können durch einen ähnlichen Beweis bestimmt werden, aber die Ableitung, die im folgenden Unterabschnitt gegeben wird, ist ein wenig einfacher.

Die Autokorrelationsfunktion

Die Autokovarianzen eines stationären stochastischen Prozesses sind definiert durch:

$$\gamma_\tau = E\left[(y_t - \mu)(y_{t-\tau} - \mu)\right], \qquad \tau = 0, \pm 1, \pm 2... \tag{5.7}$$

Der Graph der γ_τ, d.h. der Autokovarianz zum Lag τ, in Abhängigkeit von τ ist bekannt als die Autokovarianzfunktion. Da $\gamma_\tau = \gamma_{-\tau}$, können die negativen Werte von τ vernachlässigt werden. In ähnlicher Weise können die Autokorrelationskoeffizienten zum Lag τ

$$\rho_\tau = \gamma_\tau / \gamma_0 \qquad \tau = 0, 1, 2, ... \tag{5.8}$$

graphisch gegen τ abgetragen werden; dies führt zur *Autokorrelationsfunktion* (a.c.f.). Beide Funktionen enthalten exakt dieselben Informationen über die Korrelationsstruktur des Prozesses, der einzige Unterschied besteht darin, daß die Autokorrelationen dimensionslos mit $\rho_0 = 1$ sind.

Die Autokorrelationsfunktion eines $MA(1)$-Prozesses weist einen abrupten Abfall nach $\tau = 1$ auf. Die Autokorrelationen eines $AR(1)$-Prozesses nehmen jedoch exponentiell ab, wie dies in Abbildung 1.3 gezeigt ist. Die Gestalt der Autokorrelationsfunktion kann über eine Multiplikation beider Seiten von (2.10) mit $y_{t-\tau}$ und der Erwartungswertbildung abgeleitet werden. Aus:

$$E(y_t y_{t-\tau}) = \phi E(y_{t-1} y_{t-\tau}) + E(\epsilon_t y_{t-\tau}), \tag{5.9}$$

folgt:

$$\gamma_\tau = \phi \gamma_{\tau-1} \qquad \tau = 1, 2, ... \tag{5.10}$$

und dies impliziert einen ähnlichen Ausdruck für die Autokorrelationen.

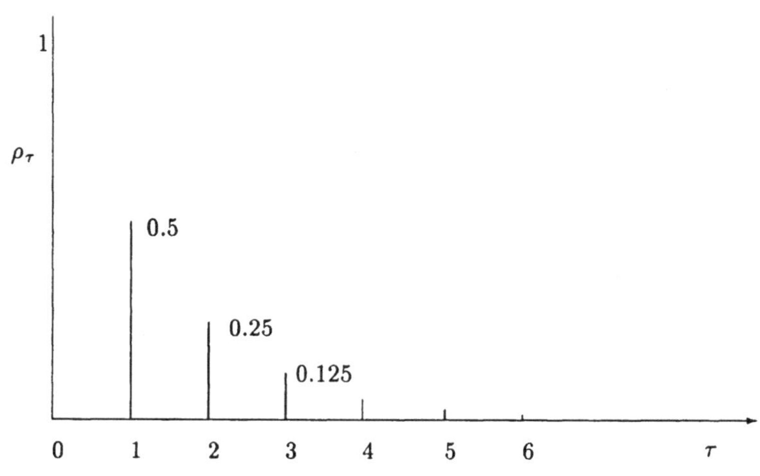

Abbildung 1.3 Autokorrelationsfunktion eines $AR(1)$- Prozesses mit $\phi = 0.5$

Allgemein weist ein MA(q)-Prozeß einen Abfall der Autokorrelationsfunktion nach dem Lag q auf. Auf der anderen Seite tendiert die Autokorrelationsfunktion eines AR(p) allmählich gegen Null. Sie hat die Form einer Differenzengleichung p'ter Ordnung und die Frage, ob die Abnahme exponentiell, zyklisch oder oszillierend ist, hängt von den Quadratwurzeln der charakteristischen Gleichung (5.4) ab. Ein gemischter Prozeß (2.15) besitzt die Charakteristiken eines AR(p) und eines MA(q) und die Bandbreite der Muster, die durch die Autokorrelationsfunktion ausgewiesen wird, kann sehr weit sein. Zum Beispiel hat das einfachste gemischte Modell der ARMA(1,1)-Prozeß nicht weniger als 6 verschiedene Muster.

Die Stichprobenkorrelation zum Lag τ ist definiert als:

$$r_\tau = c_\tau / c_0 \qquad \tau = 1, 2, 3, ..., \tag{5.11}$$

mit c_τ als der Stichprobenkovarianz

$$c_\tau = T^{-1} \sum_{t=\tau+1}^{T} (y_t - \bar{y})(y_{t-\tau} - \bar{y}), \qquad \tau = 0, 1, ... \tag{5.12}$$

und $\bar{y}$ als dem Stichprobenmittelwert. Der Graph der Stichprobenautokorrelationen gegen τ ist bekannt als *Korrelogramm.* Das Korrelogramm ist eines der wichtigsten Instrumente zur Analyse der Eigenschaften einer Zeitreihe, aber es sollte in Erinnerung bleiben, daß es von Stichprobenfehlern abhängig ist und dadurch manchmal in kleinen Stichproben in die Irre führen kann.

Die Eigenschaften eines stochastischen Prozesses können im Frequenzbereich unter Verwendung des Powerspektrum hergeleitet werden. Das Spektrum ist grundsätzlich eine Transformation der Autokovarianzfunktion und es enthält exakt die gleiche Information wie die Autokovarianzfunktion. Die Information ist aber in einer anderen Form wiedergegeben und dies kann insbesondere dann nützlich sein, wenn sich das Interesse auf zyklische Bewegungen konzentriert. Methoden zur Analyse des Frequenzbereiches werden in diesem Buch nicht verwendet, eine ausführliche Diskussion dieser Thematik ist in *TSM* zu finden.

Der Lag-Operator

Der Lag-Operator L wird durch die Transformation:

$$Ly_t = y_{t-1} \tag{5.13}$$

definiert. Wendet man L auf y_{t-1} an, ergibt sich $Ly_{t-1} = y_{t-2}$. Subtituiert man aus (5.13) folgt $L(Ly_t) = y_{t-2}$ und somit allgemein:

$$L^\tau y_t = y_{t-\tau}. \tag{5.14}$$

Es ist folgerichtig, die Definition dadurch zu komplettieren, daß man L^0 die Eigenschaft $L^0 y_t = y_t$ zuweist, so daß (5.14) für alle nichtnegativen ganzen Zahlen gilt.

Der Lag-Operator kann auf ähnliche Weise so verändert werden, daß er jeden algebraischen Wert annehmen kann. So kann (5.5) in der Form

$$y_t = \sum_{j=0}^{\infty} (\phi L)^j \epsilon_t$$

dargestellt werden und ist $|\phi| < 1$, so folgt aus der Summierung der unendlichen geometrischen Reihe $1, \phi L, (\phi L)^2, \ldots$:

$$y_t = \epsilon_t/(1-\phi L). \tag{5.15}$$

Multiplikation beider Seiten von (5.15) mit $(1-\phi L)$ ergibt:

$$y_t - \phi y_{t-1} = \epsilon_t.$$

Nach Umstellen der Terme ergibt sich die Ausgangsgleichung (2.10).

Der 1.Differenzenoperator

$$\Delta y_t = y_t - y_{t-1}$$

kann auf gleiche Weise genutzt werden wie der Lag-Operator, da $\Delta = 1 - L$ ist. Die Beziehung zwischen den beiden Operatoren kann oftmals nutzbringend verwendet werden. Zum Beispiel ist:

$$\begin{aligned} \Delta^2 y_t &= (1-L)^2 y_t = (1-2L+L^2)y_t \\ &= y_t - 2y_{t-1} + y_{t-2}. \end{aligned} \tag{5.16}$$

Das allgemeine ARMA(p,q)-Modell (2.15) kann in der Form

$$\phi(L)y_t = \theta(L)\epsilon_t \tag{5.17}$$

geschrieben werden, wobei $\phi(L)$ und $\theta(L)$ Polynome des Lag-Operators sind, die durch:

$$\phi(L) = 1 - \phi_1 L - \ \ldots \ - \phi_p L^p \tag{5.18}$$

und

$$\theta(L) = 1 + \theta_1 L + \ \ldots \ + \theta_q L^q \tag{5.19}$$

definiert sind. Die Stationaritätsbedingung kann in Termen von (5.18) durch die Anforderung, daß die Quadratwurzeln von ϕL *außerhalb* des Einheitskreises liegen, formuliert werden, d.h. daß ihr Absolutbetrag größer als Eins ist, vgl. (5.4).

Eine ähnliche Bedingung kann den Quadratwurzeln von θL auferlegt werden, um die *Invertierbarkeit* zu sichern. Ein invertierbarer Prozeß ist einer, der in Form einer unendlichen Autoregression dargestellt werden kann (vgl. (2.14)).

Die Modellierung stationärer Prozesse

Die einfachste Möglichkeit, ein Modell für einen stationären Prozeß zu konstruieren, ist ein autoregressives Modell zu schätzen, wobei die zu untersuchende Variable in Abhängigkeit ihrer gelagten Werte betrachtet wird. Es kann aber möglich sein, daß man ein ARMA-Modell findet, das eine genauso gute Anpassung aufweist, aber weniger Parameter enthält. Ein ARMA-Modell kann über die Maximum-Likelihood-Methode geschätzt werden, es ist aber eine nichtlineare Optimierungsmethode zu verwenden, wenn MA-Elemente vorliegen. Folglich ist ein Preis für die Sparsamkeit zu entrichten. Ferner wird eine andere Vorgehensweise zur Modellauswahl notwendig. Während man zunächst ein ziemlich langes AR-Modell schätzen kann und es fortwährend vereinfacht, indem nichtsignifikante Größen fallengelassen werden, ist es besser ein ARMA-Modell zu schätzen, wenn von Anfang an angemessene Werte für p und q gewählt werden, vergleiche die Diskussion bezüglich gemeinsamer Faktoren in Abschnitt 3.6. Das Basisinstrument zur Spezifizierung geeigneter Werte für p und q ist das Korrelogramm. Ist die Stichprobe ausreichend groß, sollte das Korrelogramm einen ähnlichen Verlauf wie die zugrunde liegende theoretische Autokorrelationsfunktion aufweisen. Die Kenntnis der Muster der a.c.f., die typischerweise mit verschiedenen Werten von p und q verbunden sind, kann den Forscher dazu führen, eine geeignete Wahl zu treffen.

Nachdem das ausgewählte Modell geschätzt worden ist, kann dessen Angemessenheit durch die Überprüfung, ob die Residuen approximativ zufällig sind, beurteilt werden. Dies ist die Diagnoseüberprüfung. Die wichtigste verwendete Teststatistik ist die *Box-Pierce Q-Statistik*, die definiert ist als:

$$Q = T \sum_{\tau=1}^{P} \tilde{r}_{\tau}^{2}, \tag{5.20}$$

dabei ist $\tilde{r}_\tau$ der τte Stichprobenkorrelationskoeffizient der Residuen. Ist das Modell korrekt spezifiziert, hat Q ein χ^2-Verteilung mit $P - p - q$ Freiheitsgraden. Große Werte für Q führen zu einer Ablehnung der Hypothese einer korrekten Spezifikation und wenn das Modell abgelehnt ist, wird die ganze Folge aus Identifikation, Schätzung und Diagnoseüberprüfung solange wiederholt, bis ein befriedigendes Modell ermittelt ist.

Prognosen für ein ARMA-Modell können rekursiv ermittelt werden. Betrachtet man den ARMA(1,1)-Prozeß

$$y_t = \phi y_{t-1} + \epsilon_t + \theta\epsilon_{t-1}\,, \quad t = 1, \ldots, T \tag{5.21}$$

und nimmt an, daß ϕ und θ gegeben und die Störgrößen bis zum Zeitpunkt T bekannt sind, dann kann gezeigt werden, daß der Prognosewert für y_{t+1} mit Minimalem Quadratischen Fehler durch den Erwartungswert y_{t+1} unter der Bedingung der Informationen zum Zeitpunkt T gegeben ist. Sind die Störgrößen in (5.21) unabhängig verteilt, ist der bedingte Erwatungswert für y_{t+1}:

$$\tilde{y}_{T+1|T} = \phi y_T + \theta\epsilon_T. \tag{5.22}$$

Dies folgt direkt durch das Schreiben von (5.21) für $t = T + 1$ und dem Festsetzen des nichtbeobachteten Störterm, ϵ_{T+1} auf dessen Erwartungswert von Null. Weitere Prognosen werden über die Differenzengleichung

$$\tilde{y}_{T+l|T} = \phi\tilde{y}_{T+l-1|T} \quad l = 2, 3, \ldots \tag{5.23}$$

ermittelt, wobei (5.22) den Startwert liefert. In der Praxis werden ϕ und θ geschätzt und ϵ_t wird durch ein Residuum ersetzt. Die Prinzipien, aufgrund derer Prognosen berechnet werden, bleiben aber identisch.

Nichtstationarität, Einheitswurzeln und Zeittrends

Die meisten ökonomischen Zeitreihen sind nicht stationär. Viele von diesen können aber wenigstens approximativ als stationäre Prozesse angesehen werden, wenn ihre Differenzen gebildet sind. Muß für eine Reihe d-mal die Differenz gebildet werden, damit sie stationär ist, dann, so wird gesagt, ist sie *integriert* von Ordnung d. Dies wird dargestellt durch das Schreiben von $y_t \sim I(d)$. Das Modell in (2.11) generiert eine stationäre Reihe in ihren ersten Differenzen Δy_t, die korrespondierenden Niveaus y_t sind aber nichtstationär, folglich ist $y_t \sim I(1)$. Ersetzt man Δ durch (1-L) und stellt man die Gleichung um, kann (2.11) in Termen eines Modells des Niveaus dargestellt werden, nämlich:

$$y_t = (1 + \phi)y_{t-1} - \phi y_{t-2} + \epsilon_t. \tag{5.24}$$

Dies ist ein AR(2)-Prozeß der Form (2.12), aber die Tatsache, daß dieser nicht stationär ist, wird durch das Auftreten einer *Einheitswurzel* wiedergegeben. Falls (5.24) unter Verwendung eines autoregressiven Polynoms im Lagoperator geschrieben wird, wie in (5.18), kann dieses Polynom wie folgt faktorisiert werden:

$$\phi(L) = 1 - (1 + \phi)L + \phi L^2 = (1 - \phi L)(1 - L). \tag{5.25}$$

Die Wurzeln dieses Polynoms sind $1/\phi$ und Eins. Die erste Wurzel liegt außerhalb des Einheitskreises, während die Einheitswurzel, welche offensichtlich auf dem Einheitskreis liegt, mit dem 1. Differenzenoperator korrespondiert und herausfällt, wenn dieser Operator auf eine Reihe wie in (2.11) angewandt wird.

Was geschieht, wenn eine Einheitswurzel in einem Modell nicht berücksichtigt wird? Der einfachste zu analysierende Fall ist der eines *Random Walk*:

$$y_t = y_{t-1} + \epsilon_t. \tag{5.26}$$

Dieses Modell ist ein sehr wichtiges in der Ökonomie, aber alles, was es aussagt ist, daß die jetzige Beobachtung gleich der vorhergehenden Beobachtung plus einem zufälligem Störterm ist. Es ist kein Parameter zu schätzen wie im AR(1)-Modell, (2.10), da ϕ gleich Eins ist. Selbst wenn die Reihe ein Random Walk ist, gibt es nichts, was die Anpassung eines AR(1)-Modells zur Erklärung von y_t durch y_{t-1} verhindert. Die Konsequenz ist, daß der resultierende Schätzwert nach unten verzerrt sein wird. Praktisch ausgedrückt, der typische Schätzwert, der vorzugsweise in kleinen Stichproben ermittelt wird, wird weit unterhalb von Eins sein und sofern dieser Punkt nicht bemerkt wird, kann fehlerhaft geschlossen werden, daß die Reihe stationär ist. Dieser Punkt wird in Abschnitt 2.12 weiter erörtert und ein Test auf eine Einheitswurzel wird dort dargestellt.

Beobachtungswerte werden manchmal 'trendbereinigt', bevor ein Modell geschätzt wird. Trendbereinigung in diesem Sinne läuft auf eine Regressionsfunktion der Beobachtungswerte in Abhängigkeit der Zeit hinaus. Die Residuen mögen dann ein AR-Modell beinhalten, welches daran angepaßt wird. Die Vorgehensweise ist gleichwertig der Hinzunahme eines Ordinatenabschnittes und eines Zeittrends als erklärender Variable, wenn y_t aus ihren gelagten Werten erklärt wird. So ist für $p = 1$ das Modell tatsächlich

$$y_t = \alpha + \beta t + \phi y_{t-1} + \epsilon_t. \tag{5.27}$$

Die Philosophie, die einem solchen Ansatz unterliegt, ist diejenige, daß langfristig Bewegungen in der Reihe einem deterministischen Pfad folgen, während die kurzfristigen Bewegungen durch eine stationäre Autoregression erfaßt werden. Obgleich dies für die meisten ökonomischen Reihen unplausibel ist, scheint das Modell oftmals eine annehmbare Anpassung hervorzubringen. Die Interpretation der Ergebnisse muß mit Vorsicht erfolgen. Ist die Reihe aktuell durch einen Random Walk generiert, werden die Residuen aus einer Regression mit der Zeit als stationär erscheinen. Ähnlich ist es, wenn ein AR-Modell mit einer Konstanten und einem Zeittrend, wie in (5.27), angepaßt wird. Das Vorhandensein dieser zusätzlichen Variablen wird die Verteilung für die Schätzwerte von ϕ gleichmäßig weiter nach links verschieben. Dadurch wird die negative Verzerrung verstärkt und man erhält den unmißverständlichen Eindruck, daß keine Einheitswurzel vorliegt.

ARIMA-Modellierung

Die Attraktivität des ARMA(p,q)-Modells besteht darin, daß es eine sparsame Darstellung eines stationären stochastischen Prozesses liefert. Es kann durch Differenzenbildung erweitert werden um eine viel größere Klasse von nichtstationären Modellen zu umschließen. Muß der Differenzenopertor *d*-mal angewandt werden, bevor eine ARMA(p,q)-Darstellung angebracht ist, folgt die Variable einem ***autoregressiven integrierten Moving-Average*** Prozeß der Ordnung (p,d,q). Er wird abgekürzt als ARIMA(p,d,q). So ist (2.11) ein ARIMA(1,1,0)-Prozeß.

ARIMA-Modelle sind primär verbunden mit der Arbeit von Box und Jenkins (1976). Sie entwickelten eine Methodologie zur Modellauswahl, die auf drei Elementen basiert: Identifikation [1], Schätzung und Diagnoseüberprüfung. Falls das Modell die Diagnoseüberprüfung nicht besteht, wird der gesamte Zyklus wiederholt, bis ein befriedigendes Modell gefunden ist. Diese Methodologie wurde im wesentlichen im vorstehenden Unterabschnitt über die Modellierung stationärer Prozesse skizziert. Als nun zusätzliches vorliegendes Merkmal muß die Ordnung der Differenzen festgelegt werden. Die von Box und Jenkins favorisierte Methode bestand darin, daß Korrelogramm für verschiedene Werte von *d* zu untersuchen, um zu sehen, ob die Autokorrelationen ausreichend schnell herabgesetzt werden, um konsistent mit dem Verhalten eines Korrelogramms eines stationären Prozesses zu sein.

Prognosen für ein ARIMA-Modell werden ermittelt, indem man es als ein nichtstationäres ARMA-Modell darstellt, wie in (5.21), und dann exakt so vorgeht wie im stationären Fall. Prognoseintervalle können ebenfalls bestimmt werden.

Obgleich ARIMA-Modelle extensiv auf ökonomische Zeitreihen angewandt worden sind, ist die oben beschriebene Methodologie zur Modellauswahl anfällig für eine Reihe von Problemen, die, insbesondere in kleinen Stichproben, typischerweise in der Ökonomie, vorliegen. Eine detaillierte Kritik des gesamten ARIMA-Ansatzes ist in Harvey (1989, Kap. 2) zu finden.

Strukturelle Zeitreihenmodelle

Ein strukturelles Zeitreihenmodell ist ein Modell, das direkt in Größen der zu untersuchenden Komponenten, wie z.B. Trend, Zyklus und Saison formuliert wird. Als Startpunkt wird angenommen, daß diese Komponenten deterministische Funktionen der Zeit sind. Dann kann ein Regressionsmodell verwandt werden, um die Reihe zu modellieren. Diese Annahme ist aber viel zu rigide und das Modell ist folglich flexibler zu gestalten,

[1] In diesem Zusammenhang ist der verwendete Term 'Identifikation' unverbunden mit dem Konzept der 'Identifikation' oder 'Identifizierbarkeit', der in Abschnitt 1.1 erwähnt ist und in Abschnitt 3.6 definiert wird.

wenn man zuläßt, daß die Regressionsparameter stochastisch über die Zeit variieren. Der Mechanismus, durch den das vorgenommen wird, ist grundsätzlich ein Random Walk. Durch diese Modellformulierung wird ein Grad an Kontinuität für die abhängige Variable aufrechterhalten.

Eines der einfachsten strukturellen Zeitreihenmodelle ist das *lokale lineare Trend*modell

$$y_t = \mu_t + \epsilon_t, \tag{5.28}$$

wobei ϵ_t ein irregulärer white-noise Störterm und μ_t ein *stochastischer Trend* ist:

$$\mu_t = \mu_{t-1} + \beta_{t-1} + \eta_t, \tag{5.29a}$$

$$\beta_t = \beta_{t-1} + \zeta_t, \tag{5.29b}$$

in denen η_t und ζ_t ebenfalls white noise Störterme sind. Das Niveau der Reihe ist durch μ_t gegeben, während β_t der Steigungsparameter ist. Im speziellen Fall, wenn beide μ_t und ζ_t keine Varianz aufweisen, reduziert sich der stochastische Trend zu einem deterministischen Trend und folglich ist:

$$y_t = \alpha + \beta t + \epsilon_t, \tag{5.30}$$

mit $\alpha = \mu_0$.

Ein etwas einfacheres Modell folgt, wenn kein Steigungsparameter vorliegt, da dann die Spezifikation von μ_t in (5.28)

$$\mu_t = \mu_{t-1} + \eta_t \tag{5.31}$$

ist. Dieses ist bekannt als *lokales Niveau-* oder *Random Walk plus noise*-Modell. Es kann durch einmalige Differenzenbildung stationär gestaltet werden und man erhält:

$$\Delta y_t = \eta_t + (1 - L)\epsilon_t. \tag{5.32}$$

Die Autokorrelation 1. Ordnung von Δy_t beträgt

$$e_1 = -1/(2 + q), \tag{5.33}$$

wobei q gleich dem Verhältnis der Varianz von η_t zu der von ϵ_t ist. Die verbleibenden Autokorrelationen sind Null und somit hat die Autokorrelationsfunktion dieselben Charakteristiken wie ein MA(1)-Prozeß. In der Tat hat das Random Walk plus noise-Modell in dem Sinne als *reduzierte Form* ein ARIMA(0,1,1)-Modell, daß es ein Modell ist, welches einen einzigen Störterm aufweist, der dieselbe a.c.f. wie das von 1. Differenzen bereinigte lokale Niveau-Modell hat und die gleichen Prognosen liefert. Auf gleichem Weg kann gezeigt werden, daß das lokale lineare Trendmodell als reduzierte Form ein ARIMA(0,2,2) hat.

Die statistische Behandlung struktureller Zeitreihenmodelle basiert auf dem Kalman Filter und ist außerhalb des Anliegens dieses Buches. Der wesentliche Punkt bei solchen Modellen ist aber, daß sie eine natürlichere Interpretation als ARIMA-Modelle aufweisen und zu einer Modellauswahlstrategie führen, die der für die Regressionmodelle in der Ökonometrie entwickelten wesentlich näher ist. Details sind in Harvey (1989) zu finden.

Multivariate Zeitreihen

Die Beziehung zwischen einem Paar gemeinsam stochastischer Prozesse wird durch die *Kreuz-Kovarianzfunktion* charakterisiert. Falls beide Prozesse einen Mittelwert von Null haben, ist sie definiert durch:

$$\gamma_\tau(y_1, y_2) = E(y_{1t}, y_{2t-\tau}), \quad \tau = 0, \pm 1, \pm 2, \dots \tag{5.34}$$

Die *Kreuzkorrelationsfunktion* ist eine dimensionslose Größe, die sich ergibt, indem die Kreuz-Kovarianzfunktion durch die Standardfehler von y_1 und y_2 dividiert wird. Weder die Kreuzkorrelationsfunktion noch die Kreuz-Kovarianzfunktion sind allgemein symmetrisch um $\tau = 0$.

Ein multivariater white noise Prozeß mit Mittelwert Null wird durch einen Nx1 Vektor ϵ_t definiert, der die folgenden Eigenschaften besitzt:

$$E(\epsilon_t) = 0, \qquad t = 1, \dots, T, \tag{5.35a}$$

$$E(\epsilon_t \epsilon_t') = \Omega\,, \qquad t = 1, \dots, T, \tag{5.35b}$$

$$E(\epsilon_t \epsilon_s) = 0\,, \qquad t \neq s\,, \qquad t, s = 1, \dots, T. \tag{5.35c}$$

Die Kreuzkorrelationen in einem bivariaten white noise Prozeß sind, wie ersichtlich ist, gleich Null für $\tau \neq 0$.

Der multivariate ARMA(p,q)-Prozeß (2.16) kann geschrieben werden in der Form:

$$\Phi(L)y_t = \Theta(L)\epsilon_t, \tag{5.36}$$

wobei $\Phi(L)$ und $\Theta(L)$ polynominale Matrizen des Lagoperators sind, die in gleicher Weise wie in (5.18) und (5.19) definiert sind. Der Störterm ϵ_t ist multivariat white noise und die Variablen in y_t sind gemeinsam stationär, sofern die Wurzeln der $|\Phi(L)|$ außerhalb des Einheitskreises liegen. Jeder stationäre multivariate ARMA-Prozeß kann in Form eines unendlichen MA- Prozesses geschrieben werden:

$$y_t = \Phi^{-1}(L)\Theta(L)\epsilon_t. \tag{5.37}$$

Prognosen können in gleicher Weise wie für univariate Prozesse erstellt werden. So werden für das VAR(1)-Modell

$$y_t = \Phi y_{t-1} + \epsilon_t \tag{5.38}$$

Prognosen über die Rekursion

$$\tilde{y}_{T+l|T} = \Phi y_{T+l-1|T}\,, \qquad l = 1, 2, \dots \tag{5.39}$$

mit $\tilde{y}_{T|T} = y_T$, ermittelt.

Multivariate strukturelle Zeitreihenmodelle können ebenfalls konstruiert werden. So kann das Modell in (5.28) so angepaßt werden, daß multivariate Reihen behandelt werden können, indem sowohl μ_t als auch ϵ_t Nx1 Vektoren sind. Eine weitere Entwicklung ist, y_t von einer reduzierten Zahl *gemeinsamer Trends* abhängig sein zu lassen:

$$y_t = \Theta\mu_t + \epsilon_t\,, \qquad t = 1, \dots, T, \tag{5.40}$$

wobei die Dimension von μ_t kleiner als N und Θ eine entsprechende Matrix ist. Die Attraktivität des gemeinsamen Trendmodells besteht darin, daß es in der Lage ist, verschiedene langfristige Beziehungen zwischen den Reihen zu erfassen.

1.6 Ökonometrische Modelle

Abbildung 1.4 zeigt die Verbindungen zwischen den Zeitreihenmodellen und den ökonometrischen Modellen und stellt heraus, in welcher Weise sie zusammenwirken, um dynamische ökonometrische Modelle hervorzubringen. In univariaten Zeitreihenanalysen wird eine Variable in Größen ihrer eigenen Vergangenheit modelliert, während in der Ökonometrie ein Modell auf der Basis einer Verhaltensgleichung, die durch die ökonomische Theorie vorgeschlagen wird, erstellt wird. Das statische Regressionsmodell wird in Kapitel 2 beschrieben und stellt den grundsätzlichen Rahmen für die Behandlung von Verhaltensgleichungen dar. Wenn solche Modelle auch für Gleichgewichtszustände angemessen sind, sind sie nicht in der Lage, die dynamischen Effekte zu erfassen, die mit der Anpassung von einer Gleichgewichtsposition zu einer anderen verbunden sind. Deshalb werden Konzepte und Modellierungstechniken eingeführt, die aus der Analyse univariater Zeitreihen abgeleitet sind.

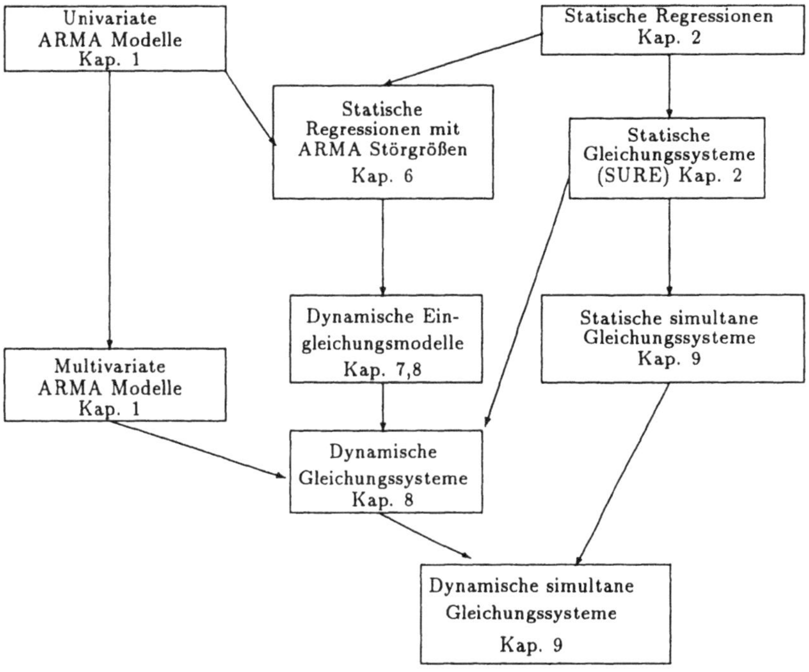

Abbildung 1.4 Ökonometrische Modelle

Kapitel 7 und 8 enthalten eine detaillierte Behandlung von dynamischen Eingleichungsmodellen. Es gibt eine Vielzahl verschiedener Möglichkeiten zur Konstruktion solcher

Modelle, aber welcher Ansatz auch immer gewählt wird, das Hauptproblem ist, eine geeignete dynamische Spezifikation zu bestimmen. Kapitel 6 ist die Verbindung zwischen den Kapiteln 7 und 8 und dem Kapitel 2. Die Modelle dort sind statisch, die Störgrößen werden aber als ARMA-Prozessen folgend angenommen. Derartige Modelle stellen eine Einführung in die Schätzung und die Überprüfung dynamischer Modelle dar und es ist möglich, deren Untersuchung aus rein pädagogischen Gründen zu rechtfertigen. Der hier eingenommene Standpunkt ist, daß die Auswahl zwischen statischen und dynamischen Modellen zum Teil über ihr Niveau bezogen auf die zeitliche Aggregation der Daten diktiert wird. Sind Beobachtungswerte jährlich verfügbar und nicht quartalsweise oder auf monatlicher Basis, dann ist es sehr schwierig, dynamische Effekte direkt zu modellieren. Unter diesen Umständen mag ein statisches Modell die beste Approximation sein. Die ARMA-Störterme reflektieren nicht nur die Bewegungen ausgelassener Variablen, sie enthalten auch die Effekte der Aggregation, die grundsätzlich eine dynamische Beziehung darstellen.

Gleichungssysteme werden ebenfalls in den Kapiteln 2, 6 und 8 untersucht. Das statische Modell der scheinbar unverbundenen Regressionsgleichungen (SURE) wird in Kapitel 2 eingeführt. Es kann dazu benutzt werden, einen Satz an Beobachtungen über die Zeit zu modellieren. Die Beobachtungswerte können für verschiedene Variablen oder für die gleichen Variablen verschiedener Individuen gemessen worden sein. Der letztere Fall repräsentiert eine Zeitreihe von Querschnitten. Das SURE-Modell wird in den Kapiteln 6 und 8 erweitert. Kapitel 9 befaßt sich mit simultanen Gleichungssystemen, dabei werden sowohl statische als auch dynamische Modelle betrachtet.

Die Beziehungen zwischen der Zeitreihenanalyse und der Ökonometrie können in einem etwas anderen Licht betrachtet werden, wenn einmal die Idee der multivariaten Zeitreihenmodellierung eingeführt ist. Ein dynamisches ökonometrisches Modell kann dargestellt werden als ein multivariates ARMA-Modell, in dem den Parametern – auf Basis der ökonomischen Theorie – *a priori* Restriktionen auferlegt wurden.

Beispiel Betrachten wir ein einfaches dynamisches Keynessches Modell, in dem der Konsum c von dem um eine Periode gelagten Volkseinkommen abhängig ist, und die Investitionen i über einen 'Akzeleratormechanismus' determiniert sind. Fügt man die Volkseinkommensidentität ein, folgt:

$$c_t = \alpha y_{t-1} + \epsilon_t, \tag{6.1a}$$

$$i_t = \beta(c_{t-1} - c_{t-2}) + \eta_t, \tag{6.1b}$$

$$y_t = c_t + i_t, \tag{6.1c}$$

wobei ϵ_t und η_t Störterme sind. Substitution für c_t und i_t in (6.1c) ergibt:

$$y_t = \alpha y_{t-1} + \beta(c_{t-1} - c_{t-2}) + \xi_t,$$

mit $\xi_t = \epsilon_t + \eta_t$, und die drei Gleichungen können jetzt als Vektorautoregression (2.17) geschrieben werden, d.h.:

$$\begin{pmatrix} c_t \\ i_t \\ y_t \end{pmatrix} = \begin{bmatrix} 0 & 0 & \alpha \\ \beta & 0 & 0 \\ \beta & 0 & \alpha \end{bmatrix} \begin{pmatrix} c_{t-1} \\ i_{t-1} \\ y_{t-1} \end{pmatrix} + \begin{bmatrix} 0 & 0 & 0 \\ -\beta & 0 & 0 \\ -\beta & 0 & 0 \end{bmatrix} \begin{pmatrix} c_{t-2} \\ i_{t-2} \\ y_{t-2} \end{pmatrix} + \begin{pmatrix} \epsilon_t \\ \eta_t \\ \xi_t \end{pmatrix}. \tag{6.2}$$

> Die Matrizen der AR-Koeffizienten Φ_1 und Φ_2 würden im nichtrestringierten Fall achtzehn unbekannte Parameter enthalten. In (6.2) sind es nur zwei. Die Restriktionen, die in (6.2) vorliegen, sind sehr einschränkend und es könnte vorgebracht werden, daß die ökonomische Theorie keinen Anlaß hat, so speziell über die Form der Dynamiken zu sein. So gibt es in (6.1a) a priori keinen ökonomischen Grund, warum c_{t-1}, c_{t-2}, y_t und y_{t-2} nicht als erklärende Variablen auftauchen sollten. Aber Investitionen, unabhängig ob aktuelle oder gelagte, könnten dennoch aus vernünftigen ökonomischen Gründen ausgeschlossen werden.

Über die Annahme, daß verschiedene Variablen exogen sind, sind ökonometrischen Modellen Restriktionen auferlegt. In einem multivariaten Zeitreihenmodell sind alle Variablen tatsächlich endogen. Der Vorteil der Annahme, daß einige Variablen exogen sind, ist, daß die verbleibenden Variablen unabhängig modelliert werden können, ohne daß irgendeine Information verloren geht.

Ist die Stichprobe klein, sind *a priori* Restriktionen sehr wichtig, da es schwierig sein kann, allein auf Basis der Daten eine geeignete Spezifikation für ein multivariates Zeitreihenmodell abzuleiten. Vorausgesetzt, daß die Restrikitionen eine relativ genaue Abbildung derjenigen in der realen Welt sind, führt ihre Einbindung in das Modell zu einem machtvolleren Instrument für Vorhersagen. Dieses Thema wird im abschließenden Kapitel dieses Buches aufgegriffen und untersucht. Für die Vorhersagen der endogenen Variablen in einem ökonometrischen Modell wird angenommen, daß sie auf Prognosen der exogenen Variablen basieren, die auf einem geeigneten multivariaten Zeitreihenmodell basieren. Es wird dann so argumentiert, daß, falls ein Verhaltensmodell korrekt spezifiziert ist, es immer wenigstens genauso gute Vorhersagen hervorbringt wie das rivalisierende Zeitreihenmodell. Natürlich ist diese Aussage naheliegend, obgleich es so scheint, als ob sie nicht immer richtig verstanden wird. Der Grund für diese Konfusion und ebenso für die durchaus legitime Kontroverse ist mit der Gültigkeit der ökonomischen Theorie verbunden, die zur Konstruktion des Modells verwendet wurde.

In den frühen 1970ern erschien eine Reihe von Studien, die die Vorhersagen von ökonometrischen Modellen mit denen 'naiver' Zeitreihenmodelle verglichen. Eine Anzahl dieser war vorteilhaft für den Zeitreihenansatz. Eine Erklärung für ein solches Ergebnis könnte die unsichere Basis der ökonomischen Theorie sein, auf denen die ökonometrischen Modelle aufgebaut wurden. Eine zweite Erklärung ist verbunden mit einer inadäquaten dynamischen Modellierung. Da die meisten ökonomischen Theorien, die zur Anwendung kamen, statisch und weniger dynamisch sind, tendierte man – verbunden mit daten- und schätztechnischen Überlegungen – im Ergebnis dazu, Modelle zu konstruieren, die im wesentlichen statisch waren. Einer der wesentlichen Beiträge der Zeitreihenanalyse war es, die Aufmerksamkeit auf die dynamischen Aspekte der Modelle zu lenken. Darum stellt die Einbindung von Dynamiken in ökonometrische Modelle eines der wesentlichen Anliegen dieses Buches dar.

Anmerkungen

Abschnitt 2	Das Konzept der Exogenität, das in diesem Abschnitt über die Datengenerierung eingeführt wurde, basiert auf der Definition der 'weichen (schwachen) Exogenität' in Engle *et.al.* (1983). Dieser Punkt wird in Abschnitt 8.8 weiterentwickelt.
Abschnitt 3	Nützliche Referenzen zur Matrizenalgebra umfassen Theil (1971, Kapitel 1) und Johnston (1984, Kapitel 4). Theil (1971, Kapitel 2) präsentiert ebenso einiges Basiswissen zur statistischen Theorie.
Abschnitt 4	Die klassische Referenz ist Cramér (1946). Theil (1971, S. 357 - 378) bietet einen Überblick, während eine detaillierte Darstellung in White (1984) zu finden ist.
Abschnitt 5	Trendbereinigung wird diskutiert in Nelson und Kang (1984).
Abschnitt 6	A priori Wissen über die Parameterwerte können unter Verwendung des Bayesschen Ansatzes in ein ökonometrisches Modell aufgenommen werden; vgl. z.B. Leamer (1978).

Übungen

1. Betrachten wir eine Zufallsstichprobe vom Umfang T aus einer Verteilung mit Mittelwert μ und Varianz σ^2. Zeigen Sie, daß die Schätzfunktion $\hat{\mu}$ einen kleineren MSE aufweist als der Stichprobenmittelwert, falls $T\mu^2 < \sigma^2$ gilt.

2. Bestimmen Sie die Koeffizienten in der unendlichem MA-Darstellung des ARMA(1,1)-Prozesses (5.21) durch fortwährende Substitution für gelagte Werte von y_t. Überprüfen Sie Ihre Antwort unter Verwendung des Lagoperators. Notieren Sie jede Annahme, die Sie treffen.

3. Leiten Sie die Gleichungen für die Varianz und Autokorrelationen für ein MA(2)-Modell ab. Erläutern Sie, wie Sie 1, 2 und 3 Perioden in die Zukunft prognostizieren.

4. Worin besteht der Effekt der Bildung der 1.Differenzen in dem Modell $y_t = \alpha + \beta t + \epsilon_t$ mit α und β als Parameter? Kann das resultierende Modell als ein AR-Prozeß dargestellt werden?

5. Bestimmen Sie den Mittelwert von y_t in dem Modell $y_t = \alpha + \phi y_{t-i} + \epsilon_t$ mit α als Parameter und $|\phi| < 1$.

6. Ist ein AR(2)-Prozeß stationär, falls $\phi_1 = 1.7$ und $\phi_2 = -0.72$ sind?

7. Bestimmen Sie die Autokorrelationsfunktion für das saisonale AR-Modell $(1-\phi L)(1-\phi^* L^4)y_t = \epsilon_t$ mit $|\phi| < 1$ und $|\phi^*| < 1$.

Kapitel 2

Regression

2.1 Lineare Regressionsmodelle

Der Ausgangspunkt in der Entwicklung der ökonometrischen Theorie ist das lineare multiple Regressionsmodell. Es kann geschrieben werden als:

$$y_t = \beta_1 x_{1t} + \beta_2 x_{2t} + \ldots + \beta_k x_{kt} + u_t, \quad t = 1, ..., T, \tag{1.1}$$

mit y_t als der $t$ten Beobachtung der *abhängigen* Variable, x_{it} ist die $t$te Beobachtung der $i$ten *unabhängigen* Variable, u_t ist ein Störterm und $\beta_1, ..., \beta_k$ sind unbekannte Parameter. Die erste unabhängige Variable wird üblicherweise eine Konstante sein, d.h. $x_{1t} = 1$ für alle t. In diesem Fall hängt jede systematische Variation in y_t von den *erklärenden* Variablen $x_2, .., x_k$ ab.

Die erklärenden Variablen werden als *exogen* angenommen. Für statistische Zwecke ist damit gemeint, daß sie als nichtstochastisch oder fixiert bei Stichprobenwiederholungen betrachtet werden können. Im Ergebnis können die stochastischen Eigenschaften der Störgrößen unabhängig von $x_2, ..., x_k$ definiert werden.

Der Störterm kann nicht direkt beobachtet werden. Unter der Annahme, daß $E(u_t) = 0$ für alle t ist, folgt:

$$E(y_t) = \beta_1 x_{1t} + \beta_2 x_{2t} + \ldots + \beta_k x_{kt}, \quad t = 1, ..., T. \tag{1.2}$$

Dies ist der systematische Teil des Modells.

Vektor- und Matrixnotation

Es sei $x_t = (x_{1t}, x_{2t}, ..., x_{kt})'$ ein $k \times 1$ Vektor der Beobachtungswerte der unabhängigen Variablen zum Zeitpunkt t und es sei $\beta = (\beta_1, ..., \beta_k)'$ der korrespondierende $k \times 1$ Vektor der Regressionsparameter. Eine kompaktere Formulierung des Modells ist durch die *Vektornotation* gegeben:

$$y_t = x_t'\beta + u_t, \quad t = 1, ..., T. \tag{1.3}$$

Besser als die seperate Betrachtung jeder der durch (1.1) definierten Gleichungen ist es, alle T Beobachtungen für die abhängige und die unabhängigen Variablen in *Matrixnotation* zu schreiben. Es sei $y_t = (y_1, ..., y_T)'$ der $T \times 1$ Vektor der Beobachtungen der abhängigen Variable; definiert man die $T \times k$ Matrix der unabhängigen Variablen durch:

$$X = \begin{pmatrix} 1 & x_{21} & \dots & x_{k1} \\ 1 & x_{22} & \dots & x_{k2} \\ & & & \\ . & . & & . \\ . & . & & . \\ . & . & & . \\ 1 & x_{2T} & \dots & x_{kT} \end{pmatrix} = \begin{pmatrix} x_1' \\ x_2' \\ \\ . \\ . \\ . \\ x_T' \end{pmatrix}$$

und kennzeichnet $u = (u_1, ..., u_T)'$ den $T \times 1$ Vektor der Störterme, kann das vollständige Modell dargestellt werden als:

$$y = X\beta + u. \tag{1.4}$$

Die klassischen Annahmen

Das klassische lineare Regressionsmodell erfüllt die folgenden Annahmen:

(i) die erklärenden Variablen sind fixiert;
(ii) der Rang von X ist gleich k;
(iii) die Störterme sind unkorreliert, jeder hat einen Mittelwert von Null und eine konstante, aber endliche Varianz.

Die letzte Annahme wird explizit gekennzeichnet indem man den Vektor der Störterme als ϵ schreibt. In Matrixnotation wird dann aus (1.4):

$$y = X\beta + \epsilon, \tag{1.5}$$

mit $\epsilon = (\epsilon_1, ..., \epsilon_T)'$. Die Eigenschaften der Störterme können dann als:

$$E(\epsilon) = 0, \qquad Var(\epsilon) = E(\epsilon\epsilon') = \sigma^2 I_T \tag{1.6}$$

geschrieben werden. Festzuhalten ist, daß die Bedingung (iii) die Verteilung der Störgrößen nicht vollständig spezifiziert und daß nicht angenommen wird, daß sie unabhängig im Zeitablauf sind. Die Anforderung der Unkorreliertheit ist schwächer als die der Unabhängigkeit, obgleich sie, unter der Annahme der Normalverteilung, Unabhängigkeit impliziert.

Funktionalform

Die Annahme der Linearität ist weniger restriktiv, als sie auf den ersten Blick erscheint. Betrachten wir als Beispiel die Cobb-Douglas Produktionsfunktion:

$$Q = AK^{\beta}L^{\gamma}, \tag{1.7}$$

Q ist die produzierte Menge, K ist das Kapital, L ist die Arbeit und A, β und γ sind Parameter. Aus der Sicht der ökonomischen Theorie besitzt (1.7) eine Zahl attraktiver Eigenschaften, deshalb wird sie oftmals als Basis für angewandte Studien verwendet. Insbesondere weisen β und γ eine direkte Interpretation als Produktionselastizitäten bezogen auf das Kapital beziehungsweise die Arbeit auf.

Angenommen, die Parameter in (1.7) sollen auf der Basis von Beobachtungen für Q, K und L geschätzt werden. Eine stochastische Formulierung für die exakte Beziehung in (1.7) muß erstellt werden und eine Möglichkeit dies zu tun, ist, zu postulieren, daß der Störterm *multiplikativ* eingeht. Das zu schätzende Modell ist dann:

$$Q_t = AK_t^{\beta} L_t^{\gamma} exp(\epsilon_t), \qquad t = 1, \ldots, T, \tag{1.8}$$

wobei ϵ_t der Störterm ist. Diese Gleichung ist *intrinsisch linear*, da eine *doppelte Log Transformation* zu

$$\log Q_t = \alpha + \beta \log K_t + \gamma \log L_t + \epsilon_t, \qquad t = 1, \ldots, T \tag{1.9}$$

führt, wobei $\alpha = \log A$ ist. Wenn das Modell auch nichtlinear in den Variablen ist, ist es linear in den Parametern. Es kann in der Form (1.1) dargestellt werden, indem $x_{2t} = \log K_t$, $x_{3t} = \log L_t$ und $y_t = \log Q_t$ definiert wird.

Auf der anderen Seite sei angenommen, daß es *a priori* überzeugende Gründe gibt, die die Einführung eines additiven Störterms in (1.7) nahelegen, d.h.:

$$Q_t = AK_t^{\beta} L_t^{\gamma} + \epsilon_t, \qquad t = 1, \ldots, T. \tag{1.10}$$

Es gibt keine Möglichkeit, womit (1.10) in ein lineares Modell transformiert werden kann und unter diesen Umständen muß die Schätzung unter Verwendung von Techniken der nichtlinearen Regression durchgeführt werden. Dieser Punkt wird in den Kapiteln 3 und 4 weiterverfolgt.

Die Produktionsfunktion mit konstanter Substitutionselastizität (CES) ist allgemeiner als die Cobb-Douglasfunktion. Sie ist spezifiziert durch die exakte Beziehung:

$$Q_t = exp(\alpha)\{(1-\delta)L^{-\gamma} + \delta K^{-\gamma}\}^{-\beta/\gamma}, \tag{1.11}$$

wobei α, β, γ und δ die Parameter sind. In diesem Fall wird das zu schätzende Modell nichtlinear sein, unabhängig davon, ob der Störterm multiplikativ oder additiv ist. Multiplikative Störterme sind aber ein wenig einfacher zu behandeln, denn die Logarithmierung beider Seiten der Gleichung ergibt:

$$\log Q_t = \alpha - (\beta/\gamma) \log \{(1-\delta)L^{-\gamma} + \delta K^{-\gamma}\} + \epsilon_t \tag{1.12}$$

Das Modell ist weiterhin nichtlinear, wenn es als Ganzes betrachtet wird. Für gegebene Werte von γ und δ ist es bezogen auf α und β linear. Die Implikationen für die Schätzung werden in Abschnitt 4.4 diskutiert.

Obwohl die logarithmische Transformation oft verwandt wird, ist sie nicht die einzige verfügbare Transformation. Manchmal ist es sinnvoll, eine Variable in reziproker Form eingehen zu lassen, d.h. $x_t = 1/X_t$, wobei X_t die Originalvariable ist. Tatsächlich kann dieselbe Variable in verschiedenen Formen in eine Gleichung eingehen; ein klassisches Beispiel ist die polynomiale Regression mit:

$$y_t = \alpha + \beta_1 X_t + \beta_2 X_t^2 + \ldots \beta_p X_t^p + \epsilon_t. \tag{1.13}$$

Qualitative Variablen

Die erklärenden Variablen in einem Regressionsmodell können qualitativ oder quantitativ sein. Angenommen, eine Produktionsfunktion soll für einen Satz von Zeitreihenbeobachtungen analog (1.9) geschätzt werden und es sei bekannt, daß zu einem bekannten Zeitpunkt t^* eine technische Innovation eingeführt wurde. Sie kann mittels einer *Dummy*variable D_t erfaßt werden, die den Wert Null für $t < t^*$ hat und nachfolgend gleich Eins ist. Gleichung (1.9) ergibt sich dann als:

$$\log Q_t = \alpha + \delta D_t + \beta \log K_t + \gamma \log L_t + \epsilon_t, \qquad t = 1, \ldots, T. \tag{1.14}$$

Für $t < t^*$ ist der mit dem konstanten Terms des Modells verbundene Parameter $\log A$, während er für $t \geq t^*$ gleich $\log A + \delta$ ist. Der Parameter δ mißt deshalb den Effekt der technischen Innovation auf die Produktion.

Anzumerken ist, daß in dem Beispiel nur eine Dummyvariable benötigt wird. Als eine generelle Regel gilt, daß, sofern eine qualitative Variable in eine von m Klassen fallen kann, zusätzlich zum Ordinatenabschnitt $m - 1$ Dummyvariablen notwendig sind. Alternativ können m Dummyvariablen definiert werden, wenn die Konstante ausgeschlossen wird.

Vom Standpunkt der Regressionstheorie aus können Dummyvariablen in exakt der gleichen Weise behandelt werden wie quantitative Variable. Es ergeben sich keine neuen Probleme. Das ist nicht der Fall mit qualitativen abhängigen Variablen. Ein typisches Beispiel könnte ein Modell zur Erklärung des Autoeigentums betreffen und die abhängige Variable ist dann Eins, wenn eine Familie Eigner eines Fahrzeugs ist und ansonsten Null. Die Methode der Kleinsten-Quadrate wird in der Regel keine angemessene Technik zur Schätzung eines Modells dieser Art sein und eine Diskussion dessen, was man machen könnte, wird zurückgestellt bis Abschnitt 3.4.

2.2 Kleinste-Quadrate Schätzung

Das lineare Modell (1.1) enthält k unbekannte Regressionsparameter $\beta_1, \ldots, \beta_k$ und diese sind aus den T Beobachtungen zu bestimmen. Das Modell enthält mit σ^2 einen weiteren unbekannten Parameter. Die Schätzung von σ^2 ist aber von nachgeordneter Wichtigkeit. Bis zu einem gewissen Grade gilt dies auch für β_1, dem Parameter für den Ordinatenabschnitt, für den Moment aber werden alle Regressionsparameter in exakt derselben Weise betrachtet.

Angenommen, $\hat{\beta}$ ist ein Schätzwert für den Parametervektor β. Zugehörig zu diesem Schätzwert sind die T Residuen, die durch $y_t - x_t'\hat{\beta}$, $t = 1, \ldots, T$, definiert sind. Den *einfachen Kleinste-Quadrate*schätzwert erhält man, indem man $\hat{\beta}$ so wählt, daß die residuale Abweichungsquadratsumme $\sum(y_t - x_t'\hat{\beta})^2$ minimal ist.

Um die Gleichungen für die KQ-Schätzfunktion abzuleiten, wird die *Abweichungsqua-*

dratsummenfunktion

$$S(\beta) = \sum_{t=1}^{T}(y_t - x_t'\beta)^2 \tag{2.1}$$

definiert. Im Kontext von (2.1) ist β nicht als ein Vektor fester Werte sondern als ein Vektor von Variablen zu betrachten. Die Beobachtungswerte $y_1, ..., y_T$ sind gegeben und die Aufgabe besteht darin, $S(\beta)$ bezogen auf die Elemente von β zu minimieren. Wenn das Symbol β auch dazu verwendet wird, den Satz der wahren Parameterwerte zu kennzeichnen, sollte die Verwendung als Argument in $S(\cdot)$ nicht zu irgendeiner Verwirrung führen.

Die Abweichungsquadratsummenfunktion kann ebenfalls als Matrix geschrieben werden:

$$S(\beta) = (y - X\beta)'(y - X\beta). \tag{2.2}$$

Die Differentiation nach β führt zu:

$$\frac{\partial S}{\partial \beta} = -2X'(y - X\beta).$$

Da

$$\frac{\partial S}{\partial \beta \partial \beta'} = 2X'X$$

eine p.d. Matrix ist, folgt der Kleinste-Quadrate Schätzwert b, indem man die *k Normalgleichungen*

$$X'Xb = X'y \tag{2.3}$$

löst. Die Multiplikation beider Seiten von (2.3) mit der Inversen von $X'X$ führt zu dem Gleichungssystem:

$$b = (X'X)^{-1}X'y. \tag{2.4}$$

Die Relevanz der zweiten der klassischen Annahmen sollte aus dieser Formel offensichtlich sein. Wenn die Matrix X keinen vollen Rang aufweist, d.h. keinen Rang von k hat, dann wird die Produktmatrix singulär sein und eine eindeutige Lösung für die Normalgleichungen ist nicht vorhanden. $T \geq k$ ist eine notwendige, aber keine hinreichende Bedingung, damit X vollen Rang hat.

Die residuale Abweichungsquadratsumme und der multiple Korrelationskoeffizient

Die KQ-Residuen sind durch:

$$e_t = y_t - \hat{y}_t = y_t - x_t'b, \qquad t = 1, ..., T \tag{2.5}$$

definiert. Sie sind orthogonal zu den unabhängigen Variablen. Es sei $e = (e_1, ..., e_t)'$, dann ist $Xe' = X'(y - Xb) = X'y - X'Xb = 0$, der letzte Schritt folgt direkt aus (2.3). Unter

Verwendung dieses Ergebnisses folgt:

$$\begin{aligned} y'y &= (\hat{y}+e)'(\hat{y}+e) = (Xb+e)'(Xb+e) \\ &= b'X'Xb + e'e + 2b'X'e \\ &= b'X'Xb + e'e. \end{aligned} \tag{2.6}$$

Dieses kann reformuliert werden als:

$$\sum y_t^2 = \sum \hat{y}_t^2 + \sum e_t^2, \tag{2.7}$$

wobei die Summierung von $t = 1$ bis $t = T$ geht. Somit kann die gesamte Quadratsumme in zwei Teile, die erklärte Abweichungsquadratsumme und die residuale Abweichungsquadratsumme zerlegt werden. Der letztgenannte Term, der als SSE gekennzeichnet wird, kann dargestellt werden als:

$$\begin{aligned} SSE &= e'e = (y - Xb)'(y - Xb) \\ &= y'y + b'X'Xb - 2b'X'y \\ &= y'y - b'X'y. \end{aligned} \tag{2.8}$$

Die Formel (2.8) ist zur Berechnung geeignet.

Ähnliche Ergebnisse können für die Beobachtungen, wenn sie in mittelwertbereinigt sind, abgeleitet werden. Ist das erste Element in x_t ein konstanter Term, dann kann x_t partitioniert werden als $x_t = (1\, x'_{*t})'$. Genauso können β und b partitioniert werden als (β_1, β'_*) und $(b_1, b'_*)'$, wobei β_* und b_* jeweils $(k-1) \times 1$ Koeffizientenvektoren sind, die mit den erklärenden Variablen verbunden sind. Somit ist:

$$y_t = x'_t b + e_t = b_1 + x'_{*t} b_* + e_t, \qquad t = 1, \ldots, T. \tag{2.9}$$

Summiert man über alle Beobachtungen und dividiert durch T, folgt

$$\bar{y} = b_1 + \bar{x}'_* b_*. \tag{2.10}$$

Der Mittelwert der Residuen $\bar{e}$ ist unter Berücksichtigung der Orthogonalität zwischen X und e gleich Null. Subtrahiert man (2.10) von (2.9), folgt:

$$y_t - \bar{y} = (x_{*t} - \bar{x}_*)' b_* + e_t. \qquad t = 1, \ldots, T. \tag{2.11}$$

Die Residuen bleiben folglich dieselben, wenn die Gleichung in mittelwertbereinigter Form geschrieben wird.

Es sei das $t$te Element in y als $y_t - \bar{y}$ angenommen und es sei X redefiniert als $T \times (k-1)$ Matrix, in der die $t$te Zeile gleich $(x_{*t} - \bar{x}_*)$ ist, dann sind die Formeln (2.6) und (2.8) weiterhin gültig, wenn b durch b_* ersetzt wird. Dies folgt unmittelbar aus (2.11), die in Matrixnotation als $y = X'b_* + e$ geschrieben werden kann. Es kann ebenfalls gezeigt werden, daß (2.4) zu den Schätzwerten b_* führt, wenn X und y in mittelwertbereinigter Form vorliegen.

Gleichung (2.6) kann jetzt interpretiert werden als:

$$\sum (y_t - \bar{y})^2 = \sum (\hat{y}_t - \bar{y})^2 + \sum e_t^2. \tag{2.12}$$

Die Zerlegung in (2.12) ist nützlicher als die in (2.7). Der konstante Term in einer Regressionsgleichung kann nicht in irgendeiner sinnvollen Weise als das Verhalten von y_t 'erklärend' betrachtet werden. Es ist deshalb vernünftiger, die 'Güte der Anpassung' in mittelwertbereinigten Größen der Beobachtungen zu messen. Dies wird durch den *multiplen Korrelationskoeffizienten*

$$R^2 = 1 - \frac{\sum e_t^2}{\sum (y_t - \bar{y})^2} = \frac{\sum (\hat{y}_t - \bar{y})^2}{\sum (y_t - \bar{y})^2} \tag{2.13}$$

wiedergegeben, der im Wertebereich $0 \leq R^2 \leq 1$ liegt und interpretiert werden kann als der Anteil der Varianz von y_t, der durch die Regression erklärt wird. Je näher R^2 an Eins liegt, umso besser ist die Anpassung des Regressionsmodells.

Ein Einwand gegen die Verwendung von R^2 ist, daß es nicht abnehmen kann und üblicherweise zunimmt, wenn weitere Variablen in die Menge der Regressoren eingeführt werden. Das korrigierte R^2, $\bar{R}^2$ berücksichtigt die Zahl der unabhängigen Variablen im Modell. Es wird auf folgende Weise definiert:

$$\bar{R}^2 = 1 - \frac{\sum e_t^2/(T-k)}{\sum (y_t - \bar{y})^2/(T-1)}.$$

Folglich ist:

$$\bar{R}^2 = 1 - \{(T-1)/(T-k)\}(1-R^2). \tag{2.14}$$

Restringierte Kleinste Quadrate

Manchmal ist es wünschenswert, den Koeffizienten in einem Regressionsmodell Restriktionen aufzuerlegen. Es sei angenommen, daß wir eine Cobb-Douglas Produktionsfunktion (1.8) haben und es aus *a priori* Gründen angemessen ist, eine konstante Skalenelastizität anzunehmen. Dies ist der Fall, wenn $\beta + \gamma = 1$ ist; eine solche Restriktion kann auf einfache Weise in das Modell integriert werden, indem man $\gamma = 1 - \beta$ setzt und (1.9) umstellt. Es ergibt sich folgende Gleichung:

$$\log (Q_t/L_t) = \alpha + \beta \log (K_t/L_t) + \epsilon_t. \tag{2.15}$$

Üblicherweise ist es nicht möglich, das Problem der Berücksichtigung von Restriktionen in einem Modell so einfach zu lösen. Eine generelle Lösung kann aber unter Verwendung des Lagrange-Multiplikators ermittelt werden. Angenommen, es existieren $m < k$ lineare Restriktionen. Diese können in der Form

$$R\beta = r \tag{2.16}$$

geschrieben werden, wobei R eine $m \times k$ Matrix mit Rang m und r ein $m \times 1$ Vektor ist. Seien die Restriktionen $\beta_1 + \beta_2 = 3$ und $\beta_2 - \beta_3 + \beta_k = 0$, dann können sie dargestellt werden als:

$$\begin{bmatrix} 1 & 1 & 0 & 0 & \dots & 0 & 0 \\ 0 & 1 & -1 & 0 & \dots & 0 & 1 \end{bmatrix} \begin{bmatrix} \beta_1 \\ \beta_2 \\ \cdot \\ \cdot \\ \cdot \\ \beta_k \end{bmatrix} = \begin{bmatrix} 3 \\ 0 \end{bmatrix}. \tag{2.17}$$

Die *restringierten Kleinste Quadrate* Schätzwerte für β werden über die Minimierung der Funktion

$$S(\beta, \lambda) = (y - X\beta)'(y - X\beta) - \lambda(R\beta - r) \tag{2.18}$$

bezogen auf β und dem $m \times 1$ Vektor der Lagrange-Multiplikatoren λ bestimmt. Dies führt zu

$$\frac{\partial S}{\partial \beta} = 2X'y + 2X'X\beta + R'\lambda = 0, \tag{2.19}$$

$$\frac{\partial S}{\partial \lambda} = -r + R\beta = 0. \tag{2.20}$$

Nach Multiplikation beider Seiten von (2.19) mit $R(X'X)^{-1}$, folgt:

$$-2R(X'X)^{-1}X'y + 2R\beta + R(X'X)^{-1}R'\lambda = 0.$$

Da aus (2.20) $R\beta = r$ ist, und $R(X'X)^{-1}R'$ nicht singulär ist, folgt:

$$\lambda = -2\left[R(X'X)^{-1}R'\right]^{-1}\left[r - R(X'X)^{-1}X'y\right].$$

Substituiert man diesen Ausdruck in (2.19) und multipliziert mit $(X'X)^{-1}$, ergibt sich der restringierte Kleinste Quadrate Schätzwert für β als:

$$b^{\dagger} = b + (X'X)^{-1}R'\left[R(X'X)^{-1}R'\right]^{-1}(r - R\beta). \tag{2.21}$$

Falls die KQ-Schätzfunktion die Restriktion tatsächlich exakt erfüllt, kann aus (2.21) der Schluß gezogen werden, daß β und $\beta^{\dagger}$ identisch sein werden.

Mit Ausnahme des Falles, daß $\beta = \beta^{\dagger}$ ist, muß die Summe der quadrierten Residuen, die mit $\beta^{\dagger}$ verbunden ist, größer sein als die quadrierte Summe der KQ-Residuen. Es kann gezeigt werden, daß das folgende Ergebnis gilt:

$$\begin{aligned} (y - X\beta^{\dagger})'(y - X\beta^{\dagger}) &= (y - Xb)'(y - Xb) \\ &\quad + (r - Rb)'\left[R(X'X)^{-1}R'\right]^{-1}(r - Rb). \end{aligned} \tag{2.22}$$

Vergleiche Theil (1971, Kapitel 1).

2.3 Eigenschaften der Einfachen Kleinste-Quadrate Schätzfunktion

Der Mittelwert und die Varianz der KQ-Schätzfunktion (2.4) kann ermittelt werden, indem man y durch die in (1.4) gegebene Beziehung substituiert. Dies führt zu:

$$b = (X'X)^{-1}X'(X\beta + u) = \beta + (X'X)^{-1}X'u. \tag{3.1}$$

Ist $E(u) = 0$ und sind die X fixierte Werte, ist b unverzerrt, da:

$$E(b) = \beta + (X'X)^{-1}(X'E(u)) = \beta. \tag{3.2}$$

Die Varianz beträgt dann:

$$\begin{aligned} Var(b) &= E\left[(b-\beta)(b-\beta)'\right] \\ &= (X'X)^{-1}X'E(uu')X(X'X)^{-1}. \end{aligned} \tag{3.3}$$

Falls der Störterm die klassischen Modellannahmen erfüllt, so daß analog (1.5) $E(uu') = E(ee') = \sigma^2 I$ ist, wird aus (3.3):

$$Var(b) = \sigma^2(X'X)^{-1}. \tag{3.4}$$

Sind die Störgrößen normalverteilt, kann gezeigt werden, daß die b MVUE der β sind; vgl. Abschnitt 3.4. Falls aber nur, wie in (1.6), die ersten beiden Momente der ϵ spezifiziert sind, kann gezeigt werden, daß ein etwas schwächeres Ergebnis gilt: Die KQ-Schätzfunktion ist linear und innerhalb der Klasse der *linearen* Schätzfunktionen hat sie minimale Varianz. Der Beweis dieses Ergebnisses, der als Gauss-Markow-Theorem bekannt ist, wird weiter unten dargestellt.

Ohne Kenntnisse über die Form der Verteilung der ϵ kann sehr wenig über die Verteilung der b in kleinen Stichproben gesagt werden. Dennoch kann eine asymptotische Verteilung für b unter geeigneten Gleichmäßigkeitsbedingungen abgeleitet werden. Die zu Grunde liegende Theorie wird im letzten Unterabschnitt dargestellt.

Das Gauss-Markow-Theorem

Wenn ein Regressionsmodell die klassischen Annahmen erfüllt, ist die KQ-Schätzfunktion die beste lineare unverzerrte Schätzfunktion (BLUE) für β in dem Sinn, daß die *Kovarianzmatrix* jeder anderen linearen Schätzfunktion, die von b um eine positiv semi-definite (p.s.d.) Matrix überschreitet. Der Beweis dieses Theorems ist wie folgt. Es sei $\hat{b} = D^*y$, mit D^* als einer $k \times T$ Matrix, die nicht von y abhängig ist. Somit ist $\hat{b}$ eine lineare Schätzfunktion für β. Definieren wir $D = D^* - (X'X)^{-1}X$, so kann die Schätzfunktion geschrieben werden als:

$$\begin{aligned} \hat{b} &= \left[D + (X'X)^{-1}X'\right] y \\ &= \left[D + (X'X)^{-1}X'\right](X\beta + \epsilon) \\ &= (DX + I)\beta + \left[D + (X'X)^{-1}X'\right]\epsilon. \end{aligned}$$

Damit $\hat{b}$ unverzerrt ist, ist es notwendig, daß $DX = 0$ ist. Ist die Bedingung erfüllt, wird ihre Kovarianz zu:

$$\begin{aligned} Var(\hat{b}) = &= E\left[(\hat{b}-\beta)(\hat{b}-\beta)'\right] \\ &= \left[D + (X'X)^{-1}X'\right] E(\epsilon\epsilon') \left[D' + X(X'X)^{-1}\right] \\ &= \sigma^2\left[DD' + DX(X'X)^{-1} + (X'X)^{-1}X'D' + (X'X)^{-1}\right]. \end{aligned}$$

Da $DX = 0$ ist, vereinfacht sich die Gleichung zu:

$$Var(\hat{b}) = \sigma^2 DD' + \sigma^2 (X'X)^{-1}. \tag{3.5}$$

Ein Vergleich von (3.5) mit (3.4) zeigt, daß $Var(\hat{b})$ um die p.s.d. Matrix $\sigma^2 DD'$ größer ist als $Var(b)$.

Die Implikationen des Gauss-Markow-Theorems werden deutlicher, wenn wir die Schätzung einer willkürlichen linearen Kombination der Elemente von β betrachten. Wenn w ein $k \times 1$ Vektor fester Gewichte ist, dann ist die zu schätzende Beziehung $w'\beta$. Die entsprechende Kombination der Elemente von b ist unverzerrt und ihre Varianz ist durch

$$\begin{aligned} Var(w'b) &= w'E\left[(b-\beta)(b-\beta)'\right]w \\ &= \sigma^2 w'(X'X)^{-1}w \end{aligned} \tag{3.6}$$

gegeben. Jede andere lineare unverzerrte Schätzfunktion für β, z.B. $\hat{b}$, kann benutzt werden, um unverzerrte Schätzwerte für $w'\beta$ zu bestimmen, aus (3.5) folgt ihre Varianz aber als:

$$Var(w'\hat{b}) = \sigma^2 w'DD'w + \sigma^2 w'(X'X)^{-1}w. \tag{3.7}$$

Da DD' eine p.s.d. Matrix ist, kann die Varianz von $w'b$ die Varianz jeder anderen linearen unverzerrten Schätzfunktion nicht überschreiten.

Als ein Spezialfall kann w so gewählt werden, daß alle Elemente – bis auf das $i$te, das gleich Eins ist - Null sind. Das obige Resultat zeigt dann, daß die Varianz eines jeden KQ-Schätzwertes die entsprechende Varianz jeder anderen linearen unverzerrten Schätzfunktion für β nicht überschreiten kann.

Es ist wichtig zu erkennen, daß das Gauss-Markow Theorem nur beweist, daß der KQ-Ansatz das beste Verfahren innerhalb der Klasse der *linearen* Schätzfunktionen ist. Eine nichtlineare Schätzfunktion wird unweigerlich mehr Zeit bei der Berechnung benötigen, der Gewinn an statistischer Effizienz kann aber die Zusatzkosten rechtfertigen. So sei zum Beispiel angenommen, daß vom Störterm bekannt ist, daß dieser einer doppelten Exponential- oder Laplace-Verteilung folgt. Diese Verteilung ist symmetrisch und unimodal und hat eine endliche Varianz, in großen Stichproben ist die Varianz der KQ-Schätzung eines gegebenen Elementes in β aber doppelt so groß wie die Varianz der effizientesten nichtlinearen Schätzung; vgl. Abschnitt 3.7.

Verteilung der KQ-Schätzwerte

Die Annahme, daß die Störgrößen normalverteilt sind, ermöglicht es, die exakte Verteilung der KQ-Schätzfunktion in kleinen Stichproben zu bestimmen. Aus (3.1) folgt, daß jedes Element in b eine Linearkombination normalverteilter Variablen ist. Folglich hat b eine multivariate Normalverteilung. Da bereits gezeigt wurde, daß b unter den klassischen Annahmen unverzerrt mit der Kovarianzmatrix $\sigma^2(X'X)^{-1}$ ist, können wir schreiben:

$$b \sim N[\beta, \sigma^2(X'X)^{-1}]. \tag{3.8}$$

Sind die Störgrößen nicht normalverteilt, ist die Verteilung von b in kleinen Stichproben im allgemeinen unbekannt. Wenn die Stichprobe aber ausreichend groß ist, können die b approximativ als normalverteilt betrachtet werden. Das Ergebnis ist im Prinzip eine Verallgemeinerung des zentralen Grenzwertsatzes für einen Stichprobenmittelwert.

Betrachten wir eine Zufallsstichprobe bestehend aus T Beobachtungen $y_1, ..., y_T$, die aus einer Verteilung mit Mittelwert μ und endlicher Varianz σ^2 gezogen wurde. Der Stichprobenmittelwert $\bar{y}$ ist der KQ-Schätzwert für μ und in Abschnitt 1.4 wurde dargelegt, daß der zentrale Grenzwertsatz impliziert, daß $\sqrt{T}(\bar{y}-\mu)$ als Grenzverteilung zu einer normalverteilten Veränderlichen führt, die einen Mittelwert von Null und eine Varianz von σ^2 hat. Ein ähnliches Ergebnis kann für den KQ-Schätzwert im klassischen Regressionsmodell (1.5) dargelegt werden, vorausgesetzt, daß

$$\lim_{T\to\infty} T^{-1}X'X = Q \tag{3.9}$$

gilt, wobei Q eine p.d. Matrix ist. Ist dies der Fall, kann gezeigt werden, daß $\sqrt{T}(b-\beta)$ als Grenzverteilung eine Normalverteilung mit Mittelwert Null und Kovarianzmatrix $\sigma^2 Q^{-1}$ aufweist. Aus der Definition in (1.4.14) folgt, daß b als asymptotisch normalverteilt mit Mittelwert β und Kovarianzmatrix $\sigma^2 T^{-1} Q^{-1}$ bezeichnet werden kann. Eine alternative Möglichkeit zur Darstellung dieses Ergebnisses ist in Analogie zu (3.8):

$$b \sim AN[\beta, \sigma^2(X'X)^{-1}]. \tag{3.10}$$

Bei diesem Vorgehen ist es notwendig zu verstehen, daß $\sigma^2(X'X)^{-1}$ eine Approximation der asymptotischen Kovarianz-Matrix ist:

$$\text{Avar}(b) = \sigma^2 T^{-1} Q^{-1}. \tag{3.11}$$

Die Bedingungen, die in (3.9) enthalten sind, werden als *übliche Gleichmäßigkeitsbedingungen* für erklärende Variablen bezeichnet. Sie sind ein wenig restriktiv für Zeitreihenregressionen, da sie es nicht gestatten, daß die Variablen einen Trend aufweisen. Als eine einfache Illustration betrachten wir ein Modell, in dem ein Zeittrend durch den Ursprung angepaßt wird, d.h.:

$$y_t = \beta x_t + \epsilon_t, \tag{3.12}$$

mit $x_t = t$ für $t = 1, ..., T$. Da

$$T^{-1}X'X = T^{-1}\sum x_t^2 = T^{-1}\sum t^2 = (T+1)(2T+1)/6,$$

ist die Grenzverteilung von $\sqrt{T}(b-\beta)$ degenerativ. Glücklicherweise werfen Fälle wie dieser aus theoretischer Sicht keine Probleme auf. Die Grenzverteilung von $\sqrt{\sum x_t^2}(b-\beta)$ ist $N(0, \sigma^2)$ und sie stellt die Basis für die Behauptung dar, daß b approximativ normalverteilt mit Mittelwert β und Varianz $\sigma^2 / \sum x_t^2$ ist. Die Bedingungen, die den erklärenden Variablen auferlegt werden müssen, damit dieses Ergebnis verwendet werden kann, sind relativ schwach und sind bekannt als Grenanders Bedingungen. Ein wichtiges Merkmal dieser Bedingungen ist, daß sie die Konsistenz von b garantieren.

Vom praktischen Standpunkt aus sind die Gleichmäßigkeitsbedingungen nicht besonders wichtig. Bis auf den Fall, daß bekannt ist, auf welche Art und Weise die erklärenden Variablen generiert worden sind, ist es unmöglich, zu überprüfen, ob sie für eine bestimmte Stichprobe gültig sind. Die Einführung der Gleichmäßigkeitsbedingungen ist eine formale

Anforderung, die benötigt wird, um die geeignete Grenzverteilung abzuleiten. Wird festgestellt, daß eine spezielle Schätzfunktion eine bestimmte Grenzverteilung hat, dann kann das als eine Richtschnur betrachtet werden, die anzeigt, welche approximativen Ergebnisse in endlichen Stichproben erwartet werden können. Daß die Bedingungen als gültig für $T \to \infty$ betrachtet werden können, ist aber weder notwendig noch hinreichend, damit die asymptotische Approximation eine in der Praxis geeignete ist.

Die Diskussion des KQ-Verfahrens bis zu diesem Punkt basiert auf der Annahme, daß die Regressoren nichtstochastisch sind. Wie in Abschnitt 1 aufgezeigt, führt die Aufgabe dieser Annahme dazu, daß, wenn die Störterme unabhängig von X sind, keine Unterschiede bei den Eigenschaften in kleinen Stichproben bestehen. Sind weiterhin die Standardgleichmäßigkeitsbedingungen so modifiziert, daß gilt:

$$\operatorname{plim} T^{-1}X'X = Q, \tag{3.13}$$

dann wird die asymptotische Theorie exakt wie vorher abgeleitet. In einigen Situationen in der Ökonometrie sind die Störterme aber nicht von X unabhängig und/oder (3.13) ist nicht gültig. Folglich kann es nicht als gewährleistet betrachtet werden, daß die asymptotischen Eigenschaften der KQ-Schätzfunktion so einfach sind, als wenn die Regressoren nichtstochastisch wären. Eine weitere Diskussion dieses Punktes ist im letzten Abschnitt dieses Kapitels und in Abschnitt 8.5 zu finden.

2.4 Verallgemeinerte Kleinste-Quadrate Methode

Unter den klassischen Annahmen sind die Störterme unkorreliert und haben eine konstante Varianz. Diese Annahmen sind ziemlich restriktiv und eine natürliche Erweiterung ist es, der Kovarianzmatrix der u zu gestatten eine allgemeinere Form aufzuweisen. Folglich wird (1.6) modifiziert zu:

$$E(u) = 0. \quad E(uu') = \sigma^2 V, \tag{4.1}$$

σ^2 ist ein unbekannter, positiver, endlicher Parameter und V ist eine symmetrische, p.d. Matrix der Dimension $T \times T$. Die Annahme eines Mittelwertes von Null wird für u beibehalten sowie die klassischen Annahmen bezüglich der Nichtstochastizität der erklärenden Variablen und des Ranges von X. Die Aufteilung der Kovarianzmatrix in zwei Terme, σ^2 und V, ist im Grunde willkürlich. Sie ist aber eine nützliche Aufteilung für viele Modelle.

Die GLS-Schätzfunktion und ihre Eigenschaften

Im Prinzip ist es nicht schwierig, wenn V bekannt ist, BLUE für β zu bestimmen. Da V symmetrisch und p.d. ist, wird ihre Inverse ebenfalls symmetrisch und p.d. sein und somit existiert eine nichtsinguläre $T \times T$ Matrix L, so daß $L'L = V^{-1}$ gilt. Multiplikation beider Seiten von (1.4) mit L ergibt:

$$Ly = LX\beta + Lu. \tag{4.2}$$

Die transformierten Beobachtungen der abhängigen und der unabhängigen Variablen sind jeweils durch den Vektor Ly und die Matrix LX gegeben. Der neue Störtermvektor ist Lu und da L fixiert ist, ist der Erwartungswert von Lu Null, während ihre Kovarianz

$$\begin{aligned} Var(Lu) &= E(Luu'L') = \sigma^2 LVL' \\ &= \sigma^2 L(L'L)^{-1}L' = \sigma^2 I \end{aligned} \tag{4.3}$$

beträgt. Der transformierte Störtermvektor erfüllt somit die klassischen Annahmen und die Anwendung des KQ-Verfahrens auf die transformierten Beobachtungen wird BLUE für β hervorbringen.

Werden y und X durch jeweils Ly und LX in der KQ-Formel (2.4) ersetzt, folgt:

$$\tilde{b} = (X'L'LX)^{-1}X'L'Ly = (X'V^{-1}X)^{-1}X'V^{-1}y. \tag{4.4}$$

Sie ist bekannt als *verallgemeinerte Kleinste-Quadrate* GLS-Schätzfunktion für β. Da das Modell die klassischen Annahmen erfüllt, folgt aus (3.4):

$$Var(\tilde{b}) = \sigma^2(X'L'LX)^{-1} = \sigma^2(X'V^{-1}X)^{-1}. \tag{4.5}$$

Weiterhin wird $\tilde{b}$, wenn die Störterme normalverteilt sind, da $\tilde{b}$ eine lineare Schätzfunktion ist, eine multivariate Normalverteilung aufweisen.

Beispiel 1 Betrachten wir das bivariate Regressionsmodell

$$y_t = \alpha + \beta x_t + u_t, \qquad t = 1, ..., T, \tag{4.6}$$

in dem $E(u_t) = 0$ für alle t, $E(u_t u_s) = 0$ für alle $t \neq s$ und $Var(u_t) = \sigma_t^2 = \sigma^2 x_t^2$ ist. Da die Varianzen ungleich sind, werden die Störterme als heteroskedastisch bezeichnet. Da die Störterme aber seriell unkorreliert sind, ist V diagonal. Die Transformationsmatrix L ist ebenfalls diagonal, wobei das $t$te Diagonalelement durch $1/x_t$ gegeben ist. Die GLS-Schätzwerte für α und β werden durch Anwendung des KQ-Verfahrens auf das Modell

$$y_t/x_t = \alpha x_t^{-1} + \beta + u_t/x_t$$

ermittelt, d.h. y_t/x_t wird durch $1/x_t$ erklärt.

In dem obigen Beispiel reduziert sich das GLS auf eine *gewichtete Kleinste-Quadrate-Schätzung* (WLS), dabei ist das zu minimierende Kriterium durch

$$S(\beta) = \sum_{t=1}^{T} \sigma_t^{-2}(y_t - x_t'\beta)^2$$

gegeben. Allgemeiner entspricht $S(\beta)$ der quadratischen Form:

$$S(\beta) = (Ly - LX\beta)'(Ly - LX\beta) = (y - X\beta)'V^{-1}(y - X\beta). \tag{4.7}$$

Eigenschaften der KQ-Schätzfunktion

Die Annahme, daß $E(u) = 0$ ist, stellt sicher, daß der KQ-Schätzwert b unverzerrt ist. Aus (3.3) folgt ihre Kovarianzmatrix als:

$$Var(b) = \sigma^2(X'X)^{-1}X'VX(X'X)^{-1}. \tag{4.8}$$

Da der GLS-Schätzwert der BLUE für β ist, folgt aus dem Gauss-Markow-Theorem, daß (4.8) Gleichung (4.5) um eine p.s.d. Matrix überschreiten wird. Im allgemeinen folgt deshalb, daß die KQ-Schätzfunktion weniger effizient sein wird als das GLS. Das Ausmaß der Ineffizienz hängt sowohl von der Struktur von V als auch von der Struktur von X ab.

Beispiel 2 Betrachten wir das Modell (4.6) mit $x_t = t$ für $t = 1, ..., T$. Für zwei Formen der Heteroskedastizität sind in Tabelle 2.1 die Werte für die Varianz der GLS-Schätzfunktion für β dividiert durch die korrespondierende Varianz der KQ- Schätzfunktion wiedergegeben. Details der Berechnung können Geary (1966) entnommen werden.

Tabelle 2.1 $Var(\tilde{b})/Var(b)$ für das Modell (4.6).

T	10	20	30	40	50
$\sigma_t^2 = \sigma^2 x_t$	0.72	0.64	0.60	0.58	0.57
$\sigma_t^2 = \sigma^2 x_t^2$	0.41	0.33	0.30	0.28	0.27

Realisierbares GLS

In (4.6) war die Kovarianzmatrix bis auf einen Proportionalitätsfaktor vollständig spezifiziert. Mit anderen Worten V war bekannt. Indem aber $\sigma_t^2 = \sigma^2 x_t^2$ gesetzt wird, legt man den Varianzen eine recht spezielle Struktur auf und falls die Heteroskedastizität in einer allgemeineren Art behandelt werden soll, ist größere Flexibilität notwendig. Eine Möglichkeit besteht darin, zum entgegengesetzten Extrem zu gehen und V einfach als eine Diagonalmatrix zu betrachten. Unglücklicherweise ist dieser Ansatz nicht durchführbar, da die Kovarianzmatrix dann T unbekannte Parameter enthält, und diese können nicht vernünftig aus T Beobachtungen geschätzt werden. Irgendeine Struktur ist deshalb notwendig und die übliche Lösung besteht darin, σ_t^2 von einer kleinen Zahl von Parametern abhängig sein zu lassen. Schätzwerte für die Parameter können dazu verwendet werden, eine *realisierbare GLS-Schätzfunktion* für β zu konstruieren.

Beispiel 3 Betrachten wir Modell (4.6) mit

$$\sigma_t^2 = \delta_1 + \delta_2 x_t, \qquad t = 1, \ldots, T \tag{4.9}$$

und δ_1 bzw. δ_2 als Parameter. Geeignete Schätzwerte für $\hat{\delta}_1$ und $\hat{\delta}_2$ können aus den KQ-Residuen ermittelt werden, indem man e_t^2 durch x_t erklärt. Ein realisierbarer GLS-Schätzwert kann dann auf $\hat{\sigma}_t^2 = \hat{\delta}_1 + \hat{\delta}_2 x_t$ basieren und durch WLS berechnet werden.

Serielle Korrelation kann auf ähnliche Weise behandelt werden, wobei die Matrix V auf einer begrenzten Zahl unbekannter Paramter basiert. Können die Parameter einer Matrix V konsistent geschätzt werden, wird die realisierbare GLS-Schätzfunktion unter geeigneten Gleichmäßigkeitsbedingungen die gleiche asymptotische Verteilung wie die GLS-Schätzfunktion haben; vgl. Theil (1971, Kap. 8).

2.5 Prognosen

Im Kontext eines Regressionsmodells ist eine *Prognose* die Schätzung eines zukünftigen Wertes der abhängigen Variable unter der Bedingung entsprechender zukünftiger Werte der unabhängigen Variablen. Wurden die Parameter eines Modells unter Verwendung der Beobachtungen der Zeitpunkte $t = 1, \ldots, T$ geschätzt, so besteht das Problem darin, y_{T+l} für gegebene x_{T+l} mit $l = 1, 2, 3, \ldots$ zu schätzen.

Prognosen im klassischen Modell

Sofern das Modell die klassischen Modellannahmen erfüllt, ist der KQ-Schätzwert b der BLUE für β. Eine naheliegende Prognosefunktion ist deshalb:

$$\tilde{y}_{T+l|T} = x'_{T+l} b, \quad l = 1, 2, \ldots \tag{5.1}$$

Dies ist der BLUE oder deterministische Teil von y_{T+l} sprich $x'_{T+l}\beta$. Der Beweis folgt aus einer einfachen Anwendung des Gauss-Markow-Theorems, indem der Vektor der Gewichte w gleich x_{T+l} gesetzt wird. $\tilde{y}_{T+l}$ kann aber nicht als BLUE für y_{T+l} selbst betrachtet werden; er ist kein unverzerrter Schätzwert für y_{T+l}, da $E(\tilde{y}_{T+l|T}) = x'_{T+l}\beta$ ist, und dieser wird im allgemeinen nicht gleich y_{T+l} sein.

Da y_{T+l} stochastisch ist, müssen die Eigenschaften von $\tilde{y}_{T+l|T}$ als Schätzwert für y_{T+l} in Größen des Prognosefehlers hergeleitet werden:

$$\begin{aligned} e_{T+l} &= y_{T+l} - \tilde{y}_{T+l|T} \\ &= x'_{T+l}(\beta - b) + \epsilon_{T+l}, \quad l = 1, 2, \ldots \end{aligned} \tag{5.2}$$

Aus (5.2) folgt unmittelbar, daß der Erwartungswert von e_{T+l} gleich Null ist, während ihre Varianz durch

$$Var(e_{T+l}) = \sigma^2[1 + x'_{T+l}(X'X)^{-1}x_{T+l}] \tag{5.3}$$

gegeben ist. Wird (5.3) bestimmt, so haben die Kreuzproduktterme einen Erwartungswert von Null, da b nur von $\epsilon_1, ..., \epsilon_T$ abhängt und diese als unkorreliert mit der zukünftigen Störgröße ϵ_{T+l} wie auch als untereinander unkorreliert angenommen werden.

Behält man das obige Ergebnis im Gedächtnis, kann man $\tilde{y}_{T+l}$ als einen unverzerrten Schätzwert für y_{T+l} in dem Sinne betrachten, daß der Erwartungswert des damit verbundenen Prognosefehlers Null ist. Ein Schätzwert, der diese Eigenschaft aufweist, wird manchmal als *unbedingt unverzerrt* oder einfach *u-unverzerrt* bezeichnet. Innerhalb der Klasse der linearen, u-unverzerrten Schätzfunktionen für y_{T+l} ist $\tilde{y}_{T+l}$ in dem Sinne die beste, da die Varianz dieser Schätzung die einer jeden anderen Schätzung nicht überschreiten kann. Der Beweis ist wie folgt. Es sei $\hat{y}_{T+l|T}$ ein Schätzwert für y_{T+l}. Ist er ein linearer Schätzwert aus den Beobachtungen, muß er folgende Form aufweisen:

$$\hat{y}_{T+l|T} = [x'_{T+l}(X'X)^{-1}X' + d']y, \tag{5.4}$$

mit d als einem $T \times 1$ Vektor fester Werte. Der damit verbundene Schätzfehler ist gleich:

$$\begin{aligned} y_{T+l} - \hat{y}_{T+l|T} &= \left[x'_{T+l}(X'X)^{-1}X' + d'\right](X\beta + \epsilon) \\ &\quad - x'_{T+l}\beta - \epsilon_{T+l} \\ &= d'X\beta + [x'_{T+l}(X'X)^{-1}X' + d']\epsilon - \epsilon_{T+l}. \end{aligned} \tag{5.5}$$

Soll dieser einen Erwartungswert von Null aufweisen, muß die Einschränkung $d'X = 0$ eingeführt werden. Die Varianz des Schätzfehlers ist dann:

$$E[(y_{T+l} - \hat{y}_{T+l|T})^2] = Var(e_{T+l}) + \sigma^2 d'd. \tag{5.6}$$

Ausgenommen den Fall $d = 0$, wobei dann $\hat{y}_{T+l|T} = \tilde{y}_{T+l|T}$ ist, wird (5.6) Gleichung (5.3) überschreiten.

Die Schätzfunktion $\tilde{y}_{T+l|T}$ wird manchmal auch als *beste lineare unverzerrte Prognosefunktion* (BLUP) für y_{T+l} bezeichnet. Wählt man als Aufgabenstellung die Minimierung des MSE des Prognosefehlers, erhält man aber wiederum $\tilde{y}_{T+l|T}$. Die Eigenschaft der u-Unverzerrtheit stellt sich dann als die Konsequenz des gewählten Kriteriums dar und nicht als Konsequenz der Annahmen, die am Anfang gesetzt wurden. Der Terminus lineare Schätzfunktion mit minimalem quadratischen Fehler (MMSLE) kann deshalb verwendet werden, um $\tilde{y}_{T+l|T}$ zu beschreiben und unter diesen Umständen ist es besser (5.3) als den MSE von $\tilde{y}_{T+l}$ zu bezeichnen. In der Tat wird dadurch jede Doppeldeutigkeit vermieden, da der MSE der Prognosefunktion in exakt derselben Weise dargelegt werden kann wie der MSE des Prognosefehlers.

Wenn die Störgrößen in dem Modell seriell korreliert sind, wird (5.1) nicht länger der BLUP für y_{T+l} sein. Falls w ein $T \times 1$ Vektor ist, in dem das $t$te Element gleich $E(u_t u_{T+l})$ ist, dann ist der BLUP durch

$$\tilde{y}_{T+l|T} = x'_{T+l}\tilde{b} + w'V^{-1}(y - X\tilde{b}) \tag{5.7}$$

gegeben. Der zweite Term auf der rechten Seite von (5.7) ist der Anteil, der aus der Berücksichtigung der Korrelation zwischen realisiertem und zukünftigem Störterm in der

Darstellung resultiert. Die ursprüngliche Ableitung von (5.7) ist in Goldberger (1962) zu finden. In den meisten Zeitreihenmodellen werden die Prognosen aber rekursiv erstellt und eine Darstellung der vorgestellten Form wird selten explizit benutzt.

2.6 Rekursive Kleinste-Quadrate Methode

Falls ein Schätzwert für β in einem linearen Regressionsmodell aus den ersten k Beobachtungen berechnet wird, können diese auf den neuesten Stand gebracht werden, wenn jede nachfolgende Beobachtung $y_{k+1}, y_{k+2}, ..., y_T$ zum Datensatz addiert wird. Das Updating kann auf rekursiven Formeln basieren, die wiederholte Matrizeninversionen vermeiden. Die so bestimmten KQ-Schätzwerte haben eine Zahl von attraktiven Eigenschaften. Erstens ermöglichen sie es, Veränderungen in den Schätzwerten über die Zeit zu verfolgen und zweitens produzieren sie eine Menge an Residuen, die unkorreliert sind, sofern das Modell die klassischen Annahmen erfüllt. Die Residuen können in Verbindung mit den KQ-Residuen benutzt werden, um die Angemessenheit der Modellspezifikation zu beurteilen.

Updating Formeln

Betrachten wir das Modell in der Vektornotation (1.3). Der KQ-Schätzwert, der auf den ersten t Beobachtungen basiert, kann als:

$$b_t = (X_t'X_t)^{-1}X_t'y_t^*, \quad t = k, ..., T \tag{6.1}$$

geschrieben werden, wobei $X_t = (x_1, x_2, ..., x_t)'$ und $y_t^* = (y_1, ..., y_t)'$ ist. Angenommen, ein Schätzwert ist aus den ersten $t-1$ Beobachtungen berechnet worden. Der Schätzwert lautet:

$$b_{t-1} = (X_{t-1}'X_{t-1})^{-1}X_{t-1}'y_{t-1}^*, \tag{6.2}$$

dabei ist angenommen, daß $t - 1 \geq k$ und X_{t-1} vollen Rang aufweist.

Wird jetzt die $t$te Beobachtung verfügbar, kann b_t aus b_{t-1} und y_t ermittelt werden, ohne die durch (6.1) implizierte Matrizeninversion zu verwenden. Die Kreuzproduktmatrix kann auf ähnliche Weise auf den neuesten Stand gebracht werden. Die relevanten Formeln sind durch:

$$b_t = b_{t-1} + (X_{t-1}'X_{t-1})^{-1}x_t(y_t - x_t'b_{t-1})/f_t \tag{6.3a}$$

und

$$\begin{aligned}(X_t'X_t)^{-1} = \; & (X_{t-1}'X_{t-1})^{-1} \\ & -(X_{t-1}'X_{t-1})^{-1}x_t x_t'(X_{t-1}'X_{t-1})^{-1}/f_t\end{aligned} \tag{6.3b}$$

mit

$$f_t = 1 + x_t'(X_{t-1}'X_{t-1})^{-1}x_t, \quad t = k+1, ..., T \tag{6.3c}$$

gegeben.

Gleichung (6.3b) folgt direkt als ein Spezialfall eines Hilfssatzes zur Matrizeninversion, der in *TSM* dargestellt ist. Wird (6.3b) in (6.1) eingesetzt und $X_t'y_t^*$ in:

$$X_t'y_t^* = X_{t-1}'y_{t-1}^* + x_t y_t \tag{6.4}$$

zerlegt, erhält man nach wenigen mathematischen Umformungen (6.3a).

Im klassischen Modell, in dem die Variablen als über alle Zeitpunkte fixiert und bekannt angenommen sind, sind somit die einzigen Zufallsvariablen, die in den Updating-Formeln auftauchen $b_{(t-1)}$ und y_t. Deren Rolle wird deutlicher, wenn (6.3a) als:

$$b_t = b_{t-1} + (X_{t-1}'X_{t-1})^{-1}x_t\tilde{v}_t/f_t \tag{6.5}$$

geschrieben wird, dabei ist $\tilde{v}_t$ der Prognosefehler einer einperiodigen Zukunftsprognose $y_t - x_t'b_{t-1}$. Der Prognosefehler enthält alle neuen Informationen, um b_{t-1} auf den neuesten Stand zu bringen.

Ein eindeutiger KQ-Schätzwert für β kann nur dann ermittelt werden, wenn wenigstens k Beobachtungen verfügbar sind. Weist X_k vollen Rang auf, ist b_k durch:

$$b_k = (X_k'X_k)^{-1}X_k'y_k^* = X_k^{-1}y_k^* \tag{6.6}$$

gegeben. Wurde b_k einmal berechnet, können $b_{k+1}, ..., b_T$ durch die wiederholte Anwendung der Updating-Formeln ermittelt werden. Es wird keine weitere Matrizeninversion benötigt, und die finalen Schätzwerte b_t sind identisch mit den in (2.4) definierten KQ-Schätzwerten.

Rekursive Residuen

Eine Menge von $T - k$ Prognosefehlern wird als Nebenprodukt der KQ-Rekursion bestimmt. Folgen die Störterme den klassischen Annahmen (1.6), können diese geschrieben werden als:

$$\begin{aligned} \tilde{v}_t &= y_t - x_t'b_{t-1} \\ &= x_t'(\beta - b_{t-1}) + \epsilon_t, \quad t = k+1, ..., T \end{aligned} \tag{6.7}$$

Es kann gezeigt werden, daß jeder Prognosefehler einen Mittelwert von Null und eine Varianz σ^2/f_t hat. Die Prognosefehler haben eine weitere Eigenschaft, welche aber nicht unmittelbar aus (6.7) hervorgeht. Substituiert man für $\beta - b_{t-1}$ in (6.7), folgt:

$$\tilde{v}_t = \epsilon_t - x_t'(X_{t-1}'X_{t-1})^{-1}\sum_{j=1}^{t-1} x_j\epsilon_j. \tag{6.8}$$

Dann gilt für alle $t > s = k+1, ..., T-1$:

$$\begin{aligned}
E(\tilde{v}_t\tilde{v}_s) = {} & E(\epsilon_t\epsilon_s) - x_t'(X_{t-1}'X_{t-1}')^{-1}\sum_{j=1}^{t-1} x_j E(\epsilon_j\epsilon_s) \\
& -x_s'(X_{s-1}'X_{s-1}')^{-1}\sum_{j=1}^{s-1} x_j E(\epsilon_j\epsilon_t) \\
& +E\left[\left\{x_t'(X_{t-1}'X_{t-1}')^{-1}\sum_{j=1}^{t-1} x_j\epsilon_j\right\}\left\{\left(\sum_{j=1}^{s-1} x_j\epsilon_j\right)'(X_{s-1}'X_{s-1})^{-1}\right\}x_s\right] \\
= {} & 0 - \sigma^2 x_t'(X_{t-1}'X_{t-1})^{-1}x_s - 0 \\
& +\sigma^2 x_t'(X_{t-1}'X_{t-1})^{-1}X_{s-1}'X_{s-1}(X_{s-1}'X_{s-1})^{-1}x_s \\
= {} & 0.
\end{aligned}$$

Die einstufigen Prognosefehler sind deshalb unkorreliert. Eine intuitive Begründung für dieses Ergebnis wird durch (6.5) gegeben. Da $\tilde{v}_t$ alle Informationen enthält, um die Schätzwerte auf den neuesten Stand zu bringen, scheint es vernünftig, diese als unkorreliert mit den vorhergehenden Prognosefehlern anzunehmen, da diese in den aktuellen Schätzwerten b_{t-1} integriert sind.

Die *rekursiven Residuen* sind die standardisierten Prognosefehler:

$$v_t = \tilde{v}_t/f_t^{1/2}, \quad t = k+1, ..., T. \tag{6.9}$$

Sie sind unkorreliert mit einem Mittelwert von Null und konstanter Varianz σ^2. Weiterhin gilt, da sie linear in den Beobachtungen sind, daß sie normalverteilt sind, wenn die Störgrößen normalverteilt sind.

Die rekursiven Residuen kommen in der Updating-Formel der residualen Abweichungsquadratsumme vor. Es ist:

$$SSE_t = SSE_{t-1} + v_t^2, \tag{6.10}$$

wobei

$$SSE_t = (y_t - X_t b_t)'(y_t - X_t b_t) \tag{6.11}$$

die Quadratsumme der KQ-Residuen ist, die auf den ersten t Beobachtungen basiert; vergleiche Brown, Durbin und Evans (1975). Da $SSE_k = 0$ ist, folgt aus (6.10):

$$SSE_T = \sum_{t=1}^{T} e_t^2 = \sum_{t=k+1}^{T} v_t^2. \tag{6.12}$$

Rechentechnische Aspekte der Rekursionen

Eine Alternative zum Start der Rekursionen mit einem Schätzwert für β, der auf den ersten k Beobachtungen basiert, ist, mit $t = 0$ und einem willkürlichen Wert für b_0, sagen wir $b_0 = 0$, zu starten. Die zugehörige 'Kreuzproduktmatrix', welche als $(X_0'X_0)^{-1}$ gekennzeichnet werden kann, ist gleich κI gesetzt, wobei κ eine große Zahl, bsp. 10^6, ist. Obgleich b_0 willkürlich ist, ist durch das Setzen von κ als einer großen Zahl sichergestellt, daß der Effekt auf die Schätzwerte vernachlässigbar wird, wenn k Beobachtungen verwertet worden sind. Mit anderen Worten b_k und $(X_k'X_k)^{-1}$ werden sehr nahe an den Werten sein, welche man erhalten hätte, wenn diese Größen direkt bestimmt worden wären. Die 'Schätzwerte' $b_1, ..., b_{k-1}$ und die 'Prognosefehler' $v_1, ...v_{k-1}$ sind aber vollständig willkürlich und sollten entfernt werden. Das Setzen von $b_0 = 0$ und $(X_0'X_0)^{-1} = \kappa I$ ist ähnlich zu der Annahme eines 'diffundierenden Vorwissens' in der Bayesschen Analyse. Der Terminus ist hier aber offen für einige Verwirrung, da die β fixierte Parameter sind und das 'diffundierende Vorwissen' ist einfach ein technischer Kunstgriff, um mit den Rekursionen starten zu können.

Ist in den unabhängigen Variablen Multikollinearität vorhanden, kann die Kreuzproduktmatrix $X'X$ nahe an der Singularität sein. Die KQ-Schätzwerte können im Ergebnis Ungenauigkeiten in der Berechnung unterworfen sein. Falls sie rekursiv bestimmt werden, sind die Möglichkeiten für numerische Instabilitäten noch größer, da sich Rundungsfehler bei fortschreitenden Rekursionen aufbauen können. Eine Möglichkeit zur Vermeidung dieses Problems ist es, den QR Zerlegungsalgorithmus von Gentleman (1973) zu verwenden. Er ist eine effiziente und numerisch stabile Methode zur Bestimmung von KQ-Schätzwerten. Sein Aufbau läßt dabei die rekursiven Residuen als ein automatisches Nebenprodukt entstehen.

2.7 Residuen

Die Residuen einer Regression spielen eine wichtige Rolle bei der Aufdeckung möglicher Fehlspezifikationen im Modell. Das Wesen dieser Rolle wird in Abschnitt 5.2 beschrieben, wo sowohl graphische Prozeduren als auch formale Teststatistiken vorgestellt werden. Im folgenden Abschnitt wird die Aufmerksamkeit auf die Eigenschaften der KQ-Schätzwerte konzentriert, wenn das Modell die klassischen Modellannahmen erfüllt. Diese Eigenschaften werden dann alternativen Residuen – die in linearen Modellen möglich sind – gegenübergestellt und die Nützlichkeit solcher Residuen wird abgeleitet. Der abschließende Unterabschnitt behandelt die Verteilung der residualen Abweichungsquadratsumme und die Schätzung des Parameters σ^2.

KQ-Residuen

Der $T \times 1$ Vektor der KQ-Residuen $e = (e_1, ..., e_T)'$ kann als eine Linearkombination der Beobachtungen dargestellt werden. Substituiert man aus (2.4), folgt:

$$e = y - Xb = [I - X(X'X)^{-1}X']y = My. \qquad (7.1)$$

Weiterhin gilt, daß die $T \times T$ Matrix M orthogonal zu X ist, d.h. $MX = 0$ ist und Substitution für y führt zu:

$$e = M(X\beta + \epsilon) = M\epsilon. \tag{7.2}$$

Somit sind die KQ-Residuen Linearkombinationen aus den wahren Störgrößen.

Folgt das Modell den klassischen Annahmen gilt $E(e) = M \cdot E(\epsilon) = 0$, während gilt:

$$E(ee') = M \cdot E(\epsilon\epsilon')M' = \sigma^2 M. \tag{7.3}$$

Obgleich die KQ-Residuen einen Mittelwert von Null aufweisen, folgt somit aus der Tatsache, daß $M \neq I$ ist, daß sie im allgemeinen weder homoskedastisch noch seriell unkorreliert sein werden. Folglich spiegeln ihre Eigenschaften nicht die Eigenschaften der wahren Störvariablen wieder, selbst dann nicht, wenn das Modell korrekt spezifiziert ist. Glücklicherweise wird das Problem in großen Stichproben weniger wichtig. Unter den üblichen Gleichmäßigkeitsbedingungen (3.9) kann gezeigt werden, daß bei großem T die Matrix M gut durch die Einheitsmatrix approximiert werden kann und daß die Residuen e in ihrer Verteilung gegen die der Störvariablen ϵ konvergieren.

Die KQ-Residuen sind unkorreliert mit den Elementen in b. Aus (3.1) und (7.2) folgt:

$$E[e(b-\beta)'] = E[M\epsilon\epsilon' X(X'X)^{-1}] = \sigma^2 MX(X'X)^{-1} = 0. \tag{7.4}$$

Sind die Störgrößen normalverteilt, sind e und b unabhängig.

LUS-Residuen

Aus (7.3) folgt, daß in kleinen Stichproben die Verteilung der KQ-Residuen von der Matrix X abhängt. Das führt zu Schwierigkeiten bei der Konstruktion exakter Testprozeduren, da die Verteilung jeder Teststatistik, die auf KQ-Residuen basiert, mit den Daten variieren wird. Es ist deshalb vernünftig zu fragen, ob es möglich ist, Residuen zu bestimmen, die homoskedastisch und unkorreliert sind, wenn das Modell die klassischen Modellannahmen erfüllt.

Die KQ-Residuen sind Linearkombinationen der Beobachtungen. Dadurch ist sichergestellt, daß sie normalverteilt sind, sofern die Störgrößen normalverteilt sind. Kennzeichnet e^* irgendeinen anderen Residuenvektor, der linear in den Beobachtungen ist, kann dieser als:

$$e^* = Cy \tag{7.5}$$

geschrieben werden, mit C als einer Matrix mit T Spalten, in der die Elemente fixiert sind. Gilt $CX = 0$, wird e^* einen Erwartungswert von 0 aufweisen, da $e^* = C(X\beta + \epsilon) = C\epsilon$. Gilt weiterhin $CC' = I$ dann, so kann gesagt werden, haben die Residuen eine *skalare* Kovarianzmatrix, da:

$$E(e^*e^{*\prime}) = E[C\epsilon\epsilon' C'] = \sigma^2 CC' = \sigma^2 I.$$

Damit das aber gilt, kann C nicht mehr als $T - k$ Zeilen haben; vgl. Theil (1971, Kapitel 5).

Ist C eine $(T-k) \times T$ Matrix mit den Eigenschaften $CX = 0$ und $CC' = I$, dann definiert (7.5) eine Menge von $T-k$ LUS-Residuen. Diese Residuen sind (i) *linear*, (ii) *unverzerrt* in dem Sinne, daß der Erwartungswert der e^* minus den korrespondierenden Werten der $T-k$ Störgrößen Null ist und sie besitzen (iii) eine *skalare* Kovarianzmatrix. Ist $\epsilon_t \sim NID(0, \sigma^2)$ dann sind die LUS-Residuen auf exakt dieselbe Weise verteilt, d.h. $e_t^* \sim NID(0, \sigma^2)$.

Es gibt eine Reihe verschiedener Prinzipien, auf denen die Konstruktion von LUS-Residuen basieren kann. Der Ansatz, der von Theil (1971, Kapitel 5) vertreten wurde, beruht darauf, einen Vektor von $T-k$ LUS-Residuen abzuleiten, die wahrscheinlich gute Schätzwerte für eine korrespondierende Teilmenge von $T-k$ Störgrößen ϵ_1 sind. Seine BLUS-Residuen sind die besten in dem Sinne, daß sie die erwartete Quadratsumme der Schätzfehler $E[(e^* - \epsilon_1)'(e^* - \epsilon_1)]$ minimieren. Unglücklicherweise sind die Berechnungen zur Bestimmung von BLUS-Residuen relativ aufwendig. Deshalb werden sie in der Praxis selten benutzt. Die rekursiven Residuen sind ebenfalls LUS-Residuen, sie sind aber sehr viel einfacher zu bestimmen, da sie sich direkt aus den Updating Formeln (6.3) ergeben. Die numerisch stabile KQ Routine von Gentleman bringt ebenfalls rekursive Residuen hervor und ist man der Ansicht, daß dieser Algorithmus einfach aufgrund seiner Vorzüge als KQ-Berechnungsprozedur implementiert werden sollte, dann sind die rekursiven Residuen im Grunde ein freies Gut. In ähnlicher Weise werden andere Mengen an LUS-Residuen als Nebenprodukt verschiedener Algorithmen ermittelt; vgl. z.B. Golub und Styan (1973).

Da $e^* = C(Xb + e) = Ce$ gilt, sind alle Informationen, die in dem Satz von LUS-Residuen enthalten sind, ebenfalls in dem korrespondierenden KQ-Vektor enthalten. Dies hat wichtige Implikationen für das Testen, wobei eine Teststatistik, die auf KQ-Residuen basiert, in den meisten Fällen einer korrespondierenden Testgröße, die auf LUS-Residuen basiert, vorzuziehen ist. Der Fall, in dem man eine spezifische Form der LUS-Residuen zur Aufdeckung von Fehlspezifikationen benutzt, beruht auf der Möglichkeit, die Informationen in einer Art und Weise zu präsentieren, die komplementär zu der der KQ-Residuen ist. Da die rekursiven Residuen eine natürliche Interpretation als standardisierte Prognosefehler aufweisen, sind sie besonders geeignet für eine derartige Rolle.

Die residuale Abweichungsquadratsumme

Die residuale Abweichungsquadratsumme, SSE, wurde in (2.8) definiert und in (6.12) wurde gezeigt, daß sie identisch zur Summe der quadrierten $T-k$ rekursiven Residuen ist. Es folgt unmittelbar, daß $E(SSE) = (T-k)\sigma^2$ und somit ist:

$$s^2 = SSE/(T-k), \tag{7.6}$$

ein unverzerrter Schätzwert für σ^2.

Unter der Annahme der Normalverteilung ist aus (6.12) offensichtlich, daß SSE/σ^2 gleich der Summe $T-k$ unabhängiger χ_1^2 Variablen ist. Folglich ist $(T-k)s^2/\sigma^2 \sim \chi_{T-k}^2$. Da die Varianz einer χ^2 Verteilung mit f Freiheitsgraden gleich $2f$ ist, gilt weiterhin:

$$Var(s^2) = 2\sigma^4/(T-k). \tag{7.7}$$

2.8 Teststatistiken und Konfidenzintervalle

Sind die Störgrößen in einem klassischen linearen Regressionsmodell normalverteilt, können Teststatistiken für Kleine-Stichproben ermittelt werden. Auf ähnliche Weise können exakte Konfidenzintervalle konstruiert werden.

Dieser Abschnitt präsentiert lediglich die Standardergebnisse der Überprüfung von Hypothesen innerhalb des Kontextes des klassischen Regressionsmodells. Als solche können die Tests als *ad hoc* erscheinen. In Kapitel 5 wird aber gezeigt, daß alle Teststatistiken, die hier dargestellt werden, aus allgemeineren Prinzipien abgeleitet werden können, die mit der Maximum-Likelihoodschätzung verbunden sind. Dies stellt sicher, daß die Tests verschiedene wünschenswerte statistische Eigenschaften haben.

Einzelne Parameter: Die t-Statistik

Betrachten wir β_i als das $i$te Element im Parametervektor β. Kennzeichnet b_i das korrespondierende Element im KQ-Vektor, so folgt aus (3.8):

$$b_i \sim N(\beta_i, \sigma^2 \zeta_i), \quad i = 1, ..., k, \tag{8.1}$$

ζ_i kennzeichnet das $i$te Diagonalelement in $(X'X)^{-1}$.

Da σ^2 unbekannt ist, muß es geschätzt werden. Gleichung (7.6) stellt eine geeignete Schätzfunktion für σ^2 dar, und im vorhergehenden Abschnitt wurde gezeigt, daß

$$(T-k)s^2/\sigma^2 \sim \chi^2_{T-k} \tag{8.2}$$

ist. Weiterhin sind s^2 und b_i unter Berücksichtigung von (7.4) unabhängig. Also folgt die Statistik:

$$\frac{(b_i - \beta_i)/\sigma\sqrt{\zeta_i}}{s/\sigma} = \frac{b_i - \beta_i}{s\sqrt{\zeta_i}}, \quad i = 1, ..., k \tag{8.3}$$

einer t-Verteilung mit $T-k$ Freiheitsgraden, da sie der Quotient einer standardnormalverteilten Variable und der Quadratwurzel einer χ^2 Veränderlichen dividiert durch ihre Freiheitsgrade ist. Die geschätzte Standardabweichung von b_i, $s\sqrt{\zeta_i}$, ist allgemein als *Standardfehler* bekannt.

Hypothesen, die spezifische Werte der Parameter betreffen, können durch Verwendung von (8.3) überprüft werden. Von besonderer Bedeutung ist der *Signifikanztest*, in dem die Nullhypothese H_0: $\beta_i = 0$ lautet. Ein Fehlschlagen des Versuchs, diese Hypothese für ein ausgewähltes Signifikanzniveau abzulehnen, führt zu der Schlußfolgerung, daß b_i 'nichtsignifikant' ist. Dieses legt eine von zwei Möglichkeiten nahe. Entweder ist die Stichprobenaussage konsistent mit $\beta_i = 0$ und folglich sollte die korrespondierende Variable nicht im Modell auftauchen oder es gilt $\beta_i \neq 0$, aber die Stichprobengröße ist derart, daß β_i nicht mit dem Grad an Genauigkeit geschätzt werden kann, der benötigt wird, um die Nullhypothese zu verwerfen.

Signifikanztests sind insbesondere dann angemessen, wenn die Daten aus einem kontrollierten Experiment stammen. Unglücklicherweise ist das in der Ökonometrie selten der Fall. In einer Regression, die auf Zeitreihendaten basiert, sollte die Interpretation von Signifikanztests mit großer Vorsicht erfolgen. Zeitreihen sind typischerweise hoch korreliert, selbst wenn es keine eigentliche Beziehung zwischen ihnen gibt. Das hat zwei Konsequenzen. Eine erklärende Variable kann erstens signifikant sein, selbst dann, wenn sie keinen Effekt auf die abhängige Variable hat. Zweitens, sind zwei erklärende Variable hoch korreliert, kann es schwierig sein, ihre separaten Wirkungen zu bestimmen, obgleich eigentlich beide in das Modell aufgenommen werden sollten. Folglich ist es durchaus möglich, daß aufgrund statistischer Tatsachen keine signifikant sein wird. Der erste Punkt reflektiert das Problem *scheinbarer Korrelationen.* Das zweite Problem ist bekannt als *Multikollinearität.*

Konfidenzintervalle

Das Ergebnis (8.3) kann dazu verwendet werden, exakte Konfidenzintervalle für β_i zu konstruieren. Der Signifikanzwert für einen zweiseitigen Test, der auf der t-Verteilung mit $T-k$ Freiheitsgraden basiert, sei mit $t_{\alpha/2}$ gekennzeichnet. Ist $Pr(t < t_{\alpha/2}) = \alpha/2$ folgt $Pr(-t_{\alpha/2} < t < t_{\alpha/2}) = \alpha$. Somit ist die Wahrscheinlichkeit, daß das Intervall:

$$b_i \pm t_{\alpha/2} s \sqrt{\zeta_i}, \quad i = 1, ..., k \tag{8.4}$$

den wahren Parameter β_i enthält, $1-\alpha$. Folglich wird (8.4) als ein $1-\alpha$ *Konfidenzintervall* für β_i bezeichnet.

In der Praxis ist es üblich, α gleich 0,05 zu setzen, was zu einem 95% Konfidenzintervall führt. Bis auf den Fall, daß T sehr klein ist, ist es eine nützliche Faustregel, $t_{0,025}$ gleich Zwei zu setzen.

Linearkombinationen von Parametern

Bei der Diskussion des Gauss-Markow-Theorems wurde angemerkt, daß die Aufmerksamkeit oftmals auf Linearkombinationen der Parameter $w'\beta$ gerichtet wird. Aus (3.6) folgt, daß die Verteilung der unverzerrten Schätzwerte $w'b$ durch:

$$w'b \sim N[w'\beta, \sigma^2 w'(X'X)^{-1}w] \tag{8.5}$$

gegeben ist. Unter Verwendung des Argumentes, das zur Ermittlung der t-Statistik in (8.3) verwendet wurde, folgt, daß:

$$\frac{w'b - w'\beta}{s\sqrt{w'(X'X)^{-1}w}}, \tag{8.6}$$

ebenfalls eine t-Verteilung mit $T-k$ Freiheitsgraden aufweist. Hypothesen der Form H_0: $w'\beta = r_0$, mit r_0 als einem bestimmten Wert, können daher unter Verwendung von

(8.6) überprüft werden. Weiterhin können Konfidenzintervalle für $w'\beta$ analog zu den Ausführungen zu (8.4) konstruiert werden.

Setzt man w gleich x_{T+l}, können die obigen Resultate zur Überprüfung von Hypothesen und zur Konstruktion von Konfidenzintervallen für zukünftig erwartete Werte von y_{T+l} verwendet werden. Eine relevantere Frage ist aber mit den Schlußfolgerungen über y_t selbst verbunden. Wie in Abschnitt 5 gezeigt, zielt die Aufmerksamkeit dann auf den Prognosefehler $y_{T+l} - x'_{T+l}b$ ab und aus den Resultaten in Abschnitt 5 folgt:

$$y_{T+l} - x'_{T+l}b \sim N[0, \sigma^2 \{1 + x'_{T+l}(X'X)^{-1}x_{T+l}\}], \quad l = 1, 2, ... \tag{8.7}$$

Dieses Ergebnis kann dazu verwendet werden, zu überprüfen, ob eine neue Beobachtung y_t demselben Modell folgt wie die Beobachtungen der Stichprobe, da

$$\frac{y_{T+l} - x'_{T+l}b}{s\sqrt{1 + x'_{T+l}(X'X)^{-1}x_{T+l}}} \tag{8.8}$$

eine t-Verteilung mit $T - k$ Freiheitsgraden unter der Nullhypothese, das Modell ist unverändert, hat.

Ein $(1-\alpha)\cdot 100$ % *Prognoseintervall* kann aus (8.8) konstruiert werden. Es hat dieselbe Form wie ein Konfidenzintervall, aber die Interpretation ist ein wenig abweichend, da y_{T+l} stochastisch ist.

Der mehrpartielle F-Test

Ein Test der gemeinsamen Signifikanz einer Teilmenge von $m(\leq k)$ Variablen in einem Regressionsmodell kann auf der F-Verteilung basieren. Ohne irgendeinen Verlust an Allgemeingültigkeit können die Variablen so geordnet werden, daß die letzten m Variablen diejenigen im Test sind, d.h.:

$$H_0 : \beta_{k-m+1} = ... = \beta_k = 0. \tag{8.9}$$

Es sei SSE die residuale Abweichungsquadratsumme $e'e$, wenn das Modell mit allen k Variablen geschätzt wurde und SSE_0 die residuale Abweichungsquadratsumme, wenn die letzten m Variablen vernachlässigt werden. Falls die Nullhypothese korrekt ist, folgt die statistische Kenngröße:

$$\frac{(SSE_0 - SSE)/m}{SSE/(T-k)} = (SSE_0 - SSE)/ms^2 \tag{8.10}$$

einer F-Verteilung mit $T - k$ Freiheitsgraden.

Ein interessanter Spezialfall ergibt sich, wenn das Modell einen konstanten Term enthält und die Nullhypothese postuliert, daß alle anderen Regressoren Null sind. Da der konstante Term keine erklärende Macht hat, kann dieser Test als ein allgemeiner Test zur Überprüfung der Signifikanz der Beziehung als Ganzes betrachtet werden. Der

Test kann in Termen des multiplen Korrelationskoeffizienten R^2 unter Verwendung von $SSE_0 = \sum(y_t - \bar{y})^2$ und Substitution aus (2.13) erstellt werden. Dies führt zur Statistik:

$$\frac{R^2/(k-1)}{(1-R^2)/(T-k)}. \tag{8.11}$$

Wie bei der Überprüfung der individuellen Koeffizienten, sollten Tests für Teilmengen der Parameter für nichtexperimentelle Daten mit einiger Vorsicht interpretiert werden. Im allgemeinen scheinen für Zeitreihendaten nichtsignifikante Werte von (8.11) eher eine Ausnahme als die Regel zu sein. In der Tat kann der Standpunkt vertreten werden, daß der Test in diesem Zusammenhang regelmäßig bedeutungslos ist.

Kovarianzanalyse

Die verfügbaren Beobachtungen fallen manchmal in zwei oder mehr verschiedene Gruppen. Für Querschnittsdaten kann diese Unterscheidung von einigen qualitativen Merkmalen abhängen, die mit den Beobachtungen verbunden sind. Die Stichprobe kann zum Beispiel aus einer Zahl verschiedener Städte oder Länder gezogen worden sein. Bei Zeitreihendaten kann die Unterscheidung mit verschiedenen Ereignissen verbunden sein, wie zum Beispiel einem Kriegsausbruch oder einem Regierungswechsel. Unabhängig davon, wie die Gruppen entstehen, ist die Frage dieselbe: Ist die Struktur des Modells zwischen den verschiedenen Gruppen unterschiedlich?

Ein genereller Rahmen kann etabliert werden, wenn man die kompletten Beobachtungen als:

$$y_j = Z_j\gamma + X_j\beta_j + \epsilon_j, \quad j = 1, ..., G \tag{8.12}$$

schreibt, wobei $[Z_j \vdots X_j]$ eine $T_j \times k$ Matrix der Beobachtungen der erklärenden Variablen, und $(\gamma', \beta_j')'$ der korrespondierende $k \times 1$ Vektor der Regressionsparameter ist. Der $n \times 1$ Parametervektor β_j ist mit einem Subskript versehen, da die Parameter in diesem Vektor auf Gleichheit überprüft werden. Jeder Test einer Hypothese der Form:

$$H_0 : \beta_1 = ... = \beta_G = \beta \tag{8.13}$$

stellt eine Anwendung der *Kovarianzanalyse* dar.

Die Störgrößen werden als normalverteilt mit Mittelwert Null und Varianz σ^2, die in allen Gruppen identisch sind, angenommen. Die Störgrößen sollen weiterhin sowohl innerhalb als auch zwischen den Gruppen unabhängig sein. Unter den durch (8.13) gesetzten Restriktionen ist das Modell

$$\begin{bmatrix} y_1 \\ \vdots \\ y_G \end{bmatrix} = \begin{bmatrix} Z_1 \\ \vdots \\ Z_G \end{bmatrix} \gamma + \begin{bmatrix} X_1 \\ \vdots \\ X_G \end{bmatrix} \beta + \begin{bmatrix} \epsilon_1 \\ \vdots \\ \epsilon_G \end{bmatrix} \tag{8.14}$$

angemessen. Dessen residuale Abweichungsquadratsumme sei durch SSE_0 gekennzeichnet.

Das nicht restringierte Modell ist durch

$$\begin{bmatrix} y_1 \\ y_2 \\ \vdots \\ y_G \end{bmatrix} = \begin{bmatrix} Z_1 \\ Z_2 \\ \vdots \\ Z_G \end{bmatrix} \gamma + \begin{bmatrix} X_1 & 0 & \cdots & 0 \\ 0 & X_2 & \cdots & 0 \\ & & \ddots & 0 \\ 0 & 0 & \cdots & X_G \end{bmatrix} \begin{bmatrix} \beta_1 \\ \beta_2 \\ \vdots \\ \beta_G \end{bmatrix} + \begin{bmatrix} \epsilon_1 \\ \epsilon_2 \\ \vdots \\ \epsilon_G \end{bmatrix} \tag{8.15}$$

gegeben und die residuale Abweichungsquadratsumme sei SSE. In dem speziellen Fall, in dem $n = k$ ist, ist SSE durch die Addition der residualen Abweichungsquadrate, nachdem das KQ-Verfahren nacheinander auf jede Gruppe angewandt wurde, gegeben.

Modell (8.14) enthält im Vergleich mit (8.15) $n(G-1)$ Restriktionen. Sind diese Restriktionen gültig, folgt die Statistik:

$$\frac{(SSE_0 - SSE)/\{n(G-1)\}}{SSE/\{T-(k-n)-nG\}} \tag{8.16}$$

einer F-Verteilung mit $(nG-n, T-k-nG+n)$ Freiheitsgraden. Dabei entspricht $T = T_1 + \ldots + T_G$ der gesamten Zahl an Beobachtungen, während $(k-n)+nG = k+nG-n$ die Zahl der unabhängigen Variablen im nichtrestringierten Modell ist.

Beispiel Eine Untersuchung der Haushaltsausgaben in Kenia im Jahre 1968/9 enthielt drei Städte: Nairobi, Mombasa und Kisumu. Das folgende Modell wurde für eine Zahl von Gütern geschätzt:

$$y_t = \beta_1 + \beta_2 x_{2t} + \beta_3 x_{3t} + \epsilon_t = x_t'\beta + \epsilon_t \qquad t = 1, \ldots, T,$$

mit y_t als den logarithmierten Ausgaben für ein gegebenes Gut durch den $t$ten Haushalt, x_{2t} ist der Logarithmus des Haushaltseinkommens und x_{3t} ist der Logarithmus der Haushaltsgröße. (Obwohl die Daten aus einem Querschnitt stammen, ist der Index t verwandt, um jede Doppeldeutigkeit zu vermeiden.) Die vollständigen Ergebnisse sind im *Kenya Statistical Digest* vom April 1972 wiedergegeben. Die Resultate für Reis sind aber besonders interessant. Die seperate Schätzung der obigen Gleichung für jede Stadt und die Bestimmung der Summe der totalen quadrierten Residuen ergab $SSE = 150,6$. Die Zusammenfassung der Daten ergab $SSE_0 = 298,2$. Die Stichprobengröße in Nairobi, Mombasa und Kisumu betrug $T_1 = 100$, $T_2 = 76$ und $T_3 = 45$ und die geeignete Statistik zur Überprüfung der Gleichheit der Regressionskoeffizienten ist

$$F = \frac{(298,2 - 150,6)/6}{150,6/222} = 36,27.$$

Da der 5% Signifikanzwert für eine F-Verteilung mit (6,222) Freiheitsgraden approximativ 2,10 beträgt, ist der berechnete Wert hochsignifikant.

In Größen von (8.16) ist im obigen Test $n = k$. Ein stark abweichendes Bild ergibt sich, wenn der Test auf Gleichheit von β_2 und β_3 beschränkt wird. Damit ist gemeint, daß, wenn die Daten 'gepoolt' sind, es den Ordinatenabschnitten der drei Städte aber möglich ist, zu differieren. Die Einführung von Dummy-Variablen in das zusammengefaßte Modell ergab folgende Ergebnisse:

$$\begin{array}{llllll} \hat{y}_t = & -1,626 & +1,228D_{2t} & -0,860D_{3t} & +0,284x_{2t} & +0,915x_{3t} \\ & & (0,124) & (0,150) & (0,068) & (0,110) \end{array},$$

mit $t = 1, ..., T$ und

$$D_{2t} = \begin{cases} 1 & \text{falls die Beobachtung aus Stadt 2 (Mombasa) stammt} \\ 0 & \text{sonst} \end{cases}$$

$$D_{3t} = \begin{cases} 1 & \text{falls die Beobachtung aus Stadt 3 (Kisumu) stammt} \\ 0 & \text{sonst.} \end{cases}$$

Die Werte in Klammern sind Standardfehler und es ist festzustellen, daß beide Dummy-Variablen hochsignifikant sind.

Das zusammengefaßte Modell entspricht der Art (8.14) mit der $t$ten Zeile von $Z = (Z_1', ..., Z_G')'$ als $(1, D_{2t}, D_{3t})$ und $X = (X_1', ..., X_G')$ als (x_{2t}, x_{3t}). Die residuale Quadratsumme betrug 156,7 und folglich basiert der Test auf Gleichheit von β_2 und β_3 in den drei Städten auf:

$$F = \frac{(156,7 - 150,6)/6}{150,6/222} = 1,50.$$

Dieser Wert ist nichtsignifikant auf dem 5% Niveau.

Diese Resultate können wie folgt interpretiert werden. Die Hypothese, daß die Einkommenselastizität der Reisnachfrage β_2 und die Haushaltsgrößenelastizität β_3 in allen drei Städten gleich sind, kann nicht verworfen werden. Da $exp(1,228) = 3,42$ ist der erwartete Reiskonsum eines Haushaltes für ein gegebenes Niveau an Einkommen und Haushaltsgröße in Mombasa um 342% höher als in Nairobi. Auf der anderen Seite, da $exp(-0,860) = 0,42$ ist, beträgt der Reiskonsum in Kisumu nur 42% desjenigen in Nairobi.

Bei der Untersuchung von Zeitreihen besteht eine fundamentale Anwendung der Kovarianzanalyse in der Überprüfung auf *strukturelle Änderungen*. Angenommen, die Stichprobenperiode zerfällt in zwei Gruppen, wobei alle Beobachtungen nach einem bestimmten Zeitpunkt in die zweite Gruppe fallen. Die Hypothese, die es zu überprüfen gilt, ist, daß der komplette Parametervektor in beiden Teilperioden identisch ist. Das nicht restringierte Modell ist explizit dargelegt durch:

$$\begin{array}{ll} y_t = x_t'\beta_1 + \epsilon_t & t = 1, ..., T_1 \\ y_t = x_t'\beta_2 + \epsilon_t & t = T_1 + 1, ..., T_1 + T_2 \end{array}$$

und die Nullhypothese lautet H_0: $\beta_1 = \beta_2$. Da $m = k$ und $G = 2$ reduziert sich die Teststatistik zu:

$$\frac{(SSE_0 - SSE)/k}{SSE/(T - 2k)}, \tag{8.17}$$

dabei ist SSE_0 gleich der Summe der quadrierten Residuensummen in jeder Gruppe. Unter der Nullhypothese keiner strukturellen Änderung folgt diese statistische Kenngröße einer F-Statistik mit $(k, T - 2k)$ Freiheitsgraden.

Um (8.17) zu konstruieren, ist es notwendig, daß beide, T_1 und T_2, größer als k sind. Eine derartige Annahme wurde tatsächlich bei der Erstellung der allgemeinen Teststatistik

(8.16) implizit aufgestellt. Bei der Überprüfung einer strukturellen Änderung wird es aber nicht selten sein, $T_2 \leq k$ vorzufinden. Unter diesen Umständen muß ein ein wenig abweichender Ansatz gewählt werden. Dieser wird in Abschnitt 5.7 beschrieben.

Ein allgemeiner Test auf Restriktionen

In Abschnitt 2 wurde die Schätzung von β unter der Maßgabe von m, durch (2.16) definierten, Restriktionen betrachtet. Die Gültigkeit dieser Restriktionen können unter Verwendung der statistischen Kenngröße:

$$\frac{(SSE_0 - SSE)/m}{SSE/(T-k)} \tag{8.18}$$

überprüft werden, mit SSE_0 und SSE als den residualen Quadratsummen für das restringierte und nichtrestringierte Modell, respektive. Unter der Nullhypothese folgt die statistische Kenngröße einer F-Verteilung mit $(m, T-k)$ Freiheitsgraden.

Alle Teststatistiken, die im vorhergehenden Unterabschnitt betrachtet wurden, sind Spezialfälle von (8.18). Im Fall der Überprüfung auf strukturelle Änderung kann dieser in der Form (2.16) durch die Definition von $R = [I, -I]$, $r = 0$ und $\beta = (\beta_1', \beta_2')'$ geschrieben werden. Somit folgen, falls gezeigt werden kann, daß (8.18) eine F-Verteilung unter der Nullhypothese aufweist, alle anderen Resultate automatisch. Der Beweis ist in Theil (1971, S. 143-144) enthalten.

Konsistente Inferenz bei Heteroskedastizität

In Abschnitt 4 wurde gezeigt, daß, wenn die Störvariablen eines Regressionsmodells keine skalare Kovarianz-Matrix aufweisen, d.h. V nicht der Einheitsmatrix entspricht, die KQ-Schätzfunktion ineffizient ist. Schlußfolgerungen, die auf einer Kovarianzmatrix:

$$var(b) = s^2(X'X)^{-1} \tag{8.19}$$

basieren, sind deshalb unangemessen. Für die meisten Situationen, die in der Praxis angetroffen werden, führt (8.19) zu einer Unterschätzung von (4.8). Unter diesen Umständen erscheinen die Schätzwerte für β präziser als sie tatsächlich sind und es besteht die Gefahr, daß, wenn der t-Test angewandt wird, einige Variablen statistisch signifikant sein können, obwohl sie es nicht sind.

Die Bestimmung einer konsistenten Schätzung von (8.4) erscheint auf den ersten Blick unmöglich, da der Ausdruck von V abhängt und, falls dieser bekannt ist, kein Grund besteht, die Inferenz auf dem KQ-Ansatz zu basieren. In dem Fall aber, wenn heteroskedastische nicht seriell korrelierte Störgrößen vorliegen, zeigt sich, daß ein konsistenter Schätzwert für die wahre Kovarianzmatrix aus den Residuen berechnet werden kann, ohne daß ein Modell für die Heteroskedastizität spezifiziert werden muß. Dies gilt, da die entscheidende Komponente in (4.8) nicht V, sondern vielmehr $X'VX$ ist; und falls diese durch:

$$X'VX = \sum e_t^2 x_t x_t' \tag{8.20}$$

geschätzt wird, kann gezeigt werden, daß unter den üblichen Gleichmäßigkeitsbedingungen der resultierende Schätzwert für $Var(b)$:

$$var^*(b) = (\sum x_t x_t')^{-1}(\sum e_t^2 x_t x_t')(\sum x_t x_t')^{-1} \tag{8.21}$$

konsistent in dem Sinne ist, daß gilt:

$$\text{plim } Tvar^*(b) = T\,Var(b).$$

(Angemerkt sei, daß in Situationen mit Heteroskedastizität üblicherweise kein Grund zur Extrahierung eines Parameter σ^2 aus der Kovarianzmatrix der Störvariablen besteht und dieser Parameter muß in (4.8) nicht beziffert werden. Es wäre im aktuellen Zusammenhang nicht vernünftig, einen solchen Parameter zu definieren.)

2.9 Gleichungssysteme: Scheinbar unverbundene Regressionsgleichungen

Wenn das Modell in (1.1) die klassischen Annahmen erfüllt, ist die KQ-Schätzfunktion die beste lineare unverzerrte. Es ist manchmal jedoch möglich, eine bessere Schätzfunktion abzuleiten, wenn die Gleichung als Teil eines *Systems* betrachtet wird. Dies impliziert keinen Widerspruch mit der BLUE Eigenschaft des KQ-Verfahrens für eine einzelne Gleichung, da zusätzliche Informationen bei der Konstruktion der Schätzfunktion verwendet werden.

Wenn eine einzelne Gleichung als Teil eines Systems betrachtet wird, gibt es grundsätzlich zwei Wege, auf denen ein Effizienzgewinn auftreten kann. Der erste entsteht, wenn die Störgrößen in einer ausgewählten Gleichung kontemporär mit den Störgrößen in anderen Gleichungen korreliert sind. Solche Systeme sind als *scheinbar unverbundene Regressionen* (SURE) bekannt. Zweitens werden Modelle manchmal so formuliert, daß sie Restriktionen über verschiedene Gleichungen aufweisen. In diesem Fall ist die Notwendigkeit, solche Gleichungen gemeinsam zu betrachten, offensichtlicher.

Scheinbar unverbundene Regressionen

Ein System von N Gleichungen kann als:

$$y_i = X_i\beta_i + \epsilon_i, \quad i = 1, ..., N \tag{9.1}$$

geschrieben werden. Die Notation, die in (9.1) angeführt ist, ist analog zu der in (1.5) mit y_i als einem $T \times 1$ Vektor usw. Die Zahl der unabhängigen Variablen für ein gegebenes

i wird mit k_i bezeichnet und die Summe $k_1 + k_2 + ... + k_N$ wird mit k gekennzeichnet. Keine der Variablen oder Parameter in den N Gleichungen müssen zusammenhängend sein: Die Verbindung zwischen den Gleichungen liegt einzig in den Störgrößen, die über verschiedene Gleichungen korrelieren.

Wenn die Störgrößen in jeder der N Gleichungen die klassischen Annahmen erfüllen, gilt:

$$E(\epsilon_i) = 0, \quad E(\epsilon_i \epsilon_i') = \omega_{ii} I_N. \tag{9.2}$$

Die Korrelationen zwischen den Störgrößen verschiedener Gleichungen können durch das Schreiben von:

$$E(\epsilon_{it}\epsilon_{jt}) = \omega_{ij} \quad \text{für } i, j = 1, ..., N \tag{9.3}$$

charakterisiert werden. Alle nicht-kontemporären Störgrößen sind aber unkorreliert und es gilt somit:

$$E(\epsilon_{it}\epsilon_{j\tau}) = 0, \quad \text{für } t \neq \tau. \tag{9.4}$$

Die Informationen, die die Korrelationsstruktur der Störgrößen betreffen, können deshalb in einer $N \times N$ Matrix Ω zusammmengefaßt werden, wobei das ijte Element gleich ω_{ij} ist.

Das komplette System kann in Matrixnotation als:

$$\begin{pmatrix} y_1 \\ y_2 \\ \vdots \\ y_N \end{pmatrix} = \begin{pmatrix} X_1 & 0 & \cdots & 0 \\ 0 & X_2 & \cdots & 0 \\ \vdots & \vdots & \ddots & 0 \\ 0 & 0 & \cdots & X_N \end{pmatrix} \begin{pmatrix} \beta_1 \\ \beta_2 \\ \vdots \\ \beta_N \end{pmatrix} + \begin{pmatrix} \epsilon_1 \\ \epsilon_2 \\ \vdots \\ \epsilon_N \end{pmatrix} \tag{9.5}$$

oder kompakter durch:

$$y = X\beta + u \tag{9.6}$$

geschrieben werden, dabei ist y ein Vektor der Länge TN, X ist eine $TN \times k$ Matrix und β ist ein Vektor der Länge k. Der $TN \times 1$ Vektor der Störvariablen besitzt die Kovarianzmatrix:

$$V = E(uu') = \begin{pmatrix} E(\epsilon_1\epsilon_1') & E(\epsilon_1\epsilon_2') & \cdots & E(\epsilon_1\epsilon_N') \\ E(\epsilon_2\epsilon_1') & E(\epsilon_2\epsilon_2') & \cdots & E(\epsilon_2\epsilon_N') \\ \vdots & \vdots & & \vdots \\ E(\epsilon_N\epsilon_1') & E(\epsilon_N\epsilon_2') & \cdots & E(\epsilon_N\epsilon_N') \end{pmatrix}. \tag{9.7}$$

Für einen gegebenen Wert Ω ist der BLUE für β einfach durch Anwendung des GLS auf (9.6) gegeben. Formel (4.4) impliziert die Inversion der Matrix V, welche die Ordnung TN hat. Dieses kann aber vermieden werden, indem berücksichtigt wird, daß die individuellen Terme in (9.7) jeweils skalare Matrizen sind, da gilt:

$$E(\epsilon_i\epsilon_j') = \omega_{ij} I_T, \quad i, j = 1, ..., N. \tag{9.8}$$

Folglich kann V geschrieben werden als:

$$V = \Omega \otimes I, \tag{9.9}$$

dabei kennzeichnet $\otimes$ das Kronecker- oder Tensorprodukt. Die Algebra des Kroneckerproduktes wird im Anhang kurz erläutert.

Kennzeichnet ω^{ij} das ijte Element in der Inversen von Ω, folgt aus den Eigenschaften des Kroneckerproduktes:

$$V^{-1} = \Omega^{-1} \otimes I = \begin{pmatrix} \omega^{11} I & \cdots & \omega^{1N} I \\ \vdots & & \vdots \\ \omega^{N1} I & \cdots & \omega^{NN} I \end{pmatrix}. \tag{9.10}$$

Substitution von (9.10) in die GLS-Formel (4.4) führt dann zu einer handhabbareren Gleichung für die SURE-Schätzfunktion:

$$b = \begin{pmatrix} \omega^{11} X_1' X_1 & \omega^{12} X_1' X_2 & \cdots & \omega^{1N} X_1' X_N \\ \vdots & \vdots & & \vdots \\ \omega^{N1} X_N' X_1 & \omega^{12} X_N' X_2 & \cdots & \omega^{NN} X_N' X_N \end{pmatrix}^{-1} \begin{pmatrix} \sum_{j=1}^{N} \omega^{1j} X_1' y_j \\ \vdots \\ \sum_{j=1}^{N} \omega^{Nj} X_N' y_N \end{pmatrix}. \tag{9.11}$$

Die Kovarianzmatrix der b ist einfach die invertierte Matrix in Gleichung (9.11); vergleiche (4.5).

Effizienz der SURE-Schätzfunktion

Der mögliche Effizienzgewinn, der aus der Verwendung der SURE-Schätzfunktion entstehen kann, hängt von einer Anzahl von Faktoren ab. Wenn die erklärenden Variablen aber paarweise orthogonal sind und $\omega_{ij} = \sigma^2 \varrho$ für alle $i \neq j$ gilt, hat Zellner (1963, S. 354) gezeigt, daß die relative Effizienz bezogen auf eine KQ-Schätzfunktion für einen ausgewählten Schätzwert durch:

$$\frac{Var(\tilde{b})}{Var(b)} = \frac{(1-\varrho)(1-\varrho+\varrho N)}{1-2\varrho-\varrho N} \tag{9.12}$$

gegeben ist. Wie erwartet werden kann, wird die KQ-Schätzfunktion umso ineffizienter sein, je mehr $\varrho \to 1$ strebt. Andererseits ist das KQ-Verfahren vollständig effizient, falls $\varrho = 0$ gilt. In der Tat ist nicht schwierig aus (9.11) zu schließen, daß SURE und der KQ-Ansatz identisch sein werden, wenn $\omega_{ij} = 0$ für alle $i \neq j$ ist. Das ist aber nur dann zu erwarten, wenn die Störgrößen über die Gleichungen unkorreliert sind und dann besteht kein Grund, diese zu verbinden.

Ein zweites Ergebnis, das aus (9.12) folgt, ist, daß für $\varrho > 0$ der relative Effizienzgewinn der SURE-Schätzfunktion bezogen auf die KQ-Schätzfunktion mit zunehmender Anzahl an Gleichungen steigt. Die Monte-Carlo Ergebnisse in Kmenta und Gilbert (1968) legen den Schluß nahe, daß das selbst dann gilt, wenn die erklärenden Variablen nicht orthogonal sind, vorausgesetzt T ist ausreichend groß.

Wie bereits festgestellt, ist die KQ-Schätzfunktion vollständig effizient, wenn die Störgrößen über verschiedene Gleichungen unkorreliert sind. Es gibt aber einen anderen Fall, in dem das KQ-Verfahren zu effizienten Schätzwerten führt. Er tritt auf, wenn alle Regressoren in allen Gleichungen identisch sind, d.h. $X_i = \bar{X}$, $i = 1, ..., N$. Der Beweis ist wie folgt. In Größen von (9.6) ist $X = I \otimes \bar{X}$ und somit folgt unter Verwendung von (A.8):

$$X'V^{-1}X = (I \otimes \bar{X})'(\Omega^{-1} \otimes I)(I \otimes \bar{X}) = \Omega^{-1} \otimes (\bar{X}'\bar{X}). \tag{9.13}$$

Die GLS-Schätzfunktion ist deshalb gleich:

$$\begin{aligned}\tilde{b} = &\left\{\Omega \otimes (\bar{X}'\bar{X})^{-1}\right\}(I \otimes \bar{X}')(\Omega^{-1} \otimes I)y \\ = &\left\{I \otimes (\bar{X}'\bar{X})^{-1}\right\}y.\end{aligned}$$

Bei der Überprüfung dieser Gleichung ist zu sehen, daß die SURE-Schätzfunktion in der $i$ten Gleichung gleich:

$$\tilde{b}_i = (\bar{X}'\bar{X})^{-1}\bar{X}'y_i, \tag{9.14}$$

für alle $i = 1, ..., N$ ist. Mit anderen Worten, die KQ- und SURE-Schätzwerte sind identisch.

Eine alternative Formulierung des SURE-Modells

Eine alternative Möglichkeit zur Entwicklung der SURE-Schätzfunktion – die nicht die Kroneckerprodukte verwendet – ist, die N Gleichungen gemeinsam als:

$$y_t = X_t\beta + \epsilon_t \qquad t = 1, ..., T \tag{9.15}$$

zu schreiben. Dabei ist y_t ein $N \times 1$ Vektor und X_t ist eine $N \times k$ Matrix:

$$X_t = \begin{bmatrix} x'_{1t} & 0 & \cdots & 0 \\ 0 & x'_{2t} & \cdots & 0 \\ \vdots & \vdots & & \vdots \\ 0 & 0 & \cdots & x'_{NT} \end{bmatrix}, \tag{9.16}$$

wobei x_{it} ein $k_i \times 1$ Vektor der Beobachtungswerte der unabhängigen Variablen ist. Der $k \times 1$ Vektor β ist wie in (9.5) definiert, während die ϵ seriell unkorreliert sind mit Mittelwert 0 und Kovarianzmatrix $E(\epsilon_t\epsilon_t') = \Omega$. Werden die T Gleichungen in (9.15) auf die übliche Art gestapelt, ist die Kovarianzmatrix der Störvariablen $u^* = (\epsilon_1', ..., \epsilon_T')'$ gleich:

$$E(u^*u^{*\prime}) = \begin{pmatrix} \Omega & 0 & \cdots & 0 \\ 0 & \Omega & \cdots & 0 \\ \vdots & \vdots & \ddots & \vdots \\ 0 & 0 & \cdots & \Omega \end{pmatrix}.$$

Sie kann kürzer als $E(u^*u^{*\prime}) = I \otimes \Omega$ geschrieben werden. Es ist aber nicht notwendig, die Algebra der Kroneckerprodukte zu benutzen, um zu sehen, daß der GLS-Schätzwert für β gleich:

$$\tilde{b} = \left(\sum_{t=1}^{T} X_t'\Omega^{-1}X_t\right)^{-1} \sum_{t=1}^{T} X_t'\Omega^{-1}y_t \tag{9.17}$$

ist.

Aus der Definition der X_t in (9.16) ist leicht zu ersehen, daß (9.17) identisch zu dem durch (9.11) gegebenen SURE-Schätzwert ist.

Einschränkungen über Gleichungen

Die Formulierung in dem vorhergehenden Unterabschnitt ist insbesondere angemessen, um Restriktionen in ein Modell einzuführen. Angenommen, es sei bekannt, daß in dem Zweigleichungssystem:

$$\begin{aligned} y_{1t} &= \beta_1 x_{1t} + \beta_2 x_{2t} + \epsilon_{1t} \\ y_{2t} &= \beta_3 x_{3t} + \beta_4 x_{4t} + \epsilon_{2t} \end{aligned} \tag{9.18}$$

$\beta_2 = \beta_4$ ist. Die Darstellung des Modells in der Form (9.15) führt zu:

$$\begin{bmatrix} y_{1t} \\ y_{2t} \end{bmatrix} = \begin{bmatrix} x_{1t} & x_{2t} & 0 \\ 0 & x_{3t} & x_{4t} \end{bmatrix} \beta + \begin{bmatrix} \epsilon_{1t} \\ \epsilon_{2t} \end{bmatrix}, \tag{9.19}$$

mit $\beta = (\beta_1, \beta_2, \beta_3)'$. Die Schätzung der Koeffizienten wird unter Berücksichtigung der Restriktionen selbst dann effizientere Schätzwerte der Elemente in β hervorbringen, wenn die Störvariablen in den beiden Gleichungen unkorreliert sind.

Eine allgemeinere Methode zur Berücksichtigung von Restriktionen ist, sie in der Form (2.16) zu schreiben. Übernimmt man die Notation (9.6), führt dies zu einer natürlichen Verallgemeinerung der restringierten Kleinste-Quadrate Schätzfunktion, es folgt:

$$\tilde{b}^* = \tilde{b} + (X'V^{-1}X)^{-1}R'\left[R(X'V^{-1}X)^{-1}R'\right]^{-1}(r - R\tilde{b}); \tag{9.20}$$

dabei ist $\tilde{b}$ der nichtrestringierte GLS-Schätzwert.

Eine realisierbare SURE-Schätzfunktion

Im allgemeinen wird Ω unbekannt sein, so daß (9.11) nicht direkt angewandt werden kann. Ω kann aber geschätzt werden, indem man das KQ-Verfahren auf jede Gleichung separat anwendet. Kennzeichnet e_i den $T \times 1$ Vektor der KQ-Residuen in der $i$ten Gleichung, ist ein Schätzwert für das ijte Element in Ω gleich:

$$\hat{\omega}_{ij} = e_i'e_j/T, \quad i, j = 1, ..., N. \tag{9.21}$$

Durch Substitution von Ω in (9.11) oder (9.17) ergibt sich dann eine *realisierbare* SURE-Schätzfunktion. Die Diskussion zum Abschluß des Abschnittes 4 legt nahe, daß die resultierenden Schätzwerte für β unter geeigneten Bedingungen dieselbe asymptotische Verteilung wie (9.11) haben werden. Die Schätzfunktion für die asymptotische Kovarianzmatrix der realisierbaren SURE-Schätzfunktion lautet:

$$avar(\tilde{b}) = (\sum X_t'\hat{\Omega}^{-1}X_t)^{-1}. \tag{9.22}$$

Beispiel 1 Die Anwendung von Grunfelds Investitionstheorie auf Daten zweier Unternehmungen, General Electric und Westinghouse ist ein klassisches Beispiel für die Anwendung der SURE-Technik; vergleiche Theil (1971), dort sind die Daten auf S. 296 wiedergegeben. Die Theorie postuliert, daß die Investitionen im nächsten Jahr y vom 'Marktwert der Unternehmung' x_1, der definiert ist als der Gesamtwert der umlaufenden Aktien bewertet mit der Jahresendnotierung an der Börse, und dem Kapitalstock x_2 abhängen. Die seperate KQ-Schätzung jeder Gleichung erbringt die folgenden Ergebnisse:

$$\begin{array}{llrll} \text{General Electric} & \hat{y}_1 = & -10,0 & +0,027x_{11} & +0,152x_{21} \\ \text{Westinghouse} & \hat{y}_2 = & -0,5 & +0,053x_{12} & +0,092x_{22}, \end{array} \tag{9.23}$$

wobei der zweite Index an x_1 und x_2 die Gleichung indiziert und der Zeitindex zweckmäßigerweise vernachlässigt worden ist.

Der Schätzwert für Ω aus den KQ-Residuen ist:

$$\hat{\Omega} = \begin{bmatrix} 660,83 & 176,46 \\ 176,46 & 88,67 \end{bmatrix}. \tag{9.24}$$

Die Korrelation zwischen den Störgrößen in den beiden Gleichungen beträgt 0,53, dadurch wird nahegelegt, daß eine gemeinsame Schätzung angemessen wäre. Tatsächlich erscheint dieses aus theoretischer Sicht sinnvoll, da zu erwarten ist, daß die Investitionen bis zu einem gewissen Ausmaß durch Überlegungen, die mit der Gesamtwirtschaft verbunden sind, bestimmt werden. Speziell solche Variablen sind nicht in dem Modell enthalten und so muß ihr Einfluß in den Störtermen sichtbar werden.

Verwendet man die Schätzung für Ω aus (9.24), führt die realisierbare SURE-Schätzfunktion zu:

$$\begin{array}{lrll} \hat{y}_1 = & -27,7 & +0,038x_{11} & +0,139x_{21} \\ \hat{y}_2 = & -1,3 & +0,058x_{12} & +0,064x_{22}. \end{array} \tag{9.25}$$

Die Einführung der Restriktion, daß die Koeffizienten der erklärenden Variablen für jede Unternehmung gleich sind, ergibt:

$$\begin{array}{lrll} \hat{y}_1 = & -23,0 & +0,036x_{11} & +0,139x_{21} \\ \hat{y}_2 = & 6,9 & +0,036x_{12} & +0,139x_{22}. \end{array} \tag{9.26}$$

Vergleiche (9.19).

Beispiel 2 Hart, Hutton und Sharot (1975) schlagen zur Erklärung der Zuschauerzahl bei einem Fußballspiel in der englischen Fußballiga das folgende Modell vor:

$$\begin{aligned} \log y_t = \; & \alpha + \beta_1 \log x_{1t} + \beta_2 \log x_{2t} + \beta_3 \log x_{3t} \\ & + \beta_4 \log x_{4t} + \beta_5 \log x_{5t} + \epsilon_t, \end{aligned} \tag{9.27}$$

mit y_t als der Zuschauerzahl beim $t$ten Saisonspiel, x_1 und x_2 sind die Ligapositionen der Heim- und Auswärtsmannschaft vor dem Spiel, x_3 die Einwohnerzahl im Einzugsgebiet der Heimmannschaft, x_4 ist die Reiseentfernung für die auswärtigen Fußballanhänger und x_5 ist ein Zeittrend.

Gleichung (9.27) wurde für vier Mannschaften geschätzt: Leeds, Newcastle, Nottingham Forest und Southampton. Die Resultate der KQ-Schätzung für Newcastle sind typisch:

$$\widehat{\log y_t} = \underset{(0,84)}{8,85} \; \underset{(0,12)}{+0,06x_{1t}} \; \underset{(0,04)}{-0,08x_{2t}} \; \underset{(0,08)}{+0,31x_{3t}} \; \underset{(0,06)}{-0,22x_{4t}} \; \underset{(0,33)}{-0,08x_{5t}}. \tag{9.28}$$

Die KQ-Residuen hatten jedoch die folgende Korrelationsmatrix:

$$\begin{pmatrix} 1 & & & \\ 0,32 & 1 & & \\ 0,13 & 0,32 & 1 & \\ 0,14 & 0,42 & 0,12 & 1 \end{pmatrix},$$

mit der vorher angegebenen Ordnung der Mannschaften. Dieses legt nahe, daß es angemessen wäre, die vier Gleichungen als ein System zu behandeln. Die Gleichung für Newcastle, die dann durch die realisierbare SURE-Methode geschätzt wurde, ergab:

$$\widehat{\log y_t} = \underset{(0,64)}{8,92} \; \underset{(0,09)}{+0,08x_{1t}} \; \underset{(0,03)}{-0,08x_{2t}} \; \underset{(0,06)}{+0,31x_{3t}} \; \underset{(0,05)}{-0,24x_{4t}} \; \underset{(0,03)}{-0,07x_{5t}}. \tag{9.29}$$

Es bestehen einige Unterschiede in den beiden Schätzungen. Der wichtige Punkt aber, den es festzuhalten gilt, ist der, daß die geschätzten Standardfehler in (9.29) ein gutes Stück kleiner sind als jene in (9.28). Obgleich die Standardfehler, die in (9.29) ausgewiesen sind nur für große Stichproben Gültigkeit besitzen, legen sie dennoch einen Effizienzgewinn nahe.

2.10 Multivariate Regression

Gleichungssysteme werden manchmal in der Form

$$y_t = Bx_t + \epsilon_t \qquad t = 1, \ldots, T \tag{10.1}$$

geschrieben, wobei y_t und ϵ_t dieselbe Interpretation wie in (9.15) haben, aber B eine $N \times k$ Matrix der Parameter und x_t ein $k \times 1$ Vektor der Regressoren ist. Solange aber den Elementen von B keine Restriktionen auferlegt werden, wird eine vollständig effiziente Menge an Schätzwerten ermittelt, indem man einfach jedes Element von y_t auf den Vektor x_t bezieht. Die Berücksichtigung der Kovarianzen zwischen den Störgrößen in den verschiedenen Gleichungen kann nicht zu verbesserten Schätzwerten führen, da jede Gleichung exakt denselben Satz erklärender Variablen hat; vgl. (9.14).

Der *multivariate Kleinste Quadrate* Schätzwert für B kann geschrieben werden als:

$$\tilde{B}' = \left[\sum_{t=1}^{T} x_t x_t'\right]^{-1} \sum_{t=1}^{T} x_t y_t'. \tag{10.2}$$

Die *ite* Spalte von (10.2) enthält den Vektor der KQ-Schätzwerte der Regression von y_{it} durch x_t. Die Definition der $N \times T$ Matrix $Y' = (y_1, ..., y_T)$ und der $K \times T$ Matrix $\bar{X}' = (x_1, ..., x_T)'$ führt zu einer kompakteren Matrixdarstellung von (10.2):

$$\tilde{B}' = (\bar{X}'\bar{X})^{-1}\bar{X}'Y \tag{10.3}$$

oder

$$\tilde{B}' = Y'\bar{X}(\bar{X}'\bar{X})^{-1}. \tag{10.4}$$

In der Schreibweise von (9.14) ist $\tilde{B} = (b_1, ..., b_N)'$.

Modell (10.1) kann durch die Definition $\beta = vec(B')$ in der Form (9.15) geschrieben werden. Der Operator $vec(.)$ zeigt an, daß die Spalten der betreffenden Matrix eine über die andere gestapelt sind. Falls β_i' die *ite* Zeile von B kennzeichnet, ist $vec(B') = (\beta_1', ..., \beta_N')'$. Korrespondierend zu (9.15) folgt deshalb:

$$y_t = (I \otimes x_t')\beta + \epsilon_t, \qquad t = 1, ..., T. \tag{10.5}$$

Es sei angenommen, daß $N = K = 2$ ist, so ist das Modell gleich:

$$\begin{aligned} y_{1t} &= \beta_{11}x_{1t} + \beta_{12}x_{2t} + \epsilon_{1t} \\ y_{2t} &= \beta_{21}x_{1t} + \beta_{22}x_{2t} + \epsilon_{2t} \end{aligned} \qquad t = 1, ..., T. \tag{10.6}$$

Es kann in der Form (10.5) geschrieben werden als:

$$\begin{bmatrix} y_{1t} \\ y_{2t} \end{bmatrix} = \begin{bmatrix} x_{1t} & x_{2t} & 0 & 0 \\ 0 & 0 & x_{1t} & x_{2t} \end{bmatrix} \begin{pmatrix} \beta_{11} \\ \beta_{12} \\ \beta_{21} \\ \beta_{22} \end{pmatrix} + \begin{bmatrix} \epsilon_{1t} \\ \epsilon_{2t} \end{bmatrix}. \tag{10.7}$$

Hypothesentests

Hypothesen, die Elemente in verschiedenen Zeilen von B betreffen, können aus dem Vektor β in (10.5) entwickelt werden. Die Kovarianzmatrix der b, d.h. der KQ-Schätzwerte für β, wird dann über die Inverse von (9.13) ermittelt:

$$Var(b) = \Omega \otimes (\bar{X}'\bar{X})^{-1}. \tag{10.8}$$

Angenommen, wir möchten H_0: $\beta_{11} = \beta_{22}$ testen. Jede Hypothese, die lineare Restriktionen bezüglich der Parameter einführt, kann in der Form $w'\beta = r$ geschrieben werden; vergleiche Abschnitt 3. Somit ist:

$$Var(w'\tilde{b}) = w'[\Omega \otimes (\bar{X}'\bar{X})^{-1}]w. \tag{10.9}$$

Für $N = 1$ reduziert sich diese Gleichung zu (3.6).

Folgt ϵ_t einer multivariaten Normalverteilung, dann ist unter H_0:

$$(w'b - r)/\sqrt{Var(w'b)} \sim N(0,1).$$

In der Regel ist Ω aber unbekannt und muß durch einen Schätzwert analog (9.21) ersetzt werden. Im allgemeinen wird jeder Test, der auf dieser Basis durchgeführt wird, nur asymptotisch gültig sein, obwohl, falls eine Hypothese nur Koeffizienten *derselben* erklärenden Variablen in jeder Gleichung enthält, ein exakter Test verfügbar ist. Dies ist Hotellings T^2-Test. Details sind in Malinvaud (1980, S. 230 - 231) zu finden.

Beispiel Betrachten wir die Hypothese H_0: $\beta_{11} = \beta_{22}$ in (10.6) und nehmen an, daß die Quadratsummen und Kreuzprodukte für alle Variablen durch:

	y_1	y_2	x_1	x_2
y_1	250			
y_2	100	500		
x_1	100	50	50	
x_2	75	150	50	100

gegeben sind. So ist zum Beispiel $\sum x_{1t}y_{2t} = 50$.

Die multivariaten Kleinste Quadrate Schätzwerte können über die Formel (10.4) als:

$$\begin{aligned}\hat{B} &= \begin{bmatrix} 100 & 75 \\ 50 & 150 \end{bmatrix} \begin{bmatrix} 50 & 50 \\ 50 & 100 \end{bmatrix}^{-1} = \begin{bmatrix} 100 & 75 \\ 50 & 150 \end{bmatrix} \begin{bmatrix} \frac{2}{50} & -\frac{1}{50} \\ \frac{1}{50} & \frac{1}{50} \end{bmatrix} \\ &= \begin{bmatrix} 2,5 & -0,5 \\ -1 & 2 \end{bmatrix}\end{aligned} \tag{10.10}$$

berechnet werden, so daß $b = vec(\tilde{B}') = (2,5,-0,5,-1,2)'$ ist.

Die zu testende Hypothese kann als H_0: $w'\beta = 0$ mit $w' = (1\ 0\ 0\ -1)$ formuliert werden. Gleichung (10.9) kann ausgeschrieben dargestellt werden als:

$$\begin{aligned}Var(w'b) &= \tfrac{1}{50} \cdot w' \begin{bmatrix} \omega_{11}\begin{pmatrix} 2 & -1 \\ -1 & 1 \end{pmatrix} & \omega_{12}\begin{pmatrix} 2 & -1 \\ -1 & 1 \end{pmatrix} \\ \omega_{21}\begin{pmatrix} 2 & -1 \\ -1 & 1 \end{pmatrix} & \omega_{22}\begin{pmatrix} 2 & -1 \\ -1 & 1 \end{pmatrix} \end{bmatrix} w \\ &= \tfrac{1}{50}(2\omega_{11} + 2\omega_{12} + \omega_{22}),\end{aligned} \tag{10.11}$$

da $\omega_{12} = \omega_{21}$.

Der Schätzwert für Ω kann über die Formel

$$e'e = Y'Y - \tilde{B}X'Y \tag{10.12}$$

ermittelt werden; vergleiche (2.8). Nach Division durch T ergeben sich die folgenden Schätzwerte für Ω:

$$\begin{aligned}\hat{\Omega} &= \tfrac{1}{50}\left[\begin{pmatrix} 250 & 100 \\ 100 & 500 \end{pmatrix} - \begin{pmatrix} 2,5 & -0,5 \\ -1 & 2 \end{pmatrix}\begin{pmatrix} 100 & 50 \\ 75 & 150 \end{pmatrix}\right] \\ &= \begin{bmatrix} 0,75 & 1 \\ 1 & 5 \end{bmatrix}.\end{aligned} \tag{10.13}$$

Substituiert man die ω_{ij} in (10.11), folgt:

$$Var(w'b) = (0,75 + 10 + 2)/50 = 12,75/50 = 0,255$$

und die benötigte Teststatistik lautet:

$$z = \frac{w'b - w'\beta}{\sqrt{Var(w'b)}} = \frac{0,5}{0,505} = 0,99.$$

Unter H_0 ist z asymptotisch normalverteilt mit Mittelwert Null und Varianz Eins und da für ein (nominales) 5 % Signifikanzniveau $-1.96 < 0,99 < 1.96$ ist, kann die Nullhypothese nicht abgelehnt werden.

Prognosen

Der BLUP für y_{T+l} ist durch:

$$\tilde{y}_{T+l} = \tilde{B}x_{T+l} = (I \otimes x'_{T+l})b \tag{10.14}$$

gegeben und der Prognosefehler ist somit gleich:

$$y_{T+l} - \tilde{y}_{T+l|T} = (I \otimes x'_{T+l})(\beta - b) + u_{T+l}. \tag{10.15}$$

Der MSE der Prognose ist deshalb

$$\begin{aligned} MSE(\tilde{y}_{T+l|T}) &= (I \otimes x'_{T+l})Var(b)(I \otimes x_{T+l})' + \Omega \\ &= (I \otimes x'_{T+l})[\Omega \otimes (\bar{X}'\bar{X})^{-1}](I \otimes x_{T+l})' + \Omega \qquad (10.16) \\ &= \Omega + \Omega \otimes x'_{T+l}(\bar{X}'\bar{X})^{-1}x_{T+l} \\ &= \Omega[1 + x'_{T+l}(\bar{X}'\bar{X})^{-1}x_{T+l}], \qquad (10.17) \end{aligned}$$

da $x'_{T+l}(\bar{X}'\bar{X})^{-1}x_{T+l}$ ein Skalar ist.

Restriktionen

Das obige Beispiel enthielt einen Test einer Restriktion über die Gleichungen. Sind Restriktionen über Gleichungen gültig, sollten die Parameter in dem Modell nicht mehr länger durch den KQ-Ansatz geschätzt werden. Die Restriktionen müssen in der Weise in der Schätzprozedur enhalten sein, wie dies durch (9.19) oder (9.20) aufgezeigt wurde.

Auf ähnliche Weise wird eine SURE-Schätzfunktion, bis auf den Fall, daß Ω diagonal ist, angemessen sein, wenn verschiedene Restriktionen innerhalb der Gleichungen eingeführt sind.

2.11 Die Instrumentvariablenmethode

Angenommen, wir haben ein lineares Modell der Form:

$$y_t = z_t'\delta + u_t \qquad t = 1, \ldots, T, \tag{11.1}$$

mit z_t als einem $m \times 1$ Vektor von Beobachtungen und δ als einem $m \times 1$ Parametervektor. Die bisher betrachteten Modelle hatten eine ähnliche Form wie (11.1), aber der Wechsel in der Notation in (11.1), verglichen mit beispielsweise (1.3), dient dazu, anzuzeigen, daß die erklärenden Variablen stochastisch sein können. Falls die Annahme, daß die Störgrößen unabhängig von den erklärenden Variablen verteilt sind, aufgegeben wird, können die Kleinsten-Quadrate Schätzwerte einige von ihren optimalen Eigenschaften verlieren. Schwerwiegender ist es, wenn die Störgrößen im Zeitpunkt t mit einigen der erklärenden Variablen im Zeitpunkt t korreliert sind; das KQ-Verfahren wird dann allgemein nicht konsistent sein.

Dynamische Regressionen stellen ein wichtiges Beispiel für eine Situation dar, in denen der KQ-Ansatz nicht konsistent sein kann. Angenommen, der Störterm in (1.2.3) ist seriell korreliert, d.h. $E(u_t u_{t-1}) \neq 0$. Unter diesen Umständen sind beide, y_{t-1} und u_t, von u_{t-1} abhängig und somit ist $E(y_{t-1}u_t) \neq 0$. Die Konsequenzen daraus werden in Kapitel 8 weiter untersucht.

Ein zweites Beispiel ergibt sich im Kontext eines simultanen Gleichungsmodells. Falls eine endogene Variable als Regressor in einer ausgewählten Gleichung auftaucht, wird sie im allgemeinen nicht unabhängig von der Störgröße sein, da sie selbst zum Teil durch die abhängige Variable in dieser Gleichung determiniert ist.

Die Instrumentvariablenschätzfunktion

Es ist üblich (11.1) in Matrixnotation als:

$$y = Z\delta + u \tag{11.2}$$

zu schreiben, wobei Z eine $T \times k$ Matrix der erklärenden Variablen ist. Da diese Variablen stochastisch sein können, ist die übliche Gleichmäßigkeitsbedingung:

$$\operatorname{plim} T^{-1} Z'Z = Q_{zz}, \tag{11.3}$$

wobei Q_{zz} p.d. ist.

Die KQ-Schätzfunktion für δ lautet:

$$d = (Z'Z)^{-1} Z'y = \delta + (Z'Z)^{-1} Z'u \tag{11.4}$$

und sofern z_t und u_t korreliert sind, wird normalerweise gelten:

$$\operatorname{plim} T^{-1} Z'u \neq 0. \tag{11.5}$$

Deshalb wird d inkonsistent sein, da:

$$\operatorname{plim}(d - \delta) = \operatorname{plim}(Z'Z)^{-1} Z'u = Q_{zz}^{-1} \operatorname{plim} T^{-1} Z'u \neq 0. \tag{11.6}$$

Als allgemeine Regel sei angemerkt, daß der Vektor $\operatorname{plim} T^{-1} Z'u$ nur ein von Null verschiedenes Element enthalten muß, um alle Schätzwerte in d inkonsistent werden zu lassen.

Die Konsequenzen aus (11.5) sind daher sehr schwerwiegend für die KQ-Schätzfunktion. Ein allgemeiner Lösungsansatz für Schätzprobleme dieser Art wird aber über die Instrumentvariablenmethode angeboten. Sei w_t ein $m \times 1$ Variablenvektor zum Zeitpunkt t. Damit diese Variablen einen geeigneten Satz von *Instrumenten* für die Variablen in z_t darstellen, müssen sie zwei Eigenschaften haben. Erstens sollten sie - wenigstens in großen Stichproben - nicht mit dem Störterm in (11.1) korreliert sein. Zweitens sollten sie mit den erklärenden Variablen hoch korreliert sein.

Es sei W eine $T \times m$ Matrix, in der die $t$te Zeile w_t ist. Die üblichen Gleichmäßigkeitsbedingungen (11.3) werden ersetzt durch zwei ähnliche Konditionen. Diese lauten:

$$\operatorname{plim} T^{-1} W'Z = Q_{wz} \tag{11.7}$$

und

$$\operatorname{plim} T^{-1} W'W = Q_{ww}, \tag{11.8}$$

wobei Q_{wz} und Q_{ww} p.d. Matrizen sind.

Betrachten wir nun die Instrumentvariablen (IV)-Schätzfunktion:

$$\tilde{d} = (W'Z)^{-1} W'y. \tag{11.9}$$

Die Bedingung:

$$\operatorname{plim} T^{-1} W'u = 0 \tag{11.10}$$

kann so interpretiert werden, daß u_t und w_t in großen Stichproben unkorreliert sind. Gilt dieses, ist die IV-Schätzfunktion konsistent, da:

$$\operatorname{plim}(\tilde{d} - \delta) = \operatorname{plim}(W'Z)^{-1} W'u = Q_{wz}^{-1} \cdot 0 = 0. \tag{11.11}$$

In Bezug auf die asymptotische Verteilung der IV-Schätzwerte sei angenommen, daß die Störgrößen unabhängig und identisch mit Mittelwert 0 und konstanter Varianz σ^2 verteilt sind und daß gilt:

$$T^{-1/2} W'u \xrightarrow{L} N(0, \sigma^2 Q_{ww}). \tag{11.12}$$

Betrachten wir nun:

$$\sqrt{T}(\tilde{d}-\delta)=\left(\frac{W'Z}{T}\right)^{-1}\frac{W'u}{\sqrt{T}}.$$

Wegen (11.7) folgt aus Cramérs Theorem:

$$\sqrt{T}(\tilde{d}-\delta)\xrightarrow{L}N(0,\sigma^2 Q_{zw}^{-1}Q_{ww}Q_{wz}^{-1}). \tag{11.13}$$

Mit anderen Worte, $\tilde{d}$ ist asymptotisch normalverteilt mit Mittelwert δ und Kovarianzmatrix:

$$Avar(\tilde{d})=\sigma^2(Z'W)^{-1}W'W(W'Z)^{-1}. \tag{11.14}$$

Obgleich Instrumentvariablen niemals in einem klassischen Modell benutzt werden würden (ausgenommen in dem trivialen Fall, daß W gleich Z gesetzt werden kann), vermittelt dieser Fall dennoch einige Einsichten in die Eigenschaften der IV-Schätzfunktion in allgemeineren Situationen. Zur weiteren Vereinfachung sei angenommen, daß das Modell eine einzelne nichtstochastische erklärende Variable x und einen konstanten Term enthält. Falls ein IV-Schätzwert auf einem nichtstochastischen Instrument basiert, ist es einfach zu zeigen, daß dieser unverzerrt sein wird mit einer Varianz, die durch:

$$Var(\tilde{d})=\sigma^2\sum w_{*t}^2/(\sum x_{*t}w_{*t})^2 \tag{11.15}$$

gegeben ist. Dabei kennzeichnen x_{*t} und w_{*t} Abweichungen vom Mittelwert. Die Varianz für den KQ-Schätzwert d ist:

$$Var(d)=\sigma^2/\sum x_{*t}^2 \tag{11.16}$$

und wenn die Korrelation zwischen x_t und w_t:

$$r_{xw}^2=\frac{(\sum x_{*t}w_{*t})^2}{\sum x_{*t}^2\sum w_{*t}^2} \tag{11.17}$$

beträgt, folgt die Effizienz von $\tilde{d}$ als:

$$\frac{Var(d)}{Var(\tilde{d})}=r_{xw}^2 \tag{11.18}$$

Folglich ist die IV-Schätzfunktion um so effizienter, je höher die Korrelation zwischen x und seinen Instrumenten w ist. Dieses Ergebnis kann im wesentlichen auf allgemeinere Fälle übertragen werden, wenn die IV-Schätzfunktion auf Modelle mit stochastischen erklärenden Variablen angewandt wird: je höher die Korrelation der Elemente in z_t und w_t, desto effizienter ist die IV-Schätzprozedur. Auf der anderen Seite führt die Technik zu sehr schwachen Resultaten, wenn plim $T^{-1}W'Z$ nahe an der Nullmatrix ist.

Die GIVE-Schätzfunktion

Die obige Analyse für ein Regressionsmodell mit einer Variable suggeriert, daß das beste Instrument für eine erklärende diejenige ist, mit der die Variable am höchsten korreliert. Es gibt aber keinen Grund, die Auswahl auf ein einzelnes Instrument zu beschränken. Eine effizientere Vorgehensweise wäre, den gewichteten Durchschnitt aller möglichen Instrumente zu wählen, mit den Gewichten, die sich ergeben, wenn die Korrelation zwischen z und dieser zusammengefaßten Variable maximiert wird. Solch ein Instrument erhält man, indem einfach eine Regression zwischen z und allen möglichen Instrumenten bestimmt wird. Falls K Instrumente w_t^*, $j = 1, ..., K$ verfügbar sind, ist die effizienteste Wahl eines Instrumentes durch:

$$w_t' = w_t^{*\prime}(\sum w_t^* w_t^{*\prime})^{-1} \sum w_t^* z_t', \qquad t = 1, \ ..., \ T \tag{11.19}$$

gegeben, mit $w_t^* = (w_1^*, ..., w_k^*)'$. Formel (11.19) verdeutlicht, daß das optimale Instrument für z_t durch den besten linearen Prognosewert gegeben ist, der auf allen möglichen Instrumenten basiert.

Im allgemeinen Fall, in dem das Modell $m > 1$ erklärende Variablen enthält und $K > m$ mögliche Instrumente vorhanden sind, wird der *verallgemeinerte Instrumentvariablenschätzwert* (GIVE) ermittelt, indem für jedes Element in z_t ein bester Prognosewert analog der vorher beschriebenen Art, ermittelt wird. Kennzeichnet W^* die $T \times K$ Matrix aller möglichen Instrumente, kann diese durch eine Multivariate Regression auf eine $T \times m$ Matrix optimaler Instrumente reduziert werden. Somit ist:

$$W = W^*(W^{*\prime}W^*)^{-1}W^{*\prime}Z. \tag{11.20}$$

Der GIVE-Schätzwert kann dargestellt werden als:

$$\tilde{d} = (Z'PZ)^{-1}Z'Py, \tag{11.21}$$

mit P als der Projektionsmatrix:

$$P = W^*(W^{*\prime}W^*)^{-1}W^{*\prime}. \tag{11.22}$$

Die GIVE-Prozedur kann auf die Fälle erweitert werden, in denen die Störgrößen korreliert sind. Angenommen der Störgrößenvektor hat die durch (4.1) gegebene Kovarianzmatrix. Definiert man eine Matrix L, so daß $L'L = V^{-1}$ gilt, können die Beobachtungen analog zu (4.2) transformiert werden. Dies führt zu:

$$Ly = LZ\gamma + Lu.$$

Die Matrix der optimalen Instrumente für LZ ist:

$$W = W^*(W^{*\prime}W^*)^{-1}W^{*\prime}LZ \tag{11.23}$$

und somit ist der GIVE-Schätzwert gleich:

$$\tilde{d} = (Z'L'PLZ)^{-1}Z'L'PLy. \tag{11.24}$$

Angemerkt sei:

$$Avar(\tilde{d}) = \sigma^2(Z'L'PLZ)^{-1}. \tag{11.25}$$

Eine alternative Schätzfunktion ergibt sich, wenn dieselbe Transformation, die auf Z angewandt wurde, für die Instrumente verwendet wird. Somit wird W^* in (11.23) durch LW^* ersetzt, dies führt zu der Schätzfunktion:

$$\tilde{d}^{\dagger} = (Z'L'P_vLZ)^{-1}Z'L'P_vLy, \tag{11.26}$$

mit

$$P_v = LW^*(W^*V^{-1}W^{*\prime})^{-1}W^{*\prime}L'. \tag{11.27}$$

Sie wird manchmal als GLS-Analogon bezeichnet.

2.12 Autoregression

Dieser Abschnitt untersucht die Verteilungstheorie für KQ-Schätzfunktionen, wenn die erklärenden Variablen oder wenigstens einige von ihnen gelagte Werte der abhängigen Variable sind.

Stabile dynamische Modelle

Betrachten wir ein dynamisches Modell der Form:

$$y_t = \alpha_1 y_{t-1} + \ldots + \alpha_r y_{t-r} + x'\beta + \epsilon_t \quad t = r+1, \ldots, T, \tag{12.1}$$

in dem:

(i) der Störterm ϵ_t eine Reihe von unabhängig und identisch verteilten Zufallsvariablen mit Mittelwert 0, konstanter Varianz σ^2 und endlichen Momenten jeder Ordnung ist;

(ii) die erklärenden Variablen nichtstochstisch sind, und zwar so, daß:

$$\lim_{T\to\infty} \frac{1}{T-\tau} \sum_{t=\tau+1}^{T} x_t x_{t-\tau}$$

für $\tau = 0, \ldots, r$ existiert und nichtsingulär für $\tau = 0$ ist.

(iii) Die Wurzeln des AR-Polynoms des Lag-Operators

$$\alpha(L) = 1 - \alpha_1 L - \cdots - \alpha_r L^r$$

außerhalb des Einheitskreises liegen.

Die Annahmen (ii) und (iii) implizieren:

$$\operatorname{plim} T^{-1} \sum_{t=r+1}^{T} z_t z_t' = Q, \tag{12.2}$$

wobei $z_t = (y_{t-1}, \cdots, y_{t-r}, x_t')'$ und Q eine p.d. Matrix ist. Dies ist tatsächlich dieselbe Bedingung, die weiter oben in (3.13) angegeben wurde. Die andere Bedingung, die am

Ende des 3. Abschnittes angesprochen wurde, daß die Störgrößen unabhängig von den erklärenden Variablen zu allen Zeitpunkten sind, ist hier offensichtlich nicht erfüllt, da $E(y_t\epsilon_{t-\tau}) \neq 0$ für alle $\tau \geq 0$ ist. Im Ergebnis werden die KQ-Schätzwerte für die Parameter α und β in kleinen Stichproben allgemein verzerrt sein, und es wird sehr schwierig, irgendetwas Positives über die Eigenschaften in kleinen Stichproben zu sagen. Folgt man aber einer Argumentationslinie, die auf Mann und Wald (1943) zurückgeht, kann gezeigt werden, daß:

$$\text{plim}\, T^{-1} \sum z_t \epsilon_t = 0 \tag{12.3}$$

und

$$T^{-1/2} \sum z_t \epsilon_t \xrightarrow{L} N(0, \sigma^2 Q). \tag{12.4}$$

Es sei $\gamma = (\alpha_1, ..., \alpha_r, \beta')'$ und sind ihre KQ-Schätzwerte mit c gekennzeichnet, dann folgt aus (12.2) und (12.3), daß c ein konsistenter Schätzwert für γ ist. Weiterhin kann Cramérs Theorem (1.4.17) eingeführt werden um zu zeigen, daß $T^{1/2}(c - \gamma)$ als Grenzverteilung eine multivariate Normalverteilung mit Mittelwert Null und Kovarianzmatrix $Q^{-1}\sigma^2 Q Q^{-1} = \sigma^2 Q^{-1}$ hat. Die praktische Implikation dieses Resultates ist, daß die übliche Verteilungstheorie der Methode der Kleinsten-Quadrate in großen Stichproben approximativ gilt. Mit anderen Worten c kann als normalverteilt mit Mittelwert γ und Kovarianzmatrix

$$Avar(c) = \sigma^2 (\sum z_t z_t')^{-1} \tag{12.5}$$

behandelt werden.

Ein reines autoregressives Modell, wie z.B. (1.2.12), ist ein spezieller Fall von (12.1) und die Bedingung für Stabilität in (iii) ist dieselbe wie die früher in (1.5.18) dargelegte Bedingung für Stationarität. Für ein stationäres AR(1)-Modell:

$$y_t = \phi y_{t-1} + \epsilon_t, \quad |\phi| < 1, \quad t = 2, ..., T \tag{12.6}$$

entspricht der Vektor z_t in (12.2) gerade dem Skalar y_{t-1} und es ist nicht schwierig zu sehen, daß gilt:

$$Q = \text{plim} T^{-1} \sum y_{t-1}^2 = \sigma^2/(1 - \phi^2). \tag{12.7}$$

Dies ist identisch mit der Varianz des AR(1)-Prozesses, der in (1.5.6) abgeleitet wurde. Kennzeichnet $\hat{\phi}$ den KQ-Schätzwert für ϕ, ist die Varianz der Grenzverteilung von $T^{1/2}(\hat{\phi} - \phi)$ folglich $1 - \phi^2$. Der Output eines Regressionspaketes wird aber den folgenden Schätzwert für die Varianz von $\hat{\phi}$ ermitteln:

$$avar(\hat{\phi}) = s^2/(\sum y_{t-1}^2), \tag{12.8}$$

mit

$$s^2 = \sum (y_t - \hat{\phi} y_{t-1})^2/(T - 2). \tag{12.9}$$

Dieser wird dann verwendet, um die 't-Statistik':

$$\hat{\tau} = (\hat{\phi} - \phi)/\{avar(\hat{\phi})\}^{1/2} \tag{12.10}$$

zu konstruieren, der, wenn er auch keine t-Verteilung hat, asymptotisch $N(0, 1)$ ist; siehe Abschnitt 4.6.

Einheitswurzeln und der Dickey-Fuller Test

Wenn der AR-Koeffizient in (12.6) Eins ist, wird der Prozeß zu einem Random-Walk (1.5.26). Es wurde in Abschnitt 1.5 festgestellt, daß in kleinen Stichproben die KQ-Schätzwerte für ϕ in diesem Fall verzerrt und typischerweise ein gutes Stück unterhalb von Eins liegen werden; einige Anhaltspunkte dafür sind in der Tabelle 8.5.1 in Fuller (1976) zu finden. Da der zugrunde liegende Prozeß nichtstationär ist, ist die oben dargelegte asymptotische Theorie nicht anwendbar. Dieses sollte aus (12.7) klar werden, da es keinen Sinn macht, ϕ gleich Eins zu setzen. Tatsächlich stellt sich heraus, daß es eine Grenzverteilung gibt, diese ist aber für $T(\hat{\phi}-1)$ und nicht für $T^{1/2}(\hat{\phi}-1)$ gültig. Das bedeutet, daß diese Grenzverteilung sehr viel schneller konvergiert als für ein stationäres Modell; der intuitive Grund ist, daß der Nenner von $\hat{\phi}$ mit einer viel schnelleren Rate zunimmt, da die Reihe sich nicht um ein konstantes Niveau bewegt. Der andere wichtige Punkt über die Grenzverteilung ist, daß sie nicht normal ist.

Ein Test der Hypothese, daß $\phi = 1$ ist, kann auf der 't- Statistik' (12.10) basieren. Die Verteilung dieser Statistik wurde von Dickey unter Verwendung von Monte-Carlo Methoden tabelliert und ist in der Tabelle 8.5.2 des Buches von Fuller (1976) wiedergegeben. Daher ist dieser Test als *Dickey-Fuller* Test bekannt. Die Tabelle ist am Ende dieses Buches in Tabelle D wiedergegeben. Die Verteilung der t-Statistik für ϕ ändert sich, falls ein konstanter Term in der Regression enthalten ist und falls eine Konstante und ein Zeittrend enthalten sind. Diese Statistiken werden in den Dickey-Fuller-Tabellen als $\hat{\tau}_\mu$ bzw. $\hat{\tau}_\tau$ gekennzeichnet. Ein allgemeinerer Test, der verschiedene Arten der Heteroskedastizität und serielle Korrelation in ϵ_t zuläßt, ist in Phillips (1987) enthalten.

Eine alternative Möglichkeit zur Formulierung des AR(1)-Modells ist durch:

$$\Delta y_t = \phi^\dagger y_{t-1} + \epsilon_t \quad t = 2, ..., T, \tag{12.11}$$

mit $\phi^\dagger = \phi_1 - 1$, gegeben. Der Parameter $\phi^\dagger$ ist Null, wenn der Prozeß ein Random Walk ist und aus der Diskussion im vorhergehenden Abschnitt folgt, daß der Schätzwert tendenziell negativ sein wird, da einfach zu sehen ist, daß $\hat{\phi}^\dagger = \hat{\phi} - 1$ ist. Die Idee, ein AR(1)-Modells so zu formulieren, daß eine Einheitswurzel zu einem Parameter führt, der gleich Null ist, kann verallgemeinert werden für autoregressive Prozesse höherer Ordnung. Somit kann das AR(p)-Modell (1.2.12) reformuliert werden als:

$$\Delta y_t = \phi^\dagger y_{t-1} + \sum_{j=1}^{p-1} \phi_j^\dagger \Delta y_{t-j} + \epsilon_t, \tag{12.12}$$

mit

$$\phi_j^\dagger = -\sum_{k=j+1}^{p} \phi_k, \quad j = 1, 2, ..., p-1$$

und

$$\phi_\dagger = \sum_{k=1}^{p} \phi_k - 1.$$

Eine Einheitswurzel korrespondiert mit einem Wert von Null für den Koeffizienten von y_{t-1} und falls die Einheitswurzel dem Modell auferlegt wird, reduziert es sich zu einer

Autoregression der Ordnung $p-1$ für Δy_t. Die Verteilung der mit y_{t-1} verbundenen 't- Statistik' ist identisch mit derjenigen für das AR(1)-Modell, die in den Dickey-Fuller Tabellen enthalten sind und dieser Test auf eine Einheitswurzel ist bekannt als *augmented Dickey-Fuller Test.* Auf der anderen Seite kann gezeigt werden, daß die t-Statistiken, die mit den in Differenzen angegebenen Variablen auf der rechten Seite von (12.12) verbunden sind, asymptotisch standardnormalverteilt sind.

Vektorautoregressionen

Das vektorautoregressive Modell 1. Ordnung:

$$y_t = \Phi y_{t-1} + \epsilon_t, \quad t = 2, ..., T \tag{12.13}$$

hat dieselbe Form wie das multivariate Modell (10.1), ausgenommen, daß die nichtstochastischen erklärenden Variablen x_t durch den Vektor der gelagten endogenen Variablen ersetzt werden. Die Elemente in Φ können deshalb über die multivariate Kleinste-Quadrate Schätzfunktion bestimmt werden, das heißt:

$$\hat{\Phi} = \left(\sum y_{t-1}y'_{t-1}\right)^{-1} \sum y_{t-1}y'_t \tag{12.14}$$

und dieses entspricht natürlich exakt der Anwendung des KQ-Verfahrens auf jede Gleichung. Allgemein kann das multivariate Kleinste-Quadrate Verfahren angewandt werden, um jedes nichtrestringierte VAR(p)-Modell zu schätzen. Der schwerwiegendste Nachteil solcher Modelle ist die große Zahl an Parametern, die geschätzt werden muß, da die Φ Matrizen zusammen N^2p Parameter enthalten.

Eine Verallgemeinerung des Mann-Wald Theorems legt nahe, daß in großen Stichproben der multivariate Kleinste-Quadrate Schätzwert für Φ in exakt derselben Weise betrachtet werden kann wie der korrespondierende Schätzwert für B im Fall des fixierten Regressorenmodells (10.1). Die notwendige Bedingung dafür ist, daß die in y_t enthaltenen Reihen gemeinsam stationär sein sollten. In ökonomischen Zeitreihen wird das selten der Fall sein und der Versuch, dem Problem durch Differenzenbildung zu begegnen, ist selten befriedigend. Der übliche Ansatz, der von VAR *aficionados* vorgeschlagen wird, ist deshalb mit Niveaugrößen zu arbeiten, selbst dann, wenn die Reihen nichtstationär sind. In diesem Fall ist es wichtig, den Effekt von Einheitswurzeln auf die Verteilung der Schätzwerte zu erkennen, siehe Sims, Stock und Watson (1987).

Anmerkungen

Abschnitte 1-5, 8	Johnston (1984), Theil (1971), Malinvaud (1980) und Mann und Wald (1943)
Abschnitt 6	Plackett (1950), Brown, Durbin und Evans (1975) und Phillips und Harvey (1974). Die Verbindung zwischen den KQ-Rekursionen und dem Kalman Filter wird in *TSM* diskutiert.
Abschnitt 7	Theil (1971, Kapitel 5), Koerts und Abrahamse (1969) und Phillips und Harvey (1974).
Abschnitt 8	Konsistente Inferenz bei Heteroskedastizität wurde durch Eicker (1967) und White (1980) entwickelt.
Abschnitte 9, 10	Theil (1971, Kapitel 7) und Phillips und Wickens (1978, Kap. 3).
Abschnitt 11	Sargan (1958, 1961), Wickens (1969) und Bowden und Turkington (1984).

Übungen

1. Betrachten wir Modell (3.12) mit $x_t = \kappa x_{t-1}$ für $t = 2, ..., T$ mit $|\kappa| < 1$ und $x_1 \neq 0$. Ist die Bedingung (3.9) erfüllt? Ist der KQ-Schätzwert konsistent?
2. Wie würden Sie α und β aus einem Satz an Beobachtungen für y_t und x_t bestimmen, wenn die zugrunde liegende Funktionalform $y = \exp(\alpha + \beta/x)$ ist. Halten Sie alle Annahmen, die Sie bei der Formulierung eines geeigneten stochastischen Modells treffen, fest. Skizzieren Sie y gegen x für $\beta < 0$ und kommentieren Sie die Nützlichkeit dieser speziellen funktionalen Form.
3. Bestimmen Sie die Gleichung für die Kovarianzmatrix der restringierten Kleinste-Quadrate Schätzfunktion (2.21).
4. Zeigen Sie, daß $R^2 = b'X'Xb/y'y$ gilt, wenn X und y mittelwertbereinigt sind.
5. Hat $T^{3/2}(b - \beta)$ in 3.12 eine Grenzverteilung?
6. Falls in Gleichung (1.3) $Var(u_t) = \sigma^2 h_t$ und h_t bekannt ist, leiten Sie Rekursionen ab, die ähnlich zu denen der gewichteten Kleinste-Quadrate Schätzfunktion (6.3) sind.
7. Beweisen Sie (10.12).
8. Warum würden Sie erwarten, daß ein AR Modell mit niedriger Ordnung eine relativ schwache Anpassung aufweisen würde, wenn es auf eine Reihe angewandt wird, die durch ein Random Walk plus Noise-Modell (1.5.28) und (1.5.31) mit kleinen Werten für q generiert wurde?
9. Ein AR(2)-Modell wird an eine Reihe angepaßt, indem man y_{t-1} und y_{t-2} auf y_t bezieht. Ermitteln Sie eine Gleichung für die Kovarianzmatrix der Schätzwerte für ϕ_1 und ϕ_2, wenn die Beobachtungen tatsächlich durch einen AR(1)-Prozeß generiert sind. Vergleichen Sie die Varianz für den Schätzwert von ϕ_1 mit der Varianz des Schätzwertes für den AR-Koeffizienten, der sich ergibt, wenn ein AR(1)-Modell bestimmt worden wäre.

Kapitel 3

Die Maximum-Likelihood Methode

3.1 Einführung

Die Methode der Kleinsten-Quadrate und verwandte Techniken wie das Instrumentvariablenverfahren verwenden nur die ersten beiden Momente der Beobachtungen. Bei der Erstellung eines Modells wird aber die Form der Verteilung spezifiziert, und die Beschränkung der Aufmerksamkeit auf die beiden ersten Momente kann statistisch ineffizient sein. Die Maximum-Likelihood-Methode versucht *alle* Informationen in das Modell einzubinden, indem mit der kompletten Verteilung der Beobachtungen gearbeitet wird.

In einem linearen Modell stellt das Gauss-Markow Theorem eine Rechtfertigung für die Verwendung Methode Kleinste-Quadrate dar. Die einzigen Annahmen, die über die Verteilung der Beobachtungen gemacht wurden, betreffen die ersten beiden Momente. Sofern die Aufmerksamkeit auf lineare Schätzfunktionen beschränkt wird, kann dann gezeigt werden, daß das KQ-Verfahren das beste ist. Wie in Abschnitt 1.3 angemerkt wurde, kann aber das gleiche Kriterium nicht auf ein dynamisches Modell angewandt werden. Ebenso kann es nicht für ein nichtlineares Modell, wie z.B. (2.1.12) angewandt werden, obgleich die Minimierung der residualen Quadratsumme – genauso wie für das dynamische Modell (2.3.15) – einen offensichtlichen intuitiven Reiz hat.

Werden die Beobachtungen in (2.1.12) und (2.3.15) als normalverteilt angenommen, können die Kleinste-Quadrate-Schätzwerte als Maximum-Likelihood-Schätzwerte angesehen werden. Wird unterstellt, daß die Stichprobe ausreichend groß ist, kann die Verwendung der Kleinsten-Quadrate in Größen statistischer Effizienz gerechtfertigt werden. Die Annahme der Normalverteilung führt also zu überzeugenderen Begründungen für die Anwendung des KQ-Verfahrens für lineare Modelle. Jetzt ist die Schätzfunktion die beste aller Schätzfunktionen und nicht nur jener, die linear in den Beobachtungen sind. Ist aber einmal die Frage der Spezifizierung der vollständigen Verteilung in das Blickfeld gerückt, dann kann es schwieriger werden, die Verwendung des KQ-Verfahrens in verschiedenen Situationen zu rechtfertigen. Die Logik des Modells kann so sein, daß selbst als Approximation eine Normalverteilung unangebracht ist. Zur Illustration betrachten wir die Anpassung eines Regressionsmodells, wenn die abhängige Variable nominal und durch Null oder Eins definiert ist. In diesem Fall sind die Kleinsten-Quadrate statistisch ineffizient, da sie die Information vernachlässigen, daß die Beobachtungen auf zwei Werte beschränkt sind. Auf der anderen Seite berücksichtigt die Maximum-Likelihood Schätzfunktion die gesamte Struktur.

Betrachtet man die Schätzung innerhalb des Kleinste-Quadrate Rahmens, der aus der klassischen Regression abgeleitet wurde, hat diese ernsthafte Beschränkungen. Nehmen wir die in Abschnitt 1.2 eingeführten Zeitreihenmodelle. Obgleich (1.2.10) und (1.2.12) durch das KQ-Verfahren geschätzt werden können, ist nicht unmittelbar offensichtlich, wie (1.2.13) zu behandeln ist. Der gelagte Störgrößenterm ist unbeobachtbar und somit kann der unbekannte Parameter nicht einfach durch eine Regression von ϵ_{t-1} auf y_t geschätzt werden. Dies ist typisch für die Art der Probleme, die bei der Modellierung von Zeitreihen anzutreffen sind und ein allgemeinerer Ansatz ist sicher notwendig.

Die verbleibenden Teile dieses Abschnittes stellen die Prinzipien der Maximum-Likelihood-Schätzung dar und diskutieren die rechentechnischen Implikationen. In Abschnitt 2 wird untersucht, ob es generelle Regeln zur Konstruktion von unverzerrten Schätzfunktionen mit minimaler Varianz für die Parameter eines jeden möglichen Modells gibt. Es zeigt sich, daß dies nur in bestimmten speziellen Fällen möglich ist. Eine Varianzuntergrenze kann jedoch abgeleitet werden und in Abschnitt 3 wird gezeigt, daß diese Grenze durch die ML-Schätzfunktion in großen Stichproben erreicht wird. Das Resultat ist fundamental und stellt die Hauptbegründung für die Verwendung des ML-Ansatzes in Größen der statistischen Effizienz dar.

Die Anwendung der ML-Technik auf Regressionsmodelle wird in Abschnitt 4 betrachtet. In Abschnitt 5 wird gezeigt, wie die Likelihoodfunktion für ein Zeitreihenmodell in Einperiodenprognosefehler zerlegt werden kann. Diese Zerlegung bildet die Basis der ML-Schätzung in allen dynamischen Modellen.

Abschnitt 6 führt das Konzept der Identifizierbarkeit ein. Es behandelt die Einmaligkeit der Schätzwerte, die aus einem einzelnen Modell bestimmt wurden. Identifizierbarkeit ist von fundamentaler Wichtigkeit, da nicht identifizierte Modelle keinen Sinn machen. Der letzte Abschnitt untersucht, in welchem Ausmaß die ML-Schätzfunktion bezogen auf die Annahme der Normalverteilung robust ist. Da die Diskussion im Kontext linearer Regressionsmodelle vorgetragen wird, ist sie ebenfalls eine Überprüfung der Robustheit der gewöhnlichen KQ-Methode.

Das Maximum-Likelihood Prinzip

Angenommen, die Stichprobe besteht aus Beobachtungen von T Zufallsvariablen $y_1, ..., y_T$. Das statistische Modell spezifiziert eine Verteilung für $y_1, ..., y_T$. Sie ist bekannt als *gemeinsame Dichtefunktion.* Sie hängt von den n unbekannten Parametern in einem Vektor $\psi = (\psi_1, ..., \psi_n)'$ ab. Die gemeinsame Dichte kann durch $L(y_1, ..., y_T; \psi)$ gekennzeichnet werden. Für eine diskrete Verteilung kann sie als Wahrscheinlichkeit interpretiert werden bestimmte Werte aus $y_1, ..., y_T$ zu erhalten.

Wurde eine Stichprobe gezogen, werden die $y_1, ..., y_T$ zu einem Satz fixierter Ziffern. Die Gleichung für die gemeinsame Dichte kann dann als eine Funktion von ψ reinterpretiert werden, wobei ψ jeder zulässige Wert für den Parametervektor und nicht der wahre Wert ist. Auf diese Weise betrachtet wird die Gleichung der gemeinsamen Dichtefunktion als *Likelihoodfunktion* bezeichnet und durch $L(\psi)$ repräsentiert.

Der Maximum-Likelihood Ansatz zur Lösung des Problems der Schätzung von ψ ist, zu fragen, welcher Wert für ψ, bei gegebenen Beobachtungen, der wahrscheinlichste ist. Dies führt zu folgendem Prinzip: Der ML-Schätzwert für ψ ist durch $\tilde{\psi}$ gegeben, wobei $\tilde{\psi}$ ein Wert ist, für den

$$L(\tilde{\psi}) \geq L(\hat{\psi}) \tag{1.1}$$

gilt, wobei $\hat{\psi}$ jeder andere zulässige Schätzwert für ψ ist. Die Regeln für die Bildung eines ML-*Schätzwertes* müssen gewährleisten, daß für jede ausgewählte Stichprobe der resultierende ML-*Schätzwert* die Bedingung (1.1) erfüllt.

Die klassische Theorie der Maximum-Likelihood Schätzung basiert auf einer Situation, in der die T Beobachtungen aus derselben Verteilung gezogen worden sind. Weiterhin werden die Beobachtungen unabhängig voneinander gezogen. Somit ist die gemeinsame Dichtefunktion durch

$$L(y_1, ..., y_T; \psi) = \prod_{t=1}^{T} p(y_t; \psi) \tag{1.2}$$

gegeben. Dabei ist $p(y_t; \psi)$ die p.d.f. der y_t für $t = 1, ..., T$. Die Modelle, denen man in der Ökonometrie begegnet, stimmen selten mit diesem Ansatz überein, aber die wichtigsten Ergebnisse bezüglich der Eigenschaften der ML-Schätzwerte sind auf fast alle Fälle übertragbar. Eine vollständige Diskussion dieses Problems steht außerhalb des Anliegens dieses Buches und die Beweise, die in den Abschnitten 2 und 3 skizziert werden, sind auf unabhängig und identisch verteilte Zufallsvariablen begrenzt.

Die Likelihoodgleichungen

In fast allen hier betrachteten Anwendungen ist $L(\psi)$ eine stetige Funktion der ψ und die ML-Schätzwerte können mittels der Differentialrechnung bestimmt werden. Als allgemeine Regel gilt, daß es einfacher ist, mit dem (natürlichen) Logarithmus von ψ zu arbeiten. Dadurch entstehen keine Schwierigkeiten, da, wenn $\tilde{\psi}$ die Bedingung $\log L(\tilde{\psi}) \geq \log L(\hat{\psi})$ erfüllt, auch die Bedingung (1.1) erfüllt ist.

Der $n \times 1$ Vektor der 1. Ableitungen $\partial \log L(\psi)/\partial\psi$ wird oftmals unter Verwendung des Differentialoperators D geschrieben. Der Vorteil dieser Notation $D\log L(\psi)$ ist, daß es dadurch einfach wird zu kennzeichnen, wenn die Ableitungen für einen bestimmten Punkt zu ermitteln sind. Das Schreiben von $D\log L(\hat{\psi})$ kennzeichnet den an der Stelle $\psi = \hat{\psi}$ ermittelten Vektor der 1. Ableitungen, d.h.:

$$D\log L(\hat{\psi}) = \left.\frac{\partial \log L(\psi)}{\partial \psi}\right|_{\psi=\hat{\psi}} . \tag{1.3}$$

Eine ähnliche Schreibweise kann für die $n \times n$ Matrix der 2. Ableitungen verwendet werden. Folglich kennzeichnet

$$D^2\log L(\tilde{\psi}) = \left.\frac{\partial^2 \log L(\psi)}{\partial \psi \partial \psi'}\right|_{\psi=\tilde{\psi}} \tag{1.4}$$

die Hessesche Matrix für log L, die für die ML-Schätzwerte $\tilde{\psi}$ berechnet wird.

Der ML-Schätzwert wird durch eine Lösung der Likelihoodgleichungen

$$D\log L(\psi) = 0 \tag{1.5}$$

bestimmt. Da (1.5) mehr als eine Lösung haben kann, ist es wichtig zu überprüfen, ob ein Maximum ermittelt wurde. Die Hessesche wird eine negativ definite Matrix sein, falls die Lösung mit einem Maximum der Likelihoodfunktion korrespondiert, obwohl damit nicht garantiert ist, daß ein globales - im Gegensatz zu einem lokalen - Maximum erreicht wurde.

Beispiel 1 Die Log-Likelihoodfunktion für eine Stichprobe, bestehend aus T unabhängigen Beobachtungen aus einer Normalverteilung mit Mittelwert μ und Varianz σ^2, ist

$$\log L(\mu, \sigma^2) = -\frac{T}{2}\log 2\pi - \frac{T}{2}\log \sigma^2 - \frac{1}{2\sigma^2}\sum_{t=1}^{T}(y_t - \mu)^2. \tag{1.6}$$

In allgemeiner Notation ist $\psi = (\mu, \sigma^2)'$ und die Elemente in $D\log L(\psi)$ sind

$$\frac{\partial \log L}{\partial \mu} = \frac{1}{\sigma^2}\sum(y_t - \mu) \tag{1.7a}$$

und

$$\frac{\partial \log L}{\partial \sigma^2} = \frac{-T}{2\sigma^2} + \frac{1}{2\sigma^4}\sum(y_t - \mu)^2. \tag{1.7b}$$

Nullsetzen und Auflösung dieser Gleichungen führt zu:

$$\tilde{\mu} = \sum_{t=1}^{T} y_t/T = \bar{y} \tag{1.8a}$$

und

$$\tilde{\sigma}^2 = \sum_{t=1}^{T}(y_t - \bar{y})^2/T. \tag{1.8b}$$

Diese Gleichungen sind die einzigen Lösungen für die Likelihoodgleichungen und eine Überprüfung der Matrix der zweiten Ableitungen zeigt, daß sie log $L(\psi)$ tatsächlich maximieren. Im einzelnen gilt:

$$\begin{aligned} D^2\log L(\psi) &= \begin{bmatrix} \dfrac{\partial^2 \log L}{\partial \mu^2} & \dfrac{\partial^2 \log L}{\partial \mu \partial \sigma^2} \\ \dfrac{\partial^2 \log L}{\partial \sigma^2 \partial \mu} & \dfrac{\partial^2 \log L}{\partial (\sigma^2)^2} \end{bmatrix} \\ &= \begin{bmatrix} \dfrac{-T}{\sigma^2} & -\dfrac{1}{\sigma^4}\sum(y_t - \mu) \\ -\dfrac{1}{\sigma^4}\sum(y_t - \mu) & \dfrac{T}{2\sigma^4} - \dfrac{1}{\sigma^6}\sum(y_t - \mu)^2 \end{bmatrix} \end{aligned} \tag{1.9}$$

Substitution aus (1.8) führt zu:

$$D^2 \log L(\tilde{\psi}) = -\begin{bmatrix} \frac{T}{\tilde{\sigma}^2} & 0 \\ 0 & \frac{T}{2\tilde{\sigma}^4} \end{bmatrix}. \qquad (1.10)$$

Da $\tilde{\sigma}^2 > 0$ ist, wird (1.10) offensichtlich negativ definit sein und die Gleichungen (1.8a) und (1.8b) maximieren in der Tat die Likelihoodfunktion.

Beispiel 2 Die p.d.f. einer standardisierten Cauchy Variablen lautet:

$$p(y; \psi) = \pi^{-1}\{1 + (y_t - \psi)^2\}^{-1} \qquad (1.11)$$

und die Log-Likelihoodfunktion für eine Stichprobe aus T unabhängigen Beobachtungen ist somit:

$$\log L = -\sum_{t=1}^{T} \log \left[\pi\{1 + (y_t - \psi)^2\}\right]. \qquad (1.12)$$

Der ML-Schätzwert für den Parameter ψ wird über die Lösung der Likelihoodgleichung

$$2\sum_t \left[(y_t - \psi)/\{1 + (y_t - \psi)^2\}\right] = 0 \qquad (1.13)$$

ermittelt. Da diese Gleichung aber nichtlinear ist, ist es unmöglich, eine explizite Lösung für $\tilde{\psi}$ zu ermitteln, wie es im vorhergehenden Beispiel getan wurde.

Rechentechnische Aspekte des ML-Verfahrens

Im zweiten Beispiel muß die Schätzung durch eine Art von iterativer Prozedur erfolgen. Dies ist typisch für die ML-Schätzung, da die direkte Lösung der Likelihoodgleichungen eher die Ausnahme als die Regel zu sein scheint. Die Notwendigkeit, auf iterative Prozeduren zurückzugreifen, wird manchmal als ein Nachteil des ML-Methode betrachtet und eine alternative Strategie besteht darin, nach einfacheren Schätzfunktionen zu suchen, die leichter zu berechnen sind. In der Ökonometrie basieren solche Schätzfunktionen oftmals auf dem Prinzip der Kleinsten-Quadrate. Es besteht aber keine Garantie, daß eine Schätzfunktion, die auf dieser Basis konstruiert wird, effizient oder wenigstens konsistent sein wird.

In den letzten ungefähr zwanzig Jahren waren die Entwicklungen der Berechnungsmöglichkeiten und Algorithmen zur Durchführung der nichtlinearen Optimierung beachtlich.

Dies hat zu einer Akzentverschiebung hin zur ML-Schätzung geführt. Da rechentechnische Überlegungen in diesem Zusammenhang so bedeutend sind, wird das folgende Kapitel für einen Überblick über nichtlineare Optimierungstechniken und ihre Anwendung in der Ökonometrie verwendet. Ein gutes Verständnis des Inhaltes ist für jeden unerläßlich, der daran interessiert ist, ML-Schätzungen in der Praxis durchzuführen.

Die Betonung der Maximum-Likelihood Methodologie soll nicht implizieren, daß andere Methoden überflüssig geworden sind. Der Betrag an Rechnerzeit, der durch die Anwendung einer einfacheren Schätzfunktion gespart werden kann, kann oft beträchtlich sein und es gibt Anhaltspunkte, die nahelegen, daß in vielen Fällen in kleinen Stichproben die Anpassung einer sorgfältig gewählten Alternative zur ML-Schätzung vollständig befriedigend ist. Weiterhin kann eine einfachere Schätztechnik robuster sein, wenn die Spezifikation unangemessen ist. Auch wenn diese Punkte akzeptiert werden, ist eine Betrachtung der ML-Methode dennoch weiterhin fundamental für jede Diskussion über Schätzungen. Der Maximum-Likelihood-Rahmen bildet die Basis für die Bestimmung einfacherer Schätzfunktionen, die die Eigenschaft der Effizienz in großen Stichproben aufweisen. Die verschiedenen zweistufigen Schätzfunktionen, die in diesem Buch beschrieben werden, fallen alle in diese Kategorie. Indem den ML-Prinzipien gefolgt wird, ist es üblicherweise möglich, die Schwierigkeiten zu vermeiden, die auftauchen, wenn versucht wird, einfache aber effiziente Schätzfunktionen innerhalb des Kleinsten-Quadrate Systems zu entwickeln.

3.2 Suffizienz und die Cramér-Rao Untergrenze

Das Konzept einer unverzerrten Schätzfunktion mit minimaler Varianz wurde in Abschnitt 1.3 eingeführt. Es wurde gezeigt, daß es als Kriterium zur Abschätzung verschiedener Schätzprozeduren unter schwerwiegenden Einschränkungen leidet. Dennoch ist es eine nützliche Vorstellung, um mit der Untersuchung der Leistungsfähigkeit verschiedener Schätzansätze zu beginnen. Der erste Teil dieses Abschnittes betrachtet den Begriff der Suffizienz und dessen Zusammenhang zur unverzerrten Schätzung mit minimaler Varianz. Obgleich eine Verbindung etabliert werden kann, stellt sich heraus, daß die Existenz eines MVUE nur in bestimmten speziellen Fällen aus der Suffizienz abgeleitet werden kann. Alternativ kann aber gefragt werden, ob eine untere Grenze für die Varianz einer unverzerrten Schätzfunktion existiert. Durch den Nachweis, daß eine spezielle Schätzfunktion diese Untergrenze erreicht, ist gleichzeitig demonstriert, daß die Schätzfunktion ein MVUE ist.

Suffizienz

Heuristisch formuliert ist eine statistische Kenngröße suffizient, die alle Informationen aus der Stichprobe enthält, die relevant für die Schätzung eines ausgewählten Parameters sind. Um die Eigenschaft formal darzulegen, sei angenommen, daß $\hat{\psi}$ eine statistische Kenngröße und ψ^* eine andere beliebige statistische Kenngröße ist, die keine Funktion von $\hat{\psi}$ ist. Wenn die bedingte Verteilung von ψ^* für jedes ψ^* bei gegebenem $\hat{\psi}$ nicht ψ einschließt, dann ist $\hat{\psi}$ eine suffiziente statistische Kenngröße für ψ. Mit anderen Worten, falls $p(\psi^*|\hat{\psi})$ nicht ψ beinhaltet, ist $\hat{\psi}$ suffizient.

So wie sie oben steht, ist die Definition nicht besonders nützlich. Falls man die Likelihoodfunktion aber faktorisieren kann als

$$(y_1, ..., y_T; \psi) = g(\hat{\psi}; \psi) \cdot k(y_1, ..., y_T), \tag{2.1}$$

wobei $g(\hat{\psi}; \psi)$ ausschließlich eine Funktion von $\hat{\psi}$ und ψ ist, und $k(y_1, ..., y_T)$ unabhängig von ψ ist, dann ist $\hat{\psi}$ suffizient. In der Tat ist (2.1) unter ziemlich allgemeinen Konditionen sowohl eine notwendige als auch eine hinreichende Bedingung für Suffizienz.

Eine suffiziente statistische Kenngröße ist, falls sie existiert, nicht einmalig. Jede eineindeutige Funktion einer statistischen Kenngröße, die (2.1) erfüllt, wird (2.1) ebenfalls erfüllen.

Beispiel 1 Für eine Poisson-Verteilung

$$p(y; \psi) = e^{-\psi} \psi^y / y!$$

kann die Likelihoodfunktion für T Beobachtungen faktorisiert werden als:

$$L(\psi) = \left\{ e^{-T\psi} \psi^{\sum y} \right\} \cdot \left\{ \prod_{t=1}^{T} y_t! \right\}^{-1} . \tag{2.2}$$

Folglich ist $\sum y$ oder äquivalent der Stichprobenmittelwert eine suffiziente statistische Kenngröße für ψ.

Beispiel 2 Die Likelihoodfunktion für eine Zufallsstichprobe aus einer $N(0, \sigma^2)$ Verteilung ist:

$$L(\sigma^2) = (2\pi\sigma^2)^{-T/2} \cdot \exp(-\frac{1}{2} \sum y_t^2 / \sigma^2). \tag{2.3}$$

Diese Faktoren vereinfachen sich zu einer Funktion von σ^2 und $\sum y_t^2$ und einem Term $k(y_1, ..., y_T)$, der einfach gleich 1 ist. Folglich ist $\sum y_t^2$ eine suffiziente statistische Kenngröße für σ^2.

Wenn ein Modell $n > 1$ unbekannte Parameter enthält, verallgemeinert sich das Faktorisierungskriterium zur Definition *gemeinsam* suffizienter statistischer Kenngrößen.

Beispiel 3 Der Exponent in der Likelihoodfunktion einer Zufallsstichprobe aus einer $N(\mu, \sigma^2)$ Verteilung kann in zwei Teile zerlegt werden. Dies führt zu:

$$L(\mu, \sigma^2) = (2\pi\sigma^2)^{-T/2} \cdot \exp\left[-\frac{1}{2}\sigma^{-2} \left\{ \sum (y_t - \bar{y})^2 + T(\bar{y} - \mu)^2 \right\} \right] . \tag{2.4}$$

Wie in dem vorhergehenden Beispiel ist $k(y_1, ..., y_T) = 1$ und $\bar{y}$ und $\sum(y_t - \bar{y})^2$ sind gemeinsam suffizient für μ und σ^2.

Wenn die Familie der Verteilungen für eine suffiziente statistische Kenngröße *vollständig* ist, kann das Rao-Blackwell Theorem verwendet werden, um zu zeigen, daß eine Funktion einer suffizienten statistischen Kenngröße ein MVUE für den untersuchten Parameter ist; vergleiche Silvey (1975, S. 28-33). Unglücklicherweise gibt es eine große Zahl von Fällen, wo diese Bedingung nicht gilt.

Die Cramér-Rao Untergrenze

Wenn $n = 1$ ist, ist die Menge an *Informationen* in der Stichprobe definiert durch

$$\begin{aligned} I(\psi) &= -E\left[D^2 \log L(\psi)\right] \\ &= -\int D^2 \log L(\psi) \cdot L(y_1, ..., y_T; \psi) dy_1, ..., dy_T. \end{aligned} \tag{2.5}$$

Angemerkt sei, daß, obgleich $L(\psi)$ für den Zweck der Differentiation als Likelihoodfunktion betrachtet wird, der Erwartungswert bezogen auf die gemeinsame Dichte gebildet wird. Der Parameter ψ wird dann als wahrer Wert interpretiert.

Im nächsten Unterabschnitt wird gezeigt, daß $1/I(\psi)$ die *minimale Varianzgrenze* (MVB) für eine unverzerrte Schätzfunktion von ψ ist. Das Ergebnis läßt sich auf den Fall mit n Parametern ausdehnen. Ist $\hat{\psi}$ eine unverzerrte Schätzung für ψ, dann legt die Cramér-Rao Ungleichung fest, daß die Kovarianzmatrix von $\hat{\psi}$ die Inverse der Informationsmatrix um eine p.s.d. Matrix überschreiten muß.

Wenn die Varianz einer unverzerrten Schätzung gleich der MVB ist, wird sie als effizient bezeichnet. Das Nichterreichen der Untergrenze führt nicht notwendigerweise zum Ausschluß einer Schätzfunktion aus Effizienzgründen, da es in kleinen Stichproben durchaus möglich ist, daß keine unverzerrte Schätzfunktion die Untergrenze erreichen wird. In einigen Fällen kann gezeigt werden, daß eine Schätzfunktion der MVUE ist, obgleich sie in dem oben definierten Sinn nicht effizient ist.

Beispiel 4 Falls eine Stichprobe von T unabhängigen Beobachtungen aus einer $N(\mu, \sigma^2)$-Verteilung stammt, ist die Informationsmatrix durch die Erwartungswertermittlung in (1.9) bestimmt; d.h.:

$$I(\mu, \sigma^2) = -E\left[D^2 \log L(\mu, \sigma^2)\right] = \begin{pmatrix} \dfrac{T}{\sigma^2} & 0 \\ 0 & \dfrac{T}{2\sigma^4} \end{pmatrix}. \tag{2.6}$$

Die MVB für μ ist deshalb σ^2/T und sie ist ebenfalls die Varianz des Stichprobenmittelwertes $\bar{y}$. Ein unverzerrter Schätzwert für σ^2, s^2, wurde in (1.4.10) definiert. Als ein Sonderfall des in Abschnitt 2.7 abgeleiteten Ergebnisses folgt, daß die Varianz von s^2 gleich $2\sigma^4/(T-1)$ ist. Sie ist größer als die MVB in Höhe von $2\sigma^4/T$. Es ist aber unmöglich, eine unverzerrte Schätzfunktion für σ^2 zu finden, die die Untergrenze erreicht, und es folgt, daß s^2 der MVUE ist.

Ableitung der Cramér-Rao Ungleichung *

Zur Vereinfachung sei ein einzelner unbekannter Parameter ψ angenommen. Die gemeinsame Dichte von T unabhängigen Beobachtungen ist durch $L = L(y_1, ..., y_T; \psi)$, wie in (1.2) definiert, gegeben. Diese muß, ex definitione, die Bedingung

$$\int \cdots \int L \cdot dy_1, ..., dy_T = 1 \tag{2.7}$$

erfüllen. Durch Differentiation beider Seiten von (2.7) bezüglich ψ und dem Austauschen der Differentiation und Integration folgt:

$$\int \cdots \int \frac{\partial L}{\partial \psi} dy_1, ..., dy_T = 0.$$

Die vorstehende Gleichung kann geschrieben werden als:

$$E\left[D\log L(\psi)\right] = \int \cdots \int \left(\frac{1}{L}\frac{\partial L}{\partial \psi}\right) L\, dy_1, ..., dy_T = 0. \tag{2.8}$$

Erneute Differentiation und Austauschen der Operationen führt zu:

$$\int \cdots \int \left(\left(\frac{1}{L}\frac{\partial L}{\partial \psi}\right)\frac{\partial L}{\partial \psi} + L\frac{\partial L}{\partial \psi}\left(\frac{1}{L}\frac{\partial L}{\partial \psi}\right)\right) dy_1, ..., dy_T = 0$$

Daraus wird:

$$\int \cdots \int \left(\left(\frac{1}{L}\frac{\partial L}{\partial \psi}\right)^2 + \frac{\partial^2 \log L}{\partial \psi^2}\right) L\, dy_1, ..., dy_T = 0. \tag{2.9}$$

Durch Umstellen von (2.9) ergibt sich dann:

$$E\left[\{D\log L(\psi)\}^2\right] = -E\left[D^2\log L(\psi)\right] = I(\psi). \tag{2.10}$$

Kennzeichnet $\hat{\psi}$ einen unverzerrten Schätzwert für ψ, dann gilt ex definitione:

$$E(\hat{\psi}) = \int \cdots \int \hat{\psi}\, L\, dy_1, ..., dy_T = \psi. \tag{2.11}$$

Differentiation von (2.11) führt zu

$$\int \cdots \int \hat{\psi}\, D\log L(\psi)\, L\, dy_1, ..., dy_T = 1. \tag{2.12}$$

Aus (2.8) gilt $E[D\log L(\psi)] = 0$ und somit:

$$E[\psi\, D\log L(\psi)] = \psi \cdot E[D\log L(\psi)] = 0$$

Das Einfügen dieses Ergebnisses in (2.12) ergibt:

$$1 = \int \cdots \int (\hat{\psi} - \psi) D\log L(\psi) \cdot L\, dy_1, ..., dy_T$$

und somit gilt über die Cauchy-Schwartz Ungleichung:

$$1 \leq \left[\int \cdots \int (\hat{\psi} - \psi)^2 L\, dy_1, ..., dy_T\right] \times \left[\int \cdots \int \{D\log L(\psi)\}^2 L\, dy_1, ..., dy_T\right]. \tag{2.13}$$

Der erste Term auf der rechten Seite von (2.13) ist $E\left[(\hat{\psi} - \psi)^2\right]$. Der zweite entspricht der in (2.10) definierten Information $I(\psi)$. Umstellen von (2.13) ergibt die *Cramér-Rao Ungleichung*:

$$Var(\hat{\psi}) \geq 1/I(\psi). \tag{2.14}$$

3.3 Eigenschaften der ML-Schätzfunktion

Aus dem Faktorisierungstheorem (2.1) folgt, daß die ML-Schätzfunktion für ψ eine Funktion der suffizienten Statistik ist. Damit ist gemeint, daß die ML-Schätzfunktion nur von den relevanten Informationen in der Stichprobe abhängt, wenn damit auch nicht notwendigerweise ausgesagt wird, daß die Informationen auf die bestmögliche Weise genutzt werden. Wenn jedoch eine unverzerrte Schätzfunktion existiert, deren Varianz die Untergrenze erreicht, ist sie mit der ML-Schätzfunktion identisch.

Unglücklicherweise ist die MVB oftmals nicht erreichbar. Dieses wurde in dem letzten Beispiel in Verbindung mit der Schätzung von σ^2 dargestellt. Dann ist der ML-Schätzwert (1.8b) verzerrt. Da aber $E(\tilde{\sigma}^2) = \sigma^2(T-1)/T$ ist, wird die Verzerrung vernachlässigbar, wenn T groß wird. Ferner tendiert die Varianz von $\tilde{\sigma}^2$ gegen die MVB von $2\sigma^4/T$. Zusammengefaßt deuten diese Ergebnisse auf ein allgemeineres Resultat hin; ML-Schätzwerte erreichen in großen Stichproben normalerweise die Cramér-Rao Untergrenze.

Es sei angenommen, daß die durch T dividierte Informationsmatrix $I(\psi)$ für $T \longrightarrow \infty$ gegen eine p.d. Matrix $IA(\psi)$ konvergiert, d.h.:

$$IA(\psi) = \lim T^{-1} I(\psi). \tag{3.1}$$

Dann hat $\sqrt{T}(\tilde{\psi} - \psi)$ unter Beachtung verschiedener Gleichmäßigkeitsbedingungen als Grenzverteilung eine multivariate Normalverteilung mit Vektor der Mittelwerte von Null und Kovarianzmatrix $IA^{-1}(\psi)$. Dasselbe Resultat ist durch die Aussage impliziert, daß $\tilde{\psi}$ asymptotisch normalverteilt ist mit Mittelwert ψ und Kovarianzmatrix:

$$Avar(\tilde{\psi}) = T^{-1} IA^{-1}(\psi). \tag{3.2}$$

Vgl. die Diskussion in Abschnitt 2.3. Der Beweis wird unten für einen einzelnen Parameter dargestellt.

Da die ML-Schätzfunktionen die MVB in großen Stichproben erreichen, werden sie als asymptotisch effizient bezeichnet. Angenommen, $\tilde{\psi}$ ist der ML-Schätzwert für einen einzelnen Parameter ψ und $\hat{\psi}$ ist ein anderer asymptotisch normalverteilter Schätzwert mit Mittelwert ψ und Varianz $Avar(\hat{\psi})$. Die *asymptotische Effizienz* ist durch:

$$\text{Eff}(\hat{\psi}) = Avar(\tilde{\psi})/Avar(\hat{\psi}) = T^{-1}IA(\psi)/Avar(\hat{\psi}) \tag{3.3}$$

gegeben. Im allgemeinen ist die asymptotische Effizienz die einzige theoretische Richtlinie, um die relativen Vorzüge verschiedener Schätzfunktionen in der Ökonometrie und der Zeitreihenanalyse zu bestimmen. Exakte endliche Stichprobenverteilungen sind schwierig zu bestimmen und selbst dann, wenn sie verfügbar sind, ist eine Maßgröße analog zu (3.3) nur anwendbar, wenn beide Schätzwerte normalverteilt sind.

Ableitung der asymptotischen Verteilung der ML-Schätzfunktion *

Betrachten wir eine Stichprobe mit T unabhängigen Beobachtungen, die aus einer p.d.f. mit einem unbekannten Parameter ψ gezogen wurde. Die Likelihoodfunktion, die der Form (1.2) entspricht, kann unter Anwendung von Taylors Theorem um den wahren Wert von ψ erweitert werden. Dies führt zu:

$$D\text{log } L(\tilde{\psi}) \simeq D\text{log } L(\psi) + (\tilde{\psi} - \psi)D^2\text{log } L(\psi). \tag{3.4}$$

Der vorangestellte Term im zweiten Teil der Gleichung enthält $(\tilde{\psi} - \psi)^2$ und es kann gezeigt werden, daß er eine niedrigere Ordnung aufweist als $(\tilde{\psi} - \psi)D^2\text{log } L(\tilde{\psi})$, wenn die Gleichmäßigkeitsbedingungen erfüllt sind.

$D\text{log } L(\tilde{\psi})$ wird durch Definition gleich Null gesetzt und somit kann (3.4) umgestellt werden zu:

$$\sqrt{T}(\tilde{\psi} - \psi) \simeq \frac{-\sqrt{T}D\text{log } L(\psi)}{D^2\text{log } L(\psi)}. \tag{3.5}$$

Aus (1.2) ist zu sehen, daß $D\text{log } L(\psi)$ gleich der Summe von T identisch verteilten Zufallsvariablen ist, da:

$$D\text{log } L(\psi) = \sum_{t=1}^{T} \frac{\partial \text{log } p(y_t; \psi)}{\partial \psi} = \sum_{t=1}^{T} D\text{log } p(y_t; \psi).$$

Die Zufallsvariable $D\text{log } p(y_t; \psi)$ kann als die Ableitung einer Log-Likelihoodfunktion für eine Stichprobe vom Umfang Eins betrachtet werden und aus (2.8) und (2.10) folgt, daß sie einen Erwartungswert von Null und eine Varianz von $i(\psi)$ für alle $t = 1, ..., T$ hat. Die Notation in Kleinbuchstaben $i(\psi)$ zeigt an, daß es sich um die Information für eine einzelne Beobachtung handelt. Für die gesamte Stichprobe gilt:

$$I(\psi) = T \cdot i(\psi), \tag{3.6}$$

und somit hat $D\log\, L(\psi)$ einen Erwartungswert von Null und eine Varianz $I(\psi)$. Unter den Gleichmäßigkeitsbedingungen wird (3.1) gelten und aus dem zentralen Grenzwertsatz folgt, daß $\xi = T^{-1/2}D\log\, L(\psi)/\sqrt{I(\psi)/T}$ als Grenzverteilung eine standardisierte Normalverteilung hat, d.h.:

$$\xi \xrightarrow{L} N(0,1).$$

Substitution für $D\log\, L(\psi)$ in (3.5) führt zu:

$$\sqrt{T}(\tilde{\psi} - \psi) \simeq \frac{\sqrt{I(\psi)/T}}{D^2\log\, L(\psi)/T} \cdot \xi.$$

Da

$$\text{plim}\left\{ \frac{\sqrt{I(\psi)/T}}{D^2\log\, L(\psi)/T} \right\} = \{IA(\psi)\}^{-1/2}$$

ist, folgt aus Cramérs Theorem (1.4.17), daß $\sqrt{T}(\tilde{\psi} - \psi)$ als Grenzverteilung eine Normalverteilung mit Mittelwert Null und Varianz $IA^{-1}(\psi)$ hat.

3.4 Maximum-Likelihood Schätzfunktionen für Regressionsmodelle

Dieser Abschnitt beginnt mit der Untersuchung der Beziehung zwischen dem ML-Ansatz und dem KQ-Verfahren in einem klassischen linearen Regressionsmodell. Die Ergebnisse werden dann so erweitert, daß sie den nichtlinearen Fall umfassen und im letzten Unterabschnitt wird die Schätzung von Modellen für Zähldaten und qualitative Beobachtungen betrachtet.

Ebenso wird die ML-Schätzung eines linearen Regressionsmodells mit heteroskedastischen Störgrößen untersucht. Modelle dieser Art weichen zum Teil vom üblichen ML-Rahmen ab, da die Beobachtungen zwar unabhängig, aber nicht länger identisch verteilt sind. Die Resultate der asymptotischen Effizienz gelten auch hier und die Eigenschaften der ML-Schätzwerte können auf exakt dieselbe Weise bestimmt werden. Auf ähnliche Weise kann die ML-Theorie so erweitert werden, daß sie Gleichungssysteme umfaßt. Das SURE Modell aus Abschnitt 2.9 stellt eine Illustration dar.

Das klassische lineare Regressionsmodell

Die Log-Likelihoodfunktion für das klassische lineare Regressionsmodell (2.1.5) mit normalverteilten Störgrößen lautet:

$$\log L(\beta,\sigma^2) = -\frac{T}{2}\log 2\pi - \frac{T}{2}\log \sigma^2 - \frac{1}{2\sigma^2}(y - X\beta)'(y - X\beta). \tag{4.1}$$

Die Maximierung von (4.1) bezogen auf β und σ^2 führt zu den Schätzwerten:

$$\tilde{\beta} = b = (X'X)^{-1}X'y \tag{4.2}$$

und

$$\tilde{\sigma}^2 = e'e/T. \tag{4.3}$$

Der Schätzwert für β ist identisch mit dem KQ-Schätzwert (2.2.4). Ist die Log-Likelihoodfunktion in der Form

$$\log L(\beta,\sigma^2) = -\frac{T}{2}\log 2\pi - \frac{T}{2}\log \sigma^2 - \frac{1}{2\sigma^2}S(\beta) \tag{4.4}$$

geschrieben, wobei $S(\beta)$ die in (2.2.1) definierte Quadratsummenfunktion ist, wird der Grund für die Übereinstimmung deutlich: $\partial S(\beta)/\partial\beta = 0$ impliziert $\partial\log L/\partial\beta = 0$.

Die Informationsmatrix ist:

$$I(\beta,\sigma^2) = \begin{pmatrix} \tilde{\sigma}^2(X'X) & 0 \\ 0 & T/2\sigma^4 \end{pmatrix}. \tag{4.5}$$

Sie ist offensichtlich eine Verallgemeinerung der mit dem Schätzwert des Mittelwertes für eine Grundgesamtheit assoziierten Informationsmatrix (2.6). In Abschnitt 2.3 wurde gezeigt, daß der KQ-Schätzwert für β mit Mittelwert β und Kovarianzmatrix $\sigma^2(X'X)^{-1}$ normalverteilt ist. Folglich erreicht er die Untergrenze und ist somit der MVUE für β. Aber wie in dem Lageparametermodell ist $\tilde{\sigma}^2$ verzerrt und s^2, der unverzerrte Schätzwert, erreicht die Untergrenze nicht.

Obgleich der MVB für σ^2 in endlichen Stichproben nicht erreichbar ist, sind beide, $\tilde{\sigma}^2$ und s^2, in großen Stichproben MVB-Schätzwerte. In Abschnitt 2.7 wurde gezeigt, daß für s^2 $Var(s^2) = 2\sigma^4/(T-k)$ gilt. Während diese Varianz die MVB von $2\sigma^4/T$ in kleinen Stichproben überschreitet, tendiert sie offensichtlich für $T \longrightarrow \infty$ dahin.

Nichtlineare Regression

Einige Beispiele für nichtlineare Regressionsmodelle wurden in Abschnitt 2.1 genannt. Eine allgemeine Formulierung lautet wie folgt:

$$y_t = f(x_t;\beta) + \epsilon_t \qquad t = 1, \ldots, T, \tag{4.6}$$

dabei ist x_t ein $k \times 1$ Vektor exogener Variablen, β ist ein $n \times 1$ Parametervektor und $f(x_t;\beta)$ kennzeichnet eine Funktion für x_t und β. Sind die Störgrößen normalverteilt, kann die Log-Likelihoodfunktion wie in (4.4) geschrieben werden, mit

$$S(\beta) = \sum_{t=1}^{T} \{y_t - f(x_t;\beta)\}^2, \tag{4.7}$$

die die Abweichungsquadratsummenfunktion definiert. Der nichtlineare (einfache) Kleinste-Quadrate Schätzwert für β, b, ist deshalb identisch mit dem ML-Schätzwert.

Differenziert man die Log-Likelihoodfunktion bezüglich β, folgt:

$$\frac{\partial \log L}{\partial \beta} = \sigma^{-2} \sum z_t\{y_t - f(x_t;\beta)\} \tag{4.8}$$

mit

$$z_t = \frac{\partial f(x_t;\beta)}{\partial \beta} = -\frac{\partial \epsilon_t}{\partial \beta}, \qquad t = 1, \ldots, T. \tag{4.9}$$

Eine zweite Differentiation führt zu der Gleichung:

$$E\left\{-\frac{\partial^2 \log L}{\partial \beta \partial \beta'}\right\} = \sigma^{-2} \sum z_t z_t'. \tag{4.10}$$

Die nichtdiagonalen Blöcke in der Informationsmatrix $I(\beta, \sigma^2)$ sind Null, da gilt:

$$E\left\{-\frac{\partial^2 \log L}{\partial \beta \partial \sigma^2}\right\} = E\left\{\sigma^{-4} \sum z_t \epsilon_t\right\} = 0 \tag{4.11}$$

Dieses Ergebnis folgt unmittelbar, da die Elemente in z_t fest sind.

Unter geeigneten Gleichmäßigkeitsbedingungen ist deshalb:

$$b \sim AN\left\{\beta, \sigma^2 (\sum z_t z_t')^{-1}\right\} \tag{4.12}$$

Die Gleichmäßigkeitsbedingungen sind ähnlich zu denen, die dem linearen Modell auferlegt wurden. Insbesondere ist die Bedingung, daß $\lim T^{-1} \sum z_t z_t'$ gegen eine p.d. Matrix konvergiert, eine natürliche Erweiterung von (2.3.9). Die Eigenschaften des ML-Schätzwertes für σ^2 in großen Stichproben sind exakt dieselben wie im linearen Modell:

$$\tilde{\sigma}^2 \sim AN(\sigma^2, 2\sigma^4/T). \tag{4.13}$$

Wird für die Störgrößen keine Normalverteilung unterstellt, werden die nichtlinearen Kleinste-Quadrate Schätzwerte im allgemeinen weiterhin die durch (4.12) angezeigten asymptotischen Verteilungen haben; vgl. die Diskussion in Abschnitt 2.3.

Multiplikative Heteroskedastizität

Betrachten wir ein Regressionsmodell der Form

$$y_t = x_t'\beta + u_t, \qquad t = 1, \ldots, T \tag{4.14}$$

in dem die Störgrößen unabhängig um einen Mittelwert von Null verteilt sind, die aber eine durch die Gleichung

$$\sigma_t^2 = \exp(w_t'\delta) \qquad t = 1, \ldots, T \tag{4.15}$$

gegebene Varianz haben; dabei ist w_t ein $r \times 1$ Vektor nichtstochastischer, bekannter Variablen und δ ist ein $r \times 1$ Vektor unbekannter Parameter. Die Elemente in w_t können, müssen aber nicht mit den Elementen in x_t übereinstimmen. Die Parametervektoren β und δ enthalten aber keine gemeinsamen Faktoren. Im allgemeinen wird das erste Element in w_t gleich Eins sein.

Die Spezifikation (4.15) ist bekannt als *multiplikative Heteroskedastizität*. Sie umfaßt eine Anzahl spezieller Fälle, die von einigem Interesse sind. Zum Beispiel folgt, falls $w_t = [1, \log x_{jt}]'$ und $\delta = \left[\log \sigma^2, \alpha\right]'$ ist:

$$\sigma_t^2 = \sigma^2 x_{jt}^{\alpha}. \tag{4.16}$$

Somit ist die Varianz proportional zu der mit dem Exponenten α veränderten $j$ten erklärenden Variable.

Die Log-Likelihoodfunktion ist durch:

$$\begin{aligned} \log L(\beta, \delta) = & -\frac{T}{2}\log 2\pi - \frac{1}{2}\sum w_t'\delta \\ & -\frac{1}{2}\sum \exp(-w_t'\delta)(y_t - x_t'\beta)^2 \end{aligned} \tag{4.17}$$

gegeben. Differentiation von (4.17) bezüglich β und δ führt zu:

$$\frac{\partial \log L}{\partial \beta} = \sum x_t \exp(-w_t'\delta)(y_t - x_t'\beta) \tag{4.18}$$

und

$$\frac{\partial \log L}{\partial \delta} = -\frac{1}{2}\sum w_t + \frac{1}{2}\sum w_t \exp(-w_t'\delta)(y_t - x_t'\beta)^2. \tag{4.19}$$

Durch eine zweite Differentiation, Multiplikation mit minus Eins und Erwartungswertbildung folgt die Informationsmatrix

$$I(\beta, \delta) = \begin{bmatrix} \sum \sigma_t^{-2} x_t x_t' & 0 \\ 0 & 1/2 \sum w_t w_t' \end{bmatrix}. \tag{4.20}$$

Die ML-Schätzwerte $\tilde{\beta}$ und $\tilde{\delta}$ werden ermittelt, indem die 1. Ableitungen (4.18) und (4.19) gleich Null gesetzt und die resultierenden nichtlinearen Gleichungen gelöst werden; vergleiche Abschnitt 4.4 des nächsten Kapitels. Unter geeigneten Gleichmäßigkeitsbedingungen kann gezeigt werden, daß $\tilde{\beta}$ und $\tilde{\delta}$ asymptotisch normalverteilt, mit einer durch die asymptotische Informationsmatrix gegebenen Kovarianzmatrix, sind. Unter Berücksichtigung der Blockdiagonalität aus (4.20) sind $\tilde{\beta}$ und $\tilde{\delta}$ in großen Stichproben unabhängig verteilt, und so sind:

$$\tilde{\beta} \sim AN\left[\beta, (\sum \sigma_t^{-2} x_t x_t')^{-1}\right] \tag{4.21}$$

und

$$\tilde{\delta} \sim AN\left[\delta, 2(\sum w_t w_t')^{-1}\right]. \tag{4.22}$$

Durch die abhängige Variable bedingte Heteroskedastizität

Ist die Varianz der abhängigen Variable proportional zu dem Quadrat ihres Erwartungswertes, kann die Varianz des Störterms in (4.14) als:

$$\sigma_t^2 = \sigma^2(x_t'\beta)^2, \qquad t = 1, \ldots, T \tag{4.23}$$

geschrieben werden, und unter der Annahme der Normalverteilung ist:

$$I(\beta, \sigma^2) = \begin{pmatrix} (2\sigma^2 + 1)\sum \sigma_t^{-2} x_t x_t' & (\sum \sigma_t^{-2} x_t x_t')\beta \\ \\ \beta' \sum \sigma_t^{-2} x_t x_t' & T/2\sigma^4 \end{pmatrix}. \tag{4.24}$$

Die Informationsmatrix ist im Gegensatz zu (4.20) nicht blockdiagonal und somit sind die ML-Schätzwerte für β und σ^2 in großen Stichproben nicht unabhängig verteilt. Dieses hat einige wichtige Implikationen. Zum Beispiel sei angenommen, daß eine Schätzfunktion so konstruiert wird, daß zunächst das KQ-Verfahren angewandt wird, um dann WLS Schätzwerte zu berechnen:

$$\hat{\beta} = \left[\sum (x_t'b)^{-2} x_t x_t'\right]^{-1} \sum (x_t'b)^{-2} x_t y_t. \tag{4.25}$$

Diese besitzen dieselbe asymptotische Stichprobenverteilung wie WLS-Schätzwerte, bei denen die Beobachtungen mit den wahren Varianzen $\sigma_1^2, \ldots, \sigma_t^2$ gewichtet worden sind; vergleiche Theil (1971, Kap. 8). Somit sind sie asymptotisch normalverteilt mit Mittelwert β und Varianz:

$$Avar(\hat{\beta}) = \left[\sum \sigma_t^{-2} x_t x_t'\right]^{-1}. \tag{4.26}$$

Ein Vergleich von (4.26) mit der über die Invertierung von (4.24) bestimmten Matrix der Untergrenzen zeigt aber, daß $\hat{\beta}$ ineffizient ist; vergleiche Ameniya (1973). Sind die Störvariablen in einem Modell, das diese Art von Heteroskedastizität aufweist, normalverteilt, ist deshalb die ML-Schätzung einer realisierbaren GLS-Schätzung vorzuziehen. Ob die Annahme der Normalverteilung im Zusammenhang mit der durch die abhängige Variable bedingter Heteroskedastizität vernünftig ist, bleibt eine offene Frage. Normalverteilte Variablen können in der Theorie negativ sein, und die Möglichkeit negative Werte für den Erwartungswert der abhängigen Variable zu erhalten, könnte zu einer merkwürdigen Beziehung zwischen σ_t^2 und den erklärenden Variablen führen. Tatsächlich ist es bei Heteroskedastizität, bedingt durch die abhängige Variable, sinnvoller, wenn die Beobachtungen aus einer Gammaverteilung

$$p(y_t) = \frac{1}{\Gamma(\lambda)}\left[\frac{\lambda}{x_t'\beta}\right]^{\lambda} y_t^{\lambda-1} \exp\left[\frac{-\lambda y_t}{x_t'\beta}\right], \quad y_t \geq 0 \tag{4.27}$$

gezogen werden, wobei $\Gamma(\lambda)$ die Gammafunktion und λ ein positiver Parameterskalar ist. Die Beobachtungen können nicht negativ sein und die Eigenschaften der Gammafunktion sind derart, daß der Mittelwert von y_t $x_t'\beta$ ist, während ihre Varianz durch (4.23) als $1/\lambda$ gegeben ist. Das Modell kann weiterhin in der Form (4.14) dargestellt werden, wenn es auch angemessener ist, über die Spezifikation in Größen der Verteilung der abhängigen Variable und nicht der der Störgrößen nachzudenken. Diese Tatsache bringt uns zurück zu einem wichtigen Punkt, nämlich dem, daß im Rahmen der ML-Methode die Spezifikation eines Modells in Größen der Verteilung der Beobachtungen und nicht in der der Störgrößen vorgenommen wird. Dieser Punkt wird sich ebenfalls deutlich in den Unterabschnitten über Zähldaten und qualitative Beobachtungen zeigen.

Die Informationsmatrix für Beobachtungen, die einer Gammaverteilung folgen, ist bezogen auf β und λ blockdiagonal und die asymptotische Varianz des ML-Schätzwertes für β ist durch dieselbe Gleichung wie (4.26) gegeben und der WLS-Ansatz ist vollständig effizient; für Details vergleiche erneut Ameniya (1973). Eine Möglichkeit von besonderem Interesse ist die Exponentialverteilung. Sie ist eine Gammaverteilung mit λ gleich Eins. Die Ableitung der Informationsmatrix ist relativ einfach und bleibt dem Leser als eine Übung überlassen; vergleiche Übung 5.

Scheinbar unverbundene Regressionen

Das SURE System wurde in Abschnitt 2.9 eingeführt. Wird das Modell in der Form (2.9.15) dargestellt, ist die gemeinsame Dichte für die N Beobachtungen zum Zeitpunkt t durch:

$$p(y_t) = (2\pi)^{-N/2} \cdot |\Omega|^{-1/2} \cdot \exp\left\{-\frac{1}{2}(y_t - X_t\beta)'\Omega^{-1}(y_t - X_t\beta)\right\}$$

gegeben. Die Log-Likelihoodfunktion für alle T Beobachtungen ist deshalb:

$$\begin{aligned} \log L = & -\frac{TN}{2}\log 2\pi - \frac{T}{2}\log|\Omega| \\ & -\frac{1}{2}\sum_{t=1}^{T}(y_t - X_t\beta)'\Omega^{-1}(y_t - X_t\beta). \end{aligned} \tag{4.28}$$

Differentiation bezüglich β führt zu:

$$\frac{\partial \log L}{\partial \beta} = \sum X_t'\Omega^{-1}(y_t - X_t\beta) \tag{4.29}$$

Vergleichen Sie dieses Ergebnis mit (A.3). Durch Nullsetzen von (4.29) und Umstellen ergibt sich die SURE-Schätzfunktion (2.9.17). Sie kann jedoch nur berechnet werden, wenn Ω bekannt ist. Die Differentiation von $\log L$ bezogen auf Ω ist weniger einfach. Unter Anwendung der Ergebnisse (A.5) und (A.6) sind aber die Ableitungen von $\log L$ bezogen auf die Elemente der Inversen von Ω leicht bestimmbar. Somit folgt:

$$\frac{\partial \log L}{\partial \Omega^{-1}} = \frac{T}{2}\Omega - \frac{1}{2}\sum_{t=1}^{T}(y_t - X_t\beta)(y_t - X_t\beta)', \tag{4.30}$$

wobei ein Standardergebnis für Determinanten benutzt worden ist, um

$$-\frac{T}{2}\log|\Omega| = -\frac{T}{2}\log|\Omega^{-1}|^{-1} = \frac{T}{2}\log|\Omega^{-1}| \tag{4.31}$$

in der Likelihoodfunktion zu setzen. Aufgrund der Konstanzeigenschaft der ML-Schätzwerte ist der ML-Schätzwert für Ω gleich der Inversen des ML-Schätzwertes Ω^{-1}. Indem (4.30) gleich einer Nullmatrix gesetzt wird und die Gleichungen gelöst werden, ergeben sich ML-Schätzwerte sowohl für Ω auch für Ω^{-1}. Tatsächlich besteht ein primäres Interesse an Ω und der ML-Schätzwert ist direkt durch:

$$\tilde{\Omega} = T^{-1}\sum_{t=1}^{T} e_t e_t', \tag{4.32}$$

mit $e_t = y_t - X_t\tilde{\beta}$ gegeben.

Zähldaten

Es ist nicht unüblich, Zeitreihen vorzufinden, die aus *Zähldaten* bestehen. Solche Reihen dokumentieren die Zahl des Auftretens spezieller Ereignisse in einem gegebenen Zeitintervall. Als Beispiele können die Anzahl an Unfällen in einer Fabrik oder die Anzahl angemeldeter Patente aufgeführt werden. Da die Daten aus nichtnegativen Zahlen bestehen müssen, ist ein Modell, das auf der Normalverteilung basiert, nicht zulässig, obgleich es eine geeignete Approximation darstellt, wenn die Anzahl der beobachteten Ereignisse in jeder Zeitperiode relativ groß ist. Die angemessene Verteilung für eine geringe Anzahl ist das Poisson- oder das negative Binomialmodell. Modelle dieser Art fallen in den Rahmen der durch McCullagh und Nelder (1983) beschriebenen verallgemeinerten linearen Modelle (GLIM). Sie können mit der damit verbundenen GLIM Software behandelt werden.

Sind die Beobachtungen für den Zeitraum t aus einer Poisson-Verteilung mit Mittelwert μ_t gezogen, ist ihre p.d.f.

$$p(y_t) = \mu_t^{y_t} e^{-\mu_t}/y_t!, \qquad t = 1, \ldots, T. \tag{4.33}$$

Wenn μ_t konstant ist, ist es einfach zu zeigen, daß der ML-Schätzwert gerade der Stichprobenmittelwert ist. Von Interesse ist der allgemeinere Fall, wenn μ_t von k beobachtbaren erklärenden Variablen abhängig ist. Sie sind *über* eine *Verbindungsfunktion* mit μ_t verbunden. Die einfachste Verbindungsfunktion ist:

$$\mu_t = x_t'\beta. \tag{4.34a}$$

Alternativ kann, da μ_t positiv sein muß, die exponentiale Verbindungsfunktion

$$\mu_t = \exp(x_t'\beta) \tag{4.34b}$$

die bessere Wahl sein. Der Umstand, daß die erklärenden Variablen in beiden Verbindungsfunktionen als Linearkombinationen $x_t'\beta$ eingehen, führt zu einem relativ einfach handhabbaren Modell. Die nachfolgende Darstellung basiert auf (4.34a).

Bei gegebenen Beobachtungen ist die Log-Likelihoodfunktion gleich:

$$\log L(y;\beta) = \sum_{t=1}^{T} y_t \log(x_t'\beta) - \sum x_t'\beta - \sum_{t=1}^{T} \log y_t! \quad . \tag{4.35}$$

Die Differentiation bezogen auf den Parametervektor β führt zu dem Vektor der ersten Ableitungen:

$$\frac{\partial \log L}{\partial \beta} = \sum_{t=1}^{T} \frac{y_t}{x_t'\beta} x_t - \sum_{t=1}^{T} x_t. \tag{4.36}$$

Die Likelihoodgleichungen sind nichtlinear, im anschließenden Kapitel wird aber zu sehen sein, daß die Struktur der Verbindungsfunktion zu einem leicht zu implementierenden iterativen Algorithmus, der in Termini der WLS Regression formuliert wird, führt. Bildet man weiterhin die zweiten Ableitungen, folgt:

$$\frac{\partial^2 \log L}{\partial \beta \partial \beta'} = -\sum_{t=1}^{T} \frac{y_t}{(x_t\beta)^2} x_t x_t'. \tag{4.37}$$

Wird vorausgesetzt, daß $T \geq k$ ist, und die erklärenden Variablen in x_t sind nicht kollinear, muß (4.37) für alle Werte von β negativ definit sein. Folglich ist die Log-Likelihoodfunktion konkav und der ML-Schätzwert ist eineindeutig.

Multiplikation von (4.37) mit minus Eins und Erwartungswertbildung ergibt die Informationsmatrix aus der

$$Avar(\beta) = \left[\sum_{t=1}^{T} \frac{1}{x_t'\beta} x_t x_t'\right]^{-1} \tag{4.38}$$

folgt.

Qualitative abhängige Variable

Angenommen, es sind Querschnittsdaten für eine Stichprobe bestehend aus N Haushalten verfügbar, und der Besitz eines Autos soll in Abhängigkeit einer Zahl von Variablen wie dem Einkommen, der Familiengröße und dem geographischem Standort modelliert werden. Die abhängige Variable y_t ist dann dichotom, da sie einen Wert von Eins hat, wenn eine Familie ein Auto besitzt und andernfalls ist der Wert gleich Null. Kennzeichnet π_j die Wahrscheinlichkeit, daß Familie j ein Auto besitzt, hat y_j eine Binomialverteilung mit:

$$\left.\begin{aligned} Pr(y_j = 1) &= \pi_j \\ Pr(y_j = 0) &= 1 - \pi_j \end{aligned}\right\} \quad j = 1, ..., N. \tag{4.39}$$

Die Spezifikation des Modells wird vervollständigt über die Verbindungsfunktion, welche die k erklärenden Variablen x_j mit π_j verbindet. Die übliche Verbindungsfunktion ist die *Logit*-Funktion:

$$\pi_j = \frac{1}{1 + \exp(-x_j'\beta)} = \frac{\exp(x_j'\beta)}{\exp(x_j'\beta) + 1}, \tag{4.40}$$

mit β als einem $k \times 1$ Vektor unbekannter Parameter. Diese Funktion hat die Eigenschaft, daß π_j – unabhängig von den Werten von β und x_j – zwischen Null und Eins sein muß. Besteht x_j aus einer einzelnen erklärenden Variable und einem konstantem Term, hat die graphische Abbildung von π_j gegen die erklärende Variable die Form einer logistischen Kurve. Angemerkt sei, daß die Spezifikation in (4.40) ebenfalls in Form des logarithmierten Wahrscheinlichkeitsverhältnisses dargestellt werden kann:

$$\log \{\pi_j/(1-\pi_j)\} = x_j'\beta. \tag{4.41}$$

Dieses logarithmierte Wahrscheinlichkeitsverhältnis wird oftmals als *Logit* bezeichnet.

Ohne einen Verlust an Allgemeingültigkeit können die Beobachtungen so geordnet werden, daß die Haushalte, die ein Auto besitzen durch $i = 1, ..., M$ indiziert sind. Unter der Annahme, daß die Beobachtungen unabhängig sind, ist ihre gemeinsame Dichtefunktion gleich dem Produkt der Wahrscheinlichkeiten von jedem der ersten M Haushalte, die ein Auto haben, multipliziert mit dem Produkt der Wahrscheinlichkeiten der verbleibenden $N - M$ Haushalte, die kein Auto haben. Damit ist:

$$p(y_1, ..., y_N) = \prod_{i=1}^{M} \pi_i \prod_{i=M+1}^{N} (1-\pi_i).$$

Somit ist unter Verwendung der Logit-Verbindungsfunktion die Log-Likelihoodfunktion gleich:

$$\log L(y;\beta) = \sum_{i=1}^{M} x_i'\beta - \sum_{i=M+1}^{N} \log\{1+\exp(x_i'\beta)\}. \tag{4.42}$$

Differentiation der Log-Likelihoodfunktion bezüglich der unbekannten Parameter ergibt:

$$\frac{\partial \log L}{\partial \beta} = \sum_{i=1}^{M}(1-\pi_i)x_i - \sum_{i=M+1}^{N} \pi_i x_i \tag{4.43}$$

und

$$\frac{\partial^2 \log L}{\partial\beta\partial\beta'} = -\sum_{i=1}^{N} \pi_i(1-\pi_i)x_i x_i'. \tag{4.44}$$

Wie im Poisson-Regressionsmodell ist die Matrix der zweiten Ableitungen negativ definit, vorausgesetzt, daß $N \geq k$ ist und die erklärenden Variablen nicht kollinear sind. Folglich ist der ML-Schätzwert eineindeutig und seine asymptotische Varianz ist durch die mit minus Eins multiplizierte Inverse von (4.44) gegeben.

Wenn eine nominale Variable mehr als zwei Kategorien hat, werden die Beobachtungen als polytom bezeichnet und eine multinomiale Verteilung ist angemessen. Logistische Verbindungsfunktionen können wiederum benutzt werden, um die Beziehungen zwischen der Wahrscheinlichkeit, daß eine Beobachtung in eine gegebene Kategorie fällt, und den relevanten erklärenden Variablen zu erfassen.

3.5 Abhängige Beobachtungen

In einem Zeitreihenmodell sind die Beobachtungen durch Definition abhängig. Dieses läßt unverzüglich die Frage aufkommen, ob die Standardergebnisse bezüglich der Eigenschaften der ML-Schätzfunktion weiterhin gültig sind. Die normalerweise vorgestellten Theoreme basieren auf der Annahme, daß die Beobachtungen unabhängig und identisch verteilt sind. Sie ist notwendig, um das klassische zentrale Grenzwerttheorem einzuführen. Im letzten Abschnitt wurde aber erörtert, daß die gewöhnlichen ML-Resultate Bestand haben, wenn die Annahme identisch verteilter Beobachtungen aufgegeben wird. Dies ist im allgemeinen auch der Fall für abhängige Beobachtungen, und es wird für das gesamte Buch angenommen, daß der ML-Schätzwert für einen Parametervektor ψ asymptotisch normalverteilt ist mit Mittelwert ψ und einer Kovarianzmatrix, die gleich der Inversen der Informationsmatrix ist.

Dieser Abschnitt befaßt sich mit der praktischen Frage, wie die Likelihoodfunktion für abhängige Variablen zu konstruieren ist. Sie wird dargestellt durch eine gemeinsame Dichtefunktion in Form bedingter Wahrscheinlichkeiten.

Likelihoodfunktion

Wenn die Beobachtungen abhängig sind, kann ihre gemeinsame Dichtefunktion nicht länger analog der Form (1.2) dargestellt werden. Sie kann aber als eine Folge bedingter Wahrscheinlichkeitsdichtefunktionen formalisiert werden. Angenommen, es gibt nur zwei Beobachtungen. Ihre gemeinsame Dichtefunktion kann faktorisiert werden als:

$$p(y_2, y_1) = p(y_2|y_1)p(y_1) \tag{5.1}$$

mit $p(y_2|y_1)$ als p.d.f. für y_2 bedingt durch den Wert der vorhergehenden Beobachtung y_1. Auf ähnliche Weise kann die gemeinsame p.d.f. für drei Beobachtungen als

$$p(y_3, y_2, y_1) = p(y_3|y_2, y_1)p(y_2, y_1) \tag{5.2}$$

geschrieben werden und nach Substitution aus (5.1) folgt:

$$p(y_3, y_2, y_1) = p(y_3|y_2, y_1)p(y_2|y_1)p(y_1). \tag{5.3}$$

Es sollte nun offensichtlich sein, daß die Likelihoodfunktion für T Beobachtungen durch das Schreiben der gemeinsamen p.d.f. als

$$L(y_i; \psi) = \prod_{t=2}^{T} p(y_t|Y_{t-1})p(y_1) \tag{5.4}$$

zu erhalten ist, dabei kennzeichnet Y_{t-1} die Beobachtungen bis und einschließlich y_{t-1}.

Viele Zeitreihenmodelle sind in der Tat spezifiziert in Termen einer bedingten Verteilung für jede Beobachtung. So kann das autoregressive Modell 1. Ordnung

$$y_t = \phi y_{t-1} + \epsilon_t, \quad \epsilon_t \sim NID(0, \sigma^2) \tag{5.5}$$

ebenso durch das Festlegen der durch y_{t-1} bedingten Verteilung für y_t, die normalverteilt ist mit Mittelwert ϕy_{t-1} und Varianz σ^2, spezifiziert werden. Mit anderen Worten: $p(y_t|y_{t-1},...,y_1)$ ist $N(\phi y_{t-1}, \sigma^2)$. Ist diese Interpretation gegeben, kann die Log-Likelihoodfunktion direkt niedergeschrieben werden als:

$$\begin{aligned} \log L(y, \phi, \sigma^2) = & \frac{-(T-1)}{2}\log 2\pi - \frac{(T-1)}{2}\log \sigma^2 \\ & -\frac{1}{2\sigma^2}\sum_{t=2}^{T}(y_t - \phi y_{t-1}) + \log p(y_1). \end{aligned} \tag{5.6}$$

Nun muß nur noch die Behandlung der Anfangsbedingungen, die durch die Verteilung für y_1 wiedergegeben wird, betrachtet werden. Kann y_1 als fixiert bei wiederholten Realisationen betrachtet werden, geht $p(y_1)$ nicht in die Likelihoodfunktion ein, und der letzte Term kann fallengelassen werden. Die ML-Schätzfunktion für ϕ ist dann linear und durch eine Regression von y_{t-1} auf y_t gegeben. Auf der anderen Seite ist, wenn angenommen werden kann, daß $|\phi| \leq 1$ gilt und der Prozeß somit stationär ist, die unbedingte Verteilung von y_1 als normalverteilt mit Mittelwert Null und Varianz $\sigma^2/(1-\phi^2)$ bekannt. Die Likelihoodfunktion lautet deshalb:

$$\begin{aligned} \log L(y) = & -\frac{T}{2}\log 2\pi - \frac{T}{2}\log \sigma^2 + \frac{1}{2}\log (1-\phi^2) \\ & -\frac{1}{2}\sigma^{-2}(1-\phi^2)y_1^2 - \frac{1}{2}\sigma^{-2}\sum_{t=2}^{T}(y_t - \phi y_{t-1})^2. \end{aligned} \tag{5.7}$$

In diesem Fall ist die ML-Schätzfunktion nicht mehr linear. Dies ist natürlich weniger angenehm und deshalb werden der dritte und vierte Term oftmals aus (5.7) entfernt. Die korrespondierende approximative ML-Schätzfunktion ist dann linear und identisch zu der Schätzfunktion, die man unter der Annahme, y_1 sei fixiert, erhält. Da nur eine Beobachtung in diese Vereinfachung eingeht, sind die asymptotischen Eigenschaften der Schätzfunktion nicht berührt.

Die Behandlung eines MA(1)-Modells ist nicht so einfach. Die durch (1.2.13) implizierte bedingte Verteilung für y_t ist normal mit Mittelwert $\theta\epsilon_{t-1}$ und Varianz σ^2. Das Problem besteht darin, daß ϵ_{t-1} nicht direkt beobachtbar ist. Falls aber ϵ_0 als fixiert und gleich Null angenommen wird, können alle Störgrößen rekursiv durch Umstellen von (1.2.13) mittels:

$$\epsilon_t = y_t - \theta\epsilon_{t-1}, \qquad t = 1, ..., T \tag{5.8}$$

berechnet werden, mit $\epsilon_0 = 0$. Die Likelihoodfunktion lautet daher:

$$\log L = -\frac{T}{2}\log 2\pi - \frac{T}{2}\log \sigma^2 - \frac{1}{2\sigma^2}\sum_{t=1}^{T}(y_t - \theta\epsilon_{t-1})^2, \tag{5.9}$$

und sie muß bezogen auf θ nichtlinear maximiert werden. Alternativ kann die Quadratsumme $\sum \epsilon_t^2$ minimiert werden. Wenn der anfängliche Störterm dieselben Eigenschaften wie die anderen Störgrößen haben soll, nämlich die, normalverteilt mit Mittelwert Null und Varianz σ^2 zu sein, ist die Berechnung der Likelihoodfunktion schwieriger. Sie kann *über* die Zerlegung durch Prognosefehler durchgeführt werden; siehe die Erläuterungen weiter unten (5.13).

Zerlegung durch Prognosefehler

Der Mittelwert der bedingten Verteilung für y_t, $E(y_t|y_{t-1}, ..., y_1)$ ist in dem Sinne der optimale Prognosewert für y_t, als daß dadurch der mittlere quadratische Prognosefehler minimiert wird. Die Varianz des korrespondierenden Prognosefehlers

$$v_t = y_t - E(y_t|Y_{t-1}) \tag{5.10}$$

ist identisch mit der bedingten Varianz für y_t, d.h.

$$Var(v_t) = Var(y_t|Y_{t-1}). \tag{5.11}$$

Besser als die Darstellung der Likelihoodfunktion (5.4) in Größen der Beobachtungswerte kann sie in Größen der Prognosefehler dargestellt werden. Es wird dann von der *Zerlegung durch Prognosefehler* gesprochen. Eine derartige Form der Likelihoodfunktion ist besonders relevant für normalverteilte Beobachtungswerte und die verbleibende Diskussion basiert auf dieser Annahme. Schreibt man

$$Var(v_t) = \sigma^2 f_t \qquad t = 1, ..., T, \tag{5.12}$$

wobei σ^2 ein Parameter ist, führt die Zerlegung durch Prognosefehler zu:

$$\log L(y;\psi) = -\frac{T}{2}\log 2\pi - \frac{T}{2}\log \sigma^2 - \frac{1}{2}\sum_{t=1}^{T}\log f_t - \frac{1}{2}\sigma^{-2}\sum_{t=1}^{T} v_t^2/f_t. \tag{5.13}$$

Somit gilt für das AR(1)-Modell $f_t = 1$ für $t = 2, ..., T$, während $f_1 = 1/(1-\phi^2)$ ist. Für kompliziertere lineare Zeitreihenmodelle kann die Likelihoodfunktion für die Zerlegung durch Prognosefehler durch Gestaltung des Modells in der Zustandsraumform und Anwendung des Kalman-Filters berechnet werden. Dieser Ansatz wird ausführlich in Harvey (1981, Kap. 5) und Harvey (1989, Kap. 3) diskutiert. Er gilt sowohl für Zeitreihen- als auch für ARMA-Modelle.

Beachtliche Vereinfachungen bei der Zerlegung durch Prognosefehler können erreicht werden, wenn man der Meinung ist, daß eine Approximation für die Likelihoodfunktion adäquat sein wird. Als eine allgemeine Regel kann eine Approximation aus theoretischen Überlegungen durch das Setzen verschiedener Annahmen über die anfänglichen Beobachtungen festgelegt werden. Dies führt üblicherweise zu Prognosefehlern mit einer konstanten Varianz σ^2 und somit zu $f_t = 1$ für alle t. Die Log-Likelihoodfunktion wird zu:

$$\log L = -\frac{T}{2}\log 2\pi - \frac{T}{2}\log \sigma^2 - \frac{1}{2}\sigma^{-2}\sum v_t^2 \tag{5.14}$$

und die Maximierung der Likelihoodfunktion ist äquivalent zur Minimierung der Quadratsummenfunktion:

$$S(\psi) = \sum v_t^2. \tag{5.15}$$

Enthält das Modell nur einen einzelnen Störterm ϵ_t, wird dieser Störterm mit dem Prognosefehler in (5.15) übereinstimmen. Folglich kann die Quadratsummenfunktion als

$$S(\psi) = \sum \epsilon_t^2 \tag{5.16}$$

geschrieben werden.

Im AR(1)-Modell entspricht die Maximierung der Likelihoodfunktion (5.6) der Minimierung der von $t = 2$ bis $t = T$ summierten Quadratsummenfunktion der Form (5.16), wenn y_1 als fixiert betrachtet wird. Im MA(1)-Modell mit $\epsilon_0 = 0$ ist die Maximierung von (5.9) äquivalent zur Minimierung von (5.16) unter Berücksichtigung der Definition von ϵ_t in (5.8).

Weitere Einsichten in das Wesen der Zerlegung durch Prognosefehler wird in den Fällen erreicht, in denen ein Modell in Termen einer multivariaten Normalverteilung für einen Vektor von Beobachtungen y spezifiziert werden kann. Somit ist $y \sim N(\mu, \sigma^2 V)$, mit μ als einem Vektor der Mittelwerte und V als einer p.d. $T \times T$ Matrix. Die skalare Größe σ^2 wird wie in (2.4.1) aus Bequemlichkeit eingeführt. Die Elemente in μ können, müssen aber nicht identisch sein. Ist $\mu = X\beta$, erhält man folglich das verallgemeinerte Regressionsmodell aus Abschnitt 2.4. Im allgemeinen werden μ und V von unbekannten Parametern ψ abhängen und die gemeinsame Dichtefunktion ist dann:

$$\begin{aligned} \log L(y;\psi) = \; & -\frac{T}{2}\log 2\pi - \frac{T}{2}\log \sigma^2 - \frac{1}{2}|V| \\ & -\frac{1}{2}\sigma^{-2}(y-\mu)'V^{-1}(y-\mu). \end{aligned} \tag{5.17}$$

Die Inversion der $T \times T$ Matrix V kann zeitaufwendig sein und somit kann der Vorschlag, die Likelihoodfunktion direkt aus (5.17) zu bestimmen, nicht attraktiv sein, besonders dann, wenn sie in einer numerischen Optimierungsprozedur wiederholt ausgeführt werden muß. Der übliche Ansatz ist, eine Cholesky Dekomposition für V^{-1} durchzuführen. Ist $\bar{L}$ eine untere Dreiecksmatrix mit Einsen auf der Hauptdiagonalen, kann V^{-1} faktorisiert werden durch:

$$V^{-1} = \bar{L}'D\bar{L} \tag{5.18}$$

mit $D = \text{diag}(f_1^{-1}, ..., f_t^{-1})$. Die Faktorisierung ist eineindeutig und der durch (5.10) definierte $T \times 1$ Vektor der Prognosefehler ist durch die Transformation $v = \bar{L}y$ gegeben. Nach Substitution für V^{-1} in (5.17) und unter Berücksichtigung, daß

$$|V^{-1}| = |\bar{L}'| \cdot |D| \cdot |\bar{L}| = D = \prod_{t=1}^{T} f_t$$

ist, folgt direkt die Darstellung der Likelihoodfunktion in Form der Zerlegung durch Prognosefehler (5.13).

Nichtlineare Modelle

In einem linearen Modell kann jede Beobachtung als eine Linearkombination der aktuellen und vergangenen Störgrößen dargestellt werden. Sind sie normalverteilt, besitzen alle Beobachtungen eine multivariate Normalverteilung wie in (5.17). Dagegen impliziert in einem nichtlinearen Modell die Spezifikation der bedingten Verteilung jeder Beobachtung als normalverteilt nicht mehr, daß die unbedingte Verteilung der Beobachtungen die Normalverteilung ist. Vom Standpunkt der Konstruktion der Likelihoodfunktion aus ist das nicht wichtig. Wie zu Beginn des Abschnittes dargestellt, ist die Spezifikation eines Zeitreihenmodells durch bedingte Verteilungen eine adäquatere Vorgehensweise, und sie führt direkt zu einer Likelihoodfunktion der Form (5.4). Tatsächlich kann die Likelihoodfunktion auf diese Weise auch formalisiert werden, wenn die bedingte Verteilung jeder Beobachtung nicht normal ist. Die Annahme der Normalverteilung ist aber sehr weit verbreitet, und derartige Modelle werden als *bedingte Gauss-Modelle* bezeichnet.

Beispiel 1 Das AR(1)-Modell (5.5) kann als eine Linearkombination der vergangenen Störgrößen wie in (2.5.5) dargestellt werden. Sind die Störgrößen normalverteilt, ist die unbedingte Verteilung jeder Beobachtung normal mit Mittelwert 0 und Varianz $\sigma^2/(1-\phi^2)$. Das Ergebnis wurde verwendet, um die exakte Likelihoodfunktion für ein AR(1)-Modell in (5.7) zu konstruieren, dadurch wird es möglich, $p(y_1)$ zu beurteilen.

Im Gegensatz dazu kann das Modell

$$y_t = \phi y_{t-1}^2 + \epsilon_t, \quad \epsilon_t \sim NID(0, \sigma^2) \tag{5.19}$$

nicht als Linearkombination der vergangenen Störgrößen geschrieben werden und ist somit nichtlinear. Es ist aber ein bedingtes Gauss-Modell, da die bedingte Verteilung von y_t gleich $N(\phi y_{t-1}^2, \sigma^2)$ ist. Somit kann die Likelihoodfunktion, falls y_1 fixiert ist, weiterhin direkt geschrieben werden als:

$$\begin{aligned} \log L = & -\frac{(T-1)}{2}\log 2\pi - \frac{(T-1)}{2}\log \sigma^2 \\ & -\frac{1}{2\sigma^2}\sum_{t=2}^{T}(y_t - \phi y_{t-1}^2)^2. \end{aligned} \tag{5.20}$$

Die Maximierung dieser Funktion ist natürlich äquivalent zur Minimierung der Quadratsummenfunktion der Form (5.16).

Beispiel 2 Das von Engle (1982) eingeführte *autoregressive conditional heteroscedastic* (ARCH-)Modell weist eine Form serieller Korrelation in den Varianzen auf. Es ist ein nichtlineares bedingtes Gauss-Modell, in dem die bedingten Varianzen von den vorhergehenden Störgrößen abhängen. In einem einfachen ARCH-Modell ist die bedingte Verteilung für y_t als normalverteilt angenommen mit Mittelwert μ_t und Varianz

$$Var(y_t|Y_{t-1}) = h_t = \alpha_0 + \alpha_1\epsilon_{t-1}^2 \tag{5.21}$$

mit $\epsilon_t = y_t - \mu_t$, und ϵ_0 wird willkürlich als fixiert und gleich Null angenommen. Der Mittelwert μ_t kann von einem Satz unbekannter Parameter abhängen, die zusammen mit α_0 und α_1 durch die Maximierung der Likelihoodfunktion

$$\log L = -\frac{T}{2}\log 2\pi - \frac{1}{2}\sum_{t=1}^{T}\log\left(\alpha_o - \alpha_1\epsilon_{t-1}^2\right) - \frac{1}{2}\sum_{t=1}^{T}\frac{(y_t-\mu_t)^2}{\alpha_0+\alpha_1\epsilon_{t-1}^2} \tag{5.22}$$

geschätzt werden können. Die Eigenschaften des ARCH-Modells werden später in Abschnitt 6.9 diskutiert.

Asymptotische Eigenschaften

Die in Abschnitt 3 beschriebenen asymptotischen Eigenschaften der ML-Schätzwerte gelten auch, wenn die Beobachtungen abhängig sind. Wenn einmal die gemeinsame Dichtefunktion durch die Zerlegung durch Prognosefehler zerlegt worden ist, können geeignete Gleichungen für $IA(\psi)$ recht einfach bestimmt werden.

Beispiel 3 Die asymptotischen Eigenschaften der ML-Schätzwerte in dynamischen Modellen sind im allgemeinen von der Behandlung der anfänglichen Beobachtungen unberührt. Wie oben ausgeführt, vereinfacht sich die Likelihoodfunktion für ein AR(1)-Modell beträchtlich, wenn y_1 als fixiert angenommen wird. Aus den zweiten Ableitungen von log L folgt:

$$\begin{aligned} IA(\phi,\sigma^2) &= -T^{-1}E\begin{bmatrix} -\sigma^{-2}\sum y_{t-1}^2 & -\sigma^{-4}\sum\epsilon_t y_{t-1} \\ -\sigma^{-4}\sum\epsilon_t y_{t-1} & -\frac{1}{2}\sigma^{-6}\sum\epsilon_t^2 \end{bmatrix} \\ &= \begin{bmatrix} 1/(1-\phi^2) & 0 \\ 0 & 1/2\sigma^4 \end{bmatrix}. \end{aligned} \tag{5.23}$$

Daher ist:

$$Avar(\tilde{\phi},\tilde{\sigma}^2) = \begin{bmatrix} (1-\phi^2)/T & 0 \\ 0 & 2\sigma^4/T \end{bmatrix}. \tag{5.24}$$

Allgemeiner entspricht die Likelihoodfunktion der Form (5.14), dann ist die asymptotische Informationsmatrix blockdiagonal bezogen auf ϕ und σ^2 und es gilt:

$$Avar(\tilde{\psi}) = \sigma^2 T^{-1}\left[\operatorname{plim} T^{-1}\sum_{t=1}^{T} z_t z_t'\right]^{-1} \simeq \sigma^2\left(\sum_{t=1}^{T} z_t z_t'\right)^{-1} \tag{5.25}$$

wobei der Vektor $z_t = -\partial\epsilon_t/\partial\psi$ mit den wahren Werten für ψ berechnet wird.

Dekomposition der Likelihoodfunktion für Multivariate Modelle

Die Zerlegung durch Prognosefehler kann auf den multivariaten Fall ausgedehnt werden, wobei für jeden Zeitpunkt ein $N \times 1$ Vektor beobachtet wird. Die Argumentation ist exakt dieselbe wie vorher, wobei v_t ein $N \times 1$ Prognosefehlervektor zum Zeitpunkt t mit Mittelwert Null und Kovarianzmatrix F_t ist. (Im multivariaten Fall ist es weniger wichtig, die skalare Größe σ^2 zu extrahieren.) Die Log-Likelihoodfunktion kann zerlegt werden als:

$$\log L(y_1, ..., y_T) = -\frac{TN}{2}\log 2\pi - \frac{1}{2}\sum_{t=1}^{T} \log |F_t| - \frac{1}{2}\sum_{t=1}^{T} v_t' F_t^{-1} v_t \qquad (5.26)$$

mit $y \sim N(\mu_1, F_1)$ und $v_1 = y_1 - \mu_1$.

Der Kalman-Filter kann wiederum verwendet werden, um die Zerlegung in (5.26) durchzuführen, vorausgesetzt, daß das zugrunde liegende Modell in der Zustandsraumform dargestellt werden kann. Wie im Fall einer einzelnen Gleichung ist es oftmals möglich, $\log L$ durch Gleichsetzen von v_t mit dem Vektor der white-noise Störgrößen, die den Prozeß antreiben, zu approximieren.

Ist $\epsilon_t \sim NID(0, \Omega)$, hat die Approximation die Form

$$\log L = -\frac{TN}{2}\log 2\pi - \frac{T}{2}\log |\Omega| - \frac{1}{2}\sum \epsilon_t' \Omega^{-1} \epsilon_t. \qquad (5.27)$$

Vergleiche die Likelihoodfunktion für das SURE-System (4.28).

Beispiel 4 Falls der Startwert y_t in dem multivariaten AR(1)-Prozeß (2.12.13) als fixiert angenommen wird, hat die Likelihoodfunktion die Form (5.27) mit $\epsilon_t = y_t - \Phi y_{t-1}$ für $t = 2, ..., T$. Der ML-Schätzwert wird gleich dem multivariaten Kleinsten-Quadrate-Schätzwert aus (2.12.14) sein.

3.6 Identifizierbarkeit

Identifizierbarkeit ist ein fundamentales Konzept für die Modellbildung. Kann ein Modell nicht identifiziert werden, tauchen zwei Fragen auf. Erstens ist es berechtigt zu fragen, ob das Modell in der Weise, wie es spezifiziert wurde, sinnvoll ist. Zweitens, und dieser Punkt ist eng mit dem ersten verbunden, ist es wichtig zu überprüfen, welche Bedeutung den berechneten Schätzwerten – sofern überhaupt irgendeine möglich ist – gegeben werden kann.

Es ist deshalb für jedes Modell notwendig, Bedingungen zu spezifizieren, unter denen das Modell identifiziert oder nicht identifiziert ist. In einigen Fällen können diese Bedingungen trivial oder versteckt in den Annahmen enthalten sein, wenn das Modell formuliert wird. In anderen Situationen kann es notwendig sein, immer dann, wenn ein Modell spezifiziert wird, die Bedingungen für die Identifizierbarkeit explizit zu überprüfen. Wie in Kapitel 9 zu sehen sein wird, spielen die Bedingungen für die Identifizierbarkeit eine wichtige Rolle bei der Konstruktion simultaner Gleichungssysteme. Die Fragen der Identifizierbarkeit können aber in sehr viel einfacheren Modellen, wie an einigen der Beispiele in diesem Abschnitt gezeigt wird, auftauchen.

Das Konzept der Identifizierbarkeit

Um die Bedeutung der Identifizierbarkeit zu diskutieren, ist es wichtig, sich im Klaren über die Unterscheidung zwischen einem *Modell* und einer *Struktur* zu sein. Eine Struktur ist ein Modell, in dem allen Parametern numerische Werte zugewiesen sind. Folglich ist

$$y_t = \beta_1 x_{1t} + \beta_2 x_{2t} + \epsilon_t, \qquad t = 1, ..., T \tag{6.1}$$

mit $\epsilon_t \sim NID(0, \sigma^2)$ ein Modell, während

$$y_t = 3x_{1t} + 2x_{2t} + \epsilon_t, \qquad t = 1, ..., T \tag{6.2}$$

mit $\epsilon_t \sim (0, 4)$ eine Struktur dieses Modells ist.

Ein Modell spezifiziert eine Verteilung für die endogenen Variablen, bedingt durch jede exogene Variable in dem System. Eine Struktur spezifiziert die Parameter der Verteilung. Mit diesem Hintergrund können die folgenden Konzepte definiert werden.

(a) Falls zwei Strukturen dieselbe Dichtefunktion haben, werden sie als *beobachtungsäquivalent* bezeichnet.

(b) Eine Struktur ist identifizierbar, falls keine andere beobachtungsäquivalente Struktur existiert. Wenn eine Struktur nicht identifizierbar ist, wird sie als *unteridentifiziert* bezeichnet.

(c) Ein *Modell* ist identifizierbar, falls alle seine möglichen Strukturen identifizierbar sind. Ist keine Struktur identifizierbar, wird das Modell als *unteridentifiziert* bezeichnet.

Identifizierbarkeit hat eine unmittelbare Bedeutung für die Schätzung. Haben zwei Strukturen identische gemeinsame Dichtefunktionen, ist die Wahrscheinlichkeit der Generierung eines bestimmten Satzes an Beobachtungen für beide Strukturen gleich. Somit gibt es zur Unterscheidung zwischen diesen auf der Basis der Daten keine Möglichkeit. Selbst dann, wenn eine der Strukturen aus den Beobachtungen abgeleitet werden könnte, könnte es schwierig sein, eine bedeutungsvolle Interpretation der Parameter aufzuzeigen. Es wird aber oftmals der Fall sein, daß Versuche eine nichtidentifizierte Struktur zu schätzen, praktische Schwierigkeiten nach sich zieht.

Multikollinearität

Die Konsequenzen des Versuchs, ein Modell, das nicht identifizierbar ist, zu schätzen, können am besten anhand eines Beispiels aufgezeigt werden. Betrachten wir das lineare Regressionsmodell (6.1) und nehmen an, daß die Beobachtungswerte für die erklärenden Variablen so sind, daß $2x_{1t} = x_{2t}$ für alle $t = 1, ..., T$ gilt. Dies ist der Fall *extremer* oder *perfekter Multikollinearität* und er bedeutet, daß das Modell nicht identifizierbar ist. Da

$$E(y_t) = \beta_1 x_{1t} + \beta_2 x_{2t} = (\beta_1 + 2\beta_2)x_{1t}, \qquad t = 1, \, ..., \, T$$

ist, hängt die Verteilung der Beobachtungen nicht von den individuellen Werten für β_1 und β_2, sondern nur von der Linearkombination $\beta_1 + 2\beta_2$ ab. Ist (6.2) eine Struktur des Modells, ist somit jede andere Struktur, in denen β_1 und β_2 die Restriktion

$$\beta_1 + 2\beta_2 = 7 \tag{6.3}$$

erfüllt, beobachtungsäquivalent. Natürlich gibt es eine unendliche Anzahl solcher Strukturen und (6.2) ist nicht identifizierbar. Weiterhin ist das Modell selbst unteridentifiziert, da jede Struktur von (6.1) nicht identifizierbar ist.

Der Mangel an Identifizierbarkeit wird offensichtlich werden, wenn versucht wird, das Modell durch die KQ-Methode zu schätzen. Die Kreuzproduktmatrix $X'X$ ist singulär und die Formel (2.2.4) versagt somit. Falls eine 'Inverse' von $X'X$ ermittelt wird – und dies ist stets aufgrund von Rundungsfehlern möglich – wird die Multikollinearität durch enorm große Standardfehler signalisiert.

Falls einer der Regressoren, sagen wir x_2, ausgelassen wird, reduziert sich das Modell zu

$$y_t = \beta x_{1t} + \epsilon_t, \qquad t = 1, \, ..., \, T \tag{6.4}$$

mit $\beta = \beta_1 + 2\beta_2$. Der Parameter β kann dann über KQ-Verfahren geschätzt werden. Wenn es jetzt auch keine technischen Schwierigkeiten bei der Durchführung der Regression gibt, ist das Identifikationsproblem insoweit nicht gelöst, als daß β nicht von direktem Interesse ist, während die Parameter β_1 und β_2 eine ökonomische Bedeutung haben. Wenn vernünftige Schätzwerte für β_1 und β_2 erlangt werden sollen, muß irgendeine *a priori* Information gewonnen werden. Diese Information kann die Form einer Restriktion aufweisen, die dem Modell auferlegt wird. Kann zum Beispiel angenommen werden, daß $\beta_2 = 3\beta_1$ ist, ist das Modell nicht länger unteridentifiziert. Die Restriktion reduziert die Anzahl der unbekannten Parameter um Eins; β_1 kann über die Regression von y_t durch $(x_{1t} + 3x_{2t})$ geschätzt werden und die Multiplikation des sich ergebenden Schätzwertes mit 3 ergibt den Schätzwert für β_2.

Sofern wir nicht einer perfekten Multikollinearität gegenüberstehen, kann eine Reparametrisierung zu einem Modell mit Parametern führen, die mit angemessener Genauigkeit geschätzt werden können. Die Frage ist, ob die neuen Parameter von irgendeinem direkten Interesse sind. Als ein Beispiel betrachten wir das einfache dynamische Modell:

$$y_t = \beta_0 x_t + \beta_1 x_{t-1} + \epsilon_t$$

Ökonomische Zeitreihen tendieren dazu, sich im Zeitablauf relativ langsam zu verändern mit dem Ergebnis, daß x_t und x_{t-1} typischerweise hoch korreliert sein werden. Das Modell kann aber umgestaltet werden, so daß folgt:

$$y_t = \beta_0 \Delta x_t + \beta^\dagger x_{t-1} + \epsilon_t,$$

mit $\beta^\dagger = \beta_0 + \beta_1$. Die Multikollinearität in der zweiten Formulierung ist wahrscheinlich weniger ausgeprägt als in der ersten; tatsächlich werden das Niveau und die ersten Differenzen kaum korreliert sein. Dies bedeutet, daß β_0 und β_1 nicht besonders genau geschätzt werden können, gute Schätzwerte sind aber für β_0 und $\beta^\dagger$ möglich. Weiterhin kann $\beta^\dagger$ als die langfristige Reaktion von y_t auf Veränderungen in x_t interpretiert werden und der Parameter ist somit von beträchtlichem eigenen Interesse.

Gemeinsame Faktoren

In einem dynamischen Modell kann eine bestimmte Struktur aufgrund eines gemeinsamen Faktors nicht identifizierbar sein. Betrachten wir das ARMA(1,1)-Modell. Die fortwährende Substitution für gelagte Werte von y_t in (1.5.21) führt zu:

$$y_t = \sum_{j=0}^{\infty} \phi^j \epsilon_{t-j} + \theta \sum_{j=0}^{\infty} \phi^j \epsilon_{t-j-1}, \qquad t = 1, \ldots, T. \tag{6.5}$$

Der erste Term auf der rechten Seite von (6.5) kann in zwei Teile zerlegt werden, und es folgt:

$$\begin{aligned} y_t &= \epsilon_t + \phi \sum_{j=0}^{\infty} \phi^j \epsilon_{t-j-1} + \theta \sum_{j=0}^{\infty} \phi^j \epsilon_{t-j-1} \\ &= \epsilon_t + (\phi + \theta) \sum_{j=0}^{\infty} \phi^j \epsilon_{t-j-1}, \qquad t = 1, \ldots, T. \end{aligned} \tag{6.6}$$

Aus Gleichung (6.6) ist zu sehen, daß jede Struktur, für die $\phi = -\theta$ gilt, nicht identifizierbar ist, da immer dann, wenn diese Bedingung erfüllt ist, y_t white-noise ist. Die beiden Komponenten in (1.5.21) haben einen sogenannten gemeinsamen Faktor, und damit das Modell als identifizierbar betrachtet werden kann, muß diese Möglichkeit explizit ausgeschlossen werden. Dies ist tatsächlich kein vernünftiger Ansatz, da, sofern $\phi = -\theta$ gilt, es wenig Sinn macht, die Daten als durch einen autoregressiven moving-average Prozeß generiert anzusehen. Vom praktischen Standpunkt aus betrachtet, ist es aber wichtig, sich der Konsequenzen gemeinsamer Faktoren für die Schätzung bewußt zu sein. In späteren Kapiteln wird offensichtlich werden, daß die Schätzung eines autoregressiven moving-average Modells mit gemeinsamen Faktoren nichts anderes als die Schätzung eines Regressionsmodells mit perfekt kollinearen Regressoren ist.

Identifizierbarkeit und die Informationsmatrix

Im klassischen Regressionsmodell mit normalverteilten Störgrößen ist der ML-Schätzwert für β durch die Methode der Kleinsten-Quadrate gegeben. Es wurde bereits gezeigt, daß die Berechnung der KQ-Schätzwerte unmöglich ist, wenn die erklärenden Variablen perfekt kollinear sind. Wenn die Berechnung bei ML-Schätzfunktionen fehlschlägt, ist dies ein typisches Kennzeichen dafür, daß eine nichtidentifizierte Struktur vorliegt. Der rechentechnische Zusammenbruch resultiert üblicherweise aus der Singularität der Informationsmatrix. Für ein lineares Regressionsmodell ist die Informationsmatrix gleich (4.5) und in dem obigen Beispiel war das Versagen der üblichen KQ-Schätzgleichungen ein direktes Resultat der Nichtinvertierbarkeit der Matrix $X'X$. Im nächsten Kapitel wird gezeigt werden, daß viele der Techniken zur Berechnung der ML-Schätzwerte die Inversion der Informationsmatrix oder einer Approximation derselben umfassen. Als eine Regel ist anzusehen, daß, wenn eine iterative Prozedur verwendet wird, und der Algorithmus nicht zusammenbricht, er wahrscheinlich nicht konvergieren wird. Selbst wenn ein Algorithmus benutzt wurde, der die Informationsmatrix nicht verwendet, können Konvergenzprobleme aufgrund einer 'flachen' Likelihoodfunktion, die typischerweise mit unteridentifizierten Modellen assoziiert ist, auftreten.

In der Praxis ist das Fehlen der Identifizierbarkeit oftmals ein graduelles und kein generelles Problem. Die erklärenden Variablen in einem Regressionsmodell sind dann hoch korreliert, ohne perfekt kollinear zu sein. Ähnlich ist es in dem ARMA(1,1)-Modell (1.5.21), wo ϕ nahe an $-\theta$ sein mag, ohne exakt identisch zu sein. In keinem dieser Fälle wird die Struktur unteridentifiziert sein. Die Informationsmatrix wird in beiden Fällen nahe an der Singularität sein und die rechentechnischen Probleme, die mit tatsächlich unteridentifizierten Strukturen verbunden sind, können auch hier auftreten. Grundsätzlich wird 'Beinahe'-Singularität durch sehr große Varianzen für die Schätzwerte angezeigt. Da die Struktur nahe an der Unteridentifikation ist, können die Parameter nicht mit großer Genauigkeit geschätzt werden.

Lokale und globale Identifizierbarkeit

Wenn das Fehlen der Identifizierbarkeit auch im allgemeinen mit der Singularität der Informationsmatrix verbunden ist, muß dies nicht notwendigerweise so sein. Betrachten wir das Modell

$$\begin{aligned} y_t &= \alpha y_{t-1} + u_t, \\ & \qquad\qquad\qquad t = 1, \ldots, T \\ u_t &= \phi u_{t-1} + \epsilon_t \end{aligned} \tag{6.7}$$

mit $|\alpha| < 1$, $|\phi| < 1$ und $\epsilon_t \sim NID(0, \sigma^2)$. Dies ist ein ziemlich spezieller Fall eines dynamischen Regressionsmodells mit einem Störterm, der autoregressiv 1. Ordnung ist. Subtrahiert man ϕy_{t-1} von beiden Seiten der Gleichung (6.7) und stellt um, so folgt:

$$y_t = (\alpha + \phi) y_{t-1} - \alpha\phi y_{t-2} + \epsilon_t, \qquad t = 1, \ldots, T \tag{6.8}$$

Aus Vereinfachungsgründen sei angenommen, daß y_1 und y_2 fixiert sind. Die Verteilung der Beobachtungswerte $y_3, ..., y_T$ hängt dann von den Störgrößen $\epsilon_3, ..., \epsilon_T$ und den Werten, die die zusammengesetzten Parameter $\alpha + \phi$ und $\alpha\phi$ annehmen, ab. Die Werte für α und ϕ können aber ausgetauscht werden, ohne die Werte der zusammengesetzten Parameter zu beeinflussen. Nehmen wir $\phi = 0.7$ und $\alpha = 0.2$ an. Die gemeinsame Dichtefunktion dieser Struktur wird identisch sein mit einer Struktur mit $\alpha = 0.7$ und $\phi = 0.2$. Folglich ist keine Struktur identifizierbar. Für jede Struktur aber, für die α und ϕ so restringiert werden, daß sie in unmittelbarer Nachbarschaft zu ihren wahren Werten liegen, wird diese Struktur identifizierbar sein. Modell (6.7) ist deshalb *lokal* aber nicht *global* identifizierbar.

Falls eine Struktur lokal identifizierbar ist, kann gezeigt werden, daß die damit verbundene Informationsmatrix nicht singulär ist. Auf der theoretischen Seite bedeutet lokale Identifizierbarkeit, daß die Standardergebnisse bezüglich der asymptotischen Eigenschaften für die ML-Schätzwerte weiterhin gelten. Unter praktischen Gesichtspunkten bedeutet dies, daß es unwahrscheinlich ist, daß Konvergenzprobleme auftreten werden, wenn ein ML-Algorithmus implementiert wird. Die Tatsache, daß ein Modell nicht global identifizierbar ist, kann aber andere Konsequenzen haben. Im Fall von bspw. (6.7) wird die Likelihoodfunktion im allgemeinen bimodal sein. Dies ergibt sich, da für jedes Paar an Parameterwerten der Wert der Likelihoodfunktion unverändert bleibt, wenn die Werte gegeneinander ausgetauscht werden. Ein maximaler Wert für die Likelihoodfunktion wird sich relativ nahe an den wahren Parameterwerten befinden. Abgesehen von der Möglichkeit, daß α und ϕ identisch sind, wird an anderer Stelle ein weiteres Maximum zu finden sein.

Wenn es mehr als ein Maximum für die Likelihoodfunktion eines Modells gibt, das lokal aber nicht global identifizierbar ist, dann kann es unerheblich sein, welches ermittelt wird, wenn das wesentliche Anliegen der Modellbildung die Prognose ist. Wenn die Parameter aber eine Interpretation in Größen einer zugrunde liegenden Theorie haben, kann das Fehlen der globalen Identifizierbarkeit andeuten, daß die Spezifikation unbefriedigend ist.

3.7 Robustheit

Üblicherweise wird angenommen, daß die Beobachtungen in einem ökonometrischen Modell normalverteilt sind, es sei denn, starke *a priori* Gründe weisen auf eine andere Verteilung hin. Die Annahme wird teilweise unter Berufung auf den zentralen Grenzwertsatz gerechtfertigt. Die Normalverteilung kann aber selten als Selbstverständlichkeit betrachtet werden, und die bekannte Anmerkung von Poincarè ist weiterhin sehr treffend: '... jeder vertraut den (Gausschen) Fehlergesetzen, die Empiriker, da sie denken, es handelt sich um ein mathematisches Theorem und die Mathematiker, da sie denken, es handelt sich um eine empirische Tatsache'.

Obwohl oftmals bemerkt wird, daß eine Normalverteilung nicht als gegeben angenommen werden kann, wird die Annahme weiterhin aus pragmatischen Gründen beibehalten. Die Situation wird manchmal mit dem Begriff 'Quasi Maximum-Likelihood Schätzung' charakterisiert. Die KQ-Schätzung kann unter diesem Gesichtspunkt betrachtet werden, obwohl das Gauss-Markow Theorem eine vollständig unabhängige Rechtfertigung für ihre

Anwendung in linearen Regressionen liefert.

Sobald die Annahme normalverteilter Beobachtungen in Zweifel gezogen wird, wird Robustheit zum Schlüsselproblem. Nun wird die Frage wichtig, wie gut die ML-Schätzung abschneidet, wenn eine Normalverteilung angenommen wird, die Beobachtungen aber aus einer anderen Verteilung gezogen worden sind. In einem linearen Regressionsmodell kann diese Frage unter Betrachtung der Eigenschaften der KQ-Schätzung beantwortet werden. Bei einer gegebenen Beziehung zwischen der Annahme der Normalverteilung und dem KQ-Verfahren scheint es wahrscheinlich, daß die dort gefundenen Antworten starke Implikationen für Resultate, die im allgemeineren Modell erwartet werden können, haben.

Das Augenmerk wird in diesem Abschnitt auf dem linearen Regressionsmodell

$$y_t = x_t'\beta + u_t, \qquad t = 1, \ldots, T \tag{7.1}$$

liegen, dabei ist u_t eine Folge unabhängiger und identisch verteilter Zufallsvariablen mit p.d.f. $p(u)$. Es wird angenommen, daß $p(u)$ symmetrisch um Null ist. Keine Annahme wird hingegen über die Existenz eines ersten oder eines zweiten Moments gemacht. Ein Großteil der Literatur über Robustheit ist mit dem Lagemodell verbunden, in dem die Beobachtungen um den Lageparameter ψ verteilt sind. Es kann als ein Regressionsmodell betrachtet werden, dessen einzige unabhängige Variable der konstante Term ist, d.h. $\psi = x_t'\beta$. Der KQ-Schätzwert für ψ ist dann der Stichprobenmittelwert. Die meisten der Ergebnisse für den Stichprobenmittelwert können auf die KQ-Schätzwerte im allgemeinen Modell (7.1) übertragen werden.

Nach der Überprüfung der Leistungsfähigkeit der KQ-Schätzfunktion für verschiedene Verteilungen wird die Schätzfunktion mit minimaler absoluter Abweichung (MAD) eingeführt. Diese Schätzfunktion reagiert weniger sensibel auf extreme Beobachtungswerte als das KQ-Verfahren. Die M-Schätzfunktionen, die anschließend betrachtet werden, haben ähnliche Eigenschaften. Sie sind aber für eine wesentlich größere Spannbreite an Verteilungen effizienter.

Effizienz der KQ-Methode für Nichtnormalverteilungen

Wenn $p(u)$ symmetrisch um Null ist, ist der KQ-Schätzwert symmetrisch um β. Dies folgt unmittelbar aus (2.3.1), da, wenn $p(u_t) = p(-u_t)$ für alle t ist, die gemeinsame Dichte von $(b - \beta)$ identisch mit der gemeinsamen Dichte von $-(b - \beta)$ sein muß. Falls das 1. Moment für β existiert, wird der KQ-Schätzwert deshalb stets ein unverzerrter Schätzwert für β sein. Die Existenz des 1. Moments kann aber nicht immer als gegeben angesehen werden. Betrachten wir ein Lagemodell, in dem die Beobachtungen aus einer standardisierten Cauchy-Verteilung (1.11) gezogen sind. Diese Kurve ist ähnlich zu der der Normalverteilung, ausgenommen, daß sie an den Rändern breiter ist. Die Möglichkeit extreme Werte zu erhalten ist deshalb relativ hoch und weder der Mittelwert noch die Varianz dieser Verteilung sind definiert. Im Ergebnis sind weder der Mittelwert noch die Varianz für $\bar{y}$ definiert. Schwerwiegender ist, daß $\bar{y}$ nicht konsistent ist. Dies folgt unmittelbar aus dem Ergebnis, daß der Stichprobenmittelwert einer Cauchy-Verteilung exakt die gleiche Verteilung aufweist wie eine einzelne Beobachtung.

Sowohl die Cauchy-Verteilung als auch die Normalverteilung sind Mitglieder der Familie der *symmetrisch stabilen* Verteilungen. Besitzt y_t eine stabile Verteilung, dann existieren für T unabhängige Beobachtungen Zahlen $a_T > 0$, b_T derart, daß $a_T \sum y_t + b_T$ dieselbe Verteilung hat wie y. Die Normalverteilung ist das einzige Mitglied dieser Familie mit endlicher Varianz. In allen anderen Fällen vernachlässigt das KQ-Verfahren etwas von dem, was für eine Schätzprozedur wünschenswert ist.

Die Normalverteilung ist ebenfalls ein Spezialfall der *allgemeinen Fehlerverteilung*. Wird eine Beobachtung in (7.1) aus einer solchen Verteilung gezogen, ist ihre p.d.f. :

$$\begin{aligned} p(y_t;\beta,\phi,\theta) = \; & \left[2^{1+1/\theta}\Gamma(1+\theta^{-1})\right]^{-1}\phi^{-1} \\ & \times \exp\left\{-1/2|(y_t - x_t'\beta)/\phi|^{\theta}\right\}, \end{aligned} \tag{7.2}$$

dabei sind ϕ und θ positive skalare Parameter und $\Gamma(.)$ ist die Gammafunktion. Die Kurve der Verteilung wird durch θ determiniert. Setzt man $\theta = 2$ ergibt sich die Normalverteilung, während die Laplace oder doppelte Exponentialverteilung durch $\theta = 1$ gegeben ist. Auf der anderen Seite des Wertebereiches entspricht (7.2) für $\theta = \infty$ einer Gleichverteilung.

Sowohl der Mittelwert als auch die Varianz der allgemeinen Fehlerverteilung sind für alle zulässigen Werte von θ definiert. Der KQ-Schätzwert ist deshalb unverzerrt mit einer Kovarianzmatrix $\sigma^2(\sum x_t'x)^{-1}$, in der

$$\sigma^2 = 2^{2/\theta}\Gamma(3/\theta)\left[\Gamma(1/\theta)\right]^{-1}\phi^2 \tag{7.3}$$

ist. Für einen gegebenen Wert θ wird der ML-Schätzwert über die Minimierung der Summe der absoluten Abweichungen, die mit dem Exponenten θ gewichtet werden, ermittelt, d.h.:

$$S(\beta;\theta) = \sum_{t=1}^{T} |y_t - x_t'\beta|^{\theta}. \tag{7.4}$$

Dies kann unabhängig von ϕ durchgeführt werden; vergleiche die Behandlung von σ^2 für eine Normalverteilung. Nach einigen Umformungen kann gezeigt werden, daß gilt:

$$Avar(\tilde{\beta}) = \lambda(\sum x_t x_t')^{-1}, \tag{7.5}$$

mit

$$\lambda = \frac{\Gamma(1/\theta)2^{2/\theta}}{\theta^2 \cdot \Gamma\{(2\theta-1)/\theta\}}\phi^2, \quad 1 \leq \theta \leq \infty. \tag{7.6}$$

Die relative Effizienz wird deshalb durch das Verhältnis λ/σ^2 beschrieben. Einige numerische Beispiele sind in Tabelle 3.1 wiedergegeben. Die geringe Effizienz für $\theta = 20$ reflektiert zum Teil die Situation für eine Gleichverteilung, wobei die Varianz der ML-Schätzung gleich $0(T^{-2})$ ist. Auf der anderen Seite kann die Tatsache, daß die Effizienz für die Laplace-Verteilung nur 0,5 beträgt, wichtige Implikationen für die Praxis haben.

Tabelle 3.1 Relative Effizienz der KQ- und MAD Schätzungen für die generelle Fehlerverteilung

Schätzfunktion	$\theta = 1,0$	$\theta = 1,5$	$\theta = 2,0$	$\theta = 4,0$	$\theta = 20$
KQ	0,50	0,91	1,00	0,73	0,16
MAD	1,00	0,83	0,64	0,30	0,05
M-class ($c = 1,5$)	0,62	0,87	0,96	0,63	0,12

Die MAD-Schätzfunktion

Die Schätzfunktion mit minimalen absoluten Abweichungen $b^\dagger$ wird über eine Minimierung von (7.4) bestimmt, wenn θ gleich Eins gesetzt wird. Sie ist deshalb ein ML-Schätzwert für β, wenn die Störgrößen einer Laplace-Verteilung folgen. Es ist weiterhin zu beobachten, daß in dem Lagemodell die Summe der absoluten Abweichungen über den Median minimiert wird. Es ist wohlbekannt, daß der Median robust gegenüber Ausreißern ist und somit gibt es einen einleuchtenden Grund, ihn für die Regression zu verallgemeinern.

Wenn der MAD-Schätzwert auch nicht notwendigerweise eineindeutig ist, hat er eine wohldefinierte asymptotische Verteilung. In großen Stichproben ist $\beta^\dagger$ normalverteilt mit Mittelwert β und Kovarianzmatrix:

$$Avar(\beta^\dagger) = \{2p(0)\}^{-2}(\sum x_t x_t')^{-1}; \tag{7.7}$$

vergleiche Bassett und Koenker (1978). Die relative Effizienz der MAD-Schätzung für die generelle Fehlerverteilung wird durch die Zahlenwerte in der zweiten Zeile der Tabelle 3.1 angedeutet, wo für verschiedene Werte von θ der Wert für $4\lambda p^2(0)$ geschätzt wurde. Der zugehörige Wert für die Cauchy-Verteilung ist $\pi/4 = 0,81$. Dies kann für das Lagemodell durch die Berücksichtigung, daß $2p(0) = \sqrt{2/\pi}$ und $Avar(\tilde{\psi}) = 2/T$ ist, veranschaulicht werden; siehe (4.4.3).

Es gibt eine Vielzahl von Möglichkeiten zur Berechnung der MAD-Schätzfunktion, der effizienteste Algorithmus basiert auf der linearen Programmierung. Wenn aber eine besondere Routine nicht verfügbar ist, können iterative gewichtete Kleinste-Quadrate benutzt werden, da die zu minimierende Funktion als:

$$S(\beta) = \sum_{t=1}^{T} w_t(y_t - x_t'\beta)^2, \tag{7.8}$$

mit $w_t = |y_t - x_t'\beta|^{-1}$ geschrieben werden kann.

Asymptotische Standardfehler können für eine MAD-Schätzung durch eine Verallgemeinerung bekannter Ergebnisse für den Median ermittelt werden. Wenn in dem Lagemodell $y_{(i)}$ den $i$ten geordneten Beobachtungswert aus einer Population mit Median ψ

kennzeichnet, ist ein konsistenter Schätzwert für $\{p(\psi)\}^{-1}$ gegeben durch:

$$T\{y_{(m+l)} - y_{(m-l)}\}/2l,$$

mit $m = (2r+1)/2$ für ungerades r und $l = 0(r^d)$ mit $0 < d < 1$; siehe Cox und Hinkley (1974, S. 470). Eine zweckmäßige Wahl für d ist 0,5. Die Übertragung dieses Ergebnisses auf die MAD-Regression legt die Schätzfunktion

$$Avar(b^{\dagger}) = (T/4l)^2\{r_{(m+l)} - r_{(m-l)}\}^2(\sum x_t x_t')^{-1}, \tag{7.9}$$

mit r_i als geordnete Residuen und $r_{(m)} = 0$, nahe. Angemerkt sei, daß k Residuen als Konsequenz aus der MAD-Anpassung identisch und gleich Null sein werden.

M-Schätzfunktionen

Huber (1973) hat eine Klasse von 'M-Schätzfunktionen' definiert, die über eine Minimierung von

$$S(\beta) = \sum_{t=1}^{T} \varrho(y_t - x_t'\beta) \tag{7.10}$$

erlangt werden können, wobei $\varrho(.)$ eine geeignet definierte Funktion ist. Die Idee besteht darin, $\varrho(.)$ in solch einer Weise zu wählen, daß die Schätzfunktion über eine große Auswahl an Verteilungen effizient ist. Eine Möglichkeit ist:

$$\varrho(z) = \begin{cases} z^2/2, & |z| < c\sigma^* \\ c|z| - c^2/2, & |z| \geq c\sigma^*, \end{cases} \tag{7.11}$$

wobei c eine Konstante und σ^* ein Skalierungsparameter ist. Diese Schätzfunktion kombiniert Merkmale sowohl des KQ- als auch des MAD-Ansatzes. Tatsächlich reduziert sie sich auf die KQ-Schätzfunktion, wenn $c = \infty$ ist, wenn aber c auf einen Wert um Eins oder Zwei gesetzt wird, erhalten Ausreißer relativ weniger Einfluß. Die Schätzfunktion reagiert daher nicht so sensibel wie das KQ-Verfahren, wenn extreme Beobachtungswerte vorliegen, aber sie bleibt angemessen effizient in den Fällen, in denen der KQ-Ansatz eine gute Anpassung aufweist. Dies wird angedeutet durch die Ziffern in Tabelle 3.1. Für $c = 1,5$ und $\sigma^* = \sigma$ ist die relative Effizienz für eine Normalverteilung gleich 0,96. Auf der anderen Seite beträgt ihre Effizienz für eine standardisierte Cauchy-Verteilung 0,66 für $c = 1,5$ und $\sigma^* = 1$.

In der Praxis muß der Skalierungsparameter aus den Daten geschätzt werden. Der übliche Schätzwert (2.7.6) ist nicht geeignet, da die Varianz der zugrunde liegenden Verteilung nicht endlich sein muß. Eine robuste Alternative ist

$$s^* = \text{Median}\left\{|r_{(i)}|\right\}, \tag{7.12}$$

dabei sind $r_{(i)}$ mit $i = 1, ..., T$ die geordneten Residuen.

Robuste Schätzfunktionen in der Ökonometrie

Robuste Schätzprozeduren stellen eine brauchbare Alternative zum KQ-Verfahren in linearen Regressionsmodellen dar. Weiterhin können dieselben Techniken in allgemeineren Modellen angewendet werden. Die Anwendung einer MAD- oder M-Schätzfunktion in nichtlinearen Modellen ist einfach, weil alles, was in Modellen mit multiplikativer Heteroskedastizität benötigt wird, eine leichte Modifikation der Likelihoodfunktion in (4.17) ist. Ähnliche Anpassungen können für Gleichungssysteme angewandt werden.

Das Hauptanwendungsgebiet ist mit langschweifigen Verteilungen verbunden, da dies die Fälle sind, in denen das KQ-Verfahren besonders unbefriedigend ist. Da die KQ-Methode dazu tendiert, sich an extreme Beobachtungen anzupassen, ist es möglich, daß ihre Existenz nicht bemerkt wird. Hier gibt es überzeugende Gründe für die Berechnung von MAD-Schätzwerten und die Untersuchung der Residuen. Ist die Form der Verteilung unklar, würde eine vernünftige Vorgehensweise sein, einen robusten M-Schätzwert zu konstruieren.

Werden Ausreißer entdeckt, ist es entscheidend zu fragen, ob diese als rein zufällig betrachtet werden können oder ob sie tatsächlich ein Indiz dafür sind, daß es im systematischen Teil des Modells irgendeine Art von Fehlspezifikation gibt. Im einfachsten Fall kann es möglich sein, die entfernt liegende Beobachtung durch das Auftreten eines bestimmten Ereignisses zu 'erklären'. Dies kann dann durch das Einfügen einer Dummy-Variable in das Modell erfaßt werden. Solch ein Ansatz ist selbstverständlich angemessener als die Anwendung robuster Schätztechniken, insbesondere dann, wenn ein ähnliches Ereignis in Zukunft wahrscheinlich wiederkehrt.

Anmerkungen

Abschnitte 1,2 & 3	Silvey (1975) stellt eine exzellente Einführung bereit. Detaillierte Darstellungen sind in Kendall und Stuart (1973, Vol. 2) und Cramér (1946) zu finden.
Abschnitt 4	Heteroskedastische Modelle sind in Ameniya (1977), Goldfeld und Quandt (1972) und Harvey (1976a) beschrieben. Logit-Modelle werden in Domencich und McFadden (1975) beschrieben, während ein Beispiel zu Zähldaten in Hausman *et. al.*, (1984) enthalten ist. Eine Klasse dynamischer Modelle für Zähldaten und qualitative Beobachtungen wird in Harvey (1989) beschrieben.
Abschnitt 6	Silvey (1975) und Rothenberg (1971)
Abschnitt 7	Robuste Schätzfunktionen werden in Cox und Hinkley (1974), Huber (1973), Andrews *et. al.* (1972) und Andrews (1974) beschrieben. Die Berechnung der MAD-Schätzfunktionen wird in Schlossmacher (1973) Armstrong und Frome (1976) behandelt. Robuste Inferenz wird in White (1982) diskutiert.

Übungen

1. Zeigen Sie, daß der Stichprobenmittelwert $\bar{y}$ eine suffiziente statistische Kenngröße für den Parameter θ ist, wenn: (i) $y \sim N(0,1)$, (ii)$p(y) = \theta^{-1}\exp(-y/\theta)$ ist.
2. Bestimmen Sie den ML-Schätzwert für θ für eine Zufallsstichprobe, bestehend aus T Beobachtungen, die aus der unter 1.(ii) aufgeführten Exponentialverteilung stammen. Schreiben Sie die asymptotische Verteilung nieder.
3. Sei $y \sim N(0, \sigma^2)$. Bestimmen Sie den ML-Schätzwert für σ (nicht σ^2). Zeigen Sie, daß er suffizient ist und berechnen Sie dessen Varianz in großen Stichproben.
4. Sei $p(y) = \theta^2 y \cdot \exp(-\theta y)$. Zeigen Sie, daß $\bar{y}$ eine suffiziente statistische Kenngröße für θ ist. Bestimmen Sie den ML-Schätzwert für θ und die Varianz in großen Stichproben.
5. Angenommen die Beobachtungswerte in einem Regressionsmodell folgen, mit durch die abhängige Variable bedingter Heteroskedastizität, einer Exponentialverteilung, d.h. $p(y_t) = (x_t'\beta)^{-1} \cdot \exp\{-y_t/(x_t'\beta)\}$. Bestimmen Sie die Informationsmatrix und zeigen Sie, daß der WLS-Schätzwert asymptotisch effizient ist.
6. Betrachten wir das Modell mit Zeittrend: $y_t = \alpha + \beta t + \epsilon_t$, in dem $\epsilon_t \sim NID(0, \sigma^2)$ ist. Ist der Schätzwert $\hat{\beta} = (y_T - y_1)/(T-1)$: (i) unverzerrt, (ii) suffizient, (iii) konsistent, (iv) effizient?
7. Angenommen in (7.2) ist θ unbekannt. Erklären Sie, wie Sie alle Parameter (β', ϕ, θ) durch ML schätzen würden.
8. Erläutern Sie, wie Sie eine Approximation der Likelihoodfunktion für ein MA(2)-Modell $y_t = \epsilon_t + \theta_1\epsilon_{t-1} + \theta_2\epsilon_{t-2}$ mit $\epsilon_t \sim NID(0, \sigma^2)$ konstruieren. Wie werden die ursprünglichen Bedingungen behandelt?
9. Betrachten wir das SURE-Modell (2.9.15) mit $N = 2$ und es sei ϱ die Korrelation zwischen ϵ_{1t} und ϵ_{2t}. (a) Leiten Sie die ML-Schätzwerte für β_1, β_2 und σ^2 ab, wenn ϱ bekannt ist. (b). Beweisen Sie, daß die ML-Schätzwerte für $\beta = (\beta_1', \beta_2')'$ unverzerrt sind und leiten Sie deren Kovarianzmatrix ab. (c) Angenommen ϱ sei unbekannt, leiten Sie den ML-Schätzwert dafür ab und erklären Sie kurz, wie Sie die ML- Schätzwerte für β, ϱ und σ^2 berechnen würden.

Kapitel 4

Numerische Optimierung

4.1 Einführung

Im allgemeinen werden nichtlineare Schätzprobleme über *iterative* Techniken gelöst. Ist ein Startwert gegeben, wird ein neuer Schätzwert, der (hoffentlich) eine 'Verbesserung' gegenüber dem Ursprungswert darstellt, durch eine gegebene Regel berechnet. Dieser Prozeß wird wiederholt, bis er konvergiert. Wenn die Vorgehensweise erfolgreich war, sollten die finalen Schätzwerte, die durch das ausgewählte Schätzprinzip geforderten Eigenschaften aufweisen. Die Regeln, die die iterativen Prozeduren lenken, stellen die Basis für bestimmte nichtlineare Optimierungsroutinen dar.

Eine Vielzahl von Algorithmen ist verfügbar. Ein wichtiger Punkt, in dem sie sich unterscheiden ist, in welchem Umfang sie die partiellen Ableitungen der Funktion verwenden. Einige Routinen benötigen die zweiten Ableitungen, während andere nur die ersten Ableitungen verwenden und andere gar nicht auf Ableitungen basieren. Eine Anzahl der auf den ersten Ableitungen basierenden Algorithmen bietet aber die Möglichkeit, sie numerisch zu berechnen. Somit besteht keine Notwendigkeit, sie analytisch zu bestimmen, was schwierig sein kann, und sie dann zu programmieren, was aufwendig sein kann. Abgesehen von der Frage der Verwendung der Ableitungen, differieren die Algorithmen auch in anderer Hinsicht und die Auswahl eines speziellen Algorithmus wird bis zu einem gewissen Grad vom Funktionstyp, der maximiert oder minimiert werden soll, abhängen. Schlechtkonditionierte Funktionen, Quadratsummenfunktionen und Probleme, die die Optimierung von Funktionen in Bezug auf nur einem Parameter mit sich bringen, sind Sonderfälle.

Bevor schnellarbeitende Rechnerkapazitäten weitverbreitet waren, war jede Art der nichtlinearen Schätzung extrem zeitaufwendig und wurde unter allen Umständen vermieden. Die Situation hat sich dramatisch verändert und verbunden mit den Fortschritten in der Computertechnologie sind verbesserte Methoden zur Durchführung der nichtlinearen Optimierung entwickelt worden. Diese Routinen sind sehr effizient und zusätzlich vermeiden sie viele der Fallen und Schwierigkeiten, die der nichtlinearen Schätzung eigen sind. Dies impliziert aber nicht, daß alle Probleme aus der nichtlinearen Optimierung eliminiert worden sind. Die meisten der nichtlinearen Routinen sind Durchführungsproblemen ausgesetzt, während die Ergebnisse anfällig für Fehlinterpretationen sind. Größte Vorsicht ist deshalb angebracht. Dennoch sollte die Tatsache, daß der beste Schätzwert für einen Parameter nichtlinear ist, nicht länger als Abschreckung angesehen werden, der die Anwendung dieser Schätzfunktion verhindert. Wenn man mit einer neuen Situation konfrontiert ist, gibt es überzeugende Argumente dafür, daß man die Schätzung auf einem Prinzip, nämlich dem ML-Prinzip basiert und nicht nach einfacheren Formeln für alternative Schätzfunktionen sucht, für die dann gezeigt werden muß, daß sie den ML-Schätzwerten asymptotisch äquivalent sind.

Einige der allgemeinen Punkte, die durch die numerische Optimierung hervorgebracht wurden, werden in Abschnitt 2 diskutiert. Insbesondere wird das iterative Schema vorgestellt, das den descent-Methoden zur Optimierung unterliegt und den Methoden des 'direct search' gegenübergestellt. Es wird ebenfalls herausgestellt, daß in bestimmten Situationen nichtlineare Berechnungen durch die Verwendung stufenweiser Optimierungsmethoden vermieden werden können. Der grundlegende Newton-Raphson-Algorithmus wird in Abschnitt 3 beschrieben, während in Abschnitt 4 Möglichkeiten, wie dieses Schema für die ML-Schätzung modifiziert werden kann, betrachtet werden. Die Scoring- und die Gauss-Newton-Methode werden hier eingeführt, obgleich das letztgenannte Schema weitergehende Anwendungsmöglichkeiten aufweist, da es eine geeignete Technik zur Minimierung einer jeden Quadratsummenfunktion ist. Unter bestimmten Umständen können Linearitäten in den Likelihoodgleichungen ausgenutzt werden, um eine 'Konzentration' der Likelihoodfunktion zu erreichen. Die Technik wird ebenfalls in Abschnitt 4 beschrieben. In Abschnitt 5 wird die Konstruktion asymptotisch effizienter zweistufiger Schätzfunktionen untersucht. Dieses Material ist fundamental für das Verstehen und die Beurteilung vieler Methoden, die in der Literatur vorgeschlagen worden sind. Abschließend wird die Frage diskutiert, wie Schätzwerte für die asymptotische Kovarianzmatrix zu berechnen sind.

4.2 Prinzipien der numerischen Optimierung

Bei der Diskussion des generellen Problems der nichtlinearen Schätzung wird angenommen, daß eine *Zielfunktion* $f(\psi)$ bezogen auf n Parameter in dem Vektor ψ zu minimieren ist. Der $n \times 1$ Vektor der 1. Ableitungen $\partial f(\psi)/\partial\psi$ wird mit $g(\psi)$ oder einfach g gekennzeichnet, während die $n \times n$ Matrix der zweiten Ableitungen, die Hessesche, geschrieben wird als:

$$\frac{\partial f(\psi)}{\partial\psi\partial\psi'} = G(\psi).$$

Die Allgemeingültigkeit der Diskussion wird nicht dadurch eingeschränkt, daß $f(\psi)$ als eine zu minimierende Funktion angesehen wird, da ein Maximierungsproblem durch Multiplikation der Zielfunktion mit minus Eins in ein Minimierungsproblem transformiert werden kann.

Existieren $g(\psi)$ und $G(\psi)$ und sind sie in der Umgebung eines bestimmten Wertes $\hat{\psi}$ stetig, dann sind hinreichende Bedingungen durch $g(\hat{\psi}) = 0$ und $G(\hat{\psi})$ ist p.d. gegeben, damit $\hat{\psi}$ ein lokaler Minimierer der Funktion $f(\psi)$ ist. Diese Bedingungen garantieren aber nicht, daß $\hat{\psi}$ die Funktion global minimiert, da es einen anderen lokalen Minimierer $\tilde{\psi}$ geben kann, für den $f(\tilde{\psi}) < f(\hat{\psi})$ gilt.

Univariate Such-Techniken

Bevor das allgemeine Problem der nichtlinearen Optimierung betrachtet wird, ist es sinnvoll, kurz das eindimensionale Problem zu betrachten, wobei eine Funktion bezogen auf nur einen Parameter minimiert wird. Ist bekannt, daß die Funktion nur ein Minimum enthält, können *lineare Such*techniken angewandt werden. Diese Methoden passen ein Polynom mit geringer Ordnung an und berechnen, wo das Minimum liegt. Der Prozeß wird wiederholt, bis Konvergenz erreicht ist. Es sind Algorithmen, die ohne als auch mit der Anforderung programmierter 1. Ableitungen arbeiten, verfügbar.

Wenn es wünschenswert erscheint, die Funktion über die gesamte Spannweite der Parameterwerte zu untersuchen, kann eine *Gittersuche* angewandt werden. Angenommen, der Parameter wird darauf beschränkt, innerhalb des Intervalls $0 \leq \psi \leq 1$ zu liegen. Die Funktion kann für die Werte $\psi = 0, \psi = 0.1, ..., \psi = 1.0$ berechnet werden, d.h. an 11 äquidistanten Punkten über das Parameterintervall. Wird ermittelt, daß das Minimum bei $\psi = 0.7$ liegt, wird eine 'genauere' Suche für das Intervall 0.61 bis 0.79 mit einer Schrittweite von 0.01 durchgeführt. Wenn es wünschenswert erscheint, kann der Vorgang wiederholt werden, bis ein ausreichend genauer Schätzwert für das Minimum ermittelt wurde.

Eine Gittersuche kann auch für zweidimensionale Probleme durchgeführt werden, für $n \geq 3$ wird diese Technik aber unhandlich. Lineare Suchverfahren sind auf univariate Probleme beschränkt, die Bandbreite ihrer Anwendungsmöglichkeiten ist aber viel weiter als diese Aussage suggerieren mag, da ein lineares Suchverfahren in den meisten Descent-Algorithmen integriert ist.

Descent-Methoden

Die meisten iterativen Schemen entsprechen der Form:

$$\psi^* = \hat{\psi} + \lambda d(\hat{\psi}). \tag{2.1}$$

Dabei ist $\hat{\psi}$ die aktuelle Approximation an das Minimum, während ψ^* die revidierte Schätzung ist, λ ist ein als *Schrittweite* bekannter positiver Skalar und $d(\psi)$ ist der *Richtungsvektor*. Der Richtungsvektor hat die Länge n und hängt von dem *Gradienten* $g(\psi)$ ab.

Das einfachste Schema innerhalb dieser Klasse ist die *Methode des steilsten Abstiegs*. Im eindimensionalen Fall kann die Idee einfach dadurch erklärt werden, daß eine kleine, zur Neigung proportionale Änderung mit minus Eins multipliziert, die Funktion abnehmen lassen wird. Allgemeiner, wenn die Quadratsumme der Veränderungen in den Elementen von ψ auf eine bestimmte Länge beschränkt ist, werden die größten Änderungen in der Funktion auftreten, wenn die Veränderungen in ψ proportional zu $g(\psi)$ sind. Damit diese Veränderungen zu einem Minimum und nicht zu einem Maximum führen, muß die Proportionalitätskonstante negativ sein. Somit ist der Richtungsvektor gleich $-g(\psi)$ und die Schrittweite muß so gewählt werden, daß die Funktion für eine bestimmte Iteration nicht zunimmt.

Ist eine geeignete Regel zur Bestimmung von λ für jede Iteration gegeben, kann gezeigt werden, daß die Methode des steilsten Abstiegs schließlich konvergieren wird. Die Konvergenzgeschwindigkeit kann aber extrem langsam sein und der Algorithmus hat wenig praktischen Nutzen. Eine gebräuchlichere Wahl für den Richtungsvektor ist $d(\psi) = -G^{-1}g(\psi)$. Die Gedanken, die dieser allgemein als Newton-Raphson bekannten Methode zugrunde liegen, werden im nächsten Abschnitt dargestellt. Wie immer aber auch die Wahl für $d(\psi)$ ist, die Konvergenz kann fast immer durch die Verwendung einer effizienten linearen Suchprozedur zur Bestimmung von λ beschleunigt werden. Wurde $d(\hat{\psi})$ ermittelt, ist das Problem eindimensional, und die in dem vorhergehenden Unterabschnitt zitierten Techniken können verwendet werden, um die Funktion:

$$\phi(\lambda) = f\left\{\hat{\psi} + \lambda d(\hat{\psi})\right\} \tag{2.2}$$

für λ zu minimieren.

Schrittweise Optimierung

Manchmal ist es möglich, das Optimierungsproblem so aufzuschlüsseln, daß komplizierte nichtlineare Berechnungen vermieden werden. Es sei ψ partitioniert in $\psi = (\psi_1', \psi_2')'$ und es sei angenommen, daß $f(\psi)$ linear in den Parametern ψ_1 ist, wenn ψ_2 fixiert ist und linear in ψ_2, wenn ψ_1 fixiert ist. Dies legt eine *stufenweise* oder *Zickzack* Optimierungsprozedur nahe. $f(\psi)$ wird bezogen auf ψ_2 für einen vorgegebenen Wert von ψ_1 minimiert. Der auf obige Weise ermittelte Wert für ψ_2 wird dann konstant gehalten und $f(\psi)$ wird bezogen auf ψ_1 minimiert. Die Funktion wird dann unter der Bedingung des neuen Wertes für ψ_1 bezogen auf ψ_2 minimiert, und dieser Prozeß wird solange fortgesetzt, bis Konvergenz erreicht ist. In der Tat kann gezeigt werden, daß eine solche Prozedur darauf festgelegt ist zu konvergieren; vergleiche Sargan (1964) und Oberhofer und Kmenta (1974).

Direkte Suche

Für einige Zielfunktionen kann es schwierig sein, festzulegen, ob partielle Ableitungen in dem interessierenden Bereich existieren. Für andere Funktionen kann bekannt sein, daß partielle Ableitungen an bestimmten Punkten nicht existieren, oder sie sind auf bestimmte andere Weise schlecht konditioniert. Wenn dies der Fall ist, ist es unbedingt erforderlich, nach einer Optimierungsprozedur zu suchen, die nicht die partiellen Ableitungen benutzt, und die weiterhin für ihre theoretische Begründung nicht der Existenz der partiellen Ableitungen bedarf. Diese Anforderungen sind bei den direkten Suchmethoden erfüllt, wobei die einzige Annahme lautet, daß $f(\psi)$ stetig ist. Einer der am häufigsten verwendeten direct search Algorithmen ist auf Powell (1964) zurückzuführen. Die Suchrichtungen sind dabei auf dem Prinzip der 'konjugierenden Richtungen' aufgebaut. Eine andere nützliche Technik ist die *Simplex*-Methode von Nelder und Mead (1965). Obgleich der Algorithmus üblicherweise nicht zu der exakten Lösung konvergiert, ist er relativ robust. Er kann auf

Funktionen mit nichtstetigen Ableitungen angewandt werden und ermittelt i.d.R. relativ effizient ausreichend genaue Lösungen. Wenn eine 'schwierige' Funktion gegeben ist, weist die Simplex-Methode vieles auf, um sie zu empfehlen, selbst wenn sie nur dazu benutzt wird, Startwerte für eine andere Technik zu ermitteln.

Konvergenz

Ein iteratives Schema kann als konvergierend betrachtet werden, wenn: (i) $f(\psi^*)$ nahe an $f(\hat{\psi})$ ist; (ii) ψ^* nahe an $\hat{\psi}$ ist und (iii) $g(\psi^*)$ nahe Null ist. 'Nähe' ist allgemein definiert durch einen kleinen positiven Wert κ. Die erste Bedingung ist als erfüllt zu betrachten, falls $|f(\psi^*) - f(\hat{\psi})| < \kappa_1$. Für $n > 1$ sind ψ und $g(\psi)$ Vektoren, und es existieren verschiedene Möglichkeiten zur Spezifikation der beiden letzten Bedingungen. Der übliche Ansatz, die zweite Bedingung als erfüllt zu betrachten, lautet:

$$(\psi^* - \hat{\psi})'(\psi^* - \hat{\psi}) = ||\psi^* - \hat{\psi}|| < \kappa_2,$$

während die dritte Bedingung erfüllt ist, falls $||g(\psi^*)|| < \kappa_3$ ist. Obgleich verschiedene Algorithmen in der Art und Weise differieren, wie diese Bedingungen implementiert sind, ist es allgemein ratsam, sie irgendwie anzuwenden. Wenn eine direkte Suchmethode verwendet wurde, die die ersten Ableitungen nicht umfaßt, sind natürlich nur die beiden ersten Bedingungen angemessen.

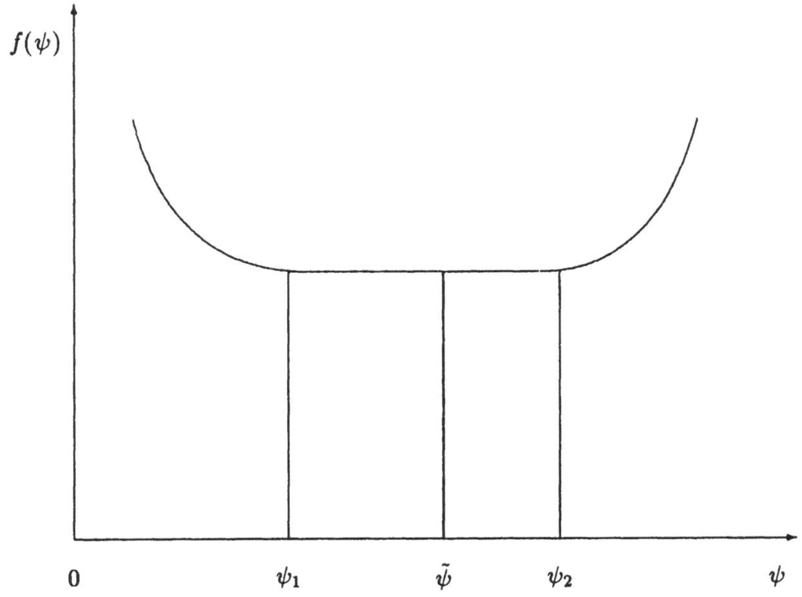

Abbildung 4.1 Eine 'flache' Zielfunktion

Konvergenz zu erreichen ist nicht immer einfach. Oftmals wird die ökonometrische Arbeit durch das Problem behindert, daß die Zielfunktion in der Nähe des Optimums relativ 'flach' ist. Dies wird durch Abbildung 4.1 illustriert. Ist man entweder bei ψ_1 oder bei ψ_2, dann bricht der Algorithmus ab oder er bewegt sich sehr langsam auf das Minimum zu. In letztgenanntem Fall kann ein typischer Algorithmus vor $\tilde{\psi}$ - aufgrund des Erreichens der oberen Anzahl an Iterationen - enden. Die praktischen Konsequenzen sind erstens, daß wahrscheinlich ein Großteil der Computerzeit für sehr kleine Effekte verbraucht wird und zweitens verschiedene Ergebnisse aufgrund unterschiedlicher Startwerte ermittelt werden können.

Obwohl Abbildung 4.1 eine gute Illustration der Konsequenzen einer flachen Zielfunktion darstellt, werden solche Probleme normalerweise nur bei Funktionen anzutreffen sein, in denen $f(\psi)$ auf zwei oder mehr Parametern basiert. Aus statistischer Sicht entsteht eine flache Zielfunktion, wenn ein Modell nahe an der Unteridentifikation ist. Betrachten wir den ARMA(1,1)-Prozeß (1.5.21). In Abschnitt 3.6 wurde gezeigt, daß das Modell nicht identifizierbar ist, falls $\phi = -\theta$ ist. Ist andererseits ϕ nahe an $-\theta$, dann ist das Modell identifizierbar, aber jedes Paar an Schätzwerten, welches die Bedingung $\hat{\phi} + \hat{\theta} = 0$ erfüllt oder nahe daran ist, diese Bedingung zu erfüllen, wird zu einem Wert für $S(\phi, \theta)$ führen, der nahe an dem Minimum ist. Ähnliches gilt in (3.6.1) für $2x_{1t} \simeq x_{2t}$; jede Schätzung für β_1 und β_2, die näherungsweise (3.6.3) erfüllt, wird nahe an der Minimierung der residualen Quadratsumme sein. Da das Modell linear in den Parametern ist, kann es sein, daß Konvergenzprobleme, denen man in dem ARMA(1,1)-Modell begegnen kann, hier nicht auftreten. Die schlechte Konditionierung der Kreuzproduktmatrix und die numerische Instabilität der KQ-Schätzwerte sind eine Wiederspiegelung desselben zugrunde liegenden Phänomens. Unter Berücksichtigung der Multikollinearität ökonomischer Zeitreihen und das Vorliegen kleiner Stichproben ist es nicht verwunderlich, daß flache Zielfunktionen bei der nichtlinearen Schätzung eher die Regel als die Ausnahme sind.

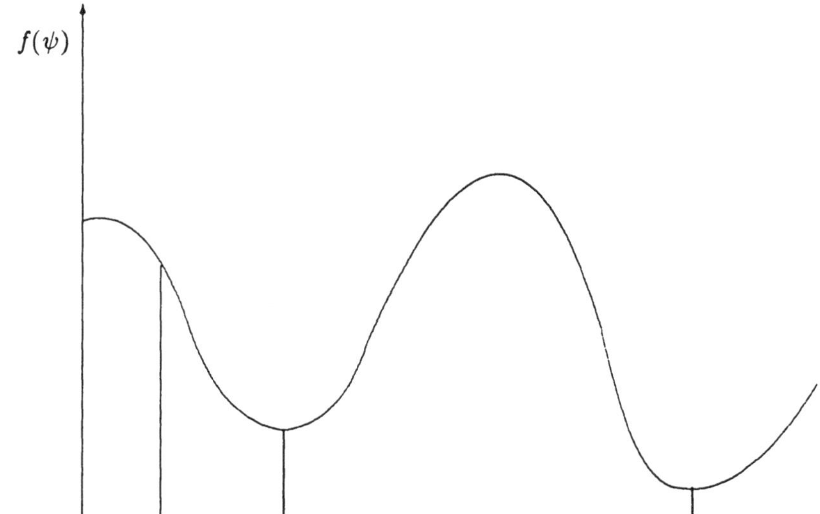

Abbildung 4.2 Lokale und globale Minima

Ein schwerwiegenderes Problem tritt auf, wenn die Zielfunktion mehr als ein Minimum hat. Diese Situation wird in Abbildung 4.2 illustriert. Ist der Startpunkt bei $\hat{\psi}$, dann ist es wahrscheinlicher, daß eine 'kurzsichtige' iterative Prozedur zu dem *lokalen* Minimum $\tilde{\psi}'$† und nicht zu dem *globalen* Minimum $\tilde{\psi}$ konvergieren wird. Ein Vorteil eines Gittersuchverfahrens ist, daß es normalerweise das globale Minimum auffinden wird, obgleich ein Gittersuchverfahren auch versagen kann, wenn die Funktion analog dem Verhalten in Abbildung 4.3 ist. Glücklicherweise ist dieser Funktionsverlauf in statistischen Anwendungen nicht üblich. Im Ergebnis kann eine relativ grobe Gittersuche manchmal verwendet werden, um geeignete Startwerte für eine verfeinerte iterative Prozedur bereitzustellen. Wenn dieses nicht getan wird, ist es wenigstens notwendig, die Optimierungsprozedur von einer Anzahl verschiedener Startpunkte aus anzuwenden. Dies stellt eine Möglichkeit zur Überprüfung, ob eine globale Lösung ermittelt wurde, dar.

Die Einführung einer exogenen Variable in (3.6.7) liefert eine einfache Illustration, wie multiple Optima in der Ökonometrie entstehen können. Das Modell wird zu:

$$y_t = \alpha y_{t-1} + \beta x_t + u_t, \tag{2.3}$$

wobei $u_t \sim AR(1)$ ist und es ist nun sowohl global als auch lokal identifizierbar. Jedoch wird, wenn die Varianz von x_t hinreichend klein ist, bei einer Stetigkeitsüberprüfung die Quadratsummenfunktion weiterhin bimodal sein, ohne daß die Minima im allgemeinen gleich sein werden.

Die numerische Entwicklung der Ableitungen

Die erste partielle Ableitung von $f(\psi)$ bezogen auf das $j$te Element in ψ, ψ_j, kann über die Formel

$$\left\{ f(\hat{\psi} + h_j e_j) - f(\hat{\psi}) \right\} / h_j, \quad j = 1, ..., n, \tag{2.4}$$

geschätzt werden; dabei ist das $j$te Element im $n \times 1$ Vektor e_j gleich Eins und alle übrigen Elemente sind gleich Null. Das Skalar h_j wird manchmal als Schrittlänge bezeichnet und sollte nicht mit der im iterativen Schema (2.1) definierten Schrittlänge λ verwechselt werden. Jedes h_j muß so gewählt werden, daß es klein genug ist, damit die verschiedenen Schätzungen nahe an den wahren Ableitungen liegen; sie sollten aber nicht so klein sein, daß die berechneten Unterschiede durch Rundungsfehler dominiert werden. Die Bestimmung geeigneter Werte für die h_j erfordert oftmals einige Versuche, und große Sorgfalt ist notwendig, um eine gute Wahl zu treffen.

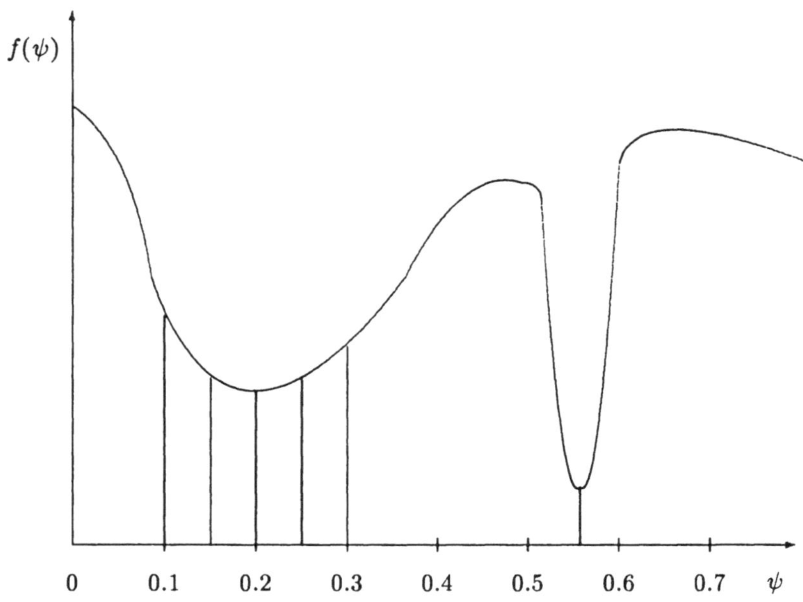

Abbildung 4.3 Schwierigkeiten mit einer Gittersuche

Die Berechnung eines Vektors numerischer Ableitungen aus (2.4) umfaßt die n-malige Auswertung der Funktion. Das kann zeitaufwendig sein. Da die numerischen Ableitungen ebenfalls Ungenauigkeiten unterworfen sind, ist es normalerweise vorteilhafter, die analytischen Ableitungen zu benutzen, wenn diese relativ einfach ermittelt werden können. In vielen Fällen wird es nicht einfach sein, analytische Ableitungen zu bestimmen, und es ist allgemein üblich, numerische Ableitungen zu benutzen. In der Tat könnte so argumentiert werden, daß, da die Differentiation und die Programmierung beides zeitaufwendige und für menschliche Fehler sehr anfällige Aufgaben sind, die Verwendung numerischer Ableitungen in einigen Fällen sowohl sicherer als auch effizienter ist.

Zweite Ableitungen können ebenfalls numerisch berechnet werden. Ein Schätzwert für das ijte Element in $G(\hat{\psi})$ ist gegeben durch:

$$\left\{g_j(\hat{\psi} - h_i e_i) - g_j(\hat{\psi})\right\} / h_i, \quad i, j = 1, \ldots, n. \tag{2.5}$$

Eingeschränkte Optimierung: Die Verwendung von Transformationen

Bei einigen Problemen gibt es Restriktionen bezüglich der Werte, die die Parameter annehmen können. Zur Behandlung von Restriktionen verschiedener Arten sind Algorithmen entwickelt worden, und Details zu einigen dieser Methoden sind in Box *et al.* (1969, Kap. 5) und Dixon (1972, Kap. 6) zu finden. Einfache Restriktionen können aber manchmal unter Verwendung von Transformationen behandelt werden.

In der ökonometrischen und zeitreihenanalytischen Analyse ist es oftmals wünschenswert, Restriktionen der Form:

(a) $\psi \geq k$ oder

(b) $k_1 \leq \psi \leq k_2$

einzuführen, wobei k, k_1 und k_2 bekannte Konstanten sind. Der erste Typ an Beschränkung ergibt sich, wenn ψ eine Varianz ist, und in diesem Fall ist k gleich Null. Negative Werte für ψ können aber sehr einfach dadurch vermieden werden, daß man einfach eine neue Variable θ derart definiert, so daß $\theta^2 = \psi$ oder $\exp(\theta) = \psi$ ist. Dann kann bezüglich θ eine unbeschränkte Optimierung durchgeführt werden.

Restriktionen, daß ein Parameter innerhalb eines bestimmten Intervalls, d.h. $k_1 \leq \psi \leq k_2$, liegen soll, können ebenfalls relativ einfach gehandhabt werden. Eine mögliche Transformation ist $\psi = k_1 + (k_2 - k_1)\sin^2\theta$, wobei θ jeden Wert im Intervall $-\infty$ bis ∞ annehmen kann. Wenn die Ungleichung in eine Gleichung übergeht, könnte die Transformation:

$$\psi = \frac{k_2 - k_1}{2}\frac{\theta}{1 + |\theta|} + \frac{k_2 + k_1}{2} \tag{2.6}$$

angemessen sein. In dem wichtigen Spezialfall, wenn ψ auf Werte innerhalb des Einheitskreises beschränkt wird, vereinfacht sich (2.6) zu $\psi = \theta/(1 + |\theta|)$.

Als abschließender Punkt sei angemerkt, daß, wenn eine Gittersuche durchzuführen ist, die Transformationen auf solch eine Weise angewandt werden können, daß sie exakt die gegenteilige Rolle im Vergleich zu dem vorhergehenden Fall spielen. Zum Beispiel sei angenommen, daß ein Parameter nicht eingeschränkt ist, d.h. $-\infty \leq \psi \leq \infty$. Es wird im allgemeinen günstig sein, eine Gittersuche für das Intervall (-1,1) durchzuführen, für die die Transformation

$$\theta = \psi(1 + |\psi|) \tag{2.7}$$

angemessen ist. Wurde die Funktion bezüglich θ minimiert, ist der benötigte Wert für ψ durch $\tilde{\psi} = \tilde{\theta}/(1 - |\tilde{\theta}|)$ gegeben.

4.3 Newton-Raphson

Die Probleme, die der Methode des steilsten Abstiegs anhaften, führten zu der Entwicklung neuer Optimierungsmethoden. Es wurde relativ schnell bemerkt, daß die Approximation einer Funktion durch eine quadratische Funktion die Basis für relativ effiziente rechentechnische Schemata sein könnte. Solche Schemata verwenden sowohl die zweiten als auch die ersten Ableitungen, und die Basisprozedur dieser Ansätze ist bekannt als *Newton-Raphson* oder kurz *Newtons-Methode.*

Eine Taylorreihenentwicklung für $f(\psi)$ in der Nähe des Minimums $\tilde{\psi}$ führt zu:

$$f(\psi) \simeq f(\tilde{\psi}) + (\psi - \tilde{\psi})g(\tilde{\psi}) + \frac{1}{2}(\psi - \tilde{\psi})'G(\tilde{\psi})(\psi - \tilde{\psi}). \tag{3.1}$$

Differentiation von (3.1) nach ψ ergibt:

$$g(\psi) \simeq g(\tilde{\psi}) + (\psi - \tilde{\psi})G(\tilde{\psi}). \tag{3.2}$$

Da aber $g(\tilde{\psi}) = 0$ ist, kann (3.2) so umgestellt werden, daß folgt:

$$\tilde{\psi} \simeq \psi - G^{-1}(\tilde{\psi})g(\psi). \tag{3.3}$$

Wäre $f(\psi)$ eine quadratische Funktion, könnte ψ gleich jedem beliebigen Startwert für $\tilde{\psi}$ gesetzt werden, und $\tilde{\psi}$ wäre exakt durch die rechte Seite der Gleichung (3.3) gegeben. (Es ist lehrreich, diese Aussage durch das Verwenden einer einfachen quadratischen Funktion zu überprüfen, sagen wir $f(\psi) = \psi^2 + 4\psi + 3$, einen willkürlichen Startwert zu wählen und dann unter Verwendung von (3.3) das Minimum zu bestimmen). Für allgemeinere Funktionen ist dies nicht mehr der Fall, Gleichung (3.3) legt aber das iterative Schema

$$\psi^* = \hat{\psi} - G^{-1}(\tilde{\psi})g(\hat{\psi}) \tag{3.4}$$

nahe, wobei für den revidierten Schätzwert ψ^* erwartet wird, daß er näher am Minimum ist als der Startwert $\hat{\psi}$.

Die Entwicklung der Hessematrix für eine quadratische Funktion wirft keine Probleme auf, da ihre Elemente nicht auf ψ basieren. Im allgemeinen setzt das iterative Schema der Form (3.4) aber voraus, daß die Hessesche für das Minimum $\tilde{\psi}$ ermittelt wird, das natürlich unbekannt ist. Die Lösung dieses Problems besteht beim Newton-Raphson-Algorithmus darin, die Hessesche für den aktuellen Schätzwert $\hat{\psi}$ zu berechnen mit der Begründung, daß dies zu einer akzeptablen Approximation an $G(\tilde{\psi})$ führt, sofern $\hat{\psi}$ 'genügend nahe' an $\tilde{\psi}$ ist. Das iterative Schema wird deshalb zu:

$$\psi^* = \hat{\psi} - G^{-1}(\hat{\psi})g(\hat{\psi}). \tag{3.5}$$

Es wird manchmal kürzer als

$$\psi^* = \hat{\psi} - G^{-1}g \tag{3.6}$$

dargestellt, wobei G und g als für die aktuelle Schätzung berechnet angenommen werden.

Beispiel Betrachten wir die Funktion

$$f(\psi) = \psi^3 - 3\psi^2 + 5, \quad 0 \leq \psi \leq \infty. \tag{3.7}$$

Die ersten und zweiten Ableitungen sind jeweils:

$$g(\psi) = 3\psi(\psi - 2) \tag{3.8}$$

und

$$G(\psi) = 6(\psi - 1). \tag{3.9}$$

Diese Funktion ist in Abbildung 4.4 skizziert.

Angenommen, wir wünschen das Minimum über Newton-Raphson Iterationen zu bestimmen. Wenn der Startwert gleich 1,5 gesetzt ist, dann sind $g = -2,25$ und $G = 3$. Folglich ist

$$\psi^* = 1,500 - (-2,25)/3 = 2,25$$

Für die zweite Iteration ist $\hat{\psi}$ gleich dem vorhergehenden Wert für $\psi^* = 2,25$ gesetzt und der revidierte Schätzwert lautet:

$$\psi^* = 2,25 - (1,6875)/7,5 = 2,0250.$$

Die dritte Iteration führt zu $\psi^* = 2,0003$. Dieser ist sehr nahe an dem tatsächlichen Wert, der genau 2 ist.

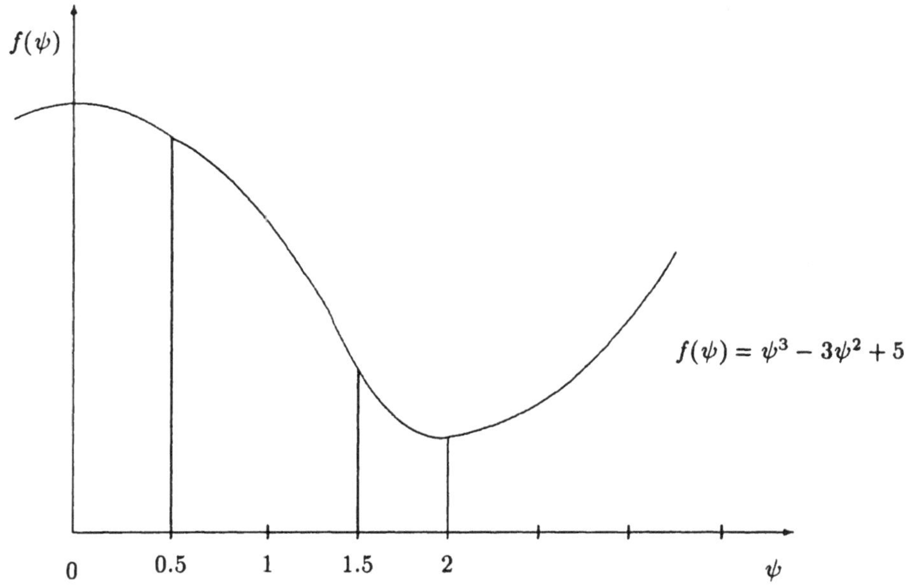

Abbildung 4.4 Funktionsverlauf im Beispiel für (3.7)

Die obige Abfolge erscheint sehr einfach. Untersuchen wir aber, was geschehen würde, wenn wir den Startwert auf $\hat{\psi} = 0,5$ festgelegt hätten. Da $G(0,5)$ negativ ist, besteht der Effekt der ersten Iteration darin, die Schätzung in die falsche Richtung zu lenken, d.h.:

$$\psi^* = 0,5 - (-2,25)/(-3) = -0,25$$

Wenn dieser Prozeß nicht überprüft wird, konvergiert der Algorithmus zum Maximum bei $\psi = 0$.

Schutzmaßnahmen und Modifikationen

Das Newton-Raphson Schema entwickelt sich nur dann zum Minimum, wenn $G(\hat{\psi})$ p.d. ist. Zwar ist die Hessesche immer p.d., wenn die Funktion konkav ist, dies läßt sich aber nicht verallgemeinern. Ist $G(\hat{\psi})$ singulär, existiert der Richtungsvektor nicht, und die Methode bricht in sich zusammen. Wenn G^{-1} existiert, aber nicht p.d. ist, kann der Richtungsvektor falsch ausgerichtet sein, und der Wert der Zielfunktion kann steigen. Genau das geschah in dem obigen Beispiel nachdem der Startwert mit $\hat{\psi} = 0,5$ angenommen wurde.

Selbst wenn $G(\hat{\psi})$ p.d. ist, ist es weiterhin möglich, daß $f(\psi^*)$ $f(\hat{\psi})$ überschreitet. Diese Möglichleit repräsentiert einen Fall des 'Darüberhinausschießens', und solch ein Ereignis kann immer durch das Einfügen einer Schrittweitenvariable λ in das Schema vermieden werden. Somit wird (3.6) zu:

$$\psi^* = \hat{\psi} - \lambda G^{-1} g \tag{3.10}$$

und es kann gezeigt werden, daß, sofern G^{-1} p.d. und $\hat{\psi}$ nicht ein Minimum ist, ein positiver Wert für λ existiert, so daß $f(\psi^*) < f(\hat{\psi})$ ist. Wie in Abschnitt 2 angemerkt wurde, ist die effizienteste Möglichkeit zur Bestimmung eines Wertes für λ eine Gittersuche. Prozeduren dieser Art gehören zu den Standardausstattungen in den meisten Abstiegsalgorithmen und der Newton-Raphson stellt keine Ausnahme dar.

Eine Vielzahl von Techniken sind zur Modifikation des Newton-Raphson entwickelt worden um sicherzustellen, daß der Gradient stets mit einer p.d. Matrix multipliziert wird. Die iterativen Schemata für solche Methoden können geschrieben werden als:

$$\psi^* = \hat{\psi} - \lambda H g, \tag{3.11}$$

dabei ist $H = H(\hat{\psi})$ eine $n \times n$ p.d. Matrix. In der von Goldfeld, Quandt und Trotter (1966) vorgeschlagenen Methode des *quadratic hill climbing* wird H mit $(G + \mu I)^{-1}$ gleichgesetzt. Der positive Skalar μ variiert bei fortschreitenden Iterationen, der Wert wird stets so gewählt, daß sichergestellt ist, daß H p.d. ist. Wenn G n.d. ist, kann dies dadurch garantiert werden, daß μ auf einen Wert größer als der Modulus des größten negativen Eigenwertes von G gesetzt wird. Wenn G singulär ist, stellt jeder positive Wert für μ sicher, daß H p.d. ist. Wenn μ groß ist, sind die Iterationen ähnlich zu denen der Methode des steilsten Abstiegs. Sofern das Minimum erreicht wird, tendiert G dahin, p.d. zu werden, und in diesem Fall kann μ gleich 0 gesetzt werden, so daß die Methode mit dem Newton-Raphson zusammenfällt. Wenn das quadratic hill-climbing auch eine nützliche Technik für viele Probleme ist, sinkt dessen Effizienz wahrscheinlich merklich mit steigendem n, da die Matrixinversionen und die Eigenwertentwicklung eine schwere rechentechnische Last darstellen.

Eine andere Möglichkeit zur Ausführung eines iterativen Schemas der Form (3.11) besteht darin, eine updating Prozedur zu verwenden, wobei eine 'Rang-Eins' oder 'Rang-Zwei' Matrix zu der p.d. Matrix der aktuellen Iteration addiert wird, um eine p.d. Matrix für die nächste Iteration zu bestimmen. Ist die ursprüngliche Hessesche Matrix nicht p.d., so wird sie so korrigiert, daß sie p.d. ist. Wie beim quadratic hill-climbing ist die Inverse der Matrix H im Minimum gleich der Hesseschen. Eine Beschreibung mehrerer dieser updating Methoden ist in Gill und Murray (1972) zu finden. In der von ihnen vorgeschlagenen Methode ist H gleich $(G + D)^{-1}$, dabei ist D eine Diagonalmatrix. Weder G noch D werden berechnet, das Updating wird in Form einer unteren Dreiecksmatrix L mit $L'L = H$ ausgeführt. Die Methode ist sowohl rechentechnisch effizient als auch numerisch stabil, und sie vermeidet Rundungsfehler, die immer auftauchen können, wenn eine Menge simultaner Gleichungen durch Matrixinversion zu lösen ist.

Quasi-Newton-Methoden

Der Hauptvorteil der *Quasi-Newton-* oder *variable metric*-Methoden besteht darin, daß sie nicht die explizite Berechnung der Hesseschen benötigen. Das iterative Schema entspricht der Form (3.11), die ursprüngliche H Matrix kann aber jede beliebige p.d. Matrix sein. Bei jeder Iteration wird H so auf den neuesten Stand gebracht, daß sich eine Reihe von p.d. Matrizen ergibt, die schließlich zu der Inversen der Hesse Matrix konvergiert. Eine übliche Wahl für die Startwertmatrix ist die Einheitsmatrix. Die erste Iteration wird deshalb durch die Methode des steilsten Abstiegs ausgeführt, die Prozedur nähert sich aber nach und nach, mit der Annäherung an das Minimum, dem Newton-Raphson.

Beispiele für Quasi-Newton Algorithmen umfassen Davidson-Fletcher-Powell und die modernen durch Gill, Murray und Pitfield (1972) entwickelten Programme. Wie bei der im vorhergehenden Unterabschnitt beschriebenen Updating Prozedur liegt der Schlüssel für die Effizienz und die numerische Stabilität bei Gill-Murray-Pitfield in der Speicherung von H durch trianguläre Faktoren.

4.4 Maximierung einer Likelihoodfunktion

Die Maximum-Likelihood-Schätzung wird üblicherweise über die Maximierung des Logarithmus der Likelihoodfunktion log $L(\psi)$ durchgeführt, obgleich es oftmals günstiger ist, einen ausgewählten Algorithmus zu implementieren, der das Problem als eine Minimierung von $\{-\log L\}$ betrachtet. Ob das Problem als eine Minimierungs- oder eine Maximierungsaufgabe angesehen wird, führt nur zu geringen Unterschieden bei der nachfolgenden Diskussion.

Die Newton-Raphson Iteration (3.5) kann für die Log-Likelihoodfunktion geschrieben werden als:

$$\psi^* = \hat{\psi} - \left[D^2 \log L(\hat{\psi})\right]^{-1} D \log L(\hat{\psi}), \tag{4.1}$$

wobei sowohl die ersten als auch die zweiten Ableitungen für den aktuellen Schätzwert $\hat{\psi}$ berechnet werden. Für die ML-Schätzung von (4.1) sind eine Vielzahl von Varianten verfügbar. Sie können manchmal besondere Merkmale des Problems ausnutzen und dadurch einen effizienteren Algorithmus hervorbringen. Die Gauss-Newton Prozedur ist zum Beispiel insbesondere dann angemessen, wenn die Maximierung der Likelihoodfunktion äquivalent zur Minimierung der Quadratsumme ist.

Die Scoring-Methode

Manchmal ist es effizienter, statt mit der Matrix der zweiten Ableitung mit ihren Erwartungswerten zu arbeiten. Dies führt zur mit minus Eins multiplizierten Informationsmatrix und das iterative Schema in (4.1) wird zu:

$$\psi^* = \hat{\psi} - I^{-1}(\hat{\psi})D\log L(\hat{\psi}). \tag{4.2}$$

Diese Prozedur ist bekannt als *Scoring-Methode*.

Die Scoring-Methode hat wahrscheinlich eine langsamere Konvergenzgeschwindigkeit als der Newton-Raphson, da die Informationsmatrix nur eine Approximation der Hessematrix ist. In vielen Anwendungen hat die Informationsmatrix jedoch eine einfachere Form, und sie ist viel einfacher zu berechnen. Jede Iteration wird deshalb schneller durchgeführt, und dies kann die geringere Konvergenzgeschwindigkeit kompensieren. Ist weiterhin sichergestellt, daß das Modell identifiziert ist, wird die Informationsmatrix stets p.d. sein. Einige der Schwierigkeiten, denen man mit dem Newton-Raphson begegnen kann, werden deshalb vermieden.

Wie bei den meisten Abstiegsmethoden, ist es ratsam, eine variable Schrittweite λ in das Schema einzuführen; vgl. (2.1). Dieser Punkt sollte stets bedacht werden, da er bei den nachfolgenden Anwendungen nicht explizit erwähnt wird.

Beispiel 1 Die standardisierte Cauchy-Verteilung wurde in Beispiel 3.1.2 eingeführt und es wurde angemerkt, daß die Likelihoodgleichung nichtlinear ist. Zweimalige Differentiation von log L führt zu:

$$\frac{\partial^2 \log L}{\partial \psi^2} = \sum_{t=1}^{T} \frac{2(y_t - \psi)^2 - 2}{\{1 + (y_t - \psi)^2\}^2} \tag{4.3}$$

und dieser Term kann als Basis für das iterative Newton-Raphson Schema benutzt werden. Der Scoring-Algorithmus hat aber eine viel einfachere Form. Bildet man den Erwartungswert von (4.3) folgt unter Verwendung eines Standardergebnisses für Integrale:

$$\frac{T}{\pi} \int_{-\infty}^{\infty} \frac{2(y_t - \psi)^2 - 2}{\{1 + (y_t - \psi)^2\}^3} dy_t = -\frac{T}{2}.$$

Somit ist $I(\psi) = T/2$ und der Scoring-Algorithmus lautet:

$$\psi^* = \hat{\psi} + \frac{4}{T} \sum_{t=1}^{T} \frac{(y_t - \hat{\psi})}{1 + (y_t - \hat{\psi})^2}. \tag{4.4}$$

Beispiel 2 Das multiplikative heteroskedastische Regressionsmodell ist durch (3.4.15) definiert. Da die Informationsmatrix (3.4.20) blockdiagonal mit einer sehr viel einfacheren Form als die Hessesche ist, bringt die Scoring-Methode einen attraktiveren Algorithmus als die Newton-Raphson-Methode hervor, d.h.:

$$\beta^* = \hat{\beta} + \left[\exp(-w_t'\hat{\delta})x_t x_t'\right]^{-1} \sum x_t \exp(-w_t'\hat{\delta})(y_t - x_t'\hat{\beta}) \tag{4.5a}$$

und

$$\delta^* = \hat{\delta} + \left[\sum w_t w_t'\right]^{-1} \sum w_t \left\{\exp(-w_t\hat{\delta})(y_t - x_t'\hat{\beta})^2 - 1\right\}. \tag{4.5b}$$

Die erste Iterationsgleichung (4.5a) führt zum WLS zurück, während die zweite Gleichung den Vorteil aufweist, daß $\sum w_t w_t'$ nicht von irgendeinem unbekannten Parameter abhängt und sie somit nur einmal invertiert werden muß.

Beispiel 3 Das Poissonregressionsmodell wurde in Abschnitt 3.4 mit einer Verbindungsfunktion (4.33) aufgestellt. Multiplikation und Division des zweiten Terms auf der rechten Seite von (4.36) mit der skalaren Größe $x_t'\beta$ führt zu der Gleichung

$$\frac{\partial \log L}{\beta} = \sum_{t=1}^{T} x_t \frac{y_t}{x_t'\beta} - \left[\sum_{t=1}^{T} \frac{1}{x_t'\beta} x_t x_t'\right] \beta.$$

Die Inverse der Informationsmatrix ist (4.38) und somit reduziert sich der Scoring-Algorithmus zu einer Reihe von WLS-Regressionen:

$$\beta^* = \sum_{t=1}^{T} \left[\frac{1}{x_t'\hat{\beta}} x_t x_t'\right]^{-1} \sum_{t=1}^{T} \frac{1}{x_t'\hat{\beta}} x_t y_t \tag{4.6}$$

Der Startwert ist einfach der KQ-Schätzwert.

Gauss-Newton

Die Berechnung von Schätzwerten in der Ökonometrie und der Zeitreihenanalyse bringt häufig die Minimiering einer Quadratsummenfunktion der Form:

$$f(\psi) = S(\psi) = \sum_t \epsilon_t^2 \tag{4.7}$$

mit sich, dabei ist $\epsilon_t = \epsilon_t(\psi)$ ein 'Residuum', das von dem Wert, den ψ annimmt, abhängt. Der Vektor der 1. Ableitungen ist:

$$g(\psi) = \frac{\partial S(\psi)}{\partial \psi} = 2 \sum \frac{\partial \epsilon_t}{\partial \psi} \cdot \epsilon_t, \tag{4.8}$$

während die Hessesche gleich

$$G(\psi) = \frac{\partial^2 S(\psi)}{\partial \psi \partial \psi'} = 2 \sum \left[\frac{\partial \epsilon_t}{\partial \psi} \cdot \frac{\partial \epsilon_t}{\partial \psi'} + \frac{\partial^2 \epsilon_t}{\partial \psi \partial \psi'} \cdot \epsilon_t\right] \tag{4.9}$$

ist. Das Newton-Raphson Schema ist deshalb gleich:

$$\psi^* = \hat{\psi} - \left[\sum \left\{\frac{\partial \epsilon_t}{\partial \psi} \cdot \frac{\partial \epsilon_t}{\partial \psi'} + \frac{\partial^2 \epsilon_t}{\partial \psi \partial \psi'} \cdot \epsilon_t\right\}^{-1}\right] \sum \frac{\partial \epsilon_t}{\partial \psi} \cdot \epsilon_t, \tag{4.10}$$

wobei alle Größen auf der rechten Seite von (4.10) für die aktuellen Schätzwerte $\hat{\psi}$ berechnet werden. Die Terme in der Gleichung für die Hessematrix (4.9), die die zweiten Ableitungen betreffen, werden aber, im Vergleich zu den Größen, die nur die ersten Ableitungen umfassen, relativ klein sein. Dieses legt die Verwendung des modifizierten Schemas:

$$\psi^* = \hat{\psi} - \left[\sum \frac{\partial \epsilon_t}{\partial \psi} \cdot \frac{\partial \epsilon_t}{\partial \psi'}\right]^{-1} \sum \frac{\partial \epsilon_t}{\partial \psi} \cdot \epsilon_t, \tag{4.11}$$

nahe, das allgemein als Gauss-Newton bekannt ist.

Die obige Prozedur kann durch die Definition von:

$$z_t = -\partial \epsilon_t / \partial \psi \tag{4.12}$$

kürzer geschrieben werden, wobei z_t, wie ϵ_t, als von ψ abhängig zu verstehen ist. Durch Substitution von (4.12) in (4.11) folgt:

$$\psi^* = \hat{\psi} + (\sum z_t z_t')^{-1} \sum z_t \epsilon_t. \tag{4.13}$$

Durch Schreiben der Iterationen in der Form (4.13) wird die Interpretation des Gauss-Newton als eine Folge von KQ-Regressionen noch deutlicher betont. Auf jeder Stufe werden e_t und z_t für den Punkt $\psi = \hat{\psi}$ berechnet und $\hat{\psi}$ wird dann durch eine Regression von z_t auf ϵ_t auf den neuesten Stand gebracht.

Analog zum Newton-Raphson ist es im allgemeinen wünschenswert, eine lineare Suche in den Algorithmus zu integrieren, und eine variable Schrittweite kann durch die in (2.1) vorgeschlagene Art eingeführt werden. Ein leicht abweichendes Schema, das auf denselben Prinzipien, die bei der quadratic-hill-climbing-Methode in Abschnitt 3 beschrieben wurde, basiert, ist auf Marquardt (1963) zurückzuführen. Die Iterationen entsprechen der Form:

$$\psi^* = \hat{\psi} + (\sum z_t z_t' + \mu I)^{-1} \sum z_t \epsilon_t, \tag{4.14}$$

dabei ist μ ein nichtnegativer Skalar, der bei jeder Iteration variieren kann. Für große Werte von μ ermittelt das Schema eine Verzerrung in die Richtung des steilsten Abstiegs, was vorteilhaft ist, wenn der Startpunkt in einiger Entfernung vom Minimum liegt. Durch Kombination von (4.14) mit einem linearen Suchverfahren erhält man einen mächtigen Algorithmus, für den überzeugende Resultate vorliegen, daß er global konvergiert; vergleiche Wolfe (1978, Kapitel 7).

Eine geringfügig andere Vereinfachung kann für die Gauss-Newton Iteration für das nichtlineare Regressionsmodell (3.4.6) gegeben werden. Eine Taylorreihenentwicklung 1. Ordnung für $f(x_t; \psi)$ um $\hat{\psi}$ führt zu:

$$f(x_t; \psi) \simeq f(x_t; \hat{\psi}) + (\psi - \hat{\psi}) z_t, \tag{4.15}$$

mit $z_t = \partial f(x_t; \psi)/\partial \psi$. Durch Substitution in (3.4.6) folgt dann:

$$y_t - f(x_z; \hat{\psi}) = (\psi - \hat{\psi}) z_t + \epsilon_t, \qquad t = 1, ..., T. \tag{4.16}$$

Dies legt wiederum das iterative Schema (4.13) nahe, in dem Schätzwerte für ψ sukzessive über Schätzwerte aus Regressionen der Residuen der aktuellen Schätzung durch die partiellen Ableitungen von $f(x_t, \psi)$ ermittelt werden und die sich ergebenden Schätzwerte von den aktuellen Schätzwerten subtrahiert werden.

Beispiel 4 Als ein typisches Beispiel für ein nichtlineares Regressionsmodell betrachten wir:

$$y_t = \alpha \exp(\beta x_t) + \epsilon_t, \qquad t = 1, \ldots, T. \tag{4.17}$$

Der Vektor der partiellen Ableitungen ist gegeben durch:

$$z_t = \begin{pmatrix} \exp(\beta x_t) \\ \alpha x_t \exp(\beta x_t) \end{pmatrix}. \tag{4.18}$$

Durch eine Regression der Residuen $y_t - \hat{\alpha}\exp(\hat{\beta} x_t)$ durch z_t erhält man die 'Korrigierenden' $\Delta\hat{\alpha}$ und $\Delta\hat{\beta}$ zu den ursprünglichen Schätzwerten. Die neuen Schätzwerte $\alpha^* = \hat{\alpha} + \Delta\hat{\alpha}$ und $\beta^* = \hat{\beta} + \Delta\hat{\beta}$ werden benutzt, um neue Residuen und ihre Ableitungen zu bestimmen, und der Prozeß wird fortgesetzt, bis er konvergiert.

Beispiel 5 In Abschnitt 3.5 wurde gezeigt, daß die Maximierung der Likelihoodfunktion für ein MA(1)-Modell äquivalent zur Minimierung der Quadratsummenfunktion ist, wenn ϵ_0 als fixiert oder gleich Null angenommen wird. Die Residuen wurden rekursiv über (3.5.8) bestimmt. Die ersten Ableitungen können in ähnlicher Weise konstruiert werden, da gilt:

$$\frac{\partial \epsilon_t}{\partial \theta} = -\theta \frac{\partial \epsilon_{t-1}}{\partial \theta} - \epsilon_{t-1}, \qquad t = 1, \ldots, T, \tag{4.19}$$

mit $\partial \epsilon_o / \partial \theta = 0$. Folglich können bei einem gegebenen Startwert $\hat{\theta}$, ϵ_t und $\partial \epsilon_t / \partial \theta$ berechnet und die Schätzung über (4.11) auf den neuesten Stand gebracht werden.

Berndt, Hall, Hall und Hausmann (BHHH)

Das Gauss-Newton hat gegenüber dem Newton-Raphson zwei wesentliche Vorteile. Erstens benötigt es nur die ersten und nicht die zweiten Ableitungen. Zweitens, die Matrix, die zur Approximation der Hesseschen benutzt wird, ist entweder positiv definit oder singulär, und eine singuläre Matrix kann stets über eine Modifikation wie z.B. (4.14) vermieden werden.

Berndt, Hall, Hall und Hausmann (1974) haben einen Algorithmus vorgeschlagen, der die Vorteile des Gauss-Newton beibehält und bei allgemeineren Problemen als die Minimierung der Quadratsumme anwendbar ist. Sie schlagen als Approximation der Hesseschen folgende Matrix vor:

$$\sum_{t=1}^{T} \frac{\partial \log p(y_t;\psi)}{\partial \psi} \frac{\partial \log p(y_t;\psi)}{\partial \psi'}.$$

Das iterative Schema für $n = 1$ ist deshalb:

$$\psi^* = \hat{\psi} + \lambda \left[\sum_{t=1}^{T} \left\{ \frac{\partial \log p(y_t; \psi)}{\partial \psi} \right\}^2 \right]^{-1} \sum_{t=1}^{T} \frac{\partial \log p(y_t; \psi)}{\partial \psi}, \tag{4.20}$$

wobei λ die Schrittlänge ist.

Beispiel 6 Für die Schätzung des Lageparameters einer Cauchy-Verteilung lautet das BHHH-Schema:

$$\psi^* = \hat{\psi} + \frac{1}{2} \left[\sum_{t=1}^{T} \frac{(y_t - \psi)^2}{\{1 + (y_t - \psi)^2\}^2} \right]^{-1} \sum_{t=1}^{T} \frac{(y_t - \psi)}{1 + (y_t - \psi)^2} \tag{4.21}$$

Vergleiche (4.4).

Gleichungssysteme

Betrachten wir das SURE-Modell (2.9.15). Die gemeinsame Dichtefunktion hängt von zwei Parametermengen, denen in β und denen in Ω, ab. Jede dieser Parametermengen kann leicht bei vorgegebenen Werten des anderen Parametervektors geschätzt werden. Folglich ist der Schätzwert für Ω für gegebene Werte von β durch:

$$\hat{\Omega}(\beta) = T^{-1} \sum_{t=1}^{T} \epsilon_t \epsilon_t'. \tag{4.22}$$

gegeben, mit $\epsilon_t = y_t - X_t\beta$; vgl. (3.4.32). Der unter Ω bedingte Schätzwert für β wird durch das GLS, wie in (2.9.17), berechnet. Die in Abschnitt 2 beschriebene schrittweise Optimierungsprozedur stellt deshalb eine geeignete Möglichkeit zur Berechnung der unbedingten ML-Schätzwerte dar. Der Prozeß startet, indem das KQ-Verfahren reihum auf jede einzelne Gleichung angewandt wird, und die Residuen werden zur Bestimmung eines Schätzwertes für Ω benutzt. Ein realisierbarer GLS-Schätzwert wird dann für β berechnet, und der Prozeß wird solange fortgesetzt, bis er konvergiert. Die Maximierung der Likelihoodfunktion ist äquivalent zur Minimierung von:

$$S = T \log |\Omega| + \sum_{t=1}^{T} \epsilon_t' \Omega^{-1} \epsilon_t. \tag{4.23}$$

Eine Zielfunktion dieser Art taucht oftmals auch in allgemeineren Situationen auf; z.B. bei der Prognosefehlerzerlegung aus (3.5.27). Aber selbst wenn Ω bekannt ist, tendieren solche Modelle dazu, nichtlinear zu sein. Folglich werden Optimierungstechniken – analog der in den vorhergehenden Teilkapiteln beschriebenen Art – üblicherweise angemessen sein. Wenn Ω unbekannt ist, kann die Optimierungsmethode, die für die außer Ω zu bestimmenden Parameter verwendet wird, in einen schrittweisen Algorithmus eingebunden werden, wie er im vorhergehenden Abschnitt beschrieben wurde.

Für eine Zielfunktion der Art (4.23), in der ϵ_t ein $N \times 1$ Vektor ist, ist eine Verallgemeinerung des Gauss-Newton Algorithmus geeignet. Bedingt unter Ω lautet das iterative Schema:

$$\psi^* = \hat{\psi} + \left[\sum_{t=1}^{T} Z_t \Omega^{-1} Z_t' \right]^{-1} \sum_{t=1}^{T} Z_t \Omega^{-1} \epsilon_t, \tag{4.24}$$

dabei ist Z_t eine $n \times N$ Matrix, die durch $Z_t = -\partial \epsilon_t' / \partial \psi$ definiert ist. Die Beziehung von (4.24) zu (4.13) auf der einen Seite und (2.9.17) auf der anderen Seite sollte offensichtlich sein. Das Schema kann in eine schrittweise Prozedur durch ein Updating von Ω nach jeder Iteration eingebunden werden. Eine derartige Prozedur wird als *multivariates Gauss-Newton* bezeichnet.

Konzentration der Likelihoodfunktion

Bei der bisherigen Diskussion wurde unterstellt, daß die Likelihoodfunktion, bezogen auf alle n Parameter in dem Vektor ψ, unter Anwendung einer nichtlinearen Optimierungsprozedur maximiert wird. Da aber große Nachteile auftreten können, wenn eine große Zahl von Parametern in einer nichtlinearen Optimierungsroutine vorliegt, ist es sich oftmals lohnend, nach Wegen zu suchen, wie diese Zahl reduziert werden kann. Im allgemeinen wird dies realisiert, indem berücksichtigt wird, daß das Modell in einer Teilmenge der Parameter *linear* ist. Dies bedeutet, daß, wenn die verbleibenden Parameter konstant gehalten werden, ML-Schätzwerte für die erste Teilmenge der Parameter direkt, ohne den Umweg über eine iterative Prozedur, bestimmt werden können. Die Schätzwerte können in die Likelihoodfunktion eingefügt werden, und die resultierende *konzentrierte* Likelihoodfunktion wird nur bezüglich der zweiten Parameterteilmenge maximiert.

Beispiel 7 Die CES-Produktionsfunktion (2.1.12) ist bezüglich der Parameter β und α linear, wenn die Störgrößen multiplikativ sind. Ist $\epsilon_t \sim NID(0, \sigma^2)$, ist die ML-Schätzung äquivalent zur Methode der nichtlinearen Kleinste-Quadrate-Schätzung. Für gegebene Werte von γ und δ sind die ML-Schätzwerte für β und α durch eine Regression zwischen $\log Q_t$ und $-\gamma^{-1} \left\{ \log\, (1-\delta) L_t^{-\gamma} + \delta^{-\gamma} K_t \right\}$ gegeben. Die Maximierung der konzentrierten Likelihoodfunktion ist dann äquivalent zur Minimierung der residualen Quadratsummenfunktion. Griliches und Ringstad (1971) schätzen eine Reihe von CES-Funktionen dieser Art unter Verwendung einer Gittersuche.

Beispiel 8 Im SURE Modell kann Ω unter Anwendung von (4.22) aus der Likelihoodfunktion ausgegrenzt werden. Da:

$$\sum \epsilon_t' \tilde{\Omega}^{-1} \epsilon_t = tr(\tilde{\Omega}^{-1} \sum \epsilon_t \epsilon_t') = TN$$

ist, folgt aus (4.23), daß die Maximierung der konzentrierten Likelihoodfunktion äquivalent zur Minimierung der verallgemeinerten Quadratsummenfunktion $S = |\Omega(\beta)|$ ist.

Ein wichtiger praktischer Punkt, den es für das Arbeiten mit konzentrierten Likelihoofunktionen anzumerken gilt, ist, daß die analytischen ersten Ableitungen aus der Original-Likelihoodfunktion ermittelt werden können. Angenommen, der Parametervektor wird partitioniert als $\psi = (\psi_1'; \psi_2')$ und ψ_2 ist aus der Likelihoodfunktion über die Lösung von:

$$\frac{\partial \log L(\psi_1, \psi_2)}{\partial \psi_2} = 0 \tag{4.26}$$

ausgegrenzt, folgt $\tilde{\psi}_2(\psi_1)$. Die Maximierung der konzentrierten Log-Likelihoodfunktion $\log L_c\{\psi_1, \psi_2(\psi_1)\} = \log L_c(\psi_1)$ wird üblicherweise effizienter erreicht, wenn die ersten Ableitungen verwendet werden können. Unter Verwendung eines Standardergebnisses über implizite Funktionen folgt:

$$\frac{\partial \log L_c(\psi_1)}{\partial \psi_1} = \frac{\partial \log L(\psi_1, \psi_2)}{\partial \psi_1} + \frac{\partial \log L(\psi_1, \psi_2)}{\partial \psi_2} \cdot \frac{\partial \psi_2}{\partial \psi_1}. \tag{4.27}$$

Wenn (4.27) an der Stelle $\tilde{\psi}_2(\psi_1)$ berechnet wird, entfällt der letzte Term aufgrund von (4.26). Folglich können die ersten Ableitungen von $\log L_c(\psi_1)$ durch Einsetzen von $\psi_2 = \tilde{\psi}_2(\psi_1)$ in die Gleichung $\partial \log L(\psi_1, \psi_2)/\partial \psi_1$ ermittelt werden.

4.5 Zweistufige Schätzfunktionen

Die in Abschnitt 4 beschriebenen iterativen Prozeduren haben die Form:

$$\psi^* = \hat{\psi} + |I^*(\hat{\psi})|^{-1} D\log L(\hat{\psi}), \tag{5.1}$$

dabei ist $I^*(\hat{\psi})$ die Informationsmatrix oder eine ihrer Approximationen, berechnet an der Stelle $\psi = \hat{\psi}$. In der Newton-Raphson Prozedur wird $I^*(\psi)$ als Hessesche definiert, die mit minus Eins multipliziert wird. In der Scoring-Methode ist sie gleich der Informationsmatrix. (5.1) definiert aber ein ziemlich allgemeines iteratives Schema, in dem eine Vielzahl von Ausdrücken für $I^*(\psi)$ benutzt werden kann. Der wesentliche Punkt ist der, daß unter Standardgleichmäßigkeitsbedingungen $I^*(\psi)$ in dem Sinn äquivalent zur Informationsmatrix ist, daß gilt:

$$\lim T^{-1} I^*(\psi) = IA(\psi). \tag{5.2}$$

Eine zweistufige Schätzfunktion wird konstruiert über die Berechnung der rechten Seite von (5.1) an der Stelle eines konsistenten Schätzwertes für ψ. Mit anderen Worten, es wird nur eine Iteration ausgeführt, wobei $\hat{\psi}$ der konsistente Startwert des zweistufigen Schätzwertes ψ^* ist. Der Vorteil dieser Prozedur ist, daß der zweistufige Schätzwert dieselbe asymptotische Verteilung wie der ML-Schätzwert hat. Unter den üblichen Gleichmäßigkeitsbedingungen ist er somit asymptotisch effizient. Als solcher wird er mit $\tilde{\psi}^*$ gekennzeichnet.

Der Startwert muß konsistent sein um sicherzustellen, daß gilt:

$$\text{plim}\, T^{-1} I^*(\hat{\psi}) = IA(\psi). \tag{5.3}$$

Der unten aufgeführte Beweis erfordert ebenfalls, daß $\hat{\psi}$ eine wohldefinierte asymptotische Verteilung haben sollte, obgleich dieses nicht generell der Fall sein muß, damit das Ergebnis wahr ist.

Beispiel 1 Betrachten wir das Problem der Schätzung des Lageparameters für eine Cauchy-Verteilung. Wie im vorhergehenden Abschnitt gezeigt, stellt die Scoring-Methode ein zweckmäßiges iteratives Schema zur Bestimmung der ML-Schätzwerte dar. Es ist deshalb naheliegend, sich diesen Ansatz zur Bestimmung eines zweistufigen Schätzwertes zu eigen zu machen. Durch die Bestimmung des Medians als konsistenten Startwert ist ein asymptotisch effizienter Schätzwert für ψ direkt durch (4.4) gegeben.

Beispiel 2 Wenn die Maximierung der Likelihoodfunktion äquivalent zur Minimierung der Quadratsummenfunktion ist, kann der zweistufige Schätzwert über eine lineare Regression berechnet werden. Im MA(1)-Modell ist ein konsistenter Schätzwert für θ durch:

$$\hat{\theta}_c = \left[1 - (1 - 4r_1^2)^{1/2}\right] 2r_1 \tag{5.4}$$

gegeben. Eine einzige Gauss-Newton Iteration, d.h. eine Regression von ϵ_t durch $\partial\epsilon_t/\partial\theta$ führt dann zu einem asymptotisch effizienten Schätzwert für θ.

Schätzwerte, die über eine Iteration von (5.1) bestimmt werden, werden manchmal als *linearisierte Maximum-Likelihood* Schätzwerte bezeichnet. Dieses macht die Methode der Ableitung deutlich, obgleich 'zweistufig' eine bessere Einsicht in ihre Konstruktion gibt; deshalb wird der letztgenannte Begriff hier verwandt. Historisch betrachtet sind die zweistufigen Schätzfunktionen in der Ökonometrie üblicherweise nicht über (5.1) bestimmt worden, obgleich, wenigstens im Kontext einer einzelnen Gleichung, die meisten asymptotisch effizienten zweistufigen Schätzwerte als ein Spezialfall dieses Ansatzes ermittelt werden können. Dies ist von einiger Bedeutung, da für jedes Modell die Gleichung (5.1) die Basis zur Konstruktion einer zweistufigen Schätzprozedur darstellt. In den meisten Fällen kann Effizienz formal nachgewiesen werden; wenn dies aber zu schwierig wird, ist es im allgemeinen weiterhin angebracht, (5.1) als eine vernünftige Richtschnur für die Schätzung anzunehmen.

Weitere Iterationen von (5.1) werden normalerweise Schätzwerte ergeben, die näher an der ML-Lösung liegen, obwohl das nicht mit Gewißheit garantiert werden kann. Über die erste Runde hinausgehende Iterationen werden nicht zu einer Änderung der asymptotischen Verteilung der Schätzwerte führen, selbst dann nicht, wenn der fortgeführte Prozeß eventuell die ML-Schätzwerte ermittelt.[1] Eigenschaften in kleinen Stichproben mögen über Iterationen verbessert werden, dies kann aber üblicherweise nur durch Monte Carlo Experimente nachgewiesen werden. Es ist nicht möglich, allgemeine Aussagen über die Effizienz der zweistufigen Schätzwerte in kleinen Stichproben zu treffen. In einigen Fällen schneiden die zweistufigen Schätzfunktionen im wesentlichen wie die ML-Schätzfunktionen

[1] ML-Schätzwerte haben aber eine Eigenschaft, die bekannt ist als Effizienz zweiter Ordnung, die die zweistufigen Schätzwerte im allgemeinen nicht haben; vergleiche z.B. Rothenberg (1984). Wenn *zwei Iterationen* von (5.1) von einem konsistenten Startpunkt aus ausgeführt werden, kann gezeigt werden, daß Effizienz zweiter Ordnung garantiert ist. Dies hat Implikationen für verschiedene dreistufige Prozeduren.

ab, während in anderen Fällen die Ausführung der ML-Prozedur einen deutlichen Gewinn anzeigt.

Statistische Basis der zweistufigen Schätzfunktionen *

Der Beweis, daß eine Iteration von (5.1) zu einem asymptotisch effizienten Schätzwert führt, wird für den Fall eines einzelnen Parameters dargestellt. Ein allgemeiner Beweis kann durch eine ähnliche Argumentation konstruiert werden.

Eine Taylorreihenentwicklung von $D\log L(\hat{\psi})$ um ψ führt zu:

$$D\log L(\hat{\psi}) \simeq D\log L(\psi) + (\hat{\psi} - \psi)D^2\log L(\psi). \qquad (5.5)$$

Vergleichen Sie das Ergebnis mit (3.3.4). Durch die Subtraktion von ψ auf beiden Seiten von (5.1), Multiplikation mit $\sqrt{T}$ und Substitution von $D\log L(\hat{\psi})$ durch (5.5) folgt:

$$\sqrt{T}(\tilde{\psi}^* - \psi) \simeq \sqrt{T}(\hat{\psi} - \psi) + \sqrt{T}\frac{D\log L(\psi)}{I^*(\hat{\psi})} + \frac{\sqrt{T}(\hat{\psi} - \psi)D^2\log L(\psi)}{I^*(\hat{\psi})}.$$

Da $\hat{\psi}$ ein konsistenter Schätzwert für ψ ist, ist (5.3) erfüllt. Weiterhin gilt $\lim\{-T^{-1}D^2\log \; L(\psi)\} = IA(\psi)$ und sofern $\hat{\psi}$ eine wohldefinierte asymptotische Verteilung hat, folgt aus Cramers Theorem, daß

$$-\sqrt{T}(\hat{\psi} - \psi)D^2\log L(\psi)/I^*(\hat{\psi})$$

dieselbe Grenzverteilung wie $\sqrt{T}(\hat{\psi} - \psi)$ aufweist. Die Grenzverteilung von $\sqrt{T}(\hat{\psi} - \psi)$ ist deshalb determiniert durch:

$$\frac{\sqrt{T}D\log L(\psi)}{I^*(\hat{\psi})}. \qquad (5.6)$$

Multiplikation von Zähler und Nenner in (5.6) mit $D^2\log L(\psi)$ und Umstellung ergibt:

$$\sqrt{T}(\tilde{\psi}^* - \psi) \simeq \frac{\sqrt{T}D\log L(\psi)}{-D^2\log L(\psi)}\left(\frac{-D^2\log L(\psi)}{I^*(\hat{\psi})}\right). \qquad (5.7)$$

Unter Berücksichtigung von (5.3) hat die Größe in Klammern eine Grenzwahrscheinlichkeit von Eins, und aus einem Vergleich von (5.7) mit (3.3.5) ist zu sehen, daß die Grenzverteilung von $\sqrt{T}(\tilde{\psi}^* - \psi)$ dieselbe ist wie die von $\sqrt{T}(\tilde{\psi} - \psi)$, wobei $\tilde{\psi}$ der ML-Schätzwert ist. Das ist das gewünschte Resultat.

Regression

Das verallgemeinerte Regressionsmodell aus Abschnitt 2.4 spielt eine herausragende Rolle in der Ökonometrie. Angenommen, die Elemente in der Matrix V hängen von einer endlichen Zahl von Parametern in einem Vektor δ ab, die aber unabhängig von den Regressionsparametern in β sind. Falls die Störgrößen normalverteilt sind, ist die Informationsmatrix bezüglich δ und β blockdiagonal. Weiterhin gilt:

$$\frac{\partial \log L(\beta, \delta)}{\partial \beta} = \sigma^{-2} X'V^{-1}(y - X\beta) \tag{5.8}$$

und somit führt eine Iteration der Scoring-Methode zu:

$$\begin{aligned} \beta^* &= \hat{\beta} + (X'\hat{V}^{-1}X)^{-1}X'\hat{V}^{-1}(y - X\hat{\beta}) \\ &= (X'\hat{V}^{-1}X)^{-1}X'\hat{V}^{-1}y, \end{aligned} \tag{5.9}$$

dabei wird $\hat{V}$ unter Verwendung des Startwertes für δ, $\hat{\delta}$, bestimmt. Sind $\hat{\delta}$ und $\hat{\beta}$ konsistent, ist (5.9) eine asymptotisch effiziente Schätzfunktion. Sie ist aber ebenfalls die Gleichung für die realisierbare GLS-Schätzfunktion.

Beispiel 3 Im multiplikativen heteroskedastischen Modell (3.4.15) kann ein konsistenter Schätzwert für δ über eine Regression von log $\hat{u}_t^2$ durch w_t berechnet werden. $\hat{u}_t$ ist das $t$te KQ-Residuum. Ein effizienter zweistufiger Schätzwert für β wird dann über die zweistufige GLS-Regression der Form (4.5a) ermittelt. Weniger offensichtlich ist, daß ein effizienter zweistufiger Schätzwert für δ durch (4.5b) ermittelt werden kann.

Ein *dreistufiger* Schätzwert für β kann über den zweistufigen Schätzwert für δ konstruiert werden. Während die Basierung des GLS-Schätzwertes für β auf einem effizienten Schätzwert für δ keinen Einfluß auf dessen asymptotische Verteilung hat, scheint es plausibel anzunehmen, daß dessen Eigenschaften in kleinen Stichproben verbessert werden.

Beispiel 4 Der Scoring-Algorithmus für das Poisson Regressionsmodell wurde in (4.6) dargestellt. Die zweistufige Schätzfunktion ist einfach ein angewandtes WLS, dabei sind konsistente Schätzwerte durch das KQ-Verfahren gegeben.

4.6 Teststatistiken und Konfidenzintervalle

Alle in den Abschnitten 3, 4 und 5 beschriebenen Methoden basieren auf der Informationsmatrix oder einer Approximation. Ein Schätzwert für die Kovarianzmatrix der $\tilde{\psi}$ ist deshalb automatisch verfügbar. Wird auf der anderen Seite ein direct search verwandt, wird eine auf (2.5) basierende numerische Approximation üblicherweise angemessen sein.

Vom Standpunkt der Konstruktion asymptotisch gültiger Teststatistiken wird nur ein konsistenter Schätzwert für $IA(\psi)$ benötigt. Falls $avar(\tilde{\psi})$ einen Schätzwert der asymptotischen Kovarianzmatrix (3.3.2) kennzeichnet, muß sie die folgende Bedingung erfüllen:

$$\text{plim} T \cdot avar(\tilde{\psi}) = IA^{-1}(\psi). \tag{6.1}$$

Asymptotische Standardfehler

Ein *asymptotischer Standardfehler* eines jeden Schätzwertes $\hat{\psi}$ ist definiert als ein konsistenter Schätzwert des Standardfehlers der Grenzverteilung von $\sqrt{T}(\hat{\psi} - \psi)$ dividiert durch $\sqrt{T}$. Wenn $\hat{\psi}$ einen ML-Schätzwert oder einen anderen Schätzwert mit derselben asymptotischen Verteilung kennzeichnet, führt jede Approximation für $avar(\tilde{\psi})$ zu asymptotisch korrekten Standardfehlern.

Sind asymptotisch gültige Standardfehler berechnet worden, können asymptotische 't-Verhältnisse':

$$\hat{\psi}_i / \sqrt{avar(\hat{\psi}_i)}, \quad i = 1, ..., n \tag{6.2}$$

konstruiert werden. Aus dem in (1.4.19) benutzten Argument folgt direkt, daß diese in großen Stichproben wie $N(0,1)$ Variablen verteilt sind. Entsprechend können asymptotische Konfidenzintervalle gebildet werden.

In kleinen Stichproben können verschiedene Berechnungsmethoden für die asymptotischen Standardfehler zu widersprüchlichen Resultaten führen. Dies kann selbst dann geschehen, wenn ein Schätzwert ohne eine iterative Prozedur ermittelt werden kann.

Beispiel 1 Für das AR(1)-Modell wurde in (3.5.24) gezeigt, daß gilt:

$$Avar(\tilde{\phi}) = (1 - \phi^2)/T. \tag{6.3}$$

Die Quadratwurzel aus

$$Avar(\tilde{\phi}) = (1 - \tilde{\phi}^2)/T \tag{6.4}$$

liefert deshalb offensichtlich einen asymptotischen Standardfehler. Ist $\tilde{\phi}$ aber über eine Regression zwischen y_t und y_{t-1} ermittelt, kann es günstiger sein, den asymptotischen Standardfehler als:

$$s / \left(\sum_{t=2}^{T} y_{t-1}^2 \right)^{1/2} \tag{6.5}$$

zu berechnen. Das ist die durch (2.3.17) vorgegebene Gleichung. Sie ist in diesem Kontext vollständig valide, da gilt:

$$\text{plim} \left\{ Ts^2 / \sum_{t=2}^{T} y_{t-1}^2 \right\} = \sigma^2 / \text{plim} T^{-1} \sum_{t=2}^{T} y_{t-1}^2 = 1 - \phi^2.$$

Der Vorteil gegenüber (6.4) besteht darin, daß die Hypothese bezüglich ϕ innerhalb des Standard-KQ-Rahmens überprüft werden kann.

Zweistufige Schätzfunktionen

In einer zweistufigen Prozedur ist ein Schätzwert für die asymptotische Kovarianzmatrix von $\tilde{\psi}^*$ durch die Inverse von $I^*(\hat{\psi})$ gegeben. Sie muß (6.1) erfüllen, damit $\tilde{\psi}^*$ asymptotisch effizient ist; vergleiche (5.3). Ein genauer Schätzwert kann berechnet werden, wenn $I^*(\psi)$ an der Stelle $\psi = \tilde{\psi}^*$ berechnet wird; das wird aber normalerweise weniger zweckmäßig sein.

Beispiel 2 In Beispiel 5.2 wurde gezeigt, daß ein effizienter Schätzwert für θ im MA(1)-Modell über eine Regression von ϵ_t durch $\partial\epsilon_t/\partial\theta$ mit $\theta = \hat{\theta}_c$ konstruiert werden kann. Ein asymptotischer Standardfehler für $\tilde{\theta}^*$ kann ermittelt werden, indem man die Ableitung von ϵ_t so behandelt als wäre sie eine erklärende Variable in einem Standardregressionsmodell.

Anmerkungen

Eine allgemeine Abhandlung über numerische Optimierung ist in Wolfe (1978), Dixon (1972) und Box *et al.* (1969) zu finden. In Großbritannien ist die NAG Programmbibliothek weit verbreitet, und das Handbuch enthält eine Diskussion verschiedener Algorithmen zur numerischen Optimierung.

Übungen

1. Angenommen, die Störgrößen in einem linearen Regressionsmodell haben eine standardisierte Cauchy-Verteilung. Zeigen Sie, daß das Newton-Raphson Schema in Ausdrücken einer Reihe von Regressionen interpretiert werden kann.
2. Warum kann die Transformation $\psi = \{1 - \exp(1-\theta)\}/(1 - \exp(\theta))$ bei der eingeschränkten Optimierung nützlich sein?
3. Zeigen Sie, daß in einem nichtlinearen Regressionsmodell die Gauss-Newton-Methode identisch zur Scoring-Methode ist.
4. Was würde mit dem Newton-Raphson-Algorithmus in Beispiel 3.1 passieren, wenn der Startwert $\hat{\psi} = 1.0$ wäre? Erklären Sie kurz, wie ein Quasi Newton-Algorithmus unter diesen Umständen arbeiten würde.
5. Zeigen Sie, daß der Gauss-Newton für ein ARMA(1,1)-Modell zusammenbricht, wenn $\hat{\phi} = \hat{\theta} = 0$ ist. Weisen Sie nach, daß das modifizierte Schema (4.14) dieses Problem überwindet, wenn μ strikt positiv ist. Erläutern Sie, wie Sie die asymptotische Kovarianzmatrix der ML-Schätzwerte in diesem Modell konstruieren würden. Wie würden Sie die Hypothese $\theta = 0.5$ testen?
6. Bestimmen Sie die Gleichungen für die beiden ersten theoretischen Autokorrelationen ϱ_1 und ϱ_2 für ein ARMA(1,1)-Modell. Bestimmen Sie darüber hinaus Gleichungen zur Berechnung konsistenter Schätzwerte für ϕ und θ aus r_1 und r_2. Zeigen Sie, daß diese Schätzwerte zur Konstruktion einer asymptotisch effizienten zweistufigen Schätzfunktion für (ϕ, θ) benutzt werden können.
7. Geben Sie den Scoring-Algorithmus für das am Ende des Abschnittes 3.4 gegebene Logit-Modell an. Worin besteht in diesem Fall die Beziehung zwischen der Scoring-Methode und dem Newton-Raphson-Algorithmus?

Kapitel 5

Testprozeduren und Modellauswahl

5.1 Einleitung

Die Diskussion in den vorhergehenden Kapiteln konzentrierte sich auf die Schätzung eines korrekt spezifizierten Modells. Im Zusammenhang mit der ML-Methode ist damit gemeint, daß die Verteilung der Beobachtungen im Stichprobenraum, abgesehen von einer endlichen Zahl realer Parameter, bekannt ist. In den vorhergehenden Kapiteln wurde diskutiert, wie diese Parameter effizient geschätzt werden können, es wurde aber nichts über den Weg gesagt, um zuerst eine geeignete Spezifikation zu erreichen.

Bevor fortgefahren wird, ist es sinnvoll, zu Abschnitt 1.1 zurückzukehren und zu wiederholen, was exakt mit einem 'korrekt spezifizierten' oder 'wahren' Modell im praktischen Sinn gemeint ist. In der realen Welt wird der Prozeß, durch den die Daten generiert werden, fast immer komplex sein. Die Motivation zur Modellbildung ist nicht, eine Beschreibung des Prozesses bereitzustellen, sondern die Hauptmerkmale zu extrahieren.

Unter Berücksichtigung dieses Motivs ist ein Modell zu fordern, das relativ einfach ist, aber eine hohe Prognosegüte besitzt. Dies ist der Maßstab, gegen den ein Modell beurteilt werden muß. Das Konzept eines 'wahren' Modells ist daher ein rein theoretisches. Es stellt aber eine Basis bereit, auf der Kriterien zur Aufdeckung von Fehlspezifikationen entwickelt werden können. Zusätzlich ermöglicht es, die Konsequenzen einer unangemessenen Modellierung in einer konkreten Form zu untersuchen und zu diskutieren.

Konsequenzen der Fehlspezifikation

Die Konsequenzen der Wahl eines unangemessenen Modells hängen von dessen Beziehung zum wahren Modell ab. Drei Fälle können unterschieden werden. Erstens, das ausgewählte Modell ist in dem Sinn *unterparametrisiert*, daß es dem wahren Modell ungültige Restriktionen auferlegt. Zweitens, es ist *überparametrisiert*, d.h. allgemeiner als notwendig. Drittens, das angenommene und das wahre Modell sind *nichtgeschachtelt*: Keines von beiden kann als ein Spezialfall des anderen ermittelt werden.

Die Überparametrisierung tendiert dazu, etwas abweichende Konsequenzen gegenüber der Unterparametrisierung oder der Wahl eines Modells zu besitzen, das ein nichtgeschachteltes Modell des wahren Modells ist. Dies hat wichtige Auswirkungen auf die Strategie der Modellwahl. Wenn auch keine allgemeinen Schlußfolgerungen aus dem folgenden Beispiel gezogen werden können, ist der zu beobachtende trade-off zwischen Verzerrung und Effizienz nicht untypisch.

Beispiel Angenommen, das wahre Modell ist:

$$y_t = \alpha + \beta x_t + \epsilon_t, \quad \epsilon_t \sim NID(0, \sigma^2), \tag{1.1}$$

während in dem unterstellten Modell y_t als lineare Funktion von x_t und einer anderen Variable z_t angenommen wird. Die Konsequenz einer Regression zwischen y_t und beiden, z_t und x_t, führt zu einem Schätzwert für β, $\hat{b}$, der unverzerrt ist, mit der Varianz:

$$Var(\hat{b}) = \sigma^2 / \left\{ \sum x_{*t}^2 (1 - r_{xz}^2) \right\}. \tag{1.2}$$

Dabei ist $x_{*t} = x_t - \bar{x}$ und r_{xz} der Korrelationskoeffizient zwischen x_t und z_t ist. Folglich ist $\hat{b}$ ein ineffizienter Schätzwert für β, da:

$$\text{Eff}\,(\hat{b}) = Var(b)/Var(\hat{b}) = 1 - r_{xz}^2 \leq 1. \tag{1.3}$$

Dabei ist b der KQ-Schätzwert in (1.1). Der Schätzwert für den Koeffizienten von z_t wird einen Erwartungswert von Null haben und jede Prognose, die mit diesem überparametrisierten Modell gemacht wird, wird ebenfalls unverzerrt sein. Sie werden aber einen höheren MSE als Prognosen mit dem wahren Modell haben. Angemerkt sei, daß das Overfitting in verschiedenen Situationen verheerend sein kann. Sind x_t und z_t vollständig kollinear, ist das Modell nicht mehr identifizierbar (vgl. die Diskussion in Abschnitt 3.6).

Lautet das wahre Modell hingegen:

$$y_t = \alpha + \beta x_t + \gamma z_t + \epsilon_t, \quad \epsilon_t \sim NID(0, \sigma^2), \tag{1.4}$$

wird aber fälschlich angenommen, daß $\gamma = 0$ ist, so wird der Schätzwert für β im allgemeinen verzerrt sein. Ist $b^\dagger$ der durch eine Regression zwischen y_t und x_t ermittelte Schätzwert, dann ist:

$$E(b^\dagger) = \beta + \gamma \sum x_{*t} z_{*t} / \sum x_{*t}^2 = \beta + \gamma r_{xz} \sqrt{\sum z_{*t}^2 / x_{*t}^2}. \tag{1.5}$$

Somit wird $b^\dagger$ bis auf den Fall, daß x_t und z_t orthogonal sind, verzerrt sein, und die Verzerrung wird bei zunehmendem Stichprobenumfang bestehen bleiben. Wenn aber r_{xz}^2 nahe an Eins ist, wird das Auslassen von z_t nur einen kleinen Effekt auf die Prognosen haben.

Testprozeduren

Zwischen Spezifikations- und Fehlspezifikationstests ist ein wichtiger Unterschied hervorzuheben. Er kann durch Modell (1.4) illustriert werden. Angenommen, es gibt nur zwei zu betrachtende Formulierungen, nämlich (1.4) selbst und dasselbe Modell, wobei z_t ausgelassen wird. Ein angemessenes Vorgehen würde darin bestehen, (1.4) zu schätzen und einen t-Test für die Hypothese $\gamma = 0$ durchzuführen. Dies ist ein *Spezifikations*test, und in Abschnitt 3 wird gezeigt, daß ein t-Test dieser Art in einem bestimmten Sinn eine optimale Testprozedur wäre. Es würde nur wenig Sinn machen, wenn das restringierte Modell geschätzt und die sich dann ergebenden Residuen benutzt würden um zu überprüfen, ob z_t in der Regression enthalten sein sollte oder nicht. Andererseits könnte die Möglichkeit der Aufnahme von z_t in das Modell am Anfang nicht offensichtlich sein. Daher könnte eine Regression zwischen y_t und x_t ohne eine klare Alternative bestimmt worden sein. In einem solchen Fall wäre es vernünftig zu prüfen und festzustellen, ob das Modell adäquat war. Wenn es nicht adäquat war, sollte ein Hinweis in den Residuen vorhanden sein. Falls x_t und z_t nicht orthogonal sind, werden die Residuen einen von Null verschiedenen Erwartungswert haben, und es sollte möglich sein, einige Muster entweder visuell oder unter Anwendung einer geeigneten Teststatistik zu entdecken. Dies wäre ein Test auf *Fehlspezifikation.*

Im Gegensatz zu einem Spezifikationstest ist deshalb ein Fehlspezifikationstest ohne eine eindeutige alternative Hypothese formuliert. Er ist eine Prozedur zur Beurteilung der Anpassungsgüte für das Modell, die eine einzelne beibehaltene Hypothese unterstellt. Obgleich die Alternative eher vage bleibt, ist die Wahl einer bestimmten Teststatistik durch ein verdächtiges Abweichen von der aufrechterhaltenen Hypothese in irgendeine Richtung motiviert. So können z.B. allgemeine Tests auf 'serielle Korrelation' oder 'Heteroskedastizität' konstruiert werden, obgleich diese Phänomene auf verschiedene Art und Weise modelliert werden können.

Beide Testtypen haben ihre Aufgabe bei der Modellentwicklung. Es wird im nachfolgenden so argumentiert, daß es generell ratsam ist, alle möglichen Modellformulierungen zu betrachten, bevor die Schätzung ausgeführt wird und dann zu planen, wie die verschiedenen Hypothesen in einer systematischen Art überprüft werden können. Dennoch kann man normalerweise nicht sicher sein, alle Alternativen betrachtet zu haben, und somit sollte solch eine Vorgehensweise durch Fehlspezifikationstests ergänzt werden.

Nicht alle Testprozeduren können eindeutig als Spezifikations- oder Fehlspezifikationstests klassifiziert werden. Angenommen, die Modelle:

$$H_1: \; y_t = \beta x_t + \epsilon_t \quad \epsilon_t \sim NID(0, \sigma^2) \tag{1.6}$$

und

$$H_2: \; y_t = \gamma z_t + \epsilon_t \quad \epsilon_t \sim NID(0, \sigma^2) \tag{1.7}$$

werden als alternative Erklärungen für das Verhalten von y_t betrachtet. Sie sind in dem Sinn nichtgeschachtelt, als daß keines als ein Spezialfall des anderen bestimmt werden kann.

Es gibt grundsätzlich zwei Wege zur Annäherung an ein nichtgeschachteltes Problem. Der erste betrachtet es als eine Diskriminierungsfrage: *Entweder H_1 oder H_2* muß gewählt werden, und die Wahl muß auf einem geeigneten Kriterium basieren, das die

Anpassungsgüte anzeigt. Alternativ können zwei weitere Möglichkeiten erwogen werden, nämlich die, daß beide Hypothesen akzeptiert oder beide Hypothesen verworfen werden können. Die erste dieser Schlußfolgerungen impliziert, daß die Daten unzulänglich sind, um zwischen den beiden Hypothesen zu trennen, während die zweite impliziert, daß keines der Modelle befriedigend ist. Obgleich zwei wohldefinierte Hypothesen in Betracht kommen, deutet die Tatsache, daß beide verworfen werden können, somit an, daß die ausgewählte Prozedur zum Teil ein Fehlspezifikationstest ist.

Die bisher beschriebenen Teststatistiken werden alle innerhalb der Stichprobe ausgeführt. Folglich werden dieselben Beobachtungen, die zu seiner Schätzung herangezogen wurden, ebenfalls zur Auswahl eines Modells verwendet. Im allgemeinen muß ein sich schließlich ergebendes Modell zu einem gewissen Teil als ein Produkt einer bestimmten Menge vohandener Daten angesehen werden. Daher kann eine wirkliche Überprüfung seiner Gültigkeit nur unter Verwendung komplett neuer Beobachtungen erfolgen. Dies führt zu der Idee der 'Post-Stichprobenüberprüfung'. Die Beobachtungen, die dabei verwendet werden, werden oftmals dadurch verfügbar gemacht, daß vorsätzlich Datenpunkte aus dem Datensatz ausgelassen werden, der zur Konstruktion des Modells verwandt wurde.

Vier verschiedene Aspekte der Spezifikationsüberprüfung sind deshalb zu unterscheiden. Sie werden in dem verbleibenden Teil des Kapitels diskutiert. Fehlspezifikationstests werden mit Beispielen für lineare Regressionen in Abschnitt 2 eingeführt. Die meisten der Tests basieren auf Residuen. Da die Residuen aber oftmals eine natürliche Interpretation bei verschiedenen Formen der Fehlspezifikation haben, können graphische Prozeduren ebenfalls eine nützliche Rolle im allgemeinen Prozeß der 'Diagnoseüberprüfung' spielen.

Abschnitt 3 befaßt sich mit der klassischen Theorie der Überprüfung von Hypothesen und der Konstruktion von Testverfahren, die auf dem Likelihood-Verhältnis-Prinzip basieren. Zwei verwandte Prozeduren werden in den Abschnitten 4 und 5 diskutiert. Dies führt zu den allgemein als Wald- und Lagrange-Multiplikator bekannten Testverfahren. Sie ergänzen das Likelihood-Verhältnis-Prinzip, in dem sie die Basis für die Spezifikationstests bilden. Alle drei Testgrößen haben bestimmte wünschenwerte Eigenschaften, obwohl die Begründung für ihre Verwendung im allgemeinen auf asymptotischen Stichprobenargumenten aufbaut. Die Wahl zwischen den drei Ansätzen stützt sich hauptsächlich auf rechentechnische Überlegungen. Der Likelihood-Verhältnis-Ansatz erfordert, daß das Modell sowohl unter der Null- als auch unter der Alternativhypothese geschätzt wird; d.h. er benötigt die Schätzung sowohl des restringierten als auch des nichtrestringierten Modells. Andererseits kann ein Wald-Test auf Schätzwerten aus dem nichtrestringierten Modell basieren, während ein Lagrange-Multiplikator-Test nur ein unter der Nullhypothese geschätztes Modell benötigt. Die Frage, welche Statistik am einfachsten zu berechnen ist, hängt von der Struktur des zu untersuchenden Problems ab.

Da der Lagrange-Multiplikator Ansatz auf der Schätzung unter der Nullhypothese basiert, können viele der so konstruierten Tests mit Fehlspezifikationstests verbunden werden. Die Erkenntnis, daß bestimmte Diagnostiken im Grunde Lagrange-Multiplikator Tests sind, liefert einige Einsicht in ihre potentielle Wirksamkeit und legt ebenfalls brauchbare Verallgemeinerungen nahe. Es ist aber immer wichtig zu unterscheiden, in welchem Sinn solche Testverfahren benutzt werden. Wenn ein Fehlspezifikationstest die Nullhypothese zurückweist, ist impliziert, daß das Modell inadäquat ist, ohne notwendigerweise auf das allgemeinere Modell, das der Lagrange-Multiplikator Interpretation zugrunde liegt, hinzudeuten.

Kriterien zur Diskriminierung zwischen Modellen werden in Abschnitt 6 eingeführt. Obwohl primär im Kontext nichtgeschachtelter Hypothesen diskutiert, gibt es keinen Grund, warum sie nicht auch in geschachtelten Situationen benutzt werden sollten, und eine Anzahl von Beispielen für solche Anwendungen werden später in diesem Buch gegeben. Der verbleibende Teil des Abschnittes 6 beschreibt Testprozeduren, die im nichtgeschachtelten Fall anwendbar sind. Abschnitt 7 befaßt sich mit den Testverfahren für außerhalb der Schätzperiode liegender Beobachtungswerte, während in Abschnitt 8 eine Gesamtstrategie zur Modellauswahl behandelt wird.

5.2 Fehlspezifikationstests

Das Anliegen der Modellkonstruktion ist, soviel wie möglich von der systematischen Variation der Beobachtungen zu erklären. Die Bewegungen, die nicht durch das angepaßte Modell erfaßt werden, werden als *Residuen* bezeichnet. Wenn das Modell angemessen ist, sollten die Residuen approximativ zufällig sein. Abweichungen von der Zufälligkeit sind ein Indiz dafür, daß das Modell bei der Aufnahme einer systematischen Komponente versagt hat und daß deshalb ein Versuch unternommen werden sollte, ein besseres Modell zu finden.

Die Residuen spielen eine wichtige Rolle in Prozeduren zur Entdeckung der Fehlspezifikation. Solche Prozeduren können eine Vielzahl von Tests enthalten, da sich der Mangel an Zufälligkeit aus einer Vielzahl unterschiedlicher Möglichkeiten manifestieren kann. Obgleich die Teststatistiken eine bündige Zusammenfassung des Verhaltens der Residuen bereitstellen, ist es allgemein ratsam, die Residuen graphisch darzustellen. Das kann auf verschiedenen Wegen geschehen und die Auswertung der Graphiken kann sich oft als sehr nützlich erweisen.

Die Diskussion der Fehlspezifikationstests wird hauptsächlich innerhalb des Rahmens des klassischen linearen Regressionsmodells, das durch das gewöhnliche KQ-Verfahren geschätzt wurde, vorgenommen. Während dies zum einen von eigener Bedeutung ist, dient es zum anderen als bequeme Möglichkeit, Aussagen mit sehr viel weiteren Anwendungsmöglichkeiten zu entwickeln. Das unterstellte Modell entspricht deshalb der Form (2.1.1) mit Störgrößen, die unabhängig mit Mittelwert Null und Varianz σ^2 verteilt sind. Da die Konstruktion exakter Testgrößen generell voraussetzt, daß die Störgrößen normalverteilt sind, wird dies für die folgende Diskussion als gegeben angenommen.

Residuen und Fehlspezifikation

Die Eigenschaften der KQ-Residuen wurden für ein korrekt spezifiziertes Modell in Abschnitt 2.7 ermittelt. Dort wurde gezeigt, daß der Vektor e eine multivariate Normalverteilung mit Mittelwert Null und Kovarianzmatrix $\sigma^2 M$ hat. Selbst wenn die Störgrößen homoskedastisch und unkorreliert sind, wird das im allgemeinen nicht für die KQ-Residuen gelten. Auf der anderen Seite kann gezeigt werden, daß die e für $T \longrightarrow \infty$ gegen die Verteilung der u konvergieren. Dieses Ergebnis gilt selbst dann, wenn der Störterm fehlspezifiziert ist. In diesem Fall ist $E(e) = 0$, während $E(ee') = \sigma^2 MVM'$ ist, wobei $\sigma^2 V$ die Kovarianzmatrix von u ist. In großen Stichproben ist e jedoch normalverteilt mit Mittelwert Null, und die Kovarianzmatrix ist approximativ durch $\sigma^2 V$ gegeben. Somit tendieren die KQ-Residuen dazu, die Eigenschaften der wahren Störgrößen widerzuspiegeln, wenn ihre jeweiligen Verteilungen auch streng genommen nicht identisch sind.

Das Verhalten der KQ-Residuen bei struktureller Fehlspezifikation ist weniger offensichtlich, aber interessanter. Angenommen, das postulierte Modell entspricht der Form (2.1.5), während das wahre Modell gleich

$$y_t = X_r \gamma_r + f + \epsilon, \quad \epsilon \sim N(0, \sigma^2 I); \tag{2.1}$$

ist, dabei ist X_r eine $T \times r$ Matrix, deren Spalten eine Teilmenge der entsprechenden X Matrix des korrekt spezifizierten Modells sind, und γ_r ist ein $r \times 1$ Parametervektor. Diese Formulierung enthält sowohl eine funktionale Fehlspezifikation als auch ausgelassene Variablen, die von der Zusammensetzung der Elemente des $T \times 1$ Vektors f abhängt.

Da:

$$e = My = Mf + M\epsilon, \tag{2.2}$$

folgt, daß e einen Mittelwertvektor Mf und eine Kovarianzmatrix $\sigma^2 M$ hat. Somit ist der Erwartungswert des Residualvektors gleich dem Residualvektor, der sich aus einer Regression von f auf X ergibt. Als Beispiel nehmen wir an, daß das wahre Modell

$$y_t = \alpha + \beta x_t + \gamma x_t^2 + \epsilon_t, \tag{2.3}$$

ist, aber der Term x_t^2 nicht berücksichtigt wird. Der Erwartungswert des Residualvektors ist gleich γ multipliziert mit den aus einer KQ-Regression von x_t^2 auf x_t ermittelten Residuen.

Die Eigenschaften der anderen Residuen können auf ähnliche Weise analysiert werden. Die LUS-Residuen (2.7.5) haben unter der Fehlspezifikation des unter (2.1) analysierten Typs die Eigenschaften $E(e^*) = Cf$ und $Var(e^*) = \sigma^2 I$. Der Erwartungswert eines LUS-Residuums ist deshalb durch den entsprechenden Vektor an Residuen, der durch eine Regression von f auf X ermittelt wurde, gegeben.

Die Erwartungswerte der Residuen bestimmen ihr Gesamtmuster. Das ist insoweit wichtig, da es uns einige Einsicht in die wahrscheinlichen Verläufe der Residuen unter verschiedenen Formen der Fehlspezifikation gibt. Eine Vorteil der rekursiven Residuen ist, daß ihr Verhalten in einem fehlspezifizierten Modell sehr verschieden von dem der KQ-Residuen ist. Dies bedeutet, daß Testprozeduren, die auf rekursiven Residuen basieren, diejenigen, die auf KQ-Residuen basieren, ergänzen können. Als Beispiel betrachten wir die funktionale Fehlspezifikation, die sich ergibt, wenn in (2.3) x_t^2 ausgelassen wird. Abbildung 5.1 zeigt die Erwartungswerte der KQ-, BLUS- und rekursiven Residuen, wenn die x_t in aufsteigender Reihe geordnet werden und $\gamma = 3$ ist. Während die BLUS- und KQ-Residuen ähnliche Verläufe aufweisen, ist der der rekursiven Residuen gänzlich unterschiedlich und alle Erwartungswerte haben dasselbe Vorzeichen. Ein heuristisches Argument, warum dieses so ist, kann mit Hilfe von Abbildung 5.2 gegeben werden. Da die zugrunde liegende Beziehung zwischen y und x eher quadratisch als linear ist, tendieren alle Prognosefehler $\tilde{v}_t = y_t - x_t' b_{t-1}$ dazu, dasselbe Vorzeichen zu besitzen.

Abbildung 5.1 Verlauf der Erwartungswerte der Residuen für das Modell 2.3

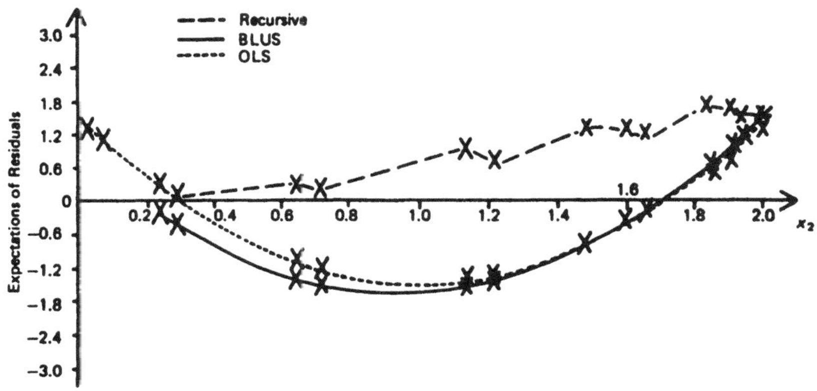

Quelle: Diese Abbildung ist mit freundlicher Genehmigung des *Jounal of Econometrics* aus Harvey und Collier (1977) wiedergegeben.

Abbildung 5.2 Herleitung der rekursiven Residuen für ein bivariates Regressionsmodell

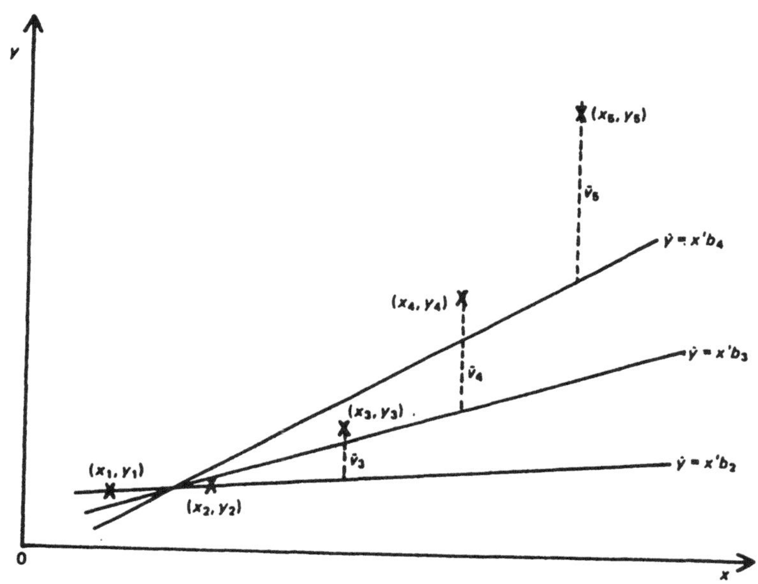

Quelle: Siehe Abbildung 5.1

Der unterschiedliche Verlauf der rekursiven Residuen kann verwendet werden, um sowohl nützliche Teststatistiken als auch graphische Prozeduren zu entwickeln. Im Gegensatz dazu tendieren die BLUS-Residuen dazu, den KQ-Residuen stärker zu folgen und führen somit zu wenig zusätzlicher Information. Bei der Beschreibung der Prozeduren zur Entdeckung von Fehlspezifikation wird daher der Schwerpunkt primär auf den KQ- und den rekursiven Residuen liegen.

Graphische Techniken

Ein Großteil der Informationen kann ermittelt werden, indem die Residuen graphisch dargestellt und diese dann nach unterschiedlichen Mustern untersucht werden. Die Darstellung kann gegen die Zeit oder eine der erklärenden Variablen erfolgen. Der letztgenannte Graphiktyp kann insbesondere dann wertvoll sein, wenn erwartet wird, daß die untersuchte Variable einer funktionalen Fehlspezifikation unterworfen ist.

Die Informationen, die in den Residuen enthalten sind, können ebenfalls über die graphische Darstellung der kumulierten Summe (CUSUM) oder der kumulierten Quadratsumme (CUSUMQ) beurteilt werden. Die erste dieser Prozeduren wird primär in Verbindung mit den rekursiven Residuen benutzt, da eine Abbildung der KQ-Residuen schwierig zu interpretieren ist, da sie sich schließlich zu Null summieren. Die CUSUM der rekursiven Residuen wird definiert durch:

$$W_t = \hat{\sigma}^{-1} \sum_{t=k+1}^{t} v_j, \quad t = k+1, ..., T, \tag{2.4}$$

mit

$$\hat{\sigma}^2 = \sum (v_t - \bar{v})^2/(T-k-1),$$

und $\bar{v}$ als arithmetisches Mittel der Residuen.

Ist das Modell falsch spezifiziert, kann eine Tendenz dahingehend bestehen, daß eine unverhältnismäßig hohe Zahl rekursiver Residuen dasselbe Vorzeichen hat. Der Kumulationseffekt hieraus wird sich in W_t derart zeigen, daß sie sich von der horizontalen Achse fort bewegt. Die funktionale Fehlspezifikation des Modells (2.3) liefert dafür ein gutes Beispiel. Diese Reaktion ergibt sich ebenfalls, wenn ein Strukturbruch vorliegt. Der Punkt, an dem dies geschieht, wird durch den Beginn einer außergewöhnlichen Zunahme bzw. Abnahme in W_t gekennzeichnet.

Die beiden systematisch ober- und unterhalb von $W_t = 0$ gezogenen Linien stellen ein Mittel zur Beurteilung der Signifikanz der Abweichungen von der horizontalen Achse dar. Die Linien werden so konstruiert, daß die Wahrscheinlichkeit des Überschreitens einer oder beider gleich einem gegebenen Signifikanzniveau ist. Die zugrunde liegende Theorie, die auf Resultaten der Brownschen Bewegungen basiert, wird hier nicht behandelt. Die Gleichung für diese Linien ist durch:

$$W_t = \pm \left\{ a\sqrt{T-k} + 2a(t-k)/(T-k)^{1/2} \right\} \tag{2.5}$$

Abbildung 5.3 CUSUM und CUSUMQ der rekursiven Residuen für lokale Telefongespräche

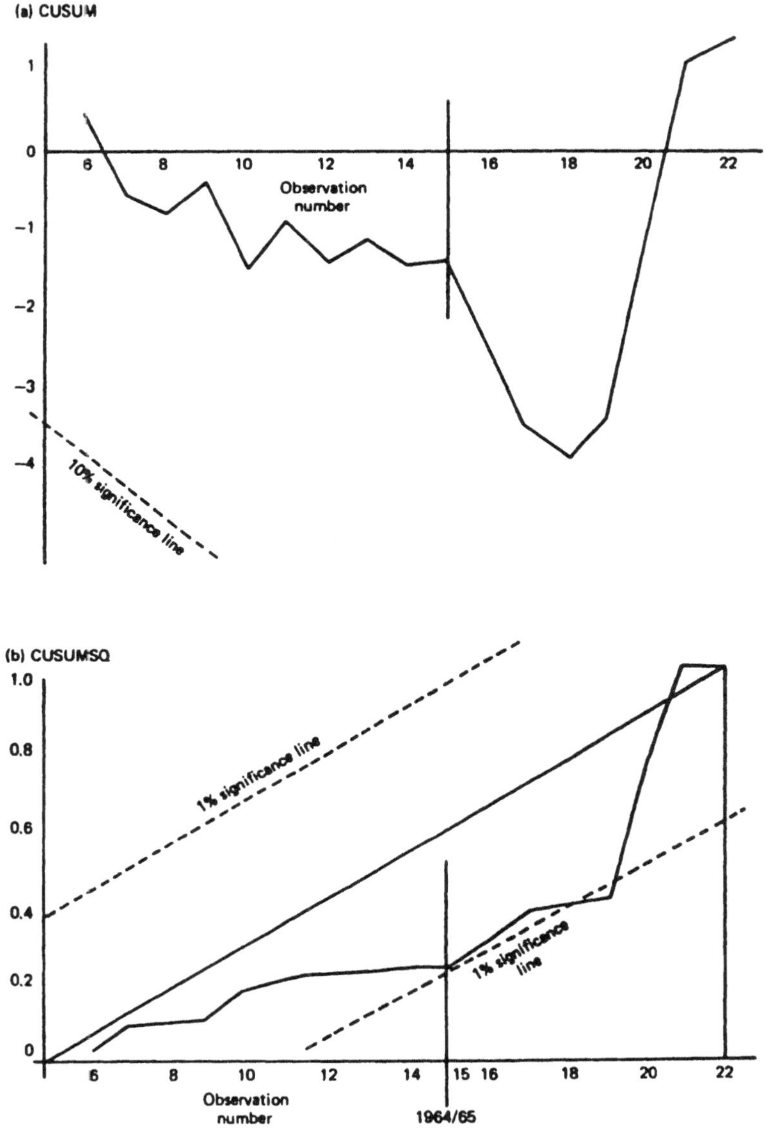

Quelle: Diese Abbildung ist aus Brown, Durbin und Ewans (1975) mit freundlicher Genehmigung der Autoren und des *Journal of the Royal Statistical Society* reproduziert.

gegeben, wobei $a = 0.948$ für ein Signifikanzniveau von 5% und 0.850 für 10% ist.

Die CUSUMQ basiert auf einer Graphik der folgenden Größen:

$$WW_t = \sum_{j=k+1}^{t} v_j^2 / \sum_{t=k+1}^{T} v_t^2, \quad t = k+1, ..., T. \tag{2.6}$$

Wenn das Modell korrekt spezifiziert ist, hat WW_t eine Beta-Verteilung mit einem Mittelwert von $(t-k)/(T-k)$. Dies legt das Zeichnen eines Linienpaares

$$WW = \pm c_0 + (t-k)/(T-k) \tag{2.7}$$

nahe, das parallel zu der Mittelwertlinie ist. H_0, die Nullhypothese eines korrekt spezifizierten Modells, wird verworfen, falls eine der beiden Linien überschritten wird. Der Wert für c_0 wird darüber bestimmt, daß die Wahrscheinlichkeit, daß eine Line unter Gültigkeit von H_0 geschnitten wird, gleich dem gewünschten Signifikanzniveau ist. Tabelle C stellt die benötigten Werte für c_0 bereit. (siehe S. 364f.).

Die CUSUMQ Graphik stellt eine nützliche Ergänzung zu der CUSUM Graphik dar. Sie kann sowohl mit KQ- als auch mit rekursiven Residuen angewandt werden, obgleich die soeben beschriebene Testprozedur voraussetzt, daß die Residuen $NID(0, \sigma^2)$ sind. Wenn sie mit rekursiven Residuen benutzt wird, sollte sie als ein Mittel zur Entdeckung eines Strukturbruchs angesehen werden. Andere Formen der Fehlspezifikation betreffend sind beide Graphiken für KQ- und rekursive Residuen sensibel gegenüber im Zeitablauf steigenden Varianzen. Obgleich aber sowohl die CUSUM und auch die CUSUMQ Technik als Testprozeduren gegen eine bestimmte Form der Fehlspezifikation benutzt werden können, werden Sie am geeignetsten als 'Datenanalyse'-Techniken betrachtet, d.h. der Wert der Graphiken liegt in der Information, den man einfach durch ihre Betrachtung erhalten wird. Die konstruierten Signifikanzlinien sind, um Brown *et al.* zu paraphrasieren, am besten als Maßgrößen betrachtet, anhand derer die beobachteten Verläufe beurteilt werden und sie sind weniger als formale Signifikanztests anzusehen.

Beispiel Die aus Brown *et al.* (1975, S. 159) wiedergegebene Abbildung 5.3a illustriert die Verwendung der CUSUM Technik zur Aufdeckung eines Strukturbruches. Die Daten gehören zu einem Modell, in dem das Wachstum der lokalen Telefongespräche durch vier andere Variablen und einen konstanten Term erklärt wird. Das Modell zeigt keine Instabilität bis 1964/65, aber nach diesem Punkt weist CUSUM eine eindeutige Abwärtsbewegung auf. Dies stimmt mit dem begrenzten a priori Wissen aus den Daten überein, woraus ersichtlich ist, daß die Schätzungen der lokalen Telefongespräche einiger Unsicherheit unterworfen sind. Somit repräsentiert der in diesem Fall entdeckte 'strukturelle Bruch' eine Veränderung in der Datenreihe der abhängigen Variable. Abbildung (5.3b), die ebenfalls aus Brown *et al.* entnommen ist, zeigt die Graphik der CUSUMQ (2.6). Wie die CUSUM Graphik weist sie auf eine gewisse Instabilität hin, obwohl es weniger einfach ist, genau festzulegen, wo die Änderung auftaucht.

Wenn die CUSUM Graphik in Abbildung 5.3a auch eindeutig eine gewisse Instabilität nach 1964/65 aufweist, ist sie formal nicht signifikant. Dies kann häufig der Fall sein, selbst wenn tatsächlich ein Strukturbruch in den

Daten vorliegt. Folglich stellt Abbildung 5.3 heraus, daß die CUSUM und die CUSUMQ Graphik mehr Informationen als eine zusammenfassende einzelne Teststatistik enthalten.

Teststatistiken

Die durch die Residuen aufgezeigte Abweichung von der Zufälligkeit in einem fehlspezifizierten Modell können über eine begrenzte Zahl von Teststatistiken erfaßt werden. Solche Statistiken stellen eine kompakte Zusammenfassung der in den Residuen enthaltenen Informationen dar. Sie sollten aber nicht als eine Alternative zur visuellen Überprüfung betrachtet werden, sondern als deren Ergänzung.

Fehlspezifikationstests sollten eine Reihe wünschenswerter Eigenschaften aufweisen. Die erste ist, daß die Testgröße einfach zu berechnen sein sollte. Die zweite ist, daß die Verteilung der Testgröße unter der Nullhypothese bekannt sein sollte und daß die Signifikanzwerte für diese Verteilung leicht verfügbar sind. Wenn die Verteilung exakt bekannt ist, kann der kritische Bereich so definiert werden, daß er zu einem Test der gewünschten Genauigkeit führt. Für viele Statistiken kann die Verteilung nur asymptotisch bestimmt werden, das führt dazu, daß die aktuelle Genauigkeit nicht gleich der nominellen Genauigkeit ist. Derartige Tests werden oftmals als *große Stichproben-Tests* bezeichnet. Diese Terminologie beinhaltet, daß die Wahl der kritischen Region im Gegensatz zu der Situation eines exakten Tests nur auf asymptotischer Basis begründet werden. Es muß aber betont werden, daß diese Überlegungen auf keinen Fall die Anwendung der großen Stichprobentests in kleinen Stichproben ausschließen. Einen Test allein deshalb auszuwählen, weil seine Größe exakt bekannt ist, kann, wenn seine Machtcharakteristiken schlecht sind, kein gutes Vorgehen sein.

Macht ist natürlich ein entscheidender Aspekt einer jeden Testprozedur. Bei der Diagnoseüberprüfung wird dieser Punkt aber dadurch komplizierter, daß der Anwender eine Vielzahl verschiedener Formen der Fehlspezifikation im Visier haben kann. Weiterhin werden die Alternativhypothesen, die durch diese Fehlspezifikationen impliziert sind, darauf beschränkt, unbestimmt zu sein. Dennoch sollte eine Teststatistik als minimale Anforderung gegen wenigstens eine wohldefinierte Alternative eine 'angemessen' hohe Macht aufweisen. Falls eine Teststatistik eine große Macht gegenüber verschiedenen Formen von Alternativhypothesen aufweist, ist sie offensichtlich als ein allgemeiner Test auf Fehlspezifikation nützlich. Dennoch spielen Teststatistiken, die *robust* gegen bestimmte Klassen der Fehlspezifikation sind, eine wertvolle ergänzende Rolle, da sie helfen, einige Anzeichen für die Richtung der Fehlspezifikation zu liefern.

Die *Durbin-Watson d-Statistik* ist definiert durch:

$$d = \frac{\sum_{t=2}^{T}(e_t - e_{t-1})^2}{\sum_{t=1}^{T} e_t^2} \tag{2.8}$$

und sie stellt die Basis für den wichtigsten Test bezüglich einer Fehlspezifikation in einem linearen Regressionsmodell dar. Die d-Statistik wurde ursprünglich als ein Test gegen einen autoregressiven Prozeß 1. Ordnung in den Störgrößen konstruiert, und sie wird im 6. Kapitel vollständig beschrieben. Für den Moment ist es wichtig festzuhalten, daß die Verteilung von d um Zwei zentriert ist, falls das Modell richtig spezifiziert ist, aber gegen Null tendiert, wenn die Residuen positive serielle Korrelation aufweisen. Während serielle Korrelation in den Störgrößen serielle Korrelation in den Residuen impliziert, ist das umgekehrte nicht richtig. Obwohl ein kleiner Wert für d auf einen seriell korrelierten Störterm hinweisen könnte, könnte er ebenfalls für einige andere Formen der Fehlspezifikation symptomatisch sein. Insbesondere sollte aus Abbildung 5.1 klar sein, daß positive serielle Korrelation erwartet werden kann, wenn die funktionale Form unangemessen ist. Ein ähnlicher Verlauf kann ebenfalls auftauchen, wenn eine Variable ausgelassen wurde.

Unglücklicherweise hängt die Verteilung von d von X, der Matrix der Regressoren, ab, und somit können exakte Signifikanzwerte nicht tabelliert werden. d ist aber asymptotisch normalverteilt mit einem Mittelwert von 2 und einer Varianz von $4/T$, und dieses Ergebnis bildet die Basis für eine große Stichprobentest-Prozedur.

Es gibt keine Schwierigkeiten, eine exakte Testprozedur auf der Basis von LUS-Residuen zu ermitteln. Im Zusammenhang mit serieller Korrelation ist das von-Neumann-Verhältnis oder das modifizierte von-Neumann-Verhältnis die geeignete statistische Kenngröße. Werden rekursive Residuen verwendet, hat das *modifizierte von-Neumann-Verhältnis* die Form:

$$MVNR = \frac{T-k}{T-k-1} \cdot \frac{\sum_{t=k+2}^{T} (v_t - v_{t-1})^2}{\sum_{t=k+1}^{T} v_t^2}. \tag{2.9}$$

Signifikanzwerte können aus der Tabelle B entnommen werden, obgleich, falls die Stichprobe groß ist, eine befriedigende Approximation durch eine Normalverteilung mit Mittelwert 2 und Varianz $4/(T-k)$ erreicht wird. Wie bei der d-Statistik stellt ein einseitiger Test auf positive Autokorrelation die am besten geeignete Basis für einen allgemeinen Fehlspezifikationstest dar.

In Zeitreihenregressionen ist es üblich, die ersten k Beobachtungen als 'Basis' zur Berechnung der rekursiven Residuen für die korrespondierenden Beobachtungen $y_{k+1}, \ldots, y_T$ zu verwenden. Manchmal können aber andere Anordnungen der Daten angemessen sein. Zum Beispiel kann es günstiger sein, die Beobachtungen für eine bestimmte erklärende Variable in aufsteigender Größenordnung zu haben, wenn eine funktionale Fehlspezifikation vermutet wird.

Eine zweite Teststatistik, die auf rekursiven Residuen basiert, ist gegeben durch:

$$\psi = \left\{ (T-k-1)^{-1} \sum_{t=k+1}^{T} (v_t - \bar{v})^2 \right\}^{-1/2} (T-k)^{-1/2} \sum_{t=k+1}^{T} v_t. \tag{2.10}$$

Wenn das Modell korrekt spezifiziert ist, hat ψ eine t-Verteilung mit $T-k-1$ Freiheitsgraden, ein Ergebnis, das unmittelbar aus den Eigenschaften der rekursiven Residuen folgt. Ein zweiseitiger *'rekursiver t-Test'* kann deshalb durchgeführt werden.

Dieser wird wahrscheinlich besonders wirksam in Situationen sein, in denen die rekursiven Residuen die Tendenz aufweisen, dasselbe Vorzeichen zu besitzen, wie beispielsweise in Abbildung 5.1. Ein zweites Beispiel betrifft eine strukturelle Änderung. Dies ist genau die Art Fehlspezifikation, gegen die die CUSUM der rekursiven Residuen wirksam ist. In der Tat sind die Prozeduren eng miteinander verbunden, da $\psi = (T-k)^{-1/2}W_t$.

Ein Vorzeichentest stellt eine Alternative zu (2.10) dar. Unter der Nullhypothese ist die erwartete Anzahl positiver rekursiver Residuen gleich $(T-k)/2$. Ein kritischer Bereich kann daher aus der Binomialverteilung konstruiert werden. Die Aussagen, die in Harvey und Collier (1977) dargelegt wurden, legen den Schluß nahe, daß der Vorzeichentest verglichen mit dem t-Test dazu tendiert, eine geringere Macht zu besitzen. Dennoch ist er sehr einfach und kann im Fall der Nichtnormalität robuster sein.

Es gibt, da $\sum e_t = 0$ ist, kein auf dem KQ-Verfahrens basierendes Gegenstück zu (2.10). BLUS- und andere Formen der LUS-Residuen könnten benutzt werden, um analoge t-Statistiken zu ermitteln, aber es gibt keinen einleuchtenden Grund, warum sie in der gerade beschriebenen Situation wirksam sein sollten. Der große Vorteil der rekursiven Residuen ist, daß sie eine eigenständige Interpretation haben und zur Ermittlung geeigneter Testprozeduren benutzt werden können.

Eine Vielzahl von Teststatistiken kann dazu benutzt werden, systematische Muster in der Varianz der Residuen aufzudecken. Diese können als Verfahren zur Überprüfung auf *Heteroskedastizität* bezeichnet werden, obgleich Heteroskedastizität in den Residuen zu einem großen Teil für andere Dinge als Heteroskedastizität der Störgrößen symptomatisch ist.

Testverfahren zur Überprüfung auf Heteroskedastizität setzen oftmals die Gruppierung der Beobachtungen voraus. Residuen, die relativ homogen in den Varianzen sind, werden dann anderen Residuengruppen gegenübergestellt. Ist man der Ansicht, daß eine steigende Tendenz in den Varianzen der Residuen vorliegt, ist eine geeignete anzuwendende Teststatistik:

$$H = \sum_{t=T-m+1}^{T} e_t^2 / \sum_{t=1}^{m} e_t^2, \tag{2.11}$$

mit $m \simeq T/3$. Die Absicht ist, durch das Auslassen einiger Beobachtungen den Abstand zwischen Zähler und Nenner von H zu betonen. Hohe Werte für (2.11) weisen auf eine Ablehnung der Nullhypothese einer korrekten Spezifikation hin. Das mit dieser statistischen Kenngröße verbundene Problem ist aber, daß ihre Verteilung von der Matrix der Regressoren X abhängt. Eine statistische Kenngröße für große Stichproben kann aber ermittelt werden, wenn beachtet wird, daß mH unter der Nullhypothese asymptotisch χ_m^2 verteilt ist. Dies folgt, da die KQ-Residuen in ihrer Verteilung zu den wahren Störtermen konvergieren, und folglich gilt:

$$\text{plim}\, m^{-1} \sum_{t=1}^{m} e_t^2 = \sigma^2.$$

Ein exakter Test auf Heteroskedastizität kann auf beliebigen LUS-Residuen basieren. Für die rekursiven Residuen lautet die Statistik:

$$H^{\dagger} = \sum_{t=T-m+1}^{T} v_t^2 / \sum_{t=k+1}^{k+m} v_t^2, \tag{2.12}$$

die unter der Nullhypothese einer $F_{(m,m)}$-Verteilung folgt; eine geeignete Wahl für m ist $(T-k)/3$.

Eine abschließende Methode zur Überprüfung auf heteroskedastische Residuen wird durch die CUSUMQ-Graphik bereitgestellt. Sie hat eine breitere Anwendbarkeit als (2.12), denn sie kann auch in Situationen wirksam sein, in denen die Varianzen nicht monoton steigen.

Die standardisierten dritten und vierten Momente der Residuen stellen Informationen über eine Nichtnormalität der Störgrößen bereit. Sie sind definiert als:

$$\sqrt{b_1} = \tilde{\sigma}^{-3} \sum e_t^3 / T$$

und

$$b_2 = \tilde{\sigma}^{-4} \sum e_t^4 / T.$$

Dabei ist $\tilde{\sigma}$ der ML-Schätzwert (3.4.3). Diese Statistiken sind die Basismaße der Schiefe und Wölbung, und für eine Normalverteilung sollten sie um Null bzw. drei zentriert sein. In großen Stichproben gilt, wenn das Modell korrekt spezifiziert ist:

$$\sqrt{b_1} \sim AN(0, 6/T)$$

und

$$b_2 \sim AN(3, 24/T);$$

siehe Bowman und Shenton (1975). Ein Test auf Nichtnormalität kann daher auf der Statistik:

$$N = (T/6)b_1 + (T/24)(b_2 - 3)^2 \tag{2.13}$$

basieren. In großen Stichproben hat die Statistik unter der Nullhypothese eine χ_2^2-Verteilung.

Alle bisher in diesem Unterabschnitt betrachteten Tests basieren direkt auf den Residuen. Fehlspezifikationstests können aber auch einfach auf andere Weise konstruiert werden. Ein Beispiel ist der von Ramsey und Schmidt (1976) entwickelte RESET-Test, in dem die erklärenden Variablen in verschiedenen Potenzen zu der Regressionsgleichung addiert und auf Signifikanz überprüft werden. Lautet die behauptete Hypothese (1.1) und würden x_t^2, x_t^3, x_t^4 zu der Regression addiert, könnte die gemeinsame Signifikanz der Koeffizienten über eine gewöhnliche F-Statistik überprüft werden. Die Begründung einer solchen Prozedur im Zusammenhang mit einer funktionalen Fehlspezifikation ist offensichtlich. Der RESET-Test wurde aber auch als ein allgemeiner Test für Spezifikationsfehler in Regressionen vorgeschlagen.

Die Form der Teststatistiken, die bisher beschrieben worden sind, wurden hauptsächlich auf einer intuitiven Basis begründet. Ist die Art der Fehlspezifikation gegeben, kann eine geeignete sensible Teststatistik oftmals auf der Basis des erwarteten Verhaltens der Residuen konstruiert werden. Die geeignete Form für eine solche Teststatistik kann aber manchmal nicht verfügbar sein. Unter diesen Umständen kann sich ein formalerer Ansatz, der auf dem Lagrange-Multiplikator-Testprinzip basiert, oftmals als nützlich erweisen. Die Lagrange-Multiplikatorprozedur wird in Abschnitt 5 eingeführt, und einige der dort dargelegten Beispiele zeigen, wie dieser Ansatz zu geeigneten Fehlspezifikationstests führen kann.

Abschließende Bemerkungen

Eine Vielzahl von Tests zur Überprüfung eines Regressionsmodells sind vorgeschlagen worden. Wie bei den graphischen Prozeduren, basieren diese Tests primär auf den KQ- und den rekursiven Residuen. Andere LUS-Residuen könnten ebenfalls verwendet werden, bisher gibt es aber keinen Hinweis, daß sie zusätzliche Informationen hervorbringen.

Da eine gesamte Batterie an Testverfahren auf ein Modell angewandt wird, müssen die Resultate mit einiger Vorsicht behandelt werden. Insbesondere kann die Wahrscheinlichkeit ein Modell abzulehnen, das richtig ist, relativ hoch sein. Ein weiteres konzeptionelles Problem taucht auf, wenn ein Test ausgeführt wird, nachdem eine visuelle Überprüfung der Residuen angedeutet hat, daß ein solcher Test angebracht sein mag. Aus den vorgenannten Gründen sind Verfahren zur Überprüfung einer Fehlspezifikation – streng genommen – wenn sie in einem klassischen Rahmen betrachtet werden, ungültig, und der Terminus 'Diagnose' ist oftmals passender.

Es wurde bereits angemerkt, daß ein 'signifikanter' Wert für eine ausgewählte Teststatistik auf mehr als eine Art von Spezifikationsfehler hindeuten kann. Somit kann die behauptete Hypothese zurückgewiesen werden, ohne daß ein klarer Hinweis vorliegt, worin der Fehler besteht. Eine Kombination der Resultate verschiedener Teststatistiken kann aber um einiges informativer sein. Zum Beispiel ist die Durbin-Watson d-Statistik – unter anderem – sowohl sensibel bezüglich struktureller Änderungen und funktionaler Fehlspezifikation als auch bezüglich serieller Korrelation in den Störgrößen. Auf der anderen Seite hat die rekursive t-Statistik eine mäßig hohe Macht bezüglich verschiedener Typen von Strukturänderungen und funktionaler Fehlspezifikation, sie ist aber relativ robust gegenüber serieller Korrelation in den Störvariablen.

In der gesamten bisherigen Diskussion war ein normalverteilter Störterm unterstellt. Wenn diese Annahme nicht angemessen ist, können die Testprozeduren im allgemeinen weiterhin verwendet werden, sie besitzen aber nur noch asymptotisch Gültigkeit. Schwierigkeiten können aber in Fällen auftauchen, in denen verschiedene Momente der Verteilung nicht existieren. Falls der KQ-Schätzwert inkonsistent ist, wie dies zum Beispiel bei einem Cauchy-verteilten Störterm der Fall sein wird, wird keiner der Tests asymptotische Gültigkeit besitzen. Wenn es einige Zweifel über die Verteilung des Störterms gibt, besteht die vernünftigste Vorgehensweise darin, zunächst die Residuen aus einer robusten Schätzung wie dem MAD zu untersuchen.

5.3 Klassische Testverfahren: Der Likelihoodverhältnis-Test

Die in dem vorhergehenden Abschnitt diskutierten Fehlspezifikationstests liefern ein Mittel zur Beurteilung der 'Anpassungsgüte'. Zu Beginn wird keine spezifische Alternativhypothese in Erwägung gezogen, obgleich das Wissen um die Macht eines Tests gegen eine einzelne Alternative insoweit offensichtlich nützlich ist, als daß es Möglichkeiten nahelegt, wie das Modell modifiziert werden kann. Auf der anderen Seite verwenden Spezifikationstests sowohl eine Alternativhypothese H_1 als auch eine Nullhypothese H_0.

Die Grundlagen für den klassischen Ansatz zur Überprüfung von Hypothesen wurden durch Neyman und Pearson gelegt. Der Stichprobenraum wird in zwei Bereiche partitioniert. Einer ist der Akzeptanzbereich, in dem die Daten konsistent mit der Nullhypothese sind, und der andere ist der Ablehnungsbereich, bekannt als *kritischer Bereich.* Das Wesen einer 'guten' Testprozedur besteht in einer im gewissen Sinne optimalen Auswahl eines kritischen Bereiches.

Eine Testprozedur der obigen Form impliziert zwei Fehlerarten. Die erste, ein Fehler vom Typ I, entsteht, wenn die Nullhypothese verworfen wird, obwohl sie richtig ist, während ein Fehler vom Typ II begangen wird, wenn H_0 fälschlicherweise akzeptiert wird. Allgemein gesprochen kann die Wahrscheinlichkeit, einen Fehler II. Art zu begehen, nur bezogen auf eine ausgewählte Alternativhypothese bestimmt werden. Ist eine solche Alternative gegeben, sollte ein 'guter' Test, unter der Bedingung, daß alle übrigen Einflußfaktoren konstant sind, diese Wahrscheinlichkeit möglichst klein gestalten. Damit die anderen Größen gleich bleiben, wird die (maximale) Wahrscheinlichkeit, einen Fehler 1. Art zu begehen, fixiert. Diese Wahrscheinlichkeit wird als *Signifikanzniveau* oder *Irrtumswahrscheinlichkeit* eines Tests bezeichnet, und ein Test kann dann als optimal betrachtet werden, falls er die Wahrscheinlichkeit, einen Fehler 2. Art zu begehen über den gesamten Wertebereich der Parameter, die mit der Alternative verbunden sind, minimiert. Solch ein Test wird als *gleichmäßig am wirksamsten* (UMP) bezeichnet, und die Macht wird definiert als $1 - Pr(\text{Fehler 2.Art})$.

Das obige Kriterium ist nicht das einzige, welches benutzt werden könnte, um die Anforderungen an einen bestimmten Test zu begründen. Eine berechtigte Frage ist deshalb, ob es eine Form für eine geeignete Teststatistik sowie einen angemessenen kritischen Bereich nahe legt. Betrachten wir die denkbar einfachste Situation, in der die Beobachtungen zufällig aus einer Verteilung gezogen werden, die von einem Parameter ψ abhängt. Weiterhin sei angenommen, daß Null- und Alternativhypothese nur aus einem Wert bestehen, d.h. $H_0 : \psi = \psi_0$ wird gegen $H_1 : \psi = \psi_1$ getestet. Es seien $L(\psi_0)$ und $L(\psi_1)$ die Stichprobenlikelihoodfunktionen unter H_0 bzw. H_1. Die Form des machtvollsten Tests – die Kennzeichnung 'gleichmäßig' ist überflüssig, wenn ψ_1 ein einzelner Wert ist – wird über ein grundlegendes Ergebnis, das als *Neyman-Pearson Lemma* bekannt ist, determiniert. Dieses stellt fest, daß wenn ein kritischer Bereich C mit Signifikanzniveau α und einer Konstanten κ existiert, so daß

$$\frac{L(\psi_0)}{L(\psi_1)} \leq \kappa, \quad \text{innerhalb}\, C$$

und

$$\frac{L(\psi_0)}{L(\psi_1)} > \kappa, \quad \text{außerhalb}\, C.$$

gilt, daß C dann der machtvollste kritische Bereich für das Signifikanzniveau α zur Überprüfung von $\psi = \psi_0$ gegen $\psi = \psi_1$ ist. Ein Beweis des Neyman-Pearson Lemma ist in beinahe jedem Buch zur mathematischen Statistik enthalten und wird hier nicht dargelegt. Bemerkenswert ist die Plausibilität des durch das Lemma nahegelegten Tests: Wenn H_0 richtig ist, würden wir einen relativ großen Wert für $L(\psi_0)$ bezogen auf $L(\psi_1)$ erwarten, und somit würde das Verhältnis der Likelihoodwerte dazu tendieren, außerhalb des kritischen Bereichs zu liegen. Wenn umgekehrt H_1 richtig wäre, würde $L(\psi_o)/L(\psi_1)$ dazu tendieren, klein zu sein.

Obgleich das Neyman-Pearson Lemma auf geringfügig allgemeinere Fälle erweitert werden kann, ist dessen direkte Anwendbarkeit auf Situationen, die von praktischem Interesse sind, begrenzt. Es ist eher die Ausnahme als die Regel, daß der UMP-Test existiert. Dennoch legt das Neyman-Pearson Lemma, selbst unter Umständen, unter denen ein Test der den Anforderungen der Optimalität genügt, nicht konstruiert werden kann, wenigstens eine allgemeine Methode zur Konstruktion von auf dem Likelihoodverhältnis basierenden Teststatistiken nahe.

Der Likelihoodverhältnis-Test

Das Likelihoodverhältnis (LR) hat die Form:

$$\lambda = \lambda(y_1, ..., y_T) = L(\tilde{\psi}_0)/L(\tilde{\psi}_1), \tag{3.1}$$

dabei kennzeichnen $L(\tilde{\psi}_o)$ und $L(\tilde{\psi}_1)$ die unter Gültigkeit der Null- und Alternativhypothese jeweils maximierten Likelihoodfunktionen. Wenn die Alternativhypothese gilt, tendiert λ dahin, klein zu sein, was nahelegt, den kritischen Bereich gemäß dem Kriterium $\lambda < \kappa$ festzulegen, wobei κ über das gewünschte Signifikanzniveau α des Tests determiniert wird. Folglich wird, wenn die Nullhypothese richtig ist, κ über die Bedingung:

$$Pr\{\lambda < \kappa\} = \alpha. \tag{3.2}$$

bestimmt. Wir erhalten dadurch eine Stichprobenstatistik λ verbunden mit einem Hinweis auf die Form des kritischen Bereichs. Für ein gegebenes Signifikanzniveau kann ein Wert für κ, der (3.2) exakt erfüllt, aber nur dann gefunden werden, wenn die Verteilung für λ in kleinen Stichproben oder eine monotone Transformation davon bekannt ist. Das wird in komplexeren Modellen selten der Fall sein. Dies führt dazu, daß auf der Basis von großen Stichprobenapproximationen getestet werden muß. Bevor wir uns der Diskussion solcher Approximationen zuwenden, wird ein Fall betrachtet, in dem das LR-Prinzip zu einem exakten Test führt.

Beispiel 1 Betrachten wir das Problem der Überprüfung, ob eine Teilmenge von $m < k$ erklärenden Variablen in einem Regressionsmodell enthalten sein sollte. Wenn die Störgrößen normalverteilt sind, lautet die maximierte Likelihoodfunktion für das allgemeine Modell:

$$L(\tilde{\psi}_1) = (2\pi\tilde{\sigma}_1^2)^{-T/2}\exp(-T/2), \tag{3.3}$$

mit $\tilde{\sigma}_1^2 = SSE_1/T$. Die Gleichung für $L(\tilde{\psi}_0)$ hat eine identische Form, ausgenommen, daß $\tilde{\sigma}_1^2$ durch den Schätzwert $\tilde{\sigma}_0^2 = SSE_0/T$ ersetzt wird, der sich aus den Residuen einer KQ-Regression ergibt, bei der m erklärende Variablen ausgelassen wurden. Das LR lautet deshalb:

$$\lambda = \left\{\frac{\tilde{\sigma}_0^2}{\tilde{\sigma}_1^2}\right\}^{-T/2} = \left\{\frac{SSE_0}{SSE_1}\right\}^{-T/2}. \tag{3.4}$$

Ein kritischer Wert für κ, der (3.2) erfüllt, kann nicht direkt ermittelt werden, da die Verteilung von (3.4) unbekannt ist. Die Verteilung von:

$$\lambda^* = \frac{(SSE_0 - SSE_1)/m}{SSE_1/(T-k)} \tag{3.5}$$

ist aber bekannt. Unter H_0 besitzt sie eine F-Verteilung mit $(m, T-k)$ Freiheitsgraden; vergleiche (2.8.10). Bei einem Vergleich zwischen (3.5) und (3.4) stellt sich heraus, daß die eine eine monotone Funktion der anderen ist, da gilt:

$$\lambda^* = (\lambda^{-2/T} - 1)(T-k)/m. \tag{3.6}$$

Ein kritischer Bereich der Form $\lambda < \kappa$ für die LR-Statistik korrespondiert mit einem kritischen Bereich $\lambda^* < \kappa^*$ für (3.5) und κ^* kann bestimmt werden, so daß:

$$Pr(\lambda^* > \kappa^*) = \alpha \tag{3.7}$$

exakt erfüllt ist. Ein exakter LR-Test könnte deshalb über einen Vergleich von λ mit k, der indirekt aus der F-Verteilung über (3.6) ermittelt werden kann, ausgeführt werden. Da aber ein F-Test, der auf λ^* basiert, ein identisches Ergebnis hervorbringt, wird diese Teststatistik üblicherweise benutzt.

Wenn $m = 1$ ist, ist der LR-Test äquivalent zum 't-Test' auf Signifikanz. Dieser Test, so kann gezeigt werden, ist UMP gegen eine einseitige Alternative, und so stellt in diesem Fall die Neyman-Pearson Theorie eine direkte Begründung für den LR-Test bereit. Wenn aber $m > 1$ ist, existiert ein UMP-Test nicht mehr. Dennoch stützt das Resultat für $m = 1$ die intuitive Vorstellung, daß der LR-Test und der äquivalente F-Test berechtigt sind.

Beispiel 2 Ein Regressionsmodell weist einen Strukturbruch auf, wenn sich der Parametervektor an einem Zeitpunkt ändert. Unter einer solchen Hypothese kann das Modell geschrieben werden als:

$$\begin{aligned} y_t &= X_t'\beta_1 + \epsilon_t, \quad t = 1, ..., T_1 \\ y_t &= X_t'\beta_2 + \epsilon_t, \quad t = T_1 + 1, ..., T. \end{aligned}$$

Unter der Nullhypothese, daß $\beta_1 = \beta_2$ ist, und falls unter beiden 'Regimen' $\epsilon_t \sim NID(0, \sigma^2)$ ist, lautet die LR-Statistik:

$$\lambda = \left\{\frac{SSE_0}{SSE_1 + SSE_2}\right\}^{-T/2},$$

dabei sind SSE_1, SSE_2 und SSE_0 die residualen Abweichungsquadratsummen aus der Regression mit den ersten T_1 Beobachtungen, mit den zweiten $T - T_1$ Beobachtungen und der vollständigen Menge an Beobachtungen.

Die Teststatistik λ ist aber eine monotone Transformation von:

$$\lambda^* = \frac{\{SSE_0 - (SSE_1 + SSE_2)\}/k}{(SSE_1 + SSE_2)/(T - 2k)},$$

die eine F-Verteilung mit $(k, T - 2k)$ Freiheitsgraden hat. Folglich kann der LR-Test auf λ^* basieren, wobei der obere Teil der F-Verteilung zur Konstruktion des kritischen Bereichs verwendet wird.

Theorie der großen Stichproben

Wenn das LR-Prinzip auch in den obigen Beispielen zur Konstruktion exakter Tests führt, wird es im allgemeinen nicht möglich sein, einen geeigneten Wert für κ durch eine Verbindung des Likelihoodverhältnisses mit einer Teststatistik, deren Verteilung bekannt ist, zu bestimmen. Wenn aber vorausgesetzt wird, daß die Nullhypothese innerhalb der Alternative geschachtelt ist und die Bedingungen für die asymptotische Normalverteilung und Effizienz erfüllt sind, stellt die Theorie der großen Stichproben die Basis für einen brauchbaren Ansatz für das LR-Testen bereit.

Im obigen Beispiel 1 war H_0 in H_1 enthalten, da sich im Test durch das Festlegen von m Koffizienten der erklärenden Variablen auf Null das Modell unter der Nullhypothese ergab. Das restringierte Modell wird aus dem allgemeinen Modell mit k erklärenden Variablen abgeleitet, in dem diesem m *Restriktionen* oder *Beschränkungen* auferlegt werden. Solche Restriktionen haben allgemein die Form:

$$R\psi = r, \tag{3.8}$$

dabei ist R eine $m \times n$ Matrix mit vollem Rang, und r ist ein $m \times 1$ Vektor. Die Werte, die die Elemente in R und r annehmen, werden über die Nullhypothese spezifiziert. In Beispiel 1 ist $n = k + 1$ und und $\psi' = (\beta', \sigma^2)'$. Der Vektor r ist Null, während, falls die unabhängigen Variablen so angeordnet sind, daß die letzten m diejenigen sind, die auf Aufnahme in das Modell überprüft werden, $R = [0_{k-m} I_m 0]$ ist. Die über die Nullhypothese eingeführten Restriktionen müssen nicht linear sein. Im allgemeinen können die m Restriktionen geschrieben werden als:

$$r_j(\psi) = 0, \quad j = 1, ..., m, \tag{3.9}$$

dabei kennzeichnet $r_j(\psi)$ eine Funktion für ψ, für die die ersten Ableitungen existieren.

Wenn die Modelle geschachtelt sind, muß das Likelihoodverhältnis (3.1) kleiner oder gleich Eins sein, da der Wert für die Likelihoodfunktion des restringierten Modells nicht den Wert der Likelihoodfuntkion des nichtrestringierten Modells überschreiten kann.

Ein Test zur Überprüfung der Gültigkeit der über die Nullhypothese eingeführten Restriktionen kann durch die Verwendung des folgenden Resultates ausgeführt werden.

Vorbehaltlich der Gleichmäßigkeitsbedingungen ist die Statistik:

$$LR = -2\log\lambda = 2\log L(\tilde{\psi}) - 2\log L(\tilde{\psi}_0) \tag{3.10}$$

unter der H_0-Hypothese asymptotisch χ^2_m verteilt, dabei ist m die Zahl der zur Definition der Nullhypothese benötigten Restriktionen.

Der Beweis dieses Ergebnisses baut auf einer Taylorreihenentwicklung von log $L(\tilde{\psi}_0)$ um $\tilde{\psi}$ auf. Es ergibt sich:

$$\begin{aligned}\log L(\tilde{\psi}_0) \simeq\ & \log L(\tilde{\psi}) + (\tilde{\psi} - \tilde{\psi}_0)' D\log L(\tilde{\psi}) \\ & + \frac{1}{2}(\tilde{\psi} - \tilde{\psi}_0)' D^2\log L(\tilde{\psi})(\tilde{\psi} - \tilde{\psi}_0).\end{aligned}$$

Der zweite Term in der Gleichung ist Null, da $\tilde{\psi}$ der nichtrestringierte ML Schätzwert ist und somit folgt:

$$-2\log\lambda \simeq (\tilde{\psi} - \tilde{\psi}_0)' \left\{-D^2\log L(\tilde{\psi})\right\} (\tilde{\psi} - \tilde{\psi}_0). \tag{3.11}$$

Silvey (1975, S. 114) skizziert die verbleibenden Teile des Beweises.

Ist das obige Resultat gegeben, wird der LR-Test durch die Berechnung von $-2\log\lambda$ durchgeführt, und H_0 wird abgelehnt, falls $-2\log\lambda > \kappa'$ ist. Der Wert für κ' wird so gewählt, daß

$$Pr(\chi^2_m > \kappa') = \alpha, \tag{3.12}$$

ist, wobei α das nominale Signifikanzniveau für den Test ist. Bis auf den Fall, in dem die Verteilung in kleinen Stichproben von $-2\log\lambda$ bestimmt werden kann, wird das wahre Signifikanzniveau unbekannt sein, und es wird als asymptotisch und nicht als exakt bezeichnet. Das Konzept der Macht ist für einen asymptotischen Test einigen Mehrdeutigkeiten ausgesetzt, obgleich in jeder Diskussion, die folgt, mit Macht die Wahrscheinlichkeit der Ablehnung von H_0 für ein gegebenes nominales Signifikanzniveau gemeint sein wird.

Wenn das LR-Prinzip auch in bestimmten Fällen zu UMP-Teststatistiken führen kann, wird dies nicht im allgemeinen so sein. Dennoch kann gezeigt werden, daß der Likelihoodverhältnis-Test in dem Sinn konsistent ist, daß mit zunehmender Stichprobengröße die Wahrscheinlichkeit zur Ablehnung der Nullhypothese, wenn ein bestimmter Wert der Alternative gilt, gegen Eins tendiert. Die Konsistenz des LR-Tests folgt aus der Konsistenz des ML-Schätzwertes. Wenn H_0 richtig ist, dann strebt $\lambda \to 1$, wenn $T \to \infty$ geht, und somit wird der kritische Bereich seine Grenze κ' immer mehr an Eins annähern. Wenn H_0 nicht gültig ist, wird der Grenzwert für λ eine Konstante $\bar{\lambda}$ sein, die die Bedingung:

$$0 \leq \bar{\lambda} < 1$$

erfüllt. Für $T \to \infty$ wird $Pr(\lambda \leq \kappa')$ deshalb gegen Eins tendieren.

Beispiel 3 Eine geeignete Hypothese im multiplikativen heteroskedastischen Modell (3.4.15) ist, daß die Varianzen konstant seien, d.h. $H_0 = \delta_2 = \ldots = \delta_r = 0$. Die LR-Statistik lautet:

$$\begin{aligned} LR &= 2\log L(\tilde{\beta}, \tilde{\delta}) - 2\log L(\tilde{\beta}_0, \tilde{\delta}_0) \\ &= T\log\sigma_0^2 + T - \sum w_t'\tilde{\delta} - \sum \exp(-w_t'\tilde{\delta})(y_t - x_t'\tilde{\beta})^2. \end{aligned} \tag{3.13}$$

Wenn aber das erste Element in (3.4.19) $\partial\log/\partial\delta$ an den Stellen $\delta = \tilde{\delta}$ und $\beta = \tilde{\beta}$ bestimmt wird, entfallen der zweite und vierte Term in (3.13). Die Teststatistik wird dann zu:

$$LR = T\log \tilde{\sigma}_0^2 - \sum w_t'\tilde{\delta} \qquad (3.14)$$

die unter der Nullhypothese homoskedastischer Varianzen asymptotisch χ^2_{r-1} verteilt ist.

Beispiel 4 Die maximierte Log-Likelihoodfunktion für ein SURE Modell ist gleich einer Konstanten plus $(-T/2)\log|\Omega|$; vergleiche (3.4.28), (3.4.32) und das Ergebnis (4.4.25). Jede Hypothese, die Restriktionen der Kovarianzmatrix Ω betrifft, kann deshalb über eine Statistik der Form:

$$LR = T\log \left\{|\tilde{\Omega}_0|/|\tilde{\Omega}|\right\} \qquad (3.15)$$

überprüft werden. Wenn Ω_0 diagonal ist, kann LR als eine χ^2-Veränderliche mit $N(N-1)/2$ Freiheitsgraden behandelt werden.

In dem im Abschnitt 2.9 angeführten Beispiel zum Investitionsverhalten folgt aus (2.9.24):

$$\tilde{\Omega}_0 = 660{,}83 \times 88{,}67 = 58{,}596.$$

Der nichtrestringierte Schätzwert für Ω sollte aus den Residuen der ML-Schätzung berechnet werden. Die Verwendung der Residuen aus einer realisierbaren SURE Schätzung (2.9.25) führt in großen Stichproben aber nur zu kleinen Differenzen. Auf dieser Basis ermitteln Pagan und Byron (1977) $|\Omega| = 25{,}768$. Die Stichprobengröße beträgt $T = 20$, und somit ist $LR = 16{,}43$. Da die LR-Statistik unter der Nullhypothese asymptotisch χ^2_1 ist, wird sie überzeugend verworfen.

5.4 Wald-Tests

Die Ausgestaltung der LR-Statistik impliziert, daß das Modell im allgemeinen sowohl unter der Null- als auch unter der Alternativhypothese geschätzt werden muß. Dagegen können Wald-Tests ausschließlich auf der Basis des nichtrestringierten Modells ausgeführt werden, und sind somit besonders dann reizvoll, wenn das restringierte Modell schwierig zu schätzen ist.

Wenn die Restriktionen, wie in (3.8) linear sind, sollten die Elemente des Vektors $R\tilde{\psi} - r$ 'nahe' an Null sein, wenn die Nullhypothese richtig ist. Das Problem besteht darin, auf der Basis eines Kriteriums zu entscheiden, wann $R\tilde{\psi} - r$ nahe genug an Null ist, damit es als mit H_0 konsistent angesehen werden kann. Da:

$$\sqrt{T}(\tilde{\psi} - \psi) \xrightarrow{L} N\left[0, IA^{-1}(\psi)\right],$$

folgt:

$$\sqrt{T}R(\tilde{\psi}-\psi)=\sqrt{T}(R\tilde{\psi}-r)\xrightarrow{L}N\left[0,R\cdot IA^{-1}(\psi)\cdot R'\right].$$

Folglich hat die Statistik:

$$T\cdot(R\tilde{\psi}-r)'\left[R\cdot IA^{-1}(\psi)\cdot R\right]^{-1}(R\tilde{\psi}-r) \tag{4.1}$$

als Grenzverteilung eine χ^2_m-Verteilung. Diese Verteilung bleibt unverändert, wenn die Matrix $T\cdot IA(\psi)$ durch irgendeine andere Matrix $I^*(\hat{\psi})$ ersetzt wird, die die Eigenschaft $\operatorname{plim} T^{-1}I^*(\hat{\psi}) = IA(\psi)$ aufweist, wobei $\hat{\psi}$ ein konsistenter Schätzwert für ψ ist. Durch Gleichsetzen von $\hat{\psi}$ mit dem nichtrestringierten ML-Schätzwert $\tilde{\psi}$ erhält man die übliche Definition der Wald-Statistik:

$$W=(R\tilde{\psi}-r)'\left[R\cdot I^{*-1}(\tilde{\psi})\cdot R'\right]^{-1}(R\tilde{\psi}-r). \tag{4.2}$$

Wenn die Nullhypothese falsch ist, wird W dazu tendieren, groß zu sein, und eine natürliche Wahl für den kritischen Bereich ist $W>\kappa$. Sofern die Verteilung für W nicht exakt bestimmt werden kann, kann ein geeigneter Wert für κ aus den χ^2-Tabellen ermittelt werden, und der Test ist dann ein asymptotischer.

Als ein sehr einfaches Beispiel für einen Wald-Test betrachten wir die Hypothese, daß ein einzelner Parameter ψ einen bestimmten Wert ψ_0 annimmt. Die Teststatistik ist dann:

$$W=(\tilde{\psi}-\psi_0)^2/avar(\tilde{\psi}). \tag{4.3}$$

Es kann aber günstiger sein, einen äquivalenten zweiseitigen Test mit der Kenngröße:

$$W=(\tilde{\psi}-\psi_0)/\sqrt{avar(\tilde{\psi})} \tag{4.4}$$

durchzuführen, da diese in großen Stichproben eine Standardnormalverteilung aufweist.

Wald-Tests in Regressionsmodellen

Das Wald-Prinzip stellt einen guten Ansatz zur Überprüfung von Restriktionen sowohl in linearen als auch in nichtlinearen Regressionsmodellen dar. Als Beispiel sei angenommen, daß wir die Hypothese überprüfen wollen, daß ein bestimmter Koeffizient in einem klassischen linearen Regressionsmodell gleich Null ist. Wenn dies für den Koeffizienten β_k gelten soll, dann ist in Größen von (3.8) $R=[0,...,0,1,0]$ und $r=0$. Der β entsprechende Block in der Informationsmatrix ist $\sigma^{-2}(X'X)$; falls aber σ^2 durch den unverzerrten Schätzwert s^2 ersetzt wird, ist W gleich dem Quadrat der gewöhnlichen t-Statistik aus (2.8.3). Der Likelihoodverhältnisansatz führt in diesem Fall ebenfalls, aber erst nach einer ganzen Menge algebraischer Manipulationen, zum t-Test.

Allgemeiner kann die Wald-Statistik zur Überprüfung von m linearen Restriktionen $R\psi=r$ durch Division mit m so modifiziert werden, daß folgt:

$$(Rb-r)'\left[R(X'X)^{-1}R'\right]^{-1}(Rb-r)/ms^2. \tag{4.5}$$

Unter der Nullhypothese folgt (4.5) einer F-Verteilung mit $(m, T-k)$ Freiheitsgraden; siehe Theil (1971, S. 144). Nach einigen Manipulationen ergibt sich (4.5) zu:

$$(SSE_0 - SSE)/ms^2. \tag{4.6}$$

Sie ist identisch zu der Teststatistik, die aus den Überlegungen zum Likelihoodverhältnis ermittelt worden ist; vergleiche (3.5).

Für ein nichtlineares Modell legt der Waldansatz die Verwendung asymptotischer t-Verhältnisse zur Überprüfung individueller Koeffizienten nahe. Die Begründung für die Basierung derartiger Tests auf der t-Verteilung beruht ausschließlich auf einer Analogie mit dem linearen Fall; alles, was im allgemeinen über die Verteilung derartiger t-Statistiken bewiesen werden kann, ist, daß sie asymptotisch normalverteilt sind. Asymptotische F-Verhältnisse können mit derselben Begründung angewandt werden.

Nichtlineare Restriktionen

Sind die Restriktionen nichtlinear, können weiterhin Wald-Tests konstruiert werden. Eine Taylorreihenentwicklung von $r_j(\tilde{\psi})$ um den wahren Parameter ψ ergibt:

$$r_j(\tilde{\psi}) \simeq r_j(\psi) + (\tilde{\psi} - \psi)' \frac{\partial r_j(\psi)}{\partial \psi}. \tag{4.7}$$

Wenn die Restriktionen erfüllt sind, dann ist $r_j(\psi) = 0$ für $j = 1, ..., m$, und die Wald-Statistik ist definiert durch:

$$W = \left\{ r(\tilde{\psi}) \right\}' \left[\tilde{R}' I^{*-1}(\tilde{\psi}) \cdot \tilde{R} \right]^{-1} \left\{ r(\tilde{\psi}) \right\}, \tag{4.8}$$

wobei $r(\tilde{\psi})$ ein $m \times 1$ Vektor ist, in dem das $j$te Element $r_j(\tilde{\psi})$ ist, während $\tilde{R}$ nun eine Matrix der Ableitungen ist, in der die $j$te Spalte $\partial r_j(\psi)/\partial\psi$ an der Stelle $\psi = \tilde{\psi}$ berechnet wird. W ist unter H_0, sofern die Gleichmäßigkeitsbedingungen gelten, χ^2_m-verteilt.

Beispiel Betrachten wir das Modell:

$$y_t = \beta_1 x_{1t} + \beta_2 x_{2t} + \beta_3 x_{3t} + \epsilon_t. \tag{4.9}$$

Die zu überprüfende Hypothese sei $\beta_3 = \beta_1\beta_2$, so daß ein LR-Test relativ unattraktiv wäre, da das restringierte Modell nichtlinear ist. Das nichtrestringierte Modell kann aber über das KQ-Verfahren geschätzt werden. Die Wald-Statistik ist analog der Form (4.8) mit $r_1(\tilde{\psi}) = b_1 b_2 - b_3$, $I^{*-1}(\tilde{\psi}) = s^2(X'X)^{-1}$ und $\tilde{R} = (b_2, b_1, -1)'$. Die Verwendung von s^2 und nicht die des ML Schätzwertes $\tilde{\sigma}^2$ ist willkürlich. Jeder konsistente Schätzwert für σ^2 wird dazu führen, daß W in großen Stichproben χ^2_1 verteilt ist.

Ein störendes Merkmal der Wald-Tests ist, daß die Teststatistik sich verändern wird, falls die nichtlinearen Restriktionen auf eine andere Art dargestellt werden. Im obigen

Beispiel können die Restriktionen auch als $\beta_1\beta_2 - \beta_3 = 0$ oder als $\beta_1 - \beta_3/\beta_2 = 0$ geschrieben werden, falls $\beta_2 \neq 0$ ist, oder als $\beta_2 - \beta_3/\beta_1 = 0$, falls $\beta_1 \neq 0$ ist; siehe Gregory und Veall (1985). Die verschiedenen Teststatistiken können zu verschiedenen Schlußfolgerungen führen.

5.5 Der Lagrange-Multiplikator-Test

Wie der Wald-Test ist die Lagrange-Multiplikator (LM)-Prozedur anwendbar, wenn geschachtelte Hypothesen überprüft werden. Sie führt unter der Nullhypothese ebenfalls zu einer Teststatistik mit derselben asymptotischen Verteilung wie die LR-Statistik, und sie ist konsistent. Das unterscheidende Merkmal des LM-Test ist, daß er nur die Schätzung des restringierten Modells erfordert.

Es sei $\tilde{\psi}_0$ der ML-Schätzwert für ψ in dem restringierten Modell. Sind die Restriktionen gültig, wird $\tilde{\psi}_0$ 'nahe' an den nichtrestringierten Schätzwerten $\tilde{\psi}$ sein, und somit werden die partiellen Ableitungen in dem Vektor $D\log\, L(\tilde{\psi}_0)$ ebenfalls 'nahe' an Null sein. Auf der anderen Seite gibt es, wenn H_0 nicht richtig ist, keinen Grund, anzunehmen, daß dies der Fall sein wird.

Eine Prozedur, um zu überprüfen, ob $D\log\, L(\tilde{\psi}_0)$ nahe an Null ist, kann entwickelt werden, indem zunächst eine Taylorreihenentwicklung gebildet wird, d.h:

$$D\log\, L(\tilde{\psi}_0)' \simeq D\log\, L(\tilde{\psi})' + (\tilde{\psi}_0 - \tilde{\psi})' D^2\log\, L(\tilde{\psi}). \tag{5.1}$$

Da $\tilde{\psi}$ der nichtrestringierte ML Schätzwert ist, ist $D\log\, L(\tilde{\psi}) = 0$, (5.1) reduziert sich somit zu:

$$D\log\, L(\tilde{\psi}_o)' \simeq (\tilde{\psi}_0 - \tilde{\psi})' D^2\log\, L(\tilde{\psi}). \tag{5.2}$$

Betrachten wir nun die Teststatistik:

$$LM = \left\{D\log\, L(\tilde{\psi}_0)\right\}' I^{-1}(\tilde{\psi}_0) \left\{D\log\, L(\tilde{\psi}_0)\right\}. \tag{5.3}$$

Substitution aus (5.2) führt zu:

$$LM = (\tilde{\psi}_0 - \tilde{\psi})' D^2\log\, L(\tilde{\psi}) I^{-1}(\tilde{\psi}_0) D^2\log\, L(\tilde{\psi})(\tilde{\psi}_0 - \tilde{\psi}).$$

Unter Gültigkeit von H_0 hat $T^{-1}I(\tilde{\psi}_0)$ aber dieselbe Wahrscheinlichkeitsgrenze wie $-T^{-1}D^2\log\, L(\tilde{\psi})$. Für eine große Stichprobe wird deshalb die Verteilung der LM- Statistik in (5.3), wenn die Nullhypothese richtig ist, dieselbe sein wie die Verteilung für:

$$-(\tilde{\psi}_0 - \tilde{\psi})' D^2\log\, L(\tilde{\psi})(\tilde{\psi}_0 - \tilde{\psi}).$$

Die Gleichung wird exakt dieselbe wie die für die LR-Statistik in (3.11) angegebene sein, und somit hat LM unter H_0 eine χ^2_m-Verteilung.

Gleichung (5.3) ist die übliche Definition der LM-Statistik. $I(\tilde{\psi}_0)$ kann aber unter der Nullhypothese durch jede andere Matrix $I^*(\tilde{\psi}_0)$ ersetzt werden, die in dem Sinn, der durch

(4.5.3) impliziert wurde, asymptotisch äquivalent ist. Dies wird nicht die Verteilung in großen Stichproben berühren und jede Statistik der Form:

$$\left\{D\log L(\tilde{\psi}_0)\right\}' I^{*-1}(\tilde{\psi}_0) \left\{D\log L(\tilde{\psi}_0)\right\} \tag{5.4}$$

wird als eine *Lagrange-Multiplikator-Statistik* bezeichnet. Ein kritischer Bereich für den Test wird dann in genau derselben Weise wie bei der LR-Statistik über eine χ^2_m-Verteilung gefunden.

Die Verwendung des Begriffes 'Lagrange-Multiplikator' ist in diesem Zusammenhang aus dem obigen Argument nicht offensichtlich. Bei einem gegebenen Satz an Restriktionen der Form (3.9) wird die restringierte Likelihoodfunktion definiert durch:

$$\log L^* = \log L + \sum_{j=1}^{m} \lambda_j r_j(\psi). \tag{5.5}$$

Dabei sind die λ_j die Lagrange-Multiplikatoren. Die Maximierung von $\log L^*$ bezüglich ψ impliziert:

$$D\log L(\tilde{\psi}_0) + \tilde{R}\tilde{\lambda} = 0$$

oder

$$D\log L(\tilde{\psi}_0) = -\sum \lambda_j \frac{\partial r_j(\psi)}{\partial \psi} = -\tilde{R}\tilde{\lambda}, \tag{5.6}$$

darin ist $\tilde{R}$ die $n \times m$ Matrix der Ableitungen, und $\tilde{\lambda}$ ist der $m \times 1$ Vektor der an der Stelle $\psi = \tilde{\psi}_0$ berechneten Lagrange-Multiplikatoren. Durch Substitution von $D\log L(\tilde{\psi}_0)$ in (5.3) ergibt sich eine alternative Form der LM-Statistik:

$$LM = \tilde{\lambda}'\tilde{R}' \cdot I^{-1}(\tilde{\psi}_0) \cdot \tilde{R}\tilde{\lambda}. \tag{5.7}$$

Eine dritte Form für die LM-Statistik ist von Breusch und Pagan (1980) vorgeschlagen worden. Wenn $\tilde{\psi}_0$ durch eine einzelne Iteration mit der durch (4.4.2) definierten Scoring-Methode auf den neuesten Stand gebracht worden ist, dann ist:

$$D\log L(\tilde{\psi}_0) = I(\tilde{\psi}_0) \cdot (\psi^* - \tilde{\psi}_0).$$

Die Substitution dieser Gleichung in (5.3) ergibt dann den Ausdruck:

$$LM = (\psi^* - \tilde{\psi}_0)' I(\tilde{\psi}_0)(\psi^* - \tilde{\psi}_0), \tag{5.8}$$

der als Test der Hypothese $\psi^* = \tilde{\psi}_0$ interpretiert werden kann.

Diese Form der Statistik kann in verschiedenen Situationen einfacher als (5.3) berechnet werden. Wenn der Fall vorliegt, daß eine alternative Prozedur wie das Gauss-Newton Verfahren oder der Raphson-Newton Algorithmus einfacher anzuwenden ist, dann ist es wie in (5.4) angemessen, (5.8) mit $I(\tilde{\psi}_0)$ ersetzt durch $I^*(\tilde{\psi}_0)$ zu schreiben.

Die Überprüfung einer Teilmenge der Parameter

In vielen Problemen betreffen die Restriktionen im Test nur eine Teilmenge der Parameter.

Somit wird, falls ψ partitioniert ist als:

$$\psi = \begin{pmatrix} \psi^{(1)} \\ \psi^{(2)} \end{pmatrix},$$

nur der $m \times 1$ Vektor, $\psi^{(2)}$, den über die Nullhypothese eingeführten Restriktionen unterworfen sein. Ein wichtiger spezieller Fall ist:

$$H_0 : \psi^{(2)} = 0.$$

Eine entsprechende Partitionierung der Informationsmatrix bezüglich $\psi^{(1)}$ und $\psi^{(2)}$ führt zu:

$$I(\psi) = \begin{pmatrix} I_{11} & I_{12} \\ I_{21} & I_{22} \end{pmatrix}. \tag{5.9}$$

Es sei $D_j\log L(\psi)$ der Vektor der partiellen Ableitungen von log $L(\psi)$ bezüglich $\psi^{(j)}$ für $j = 1, 2$. Aus (5.6) folgt, daß $D_1\log L(\tilde{\psi}_0) = 0$ ist, da die Parameter in $\psi^{(1)}$ nicht in die Restriktionen eingehen. Die LM-Statistik lautet deshalb:

$$LM = \left[0' \, D_2\log L(\tilde{\psi}_0)'\right] \begin{pmatrix} I_{11} & I_{12} \\ I_{21} & I_{22} \end{pmatrix}^{-1} \begin{pmatrix} 0 \\ D_2\log L(\tilde{\psi}_0) \end{pmatrix}$$

und unter Verwendung der Formel für partitionierte Inverse wird hieraus:

$$LM = \left\{D_2\log L(\tilde{\psi}_0)\right\}' \left[I_{22} - I_{21}' I_{11}^{-1} I_{12}\right]^{-1} \left\{D_2\log L(\tilde{\psi}_0)\right\}. \tag{5.10}$$

Angemerkt sei, daß alle Komponenten der Informationsmatrix an der Stelle $\psi = \tilde{\psi}_0$ berechnet werden.

Wenn unter H_0 $I_{12} = I_{21} = 0$ ist, wird die Informationsmatrix blockdiagonal sein, die Gleichung (5.10) reduziert sich zu:

$$LM = D_2\log L(\tilde{\psi}_0)' \cdot I_{22}^{-1}(\tilde{\psi}_0) \cdot D_2\log L(\tilde{\psi}_0). \tag{5.11}$$

Diese Formulierung der LM-Statistik ist insbesondere in verallgemeinerten linearen Regressionsmodellen günstig, in denen die Parameter in $\psi^{(2)}$ die Form der Störterm-Kovarianzmatrix bestimmen. Wird vorausgesetzt, daß der Erwartungswert der abhängigen Variable unabhängig von den Elementen in $\psi^{(2)}$ ist, dann wird die Informationsmatrix blockdiagonal sein und (5.11) kann angewandt werden.

Beispiel Der LR-Test auf konstante Varianzen für ein multiplikatives heteroskedastisches Modell wurde in Abschnitt 3 bestimmt. Für die Berechnung der LM-Statistik ist es günstig, den Parametervektor als $\psi^{(1)} = \beta$ und $\psi^{(2)} = \delta$ zu partitionieren, wenn auch der erste Parameter in δ, log σ^2, nicht durch die Nullhypothese restringiert ist. Dadurch wird die Blockdiagonalität der Informationsmatrix ausgenutzt und die LM-Statistik ist gegeben durch:

$$LM = \left(\frac{\partial \log L}{\partial \delta}\right)' \left(-E\left(\frac{\partial^2 \log L}{\partial \delta \partial \delta'}\right)\right)^{-1} \left(\frac{\partial \log L}{\partial \delta}\right).$$

Diese Gleichung wird berechnet für $\tilde{\delta}_0 = (\log \tilde{\sigma}_0^2 0 \dots 0)'$, dabei ist $\tilde{\sigma}_0^2$ der ML-Schätzwert für σ^2 aus der KQ-Regression. Aus (3.4.19) folgt:

$$\frac{\partial \log L}{\partial \delta} = \frac{1}{2} \sum w_t v_t,$$

mit $v_t = \{(y_t - x_t' b)^2 / \tilde{\sigma}_0^2\} - 1$. Somit ist:

$$LM = (\sum w_t v_t)' (\sum w_t w_t')^{-1} (\sum w_t v_t)/2, \tag{5.12}$$

und unter H_0 asymptotisch χ^2_{r-1} verteilt. Eine alternative Form der LM-Statistik ergibt sich, wenn beachtet wird, daß in einem klassischen linearen Regressionsmodell die Gleichung für R^2 als:

$$\begin{aligned} R^2 &= \frac{\sum \hat{y}_t^2 - T\bar{y}^2}{\sum y_t^2 - T\bar{y}^2} = \frac{b'X'Xb - T\bar{y}^2}{y'y - T\bar{y}^2} \\ &= \frac{y'X(X'X)^{-1}X'y - T\bar{y}^2}{y'y - T\bar{y}^2}. \end{aligned} \tag{5.13}$$

dargestellt werden kann. Die beiden letzten Schritte folgen direkt aus (2.2.6) bzw. (2.2.4). Beachtet man dies und hält fest, daß $\sum v_t = 0$ ist, ist die Statistik:

$$LM^* = \frac{T(\sum w_t v_t)' (\sum w_t w_t')^{-1} (\sum w_t v_t)}{\sum v_t^2} \tag{5.14}$$

gleich TR^2. R^2 ist der multiple Korrelationskoeffizient, der aus einer Regression von v_t durch w_t berechnet wurde. Da $\operatorname{plim} T^{-1} \sum v_t^2 = 2$, hat LM^* dieselbe asymptotische Verteilung wie LM.

Ein Vorteil der LM-Statistik in dieser Formulierung ist, daß sie für eine weite Spannbreite von heteroskedastischen Modellen angemessen ist. Es kann gezeigt werden, daß (5.12) die LM-Statistik für jedes Modell ist, in dem σ^2 eine Funktion von $w_t'\delta$ ist. So wird zum Beispiel in dem Modell:

$$\sigma_t^2 = \delta_1 + \delta_2 x_{2t}^2 + \dots + \delta_k x_{kt}^2$$

ein LM-Test von $H_0 : \delta_2 = \dots = \delta_k = 0$ über (5.12) oder (5.14) ausgeführt mit $w_t = (1\, x_{2t}^2 \dots x_{kt}^2)'$. Dies legt nahe, daß ein auf (5.12) oder (5.14) basierender LM-Test als ein allgemeiner Test auf Heteroskedastiztität nützlich sein kann.

Als abschließender Punkt bleibt anzumerken, daß der LM-Test relativ robust gegenüber Abweichungen von der Annahme normalverteilter Störvariablen ist; siehe Koenker (1981).

Der LM-Test bei Kleinste-Quadrate Problemen

In Abschnitt 3.5 wurde festgestellt, daß für viele Modelle die Maximierung der Likelihoodfunktion äquivalent zur Minimierung der Quadratsummenfunktion ist. Aus der Definition der Likelihoodfunktion in (3.5.14) folgt:

$$\partial \log L(\psi, \sigma^2)/\partial \psi = \sigma^{-2} \sum z_t \epsilon_t,$$

mit $z_t = z(\psi) = -\partial \epsilon_t / \partial \psi$. Der Vektor ψ kennzeichnet alle Parameter abgesehen von σ^2. Da σ^2 in Modellen dieser Art niemals Restriktionen ausgesetzt sein wird, kann die Blockdiagonalität über (5.11) ausgenutzt werden. Ersetzt man:

$$I^*(\psi) = E\left[\left\{\frac{\partial \log L}{\partial \psi}\right\}\left\{\frac{\partial \log L}{\partial \psi'}\right\}\right] = \sigma^{-4} E(\sum e_t^2 z_t z_t')$$

durch die asymptotisch äquivalente Gleichung $\sigma^{-2} \sum z_t z_t'$ und berechnet diese für $\psi = \tilde{\psi}_0$ in (5.3), folgt:

$$\tilde{\sigma}_0^{-2} (\sum z_t \epsilon_t)' (\sum z_t z_t')^{-1} (\sum z_t e_t), \tag{5.15}$$

wobei sowohl ϵ_t als auch z_t für $\psi = \tilde{\psi}_0$ geschätzt werden und $\tilde{\sigma}_0^2 = T^{-1} \sum \epsilon_t^2(\tilde{\psi}_0)$ ist.

Wenn das Modell einen konstanten Term enthält, wird die Summe der Residuen gleich Null sein. Angesichts der Definition des multiplen Korrelationskoeffizienten in (5.13) kann die Statistik (5.15) geschrieben werden als:

$$LM^* = TR^2. \tag{5.16}$$

Das Resultat wird auch dann noch approximativ gültig sein, wenn das Modell keinen konstanten Term enthält. In allen Fällen kann ein gültiger LM-Test ausgeführt werden, wenn einfach eine Regression zwischen $\epsilon_t(\tilde{\psi}_0)$ und $z_t(\tilde{\psi}_0)$ bestimmt wird und TR^2 als eine χ^2 Veränderliche mit m Freiheitsgraden überprüft wird.

Beispiel Die Geldnachfrage in einer Volkswirtschaft hängt vom realen nationalen Einkommen und von der Zinshöhe ab. Konstas und Khouja (1969) verwenden die folgende funktionale Form:

$$y_t = \beta_1 x_{1t} + \beta_2 (x_{2t} - \gamma)^{-1} + \epsilon_t, \tag{5.17}$$

dabei ist x_{1t} das reale Nationaleinkommen, x_{2t} ist der Zinssatz und y_t ist die reale Geldnachfrage. Ein positiver Wert für γ impliziert die Existenz einer Liquiditätsfalle; wenn der Zinssatz einmal auf $x_2 = \gamma$ gefallen ist, kann ein weiterer Anstieg des Geldangebotes ihn nicht mehr senken, da das zusätzliche Geld insgesamt als spekulative Kasse gehalten wird.

Konstas und Khonja versuchten, einen LR-Test bezüglich der Hypothese $\gamma = 0$ durchzuführen. Unglücklicherweise führte der Test in die Irre, wie Spitzer (1976) bemerkte, da ihr Algorithmus bei der Maximierung der Likelihoodfunktion global versagte. Der LM-Ansatz vermeidet diese Schwierigkeit, da das Modell *linear* ist, wenn $\gamma = 0$ ist. Durch eine Regression von x_1 und x_2^{-1} auf y erhält man Residuen, die dann durch x_1, x_2^{-1} und x_2^{-2} regressiert werden können. Ist R^2 das Bestimmtheitsmaß der zweiten Regression, kann der LM-Test auf eine Liquiditätsfalle auf der Statistik TR^2 basieren, die unter H_0 als χ_1^2 angenommen wird. Bei der Durchführung dieses Tests ermitteln Breusch und Pagan (1980) einen Wert für $LM^* = 11.47$. Dies deutet auf eine Ablehnung der Nullhypothese, daß hier keine Liquiditätsfalle vorliegt, hin; ein Ergebnis, das mit Spitzers LR-Test übereinstimmt.

In Termen der Notation von (5.15) $\psi = (\beta_1, \beta_2, \gamma)'$ ist:

$$z_{1t} = -\partial\epsilon_t/\partial\beta_1 = x_{1t} \tag{5.18a}$$

$$z_{2t} = -\partial\epsilon_t/\partial\beta_2 = (x_{2t} - \gamma)^{-1} \tag{5.18b}$$

und

$$z_{3t} = -\partial\epsilon_t/\partial\gamma = \beta_2(x_{2t} - \gamma)^{-2}. \tag{5.18c}$$

Diese Ableitungen wurde zur Konstruktion der LM-Teststatistik für $\gamma = 0$ berechnet. Obgleich die Gleichung für z_{3t} die Verwendung des Regressors $b_2 x_{2t}^{-2}$ impliziert, hat das Auslassen von b_2 keine Auswirkungen auf den Wert von R^2.

Der modifizierte LM-Test

Angenommen, die Hypothese, daß eine Teilmenge von m Parametern in einem klassischen linearen Regressionsmodell gleich Null ist, soll überprüft werden. Beide, das LR- und das Wald-Prinzip führen zu der durch (3.5) definierten F-Statistik. Die LM-Statistik (5.16) basiert aber auf einem R^2, das durch die Verwendung der Residuen aus einer KQ-Regression des restringierten Modells und deren Regression durch den kompletten Satz unabhängiger Variablen ermittelt wird. Angenommen, der Vektor der Residuen dieser zweiten Regression ist mit e^* gekennzeichnet, während die ursprünglichen KQ-Residuen gleich e_0 sind. Die erklärte Quadratsumme in der zweiten Regression ist dann $e_0'e_0 - e^{*\prime}e^*$ und somit:

$$R^2 = (e_0'e_0 - e^{*\prime}e^*)/e_0'e_0.$$

Es gilt aber:

$$e^* = Me_0 = M\left\{y - M\begin{pmatrix} b_0 \\ 0 \end{pmatrix}\right\} = My = e, \tag{5.19}$$

da $M = I - X(X'X)^{-1}X'$ ist und $MX = 0$ gilt. Folglich sind die aus einer Regression zwischen X und e_0 ermittelten Residuen identisch zu denen aus einer Regression zwischen y und X. Daher ist $e^{*\prime}e^* = e'e$ und somit ist die LM-Teststatistik gegeben durch:

$$LM = TR^2 = T(e_0'e_0 - e'e)/e_0'e_0 = T(SSE_0 - SSE)/SSE_0. \tag{5.20}$$

Sie ist eine monotone Funktion der klassischen F-Statistik (2.8.18) und somit führt das LM-Prinzip zu den Standard F- und t-Tests genauso wie der LR- und der Wald-Ansatz.

Die Möglichkeit, wie die LM-Statistik modifiziert werden kann, um einen exakten Test für das lineare Modell hervorzubringen, weist darauf hin, daß ähnliche Modifikationen für allgemeine Kleinste-Quadrate-Probleme nützlich sein können. In Größen des Gauss-Newton Schema (4.4.13) wird $e(\tilde{\psi}_0)$ regressiert durch $z_t(\tilde{\psi}_0)$, und Hypothesen, die die Gültigkeit beliebiger Restriktion betreffen, werden durch die Standard F- und t-Statistiken überprüft. Solche Tests werden als *modifizierte* LM-Tests bezeichnet. Die F-Tests basieren nicht auf TR^2, sondern auf:

$$LM\,F = \frac{T-n}{m} \cdot \frac{R^2}{1-R^2}. \tag{5.21a}$$

Der kritische Bereich basiert auf einer F-Verteilung mit $(m, T-n)$ Freiheitsgraden.

Beispiel Ein Test auf $\gamma = 0$ in (5.17) kann ausgeführt werden, indem x_1, x_2^{-1} und x_2^{-2} auf die KQ-Residuen des restringierten Modells bezogen werden und die mit x_2^{-2} verbundene t-Statistik untersucht wird. Ein einseitiger Test kann sehr einfach mit diesem Ansatz ausgeführt werden. Dies wäre angemessen, da die Hypothese der Liquiditätsfalle $\gamma > 0$ impliziert.

Da (5.17) unter der Nullhypothese linear ist, kann der modifizierte LM-Test auf der Basis nur einer Regression ausgeführt werden. Da die KQ-Residuen in dem restringierten Modell durch $y_t - z_t'\tilde{\psi}_0$ mit $\tilde{\psi}_0 = (b_1, b_2, 0)'$ gegeben sind, führt die erste Gauss-Newton Iteration zu:

$$\psi^* = (\sum z_t z_t')^{-1} \sum z_t y_t.$$

Somit kann der Test direkt durch eine Regression zwischen y_t und x_{1t}, x_{2t}^{-1} und x_{2t}^{-2} und der Untersuchung der mit x_{2t}^{-2} verbundenen t-Statistik ausgeführt werden.

Abgesehen von der Bequemlichkeit bei der Durchführung ist der LM-Test aus den folgenden Gründen attraktiv. Erstens legen die Ergebnisse für das lineare Regressionsmodell nahe, daß die wahren Signifikanzniveaus für modifizierte LM-Tests angemessen nahe an ihren nominalen Werten sind, wenn ein exakter Test nicht verfügbar ist. Ein zweiter Punkt bezieht sich auf die Frage der Macht, wobei in diesem Kontext die Wahrscheinlichkeit der Ablehnung der Nullhypothese für ein gegebenes nominales Signifikanzniveau gemeint ist. In den Größen von (5.15) läuft die Modifikation der LM-Statistik auf das Ersetzen von $\tilde{\sigma}_0^2$ durch $\tilde{\sigma}_1^2$ hinaus. Diese letzte Statistik wird aus den Residuen konstruiert, die sich aus den revidierten Schätzwerten ergeben, die durch eine Gauss-Newton Iteration ermittelt wurden. Folglich ist die modifizierte LM-Statistik durch:

$$LM\dagger = TR^2/(1 - R^2) \tag{5.21b}$$

gegeben, und sie muß größer oder gleich (5.20) sein. Somit kann die 'Macht' des Standard-LM-Tests nicht die Macht eines ähnlichen Tests, der auf der modifizierten Statistik $LM\dagger$ basiert, überschreiten. Diese Aussage ist nicht mehr vollständig korrekt, wenn der LM-Test auf der F-Verteilung wie in (5.21a) basiert, jede Reduktion der Macht ist aber wahrscheinlich klein. Auf der anderen Seite könnte aus der Division durch $1 - R^2$ ein enormer Unterschied entstehen.

Vergleich zwischen den Wald-, LR- und LM-Prozeduren

Bei einem Vergleich der drei klassischen Testprozeduren sind zwei Punkte zu betrachten. Der erste betrifft die rechentechnische Vorteilhaftigkeit und der zweite die Macht.

Der erste anzumerkende Aspekt betrifft die Macht: alle drei Statistiken sind in dem Sinne asymptotisch äquivalent, als daß sie dasselbe Ergebnis ergeben, wenn die Daten durch die Nullhypothese oder eine lokale Alternative generiert werden. Eine Sequenz lokaler Alternativen für die im Test befindlichen Parameter ist derart, daß für einen Vektor δ gilt:

$$H_1 : \psi^{(2)} = \psi_o^{(2)} + T^{-\frac{1}{2}}\delta,$$

Die Ursache für die asymptotische Äquivalenz der Teststatistiken kann wie folgt erklärt werden: Wird ein einzelner Parameter überprüft, kann die Likelihoodfunktion wie in Abbildung 5.4 verlaufen. Der Wald-Test basiert auf der horizontalen Distanz zwischen ψ_0 und ψ, der LR-Test basiert auf der vertikalen Distanz, und der LM-Test basiert auf der Steigung der Likelihoodfunktion in ψ_0. Jede ist eine geeignete Maßgröße für den Abstand zwischen H_0 und H_1. Wenn L eine quadratische Funktion ist, ergeben sie alle den gleichen Test und wenn der wahre Wert ψ gleich oder nahe an ψ_0 ist, wird die Likelihoodfunktion in großen Stichproben approximativ quadratisch sein.

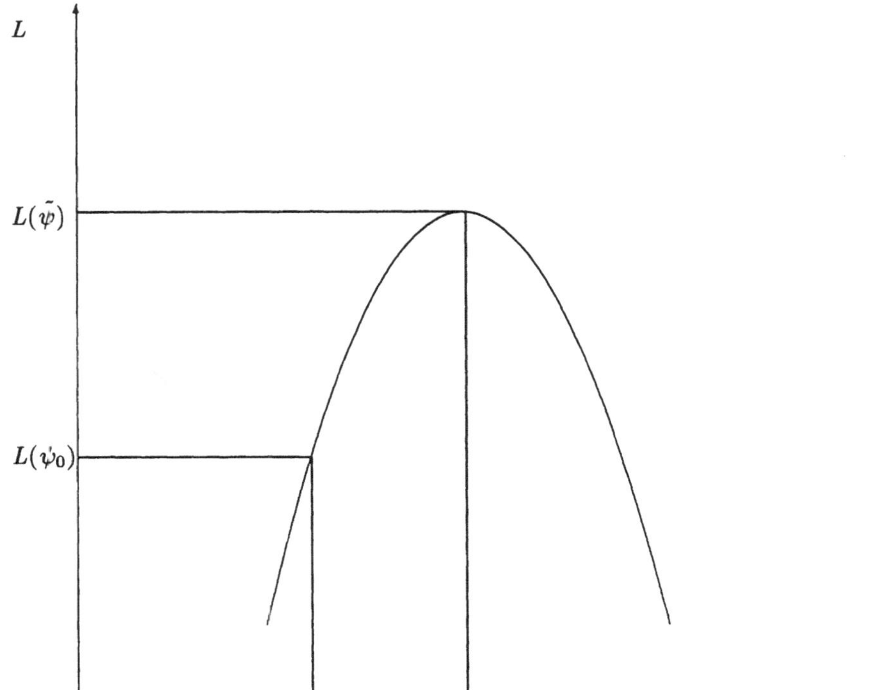

Abbildung 5.4 Typische Likelihoodfunktion für einen einzelnen Parameter

Die Tatsache, daß die drei Tests asymptotisch äquivalent sind, unterstützt keineswegs die Vorstellung, daß die drei Teststatistiken eine identische Macht in kleinen Stichproben haben werden. Unglücklicherweise ist die Frage der Macht in kleinen Stichproben schwierig zu lösen, wenn auch einiger Fortschritt von Rothenberg (1984) erzielt wurde. Für ein

Regressionsmodell mit einer im allgemeinen p.d. Kovarianzmatrix, wie in (2.4.1), kann gezeigt werden, daß die drei Tests der Ungleichung:

$$W \geq LR \geq LM \tag{5.22}$$

folgen; siehe Berndt und Savin (1977) und Breusch (1979a). Also werden immer dann, wenn der LM-Test die Nullhypothese verwirft, auch der Wald- und LR-Test diese ablehnen. Dies bedeutet aber nicht, daß der Wald-Test mächtiger ist als die LR- und LM-Tests, da die Testgröße ebenfalls eine höhere Wahrscheinlichkeit der Ablehnung unter der Nullhypothese hat. Somit erfordert ein korrekter Machtvergleich der drei Tests, daß sie so korrigiert werden, daß sie dieselbe Größe aufweisen; vergleiche zum Beispiel die Ergebnisse in Evans und Savin (1982).

Die rechentechnische Bequemlichkeit betreffend gilt, daß die LR-Statistik sehr einfach zu konstruieren ist, aber unter dem Nachteil leidet, daß sie sowohl ML-Schätzwerte für das restringierte als auch für das nichtrestringierte Modell benötigt. Dies legt nahe, daß, sofern Rechenzeit von Interesse ist, sowohl der LM- als auch der Wald-Test vorzuziehen sind. Die Wahl hängt davon ab, ob das restringierte oder das nichtrestringierte das am einfachsten zu schätzende Modell ist.

Ein abschließender Punkt, der möglicherweise bemerkenswert ist, aber nun offensichtlich sein sollte, ist, daß die Berechnung der Teststatistiken für alle drei Ansätze im Prinzip einfach ist, wenn das Testen wie das Schätzen in einem ML-Rahmen ausgeführt werden. Die wesentliche Frage zur Auswahl der Form der Teststatistik in einem konkreten Fall ist, ob die Statistik in eine transformiert werden kann, deren exakte Verteilung unter H_0 bekannt ist.

5.6 Nichtgeschachtelte Modelle

Bisher war die Diskussion auf die Überprüfung geschachtelter Hypothesen begrenzt. In solchen Fällen ist das restringierte Modell ein Spezialfall des nichtrestringierten Modells. Das muß aber nicht immer so sein. Ein häufig auftauchendes Problem ist, daß die Modelle, die unter zwei Hypothesen spezifiziert wurden nicht geschachtelt sind, weil das eine nicht als ein Spezialfall des anderen ermittelt werden kann. Unter diesen Umständen sind die herkömmlichen Ansätze nicht mehr anwendbar.

Es gibt zwei Wege zur Behandlung dieses Problems. Der erste ist, zwischen den beiden Modellen auf der Basis eines geeigneten Kriteriums zu wählen. Dies wird als *Diskriminierung* bezeichnet und ein einfaches Beispiel für eine solche Prozedur würde darin bestehen, auf der Basis von R^2 zwischen zwei linearen Regressionsmodellen zu wählen. Alternativ kann man sich dem Problem innerhalb eines Rahmens nähern, der auf ähnlichen Überlegungen aufbaut wie die klassische Überprüfung von Hypothesen. Eine Möglichkeit besteht darin, die miteinander konkurrierenden Modelle in ein allgemeineres Modell einzubetten. Jede Hypothese kann dann separat als ein Satz von Restriktionen in dem allgemeinen Modell überprüft werden. Auf der anderen Seite hat Cox eine Methode vorgeschlagen, in der ein Test auf Signifikanz für eines der Modelle unter Verwendung einer ähnlichen

Statistik wie der LR-Statistik ausgeführt wird. Werden die Rollen der beiden Modelle aber umgekehrt, wird normalerweise eine andere Teststatistik ermittelt.

Während nur zwei Ergebnisse möglich sind, wenn das Problem als eines der Diskriminierung aufgefasst wird, führt der Ansatz des Hypothesentest zu vier Ergebnissen, da beide Modelle akzeptiert oder abgelehnt werden können.

Diskriminierung

Angenommen H_1 und H_2 kennzeichnen zwei Hypothesen, die die Verteilung einer Variable y betreffen. Ein möglicher Weg zur Diskriminierung zwischen den Modellen wäre durch den Vergleich der maximierten Werte ihrer jeweiligen Likelihoodfunktionen gegeben.

Es wäre aber wünschenswert, die Anzahl der geschätzten Parameter n mit in die Betrachtung einzubeziehen. Das *Akaike Information Kriterium* (AIC) versucht eine solche Korrektur; die Entscheidungsregel lautet, das Modell zu wählen, für das:

$$AIC = -2\log L(\tilde{\psi}) + 2n \tag{6.1}$$

ein Minimum annimmt.

Das AIC ist zur Überprüfung sowohl geschachtelter als auch nichtgeschachtelter Hypothesen anwendbar. Indem so vorgegangen wird, entfernt man sich von den konventionellen Prozeduren, die überprüfen, ob ein Parameter unter Verwendung eines Tests, dessen Umfang im wesentlichen willkürlich ist, 'signifikant' ist. Somit wird das Gewicht auf den Vergleich der 'Anpassungsgüte' verschiedener Modelle mit einer angemessenen Berücksichtigung der Sparsamkeit gelegt. Diese Vorgehensweise hat bei Problemstellungen, in denen die Spezifikation primär auf pragmatischen Überlegungen basiert, eine große Anziehungskraft.

Im Fall eines Regressionsmodells mit white-noise Störgrößen reduziert sich der Vergleich der Likelihoodfunktionen auf einen Vergleich der residualen Quadratsumme. Wenn die konkurrierenden Modelle dieselbe Anzahl an Parametern enthalten, führt deshalb die AIC Entscheidungsregel zu der Auswahl des Modells, für das R^2 am größten ist. Wenn aber die Zahl der Parameter differiert, muß eine Anpassung vorgenommen werden. Eine Anzahl von Kriterien, die sich von den bereits betrachteten unterscheiden, wurden vorgeschlagen. Das bekannteste ist wahrscheinlich das in (2.2.14) definierte $\bar{R}^2$.

Beispiel 1 Beim Vergleich der linearen und log- linearen Produktionsfunktionen (2.1.9) und (2.1.10) sind wir mit dem unmittelbaren Problem konfrontiert, daß die eine Spezifikation y_t selbst betrifft, während die zweite eine Hypothese bezogen auf die Verteilung von log y_t ist. Folglich können die maximierten Likelihoodfunktionen nicht direkt verglichen werden. Die gemeinsame Verteilung der $y_1, ..., y_T$ in (2.1.9) kann aber über einen Austausch der Variablen ermittelt werden. Somit ist:

$$p(y_1, ..., y_T; \alpha, \beta) = |J| \cdot p(\log y_1, ..., \log y_T; \alpha, \beta), \tag{6.2}$$

dabei ist die Jakobideterminante J eine $T \times T$ Diagonalmatrix, deren $t$tes Diagonalelement gleich $\partial \log y_t / \partial y_t = 1/y_t$ ist. Die maximierte Log-Likelihoodfunktion ist deshalb:

$$\log L = -\frac{1}{2}T(\log 2\pi + 1) - \frac{1}{2}T\log \tilde{\sigma}_M^2 - \sum \log y_t, \tag{6.3}$$

darin ist $\tilde{\sigma}_M^2$ der ML-Schätzwert für σ^2, der auf einer Regression von log K_t und log L_t auf log Q_t basiert. Da sowohl das additive als auch das multiplikative Modell dieselbe Anzahl an Parametern beinhalten, ist nach der AIC Entscheidungsregel das additive Modell zu akzeptieren, falls $T\log \tilde{\sigma}_A^2$ kleiner als $T\log \tilde{\sigma}_M^2 + 2\sum \log y_t$ ist.

Einbetten innerhalb eines allgemeinen Modells

Wenn die konkurrierenden Modelle in einem allgemeineren Modell eingebettet sind, können H_1 und H_2 jeweils separat getestet werden. Ein Wald- oder LR-Test wird für dieses Vorhaben üblicherweise geeignet sein.

Eine allgemeine Prozedur um solche Tests durchzuführen, wurde von Cox (1961, 1962) vorgeschlagen und durch Atkinson (1970) weiterentwickelt. Sind $p_1(y_1, ..., y_T; \psi_1)$ und $p_2(y_1, ..., y_T; \psi_2)$ die p.d.f. unter H_1 bzw. H_2, dann kann die p.d.f. des allgemeinen Modells dargestellt werden durch:

$$\{p_1(y_1, ..., y_T; \psi_1)\}^{\lambda} \{p_2(y_1, ..., y_T; \psi_2)\}^{1-\lambda}.$$

Überprüfungen der beiden Hypothesen können als Tests über λ ausgeführt werden. Wenn diese Prozedur in der Theorie auch einfach ist, können die erforderlichen Berechnungen relativ kompliziert sein.

In vielen Fällen besteht keine Notwendigkeit, auf die oben skizzierte allgemeine Prozedur zurückzugreifen. Nehmen wir zum Beispiel an, die zwei Hypothesen betreffen lineare Regressionsmodelle der Form:

$$H_1 : y_t = x_t'\beta + \epsilon_t \tag{6.4}$$

$$H_2 : y_t = z_t'\gamma + \epsilon_t \tag{6.5}$$

Dabei sind x_t und β jeweils $(n_1 \times 1)$ Vektoren und z_t und γ sind $(n_2 \times 1)$ Vektoren. Diese können zusammengefaßt werden in dem allgemeinen Modell:

$$y_t = x_t'\beta + z_t'\gamma + \epsilon_t. \tag{6.6}$$

Eine signifikante F-Statistik in einem Test mit der Hypothese $\gamma = 0$ führt zu einer Ablehnung von H_1, während H_2 abgelehnt wird, falls der Schätzwert für β signifikant ist. Natürlich sind, wenn z_t und x_t einige gemeinsame Elemente beinhalten, diese nur einmal im allgemeinen Modell enthalten und nicht in die Testprozeduren aufgenommen. Weitere Entwicklungen in dieser Richtung sind in Mizon und Richard (1986) zu finden.

Beispiel 2 Betrachten wir wiederum das Problem multiplikativer versus additiver Störgrößen. Sowohl (2.1.9) als auch (2.1.10) können unter Verwendung der Box-Cox-Transformation in ein allgemeineres Modell eingebunden werden:

$$y^{(\lambda)} = \begin{cases} (y^{\lambda} - 1)/\lambda & , \quad 0 < \lambda \leq 1 \\ \log y & , \quad \lambda = 0. \end{cases} \tag{6.7}$$

Das allgemeine Modell lautet:

$$y^{(\lambda)} = \left\{ AK_t^{\beta} L_t^{\gamma} \right\}^{(\lambda)} + \epsilon_t. \tag{6.8}$$

Durch das Setzen von $\lambda = 1$ folgt (2.1.10), während (2.1.9) für $\lambda = 0$ ermittelt wird.

Da $\epsilon_t \simeq NID(0, \sigma^2)$, lautet die gemeinsame Dichtefunktion:

$$\begin{aligned} \log L(y_1, \cdots, y_T; \alpha, \beta, \sigma^2, \lambda) = & -\frac{1}{2}T\log 2\pi - \frac{1}{2}T\log \sigma^2 \\ & -\frac{1}{2}\sigma^{-2} \sum \left[y_t^{(\lambda)} - \{AK_t L_t\}^{(\lambda)} \right]^2 \\ & +(\lambda - 1) \sum \log y_t. \end{aligned} \tag{6.9}$$

Der letzte Term in (6.9) ist die Determinante der Jakobimatrix, die sich aus der Transformation von $y_t^{(\lambda)}$ zu y_t ergibt; vergleiche (6.3).

Der Parameter σ^2 kann durch Konzentration aus der Likelihoodfunktion ausgeschlossen werden, sodaß eine nichtlineare Optimierung nur noch bezüglich α, β und λ ausgeführt werden muß. Die Hypothesen H_1 und H_2 können dann bequem durch das Bestimmen eines Konfidenzintervalls um $\tilde{\lambda}$ getestet werden.

Es ist durchaus möglich, daß die obige Prozedur bei der Ablehnung der beiden Modelle versagt. Dies bedeutet, daß die Stichprobe nicht ausreichend groß ist, damit definitive Schlußfolgerungen gezogen werden können. Auf der anderen Seite sollte die Ablehnung beider Modelle nicht notwendigerweise die Akzeptanz des allgemeinen Modells nach sich ziehen, insbesondere wenn für $\lambda \neq 0, 1$ ein Modell entsteht, dessen theoretische Interpretation unklar ist.

Die Cox-Prozedur

Die von Cox entwickelte Methode basiert auf einer Modifikation des Neyman-Pearson Wahrscheinlichkeitsverhältnisses. Es seien $L_1(\psi_1)$ und $L_2(\psi_2)$ die Likelihoodfunktionen unter H_1 bzw. H_2. Ein Test der Hypothese H_1 basiert dann auf:

$$\begin{aligned} T_1 = & \left\{ \log L_1(\tilde{\psi}_1) - \log L_2(\tilde{\psi}_2) \right\} \\ & -E_{\tilde{\psi}_1} \left\{ \log L_1(\tilde{\psi}_1) - \log L_2(\tilde{\psi}_2) \right\}. \end{aligned} \tag{6.10}$$

Diese Statistik vergleicht die beobachtete Differenz der Log-Likelihoodfunktionen mit einer Schätzung der erwarteten Differenz, wenn H_1 richtig wäre. Wenn H_1 wahr ist, sollte T_1 nahe Null sein, während T_1 unter H_2 dazu tendiert, negativ zu sein. Eine Überprüfung in großen Stichproben kann auf der Normalverteilung basieren. Der Test ist einseitig, und eine allgemeine Formel zur Ableitung der asymptotischen Varianz von T_1 ist in Cox (1962) angegeben. Sie muß konsistent aus den Daten geschätzt werden.

Bei der ausschließlich auf T_1 basierenden Ausführung des Tests werden die Hypothesen ungleichmäßig behandelt, dabei dient H_2 nur dazu, den Typ an Alternativen anzuzeigen, der gegenüber eine höheren Macht benötigt wird. Die Rollen der Hypothesen können aber ausgetauscht werden, und eine zweite Teststatistik T_2 kann berechnet werden. Sie hat die Form:

$$\begin{aligned} T_2 = & \left\{\log L_2(\tilde{\psi}_2) - \log L_1(\tilde{\psi}_1)\right\} \\ & -E_{\tilde{\psi}_2}\left\{\log L_2(\tilde{\psi}_2) - \log L_1(\tilde{\psi}_1)\right\}. \end{aligned} \tag{6.11}$$

Im allgemeinen werden T_1 und T_2 verschiedene Funktionen der Beobachtungen sein. Wie bei der Einbettungsprozedur, besteht bei der Anwendung von T_1 und T_2 die Möglichkeit, daß beide oder keine der Hypothesen abgelehnt werden.

Beispiel 3 Wenn sich H_1 und H_2 auf nichtgeschachtelte Modelle der Form (6.4) und (6.5) beziehen, ist die Cox-Prozedur relativ einfach anzuwenden, wie Pesaran (1974) gezeigt hat. Es seien $\tilde{\sigma}_1^2$ und $\tilde{\sigma}_2^2$ die jeweiligen geschätzten Varianzen von H_1 und H_2; e_{21} sei der Vektor der KQ-Residuen aus der Regression $x_t'b$ auf z_t und e_{121} der Vektor der KQ-Residuen der Regression von e_{21} durch x_t. Schließlich sei $\tilde{\sigma}_{21}^2 = \tilde{\sigma}_1^2 + T^{-1}e_{21}'e_{21}$. Die Statistik (6.10) ist dann durch $T_1 = (T/2)\log\,(\tilde{\sigma}_2^2/\tilde{\sigma}_{21}^2)$ gegeben, während ein konsistenter Schätzwert ihrer asymptotischen Varianz durch $avar(T_1) = (\tilde{\sigma}_1^2/\tilde{\sigma}_2^4)e_{121}'e_{121}$ gegeben ist. Somit ist die statistische Kenngröße:

$$N_1 = T_1/\sqrt{avar(T_1)}$$

asymptotisch $N(0,1)$, wenn H_1 wahr ist, und ein signifikanter negativer Wert für N_1 impliziert eine Ablehnung von H_1 gegenüber H_2. Eine ähnliche Statistik N_2 kann zum Testen von H_2 gegenüber H_1 konstruiert werden.

5.7 Überprüfung der Prognosegüte

Das Anliegen der in dem vorhergehenden Abschnitt beschriebenen Testprozeduren ist, ein angemessenes Modell aus den Daten zu selektieren. Wenn ein geeignetes Modell identifiziert worden ist, dann werden dessen Parameter unter der Verwendung derselben Daten geschätzt. Die einzige Möglichkeit, mit der die Angemessenheit des gewählten Modells dann beurteilt werden kann, liegt in seiner Fähigkeit genaue Prognosen *außerhalb* der Stichprobenperiode zu erstellen. Es ist deshalb wichtig, eine Teilmenge der verfügbaren Beobachtungen zur Überprüfung der Prognosefähigkeit zurückzuhalten.

Angenommen, es wurde ein dynamisches Modell der Form (2.12.1) geschätzt. Sind die Werte der exogenen Variablen x_t gegeben, können Prognosen für die abhängige Variable für den gesamten nach der Schätzperiode liegenden Zeitraum $t = T + 1$ bis $t = T + l$ erstellt werden. Verschiedene Graphiken der Prognosefehler $e_{T+j|T}$, $j = 1, ..., l$ können konstruiert werden. Eine Möglichkeit ist die CUSUM-Größe:

$$W_\tau^\dagger = s^{-2} \sum_{j=1}^{\tau} e_{T+j|T}, \quad \tau = 1, ..., l. \tag{7.1}$$

Formale Tests können ebenfalls ausgeführt werden, der wichtigste basiert auf einem Vergleich der Quadratsumme der Prognosefehler, die nach dem Ende der Schätzperiode liegen mit der residualen Quadratsumme des geschätzten Modells.

Ein Anpassungstest für Beobachtungswerte außerhalb der Schätzperiode

Der grundlegende Test zur Überprüfung der Prognosegüte kann auf jedes statische oder dynamische Modell, einschließlich jener mit Nichtlinearitäten und Moving-Average Störgrößen angewandt werden. Die Aufmerksamkeit wird hier aber auf das dynamische Modell (2.12.1) gelegt. Es sei $\psi = (\alpha_1, ..., \alpha_r, \beta')'$ und angenommen, es gilt $\epsilon_t \simeq NID(0, \sigma^2)$. Falls ψ bekannt ist, wird der Prognosefehler:

$$\epsilon_{T+j|T} = y_{T+j} - \alpha_1 y_{T+j-1} + \ldots - \alpha_r y_{T+j-r} - x'_{T+j}\beta, \quad j = 1, ..., l \tag{7.2}$$

$NID(0, \sigma^2)$ sein und falls σ^2 bekannt ist, wird die Statistik:

$$\xi^\dagger(l) = \sigma^{-2} \sum_{j=1}^{l} \epsilon_{T+j|T}^2 \tag{7.3}$$

eine χ_l^2-Verteilung besitzen.

Wenn ψ geschätzt wird, besteht die Varianz eines jeden Prognosefehlers $\epsilon_{T+j|T}(\tilde{\psi}) = e_{T+j|T}$ aus zwei Teilen. Der erste Teil ist σ^2, die Varianz der Zufallsgröße in dem Modell, während der zweite Teil aus der Schätzung von ψ hervorgeht. Wenn dieser Term die Größe $0(T^{-1})$ aufweist, was fast ausnahmslos der Fall ist, wird er bezogen auf σ^2, wenn der Stichprobenumfang groß ist, relativ klein sein. Deshalb ist, falls $\hat{\sigma}^2$ einen konsistenten Schätzwert für σ^2 kennzeichnet, die Statistik:

$$\xi(l) = \hat{\sigma}^{-2} \sum_{j=1}^{l} e_{T+j|T}^2 \tag{7.4}$$

asymptotisch χ_l^2. Ein signifikanter Wert für $\xi(l)$ kann auf eine von zwei Ursachen hindeuten: *entweder* sind die Beobachtungen in der Stichprobe und der Poststichprobenperiode durch verschiedene Modelle generiert, *oder* das für die Stichprobenbeobachtungen spezifizierte Modell ist fehlspezifiziert. Die erste dieser Schlußfolgerungen impliziert einen Strukturbruch; wenn aber die Aufteilung in Stichproben- und Poststichprobenbeobachtungen im wesentlichen willkürlich vorgenommen wurde, dürfte dies unwahrscheinlich sein. Im allgemeinen wird aus einem signifikanten Wert für $\xi(l)$ die Schlußfolgerung zu ziehen sein, daß das gewählte Modell im gewissen Sinn unangemessen ist.

Beispiel Davidson *et al.* (1978) berichten über die folgende Konsumfunktion für Großbritannien:

$$\begin{array}{llllll} \hat{y}_t = & 509 & +0,75y_{t-1} & +0,18x_t & +68D_t^0 & -812Q_{1t} \\ & & (0,11) & (0,08) & (49) & (63) \\ & +32Q_{2t} & -169Q_{3t} & & & \\ & (46) & (26) & & & \\ R^2 = 0,990, & d = 2,1, & \xi(20) = 190 & & & . \end{array}$$

y sind die Konsumausgaben, x ist das verfügbare Einkommen, D^0 ist eine Dummy-Variable zur Erfassung des Effekts des Staatshaushaltes des Jahres 1968 und der Einführung der VAT (Value Added Tax = Mehrwertsteuer, d.Ü.) 1973 und Q_1, Q_2 und Q_3 sind Saisondummies. Das hohe R^2 zeigt eine fast perfekte Anpassung an die Daten an, während die Durbin-Watson-Statistik, obgleich sie im strengen Sinn aufgrund der gelagten endogenen Variable nicht gültig ist, keinen Hinweis auf eine Fehlspezifikation gibt. Es wurden aber zwanzig Beobachtungen zur Überprüfung der Prognosegüte zurückbehalten und der Wert für $\xi(20)$ ist derart, daß das Modell überzeugend abgelehnt wird.

Überprüfung der Prognosegüte im klassischen Regressionsmodell

Da die Varianz jedes Prognosefehlers $e_{T+l|T}$ größer sein wird als σ^2, wird das Signifikanzniveau eines Tests, der auf $\xi(l)$ basiert, dahin tendieren, das nominale Signifikanzniveau zu überschreiten. Im klassischen linearen Regressionsmodell ist aber ein exakter Test verfügbar. Ist $X_T^{(l)} = (x_{T+1}, ..., x_{T+l})'$ und ist $y_t^{(l)} = (y_{T+1}, ..., y_{T+l})'$, dann ist der $l \times 1$ Vektor der Prognosen durch $\tilde{y}_T^{(l)} = X_T^{(l)\prime}b$ gegeben. Dabei ist b der KQ-Schätzwert für β aus (2.1.5). Für normalverteilte Störgrößen folgt aus (1.3.13), daß

$$(y_T^{(l)} - \tilde{y}_T^{(l)})' \left\{I + X_T^{(l)}(X'X)^{-1}X_T^{(l)\prime}\right\}^{-1} (y_T^{(l)} - \tilde{y}_T^{(l)})/\sigma^2$$

eine χ_l^2 Verteilung besitzt. Deshalb folgt, wenn s^2 ein unverzerrter Schätzwert für σ^2 aus den ersten T Beobachtungen ist:

$$\xi^*(l) = (y_T^{(l} - \tilde{y}_T^{(l)})' \left\{I + X_T^{(l)}(X'X)^{-1}X_T^{(l)\prime}\right\}^{-1} (y_T^{(l)} - \tilde{y}_T^{(l)})/l\, s^2 \tag{7.5}$$

einer F-Verteilung mit $(l, T-k)$ Freiheitsgraden, wenn das Modell korrekt spezifiziert ist und die Parameter (einschließlich σ^2) über die Zeit konstant bleiben. Es ist festzustellen, daß der entscheidende Unterschied zwischen $\xi(l)$ und $\xi^*(l)$ darin besteht, daß die letztgenannte Kenngröße die Schätzung von β durch den Matrixausdruck $X_T^l(X'X)^{-1}X_T^{(l)\prime}$ berücksichtigt.

Die Teststatistik (7.5) kann durch zwei alternative Formen dargestellt werden. Die erste ist:

$$\xi^*(l) = (SSE^* - SSE)/ls^2, \tag{7.6}$$

dabei sind SSE und SSE^* die jeweiligen residualen Quadratsummen aus Regressionen der ersten T bzw. $T + l$ Beobachtungen. Gleichung (7.6) stellt die Basis für den 'Chow-Test' dar. Dies ist der übliche Test auf eine strukturelle Änderung in dem Vektor der Regressionskoeffizienten, wenn die Zahl der Beobachtungen nach dem hypothetisch angenommenen Strukturbruch kleiner oder gleich k ist. Ein Beweis für die Äquivalenz von (7.5) und (7.6) ist in Chow (1960) zu finden.

Die Struktur dieser Teststatistik wird noch deutlicher, wenn berücksichtigt wird, daß der Zähler in (7.6) gleich der Quadratsumme der für die Zeitpunkte $t = T + 1, T + 2, ..., T + l$ berechneten rekursiven Residuen ist. Dies folgt unmittelbar aus der residualen Quadratsummenrekursion (2.6.10). Folglich ist:

$$\xi^*(l) = \frac{\sum_{j=1}^{l} v_{T+j}^2 / l}{\sum_{t=k+1}^{T} v_t^2 / (T-k)}. \tag{7.7}$$

Die Tatsache, daß (7.7) für ein korrekt spezifiziertes Modell eine F-Verteilung hat, folgt aus den Eigenschaften der rekursiven Residuen. Als eine logische Folge dieser Ableitung ist es möglich, ein weiteres Resultat zu zeigen, nämlich jenes, daß eine Sequenz von Chow-Tests wechselseitig unabhängig ist. Angenommen, es gibt p derartige Statistiken $\xi(l_1), ..., \xi(l_p)$, die für aufeinanderfolgende Zeiträume $t = T + 1$ bis $t = T + l_1$ für $\xi(l_1), T + l_1 + 1$ bis $T + l_1 + l_2$ für $\xi(l_2)$ und so weiter definiert wurden. Diese Statistiken können geschrieben werden als:

$$\xi^*(l_i) = \frac{\sum_{t=T_{i-1}+1}^{T_i} v_t^2 / l_i}{\sum_{t=k+1}^{T_{i-1}} v_t^2 / (T_{i-1} - k)}, \quad i = 1, \cdots, p$$

mit $T_i = T + l_1 + l_2 + ... + l_i$. Werden sowohl die Zähler als auch die Nenner in $\xi^*(l_i)$ durch σ^2 dividiert, können sie dargestellt werden als:

$$\xi^*(l_i) = \frac{z_i / l_i}{\sum_{j=0}^{i-1} z_j / (T_{i-1} - k)}, \quad i = 1, \cdots, p;$$

dabei ist z_0 gleich SSE/σ^2. Aus den Eigenschaften der rekursiven Residuen folgt, daß die $z_0, ..., z_p$ unabhängige Chi-Quadratvariablen mit jeweils $T - k, l_1, l_2, ..., l_p$ Freiheitsgraden sind, und dies macht es möglich, einen Hilfssatz aus Hogg und Tanis (1963, S. 436) zu verwenden, aus dem folgt, daß die $\xi^*(l_i)$ wechselseitig unabhängig sind. Die praktische Bedeutung dieses Resultates besteht darin, daß es möglich ist, das gesamte Signifikanzniveau für eine Sequenz von Chow-Tests abzuschätzen.

Die ursprüngliche Formulierung des Prognosefehlers in (7.5) basiert auf den Fehlern, die sich ergeben, wenn Prognosen mit einem Schätzwert, der aus den ersten T Beobachtungen konstruiert wurde, gemacht werden. Daß die quadratische Form dieser Größen in Form einer Reihe von einstufigen Prognosefehlern, die auf einem Updating der Schätzwerte basiert, reformuliert werden kann, ist sicherlich nicht offensichtlich. Dennoch ist dies extrem nützlich, da die Unabhängigkeit der einstufigen Prognosefehler nahelegt, daß sie zur Konstruktion anderer Tests benutzt werden können. Somit können, falls σ^2 aus den Stichprobenbeobachtungen geschätzt wird, CUSUM und CUSUMQ Prozeduren unter Verwendung der rekursiven Residuen für $t = T + 1$ bis $t = T + l$ ausgeführt werden. Derselbe Satz an rekursiven Residuen aus der Poststichprobe kann einem Vorzeichentest unterzogen werden oder einem t-Test, der auf der folgenden Statistik basiert:

$$\sum_{j=1}^{l} v_{T+j}/s\sqrt{l}. \tag{7.8}$$

Mit Ausnahme des Vorzeichentests ist die Macht der verschiedenen Test zur Überprüfung der Prognosegüte von dem Schätzwert für σ^2 abhängig. Wenn σ^2 für das wahre Modell bekannt wäre, dann könnte der χ^2-Test (7.3) durchgeführt werden, und es wären wenige Restriktionen bezüglich der Wirksamkeit gegeben. σ^2 wird im allgemeinen aber nicht bekannt sein. Die Varianz muß geschätzt werden, und wenn das Modell unangemessen ist, wird s^2 dahin tendieren, σ^2 zu überschätzen. Somit werden der Nenner als auch der Zähler in (7.5) inflationiert sein mit einem sich daraus ergebenden Verlust an Macht. Der auf (7.8) basierende t-Test leidet unter demselben Nachteil. Ein Vorzeichentest oder alternativ ein Wilcoxon-Test kann deshalb in verschiedenen Situationen attraktiver sein.

5.8 Eine Strategie zur Modellauswahl

Eine Vielzahl von alternativen Ansätzen zur Überprüfung der Spezifikation eines Modells wurde diskutiert. In diesem Abschnitt wird der Versuch unternommen, diese verschiedenen Komponenten zusammenzubringen und eine Gesamtstrategie zur Modellauswahl zu entwickeln. Alle Testprozeduren haben in einem solchen Ansatz eine Rolle zu spielen, und wenn sie richtig benutzt werden, sind sie einander ergänzend und nicht konkurrierend. Bevor aber fortgefahren wird, ist ein Wort der Vorsicht angebracht. Die Punkte, die durch das Problem der Modellauswahl hervorgebracht werden, sind extrem komplex, und es wäre töricht vorzugeben, daß es eine allgemein akzeptable Lösung gibt, die in den meisten Fällen angewandt werden kann. Das folgende sollte deshalb als nicht mehr als eine Skizze dessen betrachtet werden, was für mich einen angemessenen vernünftigen und systematischen Ansatz darstellt.

In vielen Bereichen, insbesondere in der Ökonomie, sind Modelle in einer mehr oder weniger planlosen Weise konstruiert. Ein typischer Ansatz ist, mit der Formulierung des einfachsten Modells, das mit der Theorie des Untersuchungsgegenstandes konsistent ist, zu beginnen. Dieses Modell wird dann geschätzt. Wenn es sich um ein Regressionsmodell handelt, kann der Forscher durchaus verleitet sein, nicht fortzufahren, falls er ein hohes R^2, sagen wir größer 0,9, ermittelt. Ein hohes R^2 kann aber sehr leicht mit Zeitreihendaten bestimmt werden, selbst wenn die betrachteten Variablen vollständig ohne Beziehung sind. Angenommen, der Forscher ist intelligent genug, um diesen Punkt zu bemerken, dann wird er seine Überlegungen zum R^2 um einige Fehlspezifikationstests ergänzen. Sollte einer oder mehrerer dieser Tests 'signifikant' sein, wird er sein Modell ablehnen, die Richtung aber, in die er sein Modell im folgenden revidieren wird, ist im wesentlichen willkürlich.

Der oben beschriebene *ad hoc*-Ansatz zur Spezifikationsüberprüfung wird vermieden, wenn dem Problem von Anfang an eine Struktur auferlegt wird. Die verschiedenen durch die Theorie vorgeschlagenen alternativen Formulierungen sind zunächst darzustellen und eine systematische Prozedur zur Überprüfung der enthaltenen Hypothesen ist zu bestimmen. Das gesamte verfügbare *a priori* Wissen ist zu verwenden, um einen Entscheidungsrahmen aufzubauen, *bevor* eine Schätzung durchgeführt wird. Eine Spezifikationsüberprüfung kann sich dann anschließen; der Ausgangspunkt sollte das *allgemeinste* sich in den Überlegungen befindliche Modell sein.

Die Theorie, die diesem systematischen Ansatz zugrunde liegt, wird im nächsten Unterabschnitt behandelt. In der Praxis wird es aber extrem selten sein, daß ein Forscher in der Lage ist, mit Sicherheit alle möglichen Modelle zu enumerieren, die er für die Untersuchung vorbereitet hat. Aus diesem Grund spielen Fehlspezifikationstests weiterhin eine wichtige Rolle in einer umfassenden Spezfikationsstrategie.

Das Testen geordneter Hypothesen

Liegt eine Menge möglicher Modellspezifikationen vor, so ist die einleuchtendste Struktur, nach der zu suchen ist, eine *geschachtelte*. Betrachten wir die drei Modelle:

$$\begin{aligned} &(0) \quad y_t = \beta_1 x_{1t} + \epsilon_t \\ &(1) \quad y_t = \beta_1 x_{1t} + \beta_2 x_{2t}^{-1} + \epsilon_t \\ &(2) \quad y_t = \beta_1 x_{1t} + \beta_2 (x_{2t} - \gamma)^{-1} + \epsilon_t . \end{aligned} \tag{8.1}$$

Die letzte Gleichung ist die Geldnachfragefunktion (5.17). Modell (1) ist aber in Modell (2) enthalten, während Modell (0) in Modell (1) enthalten ist. Die Hypothesen, die in diesem Rahmen enthalten sind, bilden eine eineindeutig geordnete Menge, und dies ermöglicht es, eine *sequentielle Testprozedur* durchzuführen. Die Hypothesen werden in aufsteigender Ordnung ihrer Restriktionen überprüft, wobei die Sequenz durch:

$$\begin{aligned} H_1: &\quad \gamma = 0 \\ H_0: &\quad \gamma = 0, \ \beta_2 = 0 \end{aligned} \tag{8.2}$$

angezeigt wird. Der erste Test betrifft die Nullhypothese $\gamma = 0$ gegen die Alternative $\gamma \neq 0$. Der zweite Test setzt $\beta_2 = 0$ gegen $\beta_2 \neq 0$. Dies ist ein Test für die Aufnahme von x_{2t}^{-1} in das Regressionsmodell, er wird aber nur dann ausgeführt, wenn der erste Test die Nullhypothese $\gamma = 0$ nicht verwirft. Falls $H_1 : \gamma = 0$ abgelehnt wird, werden alle folgenden Hypothesen (d.h. $H_0 : \gamma = 0, \beta_2 = 0$) ebenfalls abgelehnt.

Die Teststatistiken, die in einer sequentiellen Prozedur verwandt werden, können auf den Wald-, LM- oder LR- Prinzipien basieren. Wenn es als wünschenswert angesehen wird, das allgemeinste Modell in (8.1) zu schätzen, dann könnte, dem Wald-Prinzip folgend, ein Test von $\gamma = 0$ auf dem relevanten asymptotischen t-Test basieren. Es wäre aber gleichfalls möglich, die LR-Statistik zu verwenden, wenn es auch keine Garantie gibt, daß sie dasselbe Ergebnis hervorbringt. Falls die Hypothese nicht abgelehnt wurde, könnte ein Test auf $\beta_2 = 0$ einfach durch eine Anwendung eines t-Tests aus einer auf dem Modell (1) basierenden Regression durchgeführt werden. Die sequentiellen Testprozeduren, die in einer Studie von Mizon (1977a) verwendet wurden, basieren auf Tests, die alle aus den

Wald- und LR-Prinzipien abgeleitet wurden. In Beispiel (8.1) hat ein LM-Test auf $\gamma = 0$ einen beträchtlichen Reiz, da er die Schätzung des nichtlinearen Modells (2) überflüssig macht.

Die sequentielle Testprozedur startet mit der allgemeinsten, oder aufrechterhaltenen, Hypothese und überprüft Hypothesen in aufsteigender Ordnung bezüglich der Restriktionen. Die Behandlung des Problems auf diese Weise führt zu einer Prozedur mit verschiedenen optimalen Eigenschaften bezüglich der Macht; siehe Anderson (1971, S. 34-43, 116-134, 270-276). Eine alternative, oftmals in der Praxis verwandte Strategie startet mit dem am stärksten eingeschränkten Modell. Im Fall (8.1) bedeutet dies, mit (0) zu starten und die Hypothesen in umgekehrter Reihe zu behandeln. Solch ein Ansatz hat offensichtlich rechentechnische Vorteile, wenn die allgemeineren Modelle in der Betrachtung hochgradig nichtlinear sind. Selbst wenn der gesamte zu testende Rahmen zu Beginn spezifiziert ist, werden die Teststatistiken im allgemeinen nicht unabhängig sein, und dies gestaltet die Analyse der statistischen Macht schwierig. Einer der wesentlichen Gründe zur Überprüfung der Hypothesen in aufsteigender Ordnung der Restriktionen ist, daß die inkrementalen Teststatistiken in großen Stichproben alle unabhängig sind.

Angenommen, die Hypothesen in (8.2) werden unter Verwendung von Wald-Statistiken W_1 für H_1 und W_0 für H_0 überprüft. W_1 und W_0 werden jeweils asymptotisch χ^2_1- bzw. χ^2_2-verteilt sein, das wichtige Ergebnis ist aber, daß die Inkrementalstatistik $W_0 - W_1$ asymptotisch χ^2_1 und in großen Stichproben unabhängig von W_1 verteilt ist. Somit wird, falls die zwei Hypothesen in (8.2) auf einem Signifikanzniveau von 5% überprüft werden, das nominale Signifikanzniveau der am stärksten eingeschränkten Hypothese (0) gegen die behauptete (2) $1 - (0,95)^2 = 0,0975$ sein.

Nichtgeschachtelte Hypothesen

Die sequentielle Testprozedur ist offensichtlich nicht anwendbar, wenn einige der in die Betrachtung aufgenommenen Modelle nicht geschachtelt sind. Probleme der Nichtgeschachteltheit tauchen aber auch auf, wenn es keine natürliche Ordnung der Hypothesen gibt. Betrachten wir Modell (1) in (8.1). Es gibt zwei mögliche Reihen für das Testen der 'Signifikanz' der Schätzwerte von β_1 und β_2. In der ersten wird ein t-Test für den Schätzwert von β_2 in einem Regressionsmodell basierend auf (1) ausgeführt. Diesem folgt ein t-Test für den Schätzwert von β_1 für die Regression zwischen y_t und x_{1t}. Die zweite Sequenz, die formalisiert werden kann als $H_1 : \beta_1 = 0$, $H_0 : \beta_1 = 0, \beta_2 = 0$ behandelt die Parameter in umgekehrter Reihenfolge. Sind x_{1t} und x_{2t}^{-1} stark korreliert, sind die Möglichkeiten, daß die beiden Testsequenzen zu widersprüchlichen Schlußfolgerungen führen, recht hoch. Ein Versuch kann darauf hindeuten, daß y_t nur von x_{1t} abhängt, während sie in dem anderen nur von x_{2t} abhängig ist. Diese beiden Modelle sind nicht geschachtelt.

Die vorstehenden Überlegungen führen zu dem, was Mizon (1977b) als eine *exhaustive test procedure* bezeichnet. Optimale sequentielle Testprozeduren werden auf alle möglichen Ordnungen der gesamten Menge an Hypothesen angewandt. Eine angemessene Methode wird dann benutzt, um zwischen den betrachteten Hypothesen aus allen Ordnungen zu unterscheiden.

Fehlspezifikationstests

Das bisher vorgetragene Schema hat die Verwendung der Fehlspezifikation vermieden. Indem zunächst die verschiedenen verfügbaren Optionen betrachtet werden, bevor eine Schätzung oder Überprüfung ausgeführt wird, wird dem Problem eine Gesamtstruktur auferlegt. Eine Reihe von Spezifikationstests wird dann innerhalb dieses Rahmens ausgeführt. Wenn dieser Ansatz auch sehr attraktiv ist, hat es niemals einen Hinweis darauf gegeben, der die Anwendung von Fehlspezifikationstests ausschließt. Es ist selten der Fall, daß ein Forscher am Anfang sicher sein kann, daß seine allgemeinsten Modelle in der Tat adäquat sind. Er kann verschiedene Formulierungen nicht bemerken, bis das Erkennen der Unzulänglichkeiten ihn dazu zwingt, seine ursprünglichen Ansichten zu revidieren. Fehlspezifikationstets und andere Diagnoseüberprüfungsprozeduren spielen natürlich eine Schlüsselrolle in diesem Prozeß. Sie sind aber als eine *Ergänzung* zu den formalen Prozeduren und weniger als eine Alternative zu betrachten.

Überprüfung der Prognosegüte und Modellbeurteilung

Die vorgetragene Strategie enthält eine Anzahl von Verfahren, die alle auf der Stichprobe basieren. Sie können deshalb als ein Mittel zur Bestimmung einer Spezifikation, die *intern gültig* ist, angesehen werden. Es ist nun aber wichtig, zu bestimmen, ob das Modell *extern gültig* ist, d.h., ob es gute Ergebnisse außerhalb der Stichprobenperiode hervorbringt. Dies führt zu Testverfahren, die auf Prognosen basieren, und es ist insbesondere wichtig, daß sie angewandt werden, wenn Fehlspezifikationstest zu einer Revision der in Erwägung gezogenen Hypothesen geführt haben. Ist das der Fall, wird das bevorzugte Modell bis zu einem gewissen Grad das Produkt der Daten sein. Die erhaltene 'gute Anpassung' ist lediglich das Schlußresultat einer Reihe experimenteller Spezifikationen, die durch die Daten selbst nahegelegt wurden.

Das Ziel der Überprüfung der Prognosegüte ist, eine unabhängige Überprüfung der durch die Stichprobe nahegelegten Spezifikation bereitzustellen. Wenn aber der Poststichprobentest die Nullhypothese einer korrekten Spezifikation verwirft, ist ganz und gar unklar, worin der nächste Schritt bestehen sollte. Der Weg, der am wahrscheinlichsten einzuschlagen sein wird, besteht in einer Rückkehr zu den Stichprobendaten und dem Versuch, ein Modell zu finden, das den Poststichprobentest bestehen wird. Dieser Zyklus könnte oftmals wiederholt werden, und während das Endresultat ein perfekt befriedigendes Modell sein kann, könnte die Prozedur insgesamt der Anschuldigung der Datendeterminiertheit zugänglich sein. Die Überprüfung der Prognosegüte ist dann tatsächlich in derselben Weise benutzt wie ein konventioneller Fehlspezifikationstest und dient nicht länger dem Zweck eine unabhängige Einschätzung für die Angemessenheit eines geschätzten Modells bereitzustellen.

Das Ausbleiben der Ablehnung des bevorzugten Modells auf der Basis ihrer Anpassung in der Prognoseperiode führt oftmals dazu, daß das Modell akzeptiert wird. Wenn so vorgegangen wird, ist es wichtig, sich der Unzulänglichkeiten solcher Kriterien bewußt zu sein. Insbesondere, wenn die Anpassung in der Stichprobe relativ gering ist, wird die

Fehlervarianz σ^2 inflationiert sein. Dies führt dazu, daß die Wirksamkeit der üblichen Testverfahren zur Überprüfung der Prognosegüte wie z.B. (7.6), abgeschwächt wird. In Abschnitt 7 wurde darauf hingewiesen, daß die Wilcoxon- und Vorzeichen-Tests in verschiedenen Situationen effektiver sein können, aber selbst diese würden versagen, wenn die Prognosefehler approximativ zufällig sind. Es sei angenommen, daß eine Variable in einer Regressionsgleichung ausgelassen wird und diese mit den in der Gleichung enthaltenen Variablen unkorreliert ist. Weder Stichproben- noch Poststichproben-Tests sind geeignet, die Auslassung zu entdecken. Folglich gibt es, außer wenn es einen absoluten Standard gibt, um festzulegen, ob die Größe des Prognosefehlers akzeptabel ist, keinen statistischen Grund, warum das Modell als unbefriedigend betrachtet werden sollte. Das Modell wird deshalb wahrscheinlich beibehalten, bis es durch eine alternative Spezfikation abgelehnt wird. Dies führt zur einer Verwendung eines Kriteriums wie z.B.:

$$s_p^2(l) = \sum_{j=1}^{l} e_{T+j|T}^2 / l, \tag{8.3}$$

als Anpassungsgütemaß für die Poststichprobe. Ein Vergleich verschiedener Modelle auf der Basis von (8.3) ist bedeutungsvoller als ein Vergleich innerhalb der Stichprobe, der auf s^2 oder R^2 basiert.

Anmerkungen

Abschnitt 2	Ramsey (1969) diskutiert allgemein die Eigenschaften von Residuen. Testverfahren, die die rekursiven Residuen heranziehen, werden in Harvey und Phillips (1974), Brown, Durbin und Evans (1975) und Harvey und Collier (1977) beschrieben. Harrison und McCabe (1979) geben auf der Basis von KQ-Residuen exakte und Grenztests auf Heteroskedastizität an.
Abschnitte 3, 4 und 5	Silvey (1975), Breusch und Pagan (1979, 1980), Harvey und Phillips (1980 b), Engle (1984), Jarque und Bera (1980)
Abschnitt 6	Sargan (1964), Akaike (1973), Seber (1978, S. 359 - 370), Box und Cox (1964)
Abschnitte 7 und 8	Gadd und Wold (1964), Harvey (1976b), Leamer (1978) Mizon (1977a, 1977b), Hendry und Richard (1983)

Übungen

1. Beweisen Sie (1.2) und (1.3) und kommentieren Sie die Interpretation von (1.3).

2. Die CES-Produktionsfunktion wurde in (2.1.12) definiert. Bei einem gegebenen multiplikativen Störterm erhält man, nach Division durch L_t und Logarithmierung:

$$\log q_t = \alpha + (\beta - 1)\log L_t - \beta\gamma^{-1}\log\left(1 - \delta + \delta k_t^{-\gamma}\right) + \epsilon_t,$$

mit $q_t = Q_t/L_t$ und $k_t = K_t/L_t$. Wenn $\gamma = 0$ ist, ergibt sich die Cobb-Douglas Form. Angenommen, $\epsilon_t \sim NID(0, \sigma^2)$. Zeigen Sie, daß der modifizierte LM-Test auf $\gamma = 0$ auf einer t-Statistik basieren kann, die aus einer Regression zwischen log q_t und log L_t, log k_t und (log $k_t)^2$ ermittelt wurde. (Hinweis: Taylorreihenwerte umfassen k_t).

3. Die VES-Funktion lautet:

$$Q = e^{\alpha} K^{\beta(1-\gamma\delta)}\left[L + (\gamma - 1)K\right]^{\beta\gamma\delta},$$

mit α, β, γ und δ als Parameter; siehe Revankar (1971). Konstruieren Sie unter der Voraussetzung, daß die Störgrößen multiplikativ sind, einen Test auf $\gamma = 1$, indem Sie einen ähnlichen Ansatz wie in der obigen Frage 2 verwenden. Erläutern Sie, wie Sie mit der Schätzung des Modells fortfahren würden, wenn der Test die Nullhypothese ablehnt.

4. Wie würden Sie einen Wald-Test für $H_0 : \delta_2 = \cdots = \delta_r$ für das multiplikative heteroskedastische Modell (3.4.15) konstruieren, vgl. (3.14) und (5.12)?
5. Konstruieren Sie einen LR-Test für die Aufnahme einer Gleichung in ein SURE-System.
6. Wie würden Sie einen Wald-Test der Hypothese $H_0 : \beta_2 = \beta_4$ in (2.9.18) ausführen?
7. Konstruieren Sie einen modifizierten LM-Test der Hypothese $\gamma = 1$ in (8.1).
8. Wie würden sie einen LM-Test auf $\theta = 0$ in dem ARMA(1,1)-Modell (1.5.21) ausführen? Vergleichen Sie diesen Test mit den Wald- und LR-Tests.
9. Betrachten wir einen Satz von T unabhängigen Beobachtungen einer Bernoulli Zufallsvariable, die die Werte:
$$y_t = \begin{cases} 1, & \text{mit Wahrscheinlichkeit } \pi \\ 0, & \text{mit Wahrscheinlichkeit } 1 - \pi \end{cases}$$
annehmen. Bestimmen Sie den ML-Schätzwert für π und zeigen Sie, daß dies eine suffiziente Statistik ist.

   Konstruieren Sie Wald-, LM- und LR-Teststatistiken zur Überprüfung von $H_0 : \pi = \pi_0$ gegen $H_1 : \pi \neq \pi_0$. Wie ist die asymptotische Verteilung für diese Teststatistiken? Erläutern Sie, warum diese Verteilung im Fall der Wald- und LM-Tests unmittelbar aus dem zentralen Grenzwertsatz folgt. Ist es möglich, in diesem Fall exakte Tests auf der Basis dieser Statistiken zu konstruieren?

Kapitel 6

Regressionsmodelle mit seriell korrelierten Störgrößen

6.1 Autoregressive Störgrößen erster Ordnung

Das klassische lineare Regressionsmodell wurde in Kapitel 2 eingeführt. In Vektornotation hat es die Form:

$$y_t = x_t'\beta + u_t, \qquad t = 1, \ldots, T. \tag{1.1}$$

Die Symbole sind wie in (2.1.3) definiert. Eine Grundannahme des klassischen Modells ist, daß die Störgrößen unkorreliert sind. Bei der Behandlung von Zeitreihenregressionen kann dies aber nicht immer als gegeben angesehen werden. Wenn die Störgröße als durch eine Zahl ausgelassener Variablen entstanden betrachtet wird, scheint es im Zeitreihenkontext wahrscheinlicher, daß sie serielle Korrelation aufweisen wird, da relativ wenige Zeitreihen zufällig sind.

Die traditionelle Methode zur Behandlung seriell korrelierter Störgrößen ist sie in Form eines stationären AR(1)-Prozesses zu modellieren:

$$u_t = \phi u_{t-1} + \epsilon_t, \quad |\phi| < 1. \tag{1.2}$$

Wenn ein solches Modell für ökonomische Daten auch nicht unberechtigt ist, liegt seine Hauptattraktivität in der Einfachheit der Schätzung. Mit der Existenz moderner Rechenanlagen ist dies nicht länger ein wesentlicher Gesichtspunkt, und es gibt keinen Grund, warum nicht eine allgemeine ARMA(p,q)-Störgröße in Erwägung gezogen werden sollte. Derartige Modelle werden ab Abschnitt 4 untersucht, aber unter dem Gesichtspunkt der Darstellung ist es günstig, die Aufmerksamkeit zunächst auf (1.2) zu beschränken.

Verallgemeinerte Kleinste-Quadrate

Die Ausführung einer GLS-Schätzung ist am einfachsten, wenn eine Matrix L ermittelt werden kann, die die Eigenschaft $L'L = V^{-1}$ aufweist. Diese kann zur Transformation der Beobachtungen, wie in Abschnitt 2.4 beschrieben, benutzt werden und der GLS-Schätzwert wird dann über die Anwendung von des KQ-Verfahrens ermittelt. Für eine gegebene Matrix V – die in diesem Fall auf einen gegebenen Wert für ϕ hinausläuft – führt diese Prozedur zu BLUE für β.

Die Matrix V kann leicht konstruiert werden, wenn die Autokovarianzeigenschaften des AR(1)-Prozesses gegeben sind. Da $E(u_t u_{t-\tau}) = \sigma^2\phi^\tau/(1-\phi^2)$ ist, folgt, daß das ijte Element in V durch $\phi^{|i-j|}/(1-\phi^2)$ für $i,j = 1,...,T$ gegeben ist. Die Invertierung dieser Matrix führt zu:

$$V^{-1} = \begin{bmatrix} 1 & -\phi & 0 & \cdots & 0 & 0 \\ -\phi & 1+\phi^2 & -\phi & \cdots & 0 & 0 \\ . & . & . & \cdots & . & . \\ . & . & . & \cdots & . & . \\ . & . & . & \cdots & . & . \\ 0 & 0 & 0 & \cdots & 1+\phi^2 & 0 \\ 0 & 0 & 0 & \cdots & -\phi & 1 \end{bmatrix} \tag{1.3}$$

und es ist nicht schwierig zu zeigen, daß die $T \times T$ Matrix:

$$L = \begin{bmatrix} \sqrt{1-\phi^2} & 0 & 0 & \cdots & 0 & 0 \\ -\phi & 1 & 0 & \cdots & 0 & 0 \\ . & -\phi & 1 & \cdots & . & . \\ . & . & . & \cdots & . & . \\ . & . & . & \cdots & . & . \\ . & . & . & \cdots & . & . \\ 0 & 0 & 0 & \cdots & 1 & 0 \\ 0 & 0 & 0 & \cdots & -\phi & 1 \end{bmatrix} \tag{1.4}$$

die gewünschte Eigenschaft $L'L = V^{-1}$ besitzt. Die transformierten Beobachtungen lauten deshalb:

$$y_1^* = \sqrt{1-\phi^2}y_1, \quad x_1^* = \sqrt{1-\phi^2}x_1, \tag{1.5}$$

$$y_t^* = y_t - \phi y_{t-1}, \quad x_t^* = x_t - \phi x_{t-1}, \quad t = 2,...,T. \tag{1.6}$$

Für einen gegebenen Wert für ϕ führt eine Regression von x_t^* auf y_t^* für $t = 1,...,T$ zu den GLS-Schätzwerten für β.

Da die erste Beobachtung leicht abweichend zu den übrigen Beobachtungen behandelt wird, wird sie oftmals für die Berechnungen entfernt. Somit basiert das KQ-Verfahren nur auf den durch (1.6) definierten $T-1$ Quasi-Differenzen. Sie wird manchmal als *Cochrane–Orcutt*-Transformation zitiert. Der Gedanke, der hinter dieser Transformation steht, kann direkt durch die Multiplikationen von (1.1) mit ϕ zum Zeitpunkt $t-1$ gesehen werden. Dies führt zu:

$$\phi y_{t-1} = \phi x_{t-1}'\beta + \phi u_{t-1}.$$

Subtraktion dieser Beziehung von (1.1), wobei u_t gleich $\phi u_{t-1} + \epsilon_t$ gesetzt wird, ergibt dann:

$$y_t - \phi y_{t-1} = (x_t - \phi x_{t-1})'\beta + \epsilon_t. \tag{1.7}$$

Der Effekt der Vernachlässigung der ersten Beobachtung hängt entscheidend von der Struktur der erklärenden Variablen ab. Unter den Gleichmäßigkeitsbedingungen, die allgemein zur Ableitung der asymptotischen Eigenschaften aufgestellt wurden, kann gezeigt werden, daß der Effekt der Vernachlässigung von (1.5) in großen Stichproben unbedeutend ist. Auf der anderen Seite ist es aber immer möglich, eine Menge erklärender Variablen zu finden, für die die Effizienz des Cochrane-Orcutt-Systems sehr gering ist. Maeshiro (1976) berichtet über eine Reihe von Berechnungen für ein Modell mit einem konstanten Term und einer einzelnen erklärenden Variable, die gleich dem realen BSP der USA ist. Für alle positiven Werte von ϕ war der über die Cochrane-Orcutt Transformation berechnete GLS-Schätzwert weniger effizient als der KQ-Schätzwert. Die Leistung verringerte sich mit steigendem Werten von ϕ; für $\phi = 0,98$ betrug die Varianz des Cochrane-Orcutt-Schätzwertes das Zweifache der Varianz des KQ-Schätzwertes.

Chipman (1979) liefert einen analytischen Beweis für den obigen Punkt. Für das Trendmodell:

$$y_t = \alpha + \beta t + u_t, \qquad t = 1, ..., T \tag{1.8}$$

ist er in der Lage zu zeigen, daß die minimale Effizienz des Cochrane-Orcutt-Schätzwertes 0,54 beträgt. Auf der anderen Seite ist die minimale Effizienz des KQ-Ansatzes mit 0,75 höher. Unglücklicherweise ist die aktuelle Effizienz eine komplizierte Funktion von ϕ und T, und der interessierte Leser sollte für weitere Details Chipmans Veröffentlichung heranziehen. Einen heuristischen Grund für die schwache Anpassung des Cochrane-Orcutt erhält man, wenn berücksichtigt wird, daß die transformierte erklärende Variable $x_t^* = t - \phi(t-1)$ lautet. Wenn ϕ nahe Eins ist, ist $x_t^* \simeq 1$, und damit beinahe perfekt kollinear mit dem konstanten Term $1 - \phi$. Folglich werden die Schätzwerte für α und β relativ unpräzise sein.

Eine weitere Diskussion der relativen Effizienz der Cochrane-Orcutt-Transformation sowohl bezogen auf die vollständige GLS-Transformation als auch das KQ-Verfahren ist in Abschnitt 2 zu finden. Für den Augenblick ist es ausreichend festzuhalten, daß die Cochrane-Orcutt-Transformation dazu tendiert unbefriedigende Ergebnisse hervorzubringen, wenn eine der erklärenden Variablen einen Trend aufweist.

Zweistufige und iterative Prozeduren

Da der Parameter ϕ im allgemeinen nicht bekannt sein wird, muß er geschätzt werden. Falls ein konsistenter Schätzwert für ϕ ermittelt werden kann, kann eine realisierbare GLS-Schätzfunktion für β konstruiert werden. Ist die realisierbare GLS-Schätzfunktion den Gleichmäßigkeitsbedingungen der in Kapitel 2 beschriebenen Art unterworfen, so kann gezeigt werden, daß sie in großen Stichproben dieselbe Verteilung wie die ursprüngliche GLS-Schätzfunktion hat.

Es gibt grundsätzlich zwei Methoden zur Schätzung von ϕ. Die erste basiert auf den KQ-Residuen und ist durch eine Regression von e_{t-1} auf e_t gegeben, d.h.:

$$\hat{\phi} = \sum_{t=2}^{T} e_t e_{t-1} / \sum_{t=2}^{T} e_{t-1}^2. \tag{1.9}$$

Der zweite Ansatz, der auf Durbin (1960) zurückzuführen ist, besteht aus einer Regression von y_{t-1}, x_t und x_{t-1} auf y_t. Der Koeffizient von y_{t-1} stellt den benötigten Schätzwert bereit. Den zu Grunde liegenden Gedanken kann man durch eine Umformung von (1.7) erkennen. Sie führt zu:

$$y_t = \phi y_{t-1} + x_t'\beta - x_{t-1}'(\phi\beta) + \epsilon_t, \qquad t = 1, ..., T. \tag{1.10}$$

Es kann für beide der obigen Schätzwerte für ϕ gezeigt werden, daß sie unter ziemlich allgemeinen Bedingungen konsistent sind. Der Einschluß der ersten Beobachtung (1.5) ist unwesentlich bezüglich der asymptotischen Eigenschaften der Schätzwerte für β, aber, wie in dem vorhergehenden Unterabschnitt angedeutet, könnte dies in der Praxis durchaus wichtig sein. Wenn die erste Beobachtung ausgelassen wird, basiert die realisierbare GLS-Schätzung auf (1.9) und ist als zweistufiges Cochrane-Orcutt bekannt. Nachdem ein realisierbarer GLS-Schätzwert berechnet wurde, kann eine neue Menge an Residuen dazu verwendet werden, einen weiteren Schätzwert der Form (1.9) zu konstruieren. Er wird dann zur Berechnung eines weiteren realisierbaren GLS-Schätzwertes benutzt, und der Prozeß wird solange fortgesetzt, bis Konvergenz erreicht ist. Die als *iteratives Cochrane-Orcutt-Verfahren* bezeichnete Prozedur impliziert keine Verbesserungen, wenn die asymptotischen Eigenschaften betrachtet werden, während sie in kleinen Stichproben einen signifikanten Effekt haben kann. Ähnliche Überlegungen gelten für eine iterative Prozedur, die auf der vollständigen GLS-Transformation basiert.

Maximum-Likelihood-Schätzung

Sind die Störgrößen in (1.1) normalverteilt, entspricht die Log-Likelihoodfunktion (3.5.13), y_t wird aber durch $y_t - x_t'\beta$ ersetzt. Wie in dem Fall des Zeitreihen-AR(1)-Modells ergeben sich wesentliche Vereinfachungen, wenn y_1 als fixiert angenommen wird. Der ML-Schätzwert für ϕ ist dann, bedingt durch β, durch eine einfache Regression von $y_t - x_t'\hat{\beta}$ durch $y_{t-1} - x_{t-1}'\hat{\beta}$ gegeben. Dies legt nahe, daß, wenn die Schätzfunktion für β bedingt durch ϕ ebenfalls linear ist, eine schrittweise Optimierungsprozedur wahrscheinlich rechentechnisch effizient sein wird. Nun ist die Maximierung der approximativen Log-Likelihoodfunktion äquivalent zur Minimierung der residualen Abweichungsquadratsummenfunktion:

$$\begin{aligned} S(\beta;\phi) &= \sum_{t=2}^{T} \left\{(y_t - x_t'\beta) - \phi(y_{t-1} - x_{t-1}'\beta)\right\}^2 \\ &= \sum_{t=2}^{T} \{y_t - \phi y_{t-1} - (x_t - \phi x_{t-1})'\beta\}^2 \end{aligned}$$

und unter Verwendung der Definition aus (1.6) wird diese zu:

$$S(\beta;\phi) = \sum_{t=2}^{T} (y_t^* - x^{*\prime}_t\beta)^2. \tag{1.11}$$

Der bedingte ML-Schätzwert für β ist deshalb identisch zu dem Cochrane-Orcutt Schätzwert. Die iterative Cochrane-Orcutt-Prozedur kann als ein schrittweiser Algorithmus zur Berechnung der ML-Schätzwerte für β und ϕ interpretiert werden, wenn y_1 als fixiert betrachtet wird.

Wird eine ähnliche Argumentation wie die oben dargelegte verwendet, ist der vollständige GLS-Schätzwert implizit gegeben, wenn die exakte Likelihoodfunktion in Größen der Prognosefehler, wie in (3.5.13), zerlegt wird. Somit wird der durch ϕ bedingte ML-Schätzwert für β durch die Anwendung des KQ-Verfahrens auf die vollständige Menge der transformierten Beobachtungen (1.5) und (1.6) ermittelt, während der bedingte Schätzwert für ϕ durch die Lösung einer bestimmten kubischen Gleichung ermittelt wird; siehe Beach und MacKinnon (1978).

Da der GLS-Schätzwert der MVUE für β ist, ist der zweistufige Schätzwert unter der Annahme der Normalverteilung asymptotisch effizient. Weiterhin wird, da der KQ-Schätzwert für β konsistent ist, der Schätzwert (1.9) ein asymptotisch effizienter Schätzwert für β sein.

Asymptotische Verteilung der ML-Schätzwerte

Die Eigenschaften der ML-Schätzwerte für β, ϕ und σ^2 in großen Stichproben sind nicht von der Behandlung der Startbedingungen abhängig. Der einfachste Ansatz ist y_1 als fixiert zu betrachten. Die Bildung der Erwartungswerte für die Matrix der zweiten Ableitungen von $\log L$ führt zu einer blockdiagonalen Matrix. Die ML-Schätzwerte für β sind daher unabhängig von den Schätzwerten für ϕ und σ^2. Diese haben der Reihe nach exakt dieselbe asymptotische Verteilung wie in einem AR(1)-Zeitreihenmodell; siehe (3.5.23). Folglich besitzt $(\tilde{\beta}', \tilde{\phi}, \tilde{\sigma}^2)'$ asymptotisch eine multivariate Normalverteilung mit Mittelwerte $(\beta', \phi, \sigma^2)'$ und Kovarianzmatrix:

$$Avar(\tilde{\beta}, \tilde{\phi}, \tilde{\sigma}^2) = \begin{bmatrix} \sigma^2(X'V^{-1}X)^{-1} & 0 & 0 \\ 0 & (1-\phi^2)/T & 0 \\ 0 & 0 & 2\sigma^4/T \end{bmatrix}. \tag{1.12}$$

6.2 Vergleich der Schätzfunktionen

Alle in dem vorhergehenden Abschnitt beschriebenen Prozeduren führen zu Schätzwerten mit identischen Eigenschaften in großen Stichproben. Dennoch kann ihr Verhalten in kleinen Stichproben sehr unterschiedlich sein. Dieser Abschnitt gibt einen Überblick über die Aussagen zu Stichprobeneigenschaften. Bevor dies aber getan wird, wird der Effekt der Anwendung des KQ-Verfahrens im Detail betrachtet, wenn die Störgrößen autokorreliert sind. Zwei Punkte werden untersucht. Der erste betrifft das Ausmaß, inwieweit das KQ-Verfahren ineffizient ist, während der zweite sich mit den Auswirkungen für die statistischen Schlußfolgerungen befasst, wenn die Autokorrelation in den Residuen vernachlässigt wird.

Effizienz des KQ-Verfahrens

Falls der Wert des AR-Parameters ϕ bekannt ist, kann der KQ-Schätzwert für β nicht effizienter sein als der GLS-Schätzwert. Dieses folgt direkt aus dem Gauss-Markow-Theorem. Weiterhin wird, wenn ϕ unbekannt ist, jeder konsistente Schätzwert für ϕ zu einem realisierbaren GLS-Schätzwert für β führen, der dieselbe asymptotische Verteilung wie der eigentliche GLS-Schätzwert hat. Somit stellt ein Vergleich zwischen dem KQ-Verfahren und dem GLS ein vernünftiges Maß für die relative Effizienz des KQ-Ansatzes in der Praxis dar, vorausgesetzt, die Stichprobe ist ausreichend groß. Ist auf der anderen Seite T klein, ist es durchaus möglich, daß das KQ-Verfahren zu besseren Schätzwerten für β führt als eine Methode, die serielle Korrelation 'berücksichtigt'. Wenn z.B. ϕ nahe Null ist, kann die zusätzliche Quelle für Variationen, die sich aus der Notwendigkeit ϕ zu schätzen, ergibt, einen größeren Verlust an Effizienz nach sich ziehen, als wenn ϕ gleich Null angenommen wird. Unglücklicherweise gibt es wenige analytische Aussagen zu diesem Punkt, wenn sich auch die relative Effizienz des KQ-Verfahrens in kleinen Stichproben unter verschiedenen Umständen ziemlich deutlich in Monte-Carlo-Ergebnissen zeigt. Dieser Unterabschnitt konzentriert sich deshalb auf die Untersuchung des Ausmasses, in dem das KQ-Verfahren in großen Stichproben wahrscheinlich ineffizient sein wird.

Ein Ein-Regressor Modell:

$$y_t = \beta x_t + u_t, \qquad t = 1, ..., T \tag{2.1}$$

ist relativ einfach zu analysieren und liefert Einblicke in die Faktoren, die die Anpassung des KQ-Ansatzes berühren. Folgt u_t einem AR(1)-Prozeß der Form (1.2), wird der GLS-Schätzwert durch Anwendung des KQ-Verfahrens auf die transformierten Beobachtungen (1.5) und (1.6) bestimmt. Deshalb gilt:

$$Var(\tilde{b}) = \sigma^2 \left[(1-\phi^2)x_1^2 + \sum_{t=2}^{T}(x_t - \phi x_{t-1})^2\right]^{-1}. \tag{2.2}$$

Die Varianz des Cochrane-Orcutt-Schätzwertes ist durch eine Gleichung der Form (2.2) gegeben, wobei aber der mit x_1 verbundene Term ausgelassen wird.

Die Varianz des KQ-Schätzwertes für β kann über die Entwicklung der allgemeinen Gleichung (2.4.8) ermittelt werden. Folglich ist

$$Var(b) = \sigma^2\kappa / \left[(1-\phi^2)(\sum_{t=1}^{T} x_t^2)^2\right], \tag{2.3}$$

dabei entspricht:

$$\kappa = (1-\phi^2)X'VX = \sum_{t=1}^{T} x_t^2 + 2\sum_{i=1}^{T-1}\sum_{t=1}^{T-i}\phi^i x_t x_{t+i}. \tag{2.4}$$

Es sei nun angenommen, daß x_t selbst durch einen stationären AR(1)-Prozeß der Form:

$$x_t = \bar{\phi} x_{t-1} + \xi_t \tag{2.5}$$

mit $\xi_t \sim NID(0, \bar{\sigma}^2)$ generiert wird. Dann ist:

$$\begin{aligned} \operatorname{plim} \kappa / \sum x^2 &= 1 + 2\phi\bar{\phi} + 2(\phi\bar{\phi})^2 + 2(\phi\bar{\phi})^3 + \cdots \\ &= 2/(1-\phi\bar{\phi}) - 1 = (1+\phi\bar{\phi})/(1-\phi\bar{\phi}) \end{aligned}$$

und somit:

$$Avar(b) = T^{-1} \operatorname{plim} T\,Var(b) = \frac{1}{T}\frac{\sigma^2}{\bar{\sigma}^2}\frac{(1-\bar{\phi}^2)(1+\phi\bar{\phi})}{(1-\phi^2)(1-\phi\bar{\phi})}. \tag{2.6}$$

Für den GLS-Schätzwert gilt, unabhängig davon, ob die volle oder die Cochrane-Orcutt-Transformation ausgeführt wird:

$$\begin{aligned} Avar(\tilde{\beta}) &= \sigma^2 T^{-1}\left[\operatorname{plim}(\sum x_t^2 - 2\phi \sum x_t x_{t-1} + \phi^2 \sum x_{t-1}^2)/T\right]^{-1} \\ &= \frac{1}{T}\frac{\sigma^2}{\bar{\phi}^2}\frac{(1-\bar{\phi}^2)}{1+\phi^2-2\phi\bar{\phi}}. \end{aligned} \tag{2.7}$$

Die asymptotische Effizienz des KQ-Verfahrens beträgt:

$$\operatorname{Eff}(b) = \frac{Avar(\tilde{b})}{Avar(b)} = \frac{(1-\phi^2)(1-\phi\bar{\phi})}{(1+\phi\bar{\phi})(1+\phi^2-2\phi\bar{\phi})}. \tag{2.8}$$

Für $\phi = 0,9$ und $\bar{\phi} = 0,8$ ist $\operatorname{Eff}(b) = 0,03$.

Das obige Ergebnis legt nahe, daß die Anpassung des KQ-Verfahrens in verschiedenen Situationen sehr schwach sein kann. Alternativ sei aber angenommen, daß x_t nicht durch (2.5) generiert wurde, sondern $x_t = 1$ für $t = 1, ..., T$ gilt. Dann ist:

$$\begin{aligned} \kappa &= T + 2(T-1)\phi + 2(T-2)\phi^2 + \cdots + 2\phi^{T-1} \\ &= \left\{T(1-\phi^2) - 2\phi(1-\phi^T)\right\}/(1-\phi)^2 \end{aligned}$$

und aus der Bewertung von $Avar(\tilde{\beta})$ und $Avar(b)$ geht $\operatorname{Eff}(b) = 1$ hervor. Die Effizienz des KQ-Verfahrens ist unter diesen Umständen das Ergebnis des allgemeineren Resultates, daß das KQ-Verfahren für polynome und trigonometrische Regressoren für alle Werte von ϕ asymptotisch effizient sein wird.

Auf dem KQ-Verfahren basierende Inferenzen

Obgleich die wahre Kovarianzmatrix der KQ-Schätzfunktion durch (2.4.8) gegeben ist, wird diese Formel in der Praxis natürlich nicht benutzt. Die Schätzung von $Var(b)$ auf übliche Weise kann ein falsches Bild von der Genauigkeit der Prozedur geben.

Als ein Beispiel betrachten wir das Modell (2.1) mit den durch den AR(1)-Prozeß (2.5) generiertem x_t. Die Varianz des KQ-Schätzwertes wird geschätzt durch:

$$var(b) = s^2 / \sum x_t^2 \tag{2.9}$$

und

$$
\begin{aligned}
T^{-1}\,\mathrm{plim}\,T\,var(b) &= T^{-1}\,\mathrm{plim}\,s^2/\mathrm{plim}\,\textstyle\sum x^2/T \\
&= T^{-1}\frac{\sigma^2}{1-\phi^2}\frac{(1-\bar{\phi}^2)}{\bar{\sigma}^2}.
\end{aligned}
\tag{2.10}
$$

Ein Vergleich von (2.10) mit (2.6) zeigt, daß das Verhältnis der geschätzten Varianz zu der wahren Varianz im Durchschnitt gleich $(1-\phi\bar{\phi})/(1+\phi\bar{\phi})$ sein wird. Wenn beide x_t und u_t eine positive serielle Korrelation aufweisen, so wird, das deutet die Analyse an, (2.9) dazu tendieren, die wahre Varianz zu *unterschätzen.*

Eigenschaften in kleinen Stichproben

Die in Tabelle 6.1 gezeigten Ergebnisse sind einer Reihe von Monte-Carlo Experimenten entnommen, die von Harvey und McAvinchey (1978) ausgeführt wurden. Sie zeigt die geschätzte Quadratwurzel des mittleren quadratischen Fehlers (RMSE) verschiedener Schätzverfahren in Relation zum geschätzten RMSE der vollständigen ML-Schätzfunktion. Das untersuchte Modell lautete:

$$y_t = \beta_1 + \beta_2 x_t + u_t, \qquad t = 1,\ \dots,\ T. \tag{2.11}$$

Dabei wurde u_t über einen AR(1)-Prozeß generiert. Zwei Formen für die erklärenden Variablen wurden betrachtet. In der ersten wies x_t einen streng aufwärts gerichteten *Trend* auf, der durch einen Prozeß der Form:

$$x_t = \exp(0,04t) + \xi_t, \qquad t = 1,\ \dots,\ T, \tag{2.12}$$

mit $\xi \sim NID(0,009)$ generiert wurde. In der zweiten war x_t zufällig und *stationär.* Die in Tabelle 6.1 ausgewiesenen zusammenfassenden Statistiken basieren auf zweihundert voneinander unabhängigen Wiederholungen für jedes Modell.

Das Design der Monte-Carlo Experimente in Harvey und McAvinchey (1978) ist exakt dasselbe wie das von Beach und MacKinnon (1978) verwendete. Leider war die Beach-MacKinnon Studie auf einen Vergleich zwischen dem vollständigen ML mit dem iterativen Cochrane-Orcutt beschränkt. Sie fanden heraus, daß das Cochrane-Orcutt sehr ineffiziente Schätzwerte für β hervorbringen kann, wenn die erklärende Variable einen Trend enthält. Dieser Punkt wurde durch Harvey und McAvinchey wie die wiedergegebenen Ergebnisse für $\phi = 0,6$ und $T = 20$ zeigen, bestätigt. Das Hauptmotiv der Harvey-McAvinchey Studie liegt darin, die Beach-MacKinnon Resultate zu erweitern, so daß auch Zweistufige-Schätzfunktionen untersucht werden. Unter Verwendung derselben konsistenten Startschätzwerte für ϕ aus (1.9) wurden realisierbare GLS-Schätzwerte unter Verwendung der vollständigen Transformation (1.4) und von Cochrane-Orcutt berechnet.

Tabelle 6.1 Verhältnis der RMSE der KQ, Cochrane-Orcutt und zweistufigen Schätzwerte im Vergleich mit den vollständigen ML-Schätzwerten für $\phi = 0,6$*

		Zweistufige Schätzfunktionen									
		vollständige Transformation			*Iteratives Cochrane-Orcutt*		*Cochrane-Orcutt*			*KQ*	
Modell		β_1	β_2	ϕ	β_1	β_2	β_1	β_2	ϕ	β_1	β_2
Trenddaten	$T = 20$	99,8	100,0	101,0	113,0	109,2	183,9	133,5	100,9	103,3	103,9
	$T = 100$	100,0	100,0	100,5	102,5	100,0	102,5	100,0	100,3	102,0	100,0
stationäre Daten	$T = 20$	100,0	100,9	105,3	109,6	100,5	112,4	99,8	100,0	100,0	115,7
	$T = 100$	100,0	100,5	103,0	103,4	100,5	103,4	100,5	100,7	100,0	152,1

* Geschätzt durch Monte-Carlo-Experimente unter Verwendung von 200 Wiederholungen

Mehrere Schlußfolgerungen können aus dieser Studie gezogen werden. Erstens, die zweistufigen Schätzwerte für β, die auf der vollständigen Transformation basieren, scheinen in kleinen Stichproben so effizient zu sein wie die vollständigen ML-Schätzwerte. Die Resultate für die zweistufigen Cochrane-Orcutt Schätzwerte zeigen, daß es durchaus möglich ist, daß das Iterieren einer bestimmten Prozedur bis zur Konvergenz in einer Verschlechterung der Eigenschaften in kleinen Stichproben münden kann. Drittens, die Resultate für die trendbehafteten Daten und $T = 20$ zeigen, daß die zweistufigen Cochrane-Orcutt Schätzwerte für β_1 und β_2 einen signifikant höheren RMSE haben als die auf der vollständigen Transformation basierenden Schätzwerte. Dies unterstützt das in Abschnitt 1 um (1.7) und (1.8) vorgetragene Argument. Das Resultat für $T = 100$ führt zu der vierten Schlußfolgerung, daß der Effekt der Cochrane-Orcutt Approximation für einigermaßen große Stichproben relativ unbedeutend ist.

Die Hauptaussage, die aus Tabelle 6.1 hervorgeht – und die durch hier nicht wiedergegebene Ergebnisse bestätigt wurden – ist, daß ein signifikanter Effizienzverlust mit der Anwendung der Cochrane-Orcutt-Transformation in kleinen Stichproben einhergehen kann. Dies ist aber nicht notwendigerweise ein Argument für die Anwendung der vollständigen ML-Schätzung. Wie die Resultate für die zweistufigen Schätzfunktionen zeigen, ist das wesentliche Charakteristikum für eine erfolgreiche Schätzung die Anwendung der vollständigen GLS-Transformation.

Die Resultate in Tabelle 6.1 geben auch einigen Aufschluß über die Leistungsfähigkeit des KQ-Verfahrens in kleinen Stichproben. Diese Schätzfunktion war in allen Simulationen als ein Maßstab enthalten, mit dem alle anderen Schätzfunktionen beurteilt wurden, und innerhalb des hier untersuchten Rahmens war ihre Leistung – insbesondere für trendbehaftete Daten – eindrucksvoll. In der Tat ist die relativ hohe Effizienz des KQ-Verfahrens unter diesen Umständen vielleicht angesichts der Resultate am Ende des Unterabschnittes zur Effizienz des KQ-Verfahrens nicht überraschend. Die Leistung des KQ-Ansatzes ist aber für stationäre Daten weniger eindrucksvoll. Dies entspricht dem, was man aus (2.8) erwarten könnte. Die asymptotische Formel impliziert aber, daß das KQ-Verfahren wesentlich ineffizienter ist als es sich für einigermaßen umfangreiche Stichproben zeigte. Für $T = 100$ ist die geschätzte Effizienz der KQ-Methode gleich $(100/151,2)^2 = 0,81$. Im Gegensatz dazu ergibt die Berechnung von (2.8) für $\phi = 0,6$ und $\bar{\phi} = 0,0$ $\text{Eff}(b) = 0,47$.

6.3 Die Überprüfung auf autokorrelierte Störgrößen 1.Ordnung

Im fünften Kapitel wurden die auf den LR-, Wald- und LM-Prinzipien basierenden Fehlspezifikationstests diskutiert. Diese Prozeduren können alle auf das Problem der Überprüfung einer AR(1)-Störgröße in (1.1) angewandt werden, d.h. zur Überprüfung der Nullhypothese $H_0 : \phi = 0$ gegen die Alternative $H_1 : \phi \neq 0$. Um die Darstellung zu vereinfachen, wird angenommen, daß y_1 fixiert ist. Die übrigen Beobachtungen werden als normalverteilt angenommen.

Wenn es wünschenswert erscheint, das nichtrestringierte Modell durch eine iterative Prozedur, wie beispielsweise der Cochrane-Orcutt-Prozedur zu schätzen, kann ein

Wald-Test recht einfach durchgeführt werden. In Größen von (5.3.8) ist $\psi = (\beta', \phi)'$, $R = (0...1)'$ und $r = 0$. Die Wald-Statistik lautet deshalb:

$$W = \tilde{\sigma}^2/\text{avar}(\tilde{\phi}) = \tilde{\phi}^2/\left\{(1-\tilde{\phi}^2)/T\right\}, \tag{3.1}$$

und unter H_0 wird sie eine χ_1^2-Verteilung besitzen. Es wird aber allgemein günstiger sein, den Test auf $\tilde{\phi}\sqrt{\text{avar}(\tilde{\phi})}$ zu basieren, da dieser unter H_0 $AN(0,1)$ ist und die Durchführung eines einseitigen Tests ermöglicht. Eine etwas bequemere Form des Tests wird durch den Umstand erreicht, daß er asymptotisch äquivalent zu einem t-Test in der finalen Regression von $y_{t-1} - x'_{t-1}\tilde{\beta}$ auf $y_t - x'_t\tilde{\beta}$ ist; vgl. Beispiel 4.6.1.

Die Notwendigkeit zur Schätzung des nichtrestringierten Modells kann aber unter dem rechentechnischen Aspekt als Nachteil angesehen werden. Da das restringierte Modell in diesem Fall linear ist, kann es einfach durch das KQ-Verfahren geschätzt werden. Das legt einen Test, der auf dem LM-Prinzip basiert, nahe. Für ein AR(1)-Modell folgt aus (5.5.16), daß die angemessene LM-Statistik Tr_1^2 lautet. Dabei ist r_1 der Stichprobenautokorrelationskoeffizient 1.Ordnung. Unter Verwendung desselben Argumentes führt das LM-Prinzip in der Regression zu einer Teststatistik, die auf der Autokorrelation 1.Ordnung in den Residuen basiert. Ein einseitiger Test kann ausgeführt werden, indem r_1 in großen Stichproben als normalverteilt mit Mittelwert 0 und Varianz $1/T$ betrachtet wird.

In einem Zeitreihen-AR(1)-Modell basiert ein Test der Hypothese $\phi = 0$ normalerweise nicht auf r_1, sondern auf dem von-Neumann-Verhältnis. Diese Statistik ist eine monotone Transformation von r_1, aber ihre exakten Signifikanzwerte sind tabelliert worden. Leider kann ein exakter Test, der auf den KQ-Residuen basiert, nicht konstruiert werden, da die Residuen im allgemeinen nicht unabhängig und identisch verteilt sein werden.

Die Durbin-Watson d-Statistik

Abgesehen von dem Faktor $T/(T-1)$ ist die Durbin-Watson Statistik:

$$d = \frac{\sum_{t=2}^{T}(e_t - e_{t-1})^2}{\sum_{t=1}^{T} e_t^2} \tag{3.2}$$

identisch zu dem von-Neumann-Verhältnis, da der Mittelwert der KQ-Residuen Null sein muß. Der Vektor der KQ-Residuen ist definiert durch $e = Mu$ mit $M = I - X(X'X)^{-1}X'$. Obwohl $E(e) = 0$ ist, wenn $u \sim N(0, \sigma^2 I)$, wird die durch $E(ee') = \sigma^2 M$ gegebene Kovarianzmatrix im allgemeinen nicht skalar sein. Da die Verteilung der e von den Regressoren X abhängt, ist auch die Verteilung von d von X abhängig. Deshalb können exakte Signifikanzwerte für d nicht tabelliert werden. Wenn der Stichprobenumfang aber zunimmt, wird der Einfluß der Regressoren weniger wichtig. Da $r_1 \sim AN(0, 1/T)$ ist, und

$$d \simeq 2(1 - r_1) \tag{3.3}$$

entspricht, ist es nicht schwierig zu zeigen, daß $d \sim AN(2, 4/T)$ ist. Die Approximation in (3.3) ergibt sich aufgrund der Behandlung der Endpunkte, und sie sind in großen Stichproben unwichtig.

Der Wertebereich der d-Statistik ist $[0, 4]$, und dies stimmt wiederum mit der durch (3.3) gegebenen Beziehung zu r_1 überein. Weiterhin ist, wenn die Residuen positiv autokorreliert sind, r_1 größer Null, und d tendiert dazu, niedrig zu sein. Auf der anderen Seite tendiert d bei negativer Autokorrelation gegen 4. Ein einseitiger Test auf positive Autokorrelation – die am häufigsten gewählte Alternative – wird deshalb auf einem kritischen Bereich basieren, für den die Nullhypothese abgelehnt wird, wenn d *kleiner* als ein bestimmter Wert ist. Folglich umfaßt der kritische Bereich für $T = 100$ bei einem einseitigen Test für große Stichproben auf einem 5% Signifikanzniveau alle Werte für d, die kleiner als $2 - 1,64(0,2) = 1,67$ sind.

Obwohl die asymptotische Verteilung der d unabhängig von der Verteilung der Regressoren ist, kann das Verhalten der d-Statistik für verschiedene Regressoren in kleinen Stichproben durchaus variieren. Ein Test, der auf der asymptotischen Verteilung basiert, könnte deshalb in verschiedenen Situationen in die Irre führen. Folglich ist die Verteilung der d in kleinen Stichproben von Interesse. Wenn auch die Verteilung von X abhängt, kann sie dennoch berechnet werden. In Matrixnotation lautet die d-Statistik:

$$d = \frac{e'Ae}{e'e} = \frac{u'MAMu}{u'Mu}, \tag{3.4}$$

dabei ist A eine $T \times T$ Matrix fester Werte, die in Durbin und Watson (1950) definiert ist. Die Gleichung rechts in (3.4) ist die quadratische Form normalverteilter Variablen, und die exakte Verteilung einer solchen Statistik kann numerisch über die Imhof- oder Pan Jie-Jan-Methode bestimmt werden; siehe Durbin und Watson (1971) und Koerts und Abrahamse (1969). Unter dem Gesichtspunkt der Durchführbarkeit eines Tests wird nur ein angemessener Signifikanzwert benötigt. Es ist also für einen einseitigen Test auf positive serielle Korrelation notwendig, einen Wert d^* zu berechnen, so daß gilt:

$$Pr(d < d^*) = \alpha.$$

Dabei ist α das Signifikanzniveau des Tests. Eine auf dieser Basis durchgeführte Prozedur kann als *exakter Durbin-Watson-Test* bezeichnet werden.

Der Schrankentest

Wenn die exakten Signifikanzwerte für die d-Statistik auch mit X variieren, ist die Testgröße einer oberen und einer unteren Grenze unterworfen. Diese Grenzen, mit d_U resp. d_L bezeichnet, wurden im Jahr 1950 von Durbin und Watson tabelliert. Die kritischen Werte für einen einseitigen Test auf dem 0.01 und 0.05 Signifikanzniveau sind in den Tabellen A.1 und A.2 (siehe Seite 366f.) wiedergegeben. Obgleich diese Werte für einen Test auf positive serielle Korrelation gültig sind, kann ein Test auf negative serielle Korrelation in exakt derselben Weise unter Verwendung der Statistik $4 - d$ ausgeführt werden. Die kritischen Werte für d_U und d_L hängen sowohl von k als auch von T ab. Es ist wichtig, nicht nur anzumerken, daß k den konstanten Term umschließt, sondern daß ein konstanter Term im Modell enthalten sein muß, damit die Grenzen Gültigkeit besitzen.

Der Schrankentest wird wie folgt ausgeführt: Für $d < d_L$ wird die Nullhypothese abgelehnt und für $d > d_U$ wird sie nicht verworfen, während für $d_L \leq d \leq d_u$ der Test ergebnislos ist. Ist der Test ergebnislos, kann man auf eine numerische Berechnung von d^* durch eine der oben beschriebenen Methoden zurückgreifen. Alternativ können die Beta oder $a + bd_U$-Approximationen angewandt werden. Wenn diese Methoden auch nicht in der Lage sind, exakte Werte für d^* zu ermitteln, werden sie doch normalerweise Werte hervorbringen, die für praktische Zwecke ausreichend genau sind. Dies ist ein kleiner zu zahlender Preis im Hinblick auf die Tatsache, daß sie – verglichen mit den Imhof oder Pan Jie-Jan Algorithmen – relativ einfach zu berechnen sind. Weitere Details zu diesen Approximationsprozeduren sind in Durbin und Watson (1951, 1971) zu finden.

Eine völlig andere Reaktion wäre es, einen ergebnislosen Schrankentest so zu behandeln, als lehne er die Nullhypothese ab. Für ökonomische Daten, die sich typischerweise 'langsam ändern', mag dies insbesondere keinen starken Anstieg des Umfangs des Fehlers 1. Art implizieren. Der Grund dafür ist, daß für diese Art von Regressor d^* nahe an d_U ist. Auf der anderen Seite ist dies weniger wahrscheinlich für den Fall, für den die ersten Differenzen bestimmt worden sind und k groß ist, denn dann können die Grenzen sehr weit voneinander entfernt sein. Dennoch gibt es weiterhin ein starkes Argument damit fortzufahren ein allgemeineres Modell zu schätzen. Der sich ergebende 'Verlust' wird wahrscheinlich sehr viel größer sein, wenn das restringierte Modell akzeptiert wird, falls es unangemessen ist.

*Auf LUS-Residuen basierende Tests**

Das Problem eines ergebnislosen Schrankentests kann durch die Verwendung von LUS-Residuen umgangen werden. Ein Test kann dann direkt auf dem von-Neumann-Verhältnis basieren. Derartige Tests werden aber weniger mächtig als die Durbin-Watson Prozedur sein. Für ein gegebenes d^* ist ein auf der d-Statistik basierender Test gleichbleibend die mächtigste Unveränderliche bei einer einseitigen Alternative in der Umgebung von $\phi = 0$. Diese theoretische Aussage zugunsten eines auf KQ-Residuen basierenden Tests wird durch die in Abrahamse und Koerts (1969) und Phillips und Harvey (1974) wiedergegebenen Monte-Carlo Ergebnisse unterstützt. Somit kann ein auf LUS-Residuen basierender Test nur durch rechentechnische Überlegungen begründet werden. Da die Berechnungen zur Ermittlung einer Menge von BLUS-Residuen ähnlich zu denen sind, die zur Berechnung von d^* benötigt werden, sind die Argumente für ihre Verwendung sehr schwach. Rekursive Residuen sind andererseits relativ einfach zu bestimmen und in Abschnitt 5.2 wurde ausgeführt, daß eine modifizierte Neumann-Verhältnis-Statistik, die auf diesen basiert, in jeder Batterie von Fehlspezifikationstests eine wichtige Rolle einzunehmen hat. Gegen eine AR(1)-Alternative ist ein solcher Test, verglichen mit einer Durbin-Watson Prozedur, die die Beta- oder $a + bd_u$-Approximation nutzt, aber insgesamt weniger attraktiv.

Robustheit anderer Teststatistiken

In Abschnitt 5.2 wurde darauf hingewiesen, daß serielle Korrelation in den Residuen nicht notwendigerweise serielle Korrelation in den Störgrößen impliziert. Deshalb kann die Durbin-Watson Prozedur, obwohl sie formal ein Test auf eine AR(1)-Störgrößenterm ist, ebensogut bei anderen Arten der Fehlspezifikation als serieller Korrelation hilfreich sein. In diesem Sinne wurde er in Abschnitt 5.2 als ein allgemeiner Test auf Fehlspezifikation vorgeschlagen, ebenso wie das auf rekursiven Residuen basierende Neumann-Verhältnis.

Tabelle 6.2 Geschätzte Macht für Testgrößen für das Modell $y_t = \alpha + \beta t + u_t$ mit AR(1)-Störgrößen basierend auf 200 Wiederholungen

ϕ	0,5		0,8	
T	30	60	30	60
$MVNR$	0,78	0,96	0,94	1,00
$D-W$	0,68 - 0,79	0,95 - 0,97	0,93 - 0,94	1,00 - 1,00
$CUSUM$	0,16	0,24	0,34	0,50
ψ	0,15	0,18	0,34	0,36
$CUSUMQ$	0,15	0,17	0,29	0,36
$H^{\dagger}$	0,14	0,12	0,35	0,42
H	0,08	0,08	0,06	0,12

Orientiert man sich an diesen Überlegungen, ist es wichtig, ergänzende statistische Kenngrößen zu betrachten, die Hinweise auf die Art der Fehlspezifikation geben, wenn eine signifikante d-Statistik oder ein signifikantes von-Neumann-Verhältnis ermittelt wurde. Verschiedene Tests wurden in Abschnitt 5.2 vorgeschlagen, und Tabelle 6.2 gibt für verschiedene Werte von ϕ ihre jeweilige Macht wieder. Die Resultate sind aus Harvey und Phillips (1976) entnommen und beziehen sich auf Modell (2.11) mit $x_t = t$. Abgesehen von dem von-Neumann-Verhältnis (mit rekursiven Residuen) und der d-Statistik sind die Tests bei einer mäßigen Höhe der seriellen Korrelation, wie z.B. $\phi = 0,5$ relativ robust. Sie sind weniger robust, wenn $\phi = 0,8$ ist.

6.4 Autoregressive Störgrößen höherer Ordnung

Ein AR(p)-Störgrößenterm:

$$u_t = \phi_1 u_{t-1} + ... + \phi_p u_{t-p} + \epsilon_t \tag{4.1}$$

stellt eine natürliche Erweiterung der bisher betrachteten Modelle dar. Das AR(p)-Modell ist wesentlich flexibler als das AR(1)-Modell und die Spezifikation der Störgrößen in dieser Weise erlaubt, eine Vielzahl an Verhaltensmustern wiederzugeben. Zum Beispiel können pseudo-zyklische Bewegungen oftmals durch einen AR(2)-Prozeß modelliert werden. Es kann tatsächlich gezeigt werden, daß jeder stationäre stochastische Prozeß mit jeder Genauigkeit approximiert werden kann, wenn p ausreichend groß ist. Somit kann die Spezifikation eines autoregressiven Prozesses ausreichend hoher Ordnung zur Basis eines nichtparametrischen Ansatzes zur Schätzung der Regressionskoeffizienten gemacht werden.

Die Darstellung autoregressiver Prozesse höherer Ordnung ist ebenfalls bei saisonalen Daten wichtig. Ebenso wie saisonale Effekte bei der Modellierung univariater Zeitreihen in Erwägung zu ziehen sind, müssen sie bei der Spezifizierung der Form der Störterme in der Regressionsanalyse bedacht werden. In der Ökonomie sind die Beobachtungswerte allgemein auf Monats- oder Quartalsbasis verfügbar. Dies legt die Verwendung eines Prozesses zwölfter oder vierter Ordnung nahe. Analog zur univariaten Zeitreihenanalyse können diese Effekte mit autoregressiven Effekten niedriger Ordnung verbunden sein, so daß im Fall von Quartalsdaten eine typische Spezifikation der Störgröße durch

$$(1 - \phi_1 L)(1 - \phi_4 L^4)u_t = \epsilon_t. \tag{4.2}$$

gegeben ist. Der saisonale Effekt wird durch den Koeffizient 4. Ordnung erfaßt, während die serielle Korrelation zwischen zwei benachbarten Quartalen durch den Koeffizienten 1.Ordnung erfaßt wird. Die Kombination der zwei Prozesse führt eventuell zu einer AR(5)-Spezifikation, wenn auch mit verschiedenen Beschränkungen bezüglich der Parameterwerte.

Maximum-Likelihood-Schätzung

Methoden zur Schätzung von Regressionsmodellen mit AR(p)-Störgrößen können durch eine Verallgemeinerung der Ergebnisse für den Fall 1.Ordnung abgeleitet werden. Analog zum AR(1)-Ansatz wird ein einheitlicher Ansatz bestimmt, wenn mit der Likelihoodfunktion gearbeitet wird. Die Form für die GLS-Schätzfunktion ergibt sich dann recht einfach.

Ist $\epsilon_t \sim NID(0, \sigma^2)$, kann die vollständige Log-Likelihoodfunktion zerlegt werden in:

$$\log L(y) = \sum_{t=p+1}^{T} \log l(y_t | y_{t-1}, ..., y_t) + \log L(y_1, ..., y_p);$$

vgl. (3.5.4). Daraus wird:

$$\begin{aligned}\log L(y;\phi,\beta,\sigma^2) = \; & -\frac{1}{2}T\log 2\pi - \frac{1}{2}T\log\sigma^2 - \frac{1}{2}\log|V_p| \\ & -\frac{1}{2}\sigma^{-2}(y_p - X_p\beta)'V_p^{-1}(y_p - X_p\beta) \\ & -\frac{1}{2}\sigma^{-2}\sum_{t=p+1}^{T}\{(y_t - x_t'\beta) - \phi_1(y_{t-1} - x_{t-1}'\beta) - \\ & \cdots - \phi_p(y_{t-p} - x_{t-p}'\beta)\}^2 .\end{aligned} \tag{4.3}$$

V_p kennzeichnet die Kovarianzmatrix von $y_p = (y_1, ..., y_p)'$ und $X_p = (x_1, ..., x_p)'$.

Für gegebene Werte $\phi = (\phi_1, ..., \phi_p)'$ führt die Maximierung von (4.3) bezüglich β zu GLS-Schätzwerten. Die Form, die diese Schätzfunktion annimmt, ist implizit durch die beiden letzten Terme der Gleichung gegeben. Definiert L_p eine $p \times p$ Matrix mit der Eigenschaft $L_p'L_p = V_p^{-1}$, so sind die ersten p transformierten Beobachtungen durch:

$$y_p^* = L_p y_p \quad \text{und} \quad X_p^* = L_p X_p \tag{4.4}$$

gegeben. Die verbliebenen $T-p$ transformierten Beobachtungen sind durch den letzten Term in (4.3) definiert und lauten:

$$\begin{aligned} y_t^* &= y_t - \phi_1 y_{t-1} - \cdots - \phi_p y_{t-p} \\ x_t^* &= x_t - \phi_1 x_{t-1} - \cdots - \phi_p x_{t-p}\end{aligned} \qquad t = p+1, \cdots, T. \tag{4.5}$$

Die transformierten Beobachtungswerte haben eine skalare Kovarianzmatrix und somit führt die Anwendung des KQ-Verfahrens zu den GLS-Schätzwerten für β. Die Unabhängigkeit der Störgrößen, die mit den ersten p transformierten Beobachtungen korrespondieren, folgt ex definitione, weil im Fall (4.5), was durch Analogie mit (1.7) deutlich werden sollte, gilt:

$$y_t^* = x_t^{*\prime}\beta + \epsilon_t, \quad t = p+1, ..., T. \tag{4.6}$$

Die Berechnung von L_p kann durch die Cholesky-Dekomposition vorgenommen werden; vergleiche Abschnitt 1.3. Die vollständige GLS-Transformation für $p = 1$ hängt von (1.5) ab, der ein Spezialfall von (4.4) ist. Die Matrix L_p ist einfach ein Skalar, der den Wert $\sqrt{1-\phi^2}$ annimmt.

Ist eine Methode zur Berechnung der GLS-Schätzwerte gegeben, kann die Likelihoodfunktion bezüglich ϕ konzentriert werden. Substitution des bedingten ML-Schätzwertes:

$$\begin{aligned}\tilde{\sigma}^2(\phi) &= T^{-1}(y - X\tilde{b})'V^{-1}(y - X\tilde{b}) \\ &= T^{-1}\textstyle\sum_{t=1}^{T}(y^* - x_t^{*\prime}\tilde{b})^2\end{aligned} \tag{4.7}$$

in (4.3) führt zu:

$$\log L_c(y;\phi) = -\frac{1}{2}T\log 2\pi - \frac{1}{2}T\log\tilde{\sigma}^2(\phi) + \frac{1}{2}|V_p^{-1}(\phi)| - \frac{1}{2}T. \tag{4.8}$$

Die Funktion (4.8) kann über eine allgemeine numerische Optimierungsprozedur maximiert werden, die vielleicht Beschränkungen einschließt, die die Stationarität sichern. Eine Vereinfachung der ML-Prozedur wird aber erreicht, wenn y_p als *fixiert* angenommen ist. Dies erlaubt einen einfachen schrittweisen Optimierungsansatz, da der dritte und vierte Term in der Log-Likelihoodfunktion (4.3) entfallen. Kennzeichnet $\hat{u}_t = y_t - x_t\hat{\beta}$ das $t$te Residuum aufgrund eines Schätzwertes für β, ist der durch $\hat{\beta}$ bedingte Schätzwert für ϕ durch eine Regression von $\hat{u}_{t-1}, ..., \hat{u}_{t-p}$ auf u_t gegeben. Die Form der GLS-Schätzfunktion vereinfacht sich auch ein wenig, da durch die Fixierung von y_p die ersten p transformierten Beobachtungen aus (4.4) entfernt werden. Die resultierende Transformation basiert deshalb ausschließlich auf (4.5) und ist deshalb eine direkte Verallgemeinerung des Cochrane-Orcutt, und die schrittweise Optimierungsprozedur, die die sukzessive Schätzung von ϕ und β umfaßt, ist das natürliche Analogon zur iterativen Cochrane-Orcutt Prozedur. Liegen aber die nicht gewünschten Eigenschaften, die die Cochrane-Orcutt-Transformation für verschiedene Datentypen aufweisen kann, vor, mag es ratsam sein, die GLS-Schätzung auf der vollständigen Transformation zu basieren, selbst dann ist die Schätzung von ϕ vereinfacht. Aus rechentechnischer Sicht ergeben sich sehr kleine Unterschiede, da die Cholesky Dekomposition einer $p \times p$ Matrix nicht besonders zeitaufwendig sein sollte. Weiterhin ist die zusätzliche Berechnung bis zu einem gewissen Grade damit zu begründen, daß die Cholesky Dekomposition wie eine Überprüfung des AR(1)-Prozesses auf Stationarität wirkt; wenn der Prozeß nicht stationär ist, wird V_p nicht p.d. sein und die Faktorisierung von V_p^{-1} bricht in sich zusammen. Abschließend sei angemerkt, daß V_p^{-1} nicht gesondert berechnet werden muß, da sich ein Schätzwert dafür direkt aus der Inversen der Kreuzproduktmatrix der Regression zwischen u_t und ihren gelagten Werten ergibt.

Zweistufige Schätzungen

Ist ein Schätzwert für ϕ gegeben, kann ein realiserbarer GLS-Schätzwert für β entweder durch Verwendung der vollständigen Transformation oder auf Basis der Approximation in (4.5) berechnet werden. Es kann gezeigt werden, daß, vorausgesetzt der Schätzwert für ϕ ist konsistent, die beiden Schätzwerte für β dieselbe asymptotische Verteilung wie der GLS-Schätzwert besitzen, der auf dem wahren Wert für ϕ basiert, vorbehaltlich natürlich der üblichen Bedingungen bezüglich der erklärenden Variablen. Es gibt jedoch, insoweit als die Ergebnisse für das AR(1)-Modell verallgemeinert werden können, ein starkes Argument für die Verwendung der vollständigen GLS-Transformation in kleinen Stichproben.

Ein konsistenter Schätzwert für ϕ kann aus den KQ-Residuen durch eine Regression, der im vorhergehenden Unterabschnitt beschriebenen Art, bestimmt werden. Dies ist recht bequem, da es dadurch sehr leicht wird, Signifikanztests bezüglich der Parameter in ϕ auszuführen. Aus dem im Abschnitt 5.5 dargestellten Inhalt folgt unmittelbar, daß ein 'F-Test' der Hypothese $\phi = 0$ eine einfache Anwendung der modifizierten LM-Prozedur bildet.

Asymptotische Verteilung der Schätzwerte

Alle in diesem Abschnitt betrachteten Prozeduren führen zu Schätzwerten für β und ϕ, die in großen Stichproben identische Eigenschaften haben. Folglich können sie alle als Varianten des manchmal als autoregressive Kleinste-Quadrate Methode bezeichneten Verfahrens betrachtet werden.

Die asymptotische Kovarianzmatrix der ML-Schätzwerte für β, ϕ und σ^2 hat exakt dieselbe Form wie (1.12), aber $(1-\phi^2)/T$ wird durch die allgemeine Gleichung $T^{-1}V_p^{-1}$ ersetzt.

6.5 Moving Average und gemischte Störgrößen

Eine allgemeine Spezifikation für den Störterm in einem Regressionsmodell ist das ARMA(p,q)-Modell:

$$u_t = \phi_1 u_{t-1} + \cdots + \phi_p u_{t-p} + \epsilon_t + \theta_1 \epsilon_{t-1} + \cdots + \theta_q \epsilon_{t-q}. \tag{5.1}$$

Ein MA-Modell ist natürlich ein spezielles ARMA-Modell mit $p = 0$. Wegen ihrer statistischen Behandlung, ist es aber zweckmäßig, ARMA- und MA-Modelle gemeinsam zu betrachten. Beide führen zu Schätzproblemen, die bei rein autoregressiven Störgrößen nicht auftauchen.

Eine MA-Spezifikation ist aus mehreren Gründen plausibel. ARMA-Störgrößen sind vielleicht noch wichtiger, da erstens die Aggregation einer Vielzahl von Variablen generell zu einem ARMA-Prozeß führt und zweitens, da jeder stationäre stochastische Prozeß durch ein sparsames ARMA-Modell angemessen wiedergegeben werden kann.

Wie im Fall eines reinen Zeitreihenmodells, vereinfacht sich die Likelihoodfunktion für ein Regressionsmodell mit ARMA-Störgrößen beträchtlich, wenn verschiedene Annahmen über die Startwerte getroffen werden. Diese ermöglichen eine einfache Zerlegung der Likelihoodfunktion in Form der Prognosefehler, und die Maximierung dieser ist äquivalent zur Minimierung der bedingten Quadratsummenfunktion (3.5.16). Auf der anderen Seite kann man der Ansicht sein, daß ein vollständiger ML-Ansatz wünschenswert ist. Eine detaillierte Diskussion des vollständigen ML für ARMA-Störgrößen ist außerhalb des Anliegens dieses Buches. In *TSM* wird aber eine Methode, die auf dem Kalman-Filter basiert, vorgeschlagen.

Die Annäherung an die Schätzung von einem ML-Standpunkt löst das Problem der Ermittlung einer GLS-Schätzfunktion effektiv. Im folgenden wird gezeigt, daß eine Approximation, die ähnlich der Cochrane-Orcutt-Transformation ist, auf transformierten Beobachtungen aufgebaut werden kann, die aus einfachen Rekursionsformeln ermittelt werden.

Approximative Maximum-Likelihood-Schätzung

Die Prinzipien, die dem CSS Ansatz zur Schätzung eines Regressionsmodells mit ARMA-Störgrößen zugrunde liegen, können durch die Betrachtung des Falles eines MA(1)-Störgrößenterms

$$u_t = \epsilon_t + \theta\epsilon_{t-1}. \tag{5.2}$$

entwickelt werden. Dieser enthält alle Schwierigkeiten, die nicht im reinen AR-Fall vorliegen, und die Verallgemeinerung zu anderen ARMA-Modellen ist relativ einfach.

Wird ϵ_0 als fixiert und gleich Null angenommen, ist die Maximierung der Likelihoodfunktion äquivalent zur Minimierung der bedingten Quadratsummen. Für einen gegebenen Wert θ wird das Residuum über eine Rekursion ermittelt, die dieselbe Form hat wie (3.5.8), d.h.:

$$\epsilon_t = (y - x_t'\beta) - \theta\epsilon_{t-1}, \qquad t = 1, ..., T, \tag{5.3}$$

mit $\epsilon_0 = 0$. Die Minimierung der Quadratsummen der Residuen kann sehr leicht durch das Gauss-Newton Verfahren ausgeführt werden. Die Ableitungen werden aus den Rekursionen:

$$\frac{\partial\epsilon_t}{\partial\beta} = -x_t - \theta\frac{\partial\epsilon_{t-1}}{\partial\beta}, \qquad t = 1, ..., T, \tag{5.4}$$

mit $\partial\epsilon_o/\partial\beta = 0$, und:

$$\frac{\partial\epsilon_t}{\partial\theta} = -\theta\frac{\partial\epsilon_{t-1}}{\partial\theta} - \epsilon_{t-1}, \qquad t = 1, ..., T, \tag{5.5}$$

mit $\partial\epsilon_0/\partial\theta = 0$, berechnet. Wie bei autoregressiven Störgrößen, ist die Informationsmatrix in diesem Fall blockdiagonal, da:

$$\operatorname{plim}\frac{1}{T}\sum_{t=1}^{T}\frac{\partial\epsilon_t}{\partial\beta}\frac{\partial\epsilon_t}{\partial\theta} = 0\cdot \tag{5.6}$$

Dies legt eine modifizierte Optimierungsprozedur nahe, wobei das Gauss-Newton Schema in zwei separate Regressionen aufgeteilt wird. Die erste besteht aus einer Regression von $\partial\epsilon_t/\partial\beta$ auf ϵ_t, während die zweite, welche direkt mit der iterativen Prozedur in einem reinen Zeitreihenmodell korrespondiert, eine Regression von $\partial\epsilon_t/\partial\theta$ auf ϵ_t ist. Obgleich die zu minimierende Funktion unverändert ist, sollte dieses modifizierte Schema rechentechnisch effizienter sein. Es ist angebracht anzumerken, daß die Definition eines Gauss-Newton Schemas für einen AR(1)-Störgrößenterm und eine entsprechende Modifikation direkt zum Cochrane-Orcutt führt. Es gibt aber einen Unterschied, und zwar den, daß in dem MA(1)-Modell eine einfache Regression von $\partial\epsilon_t/\partial\theta$ auf ϵ_t nicht zu dem durch β bedingten Schätzwert für θ führt. Auf der anderen Seite führt eine Regression zwischen e_t und ihren auf β bezogenen Ableitungen zu einer Approximation an die GLS-Schätzwerte. Dies definiert deshalb implizit das Äquivalent zu der Cochrane-Orcutt-Transformation für das MA-Modell.

Die Verbindung zwischen der Gauss-Newton Rekursion und dem GLS kann wie folgt hergestellt werden. Bedingt durch einen Wert für θ ist die Quadratsummenfunktion $S(\beta)$ minimiert, wenn gilt:

$$\frac{\partial S}{\partial\beta} = 2\sum_{t=1}^{T}\frac{\partial\epsilon_t}{\partial\beta}\epsilon_t = 0. \tag{5.7}$$

Fortwährende Substitution in (5.3) und (5.4) führt zu:

$$\epsilon_t = \sum_{j=0}^{t-1}(-\theta)^j(y_{t-j} - x'_{t-j}\beta) \tag{5.8}$$

und

$$\frac{\partial \epsilon_t}{\partial \beta} = -\sum_{j=0}^{t-1}(-\theta)^j x_{t-j}. \tag{5.9}$$

Durch Substitution von (5.8) und (5.9) in (5.7) folgt:

$$\sum_{t=1}^{T} x_t^*(y_t^* - x_t^{*\prime}\beta) = 0 \tag{5.10}$$

mit

$$y_t^* = \sum(-\theta)^j y_{t-j} \quad \text{umd} \quad x_t^* = \sum(-\theta)^j x_{t-j} = -\partial\epsilon_t/\partial\beta.$$

Daher wird der GLS-Schätzwert, falls die Annahmen für den Startwert der Störgröße erfüllt sind, durch eine Regression zwischen y_t^* und x_t^* ermittelt. Dieser ist identisch zu dem Schätzwert, der durch die Regression zwischen ϵ_t und $\partial\epsilon_t/\beta$ und der Subtraktion des Resultates von der laufenden Schätzung für β ermittelt wird. Es sei angemerkt, daß die transformierte abhängige Variable y_t^* durch eine Rekursion, die eine Form wie (5.3) hat, ermittelt werden kann, d.h.:

$$y_t^* = y_t - \theta y_{t-1}^*, \qquad t = 1, \ldots, T, \tag{5.11}$$

mit $y_0^* = 0$.

Zweistufige Schätzfunktionen

Ein konsistenter Schätzwert für β ist durch die KQ-Methode gegeben. Ein konsistenter Schätzwert für θ ist durch (4.5.4) gegeben, dabei ist nun r_1 die Autokorrelation 1.Ordnung der KQ-Residuen. Ausgehend von diesem Startpunkt werden asymptotisch effiziente Schätzwerte sowohl für β als auch für θ durch eine einzige Gauss-Newton Iteration berechnet.

Aus der Sicht von (5.6) besteht eine alternative Methode zur Berechnung eines effizienten Schätzwertes für β einfach darin, ϵ_t durch $\partial\epsilon_t/\partial\beta$ zu erklären. Dies ist äquivalent zu einer Regression zwischen y_t^* und x_t^* und kann somit als eine realisierbare GLS-Schätzfunktion betrachtet werden. Sie ist direkt vergleichbar mit der zweistufigen Cochrane-Orcutt- Schätzfunktion im Fall einer AR(1)-Störgröße.

6.6 Überprüfung auf serielle Korrelation

Die in Abschnitt 3 beschriebenen Testverfahren auf serielle Korrelation wurden unter der Annahme konstruiert, daß die Störgrößen einem AR(1)-Prozeß folgen. Aus der Sicht von (3.3) wird eine Testprozedur, die auf einer Statistik basiert, die die Form des von-Neumann-Verhältnisses hat, relativ effizient gegen jeden Störterm sein, der starke Korrelation 1.Ordnung aufweist, unabhängig von der Form des zugrunde liegenden stochastischen Prozesses. Somit wird zum Beispiel die Wahrscheinlichkeit relativ hoch sein, daß der Durbin-Watson die Nullhypothese einer white-noise Störgröße für einen AR(2) Prozeß:

$$u_t = \theta_1 u_{t-1} + \theta_2 u_{t-2} + \epsilon_t, \tag{6.1}$$

ablehnt, solange θ_1 nicht nahe Null ist. In ähnlicher Weise wird der Test gegen einen MA(1)-Störgrößenterm wirksam sein. In diesem Fall ist der LM-Test identisch zu dem LM-Test auf eine AR(1)-Alternative.

Als allgemeine Regel sollte deshalb ein 'signifikanter' Wert einer Statistik wie z.B. Durbin-Watson nicht notwendigerweise als ein Hinweis auf einen AR(1)-Störterm angesehen werden. Angenommen, der strukturelle Teil der Gleichung ist korrekt spezifiziert, dann sollte stets die Möglichkeit der Modellierung der Störgröße durch einen allgemeineren ARMA-Prozeß untersucht werden.

Wenn auch Tests auf AR(1)-Störgrößen gegen eine ganze Reihe von Alternativen wirksam sind, sind sie in ihrer Wirksamkeit dennoch begrenzt. Insbesondere können sie völlig inadäquat sein, wenn man sich mit saisonbehafteten Daten befaßt oder wenn ausgeprägte zyklische Effekte vorhanden sind.

Die Überprüfung saisonaler Effekte

Liegen die Beobachtungen quartalsweise vor, kann ein geeignetes Modell für den Störterm lauten:

$$u_t = \theta_4 u_{t-4} + \epsilon_t, \qquad |\theta_4| < 1. \tag{6.2}$$

Dies ist ein AR(4)-Modell, in dem θ_1, θ_2 und θ_3 auf Null beschränkt sind. Da aufeinanderfolgende Beobachtungen in (6.2) unabhängig sind, wird jeder Test, der auf Autokorrelation 1.Ordnung in den Residuen basiert, offensichtlich vollkommen unangemessen sein. Wie erwartet werden kann, legt das Lagrange-Multiplikator-Prinzip einen Test nahe, der auf r_4 basiert, sowohl für (6.2) als auch für den korrespondierenden saisonalen MA(4)-Prozeß. Unter der Nullhypothese ist $r_4 \sim AN(0, T^{-1})$.

Wenn ein exakter Test für kleine Stichproben benötigt wird, ist eine sinnvolle sich anbietende statistische Kenngröße die Verallgemeinerung der Durbin-Watson d-Statistik:

$$d_4 = \frac{\sum_{t=5}^{T}(e_t - e_{t-4})^2}{\sum_{t=1}^{T} e_t^2}. \tag{6.3}$$

Wallis (1972) gibt untere und oberere Signifikanzwerte zur Ausführung eines auf d_4 basierenden Schrankentests an. Die Testprozedur ist im wesentlichen identisch zum Fall 1.Ordnung mit der Ausnahme, daß für d_4 zwei Tabellen vorgestellt werden, abhängig davon, ob in der Regression Dummies für die Saison enthalten sind oder nicht. Wenn der Test ergebnislos ist, kann eine Approximation der exakten Signifikanzwerte über die Beta- oder $a + bd_U$ Approximation ermittelt werden. Alternativ kann der exakte Wahrscheinlichkeitswert für d_4 am Anfang durch die Imhof- oder Pan Jie-Jan Methode ermittelt werden.

Wenn Quartalsdaten verwendet werden, wird es in der Regel angebracht sein, sowohl d_1 als auch d_4 zu berechnen. Statistisch signifikante Werte für diese Statistiken können darauf hindeuten, daß in der Schätzprozedur sowohl Folgen der Autokorrelation 1. als auch 4.Ordnung berücksichtigt werden sollten. Man sollte aber in diesem Zusammenhang vorsichtig sein bei der Interpretation der Bedeutung von 'statistisch signifikant'. Angenommen, die exakten Signifikanzwerte für d_1 und d_4 werden auf dem 5%-Niveau berechnet, und die Nullhypothese einer white-noise Störgröße wird abgelehnt, wenn eine der Teststatistiken 'signifikant' ist. Das Signifikanzniveau des Fehlers 1. Art wird bei dieser Testprozedur dann größer als 0.05 sein.

Portmanteau Tests

Die Q-Statistik (1.5.20) kann zur Überprüfung der Annahme einer white-noise Störgröße angewandt werden. Die Tatsache, daß die Autokorrelationen aus KQ-Residuen konstruiert sind, führt zu keinem Unterschied gegenüber der Verteilung von Q in großen Stichproben, die unter der Nullhypothese asymptotisch χ^2_p ist. Die modifizierte statistische Kenngröße lautet:

$$Q^* = T(T+2)\sum_{\tau=1}^{P}(T-\tau)^{-1}r_\tau^2. \tag{6.4}$$

Sie besitzt unter der Nullhypothese ebenfalls dieselbe Verteilung, aber die verfügbaren Ergebnisse deuten an, daß sie die bessere Approximation darstellt.

Die Q- und Q^*- Statistiken stellen die Basis für die 'Portemanteau' Tests dar, da sie entwickelt wurden, um Abweichungen von der Zufälligkeit, die durch die ersten P Autokorrelationen in den Residuen angedeutet werden, zu erfassen. Die Alternativhypothese kann als recht vage erscheinen, tatsächlich kann aber der Q-Test als LM-Test gegen einen AR(P)- oder MA(P)-Prozeß abgeleitet werden. Es bleibt aber das Problem, wie P zu wählen ist. Ein zu kleiner Wert für P kann bei der Aufdeckung eines Prozesses, in dem höhere Lagordnungen wichtig sind, versagen. Auf der anderen Seite kann ein zu großer Wert für P dazu führen, daß der Test eine geringere Macht hat, da die Effekte der dominanten Autokorrelationen durch eine Reihe von Autokorrelationen, die nahe Null sind, vermindert werden.

Keine der Versionen des Portemanteau Tests ist exakt. Weiterhin ist es schwierig, die Verteilung von Q zu berechnen, da Q nicht als quadratische Form normalverteilter Variablen dargestellt werden kann; vgl. (3.4). Ein alternativer Ansatz ist, eine Teststatistik durch eine Verallgemeinerung der d-Statistik zu konstruieren. Schmidt hat die folgende Statistik vorgeschlagen:

$$d_{1,2} = \left[\sum_{t=2}^{T}(e_t - e_{t-1})^2 + \sum_{t=3}^{T}(e_t - e_{t-2})^2\right] / \sum_{t=1}^{T} e_t^2. \tag{6.5}$$

Da $d_{1,2}$ als quadratische Form normalverteilter Variablen dargestellt werden kann, ist es möglich, ihre Verteilung in kleinen Stichproben über die Imhof- oder Pan Jie-Jan-Methode zu bestimmen. Ein Schrankentest kann gleichfalls entwickelt werden, dessen Signifikanzwerte sind in Schmidt (1972) tabelliert. Dieser Ansatz könnte weiter verallgemeinert werden, aber es ist nicht klar, ob Überprüfungen, die auf dieser Basis ausgeführt werden, wünschenwerte Eigenschaften haben. Die Q-Statistik kann wenigstens als die geeignete Statistik zur Durchführung eines LM-Tests gegen eine AR(P)- oder MA(P)-Alternative betrachtet werden. Sie stellt eine solidere Basis zur Konstruktion einer Teststatistik dar als die Anforderung, daß die Verteilung in kleinen Stichproben exakt bekannt sein muß.

Überprüfungen, wenn der Störterm als ein ARMA-Prozeß modelliert wird

Wenn ein Regressionsmodell mit einem bestimmten ARMA-Störterm geschätzt worden ist, wird es üblicherweise wünschenswert sein, Diagnoseüberprüfungen hinsichtlich der Spezifikation auszuführen. Insofern das Modell durch eine einfache Erweiterung einer Methode, die zur Anpassung eines ARMA-Zeitreihenmodells benutzt wird, geschätzt worden ist, ergeben sich keine neuen Probleme. Also wird die Verteilung der CSS-Residuen in großen Stichproben nicht durch die Addition von β zur Parametermenge berührt, und die Nullhypothese, daß die Störgrößen seriell nicht korreliert sind, kann durch die Behandlung der Box-Pierce Q-Statistik als χ^2-verteilt mit $P - p - q$ Freiheitsgraden überprüft werden.

6.7 Prognose

Sind die zukünftigen Werte der erklärenden Variablen gegeben, kann die abhängige Variable in einem Regressionsmodell mit ARMA-Störgrößen (5.1) rekursiv prognostiziert werden. Nach Multiplikation beider Seiten von (1.1) mit dem AR-Polynom $\phi(L)$ folgt:

$$\begin{aligned} y_t &= \phi_1 y_{t-1} + \cdots + \phi_p y_{t-p} + (x_t - \phi_1 x_{t-1} - \cdots - \phi_p x_{t-p})'\beta \\ &\quad + \epsilon_t + \theta_1 \epsilon_{t-1} + \cdots + \theta_q \epsilon_{t-q} \\ &= x_t'\beta + \phi_1(y_{t-1} - x_{t-1}'\beta) + \cdots + \phi_p(y_{t-p} - x_{t-p}'\beta) \\ &\quad + \epsilon_t + \cdots + \theta_q \epsilon_{t-q}. \end{aligned} \tag{7.1}$$

Diese Gleichung ist die Basis für die rekursive Berechnung optimaler Prognosen für zukünftige Werte von y_t. Das Festlegen zukünftiger Störgrößen auf ihren Erwartungswert Null führt zu:

$$\begin{aligned}\tilde{y}_{T+l|T} = \; & \phi_1 \tilde{y}_{T+l-1|T} + \cdots + \phi_p \tilde{y}_{T+l-p|T} \\ & + (x_{T+l} - \phi_1 x_{T+l-1} - \cdots - \phi_p x_{T+l-p})'\beta \\ & + \tilde{\epsilon}_{T+l|T} + \cdots + \theta_q \tilde{\epsilon}_{T+l-q|T}, \qquad l = 1, 2, \ldots\end{aligned} \tag{7.2}$$

mit

$$\tilde{y}_{T+j|T} = \begin{cases} \tilde{y}_{T+j|T} & \text{für } j > 0 \\ y_{T+j} & \text{für } j \leq 0 \end{cases}$$

und

$$\tilde{\epsilon}_{T+j|T} = \begin{cases} 0 & j > 0 \\ \epsilon_{T+j} & j \leq 0; \end{cases}$$

vgl. (1.5.22). Die ϵ_t werden wie in (5.3) rekursiv ermittelt.

Mittlerer quadratischer Fehler von Prognosen

Sind β, ϕ und θ bekannt, können die mittleren quadratischen Fehler der Prognosen auf exakt dieselbe Weise ermittelt werden wie in einem ARMA-Zeitreihenmodell; siehe *TSM* (Abschnitt 6.4). Somit ist:

$$MSE(\tilde{y}_{T+l|T}) = (1 + \psi_1^2 + \cdots + \psi_{l-1}^2)\sigma^2, \tag{7.3}$$

dabei ist ψ_j der Koeffizient für ϵ_{t-j} in der MA-Darstellung des ARMA-Prozesses. Für ein AR(1)-Modell folgt aus (1.5.5):

$$\begin{aligned} MSE(\tilde{y}_{T+l|T}) &= \left\{1 + \phi^2 + \cdots + \phi^{2(l-1)}\right\}\sigma^2 \\ &= \sigma^2(1 - \phi^{2l})/(1 - \phi^2). \end{aligned} \tag{7.4}$$

Wenn β unbekannt ist, sind die Prognosen einer zusätzlichen Quelle für Variationen gegenüber dem reinen Zeitreihenfall ausgesetzt. Sie resultiert aus der Schätzung von β. Hier werden die Prognosen über die Rekursion:

$$\tilde{y}_{T+l|T} = \phi \tilde{y}_{T+l-1|T} + (x_{T+l} - \phi x_{T+l-1})'\tilde{b}, \quad l = 1, 2, \ldots \tag{7.5}$$

berechnet, dabei ist $\tilde{b}$ der GLS-Schätzwert für β und $\tilde{y}_{T|T} = y_T$. Wiederholte Substitution der prognostizierten Werte für y_t führt zu:

$$\tilde{y}_{T+l|T} = (x_{T+l} - \phi^l x_T)'\tilde{b} + \phi^l y_T \tag{7.6}$$

$$= x'_{t+l}\tilde{b} + \phi^l \tilde{u}_T, \tag{7.7}$$

mit $\tilde{u}_T = y_T - x'_T\tilde{b}$. Die letzte Gleichung zeigt, daß die Prognose für $\tilde{y}_{T+l}$ in zwei Komponenten zerlegt werden kann, einmal den BLUE von $E(y_{T+l})$ und zum anderen den BLUP von u_{T+l}.

Der wahre Wert für y_{T+l} ist gegeben durch:

$$\begin{aligned} y_{T+l} &= x'_{T+l}\beta + u_{T+l} \\ &= x'_{T+l}\beta + \sum_{j=0}^{l-1} \phi^j \epsilon_{T+l-j} + \phi^l (y_T - x'_T\beta) \\ &= (x_{T+l} - \phi^l x_T)'\beta + \sum_{j=0}^{l-1} \phi^j \epsilon_{T+l-j} + \phi^l y_T. \end{aligned} \tag{7.8}$$

Subtrahiert man (7.6) von (7.8) folgt:

$$y_{T+l} - \tilde{y}_{T+l|T} = \sum_{j=0}^{l-1} \phi^j \epsilon_{T+l-j} + (x_{T+l} - \phi^l x_T)'(\beta - \tilde{b}). \tag{7.9}$$

Die zwei Komponenten in (7.9) sind unabhängig und somit besteht der MSE des Prognosefehlers aus einem Beitrag des Schätzfehlers $\beta - \tilde{b}$ und dem Beitrag aus dem zukünftigen Wert des Störgrößenterms, d.h.:

$$\begin{aligned} MSE(\tilde{y}_{T+l|T}) &= E(y_{T+l} - \tilde{y}_{T+l|T})^2 \\ &= \sigma^2 \frac{1 - \phi^{2l}}{1 - \phi^2} \\ &= \sigma^2 (x_{T+l} - \phi^l x_T)'(X'V^{-1}X)^{-1}(x_{T+l} - \phi^l x_T). \end{aligned} \tag{7.10}$$

*Die Schätzung der ARMA-Parameter **

Die Tatsache, daß die Parameter in ϕ und θ im allgemeinen geschätzt werden müssen, bringt zusätzliche Probleme für die Berechnung des MSE hervor, obgleich die aktuellen Prognosen $\tilde{y}^*_{T+l|T}$ auf exakt dieselbe Weise ermittelt werden wie in dem Fall, in dem ϕ und θ bekannt sind. Baillie (1979) hat dieses Problem untersucht und den asymptotischen mittleren quadratischen Fehler (AMSE) für Prognosen, die mit einem Regressionsmodell mit AR-Störgrößen gemacht wurden, ausgewertet. Im Fall von AR(1)-Störgrößen sind aus der Formel:

$$\begin{aligned} AMSE(\tilde{y}^*_{T+l|T}) \simeq\ & \sigma^2 \frac{1 - \phi^{2l}}{1 - \phi^2} \\ & + \sigma^2 (x_{T+l} - \phi^l x_T)'(X'V^{-1}X)^{-1}(x_{T+l} - \phi^l x_T) \\ & + \frac{\sigma^2}{T} l^2 \phi^{2(l-1)} \end{aligned} \tag{7.11}$$

alle Terme der Art $0(T^{-1})$ ausgeschlossen worden. Die ersten beiden Terme in (7.11) geben den MSE an, wenn ϕ bekannt ist, während sich der letzte Term aus der Schätzung von ϕ

ergibt. Somit hängt der $AMSE$ von drei Komponenten ab: den unbekannten Störgrößen $\epsilon_{T+1}, \ldots, \epsilon_{T+l}$, dem Fehler aus der Schätzung von β und dem Fehler aus der Schätzung von ϕ. Es muß aber betont werden, daß die Begründung für das Addieren dieser Komponenten nicht so einfach ist, wie sie auf den ersten Blick aussieht.

Die wichtigste Frage, die durch (7.11) aufgeworfen wird, betrifft die relative Bedeutung der drei Komponenten in der Praxis. Wenn T groß ist, wird der letzte Term relativ klein werden. Das Ausmaß, in dem der erste Term den zweiten dominieren wird, ist sehr stark von den zukünftigen Werten der x_t abhängig. Liegen diese außerhalb der Spannweite der Stichprobenwerte der x_t, könnte der aus der Schätzung von β resultierende Fehler sehr groß sein. Weiterhin wird mit steigendem l der erste Term in (7.11) gegen den konstanten Wert $\sigma^2/(1-\phi^2)$ tendieren. Wenn die erklärenden Variablen trendbehaftet sind, könnte der Anteil des zweiten Terms sehr wohl den des ersten überschreiten, selbst dann, wenn T relativ groß ist.

Einige hilfreiche Aussagen über die wahrscheinliche Größenordnung der Terme in (7.11) sind in einem Aufsatz von Baillie (1979) enthalten. Er untersucht eine von Hendry geschätzte Gleichung über die Beziehung zwischen britischen Importen und Einkommen. Das Modell enthält zusätzlich zum Einkommen einen konstanten Term und Quartals-dummy-Variablen, und ϕ wird als 0,53 geschätzt. Die Stichprobengröße betrug 46. Für eine Einperiodenprognose ($l = 1$) betrugen die Anteile der drei Terme in (7.11) an dem gesamten AMSE 0,860, 0,121 und 0,019. Für $l = 4$ betrugen die entsprechenden Werte 0,748, 0,248 und 0,004. Somit ist der Beitrag aus der Schätzung für ϕ klein, und für $l = 4$ kann er glücklicherweise ignoriert werden. Die Schätzung von β wird aber mit zunehmendem Prognosehorizont wichtiger.

Die KQ-Prognose ist einfach $\tilde{y}_{T+l|T} = x'_{T+l}b$. Sie ignoriert jede serielle Korrelation in den Störgrößen, und zwar sowohl bei der Schätzung und auch bei der Prognose, und der MSE ist gegeben durch:

$$\begin{aligned} MSE(\tilde{y}_{T+l|T}) = {} & \sigma^2/(1-\phi^2) \\ & + \sigma^2 x'_{T+l}(X'X)^{-1}X'VX(X'X)^{-1}x_{T+l}. \end{aligned}$$

Die relative Ineffizienz der KQ-Prognose nimmt aber mit zunehmendem Prognosehorizont ab, da der Störgrößenterm schwieriger zu prognostizieren sein wird, selbst dann, wenn die Form des zugrunde liegenden Prozesses bekannt ist. Dieser Punkt ist in Baillies Ergebnissen dadurch illustriert, daß der MSE für die KQ-Prognose den AMSE für BLUP für $l = 1$ um 140% und für $l = 4$ um 55% überschreitet.

6.8 Gleichungssysteme

Das in Abschnitt 2.9 eingeführte SURE-System kann erweitert werden, um den Störgrößen zu erlauben, einem Vektor-ARMA-Prozeß zu folgen. Unter Verwendung der Notation aus (2.9.15) kann ein solches Modell geschrieben werden als:

$$y_t = X_t\beta + u_t, \qquad t = 1, \ldots, T \tag{8.1a}$$

$$u_t = \Phi_1 u_{t-1} + \cdots + \Phi_p u_{t-p} + \epsilon_t + \Theta_1 \epsilon_{t-1} + \cdots + \Theta_q \epsilon_{t-q}, \tag{8.1b}$$

mit $\epsilon_t \sim NID(0, \Omega)$. Da die erklärenden Variablen in allen Gleichungen fixiert sind, kann die Schätzung und Überprüfung durch eine einfache Erweiterung der zur Behandlung multivariater ARMA-Zeitreihenmodelle angemessenen Methoden ausgeführt werden.

Schätzung

Ist die Spezifikation für den Vektor-ARMA-Störterm gegeben, ist die Berechnung der ML-Schätzwerte im Prinzip recht einfach. Durch das Setzen geeigneter Annahmen über die anfänglichen Beobachtungen und Störterme reduziert sich die Maximierung der Likelihoodfunktion auf die Minimierung der multivariaten bedingten Quadratsummenfunktion:

$$S = \sum \epsilon_t' \Omega^{-1} \epsilon_t + T \log |\Omega|. \tag{8.2}$$

Die Residuen werden über die Rekursion:

$$\begin{aligned} \epsilon_t = \ & (y_t - X_t\beta) - \cdots - \Phi_p(y_{t-p} - X_{t-p}\beta) \\ & -\Theta_1 \epsilon_{t-1} - \cdots - \Theta_q \epsilon_{t-q}, \qquad t = p+1, \ldots, T \end{aligned} \tag{8.3}$$

ermittelt, und die Ableitungen dieser Residuen bezogen auf $\Phi_1, \ldots, \Phi_p; \Theta_1, \ldots, \Theta_q$ und β können herangezogen werden, um unter Anwendung der in Abschnitt 4.4 beschriebenen multivariaten Gauss-Newton Prozedur (8.2) zu minimieren. Da aber die erklärenden Variablen fixiert sind, sind die ML-Schätzwerte für β unabhängig von den ML-Schätzwerten der ARMA-Parameter verteilt. Die Blockdiagonalität der Informationsmatrix kann daher ausgenutzt werden, jede Iteration in zwei Teile aufzuspalten, in einen Teil basierend auf einer SURE-Regression zwischen ϵ_t und $\partial\epsilon_t/\partial\beta'$, und einen anderen Teil, basierend auf einer SURE-Regression zwischen ϵ_t und deren Ableitungen bezogen auf die Elemente in $\Phi_1, \ldots, \Theta_q$ und Ω. Die erste SURE-Regression zwischen ϵ_t und $\partial\epsilon_t/\partial\beta'$ führt zu GLS-Schätzwerten für β, wenn sie von den Startwerten subtrahiert werden. Ein Schätzwert für die asymptotische Kovarianzmatrix der β ist direkt verfügbar, da gilt:

$$Avar(\tilde{\beta}) = \left[\sum_{t=p+1}^{T} \frac{\partial\epsilon_t'}{\partial\beta} \Omega^{-1} \frac{\partial\epsilon_t}{\partial\beta'} \right]^{-1}. \tag{8.4}$$

Für einen Vektor-MA(1)-Störterm lautet die Rekursion in (8.3):

$$\epsilon_t = (y_t - X_t\beta) - \Theta\epsilon_{t-1}, \qquad t = 1, \ldots, T, \tag{8.5}$$

mit $\epsilon_0 = 0$; vergleiche (3.5.8). Die Matrix der Ableitungen nach β ist durch eine Rekursion gegeben, die eine direkte Verallgemeinerung von (5.4) ist, d.h.:

$$\frac{\partial\epsilon_t}{\partial\beta'} = -X_t - \Theta \frac{\partial\epsilon_{t-1}}{\partial\beta'}, \qquad t = 1, \ldots, T, \tag{8.6}$$

mit $\partial\epsilon_0/\partial\beta' = 0$. Die Ableitungen nach Θ sind über eine Verallgemeinerung von (4.4.19) zu ermitteln.

Eine beträchtliche Vereinfachung tritt ein, wenn angenommen wird, daß der Störterm einem reinen autoregressiven Prozeß folgt. Im Fall 1.Ordnung, wenn $u_t = \Phi u_{t-1} + \epsilon_t$, wird die Rekursion (8.3) zu:

$$\epsilon_t = y_t - \Phi y_{t-1} - (X_t - \Phi X_{t-1})\beta \tag{8.7}$$

und somit:

$$\frac{\partial\epsilon_t}{\partial\beta'} = -(X_t - \Phi X_{t-1}), \quad t = 2, ..., T. \tag{8.8}$$

Bedingt durch Φ ist der GLS-Schätzwert für β direkt durch eine SURE-Regression zwischen $y_t - \Phi y_{t-1}$ und $X_t - \Phi X_{t-1}$ gegeben. Gleichzeitig werden die Rekursionen zur Schätzung von Φ beträchtlich vereinfacht. Kennzeichnet $\hat{u}_t$ den $t$ten Residualvektor einer bestimmten Iteration, ist die $i$te Zeile in Φ durch eine KQ-Regression zwischen dem $i$ten Element in $\hat{u}_t$ und dem kompletten Vektor $\hat{u}_{t-1}$ gegeben. Den Argumenten aus den Beispielen in Abschnitt 3.5 folgend, werden diese Schätzwerte ML-Schätzer für Φ bedingt durch β sein. Somit ist das Gauss-Newton Schema für einen AR(1)-Störterm eine schrittweise Optimierungsprozedur. Sie hätte als eine natürliche Verallgemeinerung des Cochrane-Orcutt abgeleitet werden können, da nach Subtraktion von Φy_{t-1} von beiden Seiten von (8.1) folgt:

$$y_t - \Phi y_{t-1} = (X_t - \Phi X_{t-1})\beta + \epsilon_t, \quad t = 2, ..., T. \tag{8.9}$$

Bedingt durch Φ und Ω ist der GLS-Schätzwert für β in (8.9) durch eine SURE-Regression zwischen $y_t - \Phi y_{t-1}$ und $X_t - \Phi X_{t-1}$ gegeben.

Asymptotisch effiziente Schätzwerte für β können in fast derselben Weise wie in Eingleichungsmodellen ermittelt werden. Der erste Schritt besteht darin, konsistente Schätzwerte für die ARMA-Parameter und Ω aus den KQ-Residuen zu ermitteln. Diese Schätzwerte werden dann benutzt, um einen zweistufigen Schätzwert für β durch Ausführung einer SURE-Regression zwischen ϵ_t und $\partial\epsilon_t/\partial\beta'$ zu konstruieren. Wie bei den Eingleichungsmodellen wird es üblicherweise günstiger sein, den zweiten Schritt in einer leicht veränderten Form durchzuführen. So kann im MA(1)-Fall ein transformierter Satz an Beobachtungswerten der abhängigen Variable über eine Rekursion der Form (8.5) ermittelt werden, d.h.:

$$y_t^\dagger = y_t - \Theta y_{t-1}^\dagger, \qquad t = 1, ..., T, \tag{8.10}$$

mit $y_0^\dagger = 0$. Eine SURE-Regression zwischen $y_t^\dagger$ und $-\partial\epsilon_t/\partial\beta'$ führt dann direkt zu den zweistufigen Schätzwerten für β; es besteht keine Notwendigkeit, diese von den ursprünglichen KQ-Schätzwerten zu subtrahieren.

Insbesondere für den AR(1)-Störgrößenterm ist die zweistufige Prozedur attraktiv. Der Schätzwert $\hat{\Phi}$, der aus den KQ-Residuen ermittelt wird, ist nicht nur konsistent, sondern auch asymptotisch effizient. Weiterhin ist der zweite Schritt einfach eine SURE-Regression zwischen $y_t - \hat{\Phi} y_{t-1}$ und $X_t - \hat{\Phi} X_{t-1}$.

Beispiel Pagan und Byron (1977) schätzen das Investitionsmodell aus Abschnitt 2.9 unter der Annahme, daß die Störgrößen durch einen Vektor MA(1)-Prozeß generiert werden. Sowohl das nichtrestringierte MA(1)-Modell als auch der scheinbar unverbundene MA(1)-Prozeß mit $\Theta_{12} = \Theta_{21} = 0$, werden untersucht. Im letztgenannten Fall geben sie folgende Ergebnisse wieder:

$$\begin{aligned} \hat{y}_1 &= 0,041x_{11} + 0,132x_{21} \\ \hat{y}_2 &= 0,048x_{12} + 0,065x_{22}, \end{aligned} \tag{8.11}$$

mit

$$\tilde{\Theta} = \begin{bmatrix} 0,638 & 0 \\ 0 & 0,647 \end{bmatrix} \quad \text{und} \quad |\tilde{\Omega}| = 13189.$$

Die LR-Statistik zur Überprüfung von $H_0 : \Theta_{11} = \Theta_{22} = 0$ lautet:

$$LR = 20 \log \frac{25768}{13189} = 13,40$$

Sie ist auf dem 1% Niveau signifikant, da unter H_0 LR asymptotisch χ^2-verteilt ist mit zwei Freiheitsgraden.

Gemeinsame Regressoren

In dem in Abschnitt 2.10 beschriebenen multivariaten Regressionsmodell sind die erklärenden Variablen in jeder Gleichung identisch. Im Ergebnis wird die separate Anwendung des KQ-Verfahrens auf jede Gleichung vollständig effiziente Schätzwerte für die Regressionsparameter ergeben, wenn die Störgrößen normalverteilt und seriell unabhängig sind. Wird aber serielle Korrelation in das Modell eingeführt, können asymptotisch effiziente Schätzwerte für die Parameter nicht mehr länger über eine isolierte Betrachtung einer jeden Gleichung konstruiert werden.

Der obige Punkt kann durch ein relativ einfaches Beispiel illustriert werden. Angenommen, der Störgrößenterm u_t folgt einem Vektor-AR(1)-Prozeß, in dem Φ diagonal ist. Das zu (8.9) korrespondierende transformierte System kann geschrieben werden als:

$$y_{it} - \phi_i y_{i,t-1} = (x_t - \phi_i x_{t-1})'\beta_i + \epsilon_i, \quad i = 1, ..., N, \ t = 2, ..., T, \tag{8.12}$$

dabei ist ϕ_i das $i$te Diagonalelement in Φ. Bis auf den Fall, daß ϕ_i in allen Gleichungen identisch ist, werden die Regressoren in (8.12) unterschiedlich sein. Selbst dann, wenn Φ bekannt ist, muß die Schätzung des Modells im allgemeinen innerhalb des in diesem Abschnitt entwickelten SURE-Rahmens ausgeführt werden. Für diesen Zweck wird es oftmals günstig sein, das Modell in der Form (2.10.5) auszugestalten.

6.9 ARCH-Störgrößen

Die Idee der seriellen Korrelation in der Varianz wurde in Beispiel 2 in Abschnitt 3.5 eingeführt. Effekte dieser Art sind durchaus plausibel für viele ökonomische Zeitreihen, insbesondere solchen, die Preise beinhalten. Der dort beschriebene ARCH-Prozeß kann leicht durch die Annahme, daß die Verteilung der y_t bedingt unter der Information zum Zeitpunkt $t-1$ normal mit Mittelwert $x_t'\beta$ und Varianz h_t ist, wobei h_t von den vorhergehenden Störgrößen abhängt, in den Regressionsrahmen eingebunden werden. Somit könnte ein Regressionsmodell mit einem ARCH-Störterm 1.Ordnung dargestellt werden als:

$$y_t = x_t'\beta + \epsilon_t, \tag{9.1a}$$

wobei, bedingt durch die Information zum Zeitpunkt $t-1$, ϵ_t normalverteilt ist mit Mittelwert Null und Varianz:

$$h_t = \alpha_0 + \alpha_1 \epsilon_{t-1}^2. \tag{9.1b}$$

Weiter unten wird gezeigt, daß die Störterme in (9.1a) einem white-noise folgen, und zwar in dem Sinn, daß sie unkorreliert mit Mittelwert Null und konstanter Varianz sind. Deshalb folgt aus dem Gauss-Markow Theorem, daß die KQ-Methode BLUE ist und ihre Varianz konsistent über (2.8.19) geschätzt wird. Obgleich die Störgrößen aber unkorreliert sind, werden sie nicht voneinander unabhängig sein. Folglich ist die KQ-Methode ineffizient. Eine vollständig effiziente Schätzfunktion, die die Abhängigkeit in der Varianz berücksichtigt, kann durch das Maximum-Likelihood konstruiert werden.

Die Form der Likelihoodfunktion ist durch (3.5.22) gegeben, wobei μ_t gleich $x_t'\beta$ gesetzt wird. Eine explizite Gleichung für die Informationsmatrix kann ermittelt werden, und es kann gezeigt werden, daß sie blockdiagonal bezüglich der Regressionsparameter β und der ARCH-Parameter α_0 und α_1 ist; vergleiche Engle (1982). Die Scoring-Methode scheint eine brauchbare Optimierungsprozedur zu sein.

Das ARCH-Modell 1.Ordnung aus (9.1b) kann zu einem ARCH-Modell $p$ter Ordnung verallgemeinert werden durch:

$$h_t = \alpha_0 + \alpha_1 \epsilon_{t-1}^2 + \cdots + \alpha_p \epsilon_{t-p}^2. \tag{9.2}$$

Eine weitere Erweiterung ist das von Bollerslev (1986) vorgeschlagene verallgemeinerte ARCH- oder GARCH-Modell. In diesem Modell hängt die bedingte Varianz für ϵ_t sowohl von den bedingten Varianzen der Vorperioden als auch von den gelagten Störgrößen ab. Das einfachste GARCH-Modell lautet:

$$h_t = \alpha_0 + \alpha_1 \epsilon_{t-1}^2 + \gamma h_{t-1}.$$

Die Schätzung des GARCH-Modells erfolgt ähnlich wie das grundlegende ARCH-Modell aus (9.1b).

Eigenschaften der ARCH-Modelle

Um die Eigenschaften des ARCH-Modells zu untersuchen, betrachten wir erneut (9.1) mit β gleich Null, so daß y_t eine bedingte Gaussche Verteilung mit Mittelwert Null und Varianz $\alpha_0 + \alpha_1 y_{t-1}^2$ besitzt. Die wesentliche Aussage zur Entwicklung des Mittelwertes, der Varianz und der Kovarianz von y_t folgt aus dem Gesetz der iterativen Erwartungen. Wird es auf y_t selbst angewandt bedeutet dies, daß der unbedingte Mittelwert durch die fortwährende Bildung bedingter Erwartungswerte beginnend im Zeitpunkt $t-1$ ermittelt werden kann, so daß gilt:

$$E(y_t) = \underset{0}{E} \cdots \underset{t-2}{E} \; \underset{t-1}{E} \; (y_t) \tag{9.4}$$

Da $\underset{t-1}{E}(y_t)$ der bedingte Erwartungswert für y_t zum Zeitpunkt $t-1$ Null ist, wird deutlich, daß der unbedingte Erwartungswert für y_t ebenfalls Null ist. Im Fall der Varianz ist diese Operation weniger trivial. Durch Annahme gilt:

$$\underset{t-1}{E}(y_t^2) = \alpha_0 + \alpha_1 y_{t-1}^2$$

und somit

$$\begin{aligned} \underset{t-2}{E}\,\underset{t-1}{E}(y_t^2) &= \alpha_0 + \alpha_1 \underset{t-2}{E}(y_{t-1}^2) \\ &= \alpha_0 + \alpha_1 (\alpha_0 + \alpha_1 y_{t-2}^2) \\ &= \alpha_0 + \alpha_1\alpha_0 + \alpha_1^2 y_{t-2}^2 \end{aligned}$$

Die Wiederholung dieses Prozesses durch Bildung der bedingten Erwartungswerte für die Zeitpunkte $t-3$, $t-4$ und so weiter, führt zu:

$$E(y_t^2) = \alpha_0(1 + \alpha_1 + \cdots + \alpha_1^{t-1}) + \alpha_1^t y_0^2. \tag{9.5}$$

Wenn t groß und $|\alpha_1| < 1$ ist, folgt:

$$Var(y_t) = \alpha_0/(1 - \alpha_1). \tag{9.6}$$

Für alle Autokovarianzen kann unter Anwendung bedingter Erwartungswerte gezeigt werden, daß sie Null sind, da für $\tau \geq 1$ gilt:

$$\underset{t-\tau}{E}(y_t y_{t-\tau}) = y_{t-\tau} \underset{t-\tau}{E}(y_t) = 0 \tag{9.7}$$

Obwohl die ARCH Beobachtungen unkorreliert sind, gilt dies nicht für die quadrierten Beobachtungen. Folglich ist serielle Korrelation nicht im Korrelogramm für die y_t ausgewiesen, sondern im Korrelogramm der quadrierten Werte von y_t. Unter der Annahme endlicher Wölbung, die $3\alpha_1^2 < 1$ voraussetzt, ist die theoretische a.c.f. dergestalt, daß die τte Autokorrelation gleich α_1^τ ist. Sie hat somit die Form der a.c.f. für einen AR(1)-Prozeß.

Überprüfung auf ARCH

Die Standardtestprozedur für eine AR(1)-Störgröße basiert auf der Stichprobenautokorrelation 1.Ordnung in den Residuen; vgl. die Diskussion in Abschnitt 3. Auf ähnliche Weise kann ein Test auf eine ARCH-Störgröße 1.Ordnung auf der Autokorrelation zwischen den *Quadraten* der Residuen rsq_1 basieren. Ein Test für große Stichproben kann ausgeführt werden, indem $\sqrt{T} \cdot rsq_1$ unter der Nullhypothese als $N(0,1)$ verteilt betrachtet wird.

Die Begründung zur Basierung eines Tests auf ARCH 1.Ordnung auf rsq_1 ist das LM-Prinzip. Es gibt somit eine direkte Parallele zur Überprüfung auf AR(1)-Störgrößen, die unter Verwendung von r_1 ausgeführt werden. Wird unterstellt, daß die Informationsmatrix im ARCH-Modell blockdiagonal ist, kann die Ableitung des LM-Tests auf ARCH vereinfacht werden, indem die Störgrößen so behandelt werden, als seien sie beobachtbar. Nehmen wir also das Modell, wie es in (9.1) geschrieben ist, setzen aber $\beta = 0$, so daß $\epsilon_t = y_t$ ist. Die Likelihoodfunktion ist analog (3.5.22) mit $\mu = 0$ und Differentiation bezogen auf $\alpha = (\alpha_0, \alpha_1)'$ führt zu:

$$\frac{\partial \log L}{\partial \alpha} = \frac{1}{2} \sum_t \frac{\partial h_t}{\partial \alpha} \frac{1}{h_t} \left(\frac{y_t^2}{h_t} - 1 \right). \tag{9.8}$$

Eine zweite Differentiation ergibt die Hessesche Matrix:

$$\begin{aligned} \frac{\partial^2 \log L}{\partial \alpha \partial \alpha'} = & -\frac{1}{2} \sum_t \frac{1}{h_t^2} \frac{\partial h_t}{\partial \alpha} \frac{h_t}{\alpha'} \left(\frac{y_t^2}{h_t} - 1 \right) \\ & + \sum_t \left(\frac{y_t^2}{h_t} - 1 \right) \frac{\partial h}{\partial \alpha} \left[\frac{1}{2h_t} \frac{\partial h_t}{\partial \alpha'} \right]. \end{aligned} \tag{9.9}$$

Die Ermittlung der Erwartungswerte von (9.9) ist nicht so einfach. Es ist aber möglich, den Erwartungswert des $t$ten Terms in der Gleichung unter der Bedingung der Information zum Zeitpunkt t_1 zu bilden. Wenn dies getan wird, vereinfacht sich (9.9) erheblich: der zweite Term auf der rechten Seite entfällt, da $E(y_t|Y_{t-1}) = h_t$ ist und der verbleibende Teil des Ausdrucks zum Zeitpunkt $t-1$ fixiert ist, während der Teil des ersten Ausdrucks in Klammern gleich Eins wird. Multiplikation mit minus Eins führt zu:

$$I^*(\alpha) = \frac{1}{2} \sum_t \frac{1}{h_t^2} \frac{\partial h_t}{\partial \alpha} \frac{\partial h_t}{\partial \alpha'}. \tag{9.10}$$

Sie entspricht, streng genommen, nicht der Informationsmatrix, da sie aus einer Menge bedingter Erwartungswerte ermittelt wurde, die Informationsmatrix aber die unbedingten Erwartungswerte der Hesseschen Matrix enthält. $T^{-1}I^*(\alpha)$ ist aber ein konsistenter Schätzwert für die asymptotische Informationsmatrix $I^*(\alpha)$, und sie ist bei weitem die günstigste Gleichung, mit der Teststatistiken konstruiert werden können.

Die allgemeine Form des LM-Tests ist (5.5.4). Kennzeichnet w_t die Ableitung von h_t bezüglich des Vektors α, dann ist:

$$w_t = \partial h_t / \partial \alpha = (1 \; y_{t-1}^2)'$$

und unter Berücksichtigung, daß unter der Nullhypothese $H_0 : \alpha_1 = 0$ gilt, wird h_t geschätzt durch:

$$h_t = \tilde{\alpha_0} = \tilde{\sigma}^2 = \sum y_t^2 / T.$$

Die Informationsmatrix, die bei der Konstruktion der Teststatistik benutzt werden kann, lautet in der Notation von (5.5.4):

$$I^*(\tilde{\psi}_0) = \frac{1}{2\tilde{\sigma}^2} \sum w_t w_t'. \tag{9.11}$$

Ähnlich ist unter der Nullhypothese der Score-Vektor gleich:

$$\frac{\partial \log L}{\partial \alpha} = \frac{1}{2\tilde{\sigma}^2} \sum w_t v_t, \tag{9.12a}$$

mit

$$v_t = y_t^2 / \tilde{\sigma}^2 - 1. \tag{9.12b}$$

Das Zusammensetzen dieser Gleichungen führt zu einer Teststatistik, die dieselbe Form wie der LM-Test auf multiplikative Heteroskedastizität in (5.5.12) hat. Weiterhin kann durch ein ähnliches Argument wie es zur Bestimmung der TR^2 Teststatistik in (5.5.14) benutzt wurde, die LM-Teststatistik für das ARCH bestimmt werden. Sie lautet:

$$LM^* = T \cdot rsq_1^2$$

und sie ist unter der Nullhypothese, daß es keine ARCH-Effekte 1.Ordnung gibt, asymptotisch χ_1^2 verteilt.

Der ARCH-Test läßt sich leicht zur Überprüfung eines ARCH- Prozesses Pter Ordnung der Form (9.2) verallgemeinern. In diesem Fall entspricht die Teststatistik der Q-Statistik oder der Q^*-Statistik (6.4) mit rsq_τ statt r_τ. Unter der Nullhypothese ist sie χ_P^2 verteilt; siehe McLeod und Li (1983). Es gibt wiederum eine Parallele zu der Überprüfung auf serielle Korrelation, wo, wie unter (6.4) angemerkt, der Portmanteau-Test der LM-Test gegen einen $AR(P)$ oder einen $MA(P)$-Störterm ist.

Anmerkungen

Abschnitt 2	Griliches und Rao (1969).
Abschnitt 5	Pierce (1971a), Harvey und McAvinchey (1982).
Abschnitt 6	Pierce (1971b), Ljung und Box (1978). Durbin (1969) beschreibt einen Test, der auf dem kumulierten Periodogramm basiert.
Abschnitt 7	Box und Jenkins (1976, Kap. 5, S. 267-269).
Abschnitt 8	Monte-Carlo Ergebnisse für verschiedene Systemschätzer sind in Kmenta und Gilbert (1970) zu finden.

Übungen

1. Betrachten wir das AR(1)-Modell (1.2.10) mit $|\phi| < 1$ und $\epsilon_t \sim NID(0, \sigma^2)$. Zeigen Sie, daß das LM-Prinzip zu einem Test führt, der auf der Stichprobenautokorrelation 1.Ordnung r_1 beruht. Zeigen Sie weiterhin, daß eine ähnliche Argumentation in einem linearen Regressionsmodell zu einem Test führt, der auf den entsprechenden Stichprobenautokorrelationen der KQ-Residuen basiert.
2. Vergleichen Sie die Prozeduren Gauss-Newton, Newton-Raphson und die Scoring-Methode für Modell (1.1), (1.2). Wie sind diese mit der iterativen Cochrane-Orcutt-Methode verbunden?
3. Zeigen Sie für das Einregressorenmodell (2.1) mit $x_t = 1$ für $t = 1, \ldots, T$, daß für einen gegebenen Wert für ϕ aus dem Bereich $0 < \phi < 1$ gilt:
$$\frac{Var(\tilde{b}^\dagger)}{Var(b)} = \frac{T(1-\phi^2) - 2\phi(1-\phi^T)}{T^2(1-\phi)^2} \cdot \frac{(T-1)(1-\phi)}{(1+\phi)} \geq T/(T-1).$$
Dabei ist $\tilde{b}^\dagger$ die Cochrane-Orcutt Approximation an das GLS.
4. Bestimmen Sie für das Modell (2.1) mit $x_t = 1$, ob der übliche Schätzwert für die Varianz des KQ-Schätzwertes dazu tendiert, die wahre Varianz in großen Stichproben zu über- oder zu unterschätzen.
5. Betrachten wir ein AR(2) Modell:
$$y_t = \phi_1 y_{t-1} + \phi_2 y_{t-2} + \epsilon_t, \quad \epsilon_t \sim NID(0, \sigma^2).$$
Erläutern Sie: (a) wie Sie die Hypothese $\phi_1 = \phi_2 = 0$ unter Verwendung der LR- und Waldstatistiken überprüfen würden; (b) wie Sie die Hypothese $\phi_2 = 0$ unter Verwendung von LR-, Wald- und LM-Statistiken überprüfen würden? Wie würden Sie diese Tests anwenden, wenn der AR(2)-Prozeß der Störterm in einem Regressionsmodell wäre?

6. Die folgende Reihe von Residuen stammt aus einer Regression mit zwei erklärenden Variablen und einem konstanten Term: +1.4, +1.6, +0.4, -0.9, -0.2. -0.6, +0.1, -1.9, -0.7, +0.2, +1.8, +1.2, +0.4, -0.5, -1.2, -1.1. Testen Sie unter Anwendung des Durbin-Watson-Tests die Hypothese, daß die Störgrößen seriell unabhängig sind gegen die Alternative, daß sie positiv autokorreliert sind. Formulieren Sie jede Annahme, die sie treffen, und kommentieren Sie die Signifikanz ihrer Ergebnisse.

   Führen Sie einen Test für große Stichproben basierend auf r_1, der Autokorrelation 1.Ordnung in den Residuen, aus.

7. Betrachten wir Modell (1.1), in dem der Störterm einem ARMA(1,1)-Prozeß:

$$u_t = \phi_1 u_{t-1} + \epsilon_t + \theta_1 \epsilon_{t-1}$$

   folgt.

   a. Zeigen Sie, daß unter vereinfachenden Annahmen die Maximierung der Likelihoodfunktion äquivalent zur Minimierung der Quadratsummenfunktion ist. Zeigen Sie, wie Maximum-Likelihood-Schätzwerte durch die Gauss-Newton Prozedur ermittelt werden können. Schreiben Sie die Gleichungen, die für jede Ableitung in dieser Prozedur verwendet wird, nieder. Deuten Sie kurz an, wie Sie die Hypothese $\theta = 0$ in diesem Rahmen überprüfen würden.

   b. Angenommen $x'_{T+1}\tilde{\beta} = 10$ und $x'_{T+2}\tilde{\beta} = 11$, $y_t - x'_T\tilde{\beta} = 2.0$ und $e_T = 1.0$, wobei e_T das Maximum- Likelihoodresiduum korrespondierend zu ϵ_t ist. Ermitteln Sie Prognosen für y_{T+1} und y_{T+2}, wenn ϕ und θ gleich 0.5 sind.

8. Zeigen Sie, daß der auf KQ-Residuen basierende Portmanteau-Test als ein LM-Test gegen entweder einem AR(P) oder einem MA(P) Störterm abgeleitet werden kann.

9. Formulieren Sie LR-, Wald- und LM-Statistiken zur Überprüfung der seriellen Unkorreliertheit des Störgrößenvektors in einem SURE-Modell gegen die Alternative, daß dieser durch einen Vektor AR(1)-Prozeß generiert wird. Wenn die AR-Matrix Φ als diagonal angenommen wird, wie würde dies die Schätzung und die Testprozeduren berühren?

10. (i) Erläutern Sie, wie Sie den Gauss-Newton Algorithmus in (4.4.17) erweitern würden, wenn der Störterm durch einen AR(1)- Prozeß generiert wäre. (ii) Wie sind die Schätzwerte in großen Stichproben verteilt? (iii) Diskutieren Sie alle Modifikationen, die Sie bei der Erstellung des Gauss-Newton Algorithmus berücksichtigt haben.

Kapitel 7

Dynamische Modelle I

7.1 Einleitung

Die bisher betrachteten Regressionsmodelle waren in dem Sinn statisch, daß die abhängige Variable als Funktion einer Menge erklärender Variablen angenommen wurde, die zum selben Zeitpunkt beobachtet werden. Ein *dynamisches Modell* umfaßt auf der anderen Seite nichtkontemporäre Beziehungen zwischen den Variablen. Ein einfaches Beispiel für ein solches Modell ist deshalb:

$$y_t = \delta x_{t-3} + u_t. \tag{1.1}$$

In diesem Fall ist der Effekt einer Änderung in x erst dann in y spürbar, wenn drei Zeitperioden vergangen sind. (1.1) erfaßt aber nicht wirklich den Sinn eines dynamischen Modells, da der vollständige Effekt unverzüglich realisiert wird, wenn x beginnt y zu beeinflussen. Wenn auf der anderen Seite mehrere gelagte Werte von x in dem Modell enthalten sind, wird sich jede Niveauänderung in x in Stufen auf y auswirken. Es sei angenommen, daß gilt:

$$y_t = 0,4x_{t-1} + 1,0x_{t-2} + 0,6x_{t-3} + u_t. \tag{1.2}$$

Wenn x_t auf einem konstanten Niveau, d.h. $x = \bar{x}$, verharrt, dann ist:

$$E(y_t) = 0,4\bar{x} + 1,0\bar{x} + 0,6\bar{x} = 2\bar{x}$$

Ein Anstieg im Niveau von x von $\bar{x}$ auf $\bar{x}+1$ erhöht den erwarteten Wert von y um zwei Einheiten. Diese Änderung wird aber erst nach und nach erreicht. Es gibt keine unmittelbare Veränderung im Erwartungswert von y, aber nach einer bzw. zwei Perioden wird 20% bzw. 70% der Anpassung stattgefunden haben. Der vollständige Effekt wird realisiert, wenn drei Zeitperioden vergangen sind.

Das Modell (1.2) ist bekannt als *distributed lag.* Ein derartiges Modell kann allgemeiner geschrieben werden als:

$$y_t = \delta_0 x_t + \delta_1 x_{t-1} + \cdots + \delta_m x_{t-m} + u_t, \tag{1.3}$$

dabei sind $\delta_0, \cdots, \delta_m$ die *Lag-Koeffizienten.* Sie bestimmen, in welcher Weise y auf Änderungen in x reagieren wird. Derartige Modelle sind in der Ökonometrie wichtig, da es viele Situationen gibt, in denen es plausibel ist, anzunehmen, daß der Effekt einer Änderung in einer erklärenden Variable Zeit benötigt, um auf die abhängige Variable einzuwirken. Zum Beispiel kann eine Kapitalzuführung in einem gegebenen Quartal zu Kapitalausgaben in verschiedenen nachfolgenden Quartalen führen, da reale Investitionen in Gebäude und Maschinen nicht unmittelbar realisiert werden können. In ähnlicher Weise werden Zeitverzögerungen auftreten, bevor eine Änderung im Geldangebot Änderungen in den Preisen und im Output bewirken wird.

Im Prinzip verursacht ein endliches Distributed-Lag-Modell der Form (1.3) keine neuen Schätzprobleme. Wenn $u_t \sim NID(0,\sigma^2)$ ist, wird die KQ-Methode zu effizienten Schätzwerten für alle Parameter führen, während, falls die u_t serieller Korrelation oder Heteroskedastizität unterworfen sind, sie mit den bereits eingeführten GLS-Techniken behandelt werden können. Wenn das Ziel der Analyse darin besteht, möglichst präzise Schätzwerte für die Lag-Koeffizienten zu bestimmen, kann ein solcher Ansatz unbefriedigend sein. Der Grund dafür ist, daß ökonomische Zeitreihen sich typischerweise langsam ändern und somit die x_t auf der rechten Seite von (1.3) wahrscheinlich miteinander hoch korreliert sein werden. Die Multikollinearität macht es schwierig, die Lag-Struktur präzise zu bestimmen.

Es gibt eine Vielzahl von Möglichkeiten zur Behandlung dieses Problems. Sie haben aber alle dasselbe Ziel, das darin besteht, der Lag-Form *a priori* eine Struktur aufzuerlegen, wodurch die Zahl der zu schätzenden Parameter reduziert wird. Ein Ansatz, ursprünglich von Almon (1965) vorgeschlagen, lautet, den Verlauf der Lag-Koeffizienten durch ein Polynom mit möglichst niedriger Ordnung zu approximieren. Ein alternativer Ansatz, der besser in einen Zeitreihenrahmen hineinpaßt, besteht darin, die Lag-Struktur durch das Verhältnis zweier Polynome im Lag-Operator darzustellen. Er ist bekannt als *Rational-Distributed Lag*. Diese Approximation der Lag-Struktur wird mit demselben Prinzip begründet, das dazu führt, einen stationären stochastischen Prozeß durch einen gemischten ARMA-Prozeß zu modellieren.

Eines der einfachsten Beispiele für eine rationale Lag-Struktur ist der *Koyck* oder *geometrisch* verteilte Lag. In diesem Modell sind die Koeffizienten so restringiert, daß sie mit zunehmender Länge der Verzögerung exponentiell abnehmen. Somit gilt in Größen von (1.3) $\delta_j = \beta\alpha^j$, $j = 1,...,m$. Dabei sind β und δ Parameter und $0 \leq \alpha \leq 1$. Durch die Einführung dieser Einschränkung wird ein sparsames Modell ermittelt, da $m+1$ Lag-Koeffizienten durch nur zwei Parameter repräsentiert werden. Wenn die Lag-Länge m auch jeden Wert annehmen könnte, ist es am günstigsten, diesen gleich unendlich zu setzen. Dies wird im allgemeinen keine ernstlichen Verzerrungen in einer endlichen Lag-Struktur zur Folge haben, da die mit hohen Werten von j verbundenen Lag-Koeffizienten dazu tendieren, sehr klein zu sein. Aus einer technischer Sicht ist aber eine unendliche Lag-Struktur um einiges einfacher zu handhaben. Das Modell kann geschrieben werden als:

$$y_t = \beta \sum_{j=0}^{\infty} \alpha^j x_{t-j} + u_t \tag{1.4}$$

und Multiplikation beider Seiten von (1.4) zum Zeitpunkt $t-1$ mit α, Subtraktion von (1.4) und Reorganisation ergibt:

$$y_t = \alpha y_{t-1} + \beta x_t + v_t \tag{1.5}$$

mit:

$$v_t = u_t - \alpha u_{t-1}. \tag{1.6}$$

Die einfache Form der Gleichung (1.5) ist sehr attraktiv, wenn auch ihre Einfachheit zu einem gewissen Grade illusorisch ist. Ist der Störterm in (1.4) white-noise, wird v_t seriell korreliert sein, und der KQ-Ansatz wird *keine* angemessene Schätztechnik sein. Vorausgesetzt, man nähert sich dem Problem aber innerhalb eines Maximum-Likelihood-Rahmens und nicht auf einer *ad hoc* Basis, dann gibt es keine Schwierigkeiten bei der Konstruktion effizienter Schätzfunktionen für α und β.

Durch Definition des Polynoms:

$$D(L) = \delta_0 + \delta_1 L + \delta_2 L^2 + \cdots + \delta_m L^m \tag{1.7}$$

kann das Modell (1.3) in folgender Form dargestellt werden:

$$y_t = D(L)x_t + u_t. \tag{1.8}$$

Für das Koyck-Modell folgt:

$$\begin{aligned} D(L) &= \beta(1 + \alpha L + \alpha^2 L^2 + \alpha^3 L^3 + \cdots) \\ &= \beta \left\{1 + \alpha L + (\alpha L)^2 + (\alpha L)^3 \cdots \right\} \\ &= \beta/(1 - \alpha L). \end{aligned} \tag{1.9}$$

Somit ist (1.4) tatsächlich ein Mitglied der Familie der rationalen Lags, da $D(L)$ gleich dem Verhältnis zweier Polynome im Lag-Operator ist. (Obgleich der Zähler einfach β ist). Allgemein können wir definieren:

$$B(L) = \beta_0 + \beta_1 L + \beta_2 L^2 + \cdots + \beta_s L^S \tag{1.10}$$

$$A(L) = \alpha_0 - \alpha_1 L - \alpha_2 L^2 - \cdots - \alpha_r L^r. \tag{1.11}$$

Eine allgemeine rational verteilte Lag-Struktur ist dann durch das Festlegen von $D(L) = B(L)/A(L)$ gegeben. Wird u_t als durch einen ARMA(p,q)-Prozeß generiert angesehen, lautet das sich ergebende Modell:

$$y_t = \frac{B(L)}{A(L)} x_{t-v} + \frac{\theta(L)}{\phi(L)} \epsilon_t. \tag{1.12}$$

Es ist als *Transferfunktion* bekannt. Der erste Term auf der rechten Seite von (1.12) beinhaltet die *systematischen Dynamiken* des Modells, während der zweite Term die *Störgrößendynamiken* wiedergibt. Wenn es eine Verzögerung gibt, bevor eine Veränderung in x_t zu einer Wirkung in y_t führt, dann ist v eine positive Zahl.

Die Erweiterung der rechten Seite einer Regressionsgleichung mit gelagten Werten der erklärenden Variablen ist nicht die einzige Möglichkeit, ein Modell dynamisch zu gestalten. Ein alternativer Ansatz besteht darin, gelagte Werte der abhängigen Variablen in die Regression einzuführen. Ein einfaches Beispiel für ein solches Modell ist:

$$y_t = \alpha y_{t-1} + \beta x_t + u_t, \tag{1.13}$$

dabei sind α und β die Parameter und u_t ist der Störterm. Es gibt eine Reihe von Gründen, warum ein Modell direkt in dieser Form formuliert wird. Ein wichtiger Punkt, den es hier anzumerken gilt, ist die große Ähnlichkeit zwischen (1.5) und (1.13). Dies impliziert, daß (1.13) für $|\alpha| < 1$ eine implizite rationale Lag-Struktur hat. Durch fortwährende Substitution der gelagten Werte von y_t oder durch das Schreiben des Modells als:

$$(1 - \alpha L)y_t = \beta x_t + u_t \tag{1.14}$$

und Multiplikation beider Seiten von (1.14) mit $1/(1 - \alpha L)$, ist zu sehen, daß (1.13) äquivalent ist zu:

$$y_t = \beta \sum_{j=0}^{\infty} \alpha^j x_{t-j} + \sum_{j=0}^{\infty} \alpha^j u_{t-j}. \tag{1.15}$$

Der systematische Teil von (1.15) entspricht deshalb einem Koyck verteilten Lag, aber das Modell unterscheidet sich von (1.14) dadurch, daß der Störterm von demselben Parameter α wie die Lag-Struktur abhängt.

Die Dualität zwischen stochastischen Differenzengleichungen und Transferfunktionsmodellen bleibt auch in allgemeineren Modellen bestehen. Vorausgesetzt, ein Modell mit gelagter endogener Variable ist stabil, dann wird ihr Pfad der Mittelwerte, d.h. $E(y_t)$, eine rational verteilte Lag-Funktion der erklärenden Variable oder Variablen aufweisen. Definition von $A(L)$ und $B(L)$ wie in (1.11) bzw. (1.10) führt zur folgenden allgemeinen Formulierung für eine einzelne erklärende Variable:

$$A(L)y_t = B(L)x_t + u_t. \tag{1.16}$$

Das Modell ist *stabil*, wenn die Wurzeln für $A(L)$ außerhalb des Einheitskreises liegen. Vorausgesetzt, diese Bedingung ist erfüllt, dann ist die Lag-Struktur durch $B(L)/A(L)$ gegeben und somit können die Systemdynamiken, die für (1.12) abgeleitet wurden, aus den entsprechenden Ergebnissen deduziert werden. Wie im Transferfunktionsmodell kann u_t durch einen ARMA(p,q)-Prozeß modelliert werden.

Die Schätzung dynamischer Regressionsmodelle

Wenn der Störterm in einer stochastischen Differenzengleichung ein white-noise Prozeß ist, ist das Mann-Wald Resultat aus Abschnitt 2.12 anwendbar. Die Parameter in $A(L)$ und $B(L)$ in (1.16) werden, wenn u_t normalverteilt ist, über die KQ-Methode konsistent geschätzt, und sie werden asymptotisch effizient sein. Falls u_t aber seriell korreliert ist, kann das KQ-Verfahren nicht mal mehr konsistent sein. Betrachten wir (1.13) und unterstellen $E(u_t u_{t-1}) \neq 0$. Es sei $z_t = (y_{t-1}, x_t)'$. Die KQ-Schätzwerte für α und β können dann geschrieben werden als:

$$\begin{bmatrix} a \\ b \end{bmatrix} = \begin{bmatrix} \alpha \\ \beta \end{bmatrix} + \left[\frac{\sum z_t z_t'}{T}\right]^{-1} \frac{\sum z_t u_t}{T}. \tag{1.17}$$

Wenn $\text{plim}\, T^{-1} \sum x_t^2$ ein positiver Wert ist, konvergiert $T^{-1} \sum z_t z_t'$ gegen eine p.d. Matrix. Die Schätzwerte für α und β werden, falls $\text{plim}\, T^{-1} \sum z_t u_t = 0$ gilt, konsistent sein. Da x exogen ist, gilt durch Definition $\text{plim}\, T^{-1} x_t u_t = 0$, da aber u_t *und* u_{t-1} korreliert sind, folgt:

$$\text{plim}\, T^{-1} \sum y_{t-1} u_t \neq 0. \tag{1.18}$$

Gleichung (1.18) enthält das mit diesem Modell verbundene grundsätzliche Problem, daß einer der Regressoren mit dem Störterm korreliert ist und aus (1.17) folgt, daß dies ausreicht, die KQ-Schätzwerte sowohl für α als auch β inkonsistent werden zu lassen.

Das Koyck verteilte Lag-Modell (1.4) kann in die Form (1.5) transformiert werden, die (1.13) sehr ähnlich ist. Wenn aber der Störterm in (1.4) white-noise ist, wird der Störterm in dem transformierten Modell durch einen MA(1)-Prozeß generiert. Somit wird die Regression von y_t durch y_{t-1} und x_t *nicht* zu konsistenten Schätzwerten für die Parameter in diesem Modell führen.

In einem klassischen Regressionsmodell bleiben die KQ-Schätzwerte unverzerrt (und konsistent), selbst wenn die Störgrößen seriell korreliert sind. Wird eine gelagte endogene Variable in ein Modell eingeführt, entweder direkt wie in (1.13) oder durch eine Transformation wie in (1.5), hat serielle Korrelation schwerwiegendere Konsequenzen. Weiterhin werden Versuche, diese Probleme durch die Konstruktion einer realisierbaren GLS- Schätzfunktion zu überwinden, im allgemeinen nicht erfolgreich sein. Glücklicherweise ist es nicht schwierig, diese Probleme zu überwinden, vorausgesetzt, man sich der Schätzung im Maximum-Likelihood Rahmen und nicht auf einer *ad hoc* Basis nähert. Dieser Punkt ist herauszuheben, da in der Vergangenheit in der Ökonometrie eine Tendenz bestanden hat, sich der Schätzung vom Kleinste-Quadrate Standpunkt zu nähern. In dynamischen Modellen ist dies insoweit keine erfolgreiche Strategie, da sie selten zu vollständig effizienten Schätzwerten führt. Außerdem ist das Argument, daß solche Prozeduren den ausgleichenden Vorteil der Einfachheit haben, im allgemeinen nicht gültig, da zweistufige Maximum-Likelihoodschätzwerte i.d.R. sehr einfach zu berechnen sind, während sie weiterhin vollständig effizient sind.

Partial Adjustment und adaptive Erwartungen

Obwohl der systematische Teil der stochastischen Differenzengleichung (1.13) ein Koyck verteilter Lag ist, ordnet die Struktur des Störterms in (1.15) das Modell einer von (1.4) verschiedenen Klasse zu. Die Entscheidung, welche Formulierung in einer gegebenen Situation die angemessene ist, hängt von einer Anzahl von Faktoren ab. Diese umfassen pragmatische Überlegungen wie die Einfachheit der Schätzung und der Anpassungsgüte. Elementarer können aber beide Formulierungen aus einer Verhaltenstheorie heraus begründet werden. Die Transferfunktionenspezifikation (1.4) kann aus der Theorie adaptiver Erwartungen abgeleitet werden, während sich die stochastische Differenzengleichung (1.13) als Konsequenz aus einem partial-adjustment Prozeß ergibt.

Die adaptive Erwartungshypothese wird am besten innerhalb eines bestimmten Kontext beschrieben. Angenommen, wir befassen uns mit der Schätzung einer landwirtschaftlichen Angebotsfunktion, in der die Menge y vom Preis x abhängig ist. Ein Landwirt muß seine Entscheidung treffen, wieviel einer gegebenen Frucht er anbauen möchte, bevor er den Preis kennt, den die Frucht tatsächlich auf dem Markt erzielen wird. Folglich wird er die Produktion auf der Basis des für die nächsten Periode *erwarteten* Preises planen. Es ist deshalb gerechtfertigt zu schreiben:

$$y_t = \beta x^*_{t+1} + u_t, \tag{1.19}$$

wobei u_t der Störterm ist, der Faktoren wie das Wetter aber auch individuelle Differenzen zwischen den Landwirten bezüglich der Möglichkeit, wie diese auf einen bestimmten erwarteten Preis reagieren, darstellt.

Da x^*_{t+1} nicht direkt beobachtbar ist, muß eine geeignete Hypothese formuliert werden, wie die Erwartungen generiert werden. Eine Möglichkeit ist:

$$x^*_{t+1} = x^*_t + \gamma(x_t - x^*_t), \quad 0 < \gamma < 1 \tag{1.20}$$

Dies ist die *adaptive Erwartungshypothese*, und sie besagt, daß Entscheidungsträger ihre Erwartungen auf der Basis der Diskrepanz zwischen der Prognose des aktuellen Wertes für x_t und dem tatsächlichen Wert revidieren. Der Parameter γ mißt das Ausmaß, mit dem sie auf diese Diskrepanz reagieren. Umstellen von (1.20) und erneutes Schreiben unter Verwendung des Lag- Operators ergibt:

$$(1 - \alpha L)x^*_{t+1} = (1 - \alpha)x_t, \tag{1.21}$$

dabei ist $\alpha = 1 - \gamma$. Somit sind die Erwartungen ein exponentiell gewichteter Moving-Average der vergangenen Werte der Reihe, da gilt:

$$x^*_{t+1} = \frac{(1-\alpha)}{1-\alpha L}x_t = (1-\alpha)\sum_{j=0}^{\infty}\alpha^j x_{t-j}.$$

Durch Substitution von x^*_{t+1} in (1.19) folgt die Gleichung:

$$y_t = \beta(1-\alpha)\sum_{j=0}^{\infty}\alpha^j x_{t-j} + u_t,$$

die dieselbe Form wie (1.4) hat.

Der *partial adjustment* Mechanismus funktioniert auf eine andere Weise. Angenommen, y^*_t ist das *gewünschte* Niveau von y zum Zeitpunkt t und ist durch die Gleichung:

$$y^*_t = \beta x_t \tag{1.22}$$

zu x_t in Beziehung gesetzt. In einem ökonomischen Zusammenhang können x_t das Einkommen und y^*_t die gewünschten Ausgaben sein. Alternativ kann x_t der Preis eines Gutes sein, während y^*_t die Menge darstellt, die eine Firma bei diesem Preis herzustellen wünscht. In beiden Fällen gibt es aber plausible Gründe, warum die Anpassung an das gewünschte Niveau nicht unverzüglich stattfinden kann. Im ersten Beispiel ist es wahrscheinlich, daß der Konsument Zeit braucht, um sich an neue Ausgabengewohnheiten anzupassen, die mit seinem neuen Einkommen verbunden sind, während in dem zweiten Beispiel die Unternehmung nicht in der Lage sein kann, die Produktion von einem Gut auf ein anderes Gut zu wechseln oder die zur Produktionssteigerung notwendigen Investitionen vorzunehmen. Aufgrund dieser Rigiditäten ist nur ein partial adjustment möglich, und das kann durch eine *Reaktionsfunktion* der Form:

$$y_t = y_{t-1} + \gamma(y^*_t - y^*_{t-1}) + u_t, \tag{1.23}$$

mit $0 < \gamma \leq 1$ modelliert werden. Folglich behauptet (1.23), daß der Konsument oder die Unternehmung in der laufenden Periode nur einen Teil des Weges zum Optimum gehen; die Geschwindigkeit der Anpassung wird durch den Parameter γ determiniert.

Die Kombination von (1.22) und (1.23) führt zu der Gleichung:

$$y_t = (1-\gamma)y_{t-1} + \beta\gamma x_t + u_t, \tag{1.24}$$

die eine stochastische Differenzengleichung der Form (1.13) ist.

Modellauswahl

Die Wahl zwischen einem Transferfunktionsmodell und einer stochastischen Differenzengleichung kann nicht immer, wie in dem obigen Beispiel, auf der Basis einer *a priori* Theorie gelöst werden. In einer Situation, in der sehr wenig Informationen bezüglich einer geeigneten Spezifikation verfügbar sind, repräsentieren sowohl eine Transferfunktion (1.12) als auch eine stochastische Differenzengleichung (1.16), mögliche Wege zur Anwendung dynamischer Modellierung. In der Literatur gibt es aber einige Differenzen bezüglich des Vorgehens. Die durch Box und Jenkins (1976) gewählte Strategie basiert auf der Transferfunktionsformulierung, und eine geeignete dynamische Spezifikation wird durch die Anwendung ähnlicher Techniken erreicht, wie sie zur Identifikation eines ARMA-Modells verwendet werden. Auf der anderen Seite tendierten Ökonometriker wenigstens in der Makroökonomie dazu, stochastische Differenzengleichungen zu favorisieren.

In der Vergangenheit konnte die Vorliebe der Ökonometriker für stochastische Differenzengleichungen pragmatischen Motiven zugeschrieben werden. Wenn der Störterm in (1.16) ein normalverteilter white-noise Prozeß ist, wird das KQ-Verfahren die angemessene Schätztechnik sein. Während die Einfachheit der Schätzung vor 10 oder 15 Jahren ein wichtiges Kriterium zur Modellauswahl gewesen sein kann, so ist dies heute nicht mehr der Fall. Wenn eine bestimmte Spezifikation als angemessen betrachtet wird, so scheint es eine allgemeine Übereinkunft zu geben, daß die korrekte Vogehensweise darin besteht, eine Maximum-Likelihood-Schätzung zu versuchen.

Die fundamentalen Gründe für die Differenzen in der Literatur betreffen die Spezifikation. Diese Differenzen sind eine Reflexion der verschiedenen Einstellungen zur Modellbildung, die hauptsächlich aus der Art der betrachteten Probleme resultieren. In den durch Box und Jenkins (1976) betrachteten Beispielen ist die erklärende Variable ein Input in ein physikalisches System. Die Beobachtungen werden durch ein kontrolliertes Experiment generiert und somit taucht die Frage, ob andere Variablen im Modell enthalten sein sollten oder nicht, nicht auf. In der Ökonometrie besteht das Problem darin, eine Verhaltensgleichung aus nichtexperimentellen Daten zu schätzen. Somit umfaßt die Spezifikation zwei Dimensionen. Es müssen sowohl die Dynamiken des Modells determiniert werden als auch die wesentlichere Frage beantwortet werden, welche Variablen in dem Modell enthalten sein sollten. Dies begünstigt einen Ansatz, in dem in der ersten Stufe der Modellauswahl ein sehr allgemeines Modell geschätzt wird. Wenn ein solcher Ansatz gewählt wird, gibt es wichtige technische Gründe, die dazu führen, innerhalb des Rahmens eines stochastischen Differenzengleichungssystems zu arbeiten. Diese Punkte werden in Abschnitt 5 des nächsten Kapitels im Detail diskutiert.

Es gibt zwei weitere Gründe, warum in der Ökonometrie stochastische Differenzengleichungen bevorzugt worden sind. Der erste ist, daß die Verallgemeinerung auf Gleichungssysteme und insbesondere auf simultane Gleichungssysteme um einiges einfacher ist. Zweitens legt manchmal die ökonomische Theorie *a priori* Beschränkungen für die langfristigen Lösungen nahe. Diese Einschränkungen sind im allgemeinen einfacher innerhalb des Rahmens einer stochastischen Differenzengleichung zu behandeln.

Der nächste Abschnitt beschreibt Möglichkeiten, wie systematische Dynamiken in einem Modell charakterisiert werden können. Diese Ausführungen gelten sowohl für die Transferfunktionen als auch für die stochastischen Differenzengleichungen. Dasselbe kann zu dem in Abschnitt 6 enthaltenen Material zur Saisonalität gesagt werden. Der größte Teil dieses Kapitels befasst sich aber mit der Schätzung und Überprüfung von Transferfunktionsmodellen. Der letzte Abschnitt ist den polynomialen oder Almon verteilten Lags gewidmet. Der Ansatz repräsentiert eine Alternative zur Approximation der Lag-Struktur in einem Modell der Form (1.8). Folglich fügt er sich besser in dieses Kapitel als in das nächste ein, das primär mit den stochastischen Differenzengleichungen verbunden ist. Unter dem Gesichtspunkt der Spezifikation besitzt der polynomial verteilte Lag einige der Vorteile der stochastischen Differenzengleichungen, insofern, als es relativ einfach ist, von einer allgemeinen Spezifikation zu einer spezifischeren zu gehen.

7.2 Systematische Dynamiken

Die systematischen Dynamiken eines Modells betreffen das Verhalten des *Pfades der Mittelwerte* von y_t. Dieser ist definiert als der erwartete Wert für y_t bedingt unter den aktuellen und vergangenen Werten der exogenen Variablen. Sowohl für die Transferfunktion (1.12) als auch die stochastische Differenzengleichung (1.16), ist der Pfad der Mittelwerte gegeben durch:

$$\bar{y}_t = E(y_t) = A^{-1}(L)B(L)x_t. \tag{2.1}$$

Folglich können die systematischen Dynamiken für beide Modellklassen gemeinsam betrachtet werden.

Die Art der erwarteten Reaktion in y auf Änderungen in x hängt von dem Verlauf der Lag-Koeffizienten ab, die durch das polynomiale Verhältnis $B(L)/A(L)$ impliziert sind. Somit besteht der erste Schritt in einer Untersuchung der systematischen Dynamiken des Modells in der Herleitung der Lag-Koeffizienten. Wenn dies getan ist, können die Eigenschaften der Lagstruktur durch zusammenfassende Statistiken charakterisiert werden, wie z.B. dem mittleren-Lag und durch verschiedene Multiplikatoren.

Für die Diskussion wird angenommen, daß das Modell *stabil* ist. Dies wird der Fall sein, wenn die Wurzeln des Polynoms $A(L)$ außerhalb des Einheitskreises liegen. Eine *Gleichgewichts*lösung ist dann möglich, da, falls x_t konstant ist mit $\bar{x}$, der Pfad der Mittelwerte von y_t ebenfalls konstant ist mit $\bar{y}$, wobei

$$\bar{y} = \frac{\beta_0 + \beta_1 + \cdots + \beta_s}{1 - \alpha_1 - \cdots - \alpha_r}\bar{x} = \frac{B(1)}{A(1)}\bar{x}. \tag{2.2}$$

ist. Angemerkt sei, daß das Festlegen von $L = 1$ in den Lagpolynomen $A(L)$ und $B(L)$ den Effekt hat, sie zu der Summe ihrer jeweiligen Koeffizienten zu reduzieren.

Herleitung der Lag-Koeffizienten

Im geometrischen Lag-Modell ergibt sich die Beziehung zwischen dem Verhältnis $\beta/(1-\alpha L)$ und den Lag-Koeffizienten als Konsequenz aus dem Resultat der Summierung der geometrischen Reihe. Dieser Ansatz kann auf Fälle mit $r > 1$ erweitert werden. Angenommen, es gilt:

$$\bar{y} = \frac{2,0}{1-0,8L+0,15L^2}x_t.$$

Die Wurzeln aus $A(L)$ werden ermittelt über die Faktorisierung von:

$$A(L) = (1-0,5L)(1-0,3L).$$

Beide Wurzeln sind real und verschieden, und somit führt die Erweiterung des Verhältnisses $B(L)/A(L)$ durch partielle Brüche zu:

$$\frac{B(L)}{A(L)} = 2\left\{\frac{0,5}{0,2}\frac{1}{(1-0,5L)} - \frac{0,3}{0,2}\frac{1}{(1-0,3L)}\right\}.$$

Jeder der Terme in dieser Gleichung kann als Summe einer unendlichen Zahl von Elementen einer geometrischen Reihe betrachtet werden. Deshalb folgt:

$$\begin{aligned} D(L) &= 2\left(2,5\sum_{j=0}^{\infty}0,5^jL^j - 1,5\sum_{j=0}^{\infty}0,3^jL^j\right) \\ &= 2\sum_{j=0}^{\infty}\left\{2,5(0,5)^j - 1,5(0,3)^j\right\}L^j \end{aligned}$$

und somit gilt $\delta_0 = 2$, $\delta_1 = 1,6$ und $\delta_2 = 0,98$ und so weiter. Diese Technik kann selbst dann angewandt werden, wenn das Polynom im Zähler, $B(L)$, höherer Ordnung ist.

Eine alternative Methode zur Ermittlung der Lag-Koeffizienten basiert auf der Darstellung des Koeffizienten in Potenzen von L in der Gleichung:

$$B(L) = A(L)D(L).$$

Es ergibt sich:

$$\delta_j = \sum_{i=1}^{\min(j,r)} \alpha_i\delta_{j-i} + \beta_j, \qquad 1 \le j \le s \tag{2.3a}$$

$$\delta_j = \sum_{i=1}^{\min(j,r)} \delta_i\delta_{j-i}, \qquad j > s. \tag{2.3b}$$

Angemerkt sei, daß in allen Fällen $\delta_0 = \beta_0$ ist.

In dem obigen numerischen Beispiel ergeben sich die Lag-Koeffizienten wie folgt:

$$\begin{aligned} \delta_0 &= 2,0 \\ \delta_1 &= 0,8(2,0) = 1,6 \\ \delta_2 &= 0,8(1,6) - 0,15(2,0) = 0,98 \end{aligned}$$

usw. Somit sind die Gewichte über eine Differenzengleichung 2. Ordnung für $j = 2$ und fortschreitend determiniert. In diesem Beispiel sind die Wurzeln von $A(L)$ real. Bei komplexen Wurzeln taucht aber die Möglichkeit auf, daß die Lagkoeffizienten einem gedämpften zyklischen Verlauf folgen. Dies impliziert, daß verschiedene δ_j negativ sein werden, eine Situation, die in einigen Fällen durch vorhergehende Überlegungen ausgeschlossen werden kann.

Totaler Multiplikator, Zwischen- und Anstoßmultiplikatoren

Das Konzept eines Multiplikators wird innerhalb des Kontexts einer Gleichgewichtslösung eines Modells definiert. Angenommen, x_t ist konstant auf dem Niveau $\bar{x}$, so daß die Gleichgewichtslösung für $\bar{y}$ durch (2.2) gegeben ist. Wenn das Niveau um eine Einheit zunimmt, d.h. von $\bar{x}$ auf $\bar{x} + 1$ steigt, lautet die neue Gleichgewichtslösung:

$$\bar{y}^* = \frac{B(1)}{A(1)}(\bar{x} + 1) = \bar{y} + \frac{B(1)}{A(1)}.$$

Dies reflektiert ein Ansteigen des Pfades der Mittelwerte von $\bar{y}$ auf $\bar{y} + B(1)/A(1)$. Die Änderung ist bekannt als *totaler Multiplikator* und da

$$B(1)/A(1) = D(1) = \sum_{j=0}^{\infty} \delta_j, \tag{2.4}$$

kann er als Summe der Lag-Koeffizienten interpretiert werden.

Die neue Gleichgewichtslösung $\bar{y}^*$ repräsentiert den langfristigen Effekt eines Anstiegs in $\bar{x}$ um eine Einheit. Das andere Extrem ist der unmittelbare Effekt auf $\bar{y}_t$. Der durch ein Anwachsen von $\bar{x}_t$ um eine Einheit induzierte Zuwachs in $\bar{y}_t$ ist bekannt als *Anstoßmultiplikator*, und er ist einfach δ_0.

Der Effekt einer Zunahme in $\bar{x}$ um eine Einheit wird durch den Jten *Zwischenmultiplikator* gemessen:

$$\delta_J^* = \sum_{j=0}^{J} \delta_j, \qquad J = 0, 1, 2, ... \tag{2.5}$$

Es ist manchmal günstig, die Zwischenmultiplikatoren über eine Division durch den totalen Multiplikator zu standardisieren. Die resultierenden Größe:

$$\delta_J^\dagger = \delta_J^* / \delta_\infty^*, \qquad J = 0, 1, 2, ... \tag{2.6}$$

gibt den Anteil an, der nach J Perioden an der gesamten Änderung eingetreten ist.

Beispiel 1 Der Verlauf der Zwischenmultiplikatoren für das Koyck-Lag (1.4) mit $\alpha = 0,5$ ist indirekt in Abbildung 7.1 gezeigt. Das Diagramm enthält den Pfad der Mittelwerte für y_t, der aus einer Änderung von x_t um eine Einheit im Zeitpunkt t_τ resultiert. Da der Lag unendlich ist, wird das neue Gleichgewichtsniveau für y nur asymptotisch erreicht.

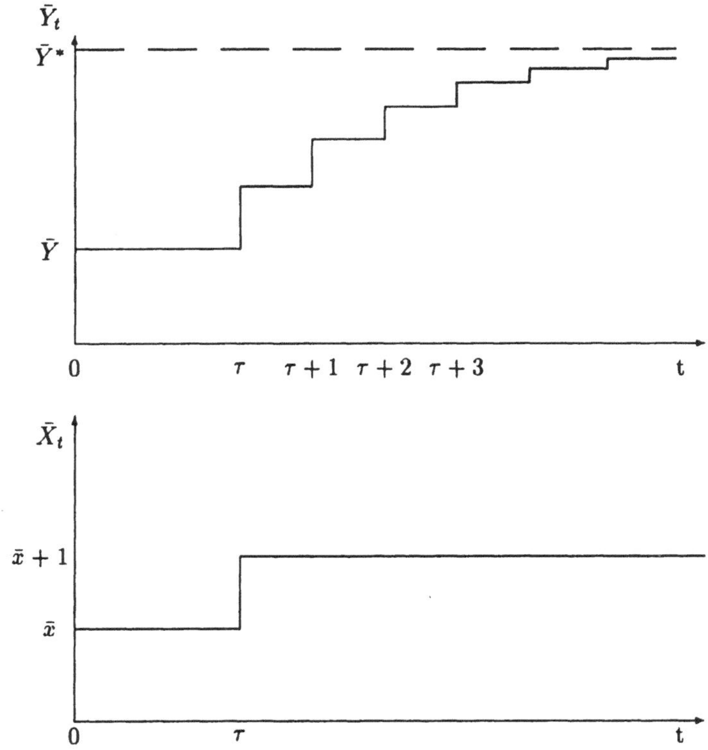

Abbildung 7.1 Pfad der Mittelwerte für y als Reaktion auf eine Änderung des Niveaus von x um eine Einheit für ein Koyck verteiltes Lag.

Beispiel 2 Betrachten wir ein Modell, mit dem systematischen Teil:

$$\bar{y}_t = 0,6y_{t-1} - 0,4y_{t-2} + 1,2x_t.$$

Die Wurzeln des Polynoms $A(L) = 1 - 0,6L + 0,4L^2$ sind komplex mit dem Resultat, daß der Verlauf der Lag-Koeffizienten eine gedämpfte zyklische Bewegung aufweist. Dies wird in Abbildung 7.2(a) illustriert. Abbildung 7.2(b) zeigt die Zwischenmultiplikatoren. Die anfängliche Reaktion besteht darin, über das neue Gleichgewichtsniveau hinauszuschießen. Danach findet eine allmähliche Anpassung durch eine Reihe von zyklischen Bewegungen statt.

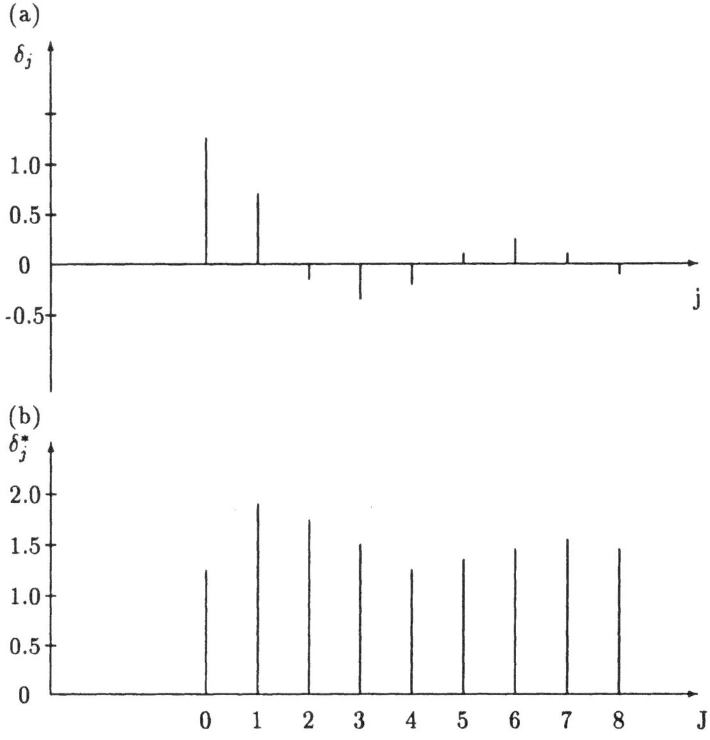

Abbildung 7.2 Lag-Koeffizienten und Zwischenmultiplikatoren für Beispiel 2

Mittlerer-Lag und Median-Lag

Wenn alle Lag-Koeffizienten nichtnegativ sind, ist der *mittlere* oder durchschnittliche *Lag* definiert als:

$$\text{Mittlerer} - \text{Lag} = \sum_{j=0}^{\infty} j\delta_j / \sum_{j=0}^{\infty} \delta_j. \tag{2.7}$$

Momente höherer Ordnung können ebenfalls definiert werden, obgleich diese nicht oft benötigt werden. Eine andere zusammenfassende Statistik, die sich oft als nützlich erweist, ist der *Median-Lag.* Er gibt die Anzahl an Perioden wieder, die benötigt werden, bis 50% der gesamten Anpassung erfolgt ist.

Beispiel 3 In dem endlich verteilten Lag-Modell:

$$\bar{y}_t = 0,2x_{t-2} + 0,4x_{t-3} + 0,1x_{t-4} \tag{2.8}$$

ist der Anstoßmultiplikator 0, der totale Multiplikator 0,7 und der

$$\text{Mittlerer} - \text{Lag} = \frac{0,2 \cdot 2 + 0,4 \cdot 3 + 0,1 \cdot 4}{0,7} = 2,86.$$

Die standardisierten Zwischenmultiplikatoren für $J = 2$ und $J = 3$ sind 0,29 bzw. 0,86. Der Median-Lag ist deshalb gegeben durch [1]

$$\text{Median} - \text{Lag} = 2,0 + \frac{0,50 - 0,29}{0,86 - 0,29} = 2,37.$$

Beispiel 4 Betrachten wir das Koyck verteilte Lag-Modell (1.4). Der totale Multiplikaktor ist $\beta/(1 - \alpha)$, während die standardisierten Zwischenmultiplikatoren gegeben sind durch:

$$\delta_j^\dagger = 1 - \alpha^{J+1}, \qquad J = 0, 1, \ldots \tag{2.9}$$

Der Median-Lag wird über das Bestimmen eines Wertes für J ermittelt, für den $\delta_J^\dagger = 0,5$ gilt. Das Lösen der Gleichung:

$$1 - \alpha^{J+1} = 0,5$$

ergibt den Ausdruck:

$$\text{Median} - \text{Lag} = (\log \alpha)^{-1} \log 0,5 - 1. \tag{2.10}$$

Dieser wird für $\alpha < 0,5$ negativ sein. In diesem Fall kann es vernünftig sein, ihn auf Null zu runden.

Der mittlere-Lag kann als ein Spezialfall einer allgemeinen Formel ermittelt werden, die für alle rationalen Lagverteilungen anwendbar ist. Differentiation des Lag-Polynoms $D(L)$ bezogen auf L ergibt:

$$D'(L) = \delta_1 + 2\delta_2 L + 3\delta_3 L^2 + \cdots + j\delta_j L^{j-1} + \cdots.$$

Der mittlere-Lag ist dann gegeben durch $D'(1)/D(1)$. Da aber:

$$D'(L) = \frac{A(L)B'(L) - A'(L)B(L)}{A^2(L)},$$

folgt somit:

$$\text{Mittlerer} - \text{Lag} = \frac{B'(1)}{B(1)} - \frac{A'(1)}{A(1)}. \tag{2.11}$$

Gleichung (2.11) ist leicht zu bestimmen. In dem Koyck-Fall ist $A'(1) = -\alpha$, während $B'(1) = 0$ ist, der mittlere-Lag ist folglich $\alpha/(1 - \alpha)$. Die typischen Werte des Mittleren- und des Median-Lag in einem Koyck-Modell stellen einen nützlichen Kontrast dar. Der breite Rand der Verteilung bedeutet, daß der mittlere-Lag manchmal den Median-Lag um einen ziemlich großen Betrag überschreiten wird. Für $\alpha = 0,9$ ist folglich der mittlere-Lag 9,00, während der Median-Lag gleich 5,58 ist.

In vielen Anwendungen liegen die Variablen in einer lagverteilten Gleichung in logarithmierter Form vor, d.h.:

$$\log y_t = \sum_{j=0}^{\infty} \delta_j \log x_{t-j} + u_t. \tag{2.12}$$

[1] Es gibt einen Grund für die Addition von 0,5 zum Median-Lag. Dies stellt sicher, daß der Mittlere und der Median-Lag für einen symmetrischen Verlauf der Lag-Koeffizienten identisch sind.

Ein einprozentiger Anstieg im Niveau von x bedeutet, daß nach J Perioden der prozentuale Anstieg im Pfad der Mittelwerte von y gleich

$$100 \sum_{j=0}^{J} \delta_j \log 1,01 \simeq \sum_{j=0}^{J} \delta_j$$

sein wird, da $\log 1,01 \simeq 0,00995 \simeq 0,01$. Somit können die Zwischenmultiplikatoren und der totale Multiplikator in einem doppelt logarithmischen Modell interpretiert werden als Maßgrößen, die den prozentualen Anstieg im Niveau von y angeben, wenn x sich um 1 Prozent ändert.

7.3 Schätzung von Transferfunktionsmodellen mit unabhängigen Störgrößen

Dieser Abschnitt untersucht die Möglichkeiten wie die ML-Schätzung eines Transferfunktionsmodells ausgeführt werden kann, wenn die Störgrößen white-noise normalverteilt sind. Die Aufmerksamkeit konzentriert sich auf das geometrisch verteilte Lag-Modell:

$$y_t = \beta \sum_{j=0}^{\infty} \alpha^j x_{t-j} + \epsilon_t, \qquad t = 1, \ldots, T, \tag{3.1}$$

mit $\epsilon_t \sim NID(0, \sigma^2)$. Wenn dieses Modell auch sehr einfach ist, enthält es alle Merkmale, die in allgemeineren Formulierungen vorhanden sind.

Der erste Unterabschnitt untersucht eine Instrumentvariablenschätzfunktion für die Parameter in einem geometrisch verteilten Lag. Obwohl sie nicht effizient sind, sind die IV-Schätzwerte konsistent und leicht zu berechnen. Sie sind deshalb geeignete Startwerte für eine zweistufige oder iterative ML-Prozedur. Anschließend wird die ML-Schätzfunktion entwickelt und ihre Eigenschaften werden untersucht. Der Abschnitt schließt damit, daß gezeigt wird, daß die Ergebnisse auf allgemeinere Modelle ausgeweitet werden können, einschließlich solcher mit mehreren erklärenden Variablen.

IV-Schätzung

Die transformierte Gleichung für das geometrisch verteilte Lag-Modell ist (1.5). Wie aber in Abschnitt 1 gezeigt, werden die KQ-Schätzwerte sowohl für α als auch für β inkonsistent sein, da der Störterm v_t mit y_{t-1} korreliert ist. Dies kann formal gezeigt werden durch:

$$\begin{aligned} \operatorname{plim} T^{-1} \sum y_{t-1} v_t &= \operatorname{plim} T^{-1} \sum y_{t-1}(\epsilon_t - \alpha \epsilon_{t-1}) \\ &= 0 - \alpha \operatorname{plim} T^{-1} \sum (\alpha y_{t-2} + \beta x_{t-1} + \epsilon_{t-1})\epsilon_{t-1} \\ &= -\alpha \sigma^2. \end{aligned} \tag{3.2}$$

Die Parameter können konsistent über die Konstruktion einer IV-Schätzfunktion bestimmt werden, indem x_{t-1} als ein Instrument für y_{t-1} benutzt wird. In der Notation des Abschnittes 2.11 ist $z_t = (y_{t-1}, x_t)'$ und $w_t = (x_{j,t-1}, x_t)'$ und somit kann die Schätzfunktion geschrieben werden als:

$$\begin{aligned} \begin{bmatrix} \tilde{a} \\ \tilde{b} \end{bmatrix} &= \left(\sum w_t z_t'\right)^{-1} \sum w_t y_t \\ &= \begin{bmatrix} \sum x_{t-1} y_{t-1} & \sum x_{t-1} x_t \\ \sum x_t y_{t-1} & \sum x_t^2 \end{bmatrix}^{-1} \begin{bmatrix} \sum x_{t-1} y_t \\ \sum x_t y_t \end{bmatrix}. \end{aligned} \tag{3.3}$$

Da x exogen ist, ist x_{t-1} ex definitione unkorreliert mit v_t, da x_{t-1} unabhängig sowohl von ϵ_t als auch von ϵ_{t-1} ist. Es ist weiterhin nicht notwendig, besondere restriktive Konditionen für x zu setzen, um sicherzustellen, daß $T^{-1} \sum w_t z_t'$ positiv definit ist, und somit sind die notwendigen Bedingungen für Konsistenz erfüllt.

Die Struktur des Modells stellt sicher, daß x_{t-1} einen ausreichend hohen Korrelationsgrad mit y_{t-1} aufweist. Die tatsächliche Korrelation hängt von einer Anzahl von Faktoren ab, einschließlich des Wertes für α und der Art des x generierenden Prozesses. Der IV-Schätzwert wird im allgemeinen nicht asymptotisch effizient sein. Selbst wenn er konsistent ist, ist es durchaus denkbar, daß die Anpassung in kleinen Stichproben schlechter ist als die des KQ-Verfahrens. Tatsächlich deuten Monte-Carlo Ergebnisse, die im Anhang von Dhrymes (1971) wiedergegeben sind, darauf hin, daß der KQ-Ansatz, wenn α groß, bspw. 0,9, und die Reihe der x_t starke positive Autokorrelation enthält, in kleinen Stichproben eine 'bemerkenswert gute Schätzfunktion' ist. Dieser Punkt sollte bei der Konstruktion von Startwerten für eine ML-Prozedur bedacht werden.

Maximum-Likelihood-Schätzung

Die Maximierung der Likelihoodfunktion (3.1) ist äquivalent zur Minimierung der Quadratsummenfunktion:

$$S(\alpha, \beta) = \sum_{t=1}^{T} \left(y_t - \beta \sum_{j=0}^{\infty} \alpha^j x_{t-j} \right)^2 . \tag{3.4}$$

Die Formulierung wirft aber ein unmittelbares Problem auf, da die rechte Seite von (3.4) eine unendliche Anzahl an erklärenden Variablen aufweist. Weiterhin sind x_0, x_{-1}, $x_{-2}, \ldots$ immer als unbeobachtbar angenommen.

Eine Annäherung an das Problem besteht darin, die unendliche Verzögerung in zwei Teile zu zerlegen, einen beobachtbaren und einen unbekannten. Gleichung (3.1) wird dann zu:

$$\begin{aligned} y_t &= \beta \sum_{j=0}^{t-1} \alpha^j x_{t-j} + \alpha^t \left\{ \beta \sum_{j=0}^{\infty} \alpha^j x_{-j} \right\} + \epsilon_t \\ &= \beta x_t^* + \alpha^t \xi + \epsilon_t, \qquad t = 1, \ldots, T. \end{aligned} \tag{3.5}$$

Der Term $\xi = E(y_0)$ kennzeichnet die nicht beobachtbare Komponente im Modell. Es gibt zwei Möglichkeiten, sie zu behandeln, die erste ist, $\xi = 0$ zu setzen. Das Schätzproblem reduziert sich dann zu einer Anwendung des nichtlinearen Kleinste-Quadrate-Verfahren. Minimiert wird:

$$S(\alpha, \beta) = \sum_{j=1}^{T} (y - \beta x_t^*)^2, \tag{3.6}$$

bezüglich α und β. Zur Durchführung gibt es mehrere Möglichkeiten, da aber (3.6) für einen gegebenen Wert α linear in β ist, ist eine Möglichkeit die Ausführung eines direct search über das Intervall $0 \leq \alpha \leq 1$. Angemerkt sei, daß x_t^* rekursiv über die Beziehung:

$$x_t^* = \alpha x_{t-1}^* + x_t, \qquad t = 1, \ldots, T \tag{3.7}$$

mit $x_0^* = 0$ aufgebaut werden kann.

Die zweite Möglichkeit zur Behandlung von ξ ist, ihn wie einen unbekannten Parameter zu betrachten, der zusammen mit α und β geschätzt wird. Wie vorher kann die Likelihoodfunktion bezüglich α konzentriert und eine Gittersuche ausgeführt werden. Mit anderen Worten, für ein gegebenes α wird y_t durch x_t^* und α^t regressiert, um die Quadratsumme der Residuen zu erhalten, die die zu minimierende Zielfunktion bildet.

Beide Methoden zur Behandlung der unbeobachtbaren Komponenten in (3.5) haben Nachteile. Obwohl die zweite Lösung die gesamte verfügbare Information ausnutzt, ist das Hinzufügen einer zusätzlichen Variable üblicherweise als nicht wünschenswert anzusehen. Auf der anderen Seite kann das Setzen von $\xi = 0$ zu beträchtlichen Verzerrungen führen, insbesondere, wenn x_t nichtstationär ist.

Eine dritte Lösung, die bis zu einem gewissen Grad einen Kompromiß zwischen den ersten beiden darstellt, besteht darin, das Modell als

$$\begin{aligned} y_t &= \beta \sum_{j=0}^{t-2} \alpha^j x_{t-j} + \alpha^{t-1} \left(\beta \sum_{j=0}^{\infty} \alpha^j x_{1-j} \right) + \epsilon_t \\ &= \beta x_t^\dagger + \alpha^{t-1} \xi_1 + \epsilon_t, \quad t = 2, \ldots, T \end{aligned} \tag{3.8}$$

zu schreiben. Abgesehen von x_1 sind alle gelagten Werte von x_t in ξ_1 nichtbeobachtbar. Da aber $\xi_1 = E(y_1)$ ist, erscheint es vernünftig, ihn durch y_1 zu ersetzen. Die Parameter im Modell können genauso wie vorher beschrieben durch nichtlineare Kleinste-Quadrate geschätzt werden. Wenn ϵ_1 fixiert und gleich Null gesetzt wurde, würde diese Prozedur identisch zum vollständigen ML sein.

Der Konstruktion der Likelihoodfunktion kann man sich aus einer völlig anderen Richtung nähern, wenn das transformierte Modell (1.5) als Ausgangspunkt gewählt wird. Eine Reihe an Prognosefehlern kann über die Rekursion

$$\epsilon_t = y_t - \alpha y_{t-1} - \beta x_t + \alpha \epsilon_{t-1}, \quad t = 2, \ldots, T \tag{3.9}$$

berechnet werden. Die Annahme, daß y_1 fixiert ist, liefert eine Begründung dafür $\epsilon_1 = 0$ zu setzen, und aus der Prognosefehlerdekomposition des Abschnittes 3.5 ist bekannt, daß die Maximierung der Likelihoodfunktion gleich der Minimierung der Quadratsummenfunktion ist:

$$S(\alpha, \beta) = \sum_{t=2}^{T} \epsilon_t^2. \tag{3.10}$$

Die Rekursion in (3.9) ist ähnlich der Rekursion, die zur Konstruktion der Residualfunktion in einem ARMA-Zeitreihenmodell benutzt wurde. In Abschnitt 3.5 wurde argumentiert, daß das Festlegen von Vorstichprobenwerten für y_t gleich Null kein guter Weg zur Approximation der Likelihoodfunktion ist. Diese Überlegung ist im aktuellen Zusammenhang aufgrund des Vorhandenseins erklärender Variablen noch wichtiger. Folglich werden in (3.9) nur $T-1$ Residuen berechnet, wobei die Notwendigkeit, irgendeinen Vorstichprobenwert gleich Null zu setzen, vermieden wird. Wenn wir aber bereit wären, y_0 (und ϵ_0) gleich Null zu setzen, könnte eine vollständige Menge von T Residuen ermittelt werden. Durch fortwährende Substitution für gelagte Werte von ϵ_t ist zu sehen, daß die auf diesem Weg ermittelten T Residuen identisch zu den durch (3.5) ermittelten sind, wenn $\xi = 0$ ist. Gleichfalls führt das Ersetzen von ξ_1 durch y_1 in (3.8) zu einer Menge von $T-1$ Residuen, die identisch zu den durch (3.9) ermittelten sind. Diese Übereinstimmung ist nicht überraschend, da die Annahme, daß ϵ_1 fixiert und gleich Null ist, implizit sowohl in (3.9) als auch (3.8) enthalten ist.

Bis auf den Fall, daß die vollständige ML-Schätzung betrachtet wird, ist der zufriedenstellendste Ansatz durch (3.8) oder (3.9) gegeben. Obwohl diese zu identischen Quadratsummenfunktionen führen, ist (3.9) günstiger, da sie implizit die Rekursion für $x_t^\dagger$ enthält; vgl. (3.7). Weiterhin können die Ableitungen von ϵ_t ebenfalls rekursiv berechnet werden. Differentiation von (3.9) nach α und β führt zu:

$$\frac{\partial \epsilon_t}{\partial \alpha} = -y_{t-1} + \epsilon_{t-1} + \alpha \frac{\partial \epsilon_{t-1}}{\partial \alpha}, \qquad t = 2, ..., T \tag{3.11}$$

und

$$\frac{\partial \epsilon_t}{\partial \beta} = -x_t + \alpha \frac{\partial \epsilon_{t-1}}{\partial \beta}, \qquad t = 2, ..., T. \tag{3.12}$$

Beide Ableitungen sind für $t = 1$ gleich Null, da $\epsilon_1 = 0$ ist. Die Einfachheit, mit der die analytischen Ableitungen ermittelt werden können, legt nahe, daß sie mit einer Gauss-Newton Optimierungsprozedur ausgewertet werden.

Asymptotische Eigenschaften der ML-Schätzwerte

Die oben diskutierten drei ML-Schätzfunktionen unterscheiden sich durch die Annahmen bezüglich der Startwerte. Diese Unterschiede sind in großen Stichproben aber unwichtig, und alle drei Prozeduren führen zu Schätzwerten mit derselben asymptotischen Verteilung. Bei der Untersuchung von (3.8) wird offensichtlich, daß es sich im wesentlichen um ein klassisches Regressionsmodell handelt, da $x_t^\dagger$ fixiert ist und die Störgrößen white-noise sind. Die asymptotische Effizienz folgt daher unmittelbar aus den Standardergebnissen.

Ein kleineres Problem betrifft die Gleichmäßigkeitsbedingungen, die den x_t auferlegt werden müssen, damit die ML-Schätzwerte für α und β eine wohldefinierte asymptotische Verteilung besitzen. Um zu sehen, was dieses mit sich bringt, betrachten wir die Definition der asymptotischen Informationsmatrix (3.2.25). Bei der Untersuchung von (3.11) und (3.12) ist zu sehen, daß dies die Auswertung der Terme umfaßt, die y_t, ϵ_t und auch x_t enthalten. (3.12) kann aber geschrieben werden als:

$$(1-\alpha L)\frac{\partial \epsilon_t}{\partial \beta} = -x_t, \qquad t = 2, ..., T \tag{3.13}$$

und das Aufheben der Annahme, daß y_1 fixiert ist, führt zu:

$$z_{2t} = -\frac{\partial \epsilon_t}{\partial \beta} = \frac{x_t}{1-\alpha L} = \sum_{j=0}^{\infty} \alpha^j x_{t-j}. \tag{3.14}$$

Gleichfalls ist:

$$\begin{aligned} z_{1t} = & -\frac{\partial \epsilon_t}{\partial \alpha} = \frac{-(y_{t-1} - \epsilon_{t-1})}{1-\alpha L} = \frac{-\beta \sum_{j=0}^{\infty} \alpha^j x_{t-j-1}}{1-\alpha L} \\ = & -\beta \sum_{j=0}^{\infty} (j+1)\alpha^j x_{t-j-1}. \end{aligned} \tag{3.15}$$

Diese Formeln ermöglichen es, eine Gleichung für die asymptotische Informationsmatrix niederzuschreiben, die nur x_t, α und β umfaßt. Jede Bedingung, die den x_t auferlegt werden muß, kann deshalb explizit bestimmt werden.

Ein effizienter zweistufiger Schätzwert

Ein asymptotisch effizienter zweistufiger Schätzwert für α und β kann auf einer einzelnen Iteration des Gauss-Newton Schemas basieren. Der erste Schritt besteht darin, α und β, beispielsweise mit der Instrumentvariablenmethode, konsistent zu schätzen. Diese Schätzwerte werden dann zur Berechnung der Residualfunktion ϵ_t und deren jeweiligen Ableitungen (3.9), (3.11) und (3.12) benutzt. Die durch die Regression zwischen ϵ_t und ihren Ableitungen ermittelten Koeffizienten werden von den ursprünglichen Koeffizienten subtrahiert und führen dann zu den zweistufigen Schätzwerten.

Wenn auch konsistente Startwerte für α und β notwendig sind, damit die zweistufigen Schätzwerte asymptotisch konsistent sein werden, gibt es einen Fall, für den die KQ-Methode und nicht das Instrumentvariablenverfahren in der ersten Stufe benutzt werden sollte. Dieses liegt daran, da es so zu sein scheint, als hätten die KQ-Schätzwerte gegenüber dem IV-Schätzwert in kleinen Stichproben die besseren Eigenschaften, wenn sie auch inkonsistent sind. Es muß aber betont werden, daß, falls das KQ-Verfahren als Basis für eine zweistufige Prozedur benutzt wurde, der resultierende Schätzwert im allgemeinen nicht asymptotisch effizient sein wird. Eine gründliche Monte-Carlo Studie ist deshalb notwendig, bevor eine solche Schätzfunktion empfohlen werden kann.

Die Schätzung einer allgemeinen rationalen Lag-Struktur

Die zur Schätzung des geometrischen Lags festgelegten Prinzipien erweitern sich auf das allgemeinere Modell:

$$y_t = \frac{B(L)}{A(L)} x_t + \epsilon_t, \qquad t = 1, ..., T, \tag{3.16}$$

mit $\epsilon_t \sim NID(0, \sigma^2)$. Multiplikation mit $A(L)$ ergibt:

$$A(L) y_t = B(L) x_t + A(L) \epsilon_t \tag{3.17}$$

und so können die Prognosefehler über die Rekursion:

$$\begin{aligned} \epsilon_t = \; & y_t - \alpha_1 y_{t-1} - \cdots - \alpha_r y_{t-r} - \beta_0 x_t - \cdots - \beta_s x_{t-s} \\ & + \alpha_1 \epsilon_{t-1} + \cdots + \alpha_r \epsilon_{t-r}, \qquad t = t^* + 1, ..., T, \end{aligned} \tag{3.18}$$

mit $t^* = \max(s, r)$ und $\epsilon_t = 0$ für $t = t^* + 1 - r, \cdots t^*$, ermittelt werden. Die Quadratsummenfunktion wird dann, mit oder ohne Verwendung der analytischen Ableitungen bezüglich $\alpha_1, \cdots, \alpha_r, \beta_0, \cdots \beta_s$ minimiert. Obwohl durch den Start der Rekursion bei $t = t^* + 1$ t^* Residuen 'verloren' sind, wird durch das Festlegen der Vorstichprobenwerte von y_t oder x_t gleich Null keine Verzerrung eingeführt.

Eine zweistufige Schätzprozedur könnte wie bereits vorher dargestellt auf dem Gauss-Newton Schema basieren. Konsistente Schätzwerte für die Parameter können durch eine IV-Schätzung, die $x_t, x_{t-1}, \cdots, x_{t-r-s}$ als Instrumente verwendet, ermittelt werden.

*Mehrere erklärende Variablen **

Die bisherige Diskussion war auf den Fall eines einzelnen Regressors beschränkt. Es ergeben sich aber keine Schwierigkeiten, das Modell so zu erweitern, daß es zusätzliche Variablen enthält, die nicht dynamisch sind. Die Addition einer zweiten erklärenden Variable in (3.1) führt zu:

$$y_t = \beta_1 \sum_{j=0}^{\infty} \alpha^j x_{1,t-j} + \beta_2 x_{2t} + \epsilon_t. \tag{3.19}$$

Die transformierte Gleichung lautet:

$$y_t = \alpha y_{t-1} + \beta_1 x_{1t} + \beta_2 x_{2t} - \alpha \beta_2 x_{2,t-1} + \epsilon_t - \alpha \epsilon_{t-1}, \quad t = 2, ..., T \tag{3.20}$$

und eine rekursive Gleichung für die Residuen kann zusammen mit den zugehörigen Formeln für die Ableitungen auf demselben oben beschriebenen Wege aufgebaut werden.

Das Schätzproblem wird komplexer, wenn eine dynamische Beziehung zwischen y und x_2 besteht. Angenommen, die Lag-Struktur ist wiederum entsprechend der Koyck-Form, dann wird (3.19) zu:

$$\begin{aligned} y_t &= \beta_1 \sum_{j=0}^{\infty} \alpha_1^j x_{1,t-j} + \beta_2 \sum_{j=0}^{\infty} \alpha_2^j x_{2,t-j} + \epsilon_t \\ &= \frac{\beta_1 x_{1t}}{1-\alpha_1 L} + \frac{\beta_2 x_{2t}}{1-\alpha_2 L} + \epsilon_t. \end{aligned} \tag{3.21}$$

Die Residuen können über die Rekursion:

$$\begin{aligned} \epsilon_t = \; & y_t - (\alpha_1+\alpha_2) y_{t-1} + \alpha_1\alpha_2 y_{t-2} - \beta_1 x_{1t} + \alpha_2\beta_1 x_{1,t-1} \\ & -\beta_2 x_{2t} + \alpha_1\beta_1 x_{2,t-1} + (\alpha_1+\alpha_2)\epsilon_{t-1} - \alpha_1\alpha_2\epsilon_{t-2}, \qquad t = 3, ..., T \end{aligned} \tag{3.22}$$

berechnet werden. Sie startet mit $t = 3$, um das Festlegen von Vorstichprobenwerten von y_t gleich Null zu vermeiden. Für ein allgemeines Modell:

$$y_t = \frac{B_1(L)}{A_1(L)} x_{1t} + \frac{B_2(L)}{A_2(L)} x_{2t} + \epsilon_t \tag{3.23}$$

impliziert der Ansatz den Verlust von t^* Residuen mit $t^* = \max(s_1 + r_2, s_2 + r_1, r_1 + r_2)$. Die Formulierung wird aber der alternativen Strategie, Vorstichprobenwerte für die Beobachtungen gleich Null zu setzen, vorzuziehen sein. Dennoch ist dieser zweite Ansatz der von Box und Jenkins (1976, S. 389) gewählte. Sie schreiben (3.21) in der Form:

$$y_t = \beta_1 x_{1t}^* + \beta_2 x_{2t}^* + \epsilon_t \tag{3.24}$$

und schlagen vor x_{1t}^* und x_{2t}^* über die Rekursion

$$x_{it}^* = \alpha_i x_{i,t-1}^* + x_{it}, \qquad t = 1, \; ..., \; T \tag{3.25}$$

mit $x_{i,0}^* = 0$ für $i = 1, 2$ zu berechnen; vgl. (3.7). Für eine einzelne erklärende Variable ist dies die Schätzprozedur, in der ξ aus Gleichung (3.5) gleich Null gesetzt wird.

7.4 Serielle Korrelation

In dem allgemeinen Transferfunktionsmodell (1.12) wird angenommen, daß der Störterm durch einen ARMA(p,q)-Prozeß generiert wird. Die (p+q) Parameter dieses Prozesses müssen daher zusammen mit den Parametern des rational verteilten Lags geschätzt werden. Nachfolgend wird gezeigt, wie die Maximum-Likelihood Methode zur Schätzung eines geometrisch verteilten Lags mit einer AR(1)-Störgröße angewandt werden kann. Die Schätzung von (1.12) bringt im Prinzip keine neuen Probleme hervor. Die Überprüfung wird im abschließenden Unterabschnitt betrachtet.

Schätzung

Betrachten wir (1.4) mit Störgrößen, die durch einen AR(1)-Prozeß (6.1.2) generiert werden, d.h.:

$$y_t = \frac{\beta x_t}{1-\alpha L} + \frac{\epsilon_t}{1-\phi L}. \tag{4.1}$$

Multiplikation mit $(1-\alpha L)(1-\phi L)$ ergibt die transformierte Gleichung, und diese führt zu der folgenden Rekursion für die Residuen:

$$\epsilon_t = y_t - (\alpha+\phi)y_{t-1} + \alpha\phi y_{t-2} - \beta x_t + \beta\phi x_{t-1} + \alpha\epsilon_{t-1}, \quad t = 3,...,T, \tag{4.2}$$

mit $\epsilon_2 = 0$. Rekursive Gleichungen für die analytischen Ableitungen sind ebenfalls verfügbar. Ebenso wie vorher können sie mit einer Gauss-Newton Prozedur ausgewertet werden, wenn es auch für kompliziertere Modelle, wenn die Programmierzeit kostbar ist, sinnvoll sein kann, die Ableitungen numerisch zu ermitteln.

Die Minimierung der residualen Quadratsummenfunktion ist äquivalent zur Maximierung der Likelihoodfunktion, wenn die Störgrößen normalverteilt und y_1 und y_2 fixiert sind. Die letzte Annahme ist aber relativ unbedeutend, und die Minimierung der Quadratsumme ist eine geeignete Approximation an die ML-Methode. Eine explizite Gleichung für die Informationsmatrix kann auf fast demselben Weg wie bei unabhängigen Störgrößen ermittelt werden. Sehr bemerkenswert ist, daß der ML-Schätzwert für ϕ in großen Stichproben unabhängig von den ML-Schätzwerten für α und β ist. Mit anderen Worten, die Informationsmatrix besitzt dieselbe blockdiagonale Form wie die Informationsmatrix in einem statischen Regressionsmodell mit AR(1)-Störgrößen; vgl. (6.1.12). Dies impliziert, daß die Lag-Struktur selbst dann konsistent geschätzt wird, wenn der Störterm fehlspezifiziert ist.

Testprozeduren

Die Blockdiagonalität der Informationsmatrix in einem Transferfunktionsmodell bedeutet, daß in großen Stichproben alle im vorhergehenden Kapitel diskutierten Testprozeduren angewandt werden können. Folglich kann ein asymptotischer Test auf einen AR(1)- oder MA(1)-Störterm auf der Durbin-Watson d-Statistik basieren. Wenn ein ARMA-Störterm an das Modell angepaßt wurde, kann die Box-Pierce Q-Statistik verwendet werden. Sie wird, vorausgesetzt, daß P ausreichend groß ist, unter der Nullhypothese eine χ^2-Verteilung mit $P-p-q$ Freiheitsgraden haben.

7.5 Modellauswahl

Die Ermittlung effizienter Schätzwerte für die Parameter in einem Transferfunktionsmodell (1.12) ist primär eine rechentechnische Angelegenheit. Das Erreichen einer geeigneten Spezifikation stellt aber eine schwierigere Aufgabe dar, die einen großen Teil an Fachausbildung und Urteilsvermögen voraussetzt. Box und Jenkins (1976, Kap. 11) behandeln das Problem in demselben Sinn wie bei der univariaten Zeitreihenmodellierung und verwenden eine Gesamtstrategie aus Identifikation, Schätzung und Diagnoseüberprüfung. In Abwesenheit von irgendeiner *a priori* Information über das System ist dies eine geeignete Strategie, wenn es auch eine Vielzahl verschiedener Möglichkeiten zur Behandlung des schwierigsten Aspektes des Problems, der Identifikation, gibt.

Die Identifikationsprozedur besteht im wesentlichen aus drei Stufen. In der ersten Stufe soll eine Vorstellung über die Gestalt der Lag-Struktur gewonnen werden. Dies bringt die Berechnung roher Schätzwerte für eine endliche Anzahl von Lag-Koeffizienten $\delta_0, \delta_1, \delta_2, \cdots, \delta_m$ mit sich. Sind diese Schätzwerte gegeben, ist die Aufgabe in der zweiten Stufe, eine geeignete Approximation für das Lag-Polynom $D(L)$ in Größen des Verhältnisses $B(L)/A(L)$ zu finden. Dies bedeutet, daß r und s, den Ordnungen der Polynome der rationalen Lag-Struktur, Werte zugewiesen werden und auch das Ausmaß der Verzögerung v zu bestimmen ist. Schließlich muß ein geeigneter ARMA(p,q)-Prozeß für den Störterm gefunden werden.

Schätzwerte für die Parameter in $A(L)$ und $B(L)$ können aus den Lag-Koeffizienten abgeleitet werden, und sie können als Startwerte in einem ML-Algorithmus benutzt werden. Ein ARMA(p,q)-Modell kann dann, wie in Abschnitt 1.5 diskutiert, aus den residualen Autokorrelationen identifiziert werden. Die aus dieser Prozedur resultierenden Residuen stellen die Basis für die Diagnoseüberprüfung des Modells bereit. Wie in Abschnitt 4 angedeutet, ist die wichtigste Statistik die Box-Pierce-Q-Statistik, wenn diese auch durch Tests, die auf dem Lagrange-Multiplikator Prinzip und auf graphischen Prozeduren basieren, ergänzt werden könnten.

Bei der univariaten Modellierung ist es wichtig, die Möglichkeit gemeinsamer Faktoren in den ARMA-Polynomen $\phi(L)$ und $\theta(L)$ zu berücksichtigen. Dieselbe Frage taucht im Transferfunktionsmodell sowohl bezogen auf die rationalen Lag-Polynome $A(L)$ und $B(L)$ als auch für die ARMA-Polynome des Störterms auf. In Abschnitt 3.6 wurde aber demonstriert, daß ein Aspekt der gemeinsamen Faktoren oder der nahen gemeinsamen Faktoren darin besteht, daß die mit den Schätzwerten verbundenen Standardfehler groß sind. Die Implikationen dieses Punktes sind durch Box und Jenkins (1976, S. 386) wie folgt zusammengefaßt: 'In der Praxis werden wir mit geschätzten Koeffizienten konfrontiert sein, die mit recht großen Fehlern verbunden sein können, sodaß nur eine approximative Faktorisierung erwartet werden kann und eine beträchtliche Phantasie notwendig sein könnte um eine mögliche Faktorisierung zu erkennen.' Ein weiterer relevanter Punkt betrifft die mögliche Instabilität der ML-Algorithmen. Schwierigkeiten mit der Konvergenz können unter diesen Umständen sehr wohl auftreten. Sie geben dabei einen frühen Hinweis auf ein überparametrisiertes Modell.

Die Bestimmung des Verlaufs der Lag-Struktur *

Der erste Schritt in der Identifikationsprozedur besteht darin, rohe Schätzwerte für die Lag-Koeffizienten $\delta_0, \delta_1, \cdots, \delta_m$ zu ermitteln. Der *direkte* Ansatz ist die maximale Lag-Länge m auf einem geeigneten hohen Wert zu fixieren und y_t durch $x_t, x_{t-1}, \cdots, x_{t-m}$ zu regressieren. Das wesentliche Problem mit dieser Prozedur ist die Bestimmung eines geeigneten Wertes für m. Die Reihe der x_t wird sich typischerweise sehr langsam ändern, und die Wahl eines zu großen m könnte zu sehr unpräzisen Schätzwerten führen. Auf der anderen Seite könnte die Aufnahme von zu wenigen gelagten Werten für x_t einen völlig falschen Eindruck über die Gestalt der Lag-Verteilung geben. Einiges Experimentieren mit verschiedenen Werten für m wird deshalb notwendig sein.

Es ist möglich, die Notwendigkeit zur Schätzung einer Vielzahl von Regressionsmodellen mit verschiedenen Lag-Längen durch eine *Vorabkorrektur* (pre-whitening) der erklärenden Variable zu umgehen. Angenommen, x_t kann über einen ARIMA-Prozeß:

$$\varphi_x(L)x_t = \theta_x(L)\xi_t, \tag{5.1}$$

mit ξ_t als white-noise und $\varphi_x(L) = \Delta^d\phi_x(L)$, modelliert werden. Die Anwendung der Transformation $\varphi_x(L)/\theta_x(L)$ auf beide Seiten von (1.8) ergibt:

$$y_t^* = D(L)x_t^* + u_t^*, \tag{5.2}$$

mit $y_t^* = \theta_x^{-1}(L)\varphi_x(L)y_t$, $u_t^* = \theta_x^{-1}(L)\varphi_x(L)u_t$ und $x_t^* = \theta_x^{-1}(L)\varphi_x(L)x_t$. Der Vorteil der Verwendung von (5.2) im Vergleich zu (1.8) ist, daß, falls y_t^* durch $x_t^*, \cdots, x_{t-m}^*$ regressiert wird, die Kreuzproduktmatrix approximativ diagonal sein wird. Deshalb gilt:

$$d_j^* \simeq \sum_{t=m+1}^{T}(x_{t-j}^* - \bar{x}^*)(y_t^* - \bar{y}^*) / \sum_{t=m+1}^{T}(x_{t-j}^* - \bar{x}^*)^2, \quad j = 0, ..., m. \tag{5.3}$$

Matrixinversionen werden nicht benötigt und die Koeffizienten bleiben identisch, wenn m steigt. In der Zeitreihenliteratur wird d_j^* normalerweise als das Verhältnis der Kreuzkovarianz zwischen x_t^* und y_t^* zum Lag j zu der Varianz von x_t^* bezeichnet.

Wenn die Vorabkorrektur auch einige rechentechnische Vorteile aufweist, leidet sie unter dem Nachteil, daß die x_t als ein ARIMA-Prozeß modelliert werden müssen. Weiterhin gibt es keine statistischen Gründe zur Bevorzugung von (5.2) gegenüber (1.8). Wenn u_t white-noise ist, wird das auf (1.8) angewandte KQ-Verfahren in Abwesenheit von irgendeiner Restriktion in $D(L)$ zu BLUE für δ führen. Auf der anderen Seite wird (5.3) ineffizient sein. Nur dann, wenn x_t und u_t über *identische* ARIMA-Prozesse generiert werden, wird u_t^* white-noise sein. Die Anwendung von der KQ-Methode auf das transformierte Modell (5.2) ist dann äquivalent zur Berechnung eines GLS-Schätzwertes für (1.8).

Beispiel Folgt x_t einem AR(1)-Prozeß mit Parameter ϕ_x, lautet die Transformation der Vorabkorrektur: $x_t^* = x_t - \phi_x x_{t-1}$. Die Anwendung derselben Transformation auf y_t führt zu einem Störterm der Form:

$$u_t^* = u_t - \phi_x u_{t-1}.$$

Falls $u_t \sim NID(0, \sigma^2)$, wird u_t^* einem MA(1)-Prozeß folgen.

Wenn das Modell mehr als eine erklärende Variable enthält, ist die Vorabkorrektur nicht mehr als eine brauchbare Alternative zu dem direkten Ansatz anzusehen. Die einzige andere Möglichkeit ist die Verwendung einer Spektralschätzfunktion. Sie hat ziemlich viele Vorzüge, um empfohlen zu werden, eine vollständige Diskussion dieser Technik ist aber außerhalb des Anliegens dieses Buches.

Die Identifikation einer rationalen Lag-Struktur *

Ist der Verlauf der Lag-Koeffizienten bestimmt, können geeignete rationale Lag-Strukturen betrachtet werden. Als Beispiel sei angenommen, daß die geschätzten Koeffizienten die in Abbildung 7.3 gezeigten Werte haben.

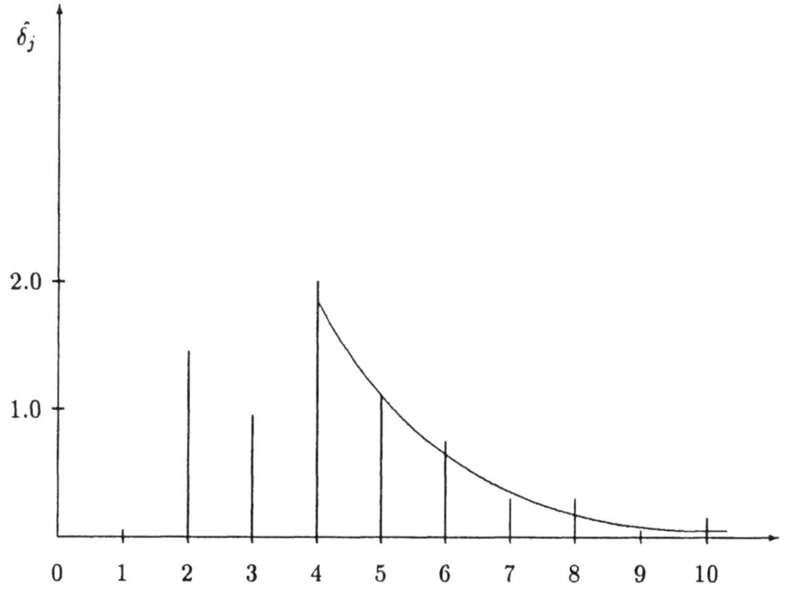

Abbildung 7.3 Geschätzte Lag-Koeffizienten für die rationale Lag-Struktur in (5.4)

Zunächst ist zu beobachten, daß sowohl $\hat{\delta}_0$ als auch $\hat{\delta}_1$ sehr nahe an Null sind. Dies legt nahe, daß es eine Verzögerung von zwei Perioden gibt, d.h. $v = 2$. Das nächste Problem ist, Polynome $A(L)$ und $B(L)$ derart zu finden, daß der Verlauf, der durch die Lag-Koeffizienten ausgewiesen ist, durch eine relativ kleine Zahl von Parametern erfaßt wird. Bei der Untersuchung der Abbildung 7.3 ist zu sehen, daß $\hat{\delta}_2, \hat{\delta}_3$ und $\hat{\delta}_4$ anscheinend keinem festen Muster folgen, von $\hat{\delta}_4$ an ist aber eine exponentielle Abnahme angedeutet. Es ist daran zu erinnern, daß die exponentielle Abnahme ein Charakteristikum des geometrisch verteilten Lag (1.4) ist, und das Setzen von $r = 1$ würde eine angemessene

Reaktion sein, um fortzufahren. Das irreguläre Verhalten der ersten drei Koeffizienten in der Lag-Verteilung könnte durch das Setzen von $s = 3$ erfaßt werden.

Diese Resultate legen nahe, daß die rationale Lag-Struktur:

$$\frac{B(L)L^2}{A(L)} = \frac{\beta_0 L^2 + \beta_1 L^3 + \beta_2 L^4}{1 - \alpha L} \tag{5.4}$$

eine geeignete Approximation für $D(L)$ bereitstellt. Vorläufige Schätzwerte für die Parameter $A(L)$ und $B(L)$ können durch die Bestimmung der Koeffizienten der Potenzen von L in der folgenden Gleichung ermittelt werden:

$$(1 - \alpha L)D(L) = \beta_0 L^2 + \beta_1 L^3 + \beta_2 L^4.$$

Dies führt zu:

$$\begin{aligned} \delta_2 &= \alpha\delta_1 + \beta_0 \\ \delta_3 &= \alpha\delta_2 + \beta_1 \\ \delta_4 &= \alpha\delta_3 + \beta_2 \\ \delta_j &= \alpha\delta_{j-1}, \qquad j \geq 5. \end{aligned} \tag{5.5}$$

Der Parameter α kann geschätzt werden durch:

$$\hat{\alpha} = \hat{\delta}_5/\hat{\delta}_4 = 1,2/2 = 0,6.$$

Substitution der geschätzten Werte für $\alpha, \delta_2, \delta_3$ und δ_4 und das Setzen von $\delta_1 = 0$ ergibt dann:

$$\begin{aligned} \hat{\beta}_0 &= \hat{\delta}_2 = 1,5 \\ \hat{\beta}_1 &= \hat{\delta}_3 - \hat{\alpha}\hat{\delta}_2 = 1,0 - 0,6(1,5) = 0,1 \\ \hat{\beta}_2 &= \hat{\delta}_4 - \hat{\alpha}\hat{\delta}_3 = 2,0 - 0,6(0,1) = 1,94 \end{aligned}$$

Die Identifikation des Störterms *

Die letzte Stufe im Identifikationsprozeß ist, ein geeignetes Modell für den Störterm zu bestimmen. Dies wird dadurch erreicht, daß man die Residuen wie eine univariate Zeitreihe behandelt und die in Abschnitt 1.5 beschriebenen Techniken anwendet.

Ein Satz an Residuen kann entweder aus dem geschätzten Modell mit endlichem Lag oder aus dem rationalen Lag ermittelt werden. Der zweite Ansatz ist wahrscheinlich vorzuziehen und in dem im vorhergehenden Unterabschnitt gegebenen Beispiel würden die Residuen über die nachfolgende Rekursion zu ermitteln sein:

$$\hat{u}_t = \hat{\alpha}\hat{u}_{t-1} + y_t - \hat{\alpha}y_{t-1} - \hat{\beta}_0 x_{t-2} - \hat{\beta}_1 x_{t-3} - \hat{\beta}_2 x_{t-4}, \quad t = 5, ..., T. \tag{5.6}$$

7.6 Trend und Saisonalität

Dynamische Modelle können einen Trend und saisonale Komponenten enthalten. Dieser Abschnitt diskutiert, wie solche Komponenten interpretiert werden können und wie sie mit verschiedenen statistischen Techniken in Verbindung stehen.

Differenzenbildung und stochastische Trends

Für Variablen werden oftmals Differenzen gebildet, bevor ein Transferfunktionsmodell konstruiert wird. Dies wird in der Weise vorgenommen, daß zwei Reihen als gemeinsam stationär betrachtet werden können, und ein geeignetes Modell wird auf der Basis der Kreuzkorrelationsfunktion identifiziert. Wenn das wahre Modell in Niveaugrößen vorliegt, wird die Differenzenbildung einen zusätzlichen MA-Term in die Störgröße einführen. Die Ermittlung der ersten Differenzen in dem Modell:

$$y_t = \beta x_t + \epsilon_t, \qquad t = 1, ..., T \tag{6.1}$$

ergibt:

$$\Delta y_t = \beta \Delta x_t + v_t, \quad t = 2, ..., T, \tag{6.2}$$

wobei v_t ein nichtinvertierbarer MA(1)-Prozeß:

$$v_t = \epsilon_t - \epsilon_{t-1} \tag{6.3}$$

ist. Diese strikte Nichtinvertierbarkeit ist ein charakteristisches Merkmal für 'Überdifferenzierung'.

Die Differenzenbildung ist folglich einem großen Teil an Konfusion unterworfen. Es gibt Umstände, unter denen eine Modellierung einer Beziehung zwischen Variablen in ihren Differenzen angemessen ist. Dies wird aber nicht deswegen getan, weil die betrachteten Variablen nichtstationär sind. Anders gesagt, entscheidend ist, ob der Störterm in dem Niveaugrößenmodell nichtstationär ist. In der Regel ist es das Ziel der ökonometrischen Modellierung, eine Beziehung zwischen den Niveaugrößen von Variablen zu finden, mit anderen Worten, einen stationären Störterm zu haben. Unglücklicherweise ist dieses nicht immer möglich, da manchmal Variablen, die in ein Modell aufgenommen werden könnten, schwierig zu messen sind. Sind diese ausgelassenen Variablen nichtstationär, so gilt es auch für den Störterm. Der in Abschnitt 1.5 skizzierte Rahmen zur strukturellen Zeitreihenmodellierung bietet eine direkte Interpretation dieses Punktes und kann von beachtlicher Hilfe für die Modellspezifikation sein. Als ein Beispiel betrachten wir das folgende von Box und Jenkins (1976, S. 409-412) konstruierte Transferfunktionsmodell für Verkäufe[2]:

$$\Delta y_t = 0,035 + \frac{4,82 \Delta x_{t-3}}{1 - 0,72L} + (1 - 0,54L)\epsilon_t, \tag{6.4}$$

dabei ist x_t die erklärende Variable. Dieses Modell kann betrachtet werden als die reduzierte Form des strukturellen Zeitreihenmodells [3]:

$$y_t = \mu_t + \{4,82/(1 - 0,72L)\}\, x_{t-3} + \epsilon_t \tag{6.5a}$$

[2,3] Die Parameter werden in diesem Modell so behandelt, als seien sie bekannt.

$$\mu_t = \mu_{t-1} + 0,035 + \eta_t, \tag{6.5b}$$

mit $Var(\eta_t)/Var(\epsilon_t) = (1+\theta)^2/\theta = (1-0,54)^2/0,54 = 0,392$; siehe die Diskussion um (1.5.33). Die Interpretation von (6.5) ist, daß die erklärende Variable nur in der Lage ist, einen Teil der Bewegungen der Verkäufe im Niveau zu erklären und somit eine *stochastische Trend*komponente μ_t eingeführt wird, um die verbleibenden Bewegungen zu erklären. Ein Beispiel für die direkte Modellierung eines stochastischen Trends ist in Harvey *et al.* (1986) zu finden. Es sei angemerkt, daß auch ein strukturelles Modell mit stochastischem Trend konsistent mit einem Modell in Differenzen ist, während Zustandsraummethoden eine direkte Behandlung in Niveaugrößen erlauben.

Saisonalität

Eine deterministische saisonale Komponente kann in ein Transferfunktionsmodell durch Einführung einer Reihe von Dummy-Variablen eingebunden werden. Das Modell erhält die Form:

$$y_t = A^{-1}(L)B(L)x_t + \sum_{i=1}^{s} \gamma_i z_{it} + u_t. \tag{6.6}$$

Dabei sind die z_{it} und die γ_i die Saisondummies mit ihren jeweiligen Koeffizienten und s ist die Anzahl der 'Saisonkomponenten'. Ein derartiges Modell bringt keine neuen Probleme bezüglich der Schätzung und Spezifikation hervor. Angemerkt sei, daß, wenn das Modell einen konstanten Term enthält, nur $s-1$ Dummy-Variablen notwendig sind oder die z_{it} müssen in einer solchen Weise definiert werden, daß sich die saisonalen Effekte über ein Jahr zu Null summieren.

In einigen Situationen kann der saisonale Verlauf im Zeitablauf schwanken. Dies kann innerhalb des Rahmens der strukturellen Zeitreihenmodelle behandelt werden, indem stochastische saisonale Koeffizienten zugelassen werden. Die Entwicklung erfolgt entlang ähnlicher Linien wie bei dem stochastischen Trend; siehe Harvey (1989). Die reduzierte Form eines Modells mit stochastischem Trend und Saisonalität wird typischerweise Variablen beinhalten, die der saisonalen Differenzenbildung $\Delta_s y_t = y_t - y_{t-s}$ unterworfen worden sind.

Saisonbereinigung

Die meisten Saisonbereinigungsverfahren führen zu einer Serie von Beobachtungswerten, die durch einen gewichteten Durchschnitt der ursprünglichen Beobachtungswerte approximiert werden können. Wenn der hochgestellte Index a die adjustierte Reihe:

$$y_t^a = \sum_{j=-m}^{n} w_j y_{t-j} \tag{6.7}$$

kennzeichnet, wobei w_j die Gewichte sind (vgl. *TSM Kapitel 3*), so ist eine derartige Transformation als moving-average Filter bekannt und der Filter selbst kann als Polynom des Lag-Operators geschrieben werden:

$$S(L) = \sum_{j=-m}^{n} w_j L^j. \tag{6.8}$$

Angenommen, zwei Zeitreihen x_t und y_t werden einer Saisonbereinigung unterzogen. Die verwendeten Filter müssen nicht identisch sein, und somit folgt:

$$y_t^a = S_y(L)y_t \quad \text{und} \quad x_t^a = S_x(L)x_t. \tag{6.9}$$

Wenn die Beziehung zwischen den nichtadjustierten Variablen einem dynamischen Modell der Form (3.16) folgt, impliziert die Substitution aus (6.9) das folgende Modell für die adjustierten Variablen:

$$y_t^a = S_x{}^{-1}(L)S_y(L)D(L)x_t^a + S_y(L)u_t. \tag{6.10}$$

Zwei Punkte sind bezüglich (6.10) festzuhalten. Der erste ist, daß durch das Unterwerfen der Variablen unter verschiedene Adjustierungsprozeduren die Systemdynamiken verändert werden können. Die Lag-Funktion wird zu $S_y(L)D(L)/S_x(L)$ und sie wird im allgemeinen zweiseitig sein. Es kann deshalb der Fall auftreten, daß die y_t^a sowohl von zukünftigen als auch vergangenen Werten von x_t^a abhängen. Wenn das Modell statisch ist, besteht der Effekt verschiedener saisonaler Filter darin, ein scheinbar dynamisches Element in die Beziehung einzuführen.

Wenn die Variablen auf gleiche Weise adjustiert werden, d.h. $S_y(L) = S_x(L)$, dann wird die Lag-Struktur beibehalten. Ein zweites Charakteristikum von (6.10), die Änderung des Störterms, bleibt bestehen. Wenn u_t white-noise ist, wird $S_y(L)u_t$ autokorreliert sein. Die Methode der Kleinsten-Quadrate wird nicht länger effizient sein, und es wird notwendig, in der Schätzprozedur serielle Korrelation zu berücksichtigen.

7.7 Prognosen und Vorhersagen

Optimale Prognosen für zukünftige Werte von y_t können mit einem Transferfunktionsmodell rekursiv berechnet werden. Die benötigte Gleichung wird durch Multiplikation von (1.12) mit $A(L)$:

$$\phi(L)A(L)y_t = \phi(L)B(L)x_{t-v} + A(L)\theta(L)\epsilon_t \tag{7.1}$$

und Umstellen der Gleichung, so daß nur y_t auf der linken Seite der Gleichung erscheint, ermittelt.

Beispiel 1 Für den geometrisch verteilten Lag (3.1) gilt:

$$\tilde{y}_{T+l|T} = \alpha\tilde{y}_{T+l-1|T} + \beta x_{T+l} + \tilde{\epsilon}_{T+l|T} - \alpha\tilde{\epsilon}_{T+l-1|T}, \quad l = 1, 2, ..., \tag{7.2}$$

dabei sind $\tilde{y}_{T+l|T}$ und $\tilde{\epsilon}_{T+l|T}$ in (6.7.2) definiert.

Es ist kein Problem, dies Ergebnis auf Modelle auszuweiten, die in Differenzenform dargestellt sind. Lautet das Modell:

$$\Delta^d y_t = \frac{B(L)}{A(L)}\Delta^d x_{t-v} + \frac{\theta(L)}{\phi(L)}\epsilon_t, \tag{7.3}$$

wird Gleichung (7.1) modifiziert zu:

$$\phi(L)A(L)\Delta^d y_t = \phi(L)B(L)\Delta^d x_{t-v} + A(L)\theta(L)\epsilon_t. \tag{7.4}$$

Beispiel 2 Werden y_t und x_t in (3.1) durch Δy_t und Δx_t ersetzt, werden die Prognosen berechnet über die Rekursion:

$$\begin{aligned} \tilde{y}_{T+l|T} = \; & (1+\alpha)\tilde{y}_{T+l-1|T} - \alpha\tilde{y}_{T+l-2|T} + \beta x_{T+l} - \beta x_{T+l-1} \\ & + \tilde{\epsilon}_{T+l|T} - \alpha\tilde{\epsilon}_{T+l-1|T}. \end{aligned} \tag{7.5}$$

Der MSE von Prognosen

Angenommen, die folgenden Annahmen gelten: (i) die Parameter $A(L)$, $B(L)$, $\phi(L)$ und $\theta(L)$ sind bekannt und (ii) die zukünftigen Werte von x_t sind bekannt. Der MSE von $\tilde{y}_{T+l|T}$ kann dann als eine einfache Erweiterung des in (6.7.3) gegebenen Ergebnisses ermittelt werden. Wurden Differenzen berechnet, ist ψ_j die $j$te Potenz von L in dem Polynom:

$$\Psi(L) = \theta(L)/(\Delta^d\phi(L)). \tag{7.6}$$

Beispiel 3 Im obigen Beispiel 2 ist $\Psi(L) = 1/(1-L)$. Daher ist:

$$\Psi(L) = L\Psi(L) + 1$$

und somit:

$$\psi_j = \psi_{j-1} + 1, \quad j = 1, 2, \ldots$$

mit $\psi_0 = 0$. Folglich ist:

$$MSE(\tilde{y}_{T+l|T}) = \sigma^2 l, \quad l = 1, 2, \ldots \tag{7.7}$$

Annahme (i) wird in der Praxis nicht gültig sein. Die Parameter werden durch ihre ML-Schätzwerte ersetzt, während die Störgrößen gleich den Residuen sind. Dieser zusätzliche Beitrag zum MSE wird der Größe nach $0(1/T)$ sein.

*Der MSE von Vorhersagen **

Die Annahme, daß die zukünftigen Werte von x_t bekannt sind, wird üblicherweise nicht berechtigt sein. Dennoch ist die Auswertung des MSE bedingt durch zukünftige x_t

weiterhin sehr nützlich. Der Nutzer des Modells wird oftmals ein bestimmtes Szenario hinsichtlich der zukünftigen Werte der exogenen Variablen vor Augen haben. Der bedingte MSE ist dann eine relevante Information, da der Nutzer dadurch in die Lage versetzt wird, die Genauigkeit der Modellprognosen unter seiner besonderen Sichtweise abzuschätzen.

Auf der anderen Seite müssen bei der Erstellung unbedingter Prognosen oder *Vorhersagen* die Fehler, die sich bei der Prognose zukünftiger Werte von x_t ergeben, berücksichtigt werden. Eine Möglichkeit, diese Werte zu prognostizieren, ist ein ARIMA-Modell der Form:

$$\phi_x(L)\Delta^d x_t = \theta_x(L)\zeta_t, \tag{7.8}$$

mit $\zeta_t \sim NID(0, \sigma_\zeta^2)$, wobei ζ_t und ϵ_t unabhängig sind, zu erstellen. Der MSE für $\tilde{y}_{T+l|T}$, der besten Prognosefunktion für y_{T+l} zum Zeitpunkt T kann abgeleitet werden, indem zunächst aus (7.8) in (7.3) substituiert wird. Dies führt zu:

$$y_t = \frac{B(L)\theta_x(L)L^v}{A(L)\phi_x(L)\Delta^d}\zeta_t + \frac{\theta(L)}{\phi(L)\Delta^d}\epsilon_t = K(L)\zeta_t + \Psi(L)\epsilon_t, \tag{7.9}$$

und zum Zeitpunkt $t = T + l$:

$$y_{T+l} = \sum_{j=0}^{\infty} \kappa_j \zeta_{T+l-j} + \sum_{j=0}^{\infty} \psi_j \epsilon_{T+l-j}, \qquad l = 1, 2, ..., \tag{7.10}$$

dabei ist κ_j der Koeffizient L^j in dem Polynom $K(L)$. Sind sowohl ϵ_t als auch ζ_t normalverteilt, wird die Schätzfunktion für y_{T+l} mit minimalem mittleren quadratischen Fehler (MMSE) linear in den Beobachtungen sein, und in der Darstellung von (7.9) wird sie ebenfalls linear in den Störgrößen sein. Sie wird deshalb analog der Form

$$\hat{y}_{T+l|T} = \sum_{j=0}^{\infty} \kappa_{j+l}^* \zeta_{T-j} + \sum_{j=0}^{\infty} \psi_{j+l}^* \epsilon_{T-j} \tag{7.11}$$

sein, dabei sind κ_j^* und ψ_j^* die zu bestimmenden Gewichte.

Durch Subtraktion von (7.11) von (7.10), Quadrieren und Erwartungswertbildung folgt:

$$\begin{aligned} E\left\{(y_{T+l} - \hat{y}_{T+l|T})^2\right\} = \; & \sigma_\zeta^2 \sum_{j=0}^{l-1} \kappa_j^2 + \sigma^2 \sum_{j=0}^{l-1} \psi_j^2 \\ & + \sigma_\zeta^2 \sum_{j=0}^{\infty} (\kappa_{l+j} - \kappa_{l+j}^*)^2 \\ & + \sigma^2 \sum_{j=0}^{\infty} (\psi_{l+j} - \psi_{l+j}^*)^2. \end{aligned} \tag{7.12}$$

Die Gleichung wird durch Festlegen von $\kappa_{l+j}^* = \kappa_{l+j}$ und $\psi_{l+j}^* = \psi_{l+j}$ minimiert. Der MMSE für y_{T+l} ist deshalb:

$$\tilde{y}_{T+l|T} = \sum_{j=0}^{\infty} \kappa_{l+j} \zeta_{T-j} + \sum_{j=0}^{\infty} \psi_{l+j} \epsilon_{T-j}, \quad l = 1, 2, ... \tag{7.13}$$

und er ist identisch zu der Prognosefunktion, die rekursiv durch Vorhersage zukünftiger Werte von x_t aus (7.8) und Einfügen dieser Vorhersagewerte in Gleichungen wie (7.2) und (7.5) aufgebaut wird. Der MSE dieser Prognosefunktion, bedingt durch die Parameter (7.3) und (7.8), ist gegeben durch:

$$MSE(\tilde{y}_{T+l|T}) = \sigma_\zeta^2 \sum_{j=0}^{l-1} \kappa_j^2 + \sigma^2 \sum_{j=0}^{l-1} \psi_j^2, \tag{7.14}$$

dabei ist κ_j der Koeffizient für L^j in dem Polynom $K(L)$.

Beispiel 4 In dem von Box und Jenkins entwickelten Verkaufsmodell (6.4) ist die exogene Variable x ein *leading indicator*, da sie y gegenüber mit Sicherheit drei Zeitperioden im voraus bekannt ist. Die Vorhersagefunktion lautet:

$$\begin{aligned} \tilde{y}_{T+l|T} = \;& 1,72\tilde{y}_{T+l-1|T} - 0,72\tilde{y}_{T+l-2|T} + 0,0098 \\ & + 4,82\hat{x}_{T+l-3|T} - 4,82\hat{x}_{T+l-4|T} + \tilde{\epsilon}_{T+l|T} \\ & - 1,26\tilde{\epsilon}_{T+l-1|T} + 0,39\tilde{\epsilon}_{T+l-2|T}, \qquad l = 1,2,\ldots \end{aligned} \tag{7.15}$$

Für $l \leq 3$ sind die in (7.15) auftauchenden Werte für $\hat{x}_t$ aber mit Sicherheit bekannt, und der MSE ist durch (6.7.3) gegeben. Die Gewichte werden aus (7.6) durch Identifizierung der Koeffizienten in der Gleichung

$$\Psi(L)(1-L) = 1 - 0,54L$$

berechnet. Durch Erweiterung wird hieraus:

$$\psi_0 + (\psi_1 - \psi_0)L + (\psi_2 - \psi_1)L^2 + \cdots = 1 - 0,54L.$$

Folglich ist $\psi_0 = 1$, während $\psi_1 - \psi_0 = -0,54$ ist. Dies impliziert $\psi_1 = 0,46$. Daraus folgt $\psi_j = \psi_{j-1} = 0,46$ und somit ist z.B.:

$$MSE(\tilde{y}_{T+3|T}) = \sigma^2(1 + 0,46^2 + 0,46^2) = 1,42\sigma^2$$

Zur Prognose jenseits von $l = 3$ sind Vorhersagen für zukünftige Werte von x_t notwendig. Box und Jenkins berechnen das Modell:

$$\Delta x_t = (1 - 0,32L)\zeta_t$$

und so folgt aus (7.13):

$$K(L) = \frac{4,82(1-0,32L)L^3}{(1-0,72L)(1-L)}.$$

Daher gilt:

$$(1-0,72L)(1-L)K(L) = 4,82(1-0,32L)L^3.$$

Die Identifikation der Koeffizienten in Potenzen von L führt zu $\kappa_3 = 4,82$, $\kappa_4 = 6,75$ usw.

Leading indicators *

Es gibt grundsätzlich zwei Ursachen, die zur Konstruktion eines dynamischen Modells für die Variable y_t führen. Die erste ist, ein Verständnis für das Verhalten des Systems zu erlangen und es mit der Theorie des Untersuchungsgegenstandes in Verbindung zu bringen. Die zweite ist, bessere Vorhersagen zu erhalten.

Wenn das Ziel der Modellbildung die Vorhersage ist, kann die Aufgabe nur dann als erfolgreich gelöst beurteilt werden, wenn durch das In-Beziehung-Setzen von y und x bessere Vorhersagen ermittelt werden. Der Maßstab, mit dem Verbesserungen beurteilt werden, ist die Genauigkeit im Vergleich mit den aus einem univariaten Modell abgeleiteten Vorhersagen für y. Solch ein Modell muß als ein ernst zu nehmender Konkurrent angesehen werden, da, wenn das bivariate Modell der Form (7.3) entspricht und $\Delta^d x_t$ durch einen ARMA-Prozeß modelliert wird, y_t eine ARIMA-Darstellung haben muß. Dies folgt, da $\Delta^d y_t$ die Summe zweier unabhängiger ARMA-Prozesse ist, vgl. *TSM* (Kapitel 2). Die relevante Frage ist deshalb, ob es einen Gewinn in der Vorhersageanpassung durch die Konstruktion eines bivariaten Modells gibt.

Nelson (1975) war der erste, der eines der grundlegenden Ergebnisse in diesem Bereich ermittelte. Er war in der Lage zu zeigen, daß für ein korrekt spezifiziertes Modell, in dem x vorhergesagt wird, die Fehlervarianz der Prognose einer Einperiodenprognose für y nicht diejenige überschreiten kann, die aus der Prognose von y resultieren wird, die sich allein auf der Basis ihrer Vergangenheit ergibt. Dieses Resultat kann für l-stufige Vorhersagen verallgemeinert werden. Dies beantwortet aber nicht die Frage, ob Vorhersagen aus dem bivariaten Modell besser sind. Ein offensichtlicher Fall ist gegeben, wenn einige Werte von x vor der Beobachtung von y bekannt sind. Er korrespondiert mit dem reinen Verzögerungsmodell, in dem v positiv ist.

Wenn es eine Verzögerung in dem Modell gibt, wird x als leading indicator für y bezeichnet. Pierce (1975) stellt aber eine allgemeinere Definition dieses Terms bereit. Es sei $\Delta(l)$ die Reduktion im MSE für eine l-stufige Vorhersage, wenn y in Abhängigkeit von aktuellen und vergangenen Werten für x modelliert wird. x ist immer dann ein *leading indicator* für y, wenn $\Delta(l)$ streng positiv ist. Pierce stellt dann Bedingungen auf, unter denen x in diesem Sinn ein leading indicator ist. Mit anderen Worten legt er Bedingungen fest, unter denen es einen Gewinn in der Vorhersagegenauigkeit unter Verwertung der in x enthaltenen Informationen gibt. Das reine Verzögerungsmodell ergibt sich daraus nur als ein spezieller Fall eines leading indicator.

Das Ausmaß, in dem x für die Prognose von y nützlich ist, wird durch das *Prognose-*R^2 gemessen. Es ist eine dimensionslose Größe und definiert durch:

$$R_\dagger^2 = \Delta(1)/\sigma_\dagger^2, \tag{7.16}$$

dabei ist $\sigma_\dagger^2$ der MSE einer einstufigen Prognose im univariaten Modell für y. Ein positiver Wert für $R_\dagger^2$ deutet an, daß x für y ein leading indicator ist. Wenn das Transferfunktionsmodell aber fehlspezifiziert ist, ist es durchaus denkbar, daß $R_\dagger^2$ kleiner als Null sein wird. Unter diesen Umständen erbringt ein 'naives' univariates Modell bessere Vorhersagen als ein dynamisches Regressionsmodell. Dies ist in der Praxis oftmals beobachtet worden.

7.8 Polynomial verteilte Lags

Ein alternativer Ansatz zur Modellierung eines distributed Lag besteht darin, die Struktur durch ein Polynom zu approximieren. Die Verzögerung wird als endlich mit einer Lag-Länge von m angenommen und somit lautet das Grundmodell:

$$y_t = \sum_{\tau=0}^{m} \delta_\tau x_{t-\tau} + u_t, \quad t = m+1, ..., T. \tag{8.1}$$

Anstatt zu versuchen alle $(m + 1)$ Koeffizienten zu schätzen, wird angenommen, daß sie auf einem Polynom vom Grad $n < m$ liegen. Falls diese Annahme gilt, wird der systematische Teil von (8.1) nur von $n+1$ Parametern abhängen, und durch das Festlegen einer angemessenen Struktur werden effizientere Schätzwerte für die Lag-Koeffizienten ermittelt.

Es sei $P(\tau)$ ein Polynom vom Grad n, das eine stetige Funktion der τ ist. Es hängt von den $n + 1$ Koeffizienten $\gamma_0, \cdots, \gamma_n$ ab und ist definiert durch:

$$P(\tau) = \sum_{i=0}^{n} \gamma_i \tau^i. \tag{8.2}$$

Unter der polynomialen Lag-Hypothese sind die Lag-Koeffizienten für die ganzen Zahlen $\tau = 0, 1, \cdots, m$ in (8.1) definiert durch:

$$\delta_\tau = P(\tau). \tag{8.3}$$

Angemerkt sei, daß $\delta_0 = P(0) = \gamma_0$ ist.

Eine einfache Illustration sollte den Reiz dieses Ansatzes vermitteln. Angenommen $P(\tau)$ ist ein Polynom 2.Grades:

$$P(\tau) = 2 + 5\tau - \tau^2. \tag{8.4}$$

Die maximale Lag-Länge beträgt fünf, und die sechs Lag-Koeffizienten in (8.1) werden über die Berechnung von (8.4) für $\tau = 0, \cdots, 5$ bestimmt. Der Verlauf der Koeffizienten ist in Abbildung 7.4 gezeigt. Da aber alle Koeffizienten auf einem Polynom 2.Grades liegen, hängt die Lag-Struktur nur von den drei Parametern $\gamma_0 = 2$, $\gamma_1 = 5$ und $\gamma_2 = -1$ ab.

Schätzung

Die Gleichungen (8.2) und (8.3) implizieren:

$$\delta_\tau = \sum_{i=0}^{n} \gamma_i \tau^i, \quad \tau = 0, \cdots, m. \tag{8.5}$$

Substitution in (8.1) führt zu:

$$\begin{aligned} y_t &= \sum_{\tau=0}^{m} \left(\textstyle\sum_{i=0}^{n} \gamma_i \tau^i\right) x_{t-\tau} + u_t \\ &= \sum_{i=0}^{n} \gamma_i w_{it} + u_t, \quad t = m+1, \cdots, T \end{aligned} \tag{8.6}$$

mit:

$$w_{it} = \sum_{\tau=0}^{m} \tau^i x_{t-\tau}, \quad i = 0, \cdots, n. \tag{8.7}$$

Angemerkt sei, daß, wenn τ gleich Null ist, τ^i für $i \neq 0$ ebenfalls Null ist, aber gleich Eins für $i = 0$ ist. Falls (8.1) die klassischen Annahmen erfüllt, wird die Anwendung von des KQ-Verfahrens auf (8.6) zu BLUE für $\gamma = (\gamma_0, \cdots, \gamma_n)'$ führen. Ein Schätzwert für $\delta = (\delta_0, \cdots, \delta_m)'$ kann dann direkt aus (8.5) berechnet werden. Dieser Schätzwert, mit d gekennzeichnet, ist der BLUE für δ; ein Ergebnis, das direkt aus dem Gauss-Markow Theorem folgt.

Die Kovarianzmatrix der d kann am einfachsten ermittelt werden, indem die Transformation in (8.5) in Matrixgrößen geschrieben wird:

$$\delta = S\gamma. \tag{8.8}$$

Dabei ist S eine $(m+1) \times (n+1)$-Matrix definiert durch $S = (s_0, \cdots, s_m)'$, mit:

$$s_0 = (1, 0, \cdots, 0)'$$

und

$$s_\tau = (\tau^0, \tau^1, \cdots, \tau^n)', \quad \tau = 1, \cdots, m. \tag{8.9}$$

Ist W die $(T - m + 1) \times (n+1)$-Matrix der transformierten Beobachtungen (8.7), dann ist:

$$E\left[(d-\delta)(d-\delta)'\right] = \sigma^2 S(W'W)^{-1}S'. \tag{8.10}$$

Somit wird d, falls $u_t \sim NID(0, \sigma^2)$ ist, eine multivariate Normalverteilung mit Mittelwert δ und einer durch (8.10) definierten Kovarianzmatrix aufweisen.

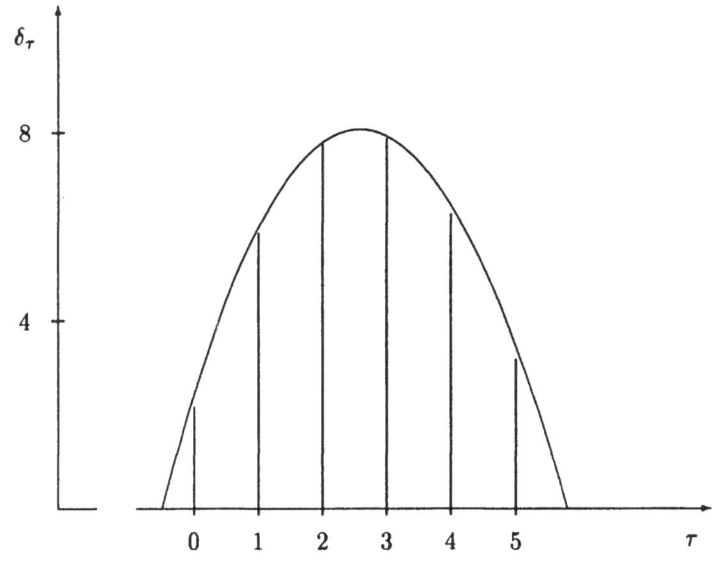

Abbildung 7.4 Lag-Koeffizienten basierend auf dem Polynom 2.Grades aus (8.4)

Ein alternativer Ansatz wird ermittelt, wenn berücksichtigt wird, daß die Restriktion, daß die m Lag-Koeffizienten auf einem Polynom n'ten Grades liegen, äquivalent zur Einführung einer Menge von $m - n$ linearen Restriktionen in dem Modell ist. Sie können geschrieben werden als:

$$R\delta = 0. \tag{8.11}$$

R ist eine $(m - n) \times (m + 1)$-Matrix. Die Differenzenbildung für ein Polynom reduziert ihren Grad um Eins. Die $(n + 1)$ten Differenzen von (8.5) sind deshalb Null und somit gilt:

$$\Delta^{n+1}\delta_\tau = 0, \quad \tau = n + 1, \cdots, m. \tag{8.12}$$

Da $\Delta^{n+1} = (1 - L)^{n+1}$, besteht jede Zeile in R aus den Koeffizienten in L in dem Differenzenpolynom $(1 - L)^{n+1}$. Für ein Polynom 2.Grades, wie z.B. (8.4), ist jede Zeile in R gleich $(1, -3, 3, -1)$ und (8.12) wird zu:

$$\delta_\tau = 3\delta_{\tau-1} - 3\delta_{\tau-2} + \delta_{\tau-3}, \qquad \tau = n + 1, \cdots, m.$$

Verwendet man die Werte aus (8.4), ist der 5. Lag-Koeffizient gleich:

$$\delta_5 = 3(6) - 3(8) + 1(8) = 2.$$

Dies stimmt mit der direkten Berechnung überein.

Die Lag-Koeffizienten können nun durch restringierte Kleinste-Quadrate geschätzt werden, d.h.:

$$d = (X'X)^{-1}X'y - (X'X)^{-1}R'\left\{R(X'X)^{-1}R'\right\}^{-1}R(X'X)^{-1}X'y, \tag{8.13}$$

dabei ist X eine $(T-m+1)\times(m+1)$-Matrix der Beobachtungen für $x_t, \cdots, x_{t-m}$ und $y = (y_{m+1}, \cdots, y_T)'$; vgl. (2.2.21).

Überprüfung der polynomialen Lag-Hypothese

Die Gültigkeit der polynomialen Lag-Hypothese (8.3) kann überprüft werden, indem die nichtrestringierten Lag-Koeffizienten als auf einem Polynom vom Grad n liegend betrachtet werden. Das Modell kann dann in der Form:

$$y = XS^*\gamma^* + u = W^*\gamma^* + u \tag{8.14}$$

geschrieben werden, S^* ist die durch (8.8) definierte $(m+1)\times(m+1)$-Matrix. Sie kann partitioniert werden als $S^* = \left[S \vdots S^\dagger\right]$, S ist die weiter oben eingeführte $(m+1)\times(n+1)$-Matrix. Auf ähnliche Weise werden γ^* und W^* als $\gamma^* = (\gamma', \gamma^\dagger)'$ und $W^* = \left[W \vdots W^\dagger\right]$ partitioniert. Gleichung (8.14) kann dann geschrieben werden als:

$$y = XS\gamma + X^\dagger S^\dagger \gamma^\dagger + u = W\gamma + W^\dagger\gamma^\dagger + u. \tag{8.15}$$

Ist $u_t \sim NID(0, \sigma^2)$, kann ein mehrpartieller F-Test zur Überprüfung der Hypothese $H_0 : \gamma^\dagger = 0$ benutzt werden. Dies ist offensichtlich ein Test der Gültigkeit eines polynomialen Lags vom Grad n. In der Praxis ist es aber nicht notwendig, das nichtrestringierte Modell in der Form (8.14) zu schätzen. Die residuale Quadratsumme einer Regression zwischen y und W^* ist:

$$\begin{aligned} e^{*\prime}e^* &= u'\left\{I - W^*(W^{*\prime}W^*)^{-1}W^{*\prime}\right\}u \\ &= u'\left\{I - XS^*(S^{*\prime}X'XS^*)^{-1}S^{*\prime}X'\right\}u \\ &= u'\left\{I - X(X'X)^{-1}X'\right\}u. \end{aligned} \tag{8.16}$$

Folglich ist $e^{*\prime}e^*$ identisch zu der residualen Quadratsumme aus einer Regression zwischen y und X, ein Ergebnis, das kaum überrascht, da die Annahme, daß die Lag-Koeffizienten auf einem Polynom vom Grad $(m+1)$ liegen, dem ursprünglichen Modell keine Restriktionen auferlegt. Der mehrpartielle F-Test (2.8.18) wird deshalb über die Berechnung der residualen Quadratsumme aus einer Regression zwischen y und X und einem Vergleich dieser mit der residualen Quadratsumme des polynomial verteilten Lag-Modells ausgeführt. Die sich ergebende Statistik hat eine F-Verteilung mit $(m-n, T-2m-1)$ Freiheitsgraden.

Der Test kann durchgeführt werden, ohne daß das restringierte Modell geschätzt wird. Im vorhergehenden Unterabschnitt wurde gezeigt, daß die polynomial verteilte Lag-Formulierung $(m-n)$ lineare Restriktionen der Form $R\delta - 0$ einführt. Ist d der nichtrestringierte KQ-Schätzwert für δ, dann kann die Gültigkeit dieser Restriktionen unter Verwendung der statistischen Kenngröße:

$$\frac{d'R'\left\{R(X'X)^{-1}R'\right\}^{-1}Rd}{s^2(m-n)} \tag{8.17}$$

überprüft werden, wobei s^2 der unverzerrte Schätzwert für σ^2 in (8.1) ist. Unter $H_0 : R\delta = 0$ hat (8.17) eine F-Verteilung mit $(M - n, T - 2m - 1)$ Freiheitsgraden; vgl. (5.4.5). Die überprüfte Nullhypothese ist dieselbe wie die in dem vorhergehenden Test diskutierte, da $R\delta = 0$ und $\gamma^\dagger = 0$ identisch sind. Nach ein wenig algebraischer Manipulation zeigt sich, daß die beiden Statistiken tatsächlich identisch sind.

Überprüfung der polynomialen Lag-Spezifikation

Ist die maximale Verzögerung m gegeben, wird die Überprüfung für ein Polynom gegebenen Grades einfach sein. Wenn n unbekannt ist, legt dies die Ausführung einer Reihe von Tests in der im Abschnitt 5.8 beschriebenen Weise nahe. Wir überprüfen zunächst ein Polynom vom Grad $m - 1$. Wird diese Hypothese nicht abgelehnt, überprüfen wir auf ein Polynom vom Grad $m - 2$ usw.

Wenn die obige Prozedur auch in dem im Abschnitt 5.8 definierten Sinn optimal ist, hängt sie doch von der vorhergehenden Spezifikation der Länge der Verzögerung m ab. Es kann deshalb vernünftig sein, die Prozedur mit verschiedenen Werten für m, möglicherweise unter Verwendung von AIC oder $\bar{R}^2$ als einer finalen Überprüfung der Anpassungsgüte der präferierten Spezifikation in jeder Testreihe durchzuführen.

Polynomial verteilte Lags und die rationale Lag-Struktur *

Obgleich die polynomiale und die rationale Lag-Formulierung traditionell als Alternativen betrachtet worden sind, hat Pagan (1978) gezeigt, daß sie miteinander verwandt sind. Betrachten wir ein rationales Lag-Modell der Form (1.12). Der Lag, der mit einem solchen Modell verbunden ist, wird normalerweise unendlich sein. Angenommen, es ist aber wegen der Vergleichbarkeit mit (8.1) festgelegt, daß die zugrunde liegende Lag-Verteilung endlich, mit einem maximalen Lag von m, sein soll. Dies führt zu einer *endlichen rationalen Lag*-Formulierung. Die Rekursionsbeziehungen (2.3) werden aber weiterhin nur für $\delta_0, \cdots, \delta_S$, als erfüllt angenommen. Danach gilt $\delta_\tau = 0$. Die Beziehung zwischen diesem Modell und dem polynomial verteilten ergibt sich dann wie folgt. Falls $A(L) = (1 - L)^{n+1}$ und $B(L)$ von der Ordnung n ist, werden die Schätzwerte für $\delta_0, \cdots, \delta_m$ identisch zu dem polynomial verteilten Lag-Schätzwerten sein, in denen das zu approximierende Polynom vom

Grad n ist. Die Ursache für dieses Resultat folgt fast unmittelbar aus (8.12). Eine Untersuchung der Rekursionsbeziehungen (2.3a) und (2.3b) zeigt, daß (2.3a) der Lag-Struktur keine Beschränkungen auferlegt, da für die $n+1$ Gleichungen $n+1$ unbekannte Parameter $\beta_0, \cdots, \beta_n$ gegeben sind. Die Relationen in (2.3b) führen aber $m-n$-Beschränkungen ein, und diese Beschränkungen sind identisch zu denen in (8.12). Die dem Modell auferlegten Restriktionen entsprechen deshalb exakt denen, die dem polynomial verteilten Lag auferlegt sind.

Beispiel In (8.4) lautet das entsprechende endliche rational verteilte Lag-Modell:

$$y_t = \frac{(2-4L^2)}{(1-L)^3} x_t + u_t. \tag{8.18}$$

Die vielleicht wichtigste Implikation dieses Ergebnisses betrifft die Interpretation der Schätzwerte der rational verteilten Lag-Modelle, in denen die Wurzeln aus $A(L)$ nahe am oder auf dem Einheitskreis liegen.

Anmerkungen

Abschnitt 1	Modelle mit Erwartungen wurden in der Literatur über 'rationale Erwartungen' weiterentwickelt; vgl. z.B. Wallis (1980) und Lucas und Sargent (1981)
Abschnitte 3 und 4	Maddala und Rao (1971), Pesaran (1973) und Schmidt (1975)
Abschnitt 5	Die Darstellung hier unterscheidet sich von der in Box und Jenkins (1976, Kap. 11) dargelegten, dadurch, daß eine stärkere Betonung auf den 'direkten Ansatz' der Modellidentifikation liegt. Box und Jenkins legen sehr viel mehr Gewicht auf die Aussagen der Kreuzkorrelationsfunktion; vgl. ebenfalls Haugh und Box (1977). Zusätzlich wird die Differenzenbildung primär als eine Möglichkeit zur Erreichung der Stationarität angesehen. Eine weitere Diskussion bezüglich der 'Überdifferenzierung' ist in Plosser und Schwert (1977) zu finden.
Abschnitt 6	Wallis (1974) und Harvey (1989, Kap. 7).
Abschnitt 8	Polynomiale Lags wurden durch Almon (1965) eingeführt und werden manchmal als 'Almon'-Lags bezeichnet. Die Spezifikation wurde in Godfrey und Poskitt (1975) und Sargan (1980b) untersucht.

Übungen

1. Bestimmen Sie den mittleren und den Median-Lag in (1.1).
2. Erklären Sie, wie Sie eine effiziente zweistufige Schätzfunktion für ein Modell der Form (3.1) mit $s=0$ und $r=2$ konstruieren würden.
3. Betrachten wir (1.4) mit einem MA(1)-Störterm. Erklären Sie, wie Sie konsistente Schätzwerte für α, β und den MA-Parameter θ berechnen würden. Leiten Sie rekursive Gleichungen für ϵ_t und für ihre Ableitungen ab und erläutern Sie, wie Sie effiziente Schätzwerte für alle drei Parameter über eine Kleinste-Quadrate Regression berechnen würden. Wie würden Sie die Hypothese $\theta = 0$ auf der Basis dieser Regression testen?
4. Konstruieren Sie für die Hypothese $\phi = 0$ in (4.1) einen LM-Test. Zeigen Sie, daß dieser äquivalent zu einem Test ist, der auf der DW-Statistik in großen Stichproben basiert.

5. Eine Regression zwischen y_t und $x_t, x_{t-1}, \cdots, x_{t-6}$ bringt die folgenden Koeffizienten hervor:

$$\begin{array}{llll} d_0 = 2.00, & d_1 = 0.80, & d_2 = -0.72, & d_3 = 0.64 \\ d_4 = -0.58, & d_5 = -0.52, & d_6 = -0.46 & \end{array}$$

   Erklären Sie, warum ein rational verteilter Lag mit $r = s = 1$ eine angemessene Möglichkeit zur Modellierung der Beziehung zwischen x und y sein könnte. Berechnen Sie vorläufige Schätzwerte für die Parameter in einem solchen Modell und deuten Sie an, wie Sie fortfahren würden, um ein geeignetes Modell für den Störterm zu identifizieren.

6. Wie würden Sie das Modell:

$$-\Delta_4 y_t = (1 - \alpha L)^{-1} \Delta_4 x_t + u_t$$

   schätzen, wenn u_t durch einen saisonalen ARMA-Prozeß (6.4.2) generiert wurde?

7. Angenommen, die erklärende Variable in (3.16) wird durch einen ARIMA(1,1,0)-Prozeß:

$$\Delta x_t = 0.6 \Delta x_{t-1} + \xi_t$$

   modelliert und es gilt $r = s = 1$ mit $\tilde{\alpha} = 0.3$ und $\tilde{\beta} = 2.0$. Ermitteln Sie eine Gleichung für die Vorhersagefunktion und berechnen Sie den $MSE(\tilde{y}_{T+l|T})$ für $l = 1, 2, 3$.

8. Gegeben daß:

$$\begin{array}{lll} \sum x_t^2 = 50 & \sum x_t x_{t-1} = 48 & \sum x_t y_t = 10.2 \\ \sum x_t y_{t-1} = 10 & \sum x_{t-1} y_t = 9.9 & \sum x_{t-1} y_{t-1} = 9.8, \end{array}$$

   wobei alle Summen von $t = 2$ bis T gebildet wurden. Ermitteln Sie konsistente Schätzwerte für α und β in (1.4) und zeigen Sie, warum die Methode, die Sie gewählt haben, tatsächlich zu konsistenten Schätzwerten führt. Notieren Sie jede Annahme, die Sie treffen. Bestimmen Sie die Zeit, die benötigt wird, damit die vollständige Veränderung in y, die aus einer Änderung in x resultiert, zu 90% eingetreten sein wird.

9. Bestimmen Sie den totalen Multiplikator und den durchschnittlichen Lag in einem polynomial verteilten Lag, in dem in (8.2) $n = 2$, $\gamma_0 = 1.2$ und $\gamma_1 = -0.2$ ist.

Kapitel 8

Dynamische Modelle II: Stochastische Differenzengleichungen

8.1 Einführung

Ökonometriker tendierten bei der Modellierung dynamischer Beziehungen dazu, stochastische Differenzengleichungen den Transferfunktionen vorzuziehen. Es gibt Fälle, in denen diese Präferenz einen starken Glauben an eine partial adjustment Theorie des Verhaltens wiederspiegelt. Allgemein kann die ökonomische Theorie aber nicht als verläßlich betrachtet werden, irgendeine sichere Orientierung für diese Ansicht bereitzustellen. Angenommen, ein Modell stellt nur eine Approximation an die Realität dar, dann sind Fragen der Modellspezifikation zu einem großen Umfang durch pragmatische Überlegungen determiniert.

Die Vorteile einer stochastischen Differenzengleichung werden tatsächlich nur dann sichtbar, wenn das Modell mehr als eine erklärende Variable enthält. Angenommen y hängt von k erklärenden Variablen ab und der Einfluß jeder Variable ist durch einen geometrisch verteilten Lag bestimmt. Solch eine Beziehung könnte durch eine 'multiple Input'-Transferfunktion modelliert werden:

$$y_t = \sum_{i=1}^{k} \frac{\beta_i x_{ti}}{1 - \alpha_i L} + \frac{\epsilon_t}{1 - \phi L}. \tag{1.1}$$

Wenn der Störterm in (1.1) auch als ein AR(1)-Prozeß spezifiziert worden ist, könnte er im Prinzip jeder andere ARMA-Prozeß sein. Ihn als einen AR(1)-Prozeß anzunehmen, ist eine bequeme Vereinfachung für die folgende Argumentation.

(1.1) ist hochgradig nichtlinear und enthält $2k + 2$ unbekannte Parameter. Weiterhin gehen bei der Konstruktion der Quadratsummenfunktion kr Beobachtungen 'verloren', wenn die Festsetzung von Vorstichprobenwerten für y und x auf Null vermieden wird; vergleiche Abschnitt 7.3. Der Sachverhalt vereinfacht sich aber beträchtlich über die Einführung der Restriktionen $\alpha_i = \alpha$, für $i = 1, \cdots, k$ und $\phi = \alpha$. Nach Umstellen ergibt dies die stochastische Differenzengleichung:

$$y_t = \alpha y_{t-1} + \sum_{i=1}^{k} \beta_i x_{ti} + \epsilon_t. \tag{1.2}$$

(1.2) weist zwei Vorzüge auf. Der erste ist offensichtlich und der zweite ist es nicht. Der offensichtliche Vorteil betrifft die Schätzung. Falls ϵ_t normalverteilt ist, wird das KQ-Verfahren vollständig effizient sein. Der zweite Punkt, der zugunsten einer Formulierung analog (1.2) spricht, ist fundamentaler. Innerhalb eines Rahmens stochastischer Differenzengleichungen ist es sehr viel einfacher, eine Modellauswahlprozedur zu wählen, die sich vom allgemeinen zum spezifischen bewegt. Solch ein Ansatz ist insbesondere angemessen, wenn Unsicherheit bezüglich der in das Modell aufzunehmenden Variablen besteht. Die technischen Aspekte der Modellspezifikation werden im Detail in Abschnitt 5 diskutiert.

Der zu zahlende Preis für die Einführung der Restriktionen, die zu (1.2) führt, ist eine weniger flexible Lag-Struktur. Sie kann aber in einem gewissen Umfang durch die Hinzufügung gelagter Werte für die x_i kompensiert werden. Wird (1.2) so erweitert, daß jede erklärende Variable mit einem Lag von 1 zusätzlich enthalten ist, wird das Modell dieselbe Anzahl unbekannter Parameter wie (1.1) enthalten. Dies kann, muß aber nicht eine bessere Approximation der zugrunde liegenden dynamischen Struktur ergeben. Die Vorteile von (1.2), die die Schätzung und Spezifikation betreffen, gelten weiterhin.

Autoregressiv verteilter Lag und ARMAX-Modelle

Gleichung (1.2) kann verallgemeinert werden zu:

$$A(L)y_t = \sum_{i=1}^{k} B_i(L)x_{ti} + \epsilon_t, \tag{1.3}$$

dabei ist $A(L)$ ein Polynom in dem durch (7.1.11) definierten Lag-Operator und $B_i(L)$ ist ein Polynom der Ordnung s_i, definiert wie in (7.1.10) für $i = 1, \cdots, k$. Eine notwendige Bedingung für Stabilität ist, daß die Wurzeln von $A(L)$ außerhalb des Einheitskreises liegen sollten. Solch ein Modell wird manchmal als *autoregressiv verteilter Lag* bezeichnet und die präzise Spezifikation ist durch die Abkürzung $AD(r, s_1, \cdots, s_k)$ gegeben. Unter Verwendung dieser Terminologie ist (7.1.13) $AD(1,0)$.

Die Spezifikation des Störterms in (1.3) kann dadurch erweitert werden, so daß diesem erlaubt wird, einem ARMA-Prozeß zu folgen. Es ergeben sich aber einige Vorteile bei der Beschränkung auf reine AR-Prozesse, und diese Vorteile werden in Abschnitt 5 sichtbar werden. Auf der anderen Seite hat eine MA-Spezifikation für den Störterm einen gewissen Reiz. Solch ein Modell kann geschrieben werden in der Form:

$$A(L)y_t = \sum_{i=1}^{k} B_i(L)x_{ti} + \theta(L)\epsilon_t, \tag{1.4}$$

und wird als $ARMAX(r, s_1, \cdots, s_k, q)$ bezeichnet. Jede Transferfunktion kann als ein ARMAX-Modell mit Restriktionen für die Lag-Polynome dargestellt werden. Zum Beispiel ist in (7.3.16) $A(L) = \theta(L)$.

Die Eigenschaften des Störterms sind irrelevant für die systematischen Dynamiken des Modells. Wie in Abschnitt 7.1 aufgezeigt, sind die Ausführungen zu den Transferfunktionen direkt auf stochastische Differenzengleichungen anwendbar. Somit ist der Pfad der Mittelwerte für y_t in (1.3) oder (1.4) gegeben durch:

$$E(y_t) = \sum_{i=1}^{k} \frac{B_i(L)x_{ti}}{A(L)},$$

und die systematischen Dynamiken können deduziert werden, indem das Modell als Spezialfall einer Transferfunktion betrachtet wird.

Beispiel 1 Betrachten wir das Modell:

$$y_t = \alpha y_{t-1} + \beta_1 x_{t1} + \beta_2 x_{t2} + u_t. \tag{1.5}$$

Der erwartete Effekt einer Änderung im Vektor $x_t = (x_{t1}, x_{t2})'$ kann additiv abgeschätzt werden. Der Anstoßmultiplikator, der unmittelbare Effekt einer Änderung sowohl in x_1 als auch in x_2 um eine Einheit, beträgt einfach $\beta_1 + \beta_2$. Nach einer Zeitperiode steigt dieser auf $(\beta_1 + \beta_2)(1 - \alpha)$ und so weiter.

Saisonalität und Vorhersagen

Die systematischen Dynamiken einer stochastischen Differenzengleichung können aus den Eigenschaften des korrespondierenden Transferfunktionsmodells abgeleitet werden. Folglich ist der Inhalt des vorhergehenden Abschnittes direkt relevant. Auf ähnliche Weise folgt die Behandlung der Saisonalität und die der Prognosen aus dem vorher Dargestellten.

In Abschnitt 7.6 wurde argumentiert, daß dynamische Beziehungen - wenn immer es möglich ist - unter Verwendung von Reihen geschätzt werden sollten, die nicht saisonbereinigt worden sind. Diese Aussage gilt auch für Modelle, die als stochastische Differenzengleichungen formuliert sind. Im Großen und Ganzen sind dieselben Techniken zur Einführung deterministischer und stochastischer Saisonkomponenten in das Modell angemessen und saisonale Differenzen und saisonale Dummies werden oftmals benutzt. Zusätzlich wird oftmals in einer stochastischen Differenzengleichung der saisonale Effekt selbst in die Lag-Struktur eingeführt, d.h.:

$$y_t = \alpha y_{t-1} + \beta_0 x_t + \beta_4 x_{t-4} + \epsilon_t. \tag{1.6}$$

Die Saisonalität könnte ebenfalls in ein Transferfunktionsmodell auf diesem Weg eingeführt werden, obgleich der Ansatz innerhalb des Kontexts einer stochastischen Differenzengleichung angemessener zu sein scheint. Wenn es keine Alternative zu der Verwendung saisonbereinigter Daten gibt, sollte stets bedacht werden, daß saisonale Effekte weiterhin präsent sein können.

Prognosen aus einer stochastischen Differenzengleichung können rekursiv erstellt werden, da das Modell bereits in einer zu (7.7.1) korrespondierenden Form vorliegt. Der MSE einer Prognose kann abgeleitet werden, indem das Modell in die Transferfunktionsform eingepaßt wird. Betrachten wir die allgemeine Formulierung (1.4). Sind die Parameter des Modells bekannt, ist der Prognose-MSE identisch mit dem MSE einer Prognose aus dem Zeitreihenmodell $y_t = A^{-1}(L)\theta(L)\epsilon_t$.

Beispiel 2 Die Prognosen für zukünftige Werte von y_t in dem Modell:

$$y_t = \alpha y_{t-1} + \beta x_t + \epsilon_t \tag{1.7}$$

werden direkt über die Rekursion:

$$\tilde{y}_{T+l|T} = \alpha \tilde{y}_{T+l-1|T} + \beta x_{T+l}, \quad l = 1, 2, ..., \tag{1.8}$$

mit $\tilde{y}_{T|T} = y_T$, erstellt. Die Transferfunktionsformulierung von (1.7)

$$y_t = \frac{\beta x_t}{1 - \alpha L} + \frac{\epsilon_t}{1 - \alpha L}$$

impliziert, daß für gegebene Werte von α und β der MSE von $\tilde{y}_{T+l|T}$ identisch zu dem MSE einer l-stufigen Prognose in einem AR(1)-Zeitreihenmodell ist. Die Formel (6.7.4), mit ϕ ersetzt durch α, ist in diesem Fall anwendbar.

8.2 Schätzung

Die Hauptprobleme, die bei der Schätzung stochastischer Differenzengleichungen auftauchen, können für das in (7.1.13) eingeführte einfache Modell diskutiert werden:

$$y_t = \alpha y_{t-1} + \beta x_t + u_t, \quad t = 2, \cdots, T, \quad \text{mit } |\alpha| < 1. \tag{2.1}$$

Die Erweiterungen auf das allgemeinere Modell (7.1.16) sind einfach und werden hier nicht explizit diskutiert.

KQ- und Instrumentvariablen-Methode

Die einfachste Möglichkeit zur Schätzung von α und β ist, eine Regression zwischen y_t und y_{t-1} sowie x_t durchzuführen. Falls der Störterm white-noise und x_t nichtstochastisch ist, gilt das auf dem Mann-Wald Theorem basierende Ergebnis aus Abschnitt 2.12. Folglich kann ein Modell der Form (2.1) in exakt derselben Weise behandelt werden wie ein klassisches Regressionsmodell, vorausgesetzt die Stichprobe ist groß. Somit gilt, falls a und b die KQ-Schätzwerte für α und β kennzeichnen:

$$\begin{bmatrix} a \\ b \end{bmatrix} \sim AN \left[\begin{pmatrix} \alpha \\ \beta \end{pmatrix}, \sigma^2 \begin{pmatrix} \sum y_{t-1}^2 & \sum y_{t-1}x_t \\ \sum y_{t-1}x_t & \sum x_t^2 \end{pmatrix}^{-1} \right]. \tag{2.2}$$

Falls u_t zusätzlich zum white-noise normalverteilt ist, ist der KQ-Schätzwert der ML-Schätzwert. Er ist deshalb asymptotisch effizient.

Obgleich das KQ-Verfahren sehr angenehme Eigenschaften hat, wenn u_t white-noise ist, wird es bei Vorliegen von serieller Korrelation weniger attraktiv sein. Falls $E(u_t u_{t-1}) \neq 0$ ist, werden u_t und y_{t-1} selbst in großen Stichproben korreliert sein; vgl. (7.1.18). Wie in Abschnitt 7.1 angemerkt, ist die KQ-Methode im Ergebnis dann nicht mehr konsistent.

Die IV-Lösung von derartigen Problemen wurde in Abschnitt 7.3 diskutiert, und die dort wiedergegebenen Ergebnisse sind in diesen Fällen direkt anwendbar. Die IV-Schätzfunktion für (2.1) ist identisch zu der für den Koyck verteilten Lag eingeführten Schätzfunktion. Folglich führt die Verwendung von x_{t-1} als Instrument für y_{t-1} zu Schätzwerten für α und β, die konsistent sind.

ML-Schätzung mit AR(1)-Störgrößen

Angenommen, die Störgrößen in (2.1) folgen einem durch (6.1.2) definierten AR(1)-Prozeß. Sind y_1 und y_2 fixiert, ist die gemeinsame Dichte für $y_3, \cdots, y_T$ durch $\epsilon_3, \cdots, \epsilon_T$ determiniert. Für gegebene Werte für α, β und ϕ ist eine Menge von $T-2$ Residuen definiert durch:

$$\epsilon_t = y_t - \alpha y_{t-1} - \beta x_t - \phi(y_{t-1} - \alpha y_{t-2} - \beta x_{t-1}), \quad t = 3, \cdots, T, \tag{2.3}$$

und die ML-Schätzung wird ausgeführt durch die Minimierung der Quadratsummenfunktion:

$$S(\alpha, \beta, \phi) = \sum_{t=3}^{T} \epsilon_t^2. \tag{2.4}$$

Ein geeigneter Algorithmus zur Minimierung von $S(\alpha, \beta, \phi)$ ist der Gauss-Newton, insbesondere deshalb, da die analytischen ersten Ableitungen leicht verfügbar sind. Differentiation von (2.3) bezüglich α, β und ϕ ergibt:

$$\frac{\partial \epsilon_t}{\partial \alpha} = -(y_{t-1} - \phi y_{t-2}) \tag{2.5}$$

$$\frac{\partial \epsilon_t}{\partial \beta} = -(x_t - \phi x_{t-1}) \tag{2.6}$$

$$\frac{\partial \epsilon_t}{\partial \phi} = -(y_{t-1} - \alpha y_{t-2} - \beta x_{t-1}), \quad t = 3, \cdots, T. \tag{2.7}$$

Angemerkt sei, daß die letzte Ableitung gleich $-u_{t-1}$ ist, wenn α und β gleich ihren wahren Werten gesetzt werden.

Die Cochrane-Orcutt Prozedur könnte ebenfalls zur Minimierung von (2.4) gewählt werden. Sie würde in weiten Teilen wie in Kapitel 6 beschrieben angewandt, dabei werden α und β für einen gegebenen Wert ϕ berechnet und ϕ bedingt durch α und β ermittelt. Für ein Modell mit fixen Regressoren wurde gezeigt, daß in großen Stichproben das Cochrane-Orcutt äquivalent zum Gauss-Newton ist. Diese Äquivalenz gilt aber nicht mehr für ein Modell mit gelagten endogenen Variablen, die Ursache dafür ist:

$$\operatorname{plim} T^{-1} \sum \frac{\partial \epsilon_t}{\partial \alpha} \frac{\partial \epsilon_t}{\partial \phi} \neq 0. \tag{2.8}$$

Das Cochrane-Orcutt Schema wird vielleicht konvergieren, da es eine schrittweise Optimierungsprozedur ist. Es ist aber insoweit weniger attraktiv als das Gauss-Newton, da es Informationen über die Struktur des Modells unterdrückt.

Es gibt eine Vielzahl von Möglichkeiten zur Ermittlung von Startwerten für eine iterative ML-Prozedur in diesem Modell. Eine Möglichkeit ist, α und β durch die Instrumentvariablenmethode zu schätzen und dann einen Schätzwert für ϕ aus den Residuen auf übliche Weise zu berechnen; vgl. (6.1.9). Dies hat den Vorteil, daß die Schätzwerte für alle drei Parameter konsistent sein werden. Auf der anderen Seite kann das KQ-Verfahren in der Praxis, obgleich es inkonsistent ist, attraktiver sein. Angemerkt sei, daß die Gauss-Newton Iterationen nicht gestartet werden können, wenn alle drei Parameter gleich Null gesetzt werden. Bei der Ausführung von (2.5) und (2.7) ist zu sehen, daß dies ein unmittelbares Desaster im Hinblick auf perfekte Multikollinearität zwischen $\partial\epsilon_t/\partial\alpha$ und $\partial\epsilon_t/\partial\phi$ hervorbringen würde.

Asymptotische Eigenschaften

Unter geeigneten Bedingungen ist der ML-Schätzwert für $\psi = (\alpha, \beta, \phi)'$ asymptotisch normalverteilt mit Mittelwert ψ und einer Kovarianzmatrix, die gleich der durch T dividierten Inversen der asymptotischen Informationsmatrix $IA(\psi)$ ist. Eine formale Ableitung dieses Resultates ist in Hatanaka (1974) zu finden. Alles, was hier getan wird, ist eine Gleichung für $Avar(\tilde{\psi})$ abzuleiten. Sie kann am einfachsten unter Verwendung der ersten Ableitungen (2.5) bis (2.7) durch die Gleichung (3.2.25) ermittelt werden. Wie bei diesen Problemstellungen üblich, ist der ML-Schätzwert für σ^2 in großen Stichproben unabhängig von den anderen Schätzwerten mit einer Varianz von $2\sigma^4/T$ verteilt. Er kann deshalb in jeder Diskussion über die Eigenschaften der ML-Schätzwerte für ψ in großen Stichproben ignoriert werden.

Die Größen, die nur Ableitungen bezüglich α und β umfassen, sind relativ einfach zu bestimmen. So gilt z.B.:

$$\operatorname{plim} \frac{1}{T} \sum \left(\frac{\partial \epsilon_t}{\partial \beta}\right)^2 = q_x^2, \tag{2.9}$$

mit

$$q_x^2 = \operatorname{plim} T^{-1} \sum (x_t - \phi x_{t-1})^2. \tag{2.10}$$

Ähnliche Gleichungen können für die anderen Elemente in der 2×2 Submatrix in der linken oberen Ecke von $IA(\alpha, \beta, \theta)$ ermittelt werden. Die Größen q_y^2 und q_{xy} sind auf dieselbe Weise definiert wie q_x^2, wobei y als y_{t-1} interpretiert wird. Angemerkt sei, daß diese Definitionen implizieren, daß der Reihe der x_t verschiedene Annahmen auferlegt werden müssen.

Die verbleibenden Größen in $IA(\psi)$ können wie folgt bestimmt werden:

$$\text{plim}\ \frac{1}{T}\sum\left(\frac{\partial\epsilon_t}{\partial\phi}\right)^2 = \text{plim}\ \frac{1}{T}\sum u_{t-1}^2 = \frac{\sigma^2}{1-\phi^2} \tag{2.11}$$

$$\text{plim}\ \frac{1}{T}\sum\frac{\partial\epsilon_t}{\partial\phi}\frac{\partial\epsilon_t}{\partial\beta} = 0 \tag{2.12}$$

und

$$\text{plim}\ \frac{1}{T}\sum\frac{\partial\epsilon_t}{\partial\alpha}\frac{\partial\epsilon_t}{\partial\phi} = \frac{\sigma^2}{1-\alpha\phi}. \tag{2.13}$$

Die letzte dieser Gleichungen wird bestimmt, indem berücksichtigt wird, daß $y_t = \{\beta x_t + u_t\}/(1-\alpha L)$ ist und somit folgt:

$$\text{plim}\ \frac{1}{T}\sum u_t y_{t-j} = \frac{\sigma^2\phi^j}{1-\phi^2}(1+\alpha\phi+\alpha^2\phi^2+\cdots) = \frac{\sigma^2}{1-\phi^2}\frac{\phi^j}{1-\alpha\phi}. \tag{2.14}$$

Die Verwendung dieser Ergebnisse für $j = 0$ und $j = 1$ ergibt dann:

$$\begin{aligned}\text{plim}\ \frac{1}{T}\sum\frac{\partial\epsilon_t}{\partial\phi}\frac{\partial\epsilon_t}{\partial\alpha} &= \text{plim}\ T^{-1}\sum(y_{t-1}-\phi y_{t-2})u_{t-1}\\ &= \frac{\sigma^2}{1-\phi^2}\frac{1-\phi^2}{1-\alpha\phi} = \frac{\sigma^2}{1-\alpha\phi}.\end{aligned}$$

Die vollständige asymptotische Kovarianzmatrix ist:

$$\begin{aligned}Avar(\tilde{\psi}) &= T^{-1}IA^{-1}(\alpha,\beta,\phi)\\ &= T^{-1}\begin{bmatrix}\sigma^{-2}q_y^2 & \sigma^{-2}q_{xy} & (1-\alpha\phi)^{-1}\\ \sigma^{-2}q_{xy} & \sigma^{-2}q_x^2 & 0\\ (1-\alpha\phi)^{-1} & 0 & (1-\phi^2)^{-1}\end{bmatrix}^{-1}.\end{aligned} \tag{2.15}$$

Der entscheidende Punkt in (2.15), verglichen mit (6.1.12), ist das Auftauchen der Größe $1/(1-\alpha\phi)$. Folglich wird, wenn eine gelagte endogene Variable im Modell auftaucht, dessen geschätzter Koeffizient nicht unabhängig von dem Koeffizienten des AR-Prozesses, der den Störterm steuert, sein. Eine Implikation dieser Aussage wurde bereits bei der Diskussion der iterativen ML-Prozeduren angemerkt. Die Konsequenzen dieses Ergebnisses sind aber wichtiger im Kontext der zweistufigen Schätzung und der Überprüfung auf serielle Korrelation.

Zweistufige Schätzungen

Sind konsistente Startwerte für α, β und ϕ gegeben, wird eine Iteration des Gauss-Newton Algorithmus zu einer Menge asymptotisch effizienter Schätzwerte führen; vgl. Abschnitt

4.5. Eine realisierbare Aitken-Schätzung, basierend auf einer Regression von $y_t - \hat{\phi}y_{t-1}$ durch $y_{t-1} - \hat{\phi}y_{t-2}$ und $x_t - \hat{\phi}x_{t-1}$, wobei $\hat{\phi}$ konsistent ist, wird aber *nicht* vollständig effizient sein. Dies ist durch die Größe $(1 - \alpha\phi)^{-1}$ in der Informationsmatrix begründet, die eine Verbindung zwischen y_{t-1} und dem Störterm errichtet.

Hatanaka (1974) war der erste, der herausarbeitete, wie ein effizienter zweistufiger Schätzwert für dieses Modell ermittelt werden kann. Seine Schätzfunktion kann wie folgt konstruiert werden:

(i) Schätze α und β konsistent unter Verwendung der IV-Methode. Kennzeichne diese Schätzwerte mit $\hat{\alpha}$ und $\hat{\beta}$. Ermittle die Residuen $\hat{u}_t = y_t - \hat{\alpha}y_{t-1} - \hat{\beta}x_t$ und schätze ϕ durch eine Regression von $\hat{u}_t$ durch $\hat{u}_{t-1}$. Kennzeichnung dieses Schätzwertes mit $\hat{\phi}$.

(ii) Regressiere $y_t - \hat{\phi}y_{t-1}$ durch $y_{t-1} - \hat{\phi}y_{t-2}$, $x_t - \hat{\phi}x_{t-1}$ und $\hat{u}_{t-1}$. Die zweistufigen Schätzwerte für α und β sind direkt über die jeweiligen Regressionskoeffizienten von $y_{t-1} - \hat{\phi}y_{t-2}$ und $x_t - \hat{\phi}x_{t-1}$ gegeben. Kennzeichnet $\phi^\dagger$ den Regressionskoeffizienten von $\hat{u}_{t-1}$, ist der zweistufige Schätzwert für ϕ gleich $\hat{\phi} + \phi^\dagger$.

Hatanaka bezeichnet diese Schätzwerte als *residual adjustierte Aitken Schätzwerte.* Es ist die Präsenz von $\hat{u}_{t-1}$ in der zweiten Regressionsstufe, wodurch diese Schätzfunktionen sich von der realsierbaren Aitken-Schätzfunktion unterscheidet und asymptotische Effizienz sichert.

Leider macht die Form der residual adjustierten Aitken Schätzfunktion ihre Beziehung zum Gauss-Newton nicht unmittelbar sichtbar. Sind $\hat{\alpha}$, $\hat{\beta}$ und $\hat{\phi}$ wie in (i) gegeben, umfaßt eine Iteration des Gauss-Newton die Regression von ϵ_t durch die drei Ableitungen (2.5) bis (2.7). Wenn aber ϵ_t in drei Teile aufgespalten wird:

$$\epsilon_t = (y_t - \phi y_{t-1}) - \beta(x_t - \phi x_{t-1}) - \alpha(y_{t-1} - \phi y_{t-2}), \tag{2.16}$$

ist aus (2.5) und (2.6) zu ersehen, daß sie geschrieben werden kann als:

$$\epsilon_t = (y_t - \phi y_{t-1}) + \beta \cdot \partial\epsilon_t/\partial\beta + \alpha \cdot \partial\epsilon_t/\partial\alpha. \tag{2.17}$$

Nun sind $\partial\epsilon_t/\partial\beta$ und $\partial\epsilon_t/\partial\alpha$ Regressoren in der Gauss-Newton Iteration, und wenn ein Regressor identisch zu der abhängigen Variable ist, wird dessen geschätzter Koeffizient gleich Eins sei, während alle anderen Koeffizienten Null sind, siehe z.B. Theil (1971, S. 549). Ist dies gegeben, folgt fast unmittelbar, daß der zweistufige Gauss-Newton Schätzwert identisch zu Hatanakas residual adjustierten Atiken Schätzwerten ist.

Behandlung der ersten Beobachtung *

In Abschnitt 6.1 wurde die vollständige GLS-Transformation der Cochrane-Orcutt Transformation gegenübergestellt. Es wurde ausgeführt, daß das Auslassen der ersten transformierten Beobachtung, wie beim Cochrane-Orcutt, nachteilige Auswirkungen auf die Eigenschaften in kleinen Stichproben haben kann. Dieselbe Argumentation taucht im dynamischen Modell auf, und es erscheint deshalb vernünftig, die Likelihoodfunktion so zu definieren, daß nur y_1 als fixiert betrachtet wird. Dies bedeutet, daß y_2 als normalverteilt, mit dem Mittelwert $y_2 - \alpha y_1 - \beta x_2$ und einer Varianz $\sigma^2/(1-\phi^2)$, angenommen wird. Die Menge der Residuen in (2.3) wird deshalb erweitert um:

$$\epsilon_2 = \sqrt{1-\phi^2}(y_2 - \alpha y_1 - \beta x_2) \tag{2.18}$$

und die Quadratsummenfunktion (2.4) wird so redefiniert, daß sie ϵ_2 einschließt.

Die Art und Weise, in der y_2 behandelt wird, führt leider eine Determinantengröße in die Likelihoodfunktion ein. Die zu minimierende Funktion ist deshalb:

$$S^*(\alpha,\beta,\phi) = S(\alpha,\beta,\phi)/|1-\phi^2|^{1/T}. \tag{2.19}$$

In Abschnitt 6.1 wurde ausgeführt, daß die Einbeziehung der Determinante in die Likelihodfunktion in der Praxis üblicherweise unwichtig ist. Es erscheint deshalb angemessen, einen Schätzwert auf der Basis der Minimierung der Quadratsummen $S(\alpha,\beta,\phi)$ zu konstruieren. Dies vereinfacht den Sachverhalt beträchtlich, da das Gauss-Newton wiederum angewandt werden kann und die Struktur der zweistufigen Schätzfunktion dieselbe bleibt. Die Ableitungen von (2.18) sind jeweils:

$$\frac{\partial \epsilon_2}{\partial \alpha} = -\sqrt{1-\phi^2}\cdot y_1, \tag{2.20}$$

$$\frac{\partial \epsilon_2}{\partial \beta} = -\sqrt{1-\phi^2}\cdot x_2 \tag{2.21}$$

und

$$\frac{\partial \epsilon_2}{\partial \phi} = -\phi(y_2 - \alpha y_1 - \beta x_2)/\sqrt{1-\phi^2}. \tag{2.22}$$

Mit den aus dem Modell mit fixierten Regressoren gegebenen Aussagen erscheint es ratsam ϵ_2 sowohl in die ML-Funktion als auch in die zweistufige Schätzprozedur einzufügen, *insbesondere wenn eine oder mehrere erklärende Variablen einen Trend beinhalten.* Die einzige relevante Monte Carlo Arbeit für das Modell mit einer gelagten abhängigen Variable wird in einem Artikel von Maddala und Rao (1973) am Rand bereitgestellt. Sie untersuchen eine ML-Schätzfunktion für (2.1) mit AR(1)-Störgrößen und mit Daten des US-amerikanischen BSP für x_t und ermitteln, daß die ML-Methode dem KQ-Verfahren in vielen Fällen auf der Basis eines MSE-Vergleichs unterlegen ist; siehe Maddala und Rao (1973, Tabelle V, S. 767). Die Schätzwerte, die sie verwendeten, berücksichtigten nicht die in (2.18) implizit aufgeführte transformierte erste Beobachtung, und da die BSP-Daten einen Trend aufweisen, entsprechen die schwachen Resultate für die ML-Schätzfunktion exakt denen für die Cochrane-Orcutt Prozedur im Fall fixierter Regressoren.

Die Schätzung von ARMAX-Modellen

In allgemeineren Formulierungen von stochastischen Differenzengleichungsmodellen werden die Störgrößen durch einen ARMA(p,q)-Prozeß generiert. Die wesentlichen Prinzipien, die die Schätzung solcher Modelle betreffen, können unter Verwendung von

(2.1) illustriert werden, indem dem Störterm erlaubt wird, einem MA(1)-Prozeß zu folgen. Das zu untersuchende Modell:

$$y_t = \alpha y_{t-1} + \beta x_t + \epsilon_t + \theta \epsilon_{t-1} \tag{2.23}$$

fällt in die Klasse der in (1.4) definierten ARMAX-Modelle.

Wenn y_1 als fixiert und ϵ_1 als Null angenommen sind, ist die Maximierung der Likelihoodfunktion äquivalent zur Minimierung der Quadratsummenfunktion:

$$S(\alpha, \beta, \theta) = \sum_{t=2}^{T} \epsilon_t^2, \tag{2.24}$$

mit:

$$\epsilon_t = y_t - \alpha y_{t-1} - \beta x_t - \theta \epsilon_{t-1}, \quad t = 2, ..., T. \tag{2.25}$$

Dabei ist $\epsilon_1 = 0$. Wie bei MA-Störtermen üblich, können die Ableitungen der Residuen rekursiv ermittelt werden. In diesem Fall gilt:

$$\frac{\partial \epsilon_t}{\partial \alpha} = -y_{t-1} - \theta \frac{\partial \epsilon_{t-1}}{\partial \alpha} \tag{2.26}$$

$$\frac{\partial \epsilon_t}{\partial \beta} = -x_t - \theta \frac{\partial \epsilon_{t-1}}{\partial \beta} \tag{2.27}$$

$$\frac{\partial \epsilon_t}{\partial \theta} = -\epsilon_{t-1} - \theta \frac{\partial \epsilon_{t-1}}{\partial \theta}. \tag{2.28}$$

Alle drei Ableitungen werden ermittelt, indem sie für $t = 1$ gleich Null gesetzt werden.

Die analytischen Ableitungen können in einem iterativen ML-Schema, wie z.B. dem Gauss-Newton, benutzt werden. Vom theoretischen Gesichtspunkt aus liegt der interessanteste Aspekt von (2.26) bis (2.28) in der Konstruktion einer zweistufigen Schätzfunktion. Konsistente Startwerte für α und β können unter Verwendung der Instrumentvariablenmethode ermittelt werden, siehe Abschnitt 7.3, und die Residuen werden dazu verwendet, einen konsistenten Schätzwert für θ unter Anwendung von (4.5.4) zu konstruieren. Asymptotisch effiziente Schätzwerte können dann für alle drei Parameter berechnet werden, indem die aus einer Regression von ϵ_t durch (2.26) bis (2.28) resultierenden Koeffizienten von den korrespondierenden Startwerten subtrahiert werden. Diese Prozedur entspricht exakt der residual adjustierten Aitken Schätzfunktion, da sie auf einer einzelnen Iteration des Gauss-Newton basiert. Ihre Eigenschaften in kleinen Stichproben müssen aber noch untersucht werden.

Der Effekt einer Fehlspezifikation

Weiter oben wurde gezeigt, daß die Anwendung des KQ-Verfahens auf (2.1) bei Vorhandensein von seriell korrelierten Störgrößen zu inkonsistenten Schätzwerten für α und β führt. Während aber die Unterparametrisierung des Störterms zu Inkonsistenz führen kann, kann die Überparametrisierung, selbst in großen Stichproben, zu Ineffizienz führen. Dies mag auf den ersten Blick überraschend erscheinen, da für ein Modell mit fixierten Regressoren die Ausführung der Schätzung unter der Annahme, daß die Störgrößen beispielsweise einem AR(1)-Prozeß folgen, wenn sie tatsächlich white-noise sind, keinen Einfluß auf die asymptotische Effizienz der ML-Schätzwerte für β haben. Wiederum ist es die Struktur der Informationsmatrix, die ein Modell mit gelagter endogener Variable von einem Modell mit fixierten Regressoren unterscheidet.

Betrachten wir (2.1) und nehmen an, daß der Störterm white-noise ist. Wird das Modell durch den ML-Ansatz unter der Annahme $u_t \sim AR(1)$ geschätzt, ist die Kovarianzmatrix für $(\tilde{\alpha}, \tilde{\beta}, \tilde{\phi})$ in großen Stichproben gegeben durch:

$$Avar(\tilde{\alpha}, \tilde{\beta}, \tilde{\phi}) = \frac{\sigma^2}{T} \begin{bmatrix} q_y^2 & q_{xy} & \sigma^2 \\ q_{xy} & q_x^2 & 0 \\ \sigma^2 & 0 & \sigma^2 \end{bmatrix}^{-1} . \quad (2.29)$$

Diese Gleichung wird durch das Setzen von ϕ gleich Null in (2.15) ermittelt.

Für $\tilde{\alpha}$ folgt:

$$Avar(\tilde{\alpha}) = \frac{\sigma^2}{T} \cdot \frac{q_x^2}{q_y^2 q_x^2 - q_{xy}^2 - \sigma^2 q_x^2}. \quad (2.30)$$

Falls aber $u_t \sim NID(0, \sigma^2)$ ist, ist der KQ-Schätzwert asymptotisch effizient. Die Varianz des KQ-Schätzwertes für α in großen Stichproben ist durch das obere linke Element in (2.2) gegeben. Unter Verwendung der Schreibweise aus (2.15) wird daraus:

$$Avar(a) = \frac{\sigma^2}{T} \cdot \frac{q_x^2}{q_x^2 q_y^2 - q_{xy}^2}. \quad (2.31)$$

Aus einem Vergleich von (2.30) mit (2.31) ist zu sehen, daß gilt:

$$Avar(\tilde{\alpha}) \geq Avar(a). \quad (2.32)$$

Das Gleichheitszeichen gilt nur, falls $q_x^2 = 0$ ist. Dies wird der Fall sein, wenn x_t ein konstanter Term ist.

8.3 Überprüfung auf serielle Korrelation

In einem statischen Regressionsmodell können geeignete Tests auf Zufälligkeit für eine beobachtbare Zeitreihe direkt auf die KQ-Residuen angewandt werden. In der Regel werden diese Tests nur asymptotische Gültigkeit besitzen, wenn auch in verschiedenen speziellen Fällen die exakte Verteilung einer Teststatistik abgeleitet werden kann. Dieselben Tests können unter der Annahme, daß die Störgrößen normalverteilt und white-noise sind, verwendet werden, wenn ein Transferfunktionsmodell geschätzt wird. Die nichtlineare Beschaffenheit des Schätzproblems bedeutet aber, daß Resultate für kleine Stichproben nicht verfügbar sind. Somit kann ein gültiger Test auf AR(1)-Störgrößen mit der Durbin-Watson d-Statistik aber nur auf der Basis ihrer asymptotischen Verteilung ausgeführt werden. Dies ist äquivalent zur Berechnung des Stichprobenautokorrelationskoeffizienten 1. Ordnung aus den Residuen unter der Annahme, daß dieser normalverteilt mit einem Mittelwert von Null und einer Varianz von $1/T$ ist.

Mit den oben gegebenen Resultaten scheint es angemessen, anzunehmen, daß die in den Abschnitten 6.3 und 6.6 beschriebenen Tests anwendbar sind, wenn eine stochastische Differenzengleichung durch die KQ-Methode geschätzt wird. Im allgemeinen wird dies aber nicht der Fall sein. Die gelagte endogene Variable wirkt auf eine solche Art und Weise auf die Teststatistik ein, daß die übliche Verteilungstheorie selbst in großen Stichproben nicht gilt. Das Resultat ist, daß die Tests auf serielle Korrelation im allgemeinen nicht so mächtig sind, wie sie erscheinen.

Der Durbin h-Test

Obwohl Modell (2.1) nur einen gelagten Wert der abhängigen Variable aufweist, enthält es alle oben beschriebenen Schwierigkeiten. Angenommen, die Hypothese, die überprüft werden soll, lautet, daß der Störterm einem AR(1)-Prozeß folgt. Wie im klassischen Modell, kann die Ablehnung der Nullhypothese als ein Indiz für einen komplizierteren Störtermprozeß oder selbst für eine fundamentalere Fehlspezifikation der Gleichung angesehen werden. Der kritische Punkt ist aber, einen Test abzuleiten, der in dem Sinn gültig ist, daß unter der Nullhypothese die Verteilung der Teststatistik wenigstens asymptotisch bekannt ist.

Durch eine geeignete Modifikation der d-Statistik, die den Einfluß einer gelagten endogenen Variable berücksichtigt, war Durbin (1970) in der Lage, eine geeignete Testprozedur zu bestimmen. Sie basiert auf der h-Statistik:

$$h = (1 - \frac{1}{2}d)\sqrt{\frac{T}{1 - T \cdot avar(a)}}, \tag{3.1}$$

dabei ist $avar(a)$ die geschätzte Varianz des KQ-Schätzwertes für α. Unter der Nullhypothese ist $h \sim AN(0,1)$, und ein Test auf positive serielle Korrelation auf dem 5 % Niveau würde $h = 1.645$ als kritischen Wert aufweisen.

Da $d \simeq 2(1 - r_1)$, wobei r_1 die Autokorrelation 1. Ordnung der KQ-Residuen ist, kann die h-Statistik dargestellt werden als:

$$h \simeq r_1\sqrt{\frac{T}{1 - T \cdot avar(a)}}. \tag{3.2}$$

Dies impliziert, daß r_1 asymptotisch normalverteilt ist, mit Mittelwert Null und einer Varianz von $1 - \{T \cdot Avar(a)\}/T$. In statischen Regressionen und in Transferfunktionsmodellen ist auf der anderen Seite $r_1 \sim AN(0, 1/T)$. Die Verteilung von r_1 ist daher, wenn eine gelagte endogene Variable präsent ist, wenigstens in großen Stichproben konzentrierter. Dies impliziert, daß die Annahme, daß r_1 eine Varianz von $1/T$ hat, einen Test zur Folge haben wird, dessen aktuelle Größe kleiner ist als die nominale Größe. Folglich ermitteln wir einen potentiellen Verlust an Macht.

Ableitung der h-Statistik und einige Alternativen

Der Gedanke, der der h-Statistik zu Grunde liegt, wird deutlich, wenn erkannt wird, daß sie unter Verwendung des Lagrange-Multiplikatorprinzips abgeleitet werden kann. Die Log-Likelihoodfunktion für (2.1) mit AR(1)-Störgrößen ist:

$$\log L(\alpha, \beta, \phi) = -\frac{T}{2}\log 2\pi - \frac{T}{2}\log \sigma^2 - \frac{1}{2\sigma^2}S(\alpha, \beta.\phi); \tag{3.3}$$

dabei ist $S(\alpha, \beta, \phi)$ wie in (2.4) definiert. Die um Gleichung (5.5.10) dargestellte Theorie ist direkt zu verwenden mit $\psi^{(1)} = (\alpha, \beta)'$ und $\psi^{(2)} = \phi$. Unter Verwendung von (2.7) folgt:

$$\begin{aligned} \frac{\partial \log L}{\partial \phi} &= D_2 \log L(\psi) = -\sigma^{-2} \sum \frac{\partial \epsilon_t}{\partial \phi} \cdot \epsilon_t \\ &= \sigma^{-2} \sum u_{t-1}(u_t - \phi u_{t-1}), \end{aligned} \tag{3.4}$$

mit $u_t = y_t - \alpha y_{t-1} - \beta x_t$. Unter der Nullhypothese $H_0 : \phi = 0$ wird Gleichung (3.4) berechnet durch:

$$D_2 \log L(\tilde{\psi}_0) = \hat{\sigma}^{-2} \sum \hat{u}_{t-1} \hat{u}_t. \tag{3.5}$$

Dabei kennzeichnet $\hat{u}_t$ das $t$te KQ-Residuum aus der Regression von y_t durch y_{t-1} und x_t, und $\hat{\sigma}^2 = T^{-1} \sum \hat{u}_t^2$ ist der ML-Schätzwert für σ^2.

Die Informationsmatrix für das nichtrestringierte Modell ist durch (2.15) gegeben. Partitionierung gemäß (5.5.9) und Berechnung für den Wert $\phi = 0$ ergibt:

$$I_{22} - I_{21}' I_{11}^{-1} I_{12} = T - T^2 avar(a). \tag{3.6}$$

Der Vektor $I_{12} = (T, 0)'$ wählt das obere linke Element aus I_{11}^{-1} aus. Dieser ist ein konsistenter Schätzwert für die asymptotische Varianz des KQ-Schätzwertes für α, wenn die Nullhypothese wahr ist; vgl. (2.2).

Durch Substitution von (3.5) und (3.6) in die in (5.5.10) dargestellte LM-Statistik ergibt sich:

$$LM = \frac{(\hat{\sigma}^{-2} \sum \hat{u}_t \hat{u}_{t-1})^2}{T - T^2 avar(a)} = r_1^2 \left\{ \frac{T}{1 - T \cdot avar(a)} \right\}. \tag{3.7}$$

Unter H_0 ist LM asymptotisch χ_1^2. Die Quadratwurzel ist aber identisch zu (3.2), dadurch wird eine Testprozedur begründet, in der der kritische Bereich für die h-Statistik auf einer standardisierten Normalverteilung basiert.

Da die Maximierung der Log-Likelihoodfunktion (3.3) äquivalent zu der Minimierung der Quadratsummenfunktion (2.4) ist, kann die LM-Teststatistik ebenfalls in der TR^2 Form aus (5.5.16) dargestellt werden. Sie kann unter der Restriktion $\phi = 0$ bestimmt werden. In Größen der Notation des Abschnittes 5.5 führt dies zu $z_{t1} = y_{t-1}$, $z_{t2} = x_t$ und $z_{t3} = \hat{u}_{t-1}$. Ein LM-Test der Hypothese $\phi = 0$ wird deshalb durch eine Regression zwischen $\hat{u}_t$ und y_{t-1}, x_t und $\hat{u}_{t-1}$ und der Behandlung der Statistik TR^2 als χ_1^2 ermittelt. Alternativ kann ein Test bezüglich der Signifikanz des Koeffizienten von $\hat{u}_{t-1}$ ausgeführt werden. Der letzte Ansatz wurde von Durbin (1970) vorgeschlagen, obgleich er innerhalb des Rahmens des Abschnittes 5.5 als ein modifizierter LM-Test wiedererkannt wird. Die bequemste Möglichkeit zur Ausführung des Tests ist die Bezugnahme auf die t-Statistik, obwohl dieser Test natürlich nur asymptotisch gültig ist.

Der modifizierte LM-Test kann mit einer einseitigen oder zweiseitigen Alternative verwendet werden. Die erstgenannte wird üblicherweise die geeignetste sein, wobei die Nullhypothese gegenüber der Alternative positiver serieller Korrelation abgelehnt wird, wenn das t-Verhältnis größer ist als ein ausgewählter kritischer Wert.

Die in Spencer (1975) wiedergegebenen Monte-Carlo Resultate legen den Schluß nahe, daß die aktuelle Größe des modifizierten LM-Tests selbst für Stichprobengrößen um 20 nahe an der nominalen Größe sein wird. Dies scheint aber nicht für die h-Statistik der Fall zu sein. In seinen Experimenten fand Spencer heraus, daß in nur drei von siebenundzwanzig Fällen der beobachtete Anteil an Ablehnungen *nicht* signifikant von dem erwarteten Anteil differiert. Ferner leidet die h-Statistik unter einem wichtigen praktischen Nachteil. Falls $T \cdot avar(a) \geq 1$ ist, kann die h-Statistik nicht berechnet werden, und der Test bricht in sich zusammen. Spencer ermittelte, daß der Anteil solcher Fälle relativ hoch war, insbesondere für kleine Werte von T und α.

Ein allgemeiner Test auf Fehlspezifikation

Der im Abschnitt 6.6 beschriebene Portmanteau-Test stellt eine nützliche Möglichkeit zur Überprüfung der Anpassungsgüte in einem klassischen linearen Regressionsmodell bereit. Die Testgröße ist ebenfalls gültig für ein Transferfunktionsmodell mit white-noise Störgrößen. Aus den bereits dargestellten Gründen ist es nicht angemessen, sie mit den Residuen einer stochastischen Differenzengleichung zu benutzen.

Der Portmanteau-Test kann als ein LM-Test gegen einen AR(P)- oder einen MA(P)-Prozeß betrachtet werden. Gegeben, daß ein effektiver Test gegen AR(1)-Störgrößen gerade unter Verwendung des LM-Prinzips abgeleitet worden ist, scheint es angebracht, denselben Ansatz zur Entwicklung eines umfassenden Tests der Anpassungsgüte zu verwenden.

Angenommen, das Modell (2.1) ist durch die KQ-Methode geschätzt worden, und es ist notwendig, die Annahme von white-noise Störgrößen gegen die Alternative $u_t \sim MA(P)$ zu überprüfen. Das nichtrestringierte Modell ist ein ARMAX(1,0,P) mit der Residualfunktion:

$$\epsilon_t = y_t - \alpha y_{t-1} - \beta x_t - \theta_1 \epsilon_{t-1} - \cdots - \theta_p \epsilon_{t-p}. \tag{3.8}$$

Die Ableitungen für das ARMAX(1,0,1) sind in (2.26) bis (2.28) gegeben, und es ist nicht schwierig zu sehen, daß die Ableitungen von (3.8) bezüglich α, β und $\theta_1, \cdots, \theta_p$ eine ähnliche Form haben. Die Berechnung dieser Ableitungen unter der Nullhypothese $\theta_1 = \cdots = \theta_p = 0$ ergibt:

$$\frac{\partial \epsilon_t}{\partial \alpha} = -y_{t-1}, \quad \frac{\partial \epsilon_t}{\partial \beta} = -x_t, \text{ und } \frac{\partial \epsilon_t}{\partial \theta_j} = -\hat{u}_{t-j}, \quad j = 1, \cdots, P,$$

wobei $\hat{u}_t$ das $t$te KQ-Residuum aus einer Regression von y_t durch y_{t-1} und x_t ist. Die modifizierte LM-Prozedur besteht deshalb aus einer Regression von $\hat{u}_t$ durch y_{t-1}, x_t

und $\hat{u}_{t-1}, \cdots, \hat{u}_{t-p}$. Der LM-Test basiert auf TR^2 derselben Regression und ist natürlich asymptotisch äquivalent. Exakt dieselbe Testprozedur wird ermittelt, wenn die Alternativhypothese als $u_t \sim AR(P)$ angenommen wird.

Im allgemeinen Fall entspricht das Modell der Form (1.3). Die Erweiterung des Modells, daß dieses einen MA(P) Störterm enthält, führt dann zu dem ARMAX-Modell (1.4) und ein Test, analog zu dem im vorhergehenden Abschnitt beschriebenen, kann wie folgt zusammengefaßt werden: *Addiere P gelagte KQ-Residuen $\hat{u}_{t-1}, \cdots, \hat{u}_{t-p}$ zu den Regressoren und führe einen F-Test auf gemeinsame Signifikanz dieser aus.* Obgleich die formale Begründung für diese Prozedur ein Test auf einen MA(P)- oder äquivalent AR(P)-Störterm ist, wird ihre Hauptanwendung wahrscheinlich in dem Kontext der Diagnoseüberprüfung sein. Als solche wird sie als ein *Goodness-of-Fit-F*-Test bezeichnet und durch $Q^{\dagger}(P, T^{\dagger})$ gekennzeichnet, wobei $T^{\dagger}$ die Stichprobengröße bezeichnet, die sich nach einer angemessenen Korrektur der Zahl der Freiheitsgrade ergibt.

Aus der oben dargestellten Ableitung sollte die Form des modifizierten LM-Tests für jeden AR- oder MA-Prozeß höherer Ordnung deutlich sein. Zum Beispiel kann ein Test auf Autokorrelation 4. Ordnung durch die Addition von $\hat{u}_{t-4}$ zu den Regressoren und die Überprüfung auf Signifikanz ermittelt werden. Wie im Fall 1. Ordnung wird ein einseitiger kritischer Bereich oftmals angemessen sein.

Ein geschätzter ARMA-Störterm *

Der LM-Ansatz ermöglicht es ebenfalls, gültige statistische Kenngrößen zu konstruieren, wenn eine stochastische Differenzengleichung mit einem ARMA(p,q) Störterm geschätzt wird. Das allgemeine Prinzip kann wie folgt dargelegt werden: Schreibe eine Gleichung für die ϵ_t in dem nichtrestringierten Modell nieder; bestimme Gleichungen für die Ableitungen der ϵ_t bezüglich aller Parameter des Modells; berechne ϵ_t und ihre Ableitungen unter der Nullhypothese; regressiere ϵ_t durch alle ihre Ableitungen und führe einen F-Test auf gemeinsame Signifikanz der Koeffizienten aus, die mit den Ableitungen der Parameter verbunden sind, die unter H_0 gleich Null gesetzt sind. Teststatistiken dieser Art können leicht in einem innerhalb des ML-Rahmens konstruierten Computerprogramm untergebracht werden. Es ist aber interessant, einige spezielle Fälle zu untersuchen.

Beispiel 1 Angenommen, das Modell (2.1) wird mit einem AR(1)-Störterm geschätzt, und es ist erforderlich, die Hypothese $u_t \sim AR(2)$ zu testen. Die Residualfunktion im nichtrestringierten Modell ist gegeben durch:

$$\begin{aligned} \epsilon_t = \; & y_t - \alpha y_{t-1} - \beta x_t - \phi_1(y_{t-1} - \alpha y_{t-2} - \beta x_{t-1}) \\ & -\phi_2(y_{t-2} - \alpha y_{t-3} - \beta x_{t-2}). \end{aligned} \tag{3.9}$$

Die Ableitungen von ϵ_t, ermittelt unter der Restriktion $\phi_2 = 0$, sind:

$$\frac{\partial \epsilon_t}{\partial \alpha} = -(y_{t-1} - \tilde{\phi}_1 y_{t-2})$$

$$\frac{\partial \epsilon_t}{\partial \beta} = -(x_t - \tilde{\phi}_1 x_{t-1})$$

$$\frac{\partial \epsilon_t}{\partial \phi_1} = -(y_{t-1} - \tilde{\alpha}_1 y_{t-2} - \tilde{\beta} x_{t-1}) = -\tilde{u}_{t-1}$$

$$\frac{\partial \epsilon_t}{\partial \phi_2} = -\tilde{u}_{t-2}, \tag{3.10}$$

dabei sind $\tilde{\alpha}, \tilde{\beta}$ und $\tilde{\phi}_1$ die ML-Schätzwerte. Der modifizierte LM-Test der Hypothese $H_0 : \phi_2 = 0$ ist dann durch eine Regression von $\hat{u}_t$ durch die in (3.10) gegebenen Ableitungen und die Überprüfung von $\partial\epsilon_t/\partial\phi_2$ auf Signifikanz gegeben. Falls $\tilde{\alpha}, \tilde{\beta}$ und $\tilde{\phi}_1$ durch das in Abschnitt 2 beschriebene Gauss-Newton Schema berechnet wurden, sind die ersten drei Ableitungen in (3.10) unmittelbar verfügbar.

Beispiel 2 Betrachten wir das ARMAX-Modell (2.23), wobei die Alternativhypothese lautet, daß der Störterm einem ARMA(1,1)-Prozeß folgt. Die Residualfunktion ist:

$$\epsilon_t = y_t - \alpha y_{t-1} - \beta x_t - \phi(y_{t-1} - \alpha y_{t-2} - \beta x_{t-1}) - \theta \epsilon_{t-1}. \tag{3.11}$$

Unter der Nullhypothese $\phi = 0$, werden die Ableitungen ermittelt als:

$$\frac{\partial \epsilon_t}{\partial \alpha} = -y_{t-1} - \tilde{\theta}\frac{\partial \epsilon_{t-1}}{\partial \alpha}$$

$$\frac{\partial \epsilon_t}{\partial \beta} = -x_t - \tilde{\theta}\frac{\partial \epsilon_{t-1}}{\partial \beta}$$

$$\frac{\partial \epsilon_t}{\partial \theta} = -\epsilon_{t-1} - \tilde{\theta}\frac{\partial \epsilon_{t-1}}{\partial \theta}$$

und

$$\frac{\partial \epsilon_t}{\partial \phi} = -\tilde{u}_{t-1} - \tilde{\theta}\frac{\partial \epsilon_{t-1}}{\partial \phi}, \tag{3.12}$$

mit

$$\epsilon_t = \tilde{u}_t - \tilde{\theta}\epsilon_{t-1}. \tag{3.13}$$

Bei einem Vergleich der ersten drei Ableitungen von (3.12) mit (2.26) bis (2.28) ist festzustellen, daß sie ein automatisches Nebenprodukt der ML-Berechnungen des restringierten Modells sind. Gleichfalls ist (3.13) direkt als die abhängige Variable in der abschließenden Gauss-Newton Iteration gegeben. Folglich ist alles, was für die modifizierte LM-Test benötigt wird, die Addition von $\partial\epsilon_t/\partial\phi$ zu den Regressoren, gefolgt von einem Test auf Signifikanz des damit verbundenen Koeffizienten.

Ein Test der Anpassungsgüte, analog zu dem im vorhergehenden Unterabschnitt beschriebenen, kann durch die Betrachtung eines allgemeineren Modells, in dem die Ordnung *entweder* der AR- *oder* der MA-Komponente um P erhöht wird, ermittelt werden. Ausgenommen den Fall, daß das geschätzte Modell als white-noise Störgrößen besitzend angenommen wird, werden die Teststatistiken verschieden sein.

8.4 Modellauswahl

Die Methodologie, die aufgebaut worden ist, um die Spezifikation von stochastischen Differenzengleichungen zu bestimmen, ist um einiges abweichend von der, die die Transferfunktionen umgibt. Bei der Modellierung von Transferfunktionen wird eine geeignete Spezifikation durch den Kreislauf aus Identifikation, Schätzung und Diagnoseüberprüfung erreicht. Auf der anderen Seite besteht die angemessenste Methode zur Spezifikation einer stochastischen Differenzengleichung darin, mit einer sehr allgemeinen Spezifikation zu starten und dieses Modell 'nach unten' zu testen bis ein spezifischeres Modell ermittelt ist. Jedes Modell, das aber ernstlich in Erwägung gezogen wird, muß verschiedene Diagnoseprozeduren bestehen.

Da sich ökonomische Zeitreihen typischerweise relativ langsam ändern, kann die Aufnahme einer großen Zahl von Lags durch sich daraus ergebende Multikollinearität zu numerischer Instabilität führen. Es ist deshalb oftmals ratsam, (1.3) wie folgt umzustellen:

$$y_t = \alpha y_{t-1} + \sum_{j=1}^{r-1} \alpha_j^{\dagger} \Delta y_{t-j} + \beta x_t + \sum_{j=0}^{s-1} \beta_j^{\dagger} \Delta x_{t-j} + \epsilon_t, \tag{4.1}$$

wobei der Einfachheit wegen eine einzige erklärende Variable x_t unterstellt worden ist mit:

$$\alpha_j^{\dagger} = - \sum_{k=j+1}^{r} \alpha_k, \quad j = 1, 2, ..., r-1$$

$$\alpha = \sum_{k=1}^{r} \alpha_k,$$

$$\beta_j^{\dagger} = - \sum_{k=j+1}^{s} \beta_k, \quad j = 0, 1, 2, ..., s-1$$

$$\beta = \sum_{k=0}^{s} \beta_k.$$

Durch die Verwendung von Differenzen und vom Niveau trennt eine derartige Formulierung im Modell langfristige und kurzfristige Effekte. Der Gesamtmultiplikator ist gegeben durch:

$$D(1) = \beta/(1-\alpha). \tag{4.2}$$

Angemerkt sei, daß in einem stabilen Modell $|\alpha| < 1$ gilt.

Subtraktion von y_{t-1} von beiden Seiten von (4.1) führt zu einer abhängigen Variable gleich Δy_t. Der Koeffizient von y_{t-1} ist dann gleich $\alpha - 1$ und der Gesamtmultiplikator ist gleich β dividiert durch den mit einem Minuszeichen versehenen Koeffizienten α. Eine weitere Modifikation ist, x_{t-1} als Niveauvariable anstelle von x_t in dem Modell zu verwenden. Der Lag dieser Variable korrespondiert zu dem Lag der Niveauvariable der abhängigen Variable und das Modell kann geschrieben werden als:

$$\begin{aligned}\Delta y_t = \quad & (\alpha - 1)y_{t-1} + \sum_{j=1}^{r-1} \alpha_j^{\dagger} \Delta y_{t-j} + \beta_0 \Delta x_t \\ & + \beta_1 x_{t-1} + \sum_{j=0}^{s-1} \beta_j^{\dagger} \Delta x_{t-j} + \epsilon_t.\end{aligned} \tag{4.3}$$

Die Relevanz dieser Formulierung wird im nächsten Abschnitt sichtbar werden, wenn die Idee einer stabilen Lösung entwickelt wird. Für den Moment konzentrieren wir uns auf die Modellauswahl und beobachten, daß, da die Dynamiken sowohl in (4.2) als auch in (4.3) durch die differenzierten Variablen erfaßt werden, sie insbesondere zugänglich sind für eine 'general to specific' Modellauswahlstrategie. Die Lags höherer Ordnung werden oftmals die kleinsten Koeffizienten haben, und es ist angemessen, mit der Überprüfung dieser auf Signifikanz zu beginnen und sich dann nach und nach auf Lags niedrigerer Ordnung zuzubewegen.

Angemerkt sei, daß andere Umstellungsmöglichkeiten für die Gleichungen möglich sind. Zum Beispiel können die Niveauvariablen als y_{t-r} und x_{t-s} auftreten, während die übrigen Größen Differenzen sind.

Der wesentliche Gesichtspunkt der general to simple Methodologie ist die Vernachlässigung eines jeden Versuchs, am Anfang ein geeignetes sparsames Modell zu identifizieren. Anstelle dessen gibt es ein vorsätzliches 'overfitting'. Einer der Gründe dafür stammt primär aus der Tatsache, daß stochastische Differenzengleichungen typischerweise eine Vielzahl erklärender Variablen enthalten. Unter diesen Umständen wird es schwierig, ein geeignetes Modell durch irgendeine der im Abschnitt 5 des vorhergehenden Kapitels beschriebenen Methoden zu identifizieren. Weiterhin kann eine Entscheidung, ob eine Variable als erklärende Größe in einem Modell enthalten sein sollte, tatsächlich nur dann getroffen werden, wenn sie zunächst in dem Modell enthalten ist.

Es gibt einen zweiten Grund, warum das overfitting in stochastischen Differenzengleichungen populärer ist als in Transferfunktionen, und in einem gewissen Sinn ist dieser fundamentaler als der bereits dargestellte. Betrachten wir ein Transferfunktionsmodell mit $r = s = 1$, d.h.:

$$y_t = \frac{(\beta_0 + \beta_1 L)x_t}{(1 - \alpha L)} + \epsilon_t. \tag{4.4}$$

Eine Spezifikation dieser Art kann aufgrund von gemeinsamen Faktoren zu rechentechnischen Problemen führen. Dies geschieht unabhängig von der Form des Störgrößenterms, und so wird er der Einfachheit wegen als white noise angenommen. In der folgenden Darstellung wird es günstig sein, den Zähler des rationalen Lags in (4.4) durch Definition von α und γ so zu reparametrisieren, daß $\beta(1 - \gamma L) = \beta_0 + \beta_1 L$ ist. Die Maximierung der Likelihoodfunktion von (4.4) ist äquivalent zur Minimierung der Quadratsummenfunktion, in der die Residuen rekursiv berechnet werden durch:

$$\epsilon_t = \alpha\epsilon_{t-1} + y_t - \alpha y_{t-1} - \beta x_t + \beta\gamma x_{t-1}, \quad t = 2, \cdots, T, \tag{4.5}$$

mit $\epsilon_1 = 0$. Die Ableitungen von (4.5) bezüglich α und γ lauten:

$$\frac{\partial\epsilon_t}{\partial\alpha} = \epsilon_{t-1} - y_{t-1} - \alpha\frac{\partial\epsilon_{t-1}}{\partial\alpha} \tag{4.6a}$$

und

$$\frac{\partial\epsilon_t}{\partial\gamma} = -\beta x_{t-1} + \alpha\frac{\partial\epsilon_{t-1}}{\partial\gamma}. \tag{4.6b}$$

Es sei nun angenommen, daß es in (4.4) einen gemeinsamen Faktor, d.h. $\gamma = \alpha$ gibt. Die Einführung dieser Restriktion in (4.5) impliziert:

$$\epsilon_t = y_t - \beta x_t. \tag{4.7}$$

Dies ist auch aus (4.4) ersichtlich. Unter Verwendung von (4.7) ist zu sehen, daß, falls $\alpha = \gamma$ ist, $\partial\epsilon_t/\partial\alpha$ und $-\partial\epsilon_t/\partial\gamma$ identisch sein werden. Ein iteratives Gauss-Newton Schema wird deshalb aufgrund von Multikollinearität zusammenberechen. Ferner wird jedes andere iterative Schema wahrscheinlich ebenfalls in Schwierigkeiten geraten, da $\alpha = \gamma$ Singularität der Informationsmatrix impliziert.

Das obige Argument kann dadurch zusammengefaßt werden, daß festgestellt wird, daß, falls die Lag-Struktur einer Transferfunktion überparametrisiert ist, Probleme wahrscheinlich sind, die wegen des Fehlens an Identifizierbarkeit auftauchen. Auf der anderen Seite wird die Existenz eines gemeinsamen Faktors in einer stochastischen Differenzengleichung im allgemeinen nicht implizieren, daß das Modell unteridentifiziert ist. Folglich wird das Starten mit einem sehr allgemeinen Modell nicht zu der Art von Problemen führen, die im vorhergehenden Abschnitt beschrieben wurden. Die Bewegung zu einer spezifischeren Formulierung ist dann durch die Suche nach gemeinsamen Faktoren in der Lag-Struktur gegeben. Ist einmal ein Satz gemeinsamer Faktoren extrahiert, werden weitere Vereinfachungen möglich, wenn sich herausstellt, daß einige der Faktoren eine Wurzel von Null haben.

Der gemeinsame Faktor-Ansatz der dynamischen Spezifikation ist durch Sargan (1964, 1980a) entwickelt und durch Hendry und Mizon (1978) und Mizon und Hendry (1980) angewandt worden. Um jede mögliche Verwechslung mit der multivariaten Technik 'Faktorenanalyse' zu vermeiden, wird die gemeinsame Faktor-Methode oftmals als 'COMFAC-Analyse' bezeichnet. Die vollständige Prozedur wird im Detail im folgenden Unterabschnitt beschrieben, aber es ergibt sich kein Verlust an Kontinuität, wenn man sich direkt dem Unterabschnitt über eine Strategie zur Modellauswahl zuwendet.

COMFAC Analyse *

Der wesentliche Punkt der COMFAC-Analyse betrifft die Integration systematischer und Störterm-Dynamiken. Folglich ist die serielle Korrelation in den Störgrößen als eine

Wiedergabe einer bestimmten, den systematischen Dynamiken der Gleichung auferlegten Struktur anzusehen. Dies wird am besten mittels eines einfachen Beispiels erklärt.

Betrachten wir das Modell:

$$y_t = \alpha y_{t-1} + \beta_0 x_t + \beta_1 x_{t-1} + \epsilon_t, \quad t = 2, \cdots, T, \tag{4.8}$$

mit $|\alpha| < 1$. Es kann geschrieben werden als:

$$(1 - \alpha L) y_t = (\beta_0 + \beta_1 L) x_t + \epsilon_t, \tag{4.9}$$

und ein gemeinsamer Faktor wird vorhanden sein, falls $\beta_0(1 - \alpha L) = \beta_0 + \beta_1 L$ ist. Die Existenz eines solchen gemeinsamen Faktors impliziert, daß die Parameter in (4.8) folgender Restriktion ausgesetzt sind:

$$\alpha\beta_0 + \beta_1 = 0. \tag{4.10}$$

Im Gegensatz zu der Transferfunktion (4.1), die exakt dieselbe systematische Dynamik wie (4.8) hat, tauchen hier, wenn (4.10) gilt, keine rechentechnischen Probleme auf. Die Schätzung kann weiterhin durch das KQ-Verfahren ausgeführt werden, und die einzige Konsequenz aus der Vernachlässigung von (4.10) wird ein Effizienzverlust sein.

Wenn die gemeinsame Faktorrestriktion dem Modell auferlegt wird, kann es umgestellt werden, indem beide Seiten von (4.9) durch $(1 - \alpha L)$ dividiert werden. Es ergibt sich:

$$y_t = \beta_0 x_t + u_t, \tag{4.11}$$

mit $u_t = \epsilon_t/(1 - \alpha L)$. Das ursprünglich dynamische Modell ist dann reduziert zu einem statischen, in dem der Störterm einem stationären $AR(1)$-Prozeß folgt:

$$u_t = \alpha u_{t-1} + \epsilon_t. \tag{4.12}$$

Somit kann, obgleich serielle Korrelation in der statischen Regression als ein 'Ärgernis' betrachtet werden kann, sie, im weiterfassenden Kontext der dynamischen Regression gesehen, eine Vereinfachung darstellen.

Durch einen Start mit (4.8) wird es möglich, zwei Hypothesen zu überprüfen. Dabei ist die eine innerhalb der anderen geschachtelt. Die erste Hypothese betrifft die Gültigkeit der gemeinsamen Faktor-Restriktion (4.10). Wenn diese Restriktion akzeptiert wird, kann die Hypothese einer Wurzel gleich Null, d.h. $\alpha = 0$, überprüft werden. Das Fehlschlagen der Ablehnung dieser zweiten Hypothese führt zu einem statischen Regressionsmodell mit white-noise Störgrößen. Ein Modell mit drei Parametern wird daher reduziert zu einem mit nur einem. Dies ist ein Beispiel für eine *Suche nach Vereinfachungen*, und wie in Abschnitt 5.8 argumentiert wurde, ist ein derartiger Ansatz allgemein einem Ansatz vorzuziehen, in dem der Startpunkt mit einem sehr restriktiven Modell angenommen wird.

Der gemeinsame Faktor-Rahmen kann wie folgt verallgemeinert werden. In der stochastischen Differenzengleichung (1.3) sind die Ordnungen der Polynome $A(L), B_1(L), \cdots, B_{k-1}(L)$ und $B_k(L)$ jeweils $r, s_1, \cdots, s_{k-1}$ und s_k. Diese Polynome können daher höchstens l gemeinsame Wurzeln haben, mit $l = \min(\mathrm{r}, \mathrm{s}_1, \cdots, \mathrm{s}_\mathrm{k})$. Falls $p \leq l$ gemeinsame Wurzlen vorliegen, dann existiert ein Polynom $\phi(L)$ der Ordnung p, das $A(L), B_1(L), \cdots, B_k(L)$ gemeinsam ist. Die Polynome können daher faktorisiert werden als $A(L) = \phi(L)A^*(L)$, $B_1(L) = \phi(L)B_1^*(L), \cdots, B_k(L) = \phi(L)B_k^*$ und das Modell ergibt sich als:

$$A^*(L)y_t = \sum_{i=1}^{k} B_i^*(L)x_{ti} + \phi^{-1}(L)\epsilon_t. \tag{4.13}$$

Im Ergebnis wird die Anzahl der Parameter in dem Modell um kp reduziert, während der Störterm zu einem $AR(p)$-Prozeß wird.

Die in Sargans COMFAC Algorithmus implementierte Testprozedur basiert auf einer Sequenz von Wald-Tests. Der Grund hierfür ist, daß die Schätzung des nichtrestringierten Modells relativ einfach ist. Falls $\epsilon_t \sim NID(0, \sigma^2)$ ist, dann sind die ML-Schätzwerte durch die KQ-Methode gegeben, und diese Schätzwerte stellen die Basis für eine Reihe von gemeinsamen Faktoren-Tests dar. Unglücklicherweise ist die Form der Wald-Statistiken im allgemeinen recht kompliziert und eine vollständige Diskussion ist jenseits des Anliegens dieses Buches. In dem Fall des in (4.8) eingeführten einfachen Modells ist die Ableitung eines gemeinsamen Faktor-Tests einfach, und stellt eine hilfreiche Illustration der Technik dar, die dem gesamten Ansatz zugrunde liegt.

Ein gemeinsamer Faktor ist in (4.8) vorhanden, wenn die Restriktion (4.10) gilt. In der Notation des Abschnittes 5.4 kann sie geschrieben werden als:

$$r(\psi) = \alpha\beta_0 + \beta_1 = 0, \tag{4.14}$$

mit $\psi = (\alpha, \beta_0, \beta_1)'$. Die Ableitungen von $r(\psi)$ bezüglich α, β_0 und β_1 sind $\partial r(\psi)/\partial\alpha = \beta_0$, $\partial r(\psi)/\partial\beta_0 = \alpha$ und $\partial r(\psi)/\partial\beta_1 = 1$. Der komplette Vektor der Ableitungen kann daher geschrieben werden als:

$$\partial r(\psi)/\partial(\psi) = (\beta_0, \alpha, 1)'. \tag{4.15}$$

Die Gleichungen (4.14) und (4.15) können unter Verwendung der KQ-Schätzwerte aus (4.5) ermittelt und dann dazu verwendet werden, die Wald-Statistik (5.4.8) zu konstruieren. Die Matrix $I^*(\tilde{\psi})$ kann dann gleich $s^2(\sum z_t z_t')^{-1}$, mit $z_t = (y_{t-1}, x_t, x_{t-1})'$, gesetzt werden. Unter $H_0 : r(\psi) = 0$ besitzt W in großen Stichproben eine χ_1^2-Verteilung. Wenn aber kein gemeinsamer Faktor vorhanden ist, tendiert W dazu, groß zu werden.

Beispiel 1 Godfrey (1973) wandte die obige Testprozedur unter Verwendung der in Durbin und Watson (1951) veröffentlichten Daten an. Das von Durbin und Watson betrachtete Modell lautete:

$$y_t = \delta + \beta_1 x_{1t} + \beta_2 x_{2t} + u_t, \tag{4.16}$$

y ist der Logarithmus des Pro-Kopf Konsums an alkoholischen Getränken, x_1 ist der Logarithmus des realen Pro-Kopf-Einkommens und x_2 ist ein relativer Preisindex. Die Daten beziehen sich auf Großbritannien für die Periode 1870-1938, und wenn (4.16) durch die KQ-Methode geschätzt wurde, betrug der Wert der DW-Statistik 0,249. Dies ist offensichtlich hochsignifikant, und es könnte angenommen werden, daß die angemessene Weise, um voranzuschreiten, die Schätzung des Modells mit einem AR(1)-Störterm sei. Eine allgemeinere dynamische Spezifikation ist ein Modell der Form (4.8). Die Schätzung eines solchen Modells durch die Methode der Kleinsten-Quadrate in mittelwertbereinigter Form ergab:

$$\hat{y}_t = 0,947 y_{t-1} + 0,717 x_{1t} - 0,744 x_{1,t-1} - 0,898 x_{2t} + 0,824 x_{2,t-1}. \tag{4.17}$$

Die Frage ist nun, ob die durch die Schätzung von (4.16) mit einem AR(1)-Störterm implizierten Restriktionen mit den Schätzwerten des nichtrestringierten Modells, wiedergegeben in (4.17), konsistent sind.

Da das Modell zwei erklärende Variablen enthält, gibt es zwei Restriktonen der Form (4.14). Diese werden berechnet als:

$$r_1(\tilde{\psi}) = (0,717)(0,947) - 0,744 = -0,065$$

$$r_2(\tilde{\psi}) = (-0,898)(0,947) + 0,824 = -0,026.$$

Differentiation von $R(\psi) = \{r_1(\psi), r_2(\psi)\}'$ bezüglich der Parameter in ψ, in der Reihenfolge, in der sie in (4.17) erscheinen, führt zu:

$$\frac{\partial R(\psi)}{\partial \psi} = \begin{bmatrix} 0,717 & 0,947 & 1,0 & 0 & 0 \\ -0,898 & 0 & 0 & 0,947 & 1,0 \end{bmatrix}.$$

Diese Matrix zusammen mit der geschätzten Kovarianz-Matrix in (4.17) ergab:

$$W = \quad (-0,065, -0,026) \begin{bmatrix} 0,302 \times 10^{-2} & -0,158 \times 10^{-4} \\ -0,158 \times 10^{-4} & 0,536 \times 10^{-3} \end{bmatrix}$$

$$\times \begin{pmatrix} -0,065 \\ -0,026 \end{pmatrix} = 2,702$$

Unter der Nullhypothese, daß die Restriktionen gültig sind, ist in großen Stichproben $W \sim \chi^2_2$. Da der kritische Wert für eine χ^2_2-Veränderliche auf dem 10% Niveau 4,61 ist, unterstützt der Test die Vorstellung, daß die Schätzung des statischen Regressionsmodells (4.16) mit einem AR(1)-Störterm die angemessene Vorgehensweise ist.

Der letzte, noch anzumerkende Aspekt der COMFAC-Prozedur betrifft die Art und Weise, in der eine Reihe von gemeinsamen Faktorüberprüfungen ausgeführt werden. Hat man sich für die allgemeinste dynamische Spezifikation entschieden, wird eine Sequenz von geschachtelten Hypothesen geplant. Die gesamte Testprozedur wird dann in der im Abschnitt 5.8 beschriebenen Weise ausgeführt. Der erste Test ist ein Test auf einen gemeinsamen Faktor. Wenn dieser nicht abgelehnt wird, wird ein Test auf zwei gemeinsame Faktoren ausgeführt usw. Die Prozedur wird abgebrochen, wenn eine Hypothese verworfen wird.

Beispiel 2 Die Studie von Mizon und Hendry (1980) befaßt sich mit der Spezifikation eines Modells für Kanada, in dem die Ausgaben für dauerhafte Konsumgüter (y) in Bezug auf das reale Einkommen x_1 und einen relativen Preis x_2 betrachtet werden. Die Beobachtungen liegen quartalsweise vor, und so ist eine geeignete Spezifikation für ein allgemeines Modell dadurch gegeben, daß für alle Variablen Lags von vier Perioden angenommen werden, d.h.:

$$\log y_t = \delta_0 + \sum_{j=1}^{3} \delta_j Q_{jt} + \sum_{j=1}^{4} \alpha_j \log y_{t-j} + \sum_{j=1}^{4} \beta_{1j} \log x_{1,t-j} + \sum_{j=1}^{4} \beta_{2j} \log x_{2,t-j} + \epsilon_t. \quad (4.18)$$

Das Modell enthält ebenfalls eine Konstante und drei Saisondummies.

Die Resultate des COMFAC sind in Tabelle 8.1 dargestellt. Es sind die Inkrementalwerte der Wald-Statistiken, die in dieser Testprozedur benutzt werden, da diese unabhängig voneinander sind. Somit basiert z.B. ein Test auf zwei gemeinsame Faktoren auf:

$$W_2^* = W_2 - W_1,$$

d.h.

$$W_2^* = 1,24 - 0,47 = 0,77.$$

Wenn jeder dieser Tests auf einem 1% Signifikanzniveau ausgeführt wird, beträgt die gesamte Wahrscheinlichkeit eines Fehlers 1. Ordnung $1 - (0,99)^4 = 0,0394$. Da $Pr(\chi_2^2 > 9,21) = 0,01$ ist, wird aus der Tabelle klar, daß die Hypothese von drei gemeinsamen Faktoren nicht abgelehnt werden kann, während sie für vier zu verwerfen ist. Die obigen Resultate deuten an, daß eine geeignete Vereinfachung von (4.18) darin bestehen könnte c, y und p mit einem Lag von einer Periode aufzunehmen und es dem Störterm zu erlauben, einem AR(3)-Prozeß zu folgen. Dies ist aber nicht das Modell, welches Mizon und Hendry schließlich wählten. Bei der Überprüfung der Schätzwerte in dem nichtrestringierten Modell (4.18) wurde festgestellt, daß die Koeffizienten für y_{t-2} und x_{t-2} weitaus größer waren als die korrespondierenden für $t-1$. Weiterhin führte das restringierte Modell zu einem Wert für s, der auffallend größer ist als der in dem nichtrestringierten Modell, und ein Likelihood-Verhältnis-Test zeigte eine Ablehnung der gemeinsamen Faktor-Restriktionen, die COMFAC nahegelegt hatte, als datenzulässig an. Diese Ergebnisse zeigen sehr deutlich, daß die Resultate einer COMFAC-Analyse nicht unkritisch akzeptiert werden sollten, wenn sie eine bestimmte Spezifikation nahelegen. Es besteht aber kein Zweifel, daß COMFAC eine wertvolle Rolle bei der *Ablehnung* von Modellen, die dem Modell ungültige gemeinsame Faktorrestriktionen auferlegen, zu übernehmen hat.

Tabelle 8.1 COMFAC Analyse für Modell (4.18)

	Direkte Tests		Inkrementale Tests	
Anzahl gemeinsamer *Faktoren*(i)	Freiheitsgrade	Wert der Teststatistik (W_i)	Freiheitsgrade	Wert der Teststatistik (W_i^*)
1	2	0,47	2	0,47
2	4	1,24	2	0,77
3	6	6,09	2	4,85
4	8	32,01	2	25.92

Quelle: Hendry und Mizon 1980

Eine Strategie zur Modellauswahl

Jede Spezifikation, die ernstlich in Erwägung gezogen wird, muß Diagnoseüberprüfungen unterworfen werden. Der in Abschnitt 3 entwickelte modifizierte LM-Test ist besonders für diesen Zweck geeignet. Obwohl ein Test basierend auf $Q^{\dagger}(m, T^{\dagger})$ formal ein Test auf einen AR(m)- oder einen MA(m)-Störterm ist, sollte eine Ablehnung der Nullhypothese nicht als ein Beweis *für* solch eine Spezifikation interpretiert werden. Es wurde in vorhergehenden Kapiteln nachdrücklich betont, daß serielle Korrelation in den Residuen nicht notwendigerweise symptomatisch für serielle Korrelation in den Störgrößen sein wird. Ein fundamentaleres Problem, wie z.B. eine ausgelassene Variable, kann das zentrale Problem sein. Dies gilt auch weiterhin im Fall einer dynamischen Regression, wenn die Angelegenheit nun auch durch die Überlegung, daß die Korrelation in den Residuen ebenfalls ein Ausdruck für eine unangemessene Spezifikation der systematischen Dynamiken sein kann, komplizierter wird. Als Beispiel sei angenommen, das wahre Modell ist (4.8). Die Residuen, die aus einer Regression von y_t durch x_t hervorgehen, tendieren dazu, seriell korreliert zu sein, aber bis auf den Fall, daß (4.10) gültig ist, wird die Erweiterung des Modells um einen AR(1)-Störgrößenterm eine nicht angemessene Vorgehensweise sein.

Wenn der Störterm einer stochastischen Differenzengleichung durch einen ARMA(p,q)-Prozeß modelliert wird, stellt der LM-Test gegen einen ARMA(p+m,q)-Prozeß eine geeignete Basis für die Diagnoseüberprüfung bereit. Natürlich sind alle im vorhergehenden Absatz gemachten Aussagen weiterhin relevant.

Die residuale Quadratsumme oder alternativ s^2 stellt ein nützliches Maß der *Anpassungsgüte* dar. Es ist nützlich, aus (4.3) daran zu erinnern, daß jede stochastische Differenzengleichung, in der die abhängige Variable in Niveaugrößen angegeben ist, so umgestellt werden kann, daß die abhängige Variable in 1. Differenzen erscheint. Die Reformulierung des Modells auf diese Weise führt zu keinen Differenzen in s^2. Der multiple Korrelationskoeffizient gibt nun aber den Anteil der Varianz der 1.Differenzen wieder, der durch das Modell erklärt wurde, und solch eine Maßgröße ist wohl angemessener für Zeitreihenregressionen. Diese Statistik kann selbst dann berechnet werden, wenn die abhängige Variable eine Niveaugröße ist. Sie ist gegeben durch:

$$R_D^2 = 1 - SSE / \sum_{t=2}^{T} (\Delta y_t - \overline{\Delta y})^2, \tag{4.19}$$

wobei $\overline{\Delta y}$ der Mittelwert der 1. Differenzen ist. Wenn ein Modell gewählt worden ist, sollte es mit Poststichprobenbeobachtungen überprüft werden. Dies kann unter Anwendung der in (5.7.4) definierten $\xi(l)$-Statistik durchgeführt werden. In einem autoregressiv verteilten Lag-Modell ist der KQ-Ansatz aber die angemessene Schätztechnik, und es scheint deshalb berechtigt, einige der in Abschnitt 5.7 für ein klassisches Regressionsmodell vorgeschlagenen Prozeduren zu übernehmen. Insbesondere kann $\xi(l)$ durch die Chow-Statistik $\xi^*(l)$ ersetzt werden. Ein auf der F-Verteilung basierender Test wird nur asymptotische Gültigkeit besitzen, da die Prognosefehler in $\xi^*(l)$ aber 'standardisiert' sind - siehe (5.7.7) - sollte das Signifikanzniveau des Tests angemessen nahe an dem nominalen Signifikanzniveau sein.

Werden die obigen Punkte bedacht, beinhaltet eine allgemeine Strategie für die dynamische Modellauswahl die folgenden Schritte:

(i) Schätze ein Modell, in dem die Dynamiken von einer relativ hohen Ordnung sind.

Untersuche die Koeffizienten, um einige Hinweise zu erhalten, welche Lags wahrscheinlich wichtig sein werden und notiere den Wert von s^2. Dieser Wert stellt eine Meßlatte dar, gegen die die Anpassungsgüte restriktiverer Modelle beurteilt werden kann.

(ii) Formuliere unter Berücksichtigung der ökonomischen Theorie ein restriktiveres Modell als das zunächst geschätzte, um eine geeignete Spezifikation der Dynamiken zu erlangen. (Die Rolle, die die ökonomische Theorie in diesem Zusammenhang spielt, wird im nächsten Abschnitt diskutiert.) Das so spezifizierte Modell sollte aber konsistent mit dem vorher geschätzten allgemeinen Modell sein. Folglich sollte ein 'großer' Koeffizient des allgemeinen Modells nicht willkürlich gleich Null gesetzt werden.

In Abwesenheit von vorher formulierten ökonomischen Theorien kann eine COMFAC-Analyse benutzt werden, um ein sparsameres Modell zu entwickeln.

(iii) Überprüfe das geschätzte restriktive Modell auf Konsistenz mit dem allgemeinen Modell. Große Abweichungen zwischen geschätzten Parametern und/oder eine substanzielle Zunahme in s^2 implizieren, daß Veränderungen in der Spezifikation angemessen sein können.

Zur selben Zeit können auf LM-Tests basierende Diagnoseüberprüfungen ausgeführt werden. Diese Prozeduren können durch die in Abschnitt 5.2 beschriebenen weniger formalen graphischen Prozeduren unterstützt werden.

(iv) Eine ausgewählte Spezifikation kann als akzeptabel betrachtet werden, wenn sie (a) die durch die ökonomische Theorie auferlegten Restriktionen erfüllt; (b) konsistent mit dem allgemeinsten geschätzten Modell ist; (c) die Diagnoseprüfung besteht; (d) im Vergleich mit anderen Modellen bezüglich der Anpassungsgüte vorteilhaft ist und (e) die in Abschnitt 5.7 beschriebenen Poststichprobenprognosetests erfüllt.

8.5 Fehlerkorrekturmodelle und Kointegration

Die obige Strategie ist nicht ohne Probleme. Insbesondere kann sie sehr hinderlich werden, wenn die Möglichkeit einer großen Anzahl an erklärenden Variablen, verbunden mit Lags hoher Ordnung, in Erwägung zu ziehen ist. Im nächsten Abschnitt wird gezeigt, wie die Vorstellung eines Gleichgewichts in ein dynamisches Modell eingefügt werden kann. Dies fördert die Interpretation der Eigenschaften des Modells und stellt einen Rahmen bereit, innerhalb dessen Restriktionen aus der ökonomischen Theorie eingeführt werden können. Das Konzept der Kointegration wird anschließend dargestellt, und es wird gezeigt, daß es wichtige statistische Implikationen für ein dynamisches Modell aufweist. Insbesondere stellt sich heraus, daß es Umstände geben kann, in denen die KQ-Schätzwerte verschiedener Parameter in Gleichungen der Form (4.3) nicht asymptotisch normalverteilt sind. Diese Komplikationen bieten aber potentiell einige Zuversicht, indem sie die Möglichkeit einer zweistufigen Modellerstellungsstrategie nahelegen, mit der ersten Stufe, in der die langfristige Beziehung zwischen den Variablen beleuchtet wird, und der zweiten Stufe, die sich auf die kurzfristigen Dynamiken konzentriert.

Das steady state und die Fehlerkorrektur

Die Gleichgewichtslösung von (4.1) ist der Pfad der Mittelwerte von y_t, wenn x_t konstant ist. Dieser ist einfach:

$$\bar{y}_t = D(1)\bar{x}, \tag{5.1}$$

wie in (7.2.2). Als Konzept ist das statische Gleichgewicht, das in der obigen Gleichung enthalten ist, von begrenztem Nutzen, da die meisten ökonomischen Variablen in der Zeit wachsen. Von viel größerer Wichtigkeit ist die Idee einer *gleichgewichtigen* Beziehung zwischen Variablen, die sich in der Zeit entwickeln.

Angenommen x_t ist stationär in den 1.Differenzen. Mit anderen Worten, die Reihe ist integriert vom Grad 1, d.h. $x_t \sim I(1)$, und kann dargestellt werden als:

$$\Delta x = g_x + \eta_t. \tag{5.2}$$

Dabei ist η_t ein stationärer Prozeß mit einem Mittelwert von Null. Ist x_t in logarithmierter Form gegeben, was üblicherweise der Fall sein wird, dann entspricht g_x der durchschnittlichen Wachstumsrate. Es sei weiterhin angenommen, daß $y_t \sim I(1)$ ist, aber einen Mittelwert von g_y besitzt. Modelle der Form (5.2) sind für viele makroökonomische Zeitreihen geeignet, da sie in der Lage sind, das oftmals beobachtete evolutionäre Verhalten zu reproduzieren. Nun sei angenommen, daß es eine Beziehung zwischen x_t und y_t gibt, so daß, obgleich beide nichtstationär sind, sie dazu tendieren, langfristig zusammenzubleiben. Näher spezifiziert folgen sie einer Gleichung der Form:

$$y_t = v_0 + vx_t + u_t, \tag{5.3}$$

dabei sind v_0 und v Parameter und u_t ist ein stationärer Störterm mit Mittelwert Null. Liegen y_t und x_t in logarithmierter Form vor, kann v wiederum als *langfristige Elastizität* von y bezogen auf x interpretiert werden. Werden weiterhin die 1.Differenzen in (5.3) gebildet, denen eine Erwartungswertbildung folgt, ist zu sehen, daß die folgende Beziehung zwischen den Wachstumsraten der beiden Reihen gilt:

$$g_y = vg_x. \tag{5.4}$$

Werden schließlich Großbuchstaben benutzt, um den Antilogarithmus zu kennzeichnen, kann die zugrunde liegende langfristige Beziehung in (5.3) betrachtet werden als:

$$Y = KX^v, \quad \text{mit } K = exp(v_0). \tag{5.5}$$

Kehren wir nun zu dem allgemeinen dynamischen Modell zurück, dargestellt in Gleichung (4.3), das nun aber einen konstanten Term δ enthält. Die Beiträge aus den zwei Niveau-Variablen können zusammen geschrieben werden als:

$$(\alpha - 1)y_{t-1} + \beta x_{t-1} = (\alpha - 1)\{y_{t-1} - D(1)x_{t-1}\},$$

und führen zu:

$$\begin{aligned}\Delta y_t = \; & \delta + \sum_{j=1}^{r-1}\alpha_j^\dagger \Delta y_{t-j} + \beta_0 \Delta x_t + \sum_{j=1}^{s-1}\beta_j^\dagger \Delta x_{t-j} \\ & +(\alpha - 1)\{y_{t-1} - D(1)x_{t-1}\} + \epsilon_t.\end{aligned} \tag{5.6}$$

Die Variablen in Differenzenform sind stationär, und aus (5.2) ist zu sehen, daß der Mittelwert von Δx g_x ist, während aus (5.4) folgt, daß der Mittelwert von Δy vg_x ist. Folglich ist, falls Gleichung (5.6) so umgestellt wird, daß y_t auf der rechten Seite erscheint, nachdem $t-1$ zu t redefiniert worden ist, zu sehen, daß sie konsistent mit der langfristigen Gleichung (5.3) ist, mit:

$$v = D(1) \tag{5.7a}$$

und

$$v_0 = \left\{\delta + \left(v \sum_{j=1}^{r-1} \alpha_j^\dagger - v + \beta_0 + \sum_{j=1}^{s-1} \beta_j^\dagger\right) g_x\right\} / (1-\alpha) \tag{5.7b}$$

Im Fall, wenn $r = s = 1$ ist, gilt:

$$v_0 = \{\delta + (\beta_0 - v)g_x\} / (1 - \alpha). \tag{5.8}$$

Beispiel 1 In dem in Abschnitt 4 erwähnten Modell für dauerhafte Konsumgüter für Kanada schätzten Mizon und Hendry (1980) im ersten Schritt in ihrer Modellauswahlprozedur das allgemeine Modell (4.15). Im gleichgewichtigen Wachstum ist die langfristige Lösung des Modells analog der Form:

$$y = K_j x_1^{v(1)} x_2^{v(2)}, \quad j = 0, 1, 2, 3, \tag{5.9}$$

mit

$$v(i) = \frac{\beta_{i0} + \beta_{i1} + \beta_{i2} + \beta_{i3} + \beta_{i4}}{1 - \alpha_1 - \alpha_2 - \alpha_3 - \alpha_4}, \quad i = 1, 2,$$

und $\log K_j$ nimmt in jedem Quartal in Abhängigkeit von dem geschätzten Koeffizienten der korrespondierenden Saison-Dummy verschiedene Werte an. Mit anderen Worten enthält die zu (5.3) korrespondierende Gleichgewichtsgleichung zusätzlich zum konstanten Term drei saisonale Dummy-Variable. Aus den Resultaten in Tabelle II ihrer Veröffentlichung folgt:

$$v(1) = \frac{0,93}{0,71} = 1,3 \qquad \text{und} \qquad v(2) = \frac{-0,39}{0,71} = -0,55.$$

Somit ist die langfristige Einkommenselastizität der Nachfrage nach dauerhaften Konsumgütern 1,3, und die Preiselastizität der Nachfrage ist -0,55. Diese Werte sind auf der Basis des bekannten Wissens angemessen: der Anteil der dauerhaften Konsumgüter an den gesamten Ausgaben tendiert dazu zuzunehmen, wenn das Einkommen steigt, während eine negative Preiselastizität konsistent mit einer abnehmend verlaufenden Nachfragekurve ist.

Die langfristige Beziehung im Modell wird durch den Term in geschweiften Klammern in (5.6) erfaßt und umfaßt die Niveau-Variablen y_{t-1} und x_{t-1}. Wäre dieser Niveau-Term ausgelassen, würden alle Variablen in den ersten Differenzen auftreten und nur die kurzfristigen Effekte würden erfaßt werden. Ein so formuliertes Modell könnte eine geeignete Approximation zu (5.6) sein, insbesondere, wenn α nahe an Eins ist. Wenn aber α kleiner Eins ist, wird ein Modell in den ersten Differenzen sowohl vom Standpunkt der Schätzung als auch der Vorhersagen inadäquat sein. Der Niveauterm in (5.6) spielt eine entscheidende Rolle beim Arbeiten mit dem Modell. Angenommen, y beginnt stärker zu steigen als mit der Gleichgewichtslösung konsistent ist, beispielsweise aufgrund einer Reihe von großen positiven Störgrößen. Das Ergebnis ist, daß der Term in geschweiften Klammern positiv wird, da y_{t-1} sich über den gleichgewichtigen Wachstumspfad hinaus bewegt hat. Da aber $\alpha - 1$ negativ ist, besteht der Gesamteffekt darin, den kurzfristigen Wachstumsterm in y nach unten zu korrigieren, wodurch y_t zurück zu seinem langfristigen Wachstumspfad gezwungen wird. Aus diesem Grund wird der Niveauterm in (5.6) als ein Fehlerkorrekturmechanismus bezeichnet, und das Modell als Ganzes wird als *Fehler-Korrektur-Modell* oder ECM bezeichnet.

Ökonomische Theorie und langfristige Restriktionen

In Beispiel 1 war das vorher bekannte ökonomische Wissen insoweit hilfreich, als daß es einen vernünftigen Bereich für die Werte der langfristigen Parameter nahelegte. Manchmal kann die ökonomische Theorie aber auch präzisere Beschränkungen für diese Parameter andeuten. Um die Darstellung zu vereinfachen, sei angenommen, daß $r = s = 1$ ist, und das Modell ist gleich

$$y_t = \delta + \alpha y_{t-1} + \beta_0 x_t + \beta_1 x_{t-1} + \epsilon_t, \qquad |\alpha| < 1. \tag{5.10}$$

Eine zu (5.6) korrespondierende Umstellung ergibt dann:

$$\Delta y = \delta + \beta_0 \Delta x_t + (\alpha - 1)\{y_{t-1} - v x_{t-1}\} + \epsilon_t, \tag{5.11}$$

dabei ist v die langfristige Elastizität:

$$v = (\beta_0 + \beta_1)/(1 - \alpha). \tag{5.12}$$

In einigen Situationen kann es vernünftig sein, einen bestimmten Wert für v, z.B. v^*, auf der Basis der ökonomischen Theorie zu spezifizieren. Die Fehlerkorrekturgröße

$$z^*_{t-1} = y_{t-1} - v^* x_{t-1} \tag{5.13}$$

erscheint dann als beobachtbare erklärende Variable in (5.11), und die Schätzung kann mit dem KQ-Verfahren ausgeführt werden. Weiterhin werden, da alle Variablen in der Regression stationär sind, die Schätzwerte asymptotisch normalverteilt sein, und die üblichen Standardfehler sind asymptotisch gültig. Unglücklicherweise ist die Überprüfung der Gültigkeit der Restriktion im Fehlerkorrekturterm weniger einfach. Der offensichtlichste Ansatz ist, x_{t-1} als einen zusätzlichen Regressor aufzunehmen. Dies ist äquivalent zur Schätzung des ursprünglichen nichtrestringierten Modells, aber der Vorteil ist, daß der Koeffizient von x_{t-1} gleich $\alpha + \beta_0 + \beta_1 - v$ ist, der gleich Null ist, falls $v = v^*$ gilt. Die Komplikation taucht auf, da, wie im nächsten Unterabschnitt gezeigt wird, die t-Statistik für den Koeffizienten von x_{t-1} keine asymptotische Standardnormalverteilung besitzt.

Die gebräuchlichste a priori Restriktion ist, v gleich Eins zu setzen. Der Fehler-Korrekturterm ist dann einfach $z_t = y_t - x_t$. Modelle dieser Art sind für eine Reihe von Anwendungen einschließlich Lohn-Preismodelle (Sargan, 1964), Geldnachfragemodelle (Hendry, 1980) und der Konsumfunktion (Davidson *et al.*, 1978) als geeignet ermittelt worden. Das Fehlerkorrekturmodell der Konsumfunktion ist insbesondere interessant, da es eine Aussöhnung von kurzfristigem und langfristigem Verhalten bereitstellt. Die für die meisten Länder verfügbaren Aussagen zeigen, daß über einen langen Zeitraum die Beziehung zwischen Konsum y und verfügbarem Einkommen x von folgender Form ist:

$$y = Kx. \tag{5.14}$$

Folglich ist die langfristige Einkommenselastizität bezogen auf den Konsum gleich Eins, und der Anteil des konsumierten Einkommens (die 'durchschnittliche Konsumneigung') bleibt konstant bei einem Wert von K. Eine Kernaussage der Keynesschen Konsumfunktion ist aber, daß die marginale Konsumneigung (die durch einen Anstieg des Einkommens um eine Einheit induzierte Zunahme des Konsums) kleiner sein sollte als die durchschnittliche Konsumneigung, während sie in (5.14) identisch sind. Das Fehler-Korrektur-Modell nimmt diesen offensichtlichen Widerspruch auf, indem es eine gleichgewichtige Lösung der Form (5.14) mit einer marginalen Konsumneigung (MPC) verbindet, die in der kurzen Frist beträchtlich kleiner ist als K.

Beispiel 2 In ihrer Studie über die britische Konsumfunktion schätzten Davidson *et al.* (1978) das Modell:

$$\begin{aligned}\Delta_4 y_t = \quad & \underset{(0,04)}{0,49\Delta_4 x_t} \quad \underset{(0,05)}{-0,17\Delta_1\Delta_4 x_t} \\ & \underset{(0,01)}{-0,06(y_{t-4} - x_{t-4})} \quad \underset{(0,004)}{+0,01\Delta_4 D_t^0}\end{aligned} \tag{5.15}$$

$$R^2 = 0,71, \qquad s = 0,0067, \qquad DW = 1,6, \qquad \zeta(20) = 80,7$$

Die Beobachtungen des Konsums und des Einkommens liegen quartalsweise vor, sind nicht saisonbereinigt und in Millionen £ in Preisen von 1970. Die Dummy-Variable D_t^0 berücksichtigt den Effekt des Staatsbudgets 1968 und die Einführung der Mehrwertsteuer im Jahr 1973.

Eine Anzahl von Merkmalen unterscheidet dieses Modell von (5.11). Zunächst sind die ersten Differenzen durch vierte Differenzen ersetzt (genauer: erste Differenzen mit einem Lag von 4, d.Ü.) und die Variablen in dem Fehler-Korrekturterm erscheinen mit einem Lag von 4 Perioden und nicht mit einem einperiodigen Lag. Dies ist aber einfach eine Reflexion der Tatsache, daß die Beobachtungen quartalsweise vorliegen. Die jährlichen Wachstumsraten werden nun gemessen durch die vierten Differenzen der Logarithmen, und die Theorie geht exakt wie vorher vor. Insbesondere kommt der Fehlerkorrekturterm $(y_{t-4} - x_{t-4})$ hinein, um die kurzfristige Konsumentscheidung zu verändern, wenn sich der Anteil des konsumierten Einkommens vom Gleichgewichtswert K, impliziert durch (5.14), fortbewegt.

Ein zweites Charakteristikum von (5.15) ist die Einführung des Regressors $\Delta_1\Delta_4 x_t$. Ignoriert man die Dummy-Variable, impliziert das Modell, daß die Konsumenten planen, genausoviel auszugeben wie im korrespondierenden Quartal des vergangenen Jahres, modifiziert um einen Anteil ihrer jährlichen Änderung im Einkommen $(+0,49\Delta_4 x_t)$ und ob die Änderung selbst positiv oder negativ ist $(-0,17\Delta_1\Delta_4 x_t)$. Diese Faktoren bestimmen die kurzfristige

Konsumentscheidung. Stellt man sie in Niveaugrößen dar, ist impliziert, daß y_t teilweise von der Linearkombination:

$$(0,49 - 0,17)x_t - 0,17(-x_{t-1}) = 0,32x_t + 0,17x_{t-1}.$$

abhängt. Der unmittelbare Effekt einer Änderung in x um eine Einheit (die Anstoßelastizität) ist 0,32. Er steigt auf 0,49 nach einem Quartal und bleibt dann für die nächsten beiden Quartale konstant. Kurzfristig ist deshalb die marginale Konsumneigung etwa 0,5. Diese unterscheidet sich von einer langfristigen MPC von 0,8 bis 0,9, ermittelt aus einer direkten Untersuchung der Daten.

Das dritte Charakteristikum von (5.15), wodurch es sich von (5.11) unterscheidet, ist die Abwesenheit eines konstanten Terms. Dieser war ausdrücklich aus dem Modell ausgeschlossen, da der Verbleib im Modell aufgrund von Multikollinearität zu relativ unpräzisen Schätzwerten geführt hätte; dies ergibt sich, da der Fehlerkorrekturterm, wenn alle Beobachtungen nahe am gleichgewichtigen Wachstumspfad liegen, eine sehr geringe Variation aufweist. In einer späteren Veröffentlichung ermittelten Hendry und von Ungern-Sternberg (1980), daß die Größe $(y_{t-4} - x_{t-4})$ ihre Signifikanz behielt, falls Saisondummies dem Modell hinzugefügt wurden.

Der letzte zu (5.15) anzumerkende Punkt ist, daß die Postprognoseteststatistik $\xi(20)$ auf dem 1%-Niveau sigifikant ist. Dies legt nahe, daß einige Änderungen in der Spezifikation notwendig sind, und in einem späteren Teil ihrer Studie erweitern Davidson *et al.* ihr Modell derart, daß es inflationäre Effekte berücksichtigt. Die grundsätzliche dynamische Struktur von (5.15) bleibt aber unverändert. Hendry und von Ungern-Sternberg (1980) bringen die Entwicklung einen Schritt voran, indem sie Änderungen bei den liquiden Mitteln berücksichtigen.

Kointegration

Zwei Zeitreihen y_t und x_t werden als *kointegriert* der Ordnung d, b bezeichnet, dargestellt durch $CI(d, b)$, falls (i) beide $I(d)$ sind; und (ii) es eine Linearkombination gibt, die $I(d-b)$ ist, mit $b > 0$. Diese Definition erstreckt sich auf mehrere Reihen; siehe Engle und Granger (1987).

Die Idee der Kointegration kann am einfachsten durch Betrachtung des Falls $d = b = 1$ erklärt werden. Beide Reihen sind nichtstationär, und es ist allgemein gültig, daß eine willkürliche Linearkombination $y_t - ax_t$, wobei a eine Konstante ist, ebenfalls nichtstationär sein wird. Da die Reihen aber kointegriert sind, muß es einem Wert für a geben, so daß $y_t - ax_t$ $I(0)$ und nicht $I(1)$ ist. Mit anderen Worten, die langfristigen Bewegungen fallen heraus. Folglich existiert eine Art von Gleichgewichtsbeziehung zwischen den Variablen. In dem Fall $a = 1$ ist die Gleichgewichtsbeziehung derart, daß y_t und x_t sich nicht zu weit voneinander wegbewegen können.

Eine gleichgewichtige Beziehung zwischen zwei $I(1,1)$ Variablen wurde in Gleichung (5.3) postuliert. Folglich sind die Reihen y_t und x_t $CI(1,1)$, und aus (5.3) ist zu sehen, daß das Festlegen der Konstante a gleich v zu einer stationären linearen Kombination z_t führt, d.h.:

$$z_t = y_t - vx_t = v_0 + u_t. \tag{5.16}$$

Die Implikationen der Kointegration können innerhalb des Kontexts eines multivariaten Modells, in dem sowohl y_t als auch x_t als endogen angenommen werden, oder in dem Zusammenhang einer ECM Einzelgleichung der Form (5.6), untersucht werden. Verschiedene Möglichkeiten, wie Kointegrationsrestriktionen in multivariate Modelle eingefügt werden können, werden in Engle und Granger (1987) und Harvey (1989) diskutiert. Die dann auftauchenden Probleme sind aber außerhalb des Anliegens dieses Buches, und die Aufmerksamkeit wird hier auf ECM Einzelgleichungen gelegt, wobei die Kointegration von y_t und x_t wichtige Implikationen sowohl für die Schätzung als auch die Spezifikation hat.

Die Gleichgewichtsbeziehung zwischen y_t und x_t ist in dem Fehler-Korrektur-Modell (5.6) durch (5.3) gegeben. Auf den ersten Blick mag es unangebracht erscheinen, den KQ-Ansatz auf diese Gleichung anzuwenden, da der Störterm von den Differenzen der erklärenden Variable x_t abhängt. Die Tatsache aber, daß x_t $I(1)$ ist, während der Störterm stationär ist, bedeutet nicht nur, daß der KQ-Schätzwert für die langfristige Elastizität v konsistent ist, sondern auch, daß er schneller als üblich gegen seine Grenzverteilung konvergiert; siehe Stock (1987). Dies legt nahe, daß er in der Praxis ein relativ genauer Schätzwert für v sein kann. Nachdem v auf diese Weise geschätzt worden ist, ist eine weitere Möglichkeit zur Konstruktion des Fehlerkorrekturterms durch:

$$\hat{z}_{t-1} = y_{t-1} - \hat{v}x_{t-1}, \tag{5.17}$$

gegeben und dieser kann als erklärende Variable in dem vollständigen ECM benutzt werden. Dies ist im wesentlichen das, was im vorhergehenden Unterabschnitt getan wurde, ausgenommen, daß der Wert für v prädeterminiert war und nicht geschätzt worden ist. Aufgrund der schnellen Konvergenz von $\hat{v}$ ergibt sich, daß die KQ-Schätzwerte der kurzfristigen Parameter in dem Modell die übliche asymptotische Normalverteilung haben. Folglich können Tests genauso ausgeführt werden als wenn v bekannt wäre.

Die obigen Resultate legen eine *zweistufige Modellierungsstrategie* nahe, die wie folgt formalisiert werden kann: *Stufe Eins*: Schätze die langfristigen Parameter durch eine statische Regression mit den Niveaugrößen, überprüfe die Nullhypothese auf fehlende Kointegration durch einen Dickey-Fuller-Test auf eine Einheitswurzel in den Residuen oder durch eine der anderen von Engle und Granger (1987, S. 268) beschriebenen Methoden; bestimme anschließend die Menge erklärender Variablen, die mit der abhängigen Variable eine Kointegrationsbeziehung bilden. *Stufe Zwei*: Verwende den Fehlerkorrekturterm $\hat{z}_{t-1}$ – die Residuen aus der statischen Regression – als erklärende Variable und schätze die kurzfristigen Dynamiken, teste das Modell nach unten, um eine sparsame dynamische Struktur zu finden. Anwendungen dieser Strategie sind in Engle und Granger (1987) und Hall (1986) zu finden.

Leider ist die zweistufige Prozedur nicht ohne Nachteile. Obgleich die KQ-Schätzwerte, manchmal als Kointegrations-Regressionsgleichung bezeichnet, sehr schnell zu ihrer Grenzverteilung konvergieren, sind diese Verteilungen nicht normal, und sie sind stark von den Parametern in dem vollständigen Modell abhängig. Banerjee *et al.* (1986) zeigen, daß die Verzerrung, insbesondere in kleinen Stichproben, beträchtlich sein kann. Folglich können

Inferenzen irreführend sein, und es können fehlerhafte Entscheidungen bezüglich der aufgenommenen Variablen oder der dem Modell auferlegten Restriktionen gemacht werden. In der zweiten Stufe überträgt sich die Verzerrung auf den Fehlerkorrekturterm und sie kann die Eigenschaften der kurzfristigen Parameter in kleinen Stichproben ungünstig beeinflussen. Die Schlußfolgerung ist, daß die zweistufige Prozedur vielleicht am besten ein Werkzeug zur anfänglichen Datenexploration ist und nicht als eine formale Modellierungsprozedur angesehen werden sollte.

Die nicht standardmäßige Verteilungstheorie ist ebenfalls anzuwenden, wenn die langfristigen Parameter aus dem vollständigen Modell geschätzt werden. Im allgemeinen impliziert Kointegration der Reihen nichtlineare Restriktionen bezüglich der Parameter. Wenn es aber nur eine erklärende Variable gibt, kann der angemessene Schätzwert für den langfristigen Parameter v wie folgt berechnet werden: erstens Anwendung der KQ-Methode auf das ECM in der Form (4.3) und anschließend Division des mit einem Minuszeichen versehenen Koeffizienten von y_{t-1} durch den Koeffizienten von x_{t-1}. Die asymptotische Verteilung des so ermittelten Schätzwertes ist nicht identisch mit der des korrespondierenden Schätzwertes der Kointegrationsgleichung, und die verfügbaren Monte-Carlo-Aussagen legen nahe, daß die Verzerrung in kleinen Stichproben im allgemeinen weniger schwer wiegt. Auf der anderen Seite bedeutet die schnelle Konvergenz der langfristigen Parameter, daß die Schätzwerte der kurzfristigen Parameter dieselbe asymptotische Normalverteilung haben, unabhängig davon, ob sie direkt oder durch die zweistufige Prozedur berechnet werden.

8.6 Gleichungssysteme

Regressionsgleichungssysteme wurden in den Abschnitten 2.9 und 6.8 analysiert. Diese Modelle waren aber statisch. Ein dynamisches System ist charakterisiert durch das Auftauchen gelagter abhängiger Variablen unter den Regressoren in einigen oder allen Gleichungen. Wie erwartet werden kann, tauchen ähnliche Probleme wie im Eingleichungsfall auf.

Dem in Abschnitt 2.9 angewandten Ansatz folgend, kann das vollständige Modell geschrieben werden als:

$$y_t = Z_t\gamma + u_t, \qquad t = 1, \ldots, T \tag{6.1}$$

wobei y_t und u_t $N \times 1$ Vektoren analog (2.9.15) sind. Die Matrix Z_t ist definiert wie X_t in (2.9.16). Die Änderung der Notation dient dazu anzuzeigen, daß einige der Regressoren gelagte endogene Variablen sind. Aus demselben Grund wird das Symbol γ und nicht β benutzt, um den Parametervektor zu kennzeichnen.

Beispiel 1 Betrachten wir das Zweigleichungssystem:

$$\left.\begin{aligned} y_{1t} &= \alpha_1 y_{1,t-1} + \beta_1 x_{1t} + u_{1t} \\ y_{2t} &= \alpha_2 y_{2,t-1} + \alpha_2^* y_{1,t-2} + \beta_2 x_{2t} + u_{2t} \end{aligned}\right\} \quad t = 1, \ldots, T; \tag{6.2}$$

dabei sind x_{1t} und x_{2t} exogen. Für (6.2) ist die Z_t-Matrix definiert durch:

$$Z_t = \begin{bmatrix} y_{1,t-1} & x_{1t} & 0 & 0 & 0 \\ 0 & 0 & y_{2,t-1} & y_{1,t-2} & x_{2t} \end{bmatrix}. \tag{6.3}$$

Der korrespondierende Parametervektor ist gleich:

$$\gamma = (\alpha_1, \beta_1, \alpha_2, \alpha_2^*, \beta_2)'. \tag{6.4}$$

Eine alternative Möglichkeit zur Darstellung des Modells ist:

$$y_t = A_1 y_{t-1} + \cdots + A_r y_{t-r} + B_0 x_t + \cdots + B_s x_{t-s} + u_t, \qquad t = 1, \ldots, T. \tag{6.5}$$

Dies ist eine Verallgemeinerung von (2.10.1), wobei x_t den $K \times 1$ Vektor der exogenen Variablen kennzeichnet. $A_1, \cdots, A_r$ sind $N \times N$ Parametermatrizen und $B_0, \cdots, B_s$ kennzeichnen $N \times K$ Parametermatrizen. Modell (6.2) kann in der Notation (6.5) geschrieben werden als:

$$\begin{aligned} \begin{pmatrix} y_{1,t} \\ y_{2,t} \end{pmatrix} = & \begin{bmatrix} \alpha_1 & 0 \\ 0 & \alpha_2 \end{bmatrix} \begin{pmatrix} y_{1,t-1} \\ y_{2,t-1} \end{pmatrix} \begin{bmatrix} 0 & 0 \\ \alpha_2^* & 0 \end{bmatrix} \begin{pmatrix} y_{1,t-2} \\ y_{2,t-2} \end{pmatrix} \\ & + \begin{bmatrix} \beta_1 & 0 \\ 0 & \beta_2 \end{bmatrix} \begin{pmatrix} x_{1t} \\ x_{2t} \end{pmatrix} \begin{pmatrix} u_{1t} \\ u_{2t} \end{pmatrix}, \qquad t = 1, \ldots, T. \end{aligned} \tag{6.6}$$

Angemerkt sei, daß die Parametermatrizen in (6.6) Restriktionen unterworfen sind, da verschiedene Variablen aus Gleichungen ausgeschlossen sind. Dies wird oftmals der Fall sein, wenn das Modell in der Form (6.5) entwickelt wird. Tatsächlich ist (6.2) recht extrem, da die Gleichungen, abgesehen davon, daß y_1 in jeder Gleichung mit einem anderen Lag auftaucht, keine gemeinsamen Variablen enthalten.

In der nachfolgenden Erörterung werden die Schätz- und Testprozeduren unter Verwendung von (6.1) entwickelt. Andere Aspekte des dynamischen Systems werden am besten in Größen von (6.5) betrachtet. Es ist deshalb nützlich, in der Lage zu sein, mit beiden Darstellungen zu arbeiten.

Systematische Dynamiken *

Die dynamischen Eigenschaften des Systems (6.5) werden durch Verallgemeinerung der Resultate aus Abschnitt 7.2 abgeleitet. Betrachten wir zuerst den Fall $r = s = 1$, d.h.:

$$y_t = Ay_{t-1} + Bx_t + u_t. \tag{6.7}$$

Wenn $N = 1$ ist, reduziert sich das Modell zu (7.1.13) und es ist lehrreich, die nachfolgenden Resultate mit den korrespondierenden Ergebnissen für den Eingleichungsfall zu vergleichen.

Fortwährende Substitution der gelagten Werte von y_t in (6.7) ergibt:

$$y_t = \sum_{j=0}^{\infty} A^j B x_{t-j} + \sum_{j=0}^{\infty} A^j u_{t-j}. \tag{6.8}$$

Diese Darstellung ist nur gültig, wenn für j gegen unendlich $\lim A^j = 0$ gilt. Eine notwendige und hinreichende Bedingung, damit dies gilt, ist, daß die Wurzeln der charakteristischen Gleichung:

$$|A - \lambda_i I| = 0 \tag{6.9}$$

einen absoluten Wert kleiner Eins haben. Eine identische Annahme wird benötigt, wenn (6.7) eine Gleichgewichtslösung haben soll. Ist x_t konstant mit $\bar{x}$, dann gilt:

$$E(y_t) = \bar{y} = \left[\sum_{j=0}^{\infty} A^j\right] B\bar{x}. \tag{6.10}$$

Das Schreiben von (6.10) als Gleichgewichtslösung setzt voraus, daß die unendliche Summe der A^j konvergiert. Tatsächlich kann gezeigt werden, daß gilt:

$$\sum_{j=0}^{\infty} A = (I - A)^{-1}. \tag{6.11}$$

Dies ist eine Matrixverallgemeinerung eines Standardergebnisses der Summierung einer unendlichen geometrischen Reihe.

Die Matrix $(I - A)^{-1}B$ wird allgemein als die *Matrix der Gesamtmultiplikatoren* bezeichnet, obwohl der Terminus *Dynamische Multiplikatoren* ebenfalls von einigen Verfassern benutzt wird. Sie geben den gesamten Effekt auf den Pfad der Mittelwerte von y_t an, wenn sich alle Niveauvariablen in x um eine Einheit ändern. Auf der anderen Seite ist der unmittelbare Effekt einer Änderung in x um eine Einheit durch B, die Matrix der Anstoßmultiplikatoren, gegeben. Die Darstellung in (6.8) ermöglicht es, daß der Pfad der Mittelwerte von y als ein unendlicher verteilter Lag in x dargestellt werden kann. Folglich ist:

$$\bar{y} = E(y_t) = \sum_{j=0}^{\infty} D_j x_{t-j}$$

mit

$$D_j = A^j B, \qquad j = 0, 1, \cdots. \tag{6.12}$$

In Analogie zu (7.2.6) ist die *Matrix der Jten Zwischenmultiplikatoren* definiert durch:

$$D_J^* = \sum_{j=0}^{J} D_j. \tag{6.13}$$

Somit wird sich z.B. der Pfad der Mittelwerte von y als Reaktion auf eine Änderung in allen Elementen von x um eine Einheit nach zwei Perioden um $(I + A + A^2)B$ verändert haben.

Im allgemeinen Fall (6.5) werden diese Formeln am besten unter Verwendung des Lag-Operators entwickelt. Definiert man die Matrixpolynome im Lag-Operator durch:

$$A(L) = I - A_1 L - \cdots - A_r L^r \tag{6.14}$$

und

$$B(L) = B_0 + B_1 L + \cdots + B_s L^s, \tag{6.15}$$

dann kann (6.5) dargestellt werden als:

$$A(L)y_t = B(L)x_t + u_t. \tag{6.16}$$

Das System wird *stabil* sein, wenn die Wurzeln des Determinantenpolynoms $|A(L)|$ außerhalb des Einheitskreises liegen; vgl. *TSM* (Abschnitt 2.6). Wenn die Bedingung gilt, ist die Polynom-Matrix $A(2)$ nichtsingulär, und das System kann in der folgenden Form dargestellt werden:

$$y_t = D(L)x_t + u_t. \tag{6.17}$$

Dabei ist $D(L)$ ein unendliches Matrixpolynom des Lag-Operators, definiert durch:

$$D(L) = A^{-1}(L)B(L), \tag{6.18}$$

vgl. (6.12). Die Zwischenmultiplikatoren (6.13) können durch Lösung von (6.18) ermittelt werden.

Die Gleichgewichtslösung des Systems ist gegeben durch:

$$\bar{y} = D(1)\bar{x}. \tag{6.19}$$

Die Matrix der Totalmultiplikatoren $D(1)$ kann aus der Gleichung

$$D(1) = A(1)^{-1}B(1)$$

ermittelt werden.

Beispiel 2 In (6.6) gilt:

$$\begin{aligned} D(1) &= \begin{bmatrix} 1-\alpha_1 & 0 \\ -\alpha_2^* & 1-\alpha_2 \end{bmatrix}^{-1} \begin{bmatrix} \beta_1 & 0 \\ 0 & \beta_2 \end{bmatrix} \\ &= \frac{1}{(1-\alpha_1)(1-\alpha_2)} \begin{bmatrix} \beta_1(1-\alpha_2) & 0 \\ \beta_1\alpha_2^* & \beta_2(1-\alpha_1) \end{bmatrix}^{-1} \end{aligned} \tag{6.20}$$

Eine Änderung in x_2 wird daher den Pfad der Mittelwerte von y_1 nicht verändern. Auf der anderen Seite wird ein Anstieg in x_1 um eine Einheit, bei konstantem x_2, das Niveau von y_2 um $\beta_1\alpha_2^*/(1-\alpha_1)(1-\alpha_2)$ anheben.

Schätzung *

Sind die $u_t \sim NID(0,\sigma^2)$, reduziert sich die Schätzung von (6.1) auf eine einfache Anwendung der SURE-Technik. Die Tatsache, daß das Modell dynamisch ist, hat keine Implikationen für die asymptotische Effizienz jeder der betrachteten Schätzfunktionen. Weiterhin wird, wenn jede Gleichung dieselben erklärenden Variablen enthält, das KQ-Verfahren auf jede Gleichung angewandt, vollständig effizient sein. Eine derartige Situation ergibt sich, wenn den Parametermatrizen in (6.5) keinerlei Restriktionen auferlegt werden.

Die Einführung serieller Korrelation in den Störgrößen führt zu einem komplizierteren Sachverhalt. Die Probleme, die sich ergeben, sind im Prinzip dieselben wie im Eingleichungsfall. Vorausgesetzt, die Schätzung wird innerhalb des ML-Rahmens ausgeführt, dann ist es nicht schwierig, asymptotische Effizienz sicherzustellen.

Im Eingleichungsmodell wurden die wesentlichen Punkte, die die Schätzung berühren, mit Bezug auf einen $AR(1)$-Störterm erörtert. Für das System (6.1) wird ein Vektor-$AR(1)$-Prozeß für u_t angenommen. Wenn dieser Fall behandelt worden ist, kann die Theorie der Schätzung von Modellen mit allgemeineren ARMA-Störtermen durch Verweis auf das in Abschnitt 6.8 enthaltene Material abgeleitet werden.

Die Maximierung der Likelihoodfunktion (6.1) mit einem AR(1)-Störterm ist äquivalent zur Minimierung der Funktion:

$$S(\Phi, \gamma) = \sum_t \epsilon_t' \Omega^{-1} \epsilon_t + T \log |\Omega|. \tag{6.21}$$

Die Residuen sind definiert durch:

$$\epsilon_t = u_t - \Phi u_{t-1} = y_t - Z_t\gamma - \Phi(y_{t-1} - Z_{t-1}\gamma), \tag{6.22}$$

und ein geeigneter Weg zur Minimierung von (6.21) ist durch den multivariaten Gauss-Newton Algorithmus gegeben. Die relevanten Vektoren der Ableitungen sind:

$$\frac{\partial \epsilon_t}{\partial \gamma'} = -(Z_t - \Phi Z_{t-1}) \tag{6.23}$$

und

$$\frac{\partial \epsilon_t}{\partial \phi'} = -u_{t-1}' \otimes I_N, \tag{6.24}$$

mit $\phi = vec(\Phi)$.

Eine schrittweise Optimierungsprozedur kann ebenfalls zur Berechnung von ML-Schätzwerten benutzt werden. Solche eine Prozedur wurde in Verbindung mit dem System fixierter Regressoren in Abschnitts 6.8 vorgeschlagen, und es wurde herausgestellt, daß sie eine geeignete Erweiterung des Cochrane-Orcutt Schemas für eine einzelne Gleichung ist. Wenn eine iterative schrittweise Prozedur auch eine geeignete Methode zur Berechnung der ML-Schätzwerte in einem dynamischen Modell ist, kann die Berücksichtigung des Umstandes, daß die Informationsmatrix bezüglich γ und Φ nicht mehr blockdiagonal ist, zu einer Bevorzugung des multivariaten Gauss-Newton führen. (Die Diskussion in Hendry und Tremayne (1976) ist hier relevant.) Ein wichtigerer Punkt ist, daß ein auf der Verallgemeinerung des Cochrane-Orcutt basierender zweistufiger Schätzwert für γ im dynamischen Fall im allgemeinen nicht asymptotisch effizient sein wird. Die Situation entspricht exakt der im Eingleichungsmodell und die Lösung ist im wesentlichen dieselbe: Sind konsistente Startwerte für γ, Φ und Ω gegeben, wird eine Iteration des multivariaten Gauss-Newton zu asymptotisch effizienten Schätzwerten für Φ und γ führen.

Die *zweistufige Schätzprozedur* kann deshalb wie folgt zusammengefaßt werden:

(i) Berechne einen konsistenten Schätzwert $\hat{\gamma}$ für γ durch Anwendung der Instrumentvariablenmethode reihum auf jede Gleichung. Berechne Schätzwerte für $\hat{\Omega}$ und $\hat{\Phi}$ aus den Residuenvektoren $\hat{u}_1, \cdots, \hat{u}_T$.

(ii) Führe eine SURE-Regression für $\hat{u}_t - \hat{\Phi}\hat{u}_{t-1}$ durch $Z_t - \hat{\Phi}Z_{t-1}$ und $\hat{u}_{t-1} \otimes I_N$ aus. Die aus diesem Modell geschätzten Koeffizienten seien mit $\gamma^{\dagger}$ und $\Phi^{\dagger}$ gekennzeichnet. Die zweistufigen Schätzwerte sind dann gegeben durch: $\gamma^* = \hat{\gamma} + \gamma^{\dagger}$ und $\Phi^* = \hat{\Phi} + \Phi^{\dagger}$. Alternativ ist, falls $y_t - \hat{\Phi}y_{t-1}$ als Vektor der abhängigen Variablen gewählt worden ist, der Vektor der Koeffizienten γ^* direkt gegeben.

Einige Monte-Carlo Aussagen über die Anpassung der zweistufigen Schätzfunktion in kleinen Stichproben werden in Spencer (1979) getroffen. Er vergleicht diese Schätzfunktion mit einer Anzahl anderer Prozeduren, von denen bekannt ist, daß sie in großen Stichproben vollständig effizient sind. Insgesamt gesehen sind seine Resultate sehr vorteilhaft für die zweistufige Prozedur.

Überprüfung auf serielle Korrelation *

Das LM-Prinzip kann dazu benutzt werden, einen asymptotisch gültigen Test auf serielle Korrelation abzuleiten, wenn das Gleichungssystem unter der Annahme $u_t \sim NID(0, \sigma^2)$ geschätzt wird. Lautet die Alternativhypothese u_t folgt einem Vektor AR(1)-Prozeß, dann kann der resultierende Test als eine Verallgemeinerung der von Durbin für den Eingleichungsfall entwickelten Prozedur betrachtet werden; siehe Abschnitt 3.

Das nichtrestringierte Modell – d.h., das mit einem AR(1)-Störterm – ist dasselbe wie das im vorhergehenden Abschnitt betrachtete. Die Log-Likelihoodfunktion ist:

$$\log L = \frac{-TN}{2}\log 2\pi - \frac{T}{2}\log|\Omega| - 1/2\sum \epsilon_t'\Omega^{-1}\epsilon_t.$$

Es sei $\psi = (\gamma', \phi')$, mit $\phi = vec(\Phi)$. Da die Informationsmatrix bezogen auf ψ und Ω blockdiagonal ist, wird die LM-Statistik zur Überprüfung jeder Hypothese, die die Elemente von ψ betrifft, analog der Form (5.5.4) sein. Eine Überprüfung der Nullhypothese $H_0(\Phi) := 0$ gegen die Alternative $H_A(\Phi) :\neq 0$ ist ein Standardbeispiel einer Überprüfung einer Teilmenge von Regressionskoeffizienten. In Größen der Notation in (5.5.10) ist:

$$D_2\log L(\psi_0) = \frac{\partial \log L}{\partial \phi} = -\sum \frac{\partial \epsilon_t'}{\partial \phi}\Omega^{-1}\epsilon_t. \qquad (6.25)$$

Unter der Nullhypothese gilt: $\tilde{\psi}_0 = (\hat{\gamma}', 0')'$. Dabei ist $\hat{\gamma}$ der SURE-Schätzwert für γ. Unter Verwendung von (6.22) und (6.24) wird (6.25) zu:

$$D_2\log L(\tilde{\psi}_0) = -\sum(\hat{u}_{t-1} \otimes \Omega^{-1})\hat{u}_t, \qquad (6.26)$$

mit $\hat{u}_t = y_t - Z_t\hat{\gamma}$.

Die Matrix $I_{22} - I_{21}'I_{11}^{-1}I_{12}$ muß, um die LM-Statistik (5.5.10) zu bestimmen, ebenfalls berechnet werden. Diese Matrix ist die asymptotische Kovarianzmatrix der ML-Schätzwerte für Φ mit $\Phi = 0$ und $\gamma = \hat{\gamma}$. Sie kann wie folgt geschätzt werden. In großen Stichproben ist die Informationsmatrix für ψ gegeben durch:

$$I^*(\psi) = \sum \frac{\partial \epsilon_t'}{\partial \psi}\Omega^{-1}\frac{\partial \epsilon_t}{\partial \psi'}. \qquad (6.27)$$

Dabei sind die Elemente von $\partial\epsilon_t/\partial\psi'$ durch (6.23) und (6.24) gegeben. Invertieren von $I^*(\psi)$ und Berechnung für $\Phi = 0$, $\gamma = \hat{\gamma}$ ergibt einen geeigneten Schätzwert für die gesuchte Matrix. Unter H_0 wird die LM-Statistik asymptotisch χ^2 verteilt sein mit N^2 Freiheitsgraden. Wenn die Alternativhypothese so modifiziert wird, daß Φ eine Diagonalmatrix ist, werden die Berechnungen ein wenig vereinfacht, und die resultierende LM-Statistik wird als eine χ^2_N Veränderliche überprüft. Die Reduktion der Freiheitsgrade macht diesen Test ansprechender, insbesondere, wenn er zur Diagnoseüberprüfung eingesetzt wird.

Der LM-Test kann im Prinzip auf Situationen ausgeweitet werden, in denen die Alternativhypothese ein AR- oder MA-Prozeß höherer Ordnung ist. Weiterhin können, wenn das Modell mit einem Vektor ARMA-Störterm geschätzt wird, Tests der Anpassungsgüte entwickelt werden, die eine ähnliche Methodologie wie im Eingleichungsfall verwenden.

*Identifikation**

Wenn ein dynamisches System mit einem Vektor-ARMA-Störterm geschätzt wird, können Identifikationsprobleme aufgrund gemeinsamer Faktoren auftauchen. Es ist aber unwahrscheinlich, daß Schwierigkeiten dieser Art mit reinen AR-Störgrößen auftauchen. Für den AR(1)-Fall hat Sargan (1972) gezeigt, daß eine hinreichende Bedingung, damit das Modell global identifizierbar sein wird, dadurch gegeben ist, daß das System wenigstens N exogene Variablen enthalten sollte, die nicht redundant werden, wenn sie gelagt sind (d.h. konstante Größen und verschiedene Dummyvariablen sind nicht enthalten). Diese Bedingung ist nicht besonders stringent. Die Argumentation, die Sargans Bedingung zugrunde liegt, kann für ein einfaches Beispiel wie folgt skizziert werden: Betrachten wir Modell (6.7) mit durch einen Vektor-AR(1)-Prozeß generierten Störgrößen. Subtraktion von Φy_{t-1} von beiden Seiten des Modells führt zu:

$$y_t = (\Phi + A)y_{t-1} - \Phi A y_{t-2} + Bx_t - \Phi B x_{t-1} + \epsilon_t. \tag{6.28}$$

Wenn das Modell keine exogenen Variablen enthält, würden die Werte für Φ und A austauschbar sein. Dies wurde im Detail in (3.6.7) beleuchtet. In diesem Fall ist die Einführung einer exogenen Variable hinreichend, um globale Identifikation aller Parameter in dem Modell sicherzustellen.

Modell (6.28) kann geschrieben werden als:

$$y_t = A_1^* y_{t-1} + A_2^* y_{t-2} + B_0^* x_t + B_1^* x_{t-1} + \epsilon_t. \tag{6.29}$$

Die Restriktionen in (6.28) beinhalten $B_1^* = \Phi B$ und $B_0^* = B_0$. Zusammengefaßt implizieren sie:

$$B_1^* + \Phi B_0^* = 0.$$

Diese Gleichung kann für Φ gelöst werden, wenn B_0^* vollen Spaltenrang hat. Da $B_0^* = B_0$ gilt, impliziert dies, daß B_0 vollen Spaltenrang haben sollte und abgesehen davon, daß B_0 Restriktionen ausgesetzt ist, wird die Bedingung $k \geq N$ hinreichend sein, um sicherzustellen, daß dies der Fall ist. Ist Φ identifizierbar, folgt, daß A ebenfalls identifizierbar ist.

8.7 Kausalität

Das Konzept von Ursache und Wirkung ist fundamental in jeder Wissenschaft. Wenn es aber nicht möglich ist, ein kontrolliertes Experiment durchzuführen, wird es sehr schwierig, überzeugende Beweise vorzulegen, daß eine Ursache-Wirkung-Beziehung besteht. Dies ist in der Ökonomie fast ausnahmslos der Fall, und als Resultat wird beim traditionellen Ansatz in der Ökonometrie ein Modell auf der Basis von bekannten ökonomischen Theorien erstellt werden. Es wird nicht nur eine Ursache-Wirkung-Beziehung als gültig angenommen, sondern weiterhin wird die Richtung der Kausalität als bekannt unterstellt.

Der Einfachheit wegen sei angenommen, daß ein System nur zwei Variablen x und y enthält. Wird angenommen, daß eine Ursache-Wirkung-Beziehung nur in einer Richtung existieren kann, bspw. von x auf y, ist die einzige verbleibende Frage, ob die Beziehung aktuell existiert. Die am weitesten verbreitete Methode zur Beantwortung dieser Frage ist, y durch x zu regressieren und den Koeffizienten von x_t auf 'Signifikanz' zu überprüfen. Eine hohe Korrelation zwischen zwei Mengen von nichtexperimentellen Beobachtungen bildet aber keinen Beweis für eine Beziehung zwischen den zugrunde liegenden Variablen. Das Problem der scheinbaren Korrelation bleibt bestehen, selbst wenn dem Modell eine dynamische Struktur auferlegt wird, indem man y von aktuellen und vergangenen Werten von x als abhängig ansieht. Selbst wenn am Anfang angenommen wird, daß y x nicht verursachen kann, gibt es keine Möglichkeit, eine kausale Beziehung von x auf y allein auf der Basis der Daten zu begründen.

Sind die Restriktionen, die aus nichtexperimentellen Daten resultieren, gegeben, kann der Standpunkt eingenommen werden, daß die Anpassung eines Regressionsmodells primär eine Aufgabe zur Messung der Stärke des Zusammenhangs ist. Es wird nicht hinterfragt, ob eine Beziehung existiert, sondern auf der Basis der ökonomischen Theorie als selbstverständlich angenommen. Unter diesen Umständen werden Signifikanztests nicht länger dazu verwandt, zu überprüfen, ob eine Beziehung zwischen den Variablen besteht oder nicht. Von größter Wichtigkeit ist dabei der gemessene Effekt von einer Variable auf eine andere. Obwohl dieser Ansatz einem großen Teil der ökonometrischen Modellbildung zugrunde liegt, leidet er unter dem Nachteil, daß ein übermäßiges Vertrauen in die ökonomische Theorie gesetzt wird. Dies bedeutet weiterhin, daß verschiedene nicht zu überprüfende Gesichtspunkte in das Modell eingebracht werden. Dabei werden wichtige Prinzipien der wissenschaftlichen Forschung verletzt.

Die Notwendigkeit, die Annahmen zu untersuchen, die einem geschätzten ökonometrischen Modell aus nicht experimentellen Zeitreihendaten zugrunde liegen, hat zu der Entwicklung des Konzepts der *Kausalität* geführt. Die Idee der Kausalität geht auf Wiener zurück, wurde aber erstmals durch Granger (1969) formalisiert. Zwei Grundregeln werden für die Anwendung herangezogen. Die erste ist, daß die Zukunft nicht die Vergangenheit prognostizieren kann. Folglich kann strikte Kausalität nur in der Vergangenheit, die die Gegenwart oder Zukunft bedingt, auftreten. Zweitens wird angenommen, daß es nur sinnvoll ist, Kausalität für eine Gruppe stochastischer Variablen zu diskutieren. Eine Variable x wird dann als 'verursachend' für eine Variable y bezeichnet, wenn die Berücksichtigung vergangener Werte von x es ermöglicht, bessere Prognosen für y, unter der Annahme, alles übrige bleibt gleich, zu erstellen. Diese Vorstellung von Kausalität ist eine rein statistische, und sie korrespondiert *nicht* mit irgendeiner akzeptablen Definition von Ursache und Wirkung im philosophischen Sinn. Stattdessen bezieht sie sich auf das einschränkendere Konzept der *Vorhersagbarkeit.* In Anerkennung der Sichtweise, daß der

Begriff Kausalität hier zu umfassend ist, wird in diesem Kontext der einschränkende Term *Granger Kausalität* verwandt.

Grangers Kausalitätsdefinition

Das Wesen von Grangers Kausalitätskonzept besteht darin, daß x y verursacht, falls die Berücksichtigung vergangener Werte von x zu verbesserten Prognosen für y führt. Um aber das Konzept operational zu gestalten, ist es notwendig, präziser die Vorgehensweise, wie Prognosen generiert werden, und den Weg, wie Genauigkeit gemessen wird, zu beschreiben. In seiner Definition beschränkt sich Granger auf unverzerrte Kleinste-Quadrate Prognosen und mißt die Genauigkeit solcher Prognosen über die Varianz des Einperioden-Prognosefehlers. Die vollständige Definition, die weiter unten dargestellt wird, kann deshalb durch die Umschreibung 'Reduktion der Prognosevarianz bezogen auf eine gegebene Menge an Informationen' charakterisiert werden.

Definition Es sei U eine Menge an Informationen, die alle vergangenen und gegenwärtigen Informationen umfaßt, und $\bar{U}$ dieselbe Menge ausschließlich der gegenwärtigen Information. Analog kennzeichnet X alle vergangenen und gegenwärtigen Informationen der Variablen x, d.h. $X = (x_\tau, \tau \leq t)$, und $\bar{X}$ ausschließlich die vergangene Information, d.h. $\bar{X} = (x_\tau, \tau < t)$. Die Variable x wird dann als y verursachend bezeichnet, wenn die einstufige Prognose für y, $\tilde{y}$, die auf den gesamten vergangenen Informationen basiert, einen kleineren mittleren quadratischen Fehler hat als der Prognosewert für y, der auf allen vergangenen Informationen ausschließlich x basiert. Präziser formuliert x verursacht y, falls:

$$MSE(\tilde{y}|\bar{U}) < MSE(\tilde{y}|\bar{U} - \bar{x}). \tag{7.1}$$

Analog verursacht x y *gleichzeitig*, falls gilt:

$$MSE(\tilde{y}|U) < MSE(\tilde{y}|U - X). \tag{7.2}$$

Wie aber Granger und Newbold (1977, S.255) feststellten, kann das Auftreten von unverzüglicher Kausalität zum Teil eine Funktion der Daten sein, da ein Zeitlag existieren würde, wenn die Datenpunkte in hinreichend kleinen Zeitabschnitten beobachtet werden könnten.

So wie sie dargelegt wurde, ist Grangers Definition der Kausalität nicht operational, da U *alle* verfügbare Information repräsentiert. Bei der Behandlung dieses Problems legt Granger nahe, alle Information im Universum durch das Konzept 'alle relevanten Informationen' zu ersetzen. Wird dies getan, ist aber der Beweis, daß Kausalität auf ausschließlich statistischer Basis determiniert wird, nicht länger gültig, da *a priori* die Theorie eine Schlüsselrolle spielen muß, um zu entscheiden, was relevante Informationen sind. Dennoch können diese Anforderungen als ziemlich minimal betrachtet werden.

Mit der oben gegebenen Definition hat eine vollständige Klassifikation der Möglichkeiten der Kausalität drei Dimensionen: (a) Ob x y verursacht; (b) ob y x verursacht und (c) ob gleichzeitige Kausalität existiert. Dies führt zu $2^3 = 8$ Möglichkeiten. Diese sind in Tabelle 8.2 mit einem Schema zur Notation wiedergegeben.

Tabelle 8.2 Kausalitäten

Beschreibung		Notation
(1)	ausschließlich gleichzeitige Kausalität	$(x - y)$
(2)	x verursacht y ausschließlich und nicht gleichzeitig	$(x \rightarrow y)$
(3)	............................gleichzeitig	$(x \Rightarrow y)$
(4)	y verursacht x ausschließlich und nicht gleichzeitig	$(x \leftarrow y)$
(5)	............................gleichzeitig	$(x \Leftarrow y)$
(6)	Feedback, nicht gleichzeitig	$(x \leftrightarrow y)$
(7)	Feedback, gleichzeitig	$(x \Leftrightarrow y)$

Folglich zeigt z.B. $x \rightarrow y$ an, daß x y verursacht, aber keine Feedbackeffekte vorliegen.

Zusätzlich zu diesen Symbolen kann die Aussage 'verursacht nicht' durch $\neg$ dargestellt werden.

Kausalitätstests

Um den Sachverhalt einfacher zu gestalten, wird angenommen, daß die relevante Menge an Informationen U nur aus den Informationen der beiden Variablen x und y besteht. Ein statistischer Rahmen zur Charakterisierung von Kausalität kann dann durch die Annahme, daß (x_t, y_t) bivariate Zeitreihen sind, die linear, kovarianzstationär und ausschließlich nichtdeterministisch sind, entwickelt werden.

Die autoregressive Darstellung eines derartigen Prozesses hat die Form:

$$\Pi(L)\begin{bmatrix} y_t \\ x_t \end{bmatrix} = \begin{bmatrix} \epsilon_t \\ \eta_t \end{bmatrix}, \tag{7.3}$$

wobei $(\epsilon_t, \eta_t)'$ ein bivariater white-noise Prozeß mit einem Mittelwert von Null und Kovarianzmatrix Ω, und $\Pi(L)$ ist eine 2×2 Matrix für den Lag-Operator, d.h.:

$$\Pi(L) = \Pi_0 + \Pi_1 L + \cdots + \Pi_r L^r + \cdots \tag{7.4}$$

Wird Π_0 gleich der Einheitsmatrix gesetzt, ergibt sich kein Verlust an Allgemeinheit.

Gleichung (7.3) kann in Größen von Skalarpolynomen geschrieben werden als:

$$\begin{bmatrix} \pi_{11}(L) & \pi_{12}(L) \\ \pi_{21}(L) & \pi_{22}(L) \end{bmatrix}\begin{pmatrix} y_t \\ x_t \end{pmatrix} = \begin{pmatrix} \epsilon_t \\ \eta_t \end{pmatrix} \tag{7.5}$$

Wenn $\pi_{21}L = 0$ ist, ist das System (7.5) durch eine *in eine Richtung verlaufende Kausalität* charakterisiert, da, vorausgesetzt, daß eine Beziehung besteht, die Richtung der Kausalität nur von x auf y sein kann.

Formal ausgedrückt sind die weiter unten dargestellten Tests Überprüfungen der Hypothese, daß y nicht x verursacht, unabhängig davon, ob es eine unverzügliche Kausalität oder Kausalität von x auf y gibt oder nicht. Wenn es Kausalität von x auf y gibt und die Hypothese, daß y x nicht verursacht, abgelehnt wird, kann die Beziehung als 'Feedback' charakterisiert werden. Überprüfung auf eine in eine Richtung verlaufende Kausalität werden manchmal als Tests auf Exogenität (von x) bezeichnet. Dieses Konzept der Exogenität korrespondiert aber nicht exakt mit der am Ende des Abschnittes 1.2 gegebenen Definition. Die Verwendung des Terminus exogen wird in diesem Kontext deshalb am besten vermieden; siehe Engle *et. al.* (1983).

(i) Der 'direkte' Test Die zweite Zeile von (7.5) kann geschrieben werden als:

$$\pi_{21}(L)y_t + \pi_{22}(L)x_t = \eta_t. \tag{7.6}$$

Das Setzen von $\pi_0 = I$ impliziert, daß die ersten Terme in $\pi_{21}(L)$ und $\pi_{22}(L)$ Null bzw. Eins sind. Dann kann Gleichung (7.6) so umgestellt werden, daß sich x_t und y_t ergeben. Die Hypothese, daß y x verursacht, kann durch eine Regression von $y_{t-1}, \cdots, y_{t-m}, x_{t-1}, \cdots x_{t-n}$ auf x_t und der Überprüfung der gemeinsamen Signifikanz der gelagten Werte von y_t untersucht werden. Falls $\pi_{21} = 0$ ist, ist aus (7.6) zu sehen, daß x_t ausschließlich durch η_t und ihre eigenen vergangenen Werte determiniert wird.

Bei der Anwendung dieses Ansatzes ist es wichtig sicherzustellen, daß die Spezifikation adäquat ist, so daß der Störterm in der Regression zwischen x_t und den gelagten Werten von x_t und y_t nahe am white-noise ist. Dies bedeutet die Wahl geeigneter Werte für m und n. Der Wert für n ist insbesondere wichtig, da das Auslassen relevanter gelagter Werte von x die Koeffizienten der gelagten y ansteigen lassen könnte.

Sims Test Sims Test basiert auf dem folgenden Theorem: *Wenn $(y,x)'$ eine autoregressive Darstellung haben, kann y als eine distributed Lag-Funktion von aktuellen und vergangenen Werten von x mit einem Residuum, welches nicht mit irgendeinem Wert von x, vergangen oder zukünftig, korreliert ist, dargestellt werden, wenn und nur wenn y nicht verursachend für x in Grangers Sinn ist.* Eine durchführbare Testprozedur kann deshalb auf einer Regression von y_t durch vergangene und zukünftige Werte von x_t basieren. Das Regressionsmodell lautet:

$$y_t = \sum_{\tau=-m}^{n} \gamma_\tau x_{t-\tau} + w_t, \tag{7.7}$$

wobei n und m ausreichend groß sein sollten, um jeden als nicht unbedeutend erwarteten Koeffizienten einzuschließen. Ein Test, daß y nicht x verursacht, ist dann ein Test der Nullhypothese $H_0 : \gamma_{-1} = \gamma_{-2} = \cdots = \gamma_{-m} = 0$. Bei der Implementierung dieser Prozedur ist es aber wichtig, jede serielle Korrelation in dem Störterm w_t zu berücksichtigen, da anderenfalls die Resultate des F-Tests irreführend sein könnten. Eine Möglichkeit ist, ein geeignetes ARMA-Modell für die Störgrößen anzupassen und die Methode der verallgemeinerten Kleinsten-Quadrate anzuwenden. In seiner Studie (1972) bevorzugt Sims aber die Möglichkeit, die Angelegenheit durch die *a priori* Annahme einer bestimmten Struktur für die Störgrößen zu vereinfachen. Er nahm w_t als durch einen AR(2)-Prozeß mit $\phi_1 = 1,5$ und $\phi_2 = -0,5625$ generiert an, und so wurde das GLS durch Multiplikation jeder Variable in der Regression mit $(1 - 1,5L + 0,5625L^2)$ durchgeführt. Solch ein Ansatz wird oftmals als *ad-hoc-Filterung* bezeichnet. Die zweite Möglichkeit, das Erstellen eines Modells für den Störterm zu vermeiden, ist, einen autoregressiven Störterm mit willkürlicher hoher Ordnung anzupassen. Dies ist tatsächlich ein nichtparametrischer Ansatz, und er wird der *ad-hoc-Filterung* vorzuziehen sein, da die vorherige Filterwahl in einigen Fällen nicht zu transformierten Störgrößen führen dürfte, die zumindest approximativ white-noise sind.

(iii) Gewekes Test Eine Schwierigkeit bei Sims Prozedur ist die Notwendigkeit, serielle Korrelation in den Störgrößen zu behandeln. Es wurde oben ausgeführt, daß

eine Möglichkeit die Schätzung der Regression durch eine nichtparametrische Prozedur ist. Entweder ein Zeitbereichs- oder ein Spektralansatz könnten verwendet werden, aber die Annahme, daß w_t durch einen $AR(P)$-Prozeß approximiert werden kann, führt zu einer geeigneten Modifikation von Sims Test.

Durch Definition geeigneter Polynome des Lag-Operators kann (7.7) dargestellt werden als:

$$y_t = \gamma(L)x_t + \phi^{-1}(L)\zeta_t, \tag{7.8}$$

wobei ζ_t als white-noise angenommen wird. Multiplikation von (7.8) mit dem AR-Polynom $\phi(L)$ ergibt:

$$\phi(L)y_t = \phi(L)\gamma(L)x_t + \zeta_t. \tag{7.9}$$

Dies legt eine Regression von y_t durch $y_{t-1}, \cdots, y_{t-p}$ zusammen mit m zukünftigen Werten und $n + p$ vergangenen Werten von x_t nahe. Die Hypothese, daß y nicht x verursacht, kann dann durch Berechnung der F-Statistik für die zukünftigen Werte von x_t überprüft werden.

Überprüfung der Richtung der Kausalität

Die in dem vorhergehenden Unterabschnitt beschriebenen Testprozeduren können in einem allgemeineren Rahmen zur Überprüfung der *Richtung* der Kausalität verwendet werden. In Sims (1972) wird die Beziehung zwischen dem Bruttosozialprodukt und dem Geldangebot untersucht. Die Regressionen wurden für quartalsweise vorliegende US-Daten von 1947 bis 1969 ausgeführt, wobei sowohl das Bruttosozialprodukt (GNP) als auch das Geldangebot in Logarithmen gemessen wurden. Alle Variablen wurden dem, bei der Beschreibung des Sims Test genannten, *ad hoc* Filter unterworfen. Die Werte für m und n in (7.7) wurden gleich Acht bzw. gleich Vier gesetzt.

Sims benutzte zwei Definitionen für das Geldangebot: MB – Bargeld plus Reserven, korrigiert um Änderungen in den Reserveanforderungen; und $M1$ – Bargeld plus Sichtguthaben. Wie aber aus den Resultaten in Tabelle 8.3 gesehen werden kann, führt die Art und Weise, wie das Geldangebot definiert ist, nur zu geringen Unterschieden. Wenn das GNP (y) durch das Geldangebot x regressiert wird, sind die zukünftigen Werte für x deutlich insignifikant. Auf der anderen Seite führt eine Regression des Geldangebotes durch das BSP zu F-Statistiken, die auf dem 5%- Niveau signifikant sind. Sims (1972, S. 540) faßt seine Schlußfolgerungen wie folgt zusammen: 'Der wesentliche empirische Befund ist, daß die Hypothese, daß die Kausalität in Richtung vom Geldangebot zum Einkommen verläuft mit Nachkriegsdaten für die Vereinigten Staaten übereinstimmt, während die Hypothese, daß Kausalität in Richtung vom Einkommen auf das Geldangebot existiert, verworfen wird.'

Tabelle 8.3 F-Tests für vier zukünftige Quartalskoeffizienten

Regressionsgleichung	F
GNP durch M1	0,36
GNP durch MB	0,39
M1 durch GNP	4,29*
MB durch GNP	5,89*

* Signifikant auf dem 5 % Niveau für eine F-Verteilung mit (4,60) Freiheitsgraden
Quelle: Sims (1972, S. 547)

Ein alternativer Ansatz zur Abschätzung des Verlaufs der Kausalität zwischen zwei Variablen besteht darin, beide Reihen *vorher zu reinigen (prewhitening)*. Angenommen, $(y_t, x_t)'$ haben die Vektor-autoregressive Darstellung (7.3). Dann kann gezeigt werden, daß sowohl y_t als auch x_t eine Darstellungsmöglichkeit als univariate ARMA-Prozesse haben. Die Störgrößen in diesen Prozessen bilden die bereinigten Reihen, und die Kreuzkorrelation zwischen diesen, so kann erwartet werden, führt zu Informationen über den Verlauf der Kausalität zwischen x und y, da die Störgrößen die Komponenten von x und y sind, die nicht aus ihrer eigenen Vergangenheit prognostiziert werden können.

Falls x_t^* und y_t^* die bereinigten Reihen kennzeichnen, sind die theoretischen Kreuzkorrelationen definiert durch:

$$\varrho_\tau(x^*, y^*) = E\left[(y_t^* - \mu_y^*)(x_{t-\tau}^* - \mu_x^*)\right] / (\sigma_{x^*}\sigma_{y^*}), \quad \tau = 0, \pm 1, \pm 2, \cdots \tag{7.10}$$

Diese Kreuzkorrelationen charakterisieren die verschiedenen Kausalitätsverläufe. Die wesentlichen Ausprägungen, die mit der weiter oben festgehaltenen dreidimensionalen Klassifikation korrespondieren, sind wie folgt:

(a) $\varrho_\tau(x^*, y^*) \neq 0$ für einige $\tau > 0$ zeigt $x \rightarrow y$ an
(b) $\varrho_\tau(x^*, y^*) \neq 0$ für einige $\tau < 0$ zeigt $x \leftarrow y$ an
(c) $\varrho_0(x^*, y^*) \neq 0$ zeigt gleichzeitige Kausalität an.

Die Stichprobenkreuzkorrelationen $r_\tau(x^*, y^*)$ werden aus den Residuen, die sich durch die Anpassung geeigneter ARMA-Modelle für x und y ergeben, ermittelt. Der Verlauf der Kausalität kann dann über die Untersuchung der Stichprobenkreuzkorrelationsfunktion beurteilt werden. Unter der Nullhypothese, daß x und y nicht verursachend zueinander in Beziehung stehen, sind die Stichprobenkreuzkorrelationen der Residuen, wenn die Stichprobe groß ist, unabhängig und normalverteilt mit einem Mittelwert von Null und einer Varianz $1/T$.

Ein Test, daß es eine Art von kausaler Beziehung zwischen x und y gibt, kann auf der folgenden Statistik basieren:

$$U = T \sum_{\tau=-n}^{m} r_\tau^2(x^*, y^*), \tag{7.11}$$

wobei m und n so zu wählen sind, daß sie jede als nicht unbedeutend erwartete Kreuzkorrelation enthalten. Unter der Nullhypothese, daß x und y in keiner kausalen Beziehung stehen, ist U asymptotisch χ^2 mit $m + n + 1$ Freiheitsgraden. Diese Testprozedur wird in Pierce (1977) angewandt, um das Vorhandensein von kausalen Beziehungen zwischen verschiedenen ökonomischen Zeitreihen zu bestimmen. Im Großen und Ganzen schließt Pierce, daß die Hinweise auf kausale Beziehungen nicht sehr ausgeprägt sind; ein Resultat, das zu einigen Diskussionen, ob der Bereinigungsansatz wirklich angemessen ist, geführt hat.

8.8 Exogenität*

Die Möglichkeit, ein Regressionsmodell innerhalb eines Eingleichungsrahmens zu behandeln, hängt von der Exogenität der erklärenden Variable x ab. Die effiziente Schätzung der Parameter setzt voraus, daß keine Informationen über die Parameter verloren gehen, wenn man sie auf die Rolle der erklärenden Variablen beschränkt. Mit anderen Worten, die erklärenden Variablen können so behandelt werden, als ob sie in Stichprobenwiederholungen fixiert sind, wenn sie auch durch einen stochastischen Mechanismus auf dieselbe Weise wie y_t generiert sein können. Ist die Bedingung erfüllt, werden die erklärenden Variablen als schwach exogen bezeichnet. Für Prognosezwecke müssen den erklärenden Variablen stärkere Bedingungen auferlegt werden. Insbesondere darf kein Feedback zwischen diesen und der abhängigen Variable vorliegen. Gilt diese Bedingung, werden die erklärenden Variablen als stark exogen bezeichnet. Starke Exogenität impliziert schwache Exogenität aber nicht *vice versa*.

Eine formale Definition der schwachen Exogenität setzt voraus, daß wir in der Lage sind, eine gemeinsame Wahrscheinlichkeitsdichtefunktion für $y = (y_1, \cdots, y_T)'$ und $X = (x_1, \cdots, x_t)'$ zu konzipieren. Das Schreiben dieser Funktion in Größen bedingter Verteilungen wie in (3.5.4) ergibt:

$$L(Y, X; \lambda) = \prod_{t=1}^{T} p(y_t, x_t | Y_{t-1}, X_{t-1}; \lambda), \tag{8.1}$$

wobei λ die vollständige Parametermenge kennzeichnet, von der die gemeinsame p.d.f. von y und X abhängt. Angenommen, das Modell kann in Termen einer neuen Parametermenge $\theta^\dagger$ reparametrisiert werden, die partitioniert werden kann als $\theta^\dagger = (\theta', \theta_x)'$, wobei θ und θ_x in dem Sinn *variationsfrei* sind, daß für jeden spezifischen zulässigen Wert von θ_x, θ jeden Wert in seinem Parameterraum annehmen kann und umgekehrt. Es sei ebenfalls angenommen, daß die *interessierenden Parameter* nur eine Funktion der θ sind. Die erklärenden Variablen x_t sind für θ über die Stichprobenperiode *schwach exogen*, falls die gemeinsame p.d.f. in (8.1) faktorisiert werden kann als:

$$\begin{aligned} L(y, X, \theta^\dagger) = & \left\{ \prod_{t=1}^{T} p(y_t | Y_{t-1}, X_t; \theta) \right\} \\ & \times \left\{ \prod_{t=1}^{T} p(x_t | X_{t-1}, Y_{t-1}; \theta_x) \right\}. \end{aligned} \tag{8.2}$$

Ist dies der Fall, kann die marginale Verteilung der x_t, der zweite Term auf der rechten Seite von (8.2), ignoriert werden, da er keine Information über die interessierenden Parameter enthält. Schlußfolgerungen über θ können auf der bedingten Verteilung der y_t basiert werden, der der erste Term auf der rechten Seite von (8.2) ist, so daß gilt:

$$L(y|X;\theta) = \prod_{t=1}^{T} p(y_t|Y_{t-1}, X_t;\theta). \tag{8.3}$$

Die Konstruktion der Likelihoodfunktion analog (8.3) ist äquivalent zu der Aussage, daß die erklärenden Variablen bei Stichprobenwiederholungen fixiert sind.

Um in der Lage zu sein, sich ausschließlich auf eine einzelne Gleichung konzentrieren zu können, muß die Verteilung der x_t unabhängig von vergangenen Werten für y_t sein. Somit muß gelten:

$$p(x_t|Y_{t-1}, X_{t-1};\theta_x) = p(x_t|X_{t-1};\theta_x), \qquad t = 1, \ldots, T. \tag{8.4}$$

Ist das der Fall, dann ist in der Terminologie des vorhergehenden Abschnittes Y_{t-1} nicht *Granger kausal* für x_t. Wenn (8.4) gilt, ist x_t *streng exogen* bezüglich θ.

Beispiel Betrachten wir das folgende bivariate Modell für y_t und eine einzelne erklärende Variable x_t:

$$y_t = \phi_{11}y_{t-1} + \phi_{12}x_{t-1} + \epsilon_{1t} \tag{8.5a}$$

$$x_t = \phi_{22}x_{t-1} + \epsilon_{2t}, \tag{8.5b}$$

wobei bedingt unter Y_{t-1} und X_{t-1} der Störtermvektor $(\epsilon_{1t}, \epsilon_{2t})'$ eine multivariate Normalverteilung hat mit Mittelwert Null und p.d. Kovarianzmatrix:

$$\sum = \begin{bmatrix} \sigma_{11} & \sigma_{12} \\ \sigma_{21} & \sigma_{22} \end{bmatrix}.$$

Eine einzelne Gleichung kann für y_t formuliert werden, indem sowohl auf aktuelle als auch auf vergangene Werte der erklärenden Variablen abgestellt wird. Unter Verwendung der Standardergebnisse zur multivariaten Normalverteilung ist man in der Lage zu beweisen, daß bei einer Beschränkung auf die aktuellen Werte von x_t y_t normalverteilt ist mit Mittelwert:

$$\begin{aligned} E(y_t|Y_{t-1}, X_t;\theta) = {} & \phi_{11}y_{t-1} + \phi_{12}x_{t-1} \\ & -(\sigma_{12}/\sigma_{22})(x_t - \phi_{22}x_{t-1}) \qquad (8.6a) \\ = {} & \phi_{11}y_{t-1} - (\sigma_{12}/\sigma_{22})x_t + \{\phi_{12} - (\phi_{22}\sigma_{12}/\sigma_{22})\}\, x_{t-1} \end{aligned}$$

und Varianz:

$$Var(y_t|Y_{t-1}, X_t;\theta) = \sigma_{11} - \sigma_{12}^2/\sigma_{22}. \tag{8.6b}$$

Dies führt zu dem autoregressiv verteilten Lag-Modell:

$$y_t = \phi y_{t-1} + \delta_0 x_t + \delta_1 x_{t-1} + \epsilon_t, \tag{8.7}$$

wobei die Parameter ϕ, δ_0, δ_1 und σ^2 *über* die Gleichungen (8.6a) und (8.6b) mit den Originalparametern verbunden sind. Die zwei Parametermengen $\theta = (\phi, \delta_0, \delta_1, \sigma^2)$ und $\theta_x = (\phi_{22}, \sigma_2^2)$ sind variationsfrei. Die Gleichung für x_t bleibt wie in (8.5b) spezifiziert und durch die Eigenschaften der multivariaten Normalverteilung sind ϵ_{1t} und ϵ_{2t} jeweils unabhängig voneinander verteilt; folglich ist die Faktorisierung analog (8.2) möglich.

Wie aus Gleichung (8.5b) zu sehen ist, hängt die Verteilung der x_t nicht von vergangenen Werten von y_t ab, und somit ist (8.4) erfüllt. Folglich ist x_t bezogen auf die interessierenden Parameter in θ steng exogen.

Es ist schwierig, ohne die Spezifikation des allgemeinen multivariaten Modells zu verwenden, direkt zu überprüfen, ob die erklärenden Variablen schwach exogen sind. Dies ist ein unglücklicher Umstand, da einer der wichtigsten Gründe für das Arbeiten mit Einzelgleichungen die Vermeidung der Spezifikation eines allgemeinen Modells ist. Exogenität kann aber indirekt getestet werden, da, wenn sie nicht gegeben ist, das Modell wahrscheinlich nicht stabil ist und dies wird wahrscheinlich auftauchen, wenn es einer Diagnoseüberprüfung ausgesetzt wird. Weitere Details zur Exogenität und zur Überprüfung auf Exogenität sind in Engle, Hendry und Richard (1983) und Engle (1984) zu finden.

Anmerkungen

Abschnitt 3 Breusch und Pagan (1980), Godfrey (1978b), Kenward (1976) Kiviet (1986).

Abschnitt 6 Pagan und Byron (1977), Hatanaka (1976).

Übungen

1. (a) Angenommen, in (2.1) sind $\alpha = 0.6$ und $\beta = 2$. Bestimmen Sie den Totalmultiplikator, das mittlere-Lag und das Median-Lag.

   (b) In (7.1.16) seien $B(L) = \beta_0 + \beta_1 L$ und $A(L) = 1 - \alpha L$. Bestimmen Sie eine Gleichung für die Koeffizienten in dem Polynom $D(L) = B(L)/A(L)$.

   (c) Angenommen, der Störterm in (7.1.16) folgt einem AR(1)-Prozeß. Erklären Sie, wie Sie die ML-Schätzwerte der Parameter berechnen würden.

   (d) Berechnen Sie den Totalmultiplikator und das mittlere Lag, falls $\beta_0 = 2$, $\beta_1 = 3$ und $\alpha = 0.5$.

2. Bestimmen Sie das mittlere-Lag in (1.6).

3. Angenommen, (2.1) wird mit einem AR(1)-Störterm geschätzt. Konstruieren Sie einen allgemeinen Fehlspezifikationstest analog zu dem in Abschnitt 4 beschriebenen.

4. Angenommen, (1.7) wird durch die KQ-Methode geschätzt. Wie würden Sie diese Spezifikation im Vergleich zur Alternative (7.4.1) überprüfen?

5. Zeigen Sie, daß Durbins Schätzwert für ϕ verglichen mit (6.1.10) (i) konsistent und (ii) asymptotisch effizient ist.

6. Zeigen Sie, daß die h-Statistik in (3.1) die LM-Statistik zur Überprüfung auf einen MA(1)-Störterm ist.

7. Zeigen Sie unter Verwendung der Schätzungen in Tabelle 8.1, daß K_1 in (5.9) gleich $\exp(-2.17 - 2.21g_1 - 1.55g_2)$ ist, wobei g_1 und g_2 die jährlichen Wachstumsraten von x_1 bzw. x_2 sind.
8. Leiten Sie eine Gleichung für das mittlere-Lag in (5.10) ab.
9. Angenommen, eine Konsumfunktion wird auf der Basis von Gleichung (5.11) mit $r = 1$ geschätzt. Zeigen Sie, daß ein Anstieg in der Wachstumsrate des Einkommens eine langfristige Abnahme der durchschnittlichen Konsumneigung impliziert. Ist dies das, was Sie erwarten würden?
10. Betrachten Sie das System:
$$y_t = Ay_{t-1} + B_0x_t + B_1x_{t-1} + u_t.$$
Bestimmen Sie eine Größe für (i) die Matrix der Totalmultiplikatoren und (ii) die Matrix der Zwischenmultiplikatoren nach zwei Zeitperioden.
11. Berechnen Sie die Zwischenmultiplikatoren für (5.14) bis zu einem Lag von 8 und kommentieren Sie den Verlauf. Bestimmen Sie den Totalmultiplikator, das mittlere-Lag und das Median-Lag.
12. Unter welchen Umständen würde das ARMAX-Modell (1.4) unteridentifiziert sein?

Kapitel 9

Simultane Gleichungsmodelle

9.1 Einführung

Im dynamischen Modell, das zum Ende des vorhergehenden Kapitels eingeführt wurde, bestanden die erklärenden Variablen in jeder Gleichung aus Beobachtungen exogener Variablen zusammen mit Beobachtungen *gelagter* Werte der endogenen Variablen. Bei ökonometrischen Problemen ist es aber oftmals sinnvoll anzunehmen, daß eine endogene Variable auch durch *aktuelle* Werte anderer endogener Variablen im System beeinflußt wird. Obwohl das Auftauchen eines unverzögerten Feedbacks an sich unwahrscheinlich ist, bedeutet dies, daß das System durch das zwischen zwei Beobachtungen liegende Zeitintervall tatsächlich als ein simultanes behandelt werden muß.

Das Modell aus Abschnitt 8.6 kann so erweitert werden, daß durch die Einführung einer $N \times N$-Matrix Γ Simultanität berücksichtigt wird. Folglich wird (8.6.5) zu:

$$\Gamma y_t = A_1 y_{t-1} + \cdots + A_r y_{t-r} + B_0 x_t + \cdots + B_s x_{t-s} + u_t. \qquad (1.1)$$

Abgesehen von Γ ist die Notation wie in (8.6.5) mit u_t als einem Störtermvektor mit Mittelwert Null und Kovarianzmatrix Ω. Im nachfolgenden wird unterstellt, daß u_t eine multivariate Normalverteilung hat.

Ein interessanter spezieller Fall ergibt sich, wenn die Gleichungen so geordnet werden können, daß Γ eine untere Dreiecksmatrix ist. Betrachten wir ein Dreigleichungssystem mit:

$$\Gamma = \begin{bmatrix} 1 & 0 & 0 \\ \gamma_{21} & 1 & 0 \\ \gamma_{31} & \gamma_{32} & 1 \end{bmatrix}. \qquad (1.2)$$

Die erste endogene Variable y_1 hängt nur von den exogenen Variablen und von den vergangenen Werten der endogenen Variablen ab. Die zweite Variable y_2 hängt von dem aktuellen Wert von y_1 ab, es gibt aber kein unmittelbares Feedback von y_2 auf y_1. Analog ist y_3 von den aktuellen Werten von beiden y_1 und y_2 abhängig, es gibt aber kein Feedback von y_3 auf y_2 und y_1.

Ein System, in dem Γ eine untere Dreiecksmatrix und Ω diagonal ist, wird als *rekursiv* bezeichnet. Ein derartiges Modell kann einem *interdependenten* Modell gegenübergestellt werden. Angenommen, die Matrix (1.2) wird modifiziert zu:

$$\Gamma = \begin{bmatrix} 1 & 0 & \gamma_{13} \\ \gamma_{21} & 1 & 0 \\ \gamma_{31} & \gamma_{32} & 1 \end{bmatrix}. \tag{1.3}$$

Dieses Modell enthält ein unverzögertes Feedback, da der aktuelle Wert von y_3 nun y_1 direkt durch γ_{13} beeinflußt. Da weiterhin y_{2t} von y_{1t} abhängt, wirkt der aktuelle Wert von y_3 ebenfalls auf den aktuellen Wert von y_2 ein. Folglich sind y_{1t}, y_{2t} und y_{3t} simultan determiniert.

Dieses Kapitel befaßt sich primär mit interdependenten Systemen, obwohl einige Aufmerksamkeit den rekursiven Systemen zukommt, da sie spezielle Eigenschaften haben. Insbesondere wird gezeigt, daß die Annahme der Rekursivität die Schätzung beträchtlich vereinfachen kann.

Die reduzierte Form

Die Gleichungen in (1.1) bilden die *strukturelle Form* des Modells. Die Multiplikation beider Seiten von (1.1) mit Γ^{-1} führt zu der *reduzierten Form*:

$$\begin{aligned} y_t = \; & \Gamma^{-1}A_1 y_{t-1} + \cdots + \Gamma^{-1}A_r y_{t-r} + \Gamma^{-1}B_0 x_t + \cdots \\ & + \Gamma^{-1}B_s x_{t-s} + \Gamma^{-1}u_t \qquad (1.4) \\ = \; & \Pi_1^+ y_{t-1} + \cdots \Pi_r^+ y_{t-r} + \Pi_0 x_t + \cdots + \Pi_s x_{t-s} + v_t . \end{aligned}$$

Die $N \times N$ Matrizen Π_i^+, $i = 1, \cdots, r$ und die $N \times K$ Matrizen Π_j, $j = 0, \cdots, s$ enthalten die Parameter der reduzierten Form, während v_t der Störterm der reduzierten Form ist. Sind die Eigenschaften des strukturellen Störterms gegeben, folgt:

$$E(v_t) = E(\Gamma^{-1}u_t) = \Gamma^{-1}E(u_t) = 0$$

und

$$E(v_t v_t') = \Gamma^{-1}E(u_t u_t')\Gamma^{-1} = \Gamma^{-1}\Omega\Gamma^{-1}.$$

Weiterhin bedeutet die lineare Transformation von u_t zu v_t, daß eine Normalverteilung für die strukturellen Störgrößen eine Normalverteilung für die Störgrößen der reduzierten Form impliziert.

Die reduzierte Form stellt eine Lösung für die Simultanität der strukturellen Gleichungen dar. Sind bestimmte Realisationen für die Störgrößen zusammen mit der Menge der Werte für die exogenen und die gelagten endogenen Variablen gegeben, ist (1.4) eine Lösung für die Werte der aktuellen endogenen Variablen. Aus einem Vergleich von (1.4) mit (8.6.5) ist aber zu sehen, daß die reduzierte Form exakt dieselbe Form hat wie das in Abschnitt 8.6 betrachtete Modell. Folglich ist die gesamte, dort entwickelte Theorie direkt auf (1.4) anwendbar. Insbesondere können die systematischen Dynamiken abgeleitet werden, und Prognosen für zukünftige Werte können unter Verwendung des Materials, das bereits dargestellt wurde, bestimmt werden. Weiterhin ist die reduzierte Form exakt die Lösung der strukturellen Form und die für (1.4) ermittelten systematischen Dynamiken und Prognosen sind ebenfalls direkt für (1.1) anwendbar. Die Matrix der Totalmultiplikatoren für (1.4) ist:

$$(I - \Pi_1^+ - \cdots - \Pi_r^+)^{-1}(\Pi_0 + \cdots + \Pi_s).$$

Durch Substitution der Parameter der reduzierten Form durch die strukturellen ergibt die Matrix der Totalmultiplikatoren in Größen von (1.1), d.h.:

$$\begin{aligned}(I - \Gamma^{-1}A_1 - \cdots - \Gamma^{-1}A_r)^{-1}(\Gamma^{-1}B_0 + \cdots + \Gamma^{-1}B_s)\\ = (\Gamma - A_1 - \cdots - A_r)^{-1}(B_0 + \cdots + B_s).\end{aligned}$$

Allgemeiner können die systematischen Dynamiken durch Übertragung der reduzierten Form in die *finale Form* untersucht werden, in der y_t nur in Größen der aktuellen und der gelagten Werte der exogenen Variablen dargestellt wird, vgl. (8.6.17).

Die Koeffizienten der reduzierten Form können direkt geschätzt werden. Wenn wir den Weg, auf dem (1.4) abgeleitet wird, ignorieren, erscheint (1.4) einfach als ein lineares dynamisches Modell, in dem die Störgrößen mit Mittelwertvektor Null und unbekannter Kovarianzmatrix normalverteilt sind. Da die erklärenden Variablen in jeder Gleichung dieselben sind, sind die ML-Schätzwerte durch die Anwendung der KQ-Methode auf jede Gleichung gegeben. Ist eine Menge von Schätzwerten gegeben, können Prognosen für zukünftige Werte von y_t einfach berechnet werden. Weiterhin läßt sich der gesamte Ansatz zu Modellen verallgemeinern, in denen v_t als durch einen multivariaten ARMA-Prozeß generiert angenommen wird.

Die Tatsache, daß die reduzierte Form direkt geschätzt werden kann, bringt unmittelbar die folgende Frage hervor: Warum müssen wir über Methoden zur Schätzung der strukturellen Form nachdenken? Es gibt zwei Begründungen, die jedoch zueinander in enger Beziehung stehen. Die erste ist, daß die ökonomische Theorie in Größen struktureller Gleichungen entwickelt wird. Die numerischen Werte der strukturellen Parameter sind deshalb von sich aus von Interesse, und tatsächlich ist ein Teil der Motivation zur Schätzung eines Modells, ökonomische Hypothesen zu überprüfen. Weiterhin wird die ökonomische Theorie der strukturellen Form *a priori* Restriktionen auferlegen. Solche Restriktionen spielen eine wichtige Aufgabe beim Aufbau eines simultanen Gleichungsmodells, da es ohne sie unmöglich wird, sinnvolle Schätzwerte für die strukturellen Parameter zu bestimmen. Die Restriktionen haben aber ebenfalls Implikationen für die Prognosen. Dies führt zu dem zweiten Grund, warum die strukturelle Form von Interesse ist. Wenn der strukturellen Form genügend Restriktionen auferlegt werden, wird die reduzierte Form ebenfalls den Restriktionen unterworfen sein. Die Vernachlässigung dieser Restriktionen wird dann zu ineffizienten Schätzwerten für die Parameter der reduzierten Form und folglich zu ineffizienten Prognosen führen. Somit kann dies, obgleich es bequem sein kann, Prognosen auf der *nichtrestringierten reduzierten Form* (URF) zu basieren, zu einem Verlust an Effizienz führen. Dieses Argument setzt aber voraus, daß alle der strukturellen Form auferlegten Restriktionen gültig sind. Glücklicherweise ist die Gültigkeit der Restriktionen eine überprüfbare Behauptung, die angemessene Methodologie wird in Abschnitt 5 beschrieben.

Identifizierbarkeit

In dem vorhergehenden Abschnitt wurde festgestellt, daß den strukturellen Gleichungen Restriktionen auferlegt werden müssen, um sinnvolle Schätzwerte zu bestimmen. Dies ist das Problem der Identifizierbarkeit, ein Konzept, das im ersten Kapitel angesprochen und dann innerhalb des statischen Rahmens in Abschnitt 3.6 untersucht wurde. Die Frage der Identifizierbarkeit ist bei jeder Betrachtung eines simultanen Gleichungssystems von zentraler Bedeutung, und Abschnitt 2 enthält eine Diskussion des Problems im Kontext des statischen Modells:

$$\Gamma y_t = Bx_t + u_t, \qquad t = 1, ..., T \tag{1.5}$$

Die reduzierte Form von (1.5) lautet:

$$y_t = \Pi x_t + v_t, \qquad t = 1, ..., T, \tag{1.6}$$

mit $\Pi = \Gamma^{-1}B$ und $v_t = \Gamma^{-1}u_t$. Die Verteilung der endogenen Variablen wird durch die reduzierte Form determiniert, der erwartete Wert für y_t hängt von den NK Parametern in Π ab und ihre Varianz ist abhängig von den $N(N+1)/2$ Parametern in der Kovarianzmatrix von v_t. Die Kovarianzmatrix der Störterme in der strukturellen Form enthält gleichfalls $N(N+1)/2$ voneinander verschiedene Parameter. Die Matrizen B und Γ können zusammen bis zu $N^2 + NK$ Parameter enthalten. Deshalb wird, bis auf den Fall, daß einige Elemente in B, Γ und Ω Restriktionen unterworfen sind, die strukturelle Form N^2 mehr Parameter als die reduzierte Form enthalten. In Abschnitt 2 wird gezeigt, daß der strukturellen Form wenigstens N^2 Restriktionen auferlegt werden müssen, damit jede Gleichung identifizierbar sein wird. Wenn der strukturellen Form mehr als N^2 Restriktionen auferlegt werden, wird die reduzierte Form ebenfalls den Restriktionen unterworfen sein, und unter diesen Umständen wird es wahrscheinlich einen Vorteil bringen, die Prognosen auf Schätzwerten für die reduzierten Parameter zu basieren, die aus den strukturellen Parametern abgeleitet werden.

Die meisten der Restriktionen, die der strukturellen Form auferlegt werden, werden aus einer *a priori* Theorie ermittelt. N-Restriktionen sind aber einfach als Resultat aus der *Normierung* gegeben. In jeder Gleichung wird eine endogene üblicherweise als die abhängige Variable betrachtet, und so können ihre Koeffizienten willkürlich gleich Eins gesetzt werden. Folglich muß die Matrix Γ eine Eins in jeder ihrer N Spalten haben. Da die endogenen Variablen in der reduzierten Form bereits implizit normiert worden sind, muß die minimale Zahl an Restriktionen, welche durch die ökonomische Theorie bereitgestellt wird, nicht N^2, sondern $N^2 - N$ sein. Im allgemeinen werden diese Restriktionen dadurch auferlegt, daß verschiedene Parametern in Γ und B gleich Null gesetzt werden, und es ist diese Form der Restriktion, die im Text nachdrücklich betont wird. Das Festsetzen eines Parameters auf Null ist äquivalent zum Ausschluß der korrespondierenden Variable aus der zu untersuchenden Gleichung.

Schätzung

Die vollständige Menge der Gleichungen in der strukturellen Form kann gemeinsam durch eine *Full-Information*-Prozedur geschätzt werden. Alternativ kann die Aufmerksamkeit auf eine einzelne Gleichung innerhalb des Systems konzentriert sein und ein *Limited-Information*-Ansatz verwandt werden. Eine Limited Information Schätzfunktion nimmt keine Rücksicht auf irgendeine *a priori* Restriktion in den anderen Gleichungen des Systems. Sie wird deshalb weniger effizient sein als die korrespondierende Full-Information-Schätzfunktion, ausgenommen sind verschiedene Spezialfälle. Wenn es aber einige Unsicherheit über die Spezifikation des Modells als Ganzes gibt, kann eine Limited Information Schätzfunktion die attraktivere sein. Ihr Nachteil, nicht alle verfügbare Information einzuschließen, wird wahrscheinlich ein Vorzug sein, wenn diese 'Informationen' von zweifelhafter Gültigkeit sind. Folglich umfaßt der Gegensatz zwischen Full-Information und Limited-Information im wesentlichen einen Trade-off zwischen Robustheit und Effizienz.

Die Maximum-Likelihood-Schätzung wird in Abschnitt 3 untersucht. Die Methode, die für das Modell als Ganzes angemessen ist, ist bekannt als *Full-Information-Maximum-Likelihood* (FIML) Methode. Wenn auch es einfach ist, die Likelihoodfunktion zu erstellen, sind die Likelihoodgleichungen hochgradig nichtlinear. Dies gilt ebenfalls für die *Limited-Information-Maximum-Likelihood* (LIML) Schätzung. Wenn die Berechnung dieser Schätzwerte mit moderenen Computeranlagen auch kein unüberwindliches Problem darstellt, gibt es weiterhin einen guten Grund, Schätzfunktionen zu verwenden die rechentechnisch einfacher zu handhaben sind. Die *zweistufigen Kleinste-Quadrate* (2SLS) und die *dreistufigen Kleinste- Quadrate* (3SLS) Schätzwerte sind beide relativ einfach zu berechnen, und es kann unter ziemlich allgemeinen Bedingungen gezeigt werden, daß sie dieselben Eigenschaften in großen Stichproben haben wie jeweils die LIML- und FIML-Methode. Sowohl das 2SLS- und auch das 3SLS-Verfahren können als Instrumentvariablenprozeduren betrachtet werden, und sie werden innerhalb dieses Rahmens in Abschnitt 4 abgeleitet.

Bei der Entwicklung der 2SLS- und 3SLS-Schätzfunktionen ist es günstig, eine Notation für individuelle Gleichungen zu haben. Wird berücksichtigt, daß verschiedene Variablen aus Gründen der Identifizierbarkeit aus verschiedenen Gleichungen ausgeschlossen werden, kann die $i$te Gleichung in (1.5) geschrieben werden als:

$$y_{it} = z_{it}'\delta_i + u_{it}, \qquad t = 1, ..., T, \quad i = 1, \cdots, N. \tag{1.7}$$

Der Vektor z_i enthält nur die exogenen und endogenen Variablen, abgesehen von der abhängigen Variable, die nicht aus der Gleichung ausgeschlossen worden sind. Sei k_i die Zahl der aufgenommenen exogenen Variablen, und sei n_i die Zahl der endogenen Variablen einschließlich der abhängigen Variable. Definiere $m_i = n_i + k_i - 1$. Dann sind z_i und der korrespondierende Parametervektor δ_i beide von der Länge m_i für $i = 1, \cdots N$. Die Zahl der ausgeschlossenen Variablen beträgt $K + N - k_i - n_i$, für $i = 1, \cdots, N$.

Überblick über den Rest des Kapitels

Wie bereits angedeutet, konzentrieren sich die Abschnitte 2 bis 5 auf die Entwicklung spezieller Charakteristiken von (1.1), die sich ausschließlich aufgrund der Simultanität ergeben. Die Abschnitte 6 und 7 verknüpfen diese Ergebnisse mit denen, die sich im vorgehenden Kapitel bei der Untersuchung des dynamischen Falls ergaben. Die Gleichung

(1.1) ist das allgemeinste in diesem Buch betrachtete Modell und es stellt die Basis für die moderne ökonometrische Modellbildung dar. Im letzten Abschnitt wird dieses Modell drei anderen Ansätzen zur Modellbildung gegenübergestellt. Diese Ansätze basieren auf der Schätzung der nichtrestringierten reduzierten Form, einem multivariaten ARMA-Modell und einer Menge univariater ARMA-Modelle. Das Ausmaß, in dem vorherige Informationen in jedes Modell eingehen, reduziert sich beim Übergang von (1.1) zu dem univariaten ARMA-Modell, und das wesentliche Anliegen im Abschnitt 8 ist, die Implikationen dieser verschiedenen Ansätze für die Prognose und Kontrolle zu untersuchen.

9.2 Identifizierbarkeit

Dieser Abschnitt untersucht das Problem der Identifizierbarkeit innerhalb des Kontexts eines statischen simultanen Gleichungssystems (1.5). Zunächst wird eine heuristische Einführung in Form eines einfachen Nachfrage- und Angebotsmodells gegeben. Die Diskussion wird dann erweitert und Regeln zur Identifikation werden innerhalb des in Abschnitt 3.6 aufgestellten allgemeinen Rahmens abgeleitet. Die Untersuchung des dynamischen Modells (1.1) wird bis zum Abschnitt 6 zurückgestellt.

Nachfrage und Angebot

Ein Nachfrage- und Angebotsmodell wurde in Kapitel 1 eingeführt. Angenommen, der Markt ist stets geräumt, dann reduziert sich das Modell zu einem System von gerade zwei Verhaltensgleichungen wie in (1.2.7). Die Addition eines Störterms zu jeder Gleichung führt zu der stochastischen Spezifikation:

$$S: \qquad q_t = \gamma_{11} p_t + \beta_{11} + \beta_{12} x_{2t} + \epsilon_{1t} \tag{2.1a}$$

$$D: \qquad q_t = \gamma_{21} p_t + \beta_{21} + \epsilon_{2t}, \qquad t = 1, \ldots, T, \tag{2.1b}$$

wobei $(\epsilon_{1t}, \epsilon_{2t})' \sim NID(0, \Omega)$. Der Kovarianzmatrix Ω wird keine Restriktion auferlegt, und eine Gleichung kann nur dann identifiziert werden, wenn die Restriktionen den Koeffizienten der Variablen selbst auferlegt werden.

Wie sie formuliert sind, sind die Gleichungen in (2.1) lediglich eine stochastische Version der deterministischen Spezifikation in (1.2.7). In Abbildung 1.1 wurde gezeigt, daß das Zuweisen verschiedener Werte für x_2 tatsächlich die Nachfragekurve hervortreten läßt. Die Einführung eines Störterms in (2.1) bedeutet, daß dies nicht länger strikt der Fall ist, obwohl, wie Abbildung 9.1 zeigt, die Beobachtungen nahe an der zugrunde liegenden Nachfragekurve liegen werden. Dies deutet an, daß die Nachfragekurve weiterhin vernünftig geschätzt werden kann, wenn auch, wie wir später sehen werden, eine KQ-Regression zwischen q_t und p_t keine geeignete Möglichkeit zur Erreichung dieses Ziels sein wird.

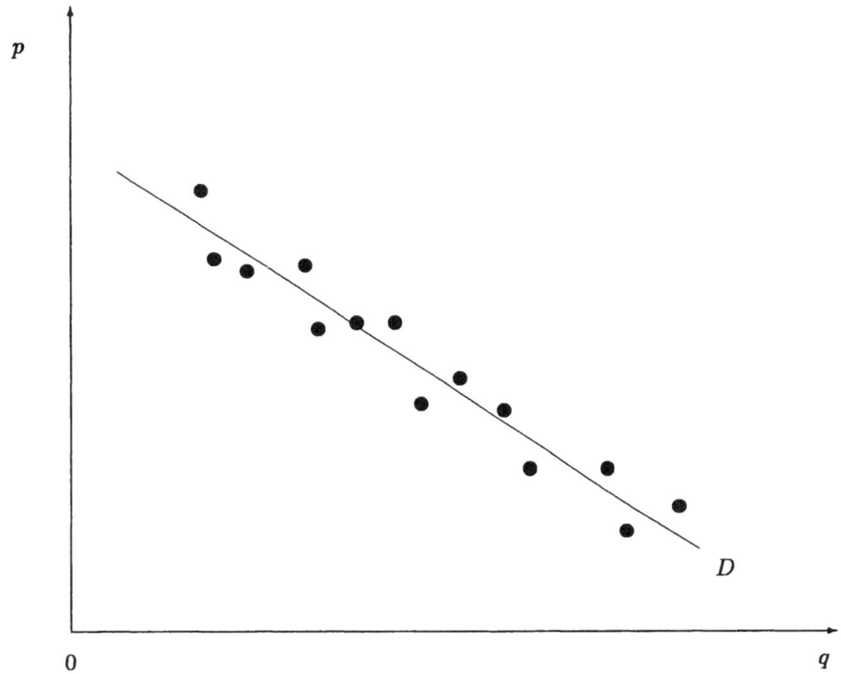

Abbildung 9.1 Durch Modell (2.1) generierte Nachfrage

Der kritische Punkt in (2.1) ist der Ausschluß von x_2 aus der Nachfragegleichung. Der Angebotsfunktion sind keine Restriktionen auferlegt, die Beobachtungen sind aber ungeeignet, ausreichend Informationen bereitzustellen, um sinnvolle Schätzwerte für die Parameter, die konstruiert werden, bereitzustellen. Natürlich würde, wenn x_2 aus der Angebotsgleichung ausgeschlossen wäre, aber in der Nachfragegleichung enthalten ist, die Situation umgekehrt sein. Dies hinterläßt die Frage, was passiert, wenn x_2 aus keiner Gleichung ausgeschlossen wird. Im gewissen Sinn ist die Antwort offensichtlich. Da die Angebots- wie die Nachfragegleichung exakt dieselbe Spezifikation haben, gibt es keine Möglichkeit, zwischen beiden auf der Basis der Stichprobeninformationen zu diskriminieren. Folglich ist keine Gleichung identifiziert.

Es ist lehrreich, diese Ergebnisse mit der reduzierten Form in Beziehung zu bringen. Die Behandlung der Angebots- und Nachfragegleichung als ein Paar in p und q simultaner Gleichungen führt dazu, daß wir die Gleichungen für p und q nur in Größen der exogenen Variablen lösen können; d.h.

$$q_t = \pi_{11} + \pi_{21} x_{2t} + v_{1t} \tag{2.2a}$$

$$p_t = \pi_{21} + \pi_{22} x_{2t} + v_{2t}, \qquad t = 1, \ldots, T. \tag{2.2b}$$

In Matrix-Notation analog (1.5) ist:

$$\Gamma = \begin{bmatrix} 1 & -\gamma_{11} \\ 1 & -\gamma_{21} \end{bmatrix} \quad \text{und} \quad \beta = \begin{bmatrix} \beta_{11} & \beta_{12} \\ \beta_{21} & \beta_{22} \end{bmatrix}, \tag{2.3}$$

so daß

$$\Pi = \begin{bmatrix} \pi_{11} & \pi_{12} \\ \pi_{21} & \pi_{22} \end{bmatrix} = \begin{bmatrix} 1 & -\gamma_{11} \\ 1 & -\gamma_{21} \end{bmatrix}^{-1} \begin{bmatrix} \beta_{11} & \beta_{12} \\ \beta_{21} & \beta_{22} \end{bmatrix}.$$

Folglich gilt:

$$\pi_{11} = \frac{\gamma_{11}\beta_{21} - \gamma_{21}\beta_{11}}{\gamma_{11} - \gamma_{21}} \tag{2.4a}$$

$$\pi_{21} = \frac{\beta_{21} - \beta_{11}}{\gamma_{11} - \gamma_{21}} \tag{2.4b}$$

$$\pi_{12} = \frac{\gamma_{11}\beta_{22} - \gamma_{21}\beta_{12}}{\gamma_{11} - \gamma_{21}} \tag{2.4c}$$

$$\pi_{22} = \frac{\beta_{22} - \beta_{12}}{\gamma_{11} - \gamma_{21}} \tag{2.4d}$$

Die gemeinsame Verteilung von p_t und q_t wird durch die Gleichungen der reduzierten Form (2.2) determiniert. Während in der reduzierten Form nur $KN = 4$ Parameter enthalten sind, ist die Anzahl der strukturellen Parameter in Γ und B gleich Sechs, d.h. $KN + N(N-1)/2$. Aus (2.4) ist zu sehen, daß eine unendliche Anzahl an Parametern der strukturellen Form mit einer bestimmten Menge an Parametern für die π_{ij} konsistent sein wird.

In Modell (2.1) wird die Restriktion eingeführt, da β_{22} gleich Null ist. Aus der Untersuchung von (2.4c) und (2.4d) ist zu sehen, daß dies

$$\pi_{12}/\pi_{22} = \gamma_{21} \tag{2.5}$$

impliziert. Folglich gibt es nur einen Wert für γ_{21}, der konsistent mit den Werten für π_{12} und π_{22} ist. Analog ist nur ein Wert für β_{21} konsistent mit den Parametern der reduzierten Form, da aus (2.4a) und 2.4b) gilt:

$$\pi_{11} - \gamma_{21}\pi_{21} = \beta_{21}. \tag{2.6}$$

und wegen (2.5) gilt:

$$\beta_{21} = \pi_{11} - \pi_{21}\pi_{12}/\pi_{22}.$$

Es ist aber nicht schwierig zu sehen, daß es weiterhin eine unendliche Zahl von Werten für γ_{11}, β_{11} und β_{12} gibt, die konsistent mit jeder Wertemenge für die Parameter der reduzierten Form sind.

Wir können nun dazu übergehen, die Implikationen für die Schätzung zu betrachten. Die Parameter der reduzierten Form können durch Anwendung der KQ-Methode auf jede Gleichung in (2.2) konsistent geschätzt werden. Die Gleichungen (2.5) und (2.6) legen nahe, daß konsistente Schätzwerte für γ_{21} und β_{21} aus den Parametern der reduzierten Form geschätzt werden können. Da aber mit jedem Wert für die Parameter der reduzierten Form eine unendliche Zahl von Werten für die Parameter der Angebotsfunktion verbunden werden können, ist es nicht möglich, für diese Parameter konsistente Schätzwerte aus den Schätzwerten der reduzierten Form zu ermitteln. In Größen der Abbildung 9.1 bedeutet dies, daß wir für einen gegebenen Wert x_2 jede beliebige Angebotskurve mit beliebigem Anstieg und beliebiger Konstante wählen können, ohne daß irgendetwas in den Daten unserer speziellen Wahl widersprechen wird. Die Diskussion der Identifizierbarkeit in Abschnitt 1 impliziert, daß, damit alle Gleichungen in der strukturellen Form identifizierbar sind, wenigstens $N(N-1)$ Restriktionen gefunden werden müssen. Für (2.1) ist $N = 2$, und damit das Modell als Ganzes identifizierbar wird, muß wenigstens eine weitere Restriktion eingeführt werden. Eine Möglichkeit ist $\beta_{12} = 0$ zu setzen. Wenn dies aber getan wird, würde x_2 nirgendwo im System auftauchen, und keine Gleichung wäre identifizierbar. Eine alternative Möglichkeit ist $\beta_{11} = 0$ zu setzen. Das Modell wird dann zu:

$$S: \qquad q_t = \gamma_{11}p_t + \beta_{12}x_{2t} + \epsilon_{1t} \tag{2.7a}$$

$$D: \qquad q_t = \gamma_{21}p_t + \beta_{21} + \epsilon_{2t} \qquad t = 1, ..., T. \tag{2.7b}$$

Die Gleichungen (2.4a) und (2.4b) können dann so umgestellt werden, daß folgt:

$$\gamma_{11} = \pi_{11}/\pi_{21}, \tag{2.8}$$

während β_{12} auf ähnliche Weise nur in Größen der Parameter der reduzierten Form dargestellt werden kann; vgl. (2.5) und (2.6). Folglich ist nur eine Wertemenge für die Parameter der Angebotsfunktion mit einer gegebenen Menge an Parametern der reduzierten Form konsistent, und somit ist die Gleichung identifizierbar.

Die Restriktion $\beta_{11} = 0$ impliziert, daß die Angebotskurve durch den Ursprung geht. Dies ist keine unsinnige Annahme, wenn es auch nicht sonderlich üblich ist, dem konstanten Term *a priori* Restriktionen aufzuerlegen. Abbildung 9.2 zeigt, warum eine derartige Restriktion wirksam bei der Identifizierung einer Gleichung ist. Um diesen Punkt in zweierlei Hinsicht zu illustrieren, wird die strukturelle Form angenommen als:

$$S: \qquad q_t = \gamma_{11}p_t + \epsilon_{1t} \tag{2.9a}$$

$$D: \qquad q_t = \gamma_{21}p_t + \beta_{21} + \epsilon_{2t}. \tag{2.9b}$$

Die Beobachtungen häufen sich um einen einzelnen Punkt, und da die Nachfragekurve nicht länger identifizierbar ist, ist ein Schätzwert für γ_{11} durch den Anstieg der mit S gekennzeichneten Linie gegeben.

Die Begründung zur Einführung von (2.7) war der Wunsch, eine strukturelle Form zu haben, die dieselbe Zahl an Parametern hat wie die reduzierte Form. Folglich wurden $N(N-1)$ Parameter gleich Null gesetzt. Wären aber die beiden Parameter in derselben Gleichung gleich Null gesetzt worden, würde sich der Fall ergeben, daß das Modell als Ganzes nicht identifizierbar ist. Betrachten wir das Modell:

$$S: \qquad q_t = \gamma_{11}p_t + \epsilon_{1t} \tag{2.10a}$$

$$D: \qquad q_t = \gamma_{21}p_t + \beta_{21} + \beta_{22}x_{2t} + \epsilon_{2t}. \tag{2.10b}$$

Obgleich in der strukturellen Form zwei Restriktionen enthalten sind, dienen beide dazu, dieselbe Gleichung, hier die Angebotsfunktion, zu identifizieren. Ein Vergleich von (2.10) mit (2.9) macht offensichtlich, daß eine Restriktion für diesen Zweck hinreichend ist. Die Angebotsfunktion in (2.10) wird deshalb als *überidentifiziert* bezeichnet, während sie in (2.9) *exakt identifiziert* ist. Die Tatsache, daß die Angebotsfunktion in (2.10) überidentifiziert ist, hat keinerlei positive Auswirkungen für die Nachfragefunktion: sie ist weiterhin *unteridentifiziert*.

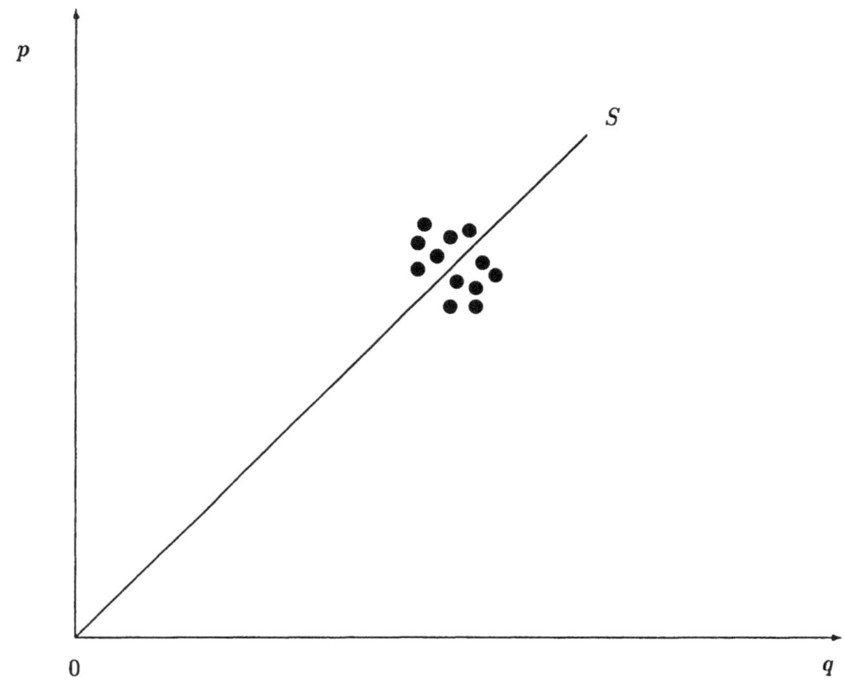

Abbildung 9.2 Durch Modell (2.9) generierte Daten

Bedingungen für Identifizierbarkeit

Das Konzept der Identifizierbarkeit wurde in Abschnitt 3.6 präzise in Größen der gemeinsamen Dichtefunktion für die endogenen Variablen definiert; die Struktur eines Modells ist dann und nur dann identifizierbar, wenn es keine andere beobachtungsäquivalente Struktur gibt. Wenn die Beobachtungen durch ein simultantes Gleichungsmodell generiert werden, dann wird ihre Verteilung durch die reduzierte Form bestimmt. Wenn die Störgrößen in (1.5) normalverteilt und unabhängig sind, kann das Modell geschrieben werden als:

$$\Gamma y_t = Bx_t + \epsilon_t, \tag{2.11}$$

wobei $\epsilon_t \sim NID(0, \Omega)$. Es folgt, daß $y_t \sim NID(\Gamma^{-1}Bx_t, \Gamma^{-1}\Omega\Gamma^{-1\prime})$ ist.

Somit werden jeweils zwei Strukturen, die reduzierte Formen aufweisen, in denen der erwartete Wert von y_t und ihre Kovarianzmatrizen identisch sind, beobachtungsäquivalent sein.

Eine Klasse beobachtungsäquivalenter Strukturen kann durch Multiplikation von (2.11) mit einer nichtsingulären Matrix F definiert werden. Dies führt zu:

$$F\Gamma y_t = FBx_t + F\epsilon_t. \tag{2.12}$$

Die reduzierte Form von (2.12) ist:

$$\begin{aligned} y_t &= (F\Gamma)^{-1}FBx_t + (F\Gamma)^{-1}F\epsilon_t \\ &= \Gamma^{-1}Bx_t + \Gamma^{-1}\epsilon_t \end{aligned}$$

Sie stimmt exakt mit der reduzierten Form von (2.11) überein.

Weiter oben wurde argumentiert, daß die Identifizierbarkeit einer strukturellen Form nur durch das Einfügen von Restriktionen auf die Parameter erreicht werden kann. Folglich wird (2.12), obgleich diese strukturelle Form beobachtungsäquivalent zu (2.11) ist, nur dann ein *zulässiges Modell* sein, wenn sie dieselben *a priori* Restriktionen erfüllt wie (2.11). Wenn B z.B. an einer bestimmten Position eine Null enthält, muß FB ebenfalls an exakt derselben Stelle eine Null enthalten. Wenn sie es nicht tut, kann sie nicht als eine Struktur des Modells betrachtet werden, für das wir uns interessieren. Eine bestimmte Struktur für (2.11) wird deshalb identifizierbar sein, wenn die Beschränkungen des Modells implizieren, daß (2.12) nur dann ein zulässiges Modell sein kann, wenn F gleich der Einheitsmatrix ist. Da dieses Argument für alle Strukturen von (2.11) gilt, ist diese Bedingung ebenfalls eine notwendige und hinreichende Bedingung für die Identifizierbarkeit des Modells selbst. Deshalb ist eine Menge an Regeln erforderlich, die uns die Bedingungen mitteilt, unter denen die einzige mit der zulässigen Struktur konsistente Transformationsmatrix gleich der Einheitsmatrix ist. Wie unten gezeigt wird, können diese Regeln für jeweils eine Gleichung aufgestellt werden, und die Identifizierbarkeit des Systems als Ganzes ist über die Identifizierbarkeit jeder individuellen Gleichung bestimmt. In einem Limited-Information-Ansatz wird aber die Aufmerksamkeit auf eine einzelne Gleichung konzentriert, und die Identifizierbarkeit der anderen Gleichungen muß niemals betrachtet werden.

Während dieses Unterabschnittes wird angenommen, daß die einzige Möglichkeit, dem Modell Restriktionen aufzuerlegen, darin besteht, verschiedene Koeffizienten in B oder Γ gleich Null zu setzen. Allgemeiner ist es möglich, Restriktionen durch die Betrachtung von Linearkombinationen der Parameter in einer Gleichung einzuführen. In dem Kontext des Modells (2.1) kann gezeigt werden, daß die Restriktion $\gamma_{11} = \beta_{12}$ ausreichend ist, um die Identifizierbarkeit der Angebotsfunktion sicherzustellen. Restriktionen dieser Art werden hier nicht explizit betrachtet. Ebenfalls wird keine große Aufmerksamkeit auf Restriktionen gelegt, die die Matrix Ω betreffen, obwohl im nächsten Unterabschnitt gezeigt wird, daß die Identifikation eines rekursiven Modells gesichert ist, wenn Ω als diagonal angenommen wird. Für den verbleibenden Teil wird unterstellt, daß Ω nicht restringiert ist.

Betrachten wir eine einzelne Gleichung im Modell (2.11). Ohne einen Verlust an Allgemeingültigkeit kann die erste Gleichung gewählt werden, und sie kann geschrieben werden als:

$$\sum_{i=1}^{N} \gamma_{1i} y_{it} = \sum_{j=1}^{K} \beta_{1j} x_{jt} + \epsilon_{1t} \tag{2.13}$$

Die Normierungsregel impliziert, daß ein Element in γ_{ij} gleich Eins gesetzt werden muß. Damit die Gleichung identifizierbar wird, müssen verschiedene Variablen aus (2.13) ausgeschlossen werden. Wird dies getan, enthält die Gleichung $n_1 \leq N$ endogene Variablen und $k_1 \leq K$ exogene Variablen. Eine andere Spezifikation dieser Gleichung wird nur dann ein zulässiges Modell sein, wenn es denselben Satz an exogenen und endogenen Variablen enthält.

Es sei die erste Zeile der Matrix F durch $(1f')$ gekennzeichnet, wobei f ein $(N-1)\times 1$ Vektor ist. Das Setzen des ersten Elements gleich Eins wird einfach deshalb vorgenommen, um der Normierungsanforderung gerecht zu werden. Die ersten Zeilen der Matrizen $F\Gamma$ und FB in (2.12) sind jeweils durch $(1f')\Gamma$ und $(1f')B$ gegeben. Der Vektor f wird für zulässig gehalten, wenn $(1f')\Gamma$ und $(1f')B$ denselben Restriktionen folgt wie die ersten Zeilen von Γ und B. Wenn der einzige zulässige Vektor der Nullvektor ist, ist die Gleichung identifizierbar. Mit anderen Worten, es ist zu fragen, ob es möglich ist, die Charakteristiken der ersten Gleichung in dem Modell durch eine Linearkombination der anderen Gleichungen zu reproduzieren.

Einige Beispiel sollen diese Konzepte verdeutlichen und auch mögliche Regeln zur Identifikation nahelegen.

Beispiel 1 In (2.9) ist die Γ-Matrix, außer der Normierung, keiner Restriktion ausgesetzt, aber B ist $B=[0,\beta_{21}]'$. Da $N=2$, ist f ein Skalar und somit gilt:

$$(1f)B = f\beta_{21}. \tag{2.14}$$

Das Modell für die Angebotsfunktion (2.9a) enthält die *a priori* Restriktion $\beta_{11}=0$. Die Transformation in (2.14) ist deshalb nur zulässig, wenn $f=0$ gilt. Folglich ist (2.9a) identifizierbar.

Beispiel 2 Betrachten wir nun ein Dreigleichungssystem:

$$\begin{array}{ccccccccccccc}
y_{1t} & + & \gamma_{12}y_{2t} & + & \gamma_{13}y_{3t} & = & \beta_{11}x_{1t} & + & & + & \beta_{13}x_{3t} & + & \epsilon_{1t} \\
 & & y_{2t} & + & \gamma_{23}y_{3t} & = & & & \beta_{22}x_{2t} & + & \beta_{23}x_{3t} & + & \epsilon_{2t} \\
\gamma_{31}y_{1t} & & & + & y_{3t} & = & & & \beta_{32}x_{2t} & & & + & \epsilon_{3t}.
\end{array} \tag{2.15}$$

Bei der Untersuchung der Identifizierbarkeit der ersten Gleichung müssen wir nur das zweite Element in $(1f')B$ betrachten. Falls ein $f\neq 0$ existiert, so daß dieses Element Null wird, wird keine Struktur für die Gleichung identifizierbar sein, da es immer möglich ist, eine beobachtungsäquivalente Struktur zu finden. Es seien g und h die beiden Elemente in f, d.h. $f'=(g\,h)$. Die Frage ist, ob es möglich ist, die Gleichung

$$g\beta_{22}+h\beta_{32}=0 \tag{2.16}$$

zu erfüllen, wobei entweder g oder h oder beide von Null verschiedene Werte haben. Die Frage ist offensichtlich zu bejahen, da alles, was zu tun ist, $g/h=-\beta_{32}/\beta_{22}$ zu setzen.

Der Ausschluß einer Variable aus einer Gleichung ist offensichtlich in diesem Fall nicht ausreichend, um Identifizierbarkeit sicherzustellen. Es sei nun aber angenommen, daß x_3 ausgeschlossen wird, d.h. $\beta_{13}=0$. Die Matrix FB wird nur dann dieselben Restriktionen wie B erfüllen, wenn g und h so gewählt werden können, daß (2.16) und die Gleichung:

$$g\beta_{23}=0 \tag{2.17}$$

erfüllt sind. Aber bis auf den Fall $\beta_{23} = 0$ impliziert dies, daß g Null sein muß, und bis auf den Fall $\beta_{32} = 0$ folgt aus (2.16), daß $h = 0$ sein muß. Deshalb ist der einzige zulässige f-Vektor $f = 0$, und somit ist die Gleichung nun identifizierbar. Die Spezifikation, daß β_{23} und β_{32} nicht Null sind, ist offensichtlich ziemlich pedantisch, insoweit, als daß die Spezifikation des Modells darlegt, daß die korrespondierenden Variablen tatsächlich in den relevanten Gleichungen enthalten sein sollten.

Diese Beispiele legen als eine Regel für Identifizierbarkeit nahe, daß wenigstens $N-1$ Variablen aus der untersuchten Gleichung ausgeschlossen werden müssen. Dies stimmt mit der vorhergehenden Diskussion überein, da, wenn $(N-1)$ Variablen aus einer Gleichung ausgeschlossen sind, die Gesamtzahl der Restriktionen in der strukturellen Form $N(N-1)$ ist. Während die Anforderung, daß $N-1$ Variablen aus einer Gleichung auszuschließen sind, üblicherweise die Identifizierbarkeit sicherstellen wird, gibt es Fälle, in denen dies nicht hinreichend ist.

Beispiel 3 Unterstellt, in dem Dreigleichungsmodell des Beispiels 2 wird eine geringfügige Änderung vorgenommen. Die Aufnahme von x_3 in die dritte Gleichung bedeutet, daß das Modell nun zu schreiben ist als:

$$\begin{array}{ccccccccccccc} y_{1t} & + & \gamma_{12}y_{2t} & + & \gamma_{13}y_{3t} & = & \beta_{11}x_{1t} & + & & & & + & \epsilon_{1t} \\ & & y_{2t} & + & \gamma_{23}y_{3t} & = & & & \beta_{22}x_{2t} & + & \beta_{23}x_{3t} & + & \epsilon_{2t} \\ \gamma_{31}y_{1t} & & & + & y_{3t} & = & & & \beta_{32}x_{2t} & + & \beta_{33}x_{3t} & + & \epsilon_{3t} \end{array} \qquad (2.18)$$

Gleichung (2.17) wird nun zu:

$$g\beta_{23} + h\beta_{33} = 0. \qquad (2.17)'$$

Im allgemeinen werden die beiden Gleichungen (2.16) und (2.17)' durch das Setzen von $g = h = 0$ erfüllt sein. Falls aber

$$\beta_{22}\beta_{33} - \beta_{32}\beta_{23} = 0,$$

ist es möglich, von Null verschiedene Werte für g und h zu finden, vorausgesetzt:

$$g/h = -\beta_{32}/\beta_{22} = -\beta_{33}/\beta_{23}.$$

Solche Möglichkeiten müssen deshalb, insbesondere bei der Festlegung der Bedingungen, die notwendig und hinreichend sind, um die Identifizierbarkeit einer Gleichung sicherzustellen, ausgeschlossen werden.

Betrachten wir nun den allgemeinen Fall (2.12). Die $N \times (N+K)$- Matrix $[\Gamma \vdots B]$ kann partitioniert werden als:

$$\left[\Gamma \vdots B\right] = \left[\begin{array}{c|c|c|c} 1, -\gamma_1' & 0' & \beta_1' & 0' \\ \hline \bar{\Gamma}_1 & \Gamma_1 & \bar{B}_1 & B_1 \end{array}\right] \begin{array}{l} \} \ 1 \\ \} \ N-1 \end{array} \qquad (2.19)$$
$$\underbrace{\qquad}_{n_1} \quad \underbrace{\qquad}_{N-n_1} \quad \underbrace{\qquad}_{k_1} \quad \underbrace{\qquad}_{K-k_1}$$

Die erste Zeile in (2.19) korrespondiert mit der ersten Gleichung in dem Modell. Die Variablen sind auf eine solche Weise umgestellt, daß die Koeffizienten, die zu den n_1 endogenen Variablen gehören, die in der Gleichung enthalten sind, in den ersten n_1 Spalten erscheinen. Die nächsten $N - n_1$ Spalten enthalten die Koeffizienten der endogenen Variablen, die aus der ersten Gleichung ausgeschlossen sind. Die verbleibenden K Spalten sind auf analoge Weise umgestellt.

Die erste Zeile in (2.19) enthält die Koeffizienten für die erste Gleichung in dem Modell, die Notation (γ_1, β) ist dieselbe wie die im Kapitel (4.3) eingeführte. Wesentlich ist in der ersten Zeile in (2.19), daß sie im aktuellen Zusammenhang zwei Zeilenvektoren mit Nullwerten enthält. Diese korrespondieren mit den Koeffizienten der ausgeschlossenen Variablen. Wenn der Zeilenvektor $(1f')[\Gamma \vdots B]$ denselben Restriktionen unterliegt wie die erste Zeile von (2.19), dann muß der Vektor f die zwei Gleichungen $f'\Gamma_1 = 0$ und $f'B_1 = 0$ erfüllen. Diese können gemeinsam geschrieben werden als:

$$f'[\Gamma_1 \vdots B_1] = 0. \tag{2.20}$$

Die zwei Gleichungen (2.16) und (2.17)' stellen einen Spezialfall von (2.20) dar.

Die Matrix $[\Gamma_1 \vdots B_1]$ besitzt die Ordnung $(N - 1) \times (N - n_1 + K - k_1)$. Bis auf die Möglichkeit, daß $N - n_1 + K - k_1 \geq N - 1$ ist, wird es immer möglich sein, ein $f \neq 0$ zu finden, so daß (2.20) erfüllt ist. Dieses Argument gilt für jede Gleichung in dem Modell, und somit ist die Bedingung:

$$N - n_i + K - k_i \geq N - 1, \quad i = 1, ..., N \tag{2.21}$$

notwendig, damit die $i$te Gleichung identifizierbar wird. Sie wird normalerweise als *Ordnungskriterium* bezeichnet.

Obgleich das Ordnungskriterium zur Identifikation notwendig ist, ist es nicht hinreichend. Es ist nur möglich, sicher zu sein, daß $f = 0$ eine eineindeutige Lösung für (2.20) ist, falls $[\Gamma_1 \vdots B_1]$ eine $(N - 1) \times (N - 1)$ Submatrix umfaßt, die nicht singulär ist. Dies ist äquivalent zu der Forderung, daß $[\Gamma_1 \vdots B_1]$ vollen Zeilenrang hat. Wenn die Bedingung – das *Rangkriterium* – erfüllt ist, muß die Gleichung identifizierbar sein. Folglich ist sie sowohl notwendig als auch hinreichend.

Um die Identifizierbarkeit einer Gleichung zu überprüfen, wird zunächst das Ordnungskriterium untersucht. Die Ungleichung (2.21) kann derart interpretiert werden, daß sie sagt, daß die Zahl der ausgeschlossenen Variablen wenigstens $N - 1$ betragen muß. Alternativ führt das Umstellen von (2.21) zu:

$$K \geq n_i + k_i - 1 = m_i, \quad i = 1, ..., N. \tag{2.22}$$

Gleichung (2.22) ist so zu interpretieren, daß die Zahl der exogenen Variablen in dem System größer oder gleich der Zahl der erklärenden Variablen in der $i$ten Gleichung sein muß. Wenn das Ordnungskriterium nicht erfüllt wird, ist die Gleichung unteridentifiziert, und es besteht kein Grund, das Rangkriterium zu berücksichtigen. Wenn es erfüllt ist, kann das Rangkriterium untersucht werden. Der erste Schritt besteht in der Konstruktion der $(N - 1) \times (N - n_i + K - k_i)$ Matrix $[\Gamma_i \vdots B_i]$, die aus den Parametern in Γ und B aufgestellt wird, die mit den Variablen korrespondieren, die *nicht* in der $i$ten Gleichung enthalten sind. Die Gleichung ist dann identifiziert, wenn wenigstens eine der $(N-1)\times(N-1)$ Submatrizen von $[\Gamma_i \vdots B]$ nichtsingulär ist. In (2.18) ist

$$\left[\Gamma_1 \vdots B_1\right] = \begin{bmatrix} \beta_{22} & \beta_{23} \\ \beta_{32} & \beta_{33} \end{bmatrix}$$

und so lautet das Rangkriterium für die erste Gleichung:

$$\beta_{22}\beta_{33} - \beta_{23}\beta_{32} \neq 0. \tag{2.23}$$

Dies ist genau das, was sich in der Diskussion unterhalb vom (2.17)' zeigte. Eine ähnliche Bedingung kann für die zweite und dritte Gleichung abgeleitet werden. In Modell (2.15) ist die dritte Gleichung aber überidentifiziert und es folgt:

$$\left[\Gamma_3 \vdots B_3\right] = \begin{bmatrix} \gamma_{12} & \beta_{11} & \beta_{13} \\ 1 & 0 & \beta_{23} \end{bmatrix}.$$

Jeweils eine der folgenden drei Bedingungen ist deshalb hinreichend, um Identifizierbarkeit zu sichern:

$$\begin{vmatrix} \gamma_{12} & \beta_{11} \\ 1 & 0 \end{vmatrix} = -\beta_{11} \neq 0 \tag{2.24a}$$

$$\begin{vmatrix} \gamma_{12} & \beta_{13} \\ 1 & \beta_{23} \end{vmatrix} = \beta_{23}\gamma_{12} - \beta_{13} \neq 0 \tag{2.24b}$$

oder

$$\begin{vmatrix} \beta_{11} & \beta_{13} \\ 0 & \beta_{23} \end{vmatrix} = -\beta_{11}\beta_{23} \neq 0 \tag{2.24c}$$

Die Schwierigkeit bei der Anwendung des Rangkriteriums in der Praxis ist, daß mehr *a priori* Wissen benötigt wird, als normalerweise verfügbar ist. Dieser Punkt wird durch (2.23) hervorgehoben. Es können ökonomische Gründe vorhanden sein, die nahelegen, daß $\beta_{22}/\beta_{23} = \beta_{32}/\beta_{33}$ gilt, und in diesem Fall ist die erste Gleichung natürlich nicht identifizierbar. Wenn die ökonomische Theorie nichts über die Beziehung zwischen den Parametern aussagt, kann andererseits die Identifizierbarkeit nur durch Nichteintreten begründet werden. Falls die Gleichung tatsächlich nicht identifizierbar ist, muß dies nicht im Prozeß der Schätzung des Modells sichtbar werden. Zum Beispiel kann bei der FIML-Schätzung der Algorithmus beim Konvergieren aufgrund der Singularität der Informationsmatrix für die wahren Parameterwerte versagen.

Ein weiterer Punkt, der das Rangkriterium betrifft, ist, daß es nur dann aufgestellt werden kann, wenn wir die Spezfikation des gesamten Modells vornehmen. Bei der Limited-Information-Schätzung kann es aber so sein, daß der Forscher nicht in der Lage ist oder nicht bereit sein wird, diese Anforderung zu erfüllen. Glücklicherweise ist das Ordnungskriterium i.d.R. hinreichend, um Identifizierbarkeit sicherzustellen, und obgleich es wichtig ist, sich des Rangkriteriums bewußt zu sein, wird das Versäumnis, es zu überprüfen, selten in einem Desaster enden.

Restriktionen bezüglich der Störgrößen *

Während der Diskussion im vorhergehenden Abschnitt wurde Ω als nichtrestringiert angenommen. Die Festlegung von Restriktionen für die Form von Ω kann für die Identifizierbarkeit auf ähnliche Weise wie die Beschränkung von Γ und B hilfreich sein.

Wenn Ω als diagonal spezifiziert wird, wird eine durch (2.12) gegebene beobachtungsäquivalente Struktur nur dann modellzulässig sein, wenn $F\Omega F'$ ebenfalls diagonal ist. Die Beschränkung von Ω darauf, diagonal zu sein, ist nicht hinreichend, um Identifizierbarkeit selbst sicherzustellen. Dies ist damit zu begründen, daß Ω symmetrisch ist und somit nur $N(N-1)/2$ unterschiedliche nichtdiagonale Größen enthält. Formaler, wenn das Modell (2.12) durch Festlegen der N diagonalen Terme in Ω gleich Eins normalisiert wird, impliziert die Diagonalitätsrestriktion $\Omega = I$. Wenn die Matrix F dann als eine orthogonale Matrix gewählt wird, wird die Restriktion erhalten bleiben. Die Struktur des Modells wird natürlich verändert, da $F\Gamma$ und FB nicht notwendig gleich Γ und B sein werden.

Falls Ω als diagonal spezifiziert wird, sind wenigstens $N(N-1)/2$ weitere Restriktionen notwendig, um die Identifizierbarkeit des Modells als Ganzes zu sichern. In einem rekursiven Modell - vgl. (1.2) - führt die Annahme einer unteren Dreiecksmatrix Γ die notwendige Zahl an Restriktionen ein und es kann gezeigt werden, daß jede Gleichung in dem Modell identifizierbar ist.

9.3 Die Maximum-Likelihood-Schätzung

Die gemeinsame Verteilung der Beobachtungen $y_1, \cdots, y_T$ in der reduzierten Form (2.11) ist gegeben durch:

$$\begin{aligned}\log L = & -\frac{TN}{2}\log 2\pi - \frac{T}{2}\log|\Gamma^{-1}\Omega\Gamma^{-1\prime}| \\ & -\frac{1}{2}\sum_{t=1}^{T}(y_t - \Pi x_t)'\Gamma'\Omega^{-1}\Gamma(y_t - \Pi x_t),\end{aligned} \tag{3.1}$$

da $E(v_t v_t') = \Gamma^{-1}\Omega\Gamma^{-1}$ ist. Da $\Pi = \Gamma^{-1}B$, kann das Modell ausschließlich in Größen der strukturellen Parameter dargestellt werden. Innerhalb des letzten Terms von (3.1) ist:

$$(y_t - \Pi x_t)'\Gamma' = (\Gamma y_t - \Gamma\Pi x_t)' = (\Gamma y_t - Bx_t)'$$

während:

$$-\frac{T}{2}\log|\Gamma^{-1}\Omega\Gamma^{-1\prime}| = T\log|\Gamma| - \frac{T}{2}\log|\Omega|.$$

Dies folgt direkt aus einem Standardergebnis über Determinanten. Somit ergibt sich (3.1) als:

$$\begin{aligned}\log L = & -\frac{TN}{2}\log 2\pi + T\log|\Gamma| - \frac{T}{2}\log|\Omega| \\ & -\frac{1}{2}\sum_{t=1}^{T}(\Gamma y_t - Bx_t)'\Omega^{-1}(\Gamma y_t - Bx_t).\end{aligned} \tag{3.2}$$

Wenn $\Gamma = I$ ist, reduziert sich das System zum multivariaten Regressionsmodell (2.10.1). Wenn einige Elemente in B auf den Wert Null festgelegt werden, wird das Modell am besten im Rahmen eines SURE-Modells behandelt. Die Schwierigkeiten bei der ML-Schätzung eines simultanen Modells (d.h. $\Gamma \neq I$) ergeben sich aus dem Einschluß der Determinante von Γ in (3.2). Die Ableitungen von $|\Gamma|$ bezüglich der von Null verschiedenen Elemente in Γ hängen von den Werten in Γ^{-1} ab, und obwohl die Differentiation des letzten Terms in (3.2) bezüglich Γ einfach ist, werden die Likelihoodgleichungen hochgradig nichtlinear sein.

Es gibt eine Vielzahl von Ansätzen zur Berechnung der Full Information Maximum Likelihood (FIML)-Schätzwerte in simultanen Gleichungsmodellen. Sie werden hier nicht im Detail beschrieben. Zwei Punkte sind aber beachtenswert. Erstens kann die Kovarianzmatrix Ω auf dieselbe Weise wie im SURE-Modell aus der Likelihoodfunktion ausgeschlossen werden; somit ergibt sich:

$$\begin{aligned}\tilde{\Omega}(\Gamma, B) &= T^{-1}\sum_{t=1}^{T}(\Gamma y_t - Bx_t)(\Gamma y_t - Bx_t)' \\ &= T^{-1}\sum_{t=1}^{T}\epsilon_t\epsilon_t'\end{aligned} \tag{3.3}$$

und Substitution für Ω in (3.2) führt zu der konzentrierten Log-Likelihoodfunktion:

$$\log L_c(\Gamma, B) = -\frac{TN}{2}(\log 2\pi + 1) + T\log|\Gamma| - \frac{T}{2}\log|\tilde{\Omega}|, \tag{3.4}$$

vgl. (4.4.25). Zweitens können analytische Gleichungen für die Ableitungen von log L bezüglich Γ und B ermittelt werden. Eine Ableitung der relevanten Formeln ist außerhalb des Anliegens dieses Buches. Der interessierte Leser ist für weitere Einzelheiten auf Phillips und Wickens (1978), Hendry (1976) oder Rothenberg und Leenders (1964) verwiesen. Ein interessanter anzumerkender Punkt ist aber, daß die Gleichungen der ersten und zweiten Ableitungen es ermöglichen eine *zweistufige Schätzfunktion* zu konstruieren. Die notwendigen konsistenten Startwerte, die die asymptotische Effizienz sichern, können relativ einfach durch Anwendung der zweistufigen Kleinste-Quadrate Methode, die im nächsten Abschnitt skizziert wird, ermittelt werden.

Es kann gezeigt werden, daß die ML-Schätzwerte für B und Γ unter den Gleichmäßigkeitsbedingungen die üblichen Eigenschaften haben. Eine Gleichung für die Kovarianzmatrix der asymptotischen Verteilung von $\tilde{\Gamma}$ und $\tilde{B}$ wird hier nicht angegeben. Im nächsten Abschnitt wird aber die dreistufige Kleinste-Quadrate-Schätzfunktion (3SLS) abgeleitet. Bis auf den Fall, daß Ω *a priori* Restriktionen unterworfen wird, haben die 3SLS-Schätzwerte in großen Stichproben dieselbe Verteilung wie die ML-Schätzwerte und somit sind die dort festgestellten Eigenschaften der Schätzwerte direkt für das FIML-Verfahren anwendbar.

Rekursive Systeme

Rekursive Systeme wurden in Abschnitt 1 eingeführt. Obgleich das Für und Wider diskutiert werden kann, ob solche Systeme wirklich als simultane Gleichungssysteme betrachtet werden sollten, stellen sie einen interessanten Spezialfall innerhalb des Kontexts der ML-Schätzung dar.

Ein rekursives System hat zwei Charakteristiken. Erstens kann die Matrix Γ auf eine solche Weise umgestellt werden, daß sie eine untere Dreiecksmatrix ist, und somit ist die Determinante von Γ gleich dem Produkt der Elemente auf der Hauptdiagonalen. Unter der Normierungsregel sind alle Elemente gleich Eins, und folglich ist $|\Omega| = 1$. Der zweite Term in der Log-Likelihoodfunktion (3.2) ist deshalb Null.

Das zweite Charakteristikum eines rekursiven Systems ist die Diagonalität von Ω. Dadurch vereinfacht sich der dritte Term in (3.2). Wichtiger ist, daß es dadurch möglich wird, den letzten Term in (3.2) für jede Gleichung in einzelne Terme aufzuspalten. In der Schreibweise von (1.7) ist das $i$te Element in dem Vektor $\Gamma y_t - Bx_t$ durch $y_{it} - z_{it}'\delta_i$ gegeben, und (3.2) kann geschrieben werden als:

$$\begin{aligned}\log L = \; & -\frac{TN}{2}\log 2\pi - \frac{T}{2}\sum_{i=1}^{N}\log \omega_{ii} \\ & -\frac{1}{2}\sum_{i=1}^{N}\sum_{t=1}^{T}\omega_{ii}^{-1}(y_{it} - z_{it}'\delta_i)^2 \\ = \; & \sum_{i=1}^{N}\left\{-\frac{T}{2}\log 2\pi - \frac{T}{2}\log \omega_{ii} - \frac{1}{2\omega_{ii}}\sum_{t=1}^{T}(y_{it} - z_{it}'\delta_i)^2\right\};\end{aligned} \tag{3.5}$$

dabei ist ω_{ii} das $i$te Element in Ω. Die Log-Likelihoodfunktion ist gleich der Summe der N Log-Likelihoodfunktionen der entsprechenden individuellen strukturellen Gleichungen. Die vollständigen ML-Schätzwerte für $\delta_1, \cdots, \delta_N$ sind deshalb durch separate Anwendung der KQ-Methode auf jede Gleichung im System gegeben.

Limited-Information-Maximum Likelihood Verfahren

Die Limited-Information-Maximum Likelihood (LIML)-Prozedur ist zur Schätzung einer einzelnen Gleichung in einem System geeignet. Die Daten werden für alle exogenen Variablen im System als verfügbar angenommen, es werden aber keine *a priori* Informationen über die Spezifikation der anderen Gleichungen des Systems verwendet.

Die Theorie, die der traditionellen Ableitung der LIML-Methode zugrunde liegt, ist relativ kompliziert; siehe Theil (1971). Eine äquivalente Möglichkeit zur Formulierung des LIML-Ansatzes lautet wie folgt: Die zu untersuchende Gleichung sei wie in (2.13) die erste. Sie kann geschrieben werden als:

$$y_{1t} = \gamma_1' y_{1t}^* + \beta_1' x_{1t} + e_t, \qquad t = 1, \ldots, T, \tag{3.6}$$

dabei sind γ_1 und β_1 jeweils $(n_1 - 1) \times 1$ bzw. $k_1 \times 1$ Vektoren der unbekannten Parameter. y_{1t}^* und x_{1t} sind die zugehörigen Vektoren der endogenen und exogenen Variablen. Die reduzierte Form der in (3.6) enthaltenen endogenen Variablen kann geschrieben werden als:

$$y_{1t}^{*} = \Pi_1 x_t + v_{1t} \qquad t = 1, \dots, T \tag{3.7}$$

dabei ist v_{1t} der $(n-1) \times 1$ Vektor der Störgrößen der reduzierten Form. Zusammengefaßt enthalten die Gleichungen (3.6) und (3.7) alle verfügbare Information für eine Limited-Information Gleichung; die erste Gleichung enthält die *a priori* Restriktionen, die aus der ökonomischen Theorie folgen, während die zweite diese nicht enthält. Folglich führt die Anwendung der ML-Methode gemeinsam auf (3.6) und (3.7) zu den LIML-Schätzwerten für (γ_1', β_1').

Die LIML-Schätzfunktion kann als die Anwendung des FIML-Ansatzes auf (3.6) und (3.7) betrachtet werden. Das Darstellung der Gleichungen als:

$$\begin{bmatrix} 1 & -\gamma_1 \\ 0 & I \end{bmatrix} \begin{bmatrix} y_{1t} \\ y_{1t}^{*} \end{bmatrix} = \begin{bmatrix} \beta_1' & 0 \\ & \Pi_1 \end{bmatrix} \begin{bmatrix} x_{1t} \\ x_{2t} \end{bmatrix} + \begin{bmatrix} \epsilon_{1t} \\ v_{1t} \end{bmatrix}$$

ist analog zu der Formulierung des gesamten Modells in (2.11), und die Likelihoodfunktion ist analog (3.2). Da aber die Jakobi- Determinante Eins ist, d.h.

$$\begin{vmatrix} 1 & -\gamma_1' \\ 0 & I \end{vmatrix} = 1, \tag{3.8}$$

entfällt der Term log $|\Gamma|$ aus der Likelihoodfunktion, und die ML-Schätzwerte können durch die Behandlung von (3.6) und (3.7) als ein SURE-System berechnet werden. Sind konsistente Startwerte gegeben, führt das Iterieren einer realisierbaren SURE-Schätzung bis zur Konvergenz zu den LIML-Schätzwerten. Ein konsistenter Schätzwert für Π_1 ist durch die Anwendung des KQ-Verfahrens auf (3.7) gegeben. Ein konsistenter Schätzwert für γ_1 und β_1 wird durch die im nächsten Abschnitt beschriebene zweistufige Kleinste-Quadrate-Schätzung ermittelt. Das 2SLS- und das LIML-Verfahren besitzen dieselben asymptotischen Eigenschaften, und so muß der Grund für die Anwendung der LIML-Methode primär darauf basieren, daß es in kleinen Stichproben bessere Eigenschaften aufweist.

9.4 Zweistufige und dreistufige Kleinste-Quadrate Verfahren

Zur Entwicklung der zweistufigen und dreistufigen Kleinste-Quadrate Schätzprozeduren ist es günstig, das Modell (2.11) in der Form

$$y_{it} = z_{it}'\delta_i + \epsilon_{it}, \quad i = 1, \dots, N, \qquad t = 1, \dots, T \tag{4.1}$$

zu schreiben, wobei z_i ein $m_i \times 1$ Vektor ist, der aus den $n_i - 1$ endogenen und den k_i exogenen erklärenden Variablen in der $i$ten Gleichung besteht. Der $m_i \times 1$ Vektor δ_i enthält die zugehörigen Parameter. Folglich wird angenommen, daß Restriktionen, die die Identifikation sichern durch den Ausschluß von Variablen aus der jeweiligen Gleichung eingeführt werden. Für jede Gleichung, die geschätzt wird, wird angenommen, daß sie das Ordnungskriterium $K \geq m_i$ erfüllt. Bei der Diskussion der Verteilungstheorie wird implizit angenommen, daß jedes relevante Rangkriterium ebenfalls erfüllt ist.

Die Gleichungen in (4.1) können in Matrixnotation geschrieben werden als:

$$y_i = Z_i\delta_i + \epsilon_i, \quad i = 1, ..., N. \tag{4.2}$$

Dabei sind y_i und ϵ_i jeweils $T \times 1$ Vektoren, und Z_i ist eine $T \times m_i$ Matrix für $i = 1, ..., N$. Die Beziehung zwischen (4.2) und (4.1) ist dieselbe wie die zwischen der Vektor- und Matrixformulierung im klassischen Regressionsmodell, und so ist eine explizite Definition von y_i, Z_i und ϵ_i nicht notwendig; vgl. (2.1.3) und (2.1.4).

Wenn es notwendig wird, zwischen den endogenen und exogenen Variablen in (4.2) zu unterscheiden, wird dies gekennzeichnet durch:

$$y_i = Y_i\gamma_i + X_i\beta_i + \epsilon_i, \quad i = 1, ..., N. \tag{4.3}$$

Y_i ist eine $T \times (n_i - 1)$ Matrix der endogenen Variablen, und X_i ist eine $T \times k_i$ Matrix der Beobachtungswerte der exogenen Variablen. In Größen der Notation von (4.1) ist $Z_i = [Y_i \vdots X_i]$ und $\delta_i = (\gamma_i', \beta_i')'$ für $i = 1, ..., N$.

Das Ziel dieses Abschnittes ist, Schätzfunktionen zu ermitteln, die einfacher sind als der LIML- und der FIML-Ansatz, während die wünschenswerten statistischen Eigenschaften beibehalten werden. Offensichtlich ist das KQ-Verfahren ein Kandidat. Aber, obwohl sich das FIML-Verfahren zu einer Menge von KQ-Regressionen im Fall eines rekursiven Systems reduziert, wird das KQ-Verfahren keine angemessene Schätztechnik für ein interdependentes System sein. Wenn eine Gleichung endogene Variablen enthält, ist eine der kritischen Annahmen des klassischen Regressionsmodells verletzt, da diese Variablen im allgemeinen mit dem Störterm korreliert sein werden. Im Ergebnis wird die KQ-Methode nicht einmal mehr konsistent sein. Dies ist präzise die Situation, die zu Beginn des Abschnittes 2.11 betont wurde. Die IV-Schätzfunktion wurde dort als eine angemessene Schätzfunktion zur Behandlung dieses Problems eingeführt, und es ergibt sich, daß diese Technik im aktuellen Zusammenhang wirksam eingesetzt werden kann. Bevor dieser Sachverhalt aber betrachtet wird, wird die KQ-Schätzfunktion untersucht, um ihre Anpassung in einem speziellen Fall zu ermitteln.

Gewöhnliche Kleinste-Quadrate Methode

Bei der Diskussion der Identitfizierbarkeit des Modells (2.1) wurde beiläufig angemerkt, daß eine einfache Regression von q_t durch p_t kein angemessener Weg zur Schätzung der Nachfragekurve sein würde. Selbst wenn die Nachfragekurve identifizierbar ist, ist die Anwendung des KQ-Verfahrens, wie aus der Entwicklung der Wahrscheinlichkeitsgrenze für γ_{21}, dem Anstieg der Nachfragekurve, gesehen werden kann, inkonsistent.

Der KQ-Schätzwert für γ_{21} ist:

$$\begin{aligned} c_{21} &= \frac{\sum (p_t - \bar{p})(q_t - \bar{q})}{\sum (p_t - \bar{p})^2} \\ &= \gamma_{21} + \frac{\sum (p_t - \bar{p})(\epsilon_{2t} - \bar{\epsilon_2})}{\sum (p_t - \bar{p})^2}. \end{aligned}$$

Somit ist

$$\text{plim } c_{21} = \gamma_{21} + \frac{Cov(p_t, \epsilon_{2t})}{Var(p_t)}.$$

Da p eine über den Markt determinierte endogene Variable ist, werden zufällige Veränderungen in der Nachfragekurve, die auf ϵ_{2t} zurückzuführen sind, p_t beeinflußen, und dies impliziert, daß $Cov(p_t, \epsilon_{2t})$ von Null verschieden ist.

Um die $Cov(p_t, \epsilon_{2t})$ zu ermitteln, betrachten wir die reduzierte Gleichung (2.2b). Da x_2 exogen ist, folgt unmittelbar:

$$Cov(p_t, \epsilon_{2t}) = Cov(v_{2t}, \epsilon_{2t}),$$

dabei ist:

$$v_{2t} = (\epsilon_{2t} - \epsilon_{1t})/(\gamma_{11} - \gamma_{21})$$

und deshalb gilt:

$$Cov(p_t, \epsilon_{2t}) = (\omega_{22} - \omega_{12})/(\gamma_{11} - \gamma_{21}).$$

Es gilt:

$$Var(p_t) = Var(v_{2t}) = (\omega_{11} + \omega_{22} - 2\omega_{12})/(\gamma_{11} - \gamma_{21})^2.$$

Deshalb folgt:

$$\text{plim } c_{21} - \gamma_{21} = (\gamma_{11} - \gamma_{21}) \cdot \frac{(\omega_{22} - \omega_{12})}{\omega_{11} + \omega_{22} - 2\omega_{12}} \neq 0. \tag{4.4}$$

Diese Größe mißt die 'Inkonsistenz' von c_{21}. Sie wird manchmal als Verzerrung durch simultane Gleichungen bezeichnet.

Wenn $\omega_{12} = 0$ ist, sind die Störgrößen unabhängig, und (4.4) vereinfacht sich zu:

$$\text{plim } c_{21} - \gamma_{21} = (\gamma_{11} - \gamma_{21}) \cdot \frac{\omega_{22}}{\omega_{11} + \omega_{22}}. \tag{4.5}$$

Auf der Basis *a priori* bekannten ökonomischen Theorie ist $\gamma_{11} > 0$ und $\gamma_{21} < 0$. Deshalb wird die Verzerrung in c_{21} in großen Stichproben eindeutig positiv sein. Dies impliziert, daß die geschätzte Kurve zu flach sein wird.

Zweistufige Kleinste-Quadrate Methode

Die Schwierigkeiten mit der Anwendung des KQ-Verfahrens auf (4.1) ergeben sich, da die endogenen Variablen auf der rechten Seite der Gleichung auftauchen. Die dem

2SLS-Verfahren zugrunde liegende Idee ist, die endogenen Variablen zunächst von ihren stochastischen Komponenten 'zu bereinigen' und dann y_{it} durch z_{it} zu regressieren. Die bereinigten Beobachtungswerte werden durch Anwendung der KQ-Methode auf die Gleichungen der reduzierten Form ermittelt; daraus ergibt sich die Bezeichnung zweistufiges Kleinste-Quadrate.

Die Notation in (4.3) ist die am besten geeignete zur Beschreibung der Prozedur. Die $n_i - 1$ Gleichungen der reduzierten Form, die mit den endogenen Variablen auf der rechten Seite von (4.3) korrespondieren, können geschrieben werden als:

$$Y_i = X\Pi_i' + V_i, \quad i = 1, ..., N. \tag{4.6}$$

Π_i' ist eine $K \times (n_i - 1)$ Matrix der Koeffizienten der reduzierten Form, X ist eine $T \times K$ Matrix der Beobachtungen aller exogenen Variablen und V_i ist eine $T \times (n_1 - 1)$ Matrix der Störgrößen der reduzierten Form. Diese Gleichungen stellen ein Standardbeispiel für ein multivariates Regressionsmodell dar und wie in Abschnitt 2.10 gezeigt wurde, ist das KQ-Verfahren angewandt auf jede Gleichung, vollständig effizient. Die Matrix der KQ-Schätzwerte kann geschrieben werden als:

$$P_i' = (X'X)^{-1}X'Y_i. \tag{4.7}$$

Die geschätzten Werte für die Beobachtungen der Y_i sind daher gegeben durch:

$$\hat{Y}_i = XP_i' = X(X'X)^{-1}X'Y_i. \tag{4.8}$$

Die 2SLS-Schätzwerte für δ_i werden durch eine Regression von y_i durch $\hat{Y}_i$ und X_i berechnet. Eine explizite Gleichung für die Schätzfunktion ist:

$$\tilde{d}_i = \begin{bmatrix} \tilde{c}_i \\ \tilde{b}_i \end{bmatrix} = \begin{bmatrix} \hat{Y}_i'\hat{Y}_i & \hat{Y}_i'X_i \\ X_i'\hat{Y}_i & X_i'X_i \end{bmatrix}^{-1} \begin{bmatrix} \hat{Y}_i'y_i \\ X_i'y_i \end{bmatrix}. \tag{4.9}$$

Durch Substitution von $\hat{Y}_i$ durch (4.8) und Berücksichtigung, daß $X(X'X)^{-1}X'X_i = X_i$ ist, wird hieraus:

$$\tilde{d}_i = \begin{bmatrix} \tilde{c}_i \\ \tilde{b}_i \end{bmatrix} = \begin{bmatrix} Y_i'X(X'X)^{-1}X'Y_i & Y_i'X_i \\ X_i'Y_i & X_i'X_i \end{bmatrix}^{-1} \times \begin{bmatrix} Y_i'X(X'X)^{-1}X'y_i \\ X_i'y_i \end{bmatrix}. \tag{4.10}$$

Die 2SLS-Schätzfunktion kann ebenfalls über die Methode der Instrumentvariablen abgeleitet werden. Dies ist vielleicht ein geeigneterer Ansatz, da dadurch die Schätzfunktion innerhalb eines allgemeineren Ansatzes angesiedelt wird. Dies ist wichtig, da der IV-Ansatz einen erfolgversprechenderen Ansatz zur Erweiterung der 2SLS-Methode auf kompliziertere Situationen bereitstellt.

Eine Menge von Instrumenten wird für die endogenen Variablen in (4.3) benötigt. Das Problem ist leichter in dem im Abschnitt 2.11 aufgestellten Rahmen zu behandeln, wenn wir nach einer Menge an Instrumenten für alle Variablen in der Gleichung suchen. Die Argumentation wird deshalb in Größen von (4.1) geführt; vgl. (2.11.1).

Die exogenen Variablen des gesamten Systems stellen geeignete Kandidaten für die Instrumentvariablen dar. Sie sind ex definitione unkorreliert mit den strukturellen Störgrößen. Auf der anderen Seite werden sie mit den endogenen Variablen durch die reduzierte Form hoch korreliert sein. Eine hinreichende Menge an Instrumentvariablen wird existieren, falls $K \geq m_i$ ist. Dies ist aber gerade das übliche Ordnungskriterium für Identifizierbarkeit. Wenn die zu untersuchende Gleichung exakt identifiziert ist, d.h. $K = m_i$, dann lautet die IV-Schätzfunktion einfach:

$$\tilde{d}_i = (X'Z_i)^{-1}X'y_i, \quad i = 1, ..., N. \tag{4.11}$$

Im allgemeineren Fall, wenn die Gleichung überidentifiziert ist, muß eine optimale Instrumentvariablenmenge konstruiert werden. Die GIVE- Prozedur (2.11.20) legt die folgenden Instrumentvariablen nahe:

$$W_i = X(X'X)^{-1}X'Z_i, \quad i = 1, ..., N. \tag{4.12}$$

Die GIVE-Schätzfunktion für δ_i lautet:

$$\tilde{d}_i = (W_i'Z_i)^{-1}W_i'y_i. \tag{4.13}$$

Durch Substitution von W_i durch (4.12) wird hieraus:

$$\tilde{d}_i = (Z_i'X(X'X)^{-1}X'Z_i)^{-1}Z_i'X(X'X)^{-1}X'y_i, \quad i = 1, ..., N. \tag{4.14}$$

Die Notation legt nahe, daß (4.14) mit der 2SLS-Schätzfunktion (4.10) identisch ist. Dies kann gezeigt werden, wenn berücksichtigt wird, daß die die Matrix der Instrumentvariablen in zwei Teile zerlegt werden kann:

$$W_i = [XP_i' \vdots X_i] = [\hat{Y}_i \vdots X_i]. \tag{4.15}$$

Dabei ist $\hat{Y}_i$ die Matrix der geschätzten Y_i, ermittelt aus der reduzierten Form; vgl. (4.8). Der zweite Teil von W_i sagt einfach aus, daß die exogenen Variablen in der Gleichung als ihre eigenen Instrumentvariablen benutzt werden. Substitution von $Z_i = [Y_i \vdots X_i]$ und (4.15) in (4.13) ergibt die 2SLS-Schätzfunktion (4.10), wenn Y_i durch den Ausdruck auf der rechten Seite von (4.8) ersetzt wird.

Die für die GIVE-Schätzfunktionen gegebenen Resultate für große Stichproben zeigen an, daß $\tilde{d}_i$ asymptotisch normalverteilt sein wird mit einem Mittelwert von δ_i und einer Kovarianzmatrix:

$$Avar(\tilde{d}_i) = \sigma_i^2[Z_i'X(X'X)^{-1}X'Z_i]^{-1}, \tag{4.16}$$

mit $\sigma_i^2 = \omega_{ii} = Var(\epsilon_{it})$ für $i = 1, ..., N$. Damit aber dieses Resultat gilt, müssen die Bedingungen (2.11.8) und (2.11.9) erfüllt sein. Es kann gezeigt werden, daß dies der Fall ist, falls gilt:

$$\text{plim } T^{-1}X'X = Q. \tag{4.17}$$

Dabei ist Q eine p.d. Matrix.

Dreistufige Kleinste-Quadrate Verfahren

Das zweistufige Kleinste-Quadrate-Verfahren ist eine Limited-Information-Prozedur, die dazu benutzt werden kann, jede identifizierbare Gleichung isoliert von den anderen

Gleichungen des Systems zu schätzen. Die dreistufigen Kleinste-Quadrate auf der anderen Seite sind eine Methode zur Schätzung des Systems als Ganzes. Es ist somit eine Alternative zum FIML-Ansatz.

Die N individuellen Gleichungen in (4.2) können in der Form einzelner Gleichungen geschrieben werden als:

$$\begin{bmatrix} y_1 \\ \vdots \\ y_N \end{bmatrix} = \begin{bmatrix} Z_1 & & 0 \\ & \ddots & \\ 0 & & Z_N \end{bmatrix} \begin{bmatrix} \delta_1 \\ \vdots \\ \delta_N \end{bmatrix} + \begin{bmatrix} \epsilon_1 \\ \vdots \\ \epsilon_N \end{bmatrix} \tag{4.18}$$

oder kompakter als:

$$y = Z\delta + \epsilon. \tag{4.19}$$

Es kann wiederum ein IV-Ansatz benutzt werden. Die Kovarianzmatrix der Störgrößen in (4.19) ist aber:

$$E(\epsilon\epsilon') = \Omega \otimes I_T \tag{4.20}$$

und so ist es zunächst notwendig, die Beobachtungen zu transformieren. Sei L eine nichtsinguläre $N \times N$ Matrix, für die gilt:

$$L'L = \Omega^{-1}. \tag{4.21}$$

Definiere $\bar{L} = L \otimes I_T$. Die Störgrößen in dem transformierten Modell

$$\bar{L}y = \bar{L}Z\delta + \bar{L}\epsilon \tag{4.22}$$

haben eine skalare Kovarianzmatrix, da:

$$\begin{aligned} E(\bar{L}\epsilon\epsilon'\bar{L}') &= (L \otimes I_T)(\Omega \otimes I_T)(L \otimes I_T)' \\ &= L\Omega L' \otimes I_T \\ &= I_{NT}. \end{aligned}$$

Wie beim 2SLS-Verfahren können die exogenen Variablen als Instrumentvariablen für jede Gleichung herangezogen werden. Es sei:

$$\bar{X} = \begin{bmatrix} X & 0 & \cdots & 0 \\ 0 & X & \cdots & 0 \\ \vdots & \vdots & \ddots & \vdots \\ 0 & 0 & \cdots & X \end{bmatrix} = I \otimes X.$$

Die optimale Menge an Instrumentvariablen für die GIVE-Schätzfunktion wird aus einer multivariaten Regression von $\bar{L}Z$ durch $\bar{X}$ konstruiert, d.h.:

$$\bar{W} = \bar{X}(\bar{X}'\bar{X})^{-1}\bar{X}'\bar{L}Z.$$

Die GIVE-Schätzfunktion ist dann:

$$\tilde{d} = (\bar{W}'\bar{Z})^{-1}\bar{W}\bar{y},$$

mit $\bar{Z} = \bar{L}Z$ und $\bar{y} = \bar{L}y$. Sie kann auf dieselbe Weise wie (2.11.24) umgeschrieben werden, d.h.

$$\tilde{d} = (Z'\bar{L}'\bar{P}\bar{L}Z)^{-1}Z'\bar{L}'\bar{P}\bar{L}y, \tag{4.23}$$

mit $\bar{P} = \bar{X}(\bar{X}'\bar{X})^{-1}\bar{X}'$. Nach Substitution für $\bar{X}$ und $\bar{L}$ und Umstellen stellt sich heraus, daß gilt:

$$\bar{L}'\bar{P}\bar{L} = \Omega^{-1} \otimes X(X'X)^{-1}X'. \tag{4.24}$$

Da Ω im allgemeinen unbekannt sein wird, muß sie durch einen geeigneten Schätzwert ersetzt werden. Die übliche Vorgehensweise ist, das 2SLS-Verfahren auf jede einzelne Gleichung der Reihe nach anzuwenden und Ω aus den Residuen zu schätzen, d.h.:

$$\hat{\Omega} = T^{-1}\sum_{t=1}^{T} e_t e_t', \tag{4.25}$$

dabei ist das $i$te Element in dem $N\times 1$-Vektor e_t gleich $e_{it} = y_{it} - z_{it}'\tilde{\delta}_i$. Aus der Substitution von (4.24) in (4.23) und durch Ersetzen von Ω durch $\hat{\Omega}$ ergibt sich die dreistufige Kleinste-Quadrate-Schätzfunktion:

$$\tilde{d} = \left[Z'\left\{\hat{\Omega}^{-1} \otimes X(X'X)^{-1}X'\right\}Z\right]^{-1} Z'\left\{\hat{\Omega}^{-1} \otimes X(X'X)^{-1}X'\right\}y. \tag{4.26}$$

Die asymptotischen Eigenschaften der $\tilde{d}$ können auf der Basis der allgemeinen Resultate für IV-Schätzfunktionen dargelegt werden. Vorbehaltlich der relevanten Bedingungen, die auf fast dieselbe Weise wie für die 2SLS-Schätzfunktion bewiesen werden können, sind die 3SLS-Schätzwerte asymptotisch normalverteilt mit Mittelwert δ und der Kovarianzmatrix:

$$Avar(\tilde{d}) = \left[Z'(\Omega^{-1} \otimes X(X'X)^{-1}X')Z\right]^{-1}, \tag{4.27}$$

vgl. (2.11.25). Angemerkt sei, daß das Ersetzen von Ω durch den konsistenten Schätzwert $\hat{\Omega}$ keine Auswirkung auf die asymptotische Verteilung der $\tilde{d}$ hat.

Es gibt zwei spezielle Fälle, in denen das 3SLS-Verfahren mit dem 2SLS-Verfahren zusammenfällt, das separat auf jede Gleichung angewandt wird. Diese liegen dann vor:

(i) wenn Ω diagonal ist und

(ii) wenn jede Gleichung in dem System exakt identifiziert ist.

Klassen von IV-Schätzfunktionen: LIVE und FIVE *

Die in (4.12) definierten Instrumentvariablen können ersetzt werden durch die Instrumentvariablen:

$$W_i^{\dagger} = \left[X\hat{\Pi}_i \vdots X_i\right], \quad i = 1, ..., N, \tag{4.28}$$

dabei ist $\hat{\Pi}_i$ ein konsistenter Schätzwert für Π_i. Eine IV-Schätzfunktion für δ_i, konstruiert unter Verwendung von $W_i^{\dagger}$, wird dieselben asymptotischen Eigenschaften haben wie das 2SLS-Verfahren. Schätzfunktionen, die diese Form besitzen, sind bekannt als *effiziente*

Limited-Information-Instrumentvariablen- (LIVE) Schätzfunktionen. Die korrespondierende *effiziente Full-Information-Instrumentvariablen* (FIVE) Schätzfunktion verwendet eine Matrix mit Instrumentvariablen, die definiert ist durch:

$$W^{\dagger} = (\hat{\Omega}^{-1} \otimes I_T)\bar{W}. \tag{4.29}$$

Die Matrix $\bar{W}$ enthält:

$$\bar{W} = \begin{bmatrix} W_1^{\dagger} & 0 & \cdots & 0 \\ 0 & W_2^{\dagger} & \cdots & 0 \\ \vdots & \vdots & \ddots & \vdots \\ 0 & 0 & \cdots & W_N^{\dagger} \end{bmatrix} \tag{4.30}$$

und die $W_i^{\dagger}$ sind analog zu (4.28) definiert. Die 3SLS-Schätzfunktion ist ein Spezialfall, in dem jedes $W_i^{\dagger}$ der in (4.12) definierten Matrix an 2SLS-Instrumentvariablen entspricht. Solange aber alle Koeffizienten der reduzierten Form in $\bar{W}$ konsistent geschätzt werden und Ω konsistent geschätzt wird, wird jeder FIVE-Schätzwert dieselbe asymptotische Verteilung wie das 3SLS-Verfahren aufweisen.

Die LIVE- und FIVE-Prozeduren sind von besonderer Wichtigkeit in großen Systemen, in denen die Zahl K groß ist. Dies bedeutet, daß die Konstruktion und Invertierung der Matrix $X'X$ kaum noch zu handhaben sein wird. In diesen Situationen ist das 2SLS-Verfahren und somit nicht mehr das 3SLS-Verfahren eine geeignete Wahl. Eine weitere Diskussion ist in Brundy und Jorgenson (1971) zu finden.

k-Class Schätzfunktionen

Eine nützliche Möglichkeit, die wichtigsten Einzelgleichungsschätzfunktionen zu untersuchen, bietet der von Theil entwickelte k-class Rahmen. Unter Verwendung der Schreibweise aus (4.10) ist die k-class Schätzfunktion für δ_i:

$$\begin{bmatrix} \tilde{c}_i \\ \tilde{b}_i \end{bmatrix} = \begin{bmatrix} Y_i'Y_i - k\hat{V}_i\hat{V}_i & Y_i'X_i \\ X_i'Y_i & X_i'X_i \end{bmatrix}^{-1} \begin{bmatrix} Y_i - k\hat{V}_i \\ X_i \end{bmatrix} y_i. \tag{4.31}$$

Die Matrix $\hat{V}_i$ entspricht der Matrix der KQ-Residuen aus der Regression der reduzierten Form, die die einbezogenen endogenen Variablen umfasst, d.h. aus (4.8) folgt:

$$\hat{V}_i = Y_i - \hat{Y}_i = MY_i, \tag{4.32}$$

dabei ist $M = I - X(X'X)^{-1}X'$. Der Skalar k kann fixiert oder stochastisch sein.

(a) Wenn $k = 0$ ist, ist unmittelbar zu sehen, daß die Schätzfunktion mit der KQ-Methode übereinstimmt.

(b) Wenn $k = 1$ ist, dann folgt:

$$Y_i'Y_i - \hat{V}_i'\hat{V}_i = Y_i'Y_i - Y_i'MY_i = Y_iX(X'X)^{-1}X'Y_i$$

und

$$Y_i - \hat{V}_i = Y_i - MY_i = X'(X'X)^{-1}X'Y_i,$$

und somit ist die Schätzfunktion ein 2SLS-Ansatz.

(c) Für jeden fixierten Wert von k kann (4.31) als eine IV-Schätzfunktion interpretiert werden, in der die Matrix der Instrumentvariablen für die endogenen Variablen gleich:

$$W_i = Y_i - k\hat{V}_i \tag{4.33}$$

ist. Sie kann direkt durch Niederschreiben der IV-Schätzfunktion unter Berücksichtigung, daß $\hat{V}_i Y_i = Y_i' M Y_i = Y_i' M M Y_i = \hat{V}_i' \hat{V}_i$ gilt, bewiesen werden.

(d) Ist k stochastisch und gleich der kleinsten Wurzel μ aus der Determinantengleichung:

$$|y_i' M_i y_i - \mu y_i' M y_i| = 0, \tag{4.34}$$

mit $M_i = I - X_i(X_i'X_i)^{-1}X_i'$, dann entspricht die k-class Schätzfunktion der LIML-Schätzfunktion. Dies ist die traditionelle Definition der LIML-Methode. Weitere Details sind in Theil (1971) oder Schmidt (1976) zu finden.

FIML-Ansatz als eine IV-Schätzfunktion *

Die FIML-Prozedur kann innerhalb des IV-Rahmens angesiedelt werden, siehe z.B. Hausmann (1975), Hendry (1976) oder Phillips und Wickens (1978, S. 333-335). Die Schätzfunktion hat die Form einer FIVE-Schätzfunktion. Die Schätzwerte werden für die Parameter der reduzierten Form aus den Schätzwerten der Parameter der strukturellen Form berechnet, d.h. $\hat{\Pi} = \hat{\Gamma}^{-1}\hat{B}$. Wird diese Prozedur bis zur Konvergenz durchgeführt, wobei $\hat{\Omega}$ nach jeder Iteration auf den neuesten Stand gebracht wird, sind die resultierenden Schätzwerte für B und Γ FIML-Schätzwerte.

Eine offensichtliche Möglichkeit, die FIML-Iterationen durchzuführen, würde darin bestehen, die Startwerte für die Π_i aus der reduzierten Form, wie beim 2SLS-Verfahren, zu berechnen und dann Ω aus (4.25) zu schätzen. Der erste FIVE-Schätzwert ist dann gleich dem 3SLS-Schätzwert. Weitere Iterationen berühren nicht die asymptotische Effizienz, da um asymptotische Effizienz zu sichern, nur die Parameter der reduzierten Form konsistent geschätzt werden müssen. Wenn die Prozedur aber bis zur Konvergenz durchgeführt wird, werden die Parameter der reduzierten Form vollständig konsistent mit den strukturellen Parametern sein. In diesem Sinn verwendet das FIML-Verfahren alle Überidentifikationsrestriktionen des Modells, während das 3SLS-Verfahren nur einige verwertet. Da der FIML-Ansatz tatsächlich alle *a priori* Informationen des Modells ausnutzt, kann es berechtigt sein zu erwarten, daß die FIML-Methode in kleinen Stichproben bessere Eigenschaften als das 3SLS-Verfahren haben wird.

9.5 Die Überprüfung von Modellrestriktionen

Ein wesentliches Merkmal der Spezifikation eines simultanen Gleichungssystems ist die Festlegung von *a priori* Restriktionen bezüglich der Parameter. Werden dem Modell in der strukturellen Form mehr als $N(N-1)$ Restriktionen auferlegt, muß die reduzierte Form ebenfalls den Restriktionen ausgesetzt sein. Folglich darf ein Effizienzgewinn für Prognosen, die auf Schätzwerten der strukturellen Form im Gegensatz zu Schätzwerten, die auf der nichtrestringierten reduzierten Form basieren, erwartet werden.

Die Gültigkeit jeder Restriktion, die über die zur exakten Identifikation jeder Gleichung des Modells notwendigen hinausgeht, kann überprüft werden. Der Test kann aber nur in einem beschränkten Umfang als eine Überprüfung der Validität des Modells betrachtet werden: es wird überprüft, ob es vernünftig ist, einige der Gleichungen über zu identifizieren. Während die Ablehnung der Nullhypothese als ein Hinweis angesehen werden kann, daß einige der Restriktionen des Modells ungültig sind, erlaubt das Fehlschlagen der Ablehnung aber nicht, das Modell insgesamt als geeignet zu betrachten.

Der nachfolgend dargestellte Stoff wird in zwei Abschnitte zerlegt. Im ersten werden Testverfahren zur Überprüfung des gesamten Modells behandelt, während im zweiten Abschnitt Möglichkeiten zur Überprüfung einer einzelnen Gleichung untersucht werden.

Testverfahren für das Modell

Betrachten wir das multivariate Regressionsmodell:

$$y_t = Bx_t + \epsilon_t, \qquad t = 1, ..., T \tag{5.1}$$

mit $\epsilon_t \sim NID(0, \Omega)$; vgl. (2.10.1). Sind den Parametern in B Restriktionen auferlegt, muß das Modell als ein SURE-System geschätzt werden. Wenn die Restriktionen aber gültig sind, sollte die Einbeziehung dieser in die Schätzprozedur zu einem Gewinn an Prognoseeffizienz führen. Wenn das Modell mit und ohne die Restriktionen geschätzt wird, kann ein LR-Rest auf Gültigkeit der Restriktionen ausgeführt werden. Die Teststatistik entspricht der Form (5.3.15).

Im statischen simultanen Gleichungsmodell (2.11) ist die Log-Likelihoodfunktion für die *nichtrestringierte reduzierte Form* gegeben durch:

$$\log L = -\frac{TN}{2}\log 2\pi - \frac{T}{2}\log |\Sigma| - \frac{1}{2}\sum_{t=1}^{T} v_t'\Sigma^{-1}v_t \tag{5.2}$$

mit $v_t = y_t - \Pi x_t$ und $\sum = E(v_t v_t')$. Sie hat exakt dieselbe Form wie die Likelihoodfunktion für (5.1) und wie dort ist die maximierte Likelihoodfunktion von der geschätzten Kovarianzmatrix, die für (5.2) durch $\tilde{\Sigma}$ gekennzeichnet wird, abhängig. Die maximierte Log-Likelihoodfunktion für das restringierte Modell wird durch Substitution der ML-Schätzwerte für Ω:

$$\tilde{\Omega} = T^{-1}\sum_{t=1}^{T}(\tilde{\Gamma}y_t - \tilde{B}x_t)(\tilde{\Gamma}y_t - \tilde{B}x_t)' \tag{5.3}$$

in (5.2) berechnet. Dies führt zu:

$$\log L = -\frac{TN}{2}(\log 2\pi + 1) - \frac{T}{2}\log |\tilde{\Gamma}^{-1}\tilde{\Omega}\tilde{\Gamma}^{-1\prime}|.$$

Somit lautet die LR-Teststatistik:

$$LR = T\log \left\{|\tilde{\Sigma}_0|/|\tilde{\Sigma}|\right\}, \tag{5.4}$$

dabei ist $\tilde{\Sigma} = \tilde{\Gamma}^{-1}\tilde{\Omega}\tilde{\Gamma}^{-1\prime}$ der ML-Schätzwert für die Störvariablen-Kovarianzmatrix der restringierten reduzierten Form. Die nichtrestringierte Form wird nur dann ein allgemeineres Modell sein, wenn einige der Gleichungen überidentifiziert sind. Folglich wird unter der Nullhypothese, daß die Überidentifikations-Restriktionen der strukturellen Form gültig sind, (5.4) asymptotisch χ^2_R sein mit:

$$R = \sum_{i=1}^{N}(K - m_i) = NK - \sum_{i=1}^{N} m_i. \tag{5.5}$$

Die Maximum-Likelihoodschätzung der URF kann durch N KQ-Regressionen ausgeführt werden. Zur Schätzung der strukturellen Gleichungen sollte idealerweise der FIML-Ansatz benutzt werden. Die Testprozedur ist aber auch dann gültig, wenn Γ, B und Σ durch die 3SLS-Methode geschätzt werden.

Die Überprüfung einer einzelnen Gleichung

Die Überidentifikationsrestriktionen einer einzelnen Gleichung in dem System können innerhalb des Limited-Information-Rahmens überprüft werden. Auf bestimmte Weise ist dies attraktiver als die Überprüfung der Überidentifikationsrestriktionen im System als Ganzes. Die Aufmerksamkeit kann auf eine Gleichung des Modells konzentriert werden, und die Ergebnisse sind nicht abhängig von der Spezifikation des übrigen Modells.

Wenn eine Gleichung durch das 2SLS-Verfahren geschätzt wird, ist die folgende statistische Kenngröße geeignet:

$$\frac{T-K}{K-m_i}\,\frac{(y_i - Y_i\tilde{c})'(M_i - M)(y_i - Y_i\tilde{c})}{(y_i - Y_i\tilde{c})'M(y_i - Y_i\tilde{c})}, \tag{5.6}$$

mit $M_i = I - X_i(X_i'X_i)^{-1}X_i'$ und $M = I - X(X'X)^{-1}X'$. Sie hat die Form der F-Statistik zur Überprüfung auf Aufnahme einer Teilmenge von Parametern im klassischen Regressionsmodell. So ist

$$(y_i - Y_i\tilde{c})'M(y_i - Y_i\tilde{c})$$

die aus der Regression von $y_i - Y_i\tilde{c}$ durch X ermittelte residuale Quadratsumme. Es ist aber festzuhalten, daß $K - m_i$ als Divisor benutzt wird und nicht $K - k_i$.

Unter der Nullhypothese, daß das Modell korrekt spezifiziert ist, kann die Verteilung dieser Statistik durch eine F-Statistik mit $(K - m_i, T - K)$ Freiheitsgraden approximiert werden; siehe die Monte-Carlo Aussagen in Basmann (1960). Ein hoher Wert der Statistik wird zu einer Ablehnung der Nullhypothese führen und die Alternative, daß einige der ausgeschlossenen Variablen in dem Modell enthalten sein sollten, ist vorzuziehen.

9.6 Dynamische Modelle

Die allgemeine Form eines dynamischen linearen simultanen Gleichungsmodells wurde in (1.1) dargestellt als:

$$\Gamma y_t = A_1 y_{t-1} + \cdots + A_r y_{t-r} + B_0 x_t + \cdots B_s x_{t-s} + u_t. \tag{6.1}$$

Kompliziertere Modelle, die nichtlinear in den Parametern sind, können ebenfalls konstruiert werden. Die Modellentwicklung wird hier beschränkt auf (6.1); die zusätzlichen technischen Probleme, die durch die Einführung von Nichtlinearitäten auftauchen, werden hier nicht explizit untersucht.

Der erste Punkt, der in Verbindung mit (6.1) untersucht werden muß, betrifft seine dynamischen Eigenschaften und die Beziehung zwischen einem Modell dieser Art und den grundlegenden, in Kapitel 1 betrachteten, Zeitreihenmodellen. Ein eindeutiger Zusammenhang wird hergestellt um die verschiedenen Modellklassen miteinander zu verbinden, und die sich hieraus ergebenden Implikationen für die Vorhersagen werden im letzten Abschnitt des Kapitels diskutiert. Das andere Thema, das im letzten Abschnitt behandelt wird, betrifft die Kontrolle. Die Beziehung zwischen der Vorhersage- und den Kontrollfunktionen des dynamischen simultanen Gleichungsmodells wird unter verschiedenen Blickwinkeln dargestellt.

Die Schätzung und die Frage der Identifizierbarkeit wird in den späteren Teilen dieses Abschnittes betrachtet. Die Annahme, daß die Störgrößen in (6.1) seriell unkorreliert sind, führt aus technischer Sicht zu einem signifikanten Unterschied, und dieser Fall wird zunächst untersucht.

Dynamische Eigenschaften

In Abschnitt 1 wurde herausgestellt, daß die systematischen Dynamiken eines simultanen Gleichungsmodells aus der reduzierten Form (1.4) abgeleitet werden können. Die Gleichungen der reduzierten Form können aber so umgestellt werden, daß jede endogene Variable ausschließlich in Größen der aktuellen und gelagten Werte der exogenen Variablen dargestellt wird. Sie ist bekannt als die finale Form. Sei $A(L)$ das Matrixpolynom:

$$A(L) = \Gamma - A_1 L - \cdots - A_r L^r \tag{6.2}$$

und sei $B(L)$ in Größen von $B_0, \cdots, B_s$ auf ähnliche Weise definiert; vgl. (8.6.15). Modell (6.1) kann dann geschrieben werden als:

$$A(L) y_t = B(L) x_t + u_t \tag{6.3}$$

und Multiplikation mit $A(L)^{-1}$ führt zur *finalen Form*:

$$y_t = A^{-1}(L)B(L)x_t + A^{-1}(L)u_t. \tag{6.4}$$

Diese Operation ist direkt vergleichbar mit der in (8.6.18) und die Matrix der Zwischenmultiplikatoren kann direkt aus $A^{-1}(L)B(L)$ abgeleitet werden.

Subtraktion des Pfades der Mittelwerte $\bar{y}_t$ von beiden Seiten der Gleichung in (6.4) ergibt:

$$y_t - \bar{y}_t = A^{-1}(L)u_t. \tag{6.5}$$

Der Vektor $y_t - \bar{y}_t$ gibt die Abweichungen der Beobachtungswerte von ihrem Pfad der Mittelwerte wieder und repräsentiert den stochastischen Teil des Modells. Falls u_t als einem bestimmten multivariaten ARMA-Prozeß folgend spezifiziert wird:

$$\Phi_u(L)u_t = \Theta_u(L)\epsilon_t, \tag{6.6}$$

sind die stochastischen Eigenschaften des Modells unmittelbar verfügbar, da $y_t - \bar{y}_t$ durch den multivariaten ARMA-Prozeß

$$y_t - \bar{y}_t = A^{-1}(L)\Phi_u^{-1}(L)\Theta_u(L)\epsilon_t \tag{6.7}$$

bestimmt ist.

Weitere Einsichten in die Eigenschaften des Modells können ermittelt werden, wenn geschrieben wird:

$$A^{-1}(L) = A^*(L)/|A(L)|,$$

wobei $A^*(L)$ die adjungierte Matrix von $A(L)$ ist. Durch Substitution in (6.4) ergeben sich die *finalen Gleichungen*:

$$y_t = \frac{A^*(L)B(L)}{|A(L)|}x_t + \frac{A^*(L)}{|A(L)|}u_t. \tag{6.8}$$

Angemerkt sei, daß $|A(L)|$ gerade ein skalares Polynom ist. Somit können die Gleichungen in (6.8) als eine Menge von N Transferfunktionen betrachtet werden. Sie besitzen aber zwei speziellen Eigenschaften. Angenommen, es sind keine gemeinsamen Faktoren vorhanden, dann sind die Nennerpolynome identisch, erstens für jede exogene Variable und den Störterm und zweitens für jede Gleichung. Die erste dieser Restriktionen ist ein Merkmal der stochastischen Differenzengleichungen, und es legt nahe, das System als:

$$|A(L)|y_t = A^*(L)B(L)x_t + A^*(L)u_t. \tag{6.9}$$

zu schreiben. Diese Schreibweise wird manchmal als *autoregressive finale Form* bezeichnet. Jede Gleichung in (6.9) ist eine stochastische Differenzengleichung der in Kapitel 8 untersuchten Art. In allen N Gleichungen sind aber die Koeffizienten der gelagten Werte der endogenen Variablen identisch. Dieses, wie Kendall es nannte, 'bemerkenswerte Resultat' impliziert ein gemeinsames Muster für das dynamische Verhalten der endogenen Variable in dem System.

Beispiel Betrachten wir das dynamische Angebots- und Nachfragemodell (1.2.8), wobei jeder Gleichung ein white-noise Störterm angehängt ist. Das System kann in der Form (6.3) geschrieben werden als:

$$\begin{bmatrix} 1 & -\gamma_{11}L \\ 1 & -\gamma_{21} \end{bmatrix} \begin{bmatrix} q_t \\ p_t \end{bmatrix} = \begin{bmatrix} \beta_{11} & 0 \\ \beta_{21} & \beta_{22} \end{bmatrix} \begin{bmatrix} 1 \\ x_t \end{bmatrix} + \begin{bmatrix} \epsilon_{1t} \\ \epsilon_{2t} \end{bmatrix} \tag{6.10}$$

Da $|A(L)| = -\gamma_{21} + \gamma_{11}L$ ist, lautet die autoregressive finale Form:

$$\begin{aligned} (-\gamma_{21} + \gamma_{11}L) \begin{bmatrix} q_t \\ p_t \end{bmatrix} = & \begin{bmatrix} -\gamma_{21}\beta_{11} + \gamma_{11}\beta_{21}L & \gamma_{11}\beta_{22}L \\ \beta_{21} - \beta_{11} & \beta_{22} \end{bmatrix} \begin{bmatrix} 1 \\ x_t \end{bmatrix} \\ & + \begin{bmatrix} -\gamma_{21} & \gamma_{11}L \\ -1 & 1 \end{bmatrix} \begin{bmatrix} \epsilon_{1t} \\ \epsilon_{2t} \end{bmatrix} \end{aligned} \tag{6.11}$$

Alternativ gilt:

$$\begin{aligned} q_t = & (\gamma_{11}/\gamma_{21})q_{t-1} + \{\beta_{11} - \gamma_{11}\beta_{21}/\gamma_{21}\} \\ & -(\gamma_{11}\beta_{22}/\gamma_{21})x_{t-1} + \epsilon_{1t} - (\gamma_{11}\gamma_{21})\epsilon_{2,t-1} \end{aligned} \tag{6.12a}$$

$$\begin{aligned} p_t = & (\gamma_{11}/\gamma_{21})p_{t-1} + \{(\beta_{11} - \beta_{21})/\gamma_{21}\} \\ & -(\beta_{22}/\gamma_{21})x_t + (\epsilon_{1t} - \epsilon_{2t})/\gamma_{21}. \end{aligned} \tag{6.12b}$$

Die mit den gelagten endogenen Variablen verbundenen Koeffizienten sind identisch. Daß sie die dynamische Stabilitätsbedingung $|\gamma_{11}/\gamma_{21}| < 1$ erfüllen, folgt unmittelbar aus der Bedingung für die Stabilität in einem Cobweb-Modell (1.2.9).

Stochastische exogene Variablen *

Werden die exogenen Variablen als stochastisch und nicht als fixiert angenommen, kann das zufällige Verhalten in den endogenen Variablen von zwei Quellen ausgehen. Betrachten wir das Modell (6.1), (6.6) und unterstellen, daß x_t durch einen multivariaten ARMA-Prozeß generiert wird:

$$\Phi_x(L)x_t = \Theta_x(L)\xi_t. \tag{6.13}$$

Dabei ist ξ_t ein Vektor unkorrelierter Störgrößen mit einem Mittelwert von Null und einer Kovarianzmatrix Ω_x. Der komplette Vektor der Beobachtungswerte $(y_t'x_t')$ kann nun als durch einen multivariaten ARMA-Prozeß generiert betrachtet werden:

$$\begin{bmatrix} A(L) & B(L) \\ 0 & \Phi_x(L) \end{bmatrix} \begin{bmatrix} y_t \\ x_t \end{bmatrix} = \begin{bmatrix} \bar{\Theta}_u(L) & 0 \\ 0 & \Theta_x(L) \end{bmatrix} \begin{bmatrix} \epsilon_t \\ \xi_t \end{bmatrix} \tag{6.14}$$

wobei unter der Annahme, daß u_t für alle t, s eine MA-Darstellung hat, $\bar{\theta}_u(L) = \Phi_u^{-1}(L)\Theta(L)$ ist. Substitution von (6.1) zusammen mit (6.6) in die finale Form führt zu:

$$y_t = \frac{B(L)\Theta_x(L)}{A(L)\Phi_x(L)}\xi_t + \frac{\Theta_u(L)}{A(L)\Phi_x(L)}\epsilon_t, \tag{6.15}$$

und so ist y_t ein stochastischer Prozeß, der durch die Entwicklung des Störterms und der erklärenden Variablen angetrieben wird. Es kann gezeigt werden, daß sie eine multivariate ARMA-Darstellung beinhaltet, da sie selbst die Summe zweier multivariater ARMA-Prozesse ist.

Ein multivariater ARMA-Prozeß kann in eine Menge scheinbar unverbundener ARMA-Prozesse zerlegt werden. Deshalb wird es möglich sein, sofern (6.13) gilt, jede endogene Variable in dem dynamischen simultanen Gleichungsmodell (6.1) durch einen univariaten ARMA-Prozeß darzustellen. Dieses Ergebnis ist von einiger Wichtigkeit, um die Beziehung zwischen den Prognosen, die durch ökonometrische Modelle erstellt werden und denen, die durch 'naive' Zeitreihenmethoden ermittelt werden, zu verstehen.

Nicht alle exogenen Variablen können vernünftigerweise als durch einen stochastischen Prozeß generiert betrachtet werden. Zum Beispiel verändern sich Politikvariablen, wie beispielsweise der Steuersatz oder der Zinssatz, schrittweise. Andere exogene Variable haben ein ähnliches Verhalten, so daß eine ARMA-Darstellung unangemessen sein würde. Ein extremes Beispiel ist eine Dummy-Variable, die benutzt wird, um den Effekt eines exogenen Ereignisses, wie einen Regierungswechsel, zu messen. Ein weniger extremes Beispiel ist das Verhalten einer Variable, wie z.B. dem Ölpreis, der wegen der Preisfixierung des OPEC-Kartells in einer kurzen Zeitperiode schnellen Änderungen ausgesetzt ist.

Unter Beachtung der obigen Überlegungen ist es sinnvoll, die exogenen Variablen in zwei Gruppen zu unterteilen. Unter dem Risiko der zu starken Vereinfachung können sie als *deterministisch* und *stochastisch* bezeichnet werden. Die deterministischen Variablen werden mit x_1 und die stochastischen Variablen mit x_2 gekennzeichnet. Folglich ist $x_t = (x'_{1t}x'_{2t})$, und entsprechend zu dieser Aufteilung kann die polynomiale Matrix $B(L)$ partitioniert werden als $\left[B_1(L)\vdots B_2(L)\right]$. Die finalen Gleichungen (6.8) werden daher zu:

$$y_t = \frac{A^*(L)B_1(L)}{|A(L)|}x_{1t} + \frac{A^*(L)B_2(L)}{|A(L)|}x_{2t} + \frac{A^*(L)}{|A(L)|}u_t. \tag{6.16}$$

Wenn x_{2t} als durch einen multivariaten ARMA-Prozeß generiert angenommen wird, folgt aus dem obigen Argument, daß y_t dargestellt werden kann durch die Form:

$$y_t = \frac{A^*(L)B_1(L)}{|A(L)|}x_{1t} + u_t^\dagger \tag{6.17}$$

dabei wird $u_t^\dagger$ durch einen multivariaten ARMA-Prozeß generiert, dessen Form sowohl von u_t als auch x_{2t} abhängt. Jedoch folgt wie im Fall (6.14), daß $u_t^\dagger$ in einen Vektor univariater ARMA-Prozesse zerlegt werden kann. Dies impliziert, daß jede endogene Variable eine Transferfunktionsdarstellung besitzt, in der nur die Elemente aus x_1 als erklärende Variable auftauchen; vgl. (6.8). Alternativ kann, da es in (6.16) in $|A(L)|$ gemeinsame Faktoren geben kann, eine Menge stochastischer Differenzengleichungen mit ARMA-Störgrößen eine geeignetere Spezifikation darstellen.

9.7 Schätzung und Identifikation dynamischer Modelle

Wenn der Störterm in (6.1) white-noise ist, ergeben sich aus der Tatsache, daß das Modell dynamisch ist, keine Schwierigkeiten über diejenigen hinaus, die uns im statischen Fall begegneten. Die gelagten endogenen Variablen können zusammen mit den exogenen Variablen als *prädeterminiert* klassifiziert werden. Alle Ergebnisse aus den Abschnitten 2 bis 5 sind direkt übertragbar auf die prädeterminierten Variablen, die exakt dieselbe Rolle spielen wie die exogenen Variablen in dem statischen Modell.

Beispiel Das Schreiben des Angebots- und Nachfragemodells aus (6.10) in der Form (6.1) führt zu:

$$\begin{aligned}\begin{bmatrix} 1 & 0 \\ 1 & -\gamma_{21} \end{bmatrix}\begin{pmatrix} q_t \\ p_t \end{pmatrix} = {} & \begin{bmatrix} 0 & \gamma_{11} \\ 0 & 0 \end{bmatrix}\begin{pmatrix} q_{t-1} \\ p_{t-1} \end{pmatrix} \\ & + \begin{bmatrix} \beta_{11} & 0 \\ \beta_{21} & \beta_{22} \end{bmatrix}\begin{pmatrix} 1 \\ x_t \end{pmatrix} + \begin{bmatrix} \epsilon_{1t} \\ \epsilon_{2t} \end{bmatrix}\end{aligned} \quad . \tag{7.1}$$

Das Ordnungskriterium für ein dynamisches Modell lautet, daß die Anzahl der *prädeterminierten* Variablen in dem System größer oder gleich der Anzahl der in der Gleichung enthaltenen erklärenden Variablen sein muß. Die zweite Gleichung in (7.1) – die Nachfragegleichung – enthält $m = 3$ erklärende Variablen. Sie ist exakt gleich der Zahl der prädeterminierten Variablen, die in dem System vorhanden ist, und so ist die Gleichung exakt identifiziert. Das Rangkriterium ist in diesem Fall natürlich trivial, da das System nur zwei Verhaltensgleichungen enthält.

Die Angebotsgleichung hat keine aktuelle endogene Variable, die als erklärende Variable auftaucht, und sie ist automatisch identifiziert. Die Tatsache, daß beide Gleichungen identifizierbar sind, steht in Übereinstimmung mit der heuristischen Begründung in Abschnitt 1.2.

Obgleich die Behandlung dynamischer simultaner Gleichungsmodelle einfach ist, wenn die Störgrößen seriell unkorreliert sind, ergeben sich eine Reihe neuer Aspekte, wenn diese Annahme aufgegeben wird. Die resultierenden Schwierigkeiten können, bis zu einem bestimmten Ausmaß auf der Basis des im vorhergehenden Kapitel dargestellten Materials antizipiert werden.

Identifikation

Betrachten wir das dynamische Modell (6.1) und sei $F(L)$ eine $N \times N$ polynomiale Matrix des Lag-Operators, d.h.:

$$F(L) = F_0 + F_1 L + \cdots + F_m L^m. \tag{7.2}$$

Eine Klasse beobachtungsäquivalenter Strukturen ist dann definiert durch:

$$F(L)A(L)y_t = F(L)B(L)x_t + F(L)u_t, \tag{7.3}$$

da die finale Form durch (6.4) gegeben ist, unabhängig von der Spezifikation von $F(L)$; vgl. (2.12). Wie im statischen Fall wird (7.3) als zulässiges Modell bezeichnet, wenn es dieselben *a priori* Restriktionen erfüllt wie (6.1). Wenn die einzige Möglichkeit, eine zulässige Struktur zu ermitteln, durch Festlegen von $F(L) = I$ gegeben ist, dann ist (6.1) identifizierbar.

Die Annahme, daß die Störgrößen in dem Modell seriell unkorreliert sind, schränkt die Koeffizienten des Lag-Operators $F(L)$ darauf ein, Null zu sein. Somit ist $F(L) = F$, wobei F eine $N \times N$ Matrix des in Abschnitt 2 betrachteten Typs ist, und so kann die Frage der Identifizierbarkeit so wie im statischen Fall behandelt werden. Wird die Annahme, daß die Störgrößen seriell unkorreliert sind, aufgegeben, werden die Art von Identifikationsfragen relevant, die im Kontext multivariater ARMA-Modelle auftauchten. Dabei sind erwartungsgemäß MA- und gemischte Störterme schwieriger als reine AR-Störgrößen zu handhaben. Tatsächlich ist für eine Vektor-AR(1)-Spezifikation von u_t Sargans Kriterium, das in Abschnitt 8.6 dargelegt wurde, direkt anwendbar. Folglich ist, falls das System wenigestens N exogene Variablen enthält, die nicht redundant werden, wenn gelagte Variablen vorliegen, die AR-Koeffizientenmatrix Φ global identifizierbar. Die üblichen statischen Kriterien können dann zur Identifikation der verbleibenden Parameter in dem Modell angewandt werden. Die Bedingungen, die durch Hannan (1970), Sargan (1972), Deistler (1976) u.a. für kompliziertere Modelle entwickelt wurden, werden in diesem Buch nicht beschrieben. Stattdessen wird die Aufmerksamkeit auf einen aus Hatanaka (1975) übernommenen Ansatz gelenkt. Dort wird das Problem auf eine stark abweichende Weise betrachtet.

Hatanaka argumentiert, daß die dynamische Spezifikation eines Modells im allgemeinen empirisch determiniert sein wird. Er unterstellt daher: (i) daß die Ordnungen der Lags für die endogenen und exogenen Variablen *a priori* nicht bekannt sein werden; und (ii) daß von dem Störterm nur bekannt ist, daß er einem stationären Prozeß folgt. Innerhalb dieses Rahmens zeigt er, daß es möglich ist, ein einfacheres Ordnungskriterium zur Identifikation bezüglich des Ausschlusses exogener Variablen aus einer Gleichung abzuleiten.

Betrachten wir die erste Gleichung in (6.1). Sie kann geschrieben werden als:

$$y_t'\alpha(L) = x_t'\beta(L) + u_t. \tag{7.4}$$

Dabei ist $\alpha(L)$ ein $N \times 1$ Vektorpolynom des Lagoperators und $\beta(L)$ ist ein $k \times 1$ Vektorpolynom. Es wird angenommen, daß keine der Variablen in x_t redundant wird, wenn sie gelagt wird. So darf x_t z.B. keinen konstanten Term und keine Saisondummies enthalten. Derartige Variablen werden typischerweise in einem ökonometrischen Modell enthalten sein, in diesem Zusammenhang werden sie aber einfach ignoriert.

Die einzige relevante *a priori* Information in (7.4) ist, ob eine Variable aus der Gleichung ausgeschlossen wird oder nicht. Der Ausschluß einer Variable auf diese Weise bedeutet, daß nicht nur aktuelle Werte nicht auftauchen, sondern auch, daß gelagte Werte unzulässig sind. Folglich wird, falls eine Variable in y_t oder x_t aus der Gleichung ausgeschlossen wird, das korrespondierende Element in $\alpha(L)$ und $\beta(L)$ Null sein. Die $N \times (N - K)$

polynomiale Matrix $\left[A(L)\vdots B(L)\right]$ kann dann partitioniert werden als:

$$\left[A(L)\vdots B(L)\right] = \begin{bmatrix} 1, -\alpha_1(L)' & | & 0' & | & \beta_1'(L) & | & 0' \\ --- & - & --- & - & --- & - & --- \\ \overline{A_1(L)} & | & A_1(L) & | & \overline{B_1(L)} & | & B_1(L) \end{bmatrix}. \tag{7.5}$$

Die Notation in (7.5) ist analog zu der in (2.19), und die Implikationen für die Identifikation sind ähnlich. Das *Rangkriterium* legt fest, daß der Rang von $|A(L)\vdots B(L)|$ gleich $N-1$ sein muß. Das *Ordnungskriterium*, das eine Verallgemeinerung von (2.21) ist, besagt, daß die Zahl der ausgeschlossenen *exogenen* Variablen größer oder gleich der Zahl der enthaltenen endogenen Variablen minus Eins sein muß. Es ist wichtig anzumerken, daß sich mit seriell unkorrelierten Störgrößen das klassische Ordnungskriterium in Größen der ausgeschlossenen prädeterminierten Variablen ergeben würde, wenn auch mit einer anderen Definition des Ausschlusses.

Maximum Likelihood-Schätzung

Das durch (6.1) definierte Gleichungssystem kann kompakter durch die Definition von $w_t = (y_t', y_{t-1}', ..., y_{t-r}, x_t', ..., x_{t-s}')$ und $A = \left[\Gamma\vdots - A_1\vdots ...\vdots - A_r\vdots - B_0\vdots ...\vdots - B_s\right]$ geschrieben werden. Dann ist:

$$Aw_t = u_t, \quad t = \tau, ..., T, \tag{7.6}$$

wobei $\tau = \max(r+1, s+1)$.

Angenommen, die Störgrößen sind normalverteilt und folgen einem Vektor AR(1)-Prozeß, d.h.:

$$u_t = \Phi u_{t-1} + \epsilon_t, \tag{7.7}$$

mit $\epsilon_t \sim (0, \Omega)$. Die Gleichungen in (7.6) werden dann zu:

$$Aw_t - \Phi A w_{t-1} = \epsilon_t, \quad t = \tau+1, ..., T. \tag{7.8}$$

Der Logarithmus der gemeinsamen Verteilung von $\epsilon_{\tau+1}, ..., \epsilon_T$ ist gegeben durch:

$$\begin{aligned} p(\epsilon_{\tau+1}, \cdots, \epsilon_T) = & -\frac{(T-\tau)N}{2}\log 2\pi - \frac{(T-\tau)}{2}\log|\Omega| \\ & -\frac{1}{2}\sum_{t=\tau+1}^{T} \epsilon_t'\Omega^{-1}\epsilon_t. \end{aligned} \tag{7.9}$$

Unter der Annahme, daß die ersten Beobachtungen $y_1, ..., y_\tau$ fixiert sind, ist die Log-Likelihoodfunktion gegeben durch:

$$\begin{aligned} \log L = & -\frac{(T-\tau)N}{2}\log 2\pi - (T-\tau)\log|\Gamma| - \frac{(T-\tau)}{2}\log|\Omega| \\ & -\frac{1}{2}\sum_{t=\tau+1}^{T}(Aw_t - \Phi A w_{t-1})'\Omega^{-1}(Aw_t - \Phi A w_{t-1}), \end{aligned} \tag{7.10}$$

da die Jakobideterminante der Transformation von $\epsilon_{\tau+1}, \ldots, \epsilon_T$ zu $y_{\tau+1}, \ldots, y_T$ lautet:

$$\frac{\partial(\epsilon_{\tau+1}, \cdots, \epsilon_T)}{\partial(y_{\tau+1}, \cdots, y_T)} = \begin{vmatrix} \Gamma & & & & & 0 \\ -\Phi\Gamma & \Gamma & & & & \\ & -\Phi\Gamma & \Gamma & & & \\ & & \ddots & \ddots & & \\ & & & \ddots & \Gamma & \\ 0 & & & & -\Phi\Gamma & \Gamma \end{vmatrix}$$

$$= |\Gamma|^{T-\tau}.$$

Die ML-Schätzwerte für Ω und Φ, bedingt durch A, sind durch die Gleichungen analog (5.3) bzw. (2.10.2) gegeben. Die Likelihoodfunktion kann deshalb bezüglich A konzentriert und dann über eine numerische Prozedur maximiert werden. Wie im statischen Fall können die analytischen Ableitungen bestimmt und dann innerhalb eines geeigneten Algorithmus verwendet werden. Weiterhin können diese Ableitungen, falls konsistente Startwerte verfügbar sind, dazu benutzt werden, asymptotisch effiziente zweistufige Schätzfunktionen zu konstruieren.

Die Überprüfung auf serielle Korrelation *

Betrachten wir die Überprüfung der Nullhypothese $H_0 : \Phi = 0$ in (7.7). Die Tatsache, daß das Modell sowohl dynamisch als auch interdependent ist, bedeutet, daß fast alle Teststatistiken, die auf einer intuitiven Basis konstruiert werden, ungültig sind. Eine gültige Testprozedur kann aber auf dem LM-Prinzip basieren. Eine Gleichung für die Teststatistik ist in Breusch (1978b) gegeben. Unglücklicherweise ist diese Formel recht kompliziert, aber Breusch zeigt einen alternativen Ansatz, der wahrscheinlich praktikabler ist. Dieser basiert auf der in (5.5.8) gegebenen Darstellung der LM-Statistik. Die Darstellung der Teststatistik auf diese Weise impliziert, daß sie als eine Wald-Statistik berechnet werden kann, die auf Schätzwerten basiert, die durch einen einstufigen Raphson-Newton oder durch die Scoring-Methode ermittelt wurden. Die Startwerte werden unter der Nullhypothese berechnet. Das bedeutet, daß Φ gleich Null gesetzt wird.

Die Formulierung des LM-Tests auf diese Weise paßt sehr gut in den Rahmen der zweistufigen Schätzung. Die Ableitungen, die benötigt werden, um einen zweistufigen Schätzwert zu berechnen, sind mit den für die Bestimmung der LM-Statistik benötigten Ableitungen identisch. Die Startwerte sind aber unterschiedlich. Wenn die zweistufigen Schätzwerte effizient sein sollen, müssen die Startwerte für A und Φ konsistente Schätzwerte für die Parameter in dem nichtrestringierten Modell sein.

Schätzung einer einzelnen Gleichung

In Abschnitt 4 wurde das 2SLS-Verfahren innerhalb des IV-Rahmens abgeleitet. Dieser Ansatz kann erweitert werden, so daß er seriell korrelierte Störgrößen behandelt. Die einfachste Annahme ist hier, daß ein AR(1)-Prozeß angemessen ist.

Die $i$te Gleichung in (6.1) kann geschrieben werden als:

$$y_{it} = z_{it}'\delta_i + u_{it}, \quad i = 1, ..., N, \qquad t = 1, \ ..., \ T. \tag{7.11}$$

Die Notation ist ähnlich zu der in (4.1) angewandten, ausgenommen, daß z_t nun auch gelagte Werte für sowohl exogene als auch endogene Variablen enthält. Für den Störterm wird angenommen, daß er einem stationären AR(1)-Prozeß folgt:

$$u_{it} = \phi_i u_{i,t-1} + \epsilon_t, \tag{7.12}$$

und so kann (7.11) umgeformt werden zu:

$$y_{it} - \phi_i y_{i,t-1} = (z_{it} - \phi z_{i,t-1})'\delta_i + \epsilon_{it} \quad i = 1, ..., N \quad t = 2, ..., T. \tag{7.13}$$

Für gegebene ϕ_i wird eine geeignete Menge an Instrumenten durch eine Regression von $z_{it} - \phi_i z_{i,t-1}$ durch $x_{it}^*, x_{i,t-1}^*$ und x_t ermittelt. Dabei entspricht x_{it}^* einem Vektor, der die prädeterminierten Variablen, einschließlich der gelagten, in der $i$ten Gleichung enthält. In der Schreibweise des Abschnittes 2.11 ist $w_t^* = (x_{it}^{*\prime}, x_{i,t-1}^{*}{}', x_t')'$, während die Matrix L wie in (6.1.4) definiert wird, aber die erste Zeile entfernt ist. Weiterhin kann, bedingt durch δ_i, ein Schätzwert für ϕ_i auf übliche Weise einfach durch eine Regression zwischen den Residuen und deren gelagten Werten ermittelt werden. Dies legt eine schrittweise Optimierungsprozedur nahe, in der ϕ_i durch eine Regression und δ_i durch Instrumentvariablen geschätzt wird. Der GIVE-Schätzwert wird durch Konvergenz ermittelt.

9.8 Vorhersagen, Prognose und Kontrolle

Es ist möglich, zwischen drei Motiven ökonometrischer Modellbildung zu unterscheiden. Diese sind: (a) Vorhersagen, (b) Prognosen und Politikbeurteilung und (c) Kontrolle. Der Vorhersageaspekt ist stark mit der Zeitreihenanalyse verbunden, während die Theorie, die die dritte Funktion, die Kontrolle, umgibt, zum größten Teil aus der ingenieurwissenschaftlichen Literatur abgeleitet wird. Die relative Bedeutung von Vorhersagen, Prognosen und Kontrolle hängt im einzelnen von der Ausrichtung des Modells ab. Es gibt weiterhin einen beträchtlichen sich überlappenden Bereich zwischen allen dreien. Durch die Klassifikation der Aufgaben eines Modells wird es aber möglich, einige Einsichten zu gewinnen, nicht nur in die Aufgabe der Ökonometrie insgesamt, sondern ebenfalls in ihre Aufgabe in Relation zur Zeitreihenanalyse und zum technischen Kontrollwesen. Das Ziel dieses abschließenden Abschnittes ist deshalb, eine Art von umfassender Perspektive zu entwickeln.

Vorhersagen aus einem dynamischen simultanen Gleichungsmodell der Form (1.1) können als eine Verallgemeinerung des in Abschnitt 7.7 beschriebenen Prozesses betrachtet werden. Prognosen der zukünftigen Werte der exogenen Variablen werden auf systematische Weise erstellt, und unbedingte Prognosen für die endogenen Variablen werden dann aus dem Modell berechnet. Dies sind Vorhersagen für die endogenen Variablen, und sie können direkt mit Vorhersagen, die mit einer beliebigen anderen Methode erzielt wurden, verglichen werden. Solche Methoden können die Spannweite von der Anpassung 'naiver' Zeitreihenmodelle bis zur Befragung der Sterne umfassen, obgleich im Kontext dieses Buches natürlich die erstgenannten Methoden von größerem Interesse sind.

Prognosen unterscheiden sich von den Vorhersagen dadurch, daß Prognosen bedingt durch zukünftige Werte der exogenen Variablen erstellt werden. Dies impliziert nicht zwingend, daß diese zukünftigen Werte bekannt sind, obgleich es aus theoretischer Sicht günstig ist, die Genauigkeit solcher Prognosen auf dieser Basis zu berechnen. Das wesentliche Charakteristikum von Prognosen in der Praxis ist, daß sie verschiedene Annahmen über die zukünftige Entwicklung der exogenen Variablen enthält. So ist es dem Nutzer eines Modells freigestellt, seine eigene Sicht und Beurteilungen in den Vorhersageprozeß einzubringen. Diese Sichtweise und die Beurteilungen drücken sich *explizit* in den deklarierten zukünftigen Werte der exogenen Variablen aus. Bezüglich der Prognosen gibt es einen weiteren Aspekt. In vielen Situationen kann der Benutzer einige der exogenen Variablen manipulieren. So ist z.B. im Fall eines makroökonomischen Modells die Regierung in der Lage, eine Menge von Variablen, wie z.B. dem indirekten Steuersatz, gleich jedem beliebigen Wert setzen. Eine Variable, die auf diese Weise manipuliert werden kann, ist als *Kontrollvariable* oder als *Instrument* bekannt. Die Zuweisung einer bestimmten Wertemenge zu den Kontrollvariablen des Modells repräsentiert dann eine *Politik*. Der Effekt der Politik auf die endogenen Variablen kann dann aus dem Modell, bedingt durch die verbliebenen, nichtkontrollierten, exogenen Variablen bewertet werden. Diese Aufgabe kann mit verschiedenen Politiken und verschiedenen Annahmen über die unkontrollierten Variablen wiederholt werden.

Politikbeurteilung ist ein wichtiger Aspekt ökonometrischer Modellbildung. Ein abweichender Ansatz für Probleme dieser Art ist von den Kontrollingenieuren entwickelt worden. Sie unterstellen, daß am Anfang jedes Ziel der Politik wohldefiniert wird. Dies impliziert zwei Dinge: erstens sollte es Zielwerte für die endogenen Variablen und die Kontrollvariablen geben, und zweitens sollten Strafpunkte zugewiesen werden können, wenn die Ziele nicht erreicht werden und die gesamten Strafpunkte sollten in einer allgemeinen *Verlustfunktion* kombiniert werden können. Die *Theorie einer optimalen Kontrolle* befasst sich mit Methoden zur Ableitung von Regeln zur Bestimmung von Werten für die Kontrollvariablen, die die Verlustfunktion minimieren.

Es gibt eine steigende Beachtung des Potentials optimaler Kontrolle in der Ökonometrie, und dies wird durch eine anwachsende Literaturmenge mit ökonomischen Anwendungen dokumentiert. Chow (1975) gibt sowohl einen Überblick über einige dieser Anwendungen als auch eine exzellente Einführung in das Gebiet insgesamt. Das in einem späteren Teil dieses Abschnittes vorgestellte Material ist lediglich dazu geeignet, einen kurzen Überblick über die wesentlichen Konzepte zu vermitteln.

Die verschiedenen Nutzungen, zu denen ein Modell verwandt werden kann, stellen nur einen Teil der Diskussion in diesem Abschnitt dar. Das zweite Thema betrifft die Rolle von *a priori* Annahmen, die aus der ökonomischen Theorie abgeleitet werden. Dieser Punkt wurde zu Beginn des ersten Kapitels angesprochen. Die nachfolgende Diskussion greift den im Abschnitt 5 dargestellten Stoff auf um die Vorhersagegüte von simultanen Gleichungsmodellen, Eingleichungsmodellen und Zeitreihenmodellen miteinander zu vergleichen. Durch den Vergleich der Modelle innerhalb eines vereinheitlichten Rahmens wird der Trade-off zwischen Robustheit und Effizienz deutlich. Die Annahmen, die bei der Konstruktion eines Modells benutzt werden, haben ebenfalls Implikationen für die Politikbeurteilung und die Kontrolle. Die nachfolgende Abhandlung versucht, die verschiedenen Modelle unter diesem Gesichtspunkt einzuordnen und die Beziehungen zwischen den verschiedenen Richtungen in der Literatur aufzudecken.

Prognose

Prognosen für zukünftige Werte der endogenen Variablen werden in einem dynamischen simultanen Gleichungsmodell (1.1) aus der reduzierten Form ermittelt. Betrachten wir ein einfaches Beispiel mit $r = 1$, in dem die Störgrößen seriell unkorreliert sind, d.h.:

$$\Gamma y_t = A y_{t-1} + B x_t + \epsilon_t. \tag{8.1}$$

Vorausgesetzt, die zukünftigen Werte der exogenen Variablen sind bekannt, dann hat der Wert von s keinen Einfluß auf die nachfolgende Diskussion, und sowohl aktuelle als auch vergangene Werte der exogenen Variablen können in x_t enthalten sein.

Die reduzierte Form kann dann geschrieben werden als:

$$y_t = \Pi_1 y_{t-1} + \Pi x_t + v_t, \tag{8.2}$$

mit $\Pi_1 = \Gamma^{-1} A$ und $\Pi = \Gamma^{-1} B$. Optimale Prognosen werden aus der rekursiven Gleichung:

$$\tilde{y}_{T+l|T} = \Pi_1 \tilde{y}_{T+l-1|T} + \Pi x_{T+l}, \quad l = 1, 2, \dots \tag{8.3}$$

mit $\tilde{y}_{T|T} = y_T$ berechnet. Sie kann aufgelöst werden zu:

$$\tilde{y}_{T+l|T} = \Pi_1^l y_T + \sum_{j=0}^{l-1} \Pi_1^j \Pi x_{T+l-j}, \quad l = 1, 2, \dots \tag{8.4}$$

Bedingt durch die Parameter in Π_1 und Π ist der MSE von $\tilde{y}_{T+l|T}$ gegeben durch:

$$MSE(\tilde{y}_{T+l|T}) = \sum_{j=0}^{l-1} \Pi_1^j \Omega \Pi_1^{j\prime}, \quad l = 1, 2, \dots \tag{8.5}$$

In der Praxis werden Π_1 und Π unbekannt sein. Sie müssen daher geschätzt werden, und die übliche Vorgehensweise ist, die Schätzwerte aus der strukturellen Form abzuleiten. Wenn $\tilde{\Gamma}, \tilde{A}$ und $\tilde{B}$ die durch eine effiziente Full-Information-Prozedur, wie z.B. der 3SLS- oder der FIML-Methode, geschätzten Schätzwerte für die Parameter der strukturellen Form in (8.1) kennzeichnen, dann ist:

$$\tilde{\Pi}_1 = \tilde{\Gamma}^{-1} \tilde{A} \quad \text{und} \quad \tilde{\Pi} = \tilde{\Gamma}^{-1} \tilde{B}. \tag{8.6}$$

Die Schätzwerte werden zur Berechnung der optimalen Prognose für y_{T+l} in (8.3) benutzt. Es ist wichtig zu betonen, daß Π_1 und Π im allgemeinen nicht mit den aus der

Anwendung der KQ-Methode auf die reduzierte Form direkt resultierenden Schätzwerte übereinstimmen werden. Diese Schätzwerte stellen diejenigen aus der ersten Stufe des 3SLS-Verfahrens dar. Sie sind insoweit ineffizient, als daß sie bei der Ausnutzung jedweder Überidentifikationsrestriktion in dem Modell versagen. In der Regel enthalten A, B und Γ eine Vielzahl von Nullen, und diese Information kann nur dann in die Schätzwerte der Parameter der reduzierten Form enthalten sein, wenn sie aus der strukturellen Form abgeleitet sind. Eine Ausnahme liegt vor, wenn jede Gleichung in dem System exakt identifiziert ist, da dann die strukturelle und die reduzierte Form dieselbe Zahl an Parametern enthält; vgl. die Diskussion in Abschnitt 5.

Das Ersetzen von Π und Π_1 durch Schätzwerte führt zu einem Anstieg im Prognose-MSE. Unter den üblichen Gleichmäßigkeitsbedingungen kann gezeigt werden, daß der zusätzliche Term, der zu (8.5) hinzuaddiert werden muß, $0(T^{-1})$ lautet. Die Ergebnisse in Schmidt (1974, 1977) legen aber den Schluß nahe, daß der Beitrag dieser Größe in kleinen Stichproben relativ groß sein kann. Überidentifikationsrestriktionen in der strukturellen Form werden deshalb dazu tendieren, einen signifikanten Einfluß auf die Prognoseeffizienz zu haben. Im statischen Fall können diese Vorteile präziser beurteilt werden, da die theoretische Analyse des Problems weniger komplex ist. In diesem Zusammenhang sei auf Goldberger, Nagar und Odek (1961) verwiesen.

Vorhersagen

Die Analyse im vorstehenden Unterabschnitt basiert auf der Annahme, daß die zukünftigen Werte der exogenen Variablen bekannt sind. Bei Vorhersagen auf der anderen Seite ist das Interesse auf unbedingte oder *ex ante* Prognosen gerichtet. Die zukünftigen Werte der exogenen Variablen müssen nun selbst prognostiziert werden, und die dynamische Struktur der exogenen Variablen ist nun zu bedenken, während sie im Fall der bedingten Prognosen irrelevant ist. Dies sollte aus den in Abschnitt 7.7 angeführten Resultaten ersichtlich sein. Im folgenden Unterabschnitt wird angenommen, daß zukünftige Werte der exogenen Variablen durch die Modellierung eines multivariaten ARIMA-Prozesses prognostiziert werden.

Bei der Diskussion der Prognoseeffizienz im vorhergehenden Unterabschnitt wurde das Hauptgewicht auf *a priori* Restriktionen gelegt, die in der strukturellen Form, aber nicht in der reduzierten enthalten sind. In beiden Fällen wurde aber ein Teil des *a priori* Wissens als selbstverständlich angenommen: die Unterscheidung zwischen endogenen und exogenen Variablen. Wenn diese Unterscheidung nicht vorgenommen werden kann, müssen Prognosen auf der Basis eines Zeitreihenmodells ermittelt werden.

Angenommen, die exogenen Variablen werden durch einen multivariaten ARMA-Prozeß generiert. Sowohl die endogenen als auch die exogenen Variablen können dann als durch einen multivariaten ARMA-Prozeß der Form (6.13) generiert betrachtet werden. Aufgrund der angenommenen Exogenität sind aber verschiedene Annahmen in (6.13) enthalten. Diese sind erstens, daß die autoregressive polynomiale Matrix block-triangulär ist, und zweitens, daß die Störterme $\bar{\theta}_u(L)\epsilon_t$ und $\Theta_x(L)\xi_t$ unkorreliert sind. Wenn die Annahme exogener x fallengelassen würde, könnte der komplette Vektor (y_t', x_t') weiterhin durch einen multivariaten ARMA-Prozeß, aber ohne Restriktionen, modelliert werden.

Alternativ könnte das Interesse darauf beschränkt sein, nur y_t durch einen multivariaten ARMA-Prozeß, wie durch (6.15) nahegelegt, zu modellieren. In dem letztgenannten Fall würde eine Verallgemeinerung der Analyse aus Abschnitt 7.7 implizieren, daß dies allgemein einen Verlust an Prognoseeffizienz nach sich zieht, verglichen mit den Prognosen, die aus der reduzierten Form berechnet werden, deren exogene Variablenwerte aus einem multivariaten ARMA-Modell stammen. Dies setzt aber voraus, daß die Variablen in x_t tatsächlich exogen sind. Wenn dies nicht der Fall ist, kann das Zeitreihenmodell eine bessere Anpassung hervorbringen. Wiederum gibt es hier einen Trade-off zwischen Robustheit und Effizienz.

Ein multivariates Zeitreihenmodell enthält insoweit weiterhin einige *a priori* Annahmen, indem die Variablen so behandelt werden, als seien sie gemeinsam determiniert. Ein univariates Modell betrachtet aber jede Variable isoliert, wobei insgesamt kein *a priori* Wissen hinzugezogen wird. In Abschnitt 6 wurde darauf hingewiesen, daß die Menge an Variablen, die durch einen multivariaten ARMA-Prozeß generiert wird, individuell modelliert werden kann. Prognosen können dann aus diesen Modellen konstruiert werden, obwohl, wenn das multivariate Modell korrekt spezifiziert ist, dies normalerweise einen Effizienzverlust bedeutet.

Wenn die exogenen Variablen tatsächlich einem multivariaten ARMA- Prozeß folgen, ist die Modellierung der Variablen in y_t durch univariate ARMA-Prozesse durchaus konsistent mit dem dynamischen ökonometrischen Modell (1.1). Vorhersagen auf dieser Basis bilden das Ende folgenden Hierarchie:

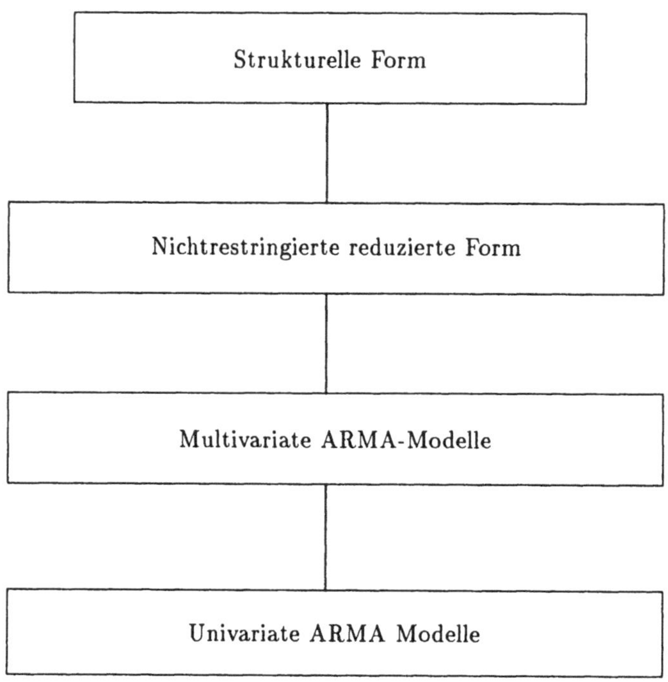

(8.7)

Das Ausmaß, in dem *a priori* Informationen in die Modellspezifikation eingebunden werden, reduziert sich, wenn man sich in der Hierarchie nach unten bewegt. Sofern die *a priori* Information gültig ist, werden die Vorhersagen für die endogenen Variablen, die aus der strukturellen Form eines ökonometrischen Modells abgeleitet werden, normalerweise die besten verfügbaren sein. Entgegengesetzt werden die aus einem individuell angepaßten ARMA-Prozeß ermittelten Vorhersagen die mit der geringsten Effizienz sein. Falls aber die der Spezifikation der strukturellen Form zugrunde liegende ökonomische Theorie auf ungültigen Prämissen basiert, ist es möglich, daß eine Vorhersage auf der Basis eines univariaten ARMA-Modells zu besseren Resultaten führt. Der kritische Punkt ist doch, daß dort, wo dies gilt, dieses ein Armutszeugnis für die ökonomische Theorie und nicht für die ökonometrische Methodologie sein würde.

Eine Einschränkung muß jedoch zu dem obigen Statement gemacht werden. Die dynamische ökonomische Theorie ist nicht gut entwickelt und selten definitiv. Die dynamische Spezifikation ist deshalb zum größten Teil eine empirische Angelegenheit. In dieser Hinsicht ist die ökonometrische Methodologie von erheblicher Bedeutung. Selbst wenn die ökonomische Theorie bezüglich des Einschlusses und des Ausschlusses von Variablen im Prinzip korrekt ist, kann eine unangemessene Spezifikation der dynamischen Struktur zu einer sehr schwachen Vorhersageleistung führen. Unter diesen Umständen ist es möglich, daß ein 'naives' Zeitreihenmodell einem ökonometrischen Modell überlegen sein könnte. Die rasche Entwicklung der dynamischen Aspekte der ökonometrischen Modellbildung während der letzten 10 Jahre hat ein solches Ereignis wenig wahrscheinlich gemacht. Ein Vergleich der Prognoseleistung eines dynamischen ökonometrischen Modells mit einer Menge univariater Zeitreihenmodelle ist in Prothero und Wallis (1976) zu finden. Auf Seite 485 fassen sie ihre Ergebnisse wie folgt zusammen:

> Insgesamt stellt der ökonometrische Ansatz, der die Beziehungen zwischen den Variablen gänzlich explizit macht, eine besser anpassende Repräsentation als der univariate Zeitreihenansatz dar, ... (und) wir schließen, daß die Berücksichtigung der spezifischen Interdependenzen ökonomischer Variablen, unabhängig davon, ob sie individuell durch ARIMA-Prozesse dargestellt werden können, einen fruchtbareren Ansatz zur Modellbildung bereitstellt.

Kontrolle

Es sei der Vektor der exogenen Variablen in einem ökonometrischen Modell partitioniert in $x_t = (x'_{1t}x'_{2t})'$. Dabei kennzeichnet x_{1t} die Kontrollvariablen und x_{2t} die nichtkontrollierten Variablen. Sowohl für die endogenen als auch die Kontrollvariablen werden Zielwerte für die Perioden $t = 1, ..., T$ angenommen. Die Ziele werden gekennzeichnet durch $y_t^\dagger$ und $x_{1t}^\dagger$ für $t = 1, ..., T$. Um die Auswirkung von Abweichungen von diesen Zielen zu bewerten, muß eine Verlustfunktion konstruiert werden. Die mathematisch günstigste Spezifikaiton für eine solche Funktion ist der Erwartungswert einer quadratischen Form, d.h.:

$$W = E\sum_{t=1}^{T}(\dot{y}'_t\dot{x}'_{1t})Q_t(\dot{y}'_t\dot{x}'_{1t})', \tag{8.8}$$

mit Q_t als einer Matrix von Gewichten; ein Punkt zeigt die Abweichung vom Zielwert an, d.h. $\dot{y} = y_t - y_t^\dagger$ und $\dot{x}_{1t} = x_{1t} - x_{1t}^\dagger$. Falls der Erwartungswert in (8.8) nicht gebildet wird, wäre aufgrund des stochastischen Charakters von y_t die Verlustfunktion eine Zufallsvariable. Angemerkt sei, daß, sofern im Modell angenommen wird, daß die endogenen Variablen dynamisch generiert werden, wie in (1.1), der Erwartungswert in (8.8) bedingt durch die Anfangswerte $y_0, ..., y_{1-r}$ ist.

Das Problem optimaler Kontrolle besteht darin, die Funktion (8.8) in Abhängigkeit vom ökonometrischen Modell (1.1) zu minimieren. Dies bedeutet, Regeln für die Bestimmung optimaler Werte für die Kontrollvariablen $x_{11}^0, x_{12}^0, ..., x_{1T}^0$ zu finden. Wenn das ökonometrische Modell deterministisch wäre, d.h. $u_t \equiv 0$ für alle t ist, könnte der Zeitpfad der x_1 zu Beginn bestimmt werden. Im Normalfall, wenn y_t stochastisch ist, wird jedoch eine Feedbackregel benötigt. Diese bezieht die aktuell verfügbaren Beobachtungen ein, und somit entwickeln sich die optimalen Werte für die Kontrollvariablen über die Zeit. Es gibt eine Vielzahl von Möglichkeiten zur Ableitung der *Feedback-Gleichung.* Diese werden hier nicht beschrieben, aber das Buch von Chow (1975) stellt eine exzellente Quelle dar. Die Lösung besitzt die Form:

$$x_{1t}^0 = G_t z_{t-1} + g_t, \tag{8.9}$$

mit $z_t = (y_t, yt-1, ..., y_{t-r+1}, x_t, x_{t-1}, ..., x_{t-s+1})'$ und G_t ist eine Matrix, deren Elemente von den strukturellen Parametern des ökonometrischen Modells und den Gewichten der Verlustfunktion abhängen. Der Vektor g_t hängt ebenfalls, zusammen mit den Zielwerten für y_t und x_t und den aktuellen Werten von x_{2t}, von diesen Gewichten ab.

Wenn auch die Annahme, daß die Verlustfunktion eine quadratische Form besitzt, eine elegante Lösung der Probleme optimaler Kontrolle erlaubt, wirft sie eine Anzahl konzeptioneller Probleme auf. Erstens werden einer positiven Abweichung vom Zielwert die gleichen Kosten zugewiesen wie einer negativen Abweichung. Zweitens ist die Funktion additiv, so daß ein Erwartungswert für eine *Summe* von Funktionen von Variablen in verschiedenen Perioden gebildet wird. Diese beiden Eigenschaften können in verschiedenen Situationen restriktiv sein.

In einer makroökonomischen Anwendung werden die Variablen, die in die Verlustfunktion eingehen, Indikatoren der ökonomischen Leistung sein. Diese Indikatoren sind jeweils gegeneinander derart abgewogen, daß sie die Präferenzen der Politiker reflektieren. Da die ökonomischen Indikatoren Variablen enthalten können, wie das Niveau der Arbeitslosigkeit oder die Preissteigerungsrate, ist klar, daß diese Präferenzen sowohl durch politische als auch durch ökonomische Überlegungen determiniert sein werden. Innerhalb dieses Rahmens wird die Verlustfunktion manchmal auch als *Wohlfahrtsfunktion* bezeichnet.

Es ist nicht immer leicht für Politiker, ihre Präferenzen auf eine so präzise Art zu formulieren wie sie für eine optimale Kontrollrechnung benötigt werden. Eine Möglichkeit, mit dieser Unsicherheit fertig zu werden, ist die Lösung einer Zahl von sich aufeinander beziehenden Verlustfunktionen. Die Vorteilhaftigkeit verschiedener Strategien kann dann unter Berücksichtigung ihrer Implikationen für die optimale Kontrolle bewertet werden. Mit dieser Beobachtung steht der Punkt in Beziehung, daß die Vorschläge aus einer optimalen Kontrollösung nicht das Ende einer Analyse darstellen müssen. Es kann wünschenswert sein, das dynamische Verhalten, das durch diese Lösung impliziert wird, zu berücksichtigen. Wenn die Feedback-Gleichung auf die Gleichgewichtslösung zuläuft:

$$x_{1t}^0 = \bar{G} z_{t-1} + \bar{g}, \qquad t = 1, ..., T \tag{8.10}$$

dann ist es relativ einfach, dies vorzunehmen. Durch Substitution von (8.10) in die reduzierte Form (1.4) und durch Umstellen wird es möglich, das dynamische Verhalten der endogenen Variablen unter Verwendung bereits entwickelter Methoden zu beurteilen.

Anmerkungen

Abschnitt 6	Wallis (1977), Zellner und Palm (1974).
Abschnitt 7	Zur Schätzung siehe Hendry (1971, 1976), Pagan und Byron (1977), Chow and Fair (1973), Reinsel (1979) und Sargan (1961). Ein Test auf serielle Korrelation für große Stichproben bei Einzelgleichungen ist in Godfrey (1978a) angegeben, der Test in Harvey und Phillips (1980a) ist exakt.
Abschnitt 8	Ökonometrische Modelle und Zeitreihenmodelle werden in Nelson (1972), Prothero und Wallis (1976) und McNees (1980) miteinander verglichen.

Übungen

1. Worin besteht die Beziehung zwischen den finalen Gleichungen (6.8) und der reduzierten Form des statischen Modells in (1.5)?
2. Die Modelle (2.7) und (2.10) enthalten beide zwei Restriktionen. Zeigen Sie, daß das letztgenannte Restriktionen für die reduzierte Form impliziert, während das erste dies nicht macht.
3. Konstruieren Sie einen Schätzwert für γ_{11} in (2.9a) aus den KQ-Schätzwerten der reduzierten Form, und zeigen Sie, daß er konsistent ist. Zeigen Sie, daß dieser identisch ist zum 2SLS-Schätzwert. Wiederholen Sie die Übung für (2.10a) und kommentieren Sie.
4. Beweisen Sie (8.5).
5. Zeigen Sie, daß das 3SLS-Verfahren mit dem auf jede Gleichung angewandten 2SLS-Verfahren zusammenfällt, falls (i) Ω diagonal (ii) jede Gleichung exakt identifiziert ist.
6. Leiten Sie die autoregressive finale Form des Keynesschen Modells (1.6.1) ab.
7. In seinem Kommentar zu der Veröffentlichung von Prothero und Wallis (1976, S. 487-490) schreibt Dr. O.D. Anderson: 'Niemand bezweifelt, daß ... die ökonometrische Modellbildung ... die einleuchtende Wahl bei einer Kraftprobe zwischen einem Erwachsenen und einem Kleinkind – der univariaten Zeitreihenanalyse – sein sollte.' Er fährt fort: '... womit die ökonometrische Modellbildung sehr schnell im Wettbewerb stehen wird, ist die multivariate Zeitreihenanalyse. Ich sehe nicht, wie man hoffen kann, daß sie dieser gewachsen sein wird.' Kommentieren Sie.
8. Zeigen Sie, daß das 3SLS-Verfahren ein Spezialfall einer FIVE-Schätzfunktion ist.

Anhang zur Matrizenalgebra

Differentiation

Die Differentiation linearer Funktionen und der quadratischen Form spielt eine wichtige Rolle bei der Ermittlung von Schätzfunktionen.

Es seien a und x $n \times 1$ Vektoren und betrachten wir die lineare Funktion $a'x = \sum a_i x_i$. Da $\partial(a'x)/\partial x_i = a_i$ für $i = 1, ..., n$ ist, kann die Differentiation von $a'x$ bezogen auf den kompletten Vektor x dargestellt werden als:

$$\frac{\partial(a'x)}{\partial x} = a. \tag{A.1}$$

Alternativ führt die Differentiation bezogen auf die Transponierte von x zu:

$$\frac{\partial(a'x)}{\partial x'} = a'. \tag{A.2}$$

Für die quadratische Form $x'Ax$ folgt:

$$\frac{\partial(x'Ax)}{\partial x} = (A + A')x \tag{A.3}$$

und

$$\frac{\partial(x'Ax)}{\partial x \partial x'} = A + A' \tag{A.4}$$

während gilt:

$$\frac{\partial(x'Ax)}{\partial A} = x'x. \tag{A.5}$$

Schließlich ist:

$$\frac{\partial \, log|A|}{\partial A} = (A')^{-1}, \quad \text{falls} \quad |A| > 0. \tag{A.6}$$

Weitere Details und mehr Ergebnisse sind in Magnus und Neudecker (1988) zu finden.

Betrachten wir die $m \times n$ Matrix $A = a_{ij}$ und die $p \times q$ Matrix B. Das Kronecker-(oder Tensor-)produkt von A und B (in dieser Anordnung) ist eine $mp \times nq$ Matrix.

$$A \otimes B = \begin{bmatrix} a_{11}B & a_{12}B & \dots & a_{1n}B \\ a_{21}B & a_{22}B & \dots & a_{2n}B \\ \cdot & \cdot & & \cdot \\ \cdot & \cdot & & \cdot \\ \cdot & \cdot & & \cdot \\ a_{m1}B & a_{m2}B & \dots & a_{mn}B \end{bmatrix} \tag{A.7}$$

Das Ausgangsresultat für die Multiplikation zweier Kroneckerprodukte ist:

$$(A \otimes B)(C \otimes D) = AC \otimes BD. \tag{A.8}$$

Ist das Ergebnis aus (A.8) gegeben, können die folgenden Resultate leicht ermittelt werden:

$$(A \otimes B)^{-1} = A^{-1} \otimes B^{-1}, \quad \text{falls } A \text{ und } B \text{ quadratisch und nichtsingulär sind} \tag{A.9}$$

$$(A \otimes B)' = A' \otimes B' \tag{A.10}$$

$$A \otimes (B + C) = A \otimes B + A \otimes C \tag{A.11}$$

$$A \otimes (B \otimes C) = (A \otimes B) \otimes C. \tag{A.12}$$

Weiterhin kann gezeigt werden, daß, sofern A $n \times n$ und B $m \times m$ sind, gilt:

$$|A \otimes B| = |A|^n |B|^m \tag{A.13}$$

und

$$tr(A \otimes B) = (trA)(trB). \tag{A.14}$$

Tabellen

Tabelle A.1 Untere und obere Grenzen für das 5% Signifikanzniveau der Durbin-Watson-Teststatistik[a]

	k = 2		k = 3		k = 4		k = 5		k = 6	
T	d_L	d_U	d_L	d_U	d_L	d_U	d_L	d_U	d_L	d_U
15	1,08	1,36	0,95	1,54	0,82	1,75	0,69	1,97	0,56	2,21
16	1,10	1,37	0,98	1,54	0,86	1,73	0,74	1,93	0,62	2,15
17	1,13	1,38	1,02	1,54	0,90	1,71	0,78	1,90	0,67	2,10
18	1,16	1,39	1,05	1,53	0,93	1,69	0,82	1,87	0,71	2,06
19	1,18	1,40	1,08	1,54	0,97	1,68	0,86	1,85	0,75	2,02
20	1,20	1,41	1,10	1,54	1,00	1,68	0,90	1,83	0,79	1,99
21	1,22	1,42	1,13	1,54	1,03	1,67	0,93	1,81	0,83	1,96
22	1,24	1,43	1,15	1,54	1,05	1,66	0,96	1,80	0,86	1,94
23	1,26	1,44	1,17	1,54	1,08	1,66	0,99	1,79	0,90	1,92
24	1,27	1,45	1,19	1,55	1,10	1,66	1,01	1,78	0,93	1,90
25	1,29	1,45	1,21	1,55	1,12	1,66	1,04	1,77	0,95	1,89
26	1,30	1,46	1,22	1,55	1,14	1,65	1,06	1,76	0,98	1,88
27	1,32	1,47	1,24	1,56	1,16	1,65	1,08	1,76	1,01	1,86
28	1,33	1,48	1,26	1,56	1,18	1,65	1,10	1,75	1,03	1,85
29	1,34	1,48	1,27	1,56	1,20	1,65	1,12	1,74	1,05	1,84
30	1,35	1,49	1,28	1,57	1,21	1,65	1,14	1,74	1,07	1,83
31	1,36	1,50	1,30	1,57	1,23	1,65	1,16	1,74	1,09	1,83
32	1,37	1,50	1,31	1,57	1,24	1,65	1,28	1,73	1,11	1,82
33	1,38	1,51	1,32	1,58	1,26	1,65	1,19	1,73	1,13	1,81
34	1,39	1,51	1,33	1,58	1,27	1,65	1,21	1,73	1,15	1,81
35	1,40	1,52	1,34	1,58	1,28	1,65	1,22	1,73	1,16	1,80
36	1,41	1,52	1,35	1,59	1,29	1,65	1,24	1,73	1,18	1,80
37	1,42	1,53	1,36	1,59	1,31	1,66	1,25	1,72	1,19	1,80
38	1,43	1,54	1,37	1,59	1,32	1,66	1,26	1,72	1,21	1,79
39	1,43	1,54	1,38	1,60	1,33	1,66	1,27	1,72	1,22	1,79
40	1,44	1,54	1,39	1,60	1,34	1,66	1,29	1,72	1,23	1,79
45	1,48	1,57	1,43	1,62	1,38	1,67	1,34	1,72	1,29	1,78
50	1,50	1,59	1,46	1,63	1,42	1,67	1,38	1,72	1,34	1,77
55	1,53	1,60	1,49	1,64	1,45	1,68	1,41	1,72	1,38	1,77
60	1,55	1,62	1,51	1,65	1,48	1,69	1,44	1,73	1,41	1,77
65	1,57	1,63	1,54	1,66	1,50	1,70	1,47	1,73	1,44	1,77
70	1,58	1,64	1,55	1,67	1,52	1,70	1,49	1,74	1,46	1,77
75	1,60	1,65	1,57	1,68	1,54	1,71	1,51	1,74	1,49	1,77
80	1,61	1,66	1,59	1,69	1,56	1,72	1,53	1,74	1,38	1,77
85	1,62	1,67	1,60	1,70	1,57	1,72	1,55	1,75	1,41	1,77
90	1,63	1,68	1,61	1,70	1,59	1,73	1,57	1,75	1,44	1,77
95	1,64	1,69	1,62	1,71	1,60	1,73	1,58	1,75	1,46	1,77
100	1,65	1,69	1,63	1,72	1,61	1,74	1,59	1,74	1,49	1,77

Quelle: Die Tabelle ist mit freundlicher Genehmigung der *Biometrika*, des Herausgebers und der Autoren aus Durbin und Watson (1951) entnommen.

[a] Der Wert für k im Kopf jedes Spaltenpaares entspricht der Zahl der Elemente des Parametervektors und es ist unterstellt, daß eines der Elemente ein konstanter Term ist; für Details vgl. Abschnitt 6.3.

Tabelle A.2 Untere und obere Grenzen für das 1% Signifikanzniveau der Durbin-Watson-Teststatistik

	k = 2		k = 3		k = 4		k = 5		k = 6	
T	d_L	d_U	d_L	d_U	d_L	d_U	d_L	d_U	d_L	d_U
15	0,81	1,07	0,70	1,25	0,59	1,46	0,49	1,70	0,39	1,96
16	0,84	1,09	0,74	1,25	0,63	1,44	0,53	1,66	0,44	1,90
17	0,87	1,10	0,77	1,25	0,67	1,43	0,57	1,63	0,48	1,85
18	0,90	1,12	0,80	1,26	0,71	1,42	0,61	1,60	0,52	1,80
19	0,93	1,13	0,83	1,26	0,74	1,41	0,65	1,58	0,56	1,77
20	0,95	1,15	0,86	1,27	0,77	1,41	0,68	1,57	0,60	1,74
21	0,97	1,16	0,89	1,27	0,80	1,41	0,72	1,55	0,63	1,71
22	1,00	1,17	0,91	1,28	0,83	1,40	0,75	1,54	0,66	1,69
23	1,02	1,19	0,94	1,29	0,86	1,40	0,77	1,53	0,70	1,67
24	1,04	1,20	0,96	1,30	0,88	1,41	0,80	1,53	0,72	1,66
25	1,05	1,21	0,98	1,30	0,90	1,41	0,83	1,52	0,75	1,65
26	1,07	1,22	1,00	1,31	0,93	1,41	0,85	1,52	0,78	1,64
27	1,09	1,23	1,02	1,32	0,95	1,41	0,88	1,51	0,81	1,63
28	1,10	1,24	1,04	1,32	0,97	1,41	0,90	1,51	0,83	1,62
29	1,12	1,25	1,05	1,33	0,99	1,42	0,92	1,51	0,85	1,61
30	1,13	1,26	1,07	1,34	1,01	1,42	0,94	1,51	0,88	1,61
31	1,15	1,27	1,08	1,34	1,02	1,42	0,96	1,51	0,90	1,60
32	1,16	1,28	1,10	1,35	1,04	1,43	0,98	1,51	0,92	1,60
33	1,17	1,29	1,11	1,36	1,05	1,43	1,00	1,51	0,94	1,59
34	1,18	1,30	1,13	1,36	1,07	1,43	1,01	1,51	0,95	1,59
35	1,19	1,31	1,14	1,37	1,08	1,44	1,03	1,51	0,97	1,59
36	1,21	1,32	1,15	1,38	1,10	1,44	1,04	1,51	0,99	1,59
37	1,22	1,32	1,16	1,38	1,11	1,45	1,06	1,51	1,00	1,59
38	1,23	1,33	1,18	1,39	1,12	1,45	1,07	1,52	1,02	1,58
39	1,24	1,34	1,19	1,39	1,14	1,45	1,09	1,52	1,03	1,58
40	1,25	1,34	1,20	1,40	1,15	1,46	1,10	1,52	1,05	1,58
45	1,29	1,38	1,24	1,42	1,20	1,48	1,16	1,53	1,11	1,58
50	1,32	1,40	1,28	1,45	1,24	1,49	1,20	1,54	1,16	1,59
55	1,36	1,43	1,32	1,47	1,28	1,51	1,25	1,55	1,21	1,59
60	1,38	1,45	1,35	1,48	1,32	1,52	1,28	1,56	1,25	1,60
65	1,41	1,47	1,38	1,50	1,35	1,53	1,31	1,57	1,28	1,61
70	1,43	1,49	1,40	1,52	1,37	1,55	1,34	1,58	1,31	1,61
75	1,45	1,50	1,42	1,53	1,39	1,56	1,37	1,59	1,34	1,62
80	1,47	1,52	1,44	1,54	1,42	1,57	1,39	1,60	1,36	1,62
85	1,48	1,53	1,46	1,55	1,43	1,58	1,41	1,60	1,39	1,63
90	1,50	1,54	1,47	1,56	1,45	1,59	1,43	1,61	1,41	1,64
95	1,51	1,55	1,49	1,57	1,47	1,60	1,45	1,62	1,42	1,64
100	1,52	1,56	1,50	1,58	1,48	1,60	1,46	1,63	1,44	1,65

Quelle: Die Tabelle ist mit freundlicher Genehmigung der *Biometrika*, des Herausgebers und der Autoren aus Durbin und Watson (1951) entnommen.

Tabelle B 5%, 1% und 0.1% Signifikanzniveaus des modifizierten von-Neumann-Verhältnisses[a]

Zahl der Freiheitsgrade	5%	1%	0.1%	5%	1%	0.1%
	einseitiger Test auf positive Autokorrelation			einseitiger Test auf negative Autokorrelation		
2	0,025	0,001	0,000	3,975	3,999	4,000
3	0,252	0,052	0,005	4,142	4,427	4,493
4	0,474	0,170	0,037	3,827	4,295	4,496
5	0,598	0,292	0,095	3,571	4,076	4,378
6	0,701	0,386	0,163	3,413	3,881	4,233
7	0,790	0,464	0,228	3,299	3,731	4,095
8	0,861	0,537	0,285	3,206	3,618	3,973
9	0,922	0,601	0,339	3,131	3,524	3,871
10	0,975	0,657	0,390	3,069	3,445	3,784
11	1,020	0,708	0,438	3,016	3,378	3,710
12	1,060	0,753	0,482	2,970	3,319	3,645
13	1,096	0,795	0,523	2,930	3,268	3,587
14	1,128	0,832	0,561	2,895	3,222	3,535
15	1,157	0,866	0,597	2,863	3,181	3,488
16	1,183	0,898	0,630	2,835	3,144	3,445
17	1,207	0,927	0,661	2,809	3,110	3,406
18	1,228	0,954	0,691	2,785	3,079	3,370
19	1,249	0,979	0,718	2,764	3,051	3,337
20	1,267	1,003	0,744	2,774	3,025	3,306
21	1,285	1,024	0,769	2,725	3,000	3,277
22	1,301	1,045	0,792	2,708	2,978	3,250
23	1,316	1,064	0,814	2,692	2,957	3,225
24	1,330	1,082	0,834	2,677	2,937	3,201
25	1,344	1,100	0,854	2,663	2,918	3,179
26	1,356	1,116	0,873	2,650	2,901	3,157
27	1,368	1,131	0,891	2,638	2,884	3,137
28	1,380	1,146	0,908	2,626	2,868	3,118
29	1,390	1,160	0,925	2,615	2,854	3,100
30	1,400	1,173	0,940	2,605	2,839	3,083

[a] für Details vergleiche Abschnitt 5.2.

Zahl der Freiheitsgrade	5%	1%	0.1%	5%	1%	0.1%
	einseitiger Test auf positive Autokorrelation			einseitiger Test auf negative Autokorrelation		
31	1,410	1,186	0,955	2,595	2,826	3,066
32	1,419	1,198	0,970	2,585	2,813	3,051
33	1,428	1,209	0,984	2,576	2,801	3,036
34	1,437	1,221	0,977	2,567	2,789	3,021
35	1,445	1,231	1,010	2,559	2,778	3,007
36	1,452	1,241	1,022	2,351	2,767	2,994
37	1,460	1,251	1,034	2,544	2,757	2,982
38	1,467	1,261	1,045	2,536	2,747	2,969
39	1,474	1,270	1,057	2,529	2,738	2,957
40	1,480	1,279	1,067	2,522	2,729	2,946
41	1,487	1,287	1,078	2,516	2,720	2,935
42	1,493	1,295	1,088	2,510	2,711	2,925
43	1,499	1,303	1,097	2,504	2,703	2,914
44	1,504	1,311	1,107	2,498	2,695	2,904
45	1,510	1,318	1,116	2,492	2,687	2,895
46	1,515	1,325	1,125	2,487	2,680	2,885
47	1,520	1,332	1,133	2,482	2,673	2,876
48	1,525	1,339	1,142	2,477	2,666	2,868
49	1,530	1,346	1,150	2,472	2,659	2,859
50	1,535	1,352	1,158	2,467	2,653	2,851
51	1,540	1,358	1,165	2,462	2,646	2,843
52	1,544	1,364	1,173	2,458	2,640	2,835
53	1,548	1,370	1,180	2,453	2,634	2,828
54	1,552	1,376	1,187	2,449	2,628	2,820
55	1,557	1,381	1,194	2,445	2,623	2,813
56	1,561	1,387	1,201	2,441	2,617	2,806
57	1,564	1,392	1,207	2,437	2,612	2,799
58	1,568	1,397	1,214	2,433	2,606	2,793
59	1,572	1,402	1,220	2,429	2,601	2,786
60	1,575	1,407	1,226	2,426	2,596	2,780

Quelle: Die Tabelle ist mit freundlicher Genehmigung der Autoren aus Press and Books (1969) entnommen.

Tabelle C Signifikanzwerte für den CUSUM of Squares Test

	α				
n	0,10	0,05	0,025	0,01	0,005
1	0,40000	0,45000	0,47500	0,49000	0,49500
2	0,35044	0,44306	0,50855	0,56667	0,59596
3	0,35477	0,41811	0,46702	0,53456	0,57900
4	0,33435	0,39075	0,44641	0,50495	0,54210
5	0,31556	0,37359	0,42174	0,47692	0,51576
6	0,30244	0,35522	0,40045	0,45440	0,48988
7	0,28991	0,33905	0,38294	0,43337	0,46761
8	0,27828	0,32538	0,36697	0,41522	0,44819
9	0,26794	0,31325	0,35277	0,39922	0,43071
10	0,25884	0,30221	0,34022	0,38481	0,41517
11	0,25071	0,29227	0,32894	0,37187	0,40122
12	0,24325	0,28330	0,31869	0,36019	0,38856
13	0,23639	0,27515	0,30935	0,34954	0,37703
14	0,23010	0,26767	0,30081	0,33980	0,36649
15	0,22430	0,26077	0,29296	0,33083	0,35679
16	0,21895	0,25439	0,28570	0,32256	0,34784
17	0,21397	0,24847	0,27897	0,31489	0,33953
18	0,20933	0,24296	0,27270	0,30775	0,33181
19	0,20498	0,23781	0,26685	0,30108	0,32459
20	0,20089	1,23298	0,26137	0,29484	0,31784
21	0,19705	1,22844	0,25622	0,28898	0,31149
22	0,19343	1,22416	0,25136	0,28346	0,30552
23	0,19001	1,22012	0,24679	0,27825	0,29989
24	0,18677	1,21630	0,24245	0,27333	0,29456
25	0,18370	1,21268	0,23835	0,26866	0,28951
26	0,18077	1,20924	0,23445	0,26423	0,28472
27	0,17799	1,20596	0,23074	0,26001	0,28016
28	0,17533	1,20283	0,22721	0,25600	0,27582
29	0,17280	1,19985	0,22383	0,25217	0,27168
30	0,17037	1,19700	0,22061	0,24851	0,26772
31	0,16805	1,19427	0,21752	0,24501	0,26393
32	0,16582	1,19166	0,21457	0,24165	0,26030
33	0,16368	1,18915	0,21173	0,23843	0,25683
34	0,16162	1,18674	0,20901	0,23534	0,25348
35	0,15964	1,18442	0,20639	0,23237	0,25027
36	0,15774	1,18218	0,20387	0,22951	0,24718
37	0,15590	1,18003	0,20144	0,22676	0,24421
38	0,15413	1,17796	0,19910	0,22410	0,24134
39	0,15242	1,17595	0,19684	0,22154	0,23857
40	0,15076	1,17402	0,19465	0,21906	0,23589

Anmerkung: Betreten Sie die Tabelle bei $n = \frac{1}{2}(T - k) - 1$. Das Signifikanzniveau für einen einseitigen Test beträgt α; für einen zweiseitigen Test ist es 2α.

	α				
n	0,10	0,05	0,025	0,01	0,005
41	0,14916	0,17215	0,19254	0,21667	0,23310
42	0,14761	0,17034	0,19050	0,21436	0,23081
43	0,14611	0,16858	0,18852	0,21212	0,22839
44	0,14466	0,16688	0,18661	0,20995	0,22605
45	0,14325	0,16524	0,18475	0,20785	0,22377
46	0,14188	0,16364	0,18295	0,20581	0,22157
47	0,14055	0,16208	0,18120	0,20383	0,21943
48	0,13926	0,16058	0,17950	0,20190	0,21735
49	0,13800	0,15911	0,17785	0,20003	0,21534
50	0,13678	0,15769	0,17624	0,19822	0,21337
51	0,13559	0,15630	0,17468	0,19645	0,21146
52	0,13443	0,15495	0,17316	0,19473	0,20961
53	0,13330	0,15363	0,17168	0,19305	0,20780
54	0,13221	0,15235	0,17024	0,19142	0,20604
55	0,13113	0,15110	0,16884	0,18983	0,20432
56	0,13009	0,14989	0,16746	0,18828	0,20265
57	0,12907	0,14870	0,16613	0,18677	0,20101
58	0,12807	0,14754	0,16482	0,18529	0,19942
59	0,12710	0,14641	0,16355	0,18385	0,19786
60	0,12615	0,14530	0,16230	0,18245	0,19635
62	0,12431	1,14316	0,15990	0,17973	0,19341
64	0,12255	1,14112	0,15760	0,17713	0,19061
66	0,12087	1,13916	0,15540	0,17464	0,18792
68	0,11926	1,13728	0,15329	0,17226	0,18535
70	0,11771	1,13548	0,15127	0,16997	0,18288
72	0,11622	1,13375	0,14932	0,16777	0,18051
74	0,11479	1,13208	0,14745	0,16566	0,17823
76	0,11341	1,13048	0,14565	0,16363	0,17604
78	0,11208	1,12894	0,14392	0,16167	0,17392
80	0,11079	1,12745	0,14224	0,15978	0,17188
82	0,10955	1,12601	0,14063	0,15795	0,16992
84	0,10835	1,12462	0,13907	0,15619	0,16802
86	0,10719	1,12327	0,13756	0,15449	0,16618
88	0,10607	1,12197	0,13610	0,15284	0,16440
90	0,10499	1,12071	0,13468	0,15124	0,16268
92	0,10393	1,11949	0,13331	0,14970	0,16101
94	0,10191	1,11831	0,13198	0,14820	0,15940
96	0,10192	1,11716	0,13070	0,14674	0,15783
98	0,10096	1,11604	0,12944	0,14533	0,15631
100	0,10002	1,11496	0,12823	0,14396	0,15483

Quelle: Die Tabelle ist mit freundlicher Genehmigung der *Biometrika* und des Autors aus Durbin (1969) entnommen.

Tabelle D Empirische Kumulative Verteilung der $\hat{\tau}$

Stichprobengröße	Wahrscheinlichkeit für einen kleineren Wert							
	0,01	0,025	0,05	0,10	0,90	0,95	0,975	0,99
				$\hat{\tau}$				
25	-2,66	-2,26	-1,95	-1,60	0,92	1,33	1,70	2,16
50	-2,62	-2,25	-1,95	-1,61	0,91	1,31	1,66	2,08
100	-2,60	-2,24	-1,95	-1,61	0,90	1,29	1,64	2,03
250	-2,58	-2,23	-1,95	-1,62	0,89	1,29	1,63	2,01
300	-2,58	-2,23	-1,95	-1,62	0,89	1,28	1,62	2,00
∞	-2,58	-2,23	-1,95	-1,62	0,89	1,28	1,62	2,00
				$\hat{\tau}_\mu$				
25	-3,75	-3,33	-3,00	-2,62	-0,37	0,00	0,34	0,72
50	-3,58	-3,22	-2,93	-2,60	-0,40	-0,03	0,29	0,66
100	-3,51	-3,17	-2,89	-2,58	-0,42	-0,05	0,26	0,63
250	-3,46	-3,14	-2,88	-2,57	-0,42	-0,06	0,24	0,62
500	-3,44	-3,13	-2,87	-2,57	-0,43	-0,07	0,24	0,61
∞	-3,43	-3,12	-2,86	-2,57	-0,44	-0,07	0,23	0,60
				$\hat{\tau}_\tau$				
25	-4,38	-3,95	-3,60	-3,24	-1,14	-0,80	-0,50	-0,15
50	-4,15	-3,80	-3,50	-3,18	-1,19	-0,87	-0,58	-0,24
100	-4,04	-3,73	-3,45	-3,15	-1,22	-0,90	-0,62	-0,28
250	-3,99	-3,69	-3,43	-3,13	-1,23	-0,92	-0,64	-0,31
500	-3,98	-3,68	-3,42	-3,13	-1,24	-0,93	-0,65	-0,32
∞	-3,96	-3,66	-3,41	-3,12	-1,25	-0,94	-0,66	-0,33

Die Tabelle wurde von David A. Dickey durch Monte-Carlo Methoden berechnet. Die Standardfehler der Schätzwerte variieren, aber in den meisten Fällen sind sie kleiner als 0.02. Die Tabelle ist mit freundlicher Genehmigung des Verlegers aus Fuller (1976) wiedergegeben.

Lösungen zu ausgewählten Übungen

Kapitel 1. –

4. Δy_t folgt einem nicht invertierbaren MA(1)-Prozeß.

5. $\alpha/(1-\phi)$

6. Ja, die Wurzeln von (5.4) sind -0,8 und -0,9

Kapitel 2. –

1. $\sum x_t^2 = x_1^2/(1-\kappa^2)$. Deshalb ist $Var(b)$ 0(1); (3.9) ist nicht gültig und b ist nicht konsistent.

2. Regressiere $\log y_t$ durch $1/x_t$.

Kapitel 3. –

2. $\bar{y}$, $\bar{y} \sim AN(\theta, \theta^2/R)$.

3. $Avar(\tilde{\sigma}) = \sigma^2/2T$.

5. Die Exponentialverteilung ist ein Sonderfall der Gammaverteilung; siehe Amemiya (1973).

7. Zeckhauser und Thompson (1970)

8. CSS mit $\epsilon_0 = \epsilon_{-1} = 0$

Kapitel 5. –

5. LR ist χ^2-verteilt mit $N-1$ Freiheitsgraden.

7. Regressiere y durch x, z und $z \log z$ und führe einen t-Test für $z \log z$ durch.

Kapitel 6. –

3. (a) Siehe Kadiyala (1968). (b) C-O ist nun besser.

7. (ii) $\tilde{y}_{T+1|T} = 11,5$; $\tilde{y}_{T+2|T} = 11,75$

Kapitel 7. – **2.** IV-Schätzung mit x_{t-1} und x_{t-2} als Instrumente für jeweils y_{t-1} und y_{t-2} gefolgt von einer Iteration des Gauss-Newton.

3. Berechne α und β durch die Instrumentvariablen-Methode und berechne θ aus den Residuen; Vgl. Übung 4.6.

5. $\hat{\alpha} = -0,9$, $\hat{\beta}_0 = 2,0$, $\hat{\beta}_1 = 2,6$.

8. IV-Schätzwerte, $\tilde{b} = 0,096$, $\tilde{\alpha} = 0,0540$

Kapitel 8. – **1.** (a) 5, 1,50, 0,36. (b) $\delta_j = \delta^{j-1}(\alpha\beta_0 + \beta_1)$ für $j \geq 1$. $\delta_0 = \beta_0$. (d) 10, 1,6.

4. In (4.2) LM-Test von $H_0 : \alpha = \theta$. Regressiere (4.3) durch ihre unter H_0 ermittelten Ableitungen und überprüfe TR^2 als χ_1^2.

9. Siehe Davidson *et al.* (1979, S. 681).

10. (i) $(1 - A)^{-1}(B_0 + B_1)$. (ii) $A^2B_0 + AB_1$.

Kapitel 9. – **1.** Sie sind identisch.

2. $\gamma_{11} = \pi_{11}/\pi_{21} = \pi_{12}/\pi_{22}$.

3. Diese Schätzfunktion ist bekannt als indirektes Kleinste-Quadrate Verfahren; siehe Johnston (1984, S. 442).

Literaturverzeichnis

[1] Akaike, H.: Information theory and an extension of the maximum likelihood principle. In: B. N. Petrov und F. Csaki (Hrsg.), 2nd *International Symposium on Information Theory*, S. 267 - 281. Akademini Kiado, Budapest, 1973.

[2] Almon, S.: The distributed lag between capital appropriations and expenditures. *Econometrica*, 33: S. 178 - 196, 1965.

[3] Amemiya, T.: Regression analysis when the variance of the dependent variable is proportional to the square of its expectation. *Journal of the American Statistical Association*, 68: S. 928 - 934, 1973.

[4] Amemiya, T.: A note on a heteroscedastic model. *Journal of Econometrics*, 6: S. 365 - 370, 1977.

[5] Anderson, T. W.: *The Statistical Analysis of Time Series.* John Wiley, 1971.

[6] Andrews, D. F.: A robust method for multiple linear regression. *Technometrics*, 16: S. 523 - 531, 1974.

[7] Andrews, D. F., P. J. Bickel, F. R. Hampel, P. J. Huber, W. H. Rogers und J. W. Tukey: *Robust Estimates of Location.* Princeton University Press, 1972.

[8] Armstrong, R. D. und E. L. Frome: A comparison of two algorithms for absolute deviation curve fitting. *Journal of the American Statistical Association*, 71: S. 328 - 330, 1976.

[9] Atkinson, A. C.: A method for discriminating between models. *Journal of the Royal Statistical Society*, 32: S. 323 - 344, 1970.

[10] Baillie, R. T.: The asymptotic mean squared error of multistep prediction from the regression model with autoregressive errors. *Journal of the American Statistical Association*, 74: S. 175 - 184, 1979.

[11] Banerjee, A. , J. J. Dolado, D. F. Hendry und G. W. Smith: Exploring equilibrium relationships in econometrics through static models: some Monte Carlo evidence. *Oxford Bulletin of Economics and Statistics*, 48: S. 253 - 277, 1986.

[12] Basmann, R. L.: On finite sample distributions of generalized classical linear identifiability test statistics. *Journal of the American Statistical Association*, 55: S. 650 - 659, 1960.

[13] Basset, G. und R. Koenker: Asymptotic theory of least absolute error regression. *Journal of the American Statistical Association*, 73: S. 618 - 622, 1978.

[14] Beach, C. M. und J. G. MacKinnon: A maximum likelihood procedure for regression with autocorrelated errors. *Econometrica*, 46: S. 51 - 58, 1978.

[15] Berndt, E. K., B. Hall, R. E. Hall und J. A. Hausmann: Estimation and inference in nonlinear structural models. *Annals of Economic and Social Measurement*, 3: S. 653 - 665, 1974.

[16] Berndt, E. R. und N. E. Savin: Conflict among criteria for testing hypotheses in the multivariate regression model. *Econometrica*, 45: S. 1263 - 1278, 1977.

[17] Bollerslev, T.: Generalized autoregressive conditional heteroscedasticity. *Journal of Econometrics*, 31: S. 307 - 327, 1986.

[18] Bowden, R. J. und D. A. Turkington: *Instrumental Variables*. Cambridge University Press, 1984.

[19] Bowman, K. O. und L. R. Shenton: Omnibus test contours for departures from normality based on $\sqrt{b_1}$ and b_2. *Biometrika*, 62: S. 243 - 250, 1975.

[20] Box, G. E. P. und D. R. Cox: An analysis of transformations. *Journal of the Royal Statistical Society*, 26: S. 211 - 252, 1964.

[21] Box, G. E. P. und G. M. Jenkins: *Time Series Analysis: Forecasting and Control*. Holden-Day, überarbeitete Aufl., 1976.

[22] Box, M. J., D. Davies und W. H. Swann: *Non-Linear Optimization Techniques*. Oliver and Boyd, 1969.

[23] Breusch, T. S.: Conflict among criteria for testing hypotheses: extensions and comments. *Econometrica*, 47: S. 203 - 207, 1979a.

[24] Breusch, T. S.: Indirect Calculation of Lagrange Multiplier Test Statistics with Application to Testing for Autokorrelation in Dynamic Simultaneous Equations Systems. University of Southampton Discussion Paper, 1979b.

[25] Breusch, T. S. und A. R. Pagan: A simple test for heteroscedasticity and random coefficient variation. *Econometrica*, 47: S. 1287 - 1294, 1979.

[26] Breusch, T. S. und A. R. Pagan: The Lagrange multiplier test and its applications to model specification in econometrics. *Review of Economic Studies*, XLVII: S. 239 - 253, 1980.

[27] Brown, R. L., J. Durbin und J. M. Evans: Techniques for testing the constancy of regression relationships over time (with discussion). *Journal of the Royal Statistical Society*, 37: S. 149 - 192, 1975.

[28] Brundy, J. M. und D. W. Jorgenson: Efficient estimation of simultaneous equations by instrumental variables. *Review of Economics and Statistics*, 53: S. 207 - 224, 1971.

[29] Chipman, J. S.: Efficiency of least squares estimation of linear trend when residuals are autocorrelated. *Econometrica*, 47: S. 115 - 128, 1979.

[30] Chow, G. C.: Tests for equalitiy between sets of coefficients in two linear regressions. *Econometrica*, 28: S. 591 - 605, 1960.

[31] Chow, G. C.: *Analysis and Control of Dynamic Economic Systems*. John Wiley, 1975.

[32] Chow, G. C. und R. C. Fair: Maximum likelihood estimation of linear equation systems with auto-regressive residuals. *Annals of Economic and Social Measurement*, 2: S. 17 - 28, 1973.

[33] Cox, D. R.: Tests of separate families of hypotheses. 1961. Proceedings of the Fourth Berkeley Symposium, I.

[34] Cox, D. R.: Some further results on separate families of hypotheses. *Journal of the Royal Statistical Society*, 38: S. 45 - 53, 1962.

[35] Cox, D. R. und D. V. Hinkley: *Theoretical Statistics*. Chapmann and Hall, 1974.

[36] Cramer, H.: *Mathematical Methods of Statistics*. Princeton University Press, 1946.

[37] Davidson, J., D. F. Hendry, F. Srba und S. Yeo: Econometric modelling of the aggregate time-series relationship between consumers' expenditure and income in the United Kingdom. *Economic Journal*, 88: S. 661 - 692, 1978.

[38] Deistler, M.: The identifiability of linear econometric models with autocorrelated errors. *International Economic Review*, 17: S. 26 - 45, 1976.

[39] Dhrymes, P. J.: *Distributed Lags: Problems of Formulation and Estimation.* Holden-Day, 1970.

[40] Dickey, D. A. und W. A. Fuller: Distribution of the estimators for autoregressive time series with a unit root. *Journal of the American Statistical Association*, 74: S. 427 - 431, 1979.

[41] Dixon, L. C. W.: *Nonlinear Optimisation.* English Universities Press, 1972.

[42] Domencich, T. und D. McFadden: *Urban Travel Demand: A Behavioural Analysis.* North-Holland, 1975.

[43] Durbin, J.: Estimation of parameters in time-series regression models. *Journal of the Royal Statistical Society*, 22: S. 139 -153, 1960.

[44] Durbin, J.: Tests for serial correlation in regression analysis based on the periodogram of least-squares residuals. *Biometrika*, 56: S. 1 - 15, 1969.

[45] Durbin, J.: Testing for serial correlation in least squares regression when some of the regressors are lagged dependent variables. *Econometrica*, 38: S. 410 - 421, 1970.

[46] Durbin, J. und G. S. Watson: Testing for serial correlation in least squares regression I. *Biometrika*, 37: S. 409 - 428, 1950.

[47] Durbin, J. und G. S. Watson: Testing for serial correlation in least squares regression II. *Biometrika*, 38: S. 159 - 178, 1951.

[48] Durbin, J. und G. S. Watson: Testing for serial correlation in least squares regression III. *Biometrika*, 58: S. 1 - 19, 1971.

[49] Eicker, F.: Limit theorems for regressions with unequal and dependent errors. In: *Proceedings of the Fifth Berkeley Symposium in Mathematical Statistics and Probability*, Volume 1, S. 59 - 82. University of California Press, 1967.

[50] Engle, R. F.: Autoregressive conditional heteroscedasticity with estimates of the variance of UK inflation. *Econometrica*, 50: S. 987 - 1007, 1982.

[51] Engle, R. F.: Wald, Likelihood ratio and Lagrange multiplier tests in econometrics. In: Z. Griliches und A. D. Intriligator (Hrsg.), *Handbook of Econometrics.* North-Holland, 1984.

[52] Engle, R. F. und C. W. J. Granger: Co-integration and error correction: representation, estimation and testing. *Econometrica*, 35: S. 251 - 276, 1987.

[53] Engle, R. F., D. F. Hendry und J. F. Richard: Exogeneity. *Econometrica*, 51: S. 277 - 304, 1983.

[54] Evans, G. B. A. und N. E. Savin: Conflict among the criteria revisited: the W, LR and LM tests. *Econometrica*, 50: S. 737 - 748, 1982.

[55] Friedman, M.: The methodology of positive economics. In: *Essays in Positive Economics*, S. 3 - 43. University of Chicago Press, 1953.

[56] Fuller, W. A.: *Introduction to Statistical Time Series.* John Wiley, 1976.

[57] Fuller, W. A.: Nonstationary autoregressive time series. In: E. J. Hannan, P. R. Krishnaiah und M. M. Rao (Hrsg.), *Time Series in the Time Domain*, S. 1 - 23. North-Holland, 1985.

[58] Gadd, A. und H. Wold: The Janus quotient: a measure for the accuracy of prediction. In: H. Wold (Hrsg.), *Economic Model Building.* North-Holland, 1964.

[59] Geary, R. C.: A note on residual heterovariance and estimation efficiency in regression. *American Statistician* 20: S. 30 - 31, 1966.

[60] Gentleman, W. M.: Least squares computation by Givens transformations without square roots. *Journal of the Institute of Mathematics and Its Applications*, 12: S. 329 - 336, 1973.

[61] Gill, P. E. und W. Murray: Quasi-Newton methods for unconstrained optimization. *Journal of the Institute of Mathematics and Its Applications*, 9: S. 91 – 108, 1972.

[62] Gill, P. E., W. Murray und R. A. Pitfield: The implementation of two revised quasi-Newton algorithms for unconstrained optimization. *National Physical Laboratory Report*, NAC 11, 1972.

[63] Godfrey, L. G.: A note on the treatment of serial correlation. *Canadian Journal of Economics*, 6: S. 567 – 573, 1973.

[64] Godfrey, L. G.: A note on the use of Durbin's h test when the equation is estimated by instrumental variables. *Econometrica*, 46: S. 225 – 228, 1978a.

[65] Godfrey, L. G.: Testing against general autoregressive and moving average error models when the regressors include lagged dependent variables. *Econometrica*, 46: S. 1293 – 1302, 1978b.

[66] Godfrey, L. G. und D. S. Poskitt: Testing the restrictions of the Almon lag technique. *Journal of the American Statistical Association*, 70: S. 105 – 108, 1975.

[67] Goldberger, A. S.: Best linear unbiased prediction in the generalised linear regression model. *Journal of the American Statistical Association*, 57: S. 369 – 375, 1962.

[68] Goldberger, A. S., A. L. Nagar und H. S. Odeh: The covariance matrices of reduced-form coefficients and of forecasts for a structural econometric model. *Econometrica*, 29: S. 556 – 573, 1961.

[69] Goldfeldt, S. M. und R. E. Quandt: *Nonlinear Methods in Econometrics*. North-Holland, 1972.

[70] Goldfeldt, S. M., R. E. Quandt und H. F. Trotter: Maximisation by quadratic hill-climbing. *Econometrica*, 34: S. 541 – 551, 1966.

[71] Golub, G. H. und G. P. H. Styan: Numerical computations for univariate linear models. *Journal of Statistical Computation and Simulation*, 2: S. 253 – 274, 1973.

[72] Granger, C. W. J.: Investigating causal relations by econometric models and cross-spectral methods. *Econometrica*, 37: S. 424 – 438, 1969.

[73] Granger, C. W. J. und P. Newbold: *Forecasting Economic Time Series*. Academic Press, 1977.

[74] Gregory, A. W. und M. R. Veall: Formulating Wald tests of nonlinear restrictions. *Econometrica*, 6: S. 1465 – 1468, 1985.

[75] Griliches, Z. und P. Rao: Small sample properties of several two-stage regression methods in the context of autocorrelated errors. *Journal of the American Statistical Association*, 64: S. 253 – 272, 1969.

[76] Griliches, Z. und V. Ringstad: *Economics of Scale and the Form of the Production Function*. North-Holland, 1971.

[77] Hall, S. G.: An application of the Granger and Engle two-step estimation procedure to United Kingdom aggregate wage data. *Oxford Bulletin of Economics and Statistics*, 48: S. 229 – 239, 1986.

[78] Hannan, E. J.: *Multiple Time Series*. John Wiley, 1970.

[79] Harrison, M. J. und B. P. M. McCabe: A test for heteroscedasticity based on ordinary least squares residuals. *Journal of the American Statistical Association*, 74: S. 474 – 499, 1979.

[80] Hart, R. A., J. Hutton und T. Sharot: A statistical analysis of association football attendances. *Applied Statistics*, 24: S. 17 – 27, 1975.

[81] Harvey, A. C.: Estimating regression models with multiplicative heteroscedasticity. *Econometrica*, 44: S. 461 – 465, 1976a.

[82] Harvey, A. C.: An alternative proof and generalisation of a test for structural change. *The American Statistician*, 30: S. 122 – 123, 1976b.

[83] Harvey, A. C.: On comparing regression models in levels and first differences. *International Economic Review*, 21: S. 707 – 720, 1980.

[84] Harvey, A. C.: *Time Series Models*. Philip Allan and Humanities Press, 1981.

[85] Harvey, A. C.: *Forecasting Structural Time Series Models and the Kalman Filter*. Cambridge University Press, 1989.

[86] Harvey, A. C. und P. Collier: Testing for functional misspecification in regression analysis. *Journal of Econometrics*, 6: S. 103 – 119, 1977.

[87] Harvey, A. C., B. Henry, S. Peters und S. Wren-Lewis: Stochastic trends in dynamic regression models: an application to the output-employment equation. *Economic Journal*, 96: S. 975 – 985, 1986.

[88] Harvey, A. C. und I. D. McAvinchey: The Small Sample Efficiency of Two-Step Estimators in Regression Models with Autoregressive Disturbances. Nummer 78-10 in Discussion Paper. University of British Columbia, April 1978.

[89] Harvey, A. C. und I. D. McAvinchey: On the relative efficiency of various estimators of regression models with moving average disturbances. In: G. Charatsis (Hrsg.), *Proceedings of European Meeting of the Econometric Society*. North-Holland, Athens, 1982.

[90] Harvey, A. C. und G. D. A. Phillips: A comparison of the power of some tests for heteroscedasticity in the general linear model. *Journal of Econometrics*, 2: S. 307 – 316, 1974.

[91] Harvey, A. C. und G. D. A. Phillips: Testing for Stochastic Parameters in Regression Models. Helsinki, 1976. Paper presented at the European Meeting of the Econometric Society.

[92] Harvey, A. C. und G. D. A. Phillips: Testing for serial correlation in simultaneous equation models. *Econometrica*, 48: S. 747 – 759, 1980a.

[93] Harvey, A. C. und G. D. A. Phillips: Testing for heteroscedasticity in simultaneous equation models. *Journal of Econometrics*, 15: S. 311 – 340, 1980b.

[94] Hatanaka, M.: An efficient two-step estimator for the dynamic adjustment model with autoregressive errors. *Journal of Econometrics*, 2: S. 199 – 220, 1974.

[95] Hatanaka, M.: On the global identification of the dynamic simultaneous equations model with stationary disturbances. *International Economic Review*, 16: S. 545 – 554, 1975.

[96] Hatanaka, M.: Several efficient two-step estimators for the dynamic simultaneous equation models with autoregressive disturbances. *Journal of Econometrics*, 4: S. 189 – 204, 1976.

[97] Haugh, L. D. und G. E. P. Box: Identification of dynamic regression (distributed lag) models connecting two times series. *Journal of the American Statistical Association*, 72: S. 121 – 130, 1977.

[98] Hausman, J. A.: An instrumental variable approach to full information estimators for linear and certain nonlinear econometric models. *Econometrica*, 43: S. 727 – 738, 1975.

[99] Hausman, J. A., B. H. Hall und Z. Griliches: Econometric models for count data with an application to the patents-R & D relationship. *Econometrica*, 52: S. 909 – 938, 1984.

[100] Hendry, D. F.: Maximum likelihood estimation of systems of simultaneous regression equations with errors generated by a vector autoregressive process. *International Economic Review*, 12: S. 257 – 272, 1971.

[101] Hendry, D. F.: The structure of simultaneous equations estimators. *Journal of Econometrics*, 4: S. 51 - 88, 1976.

[102] Hendry, D. F.: Predictive failure and econometric modelling in macroeconomics: the transactions demand for money. In: P. Ormerod (Hrsg.), *Modelling the Economy*. Heinemann Educational Books, 1980.

[103] Hendry, D. F. und G. E. Mizon: Serial correlation as a convenient simplification not a nuisance: a comment on a study of the demand for money by the Bank of England. *Economic Journal*, 88: S. 549 - 563, 1978.

[104] Hendry, D. F. und J.-F. Richard: The econometric analysis of economic time series. *International Statistical Review*, 51: S. 111 - 164, 1983.

[105] Hendry, D. F. und A. Tremayne: Estimating systems of dynamic reduced form equations with vector autoregressive errors. *International Economic Review*, 17: S. 463 - 471, 1976.

[106] Hendry, D. F. und T. von Ungern-Sternberg: Liquidity and inflation effects on consumers' expediture'. In: A. S. Deaton (Hrsg.), *Essays in the Theory and Measurement of Consumers' Behaviour*. Cambridge University Press, 1980.

[107] Hogg, R. V. und E. A. Tanis: An literated procedure for testing the equality of several experimental disributions. *Journal of the American Statistical Association*, 58: S. 435 - 443, 1963.

[108] Huber, P. J.: Robust regression: asymptotics, conjectures and Monte Carlo. *Annals of Statistics*, 1: S. 799 - 821, 1973.

[109] Jarque, C. M. und A. K. Bera: Efficient tests for normality, homoscedasticity and serial independence of regression residuals. *Economics Letters*, 6: S. 255 - 259, 1980.

[110] Johnson, J.: *Econometric Methods*. McGraw-Hill, 3. Aufl., 1984.

[111] Jorgenson, D. W.: Rational distributed lag functions. *Econometrica*, 34: S. 135 - 149, 1966.

[112] Kadiyala, K. R.: A transformation used to circumvent the problem of autocorrelation. *Econometrica*, 36: S. 93 - 96, 1968.

[113] Kendall, M. G. und A. Stuart: *The Advanced Theory of Statistics*, Volume II. Charles Griffin, 1973.

[114] Kenward, L. R.: A new test for residual randomness in a class of dynamic autocorrelated econometric models. *Canadian Journal of Statistics*, 4: S. 51 - 64, 1976.

[115] Kiviet, J. F.: On the rigour of some misspecification tests for modelling dynamic relationships. *Review of Economic Studies*, 53: S. 241 - 261, 1986.

[116] Kmenta, J. und R. F. Gilbert: Small sample properties of alternative estimators of seemingly unrelated regressions. *Journal of the American Statistical Association*, 63: S. 1180 - 1200, 1968.

[117] Kmenta, J. und R. F. Gilbert: Estimation of seemingly unrelated regressions with autoregressive disturbances. *Journal of the American Statistical Association*, 65: S. 186 - 197, 1970.

[118] Koenker, R.: A note on studentising a test for heteroscedasticity. *Journal of Econometrics*, 17: S. 107 - 111, 1981.

[119] Koerts, J. und A. P. J. Abrahamse: *On the Theory and Application of the General Linear Model*. Rotterdam University Press, 1969.

[120] Konstas, P. und M. Khouja: The Keynesian demand for money function. *Journal of Money, Credit and Banking*, 1: S. 765 - 777, 1969.

[121] Leamer, E.: *Specification Searches*. John Wiley, 1978.

[122] Ljung, G. M. und G. E. P. Box: On a measure of lack of fit in time series models. *Biometrika*, 66: S. 297 – 303, 1978.

[123] Lucas, R. E. J. und T. J. Sargent: *Rational Expectations and Econometric Practice.* George Allen and Unwin, 1981.

[124] Maddala, G. S. und A. S. Rao: Maximum likelihood estimation of Solow's and Jorgenson's distributed lag models. *Review of Economics and Statistics*, 53: S. 80 – 88, 1971.

[125] Maddala, G. S. und A. S. Rao: Tests for serial correlation in regression models with lagged dependent variables and serially correlated errors. *Econometrica*, 41: S. 761 – 774, 1973.

[126] Maeshiro, A.: Autoregressive transformation, trended independent variables and autocorrelated disturbance terms. *Review of Economics and Statistics*, 58: S. 497 – 500, 1976.

[127] Magnus, J. R. und H. Neudecker: *Matrix Differential Calculus.* John Wiley, 1988.

[128] Malinvaud, E.: *Statistical Methods of Econometrics.* North-Holland, 3. Aufl., 1980.

[129] Mann, H. B. und A. Wald: On the statistical treatement of linear stochastic difference equations. *Econometrica*, 11: S. 173 – 220, 1943.

[130] Marquardt, D. W.: An algorithm for least squares estimation of nonlinear parameters. *Journal of Society of Industrial Applied Mathematics*, 11: S. 431 – 441, 1963.

[131] McCullagh, P. und J. A. Nelder: *Generalised Linear Models.* Chapman and Hall, 1983.

[132] McLeod, A. I. und W. K. Li: Diagnostic checking ARMA time series models using squared-residual autocorrelations. *Journal of Time Series Analysis*, 4: S. 269 – 273, 1983.

[133] McNees, S.: The accuracy of macroeconometric models and forecasts of the US economy. In: P. A. Ormerod (Hrsg.), *Economic Modelling.* Heinemann, 1980.

[134] Mizon, G. E.: Inferential procedures in nonlinear models: an application in a UK industrial cross-section study of factor substitution and returns to scale. *Econometrica*, 45: S. 1221 – 1242, 1977a.

[135] Mizon, G. E.: Model selection procedures. In: M. J. Artis und A. R. Nobay (Hrsg.), *Studies in Modern Economic Analysis.* Basil Blackwell, 1977b.

[136] Mizon, G. E.: The encompassing approach in econometrics. In: D. F. Hendry und K. F. Wallis (Hrsg.), *Econometrics and Quantitative Economics.* Blackwell, 1984.

[137] Mizon, G. E. und D. F. Hendry: An empirical and Monte Carlo analysis of tests of dynamic specification. *Review of Economic Studies*, XLVII: S. 21 – 45, 1980.

[138] Mizon, G. E. und J.-F. Richard: The encompassing principle and its appliction to testing non-nested hypotheses. *Econometrica*, 54: S. 657 – 678, 1986.

[139] Nelder, J. A. und R. Mead: A simplex method for function minimization. *Computer Journal*, 5: S. 308 – 313, 1965.

[140] Nelson, C. R.: The prediction performance of the FRB-MIT-PENN model of the US economy. *American Economic Review*, LXII: S. 902 – 917, 1972.

[141] Nelson, C. R.: Rational expectations and the predictive efficiency of economic models. *The Journal of Business (University of Chicago)*, S. 331 – 343, July 1975.

[142] Nelson, C. R. und H. Kang: Pitfalls in the use of time as an explanatory variable. *Journal of Business and Economic Statistics*, 2: S. 73 – 82, 1984.

[143] Oberhofer, W. und J. Kmenta: A general procedure for obtaining maximum likelihood estimates in generalized regression models. *Econometrica*, 42: S. 579 – 590, 1974.

[144] Pagan, A. R.: Rational and polynomial lags: the finite connection. *Journal of Econometrics*, 8: S. 247 – 254, 1978.

[145] Pagan, A. R. und R. P. Byron: A synthetic approach to the estimation of models with autocorrelated disturbance terms. In: R. Bergstrom (Hrsg.), *Stability and Inflation*. John Wiley, 1977.

[146] Pesaran, M. H.: The small sample problem of truncation remainders in the estimation of distributed lag models with autocorrelated errors. *International Economic Review*, 14: S. 120 - 131, 1973.

[147] Pesaran, M. H.: On the general problem of model selection. *Review of Economic Studies*, 41: S. 153 - 171, 1974.

[148] Phillips, P. C. B.: Time series regression with a unit root. *Econometrica*, 55: S. 277 - 302, 1987.

[149] Phillips, G. D. A. und A. C. Harvey: A simple test for serial correlation in regression analysis. *Journal of the American Statistical Association*, 69: S. 935 - 939, 1974.

[150] Phillips, P. C. B.: Understanding spurious regressions in econometrics. *Journal of Econometrics*, 33: S. 311 -340, 1986.

[151] Phillips, P. C. B. und S. N. Durlauf: Multiple time series regression with integrated processes. *Review of Economic Studies*, 53: S. 473 - 495, 1986.

[152] Phillips, P. C. B. und M. R. Wickens: *Exercises in Econometrics*, Volume 1 und 2. Philip Allan, 1978.

[153] Pierce, D. A.: Least squares estimation in the regression model with autoregressive-moving average errors. *Biometrika*, 58: S. 299 - 312, 1971a.

[154] Pierce, D. A.: Distribution of the residual autocorrelations in the regression model with autoregressive-moving average errors. *Journal of the Royal Statistical Society*, 33: S. 140 - 146, 1971b.

[155] Pierce, D. A.: Forecasting in dynamic models with stochastic regressors. *Journal of Econometrics*, 3: S. 349 - 374, 1975.

[156] Pierce, D. A.: Relationships - and the lack thereof - between economic time series, with special reference to money and interest rates. *Journal of the American Statistical Association*, 72: S. 11 - 22, 1977.

[157] Plackett, R. L.: Some theorems in least squares. *Biometrika*, 37: S. 149 - 157, 1950.

[158] Plosser, C. I. und G. W. Schwert: Estimation of a non-invertible moving average process: the case of overdifferencing. *Journal of Econometrics*, 6: S. 199 - 224, 1977.

[159] Popper, K. F.: *The Logic of Scientific Discovery*. Hutchinson, 1959.

[160] Powell, M. J. D.: An efficient method for finding the minimum of a function of several variables without calculating derivatives. *Computer Journal*, 7: S. 155 - 162, 1964.

[161] Press, S. J. und R. B. Brooks: Testing for serial correlation in regression. Nummer Report 6911. University of Chicago, 1969.

[162] Prothero, D. L. und K. F. Wallis: Modelling macroeconomic time series (with discussion). *Journal of the Royal Statistical Society*, 139: S. 468 - 500, 1976.

[163] Ramsey, J. B.: Tests of specification error in the general linear model. *Journal of the Royal Statistical Society*, 31: S. 250 - 271, 1969.

[164] Ramsey, J. B. und P. Schmidt: Some further results on the use of OLS and BLUS residuals in specification error tests. *Journal of the American Statistical Association*, 71: S. 389 - 390, 1976.

[165] Reinsel, G.: FIML estimation of the dynamic and simultaneous equations model with ARMA disturbances. *Journal of Econometrics*, 9: S. 263 - 282, 1979.

[166] Revankar, N. S.: A class of variable elasticity of substitution production functions. *Econometrica*, 39: S. 61 – 71, 1971.

[167] Rothenberg, T. J.: Identification in parametric models. *Econometrica*, 39: S. 577 – 591, 1971.

[168] Rothenberg, T. J.: Approximating the distributions of econometric estimators and test statistics. In: Z. Griliches und M. D. Intriligator (Hrsg.), *Handbook of Econometrics*. North-Holland, 1984.

[169] Rothenberg, T. J.: Approximate power functions for some robust tests of regression coefficients. *Econometrica*, 56: S. 997 – 1020, 1988.

[170] Rothenberg, T. J. und C. T. Leenders: Efficient estimation of simultaneous equation systems. *Econometrica*, 32: S. 57 – 76, 1964.

[171] Sargan, J. D.: The estimation of economic relationships using instrumental variables. *Econometrica*, 26: S. 393 – 415, 1958.

[172] Sargan, J. D.: The maximum likelihood estimation of economic relationships with autoregressive residuals. *Econometrica*, 29: S. 414 – 426, 1961.

[173] Sargan, J. D.: Wages and prices in the United Kingdom: a study in econometric methodology. In: P. E. Hart, G. Mills und J. K. Whitaker (Hrsg.), *Econometric Analysis for National Economic Planning*, S. 25 – 54. Butterworth, 1964.

[174] Sargan, J. D.: The Identification and Estimation of Sets of Simultaneous Stochastic Equations. Nummer A1 LSE Discussion Paper in LSE Econometrics Programme, 1972.

[175] Sargan, J. D.: Some tests of dynamic specification for a single equation. *Econometrica*, 48: S. 879 – 897, 1980a.

[176] Sargan, J. D.: The consumer price equation in the post-war British economy: an exercise in equation specification testing. *Review of Economic Studies*, XLVII: S. 113 – 135, 1980b.

[177] Schlossmacher, E. J:. An iterative technique for absolute deviations curve fitting. *Journal of the American Statistical Association*, 68: S. 857 – 859, 1973.

[178] Schmidt, P.: A generalization of the Durbin-Watson test. *Australian Economic Papers*, 11: S. 203 – 209, 1972.

[179] Schmidt, P.: The asymptotic distribution for forecasts in an econometric model. *Econometrica*, 42: S. 303 – 309, 1974.

[180] Schmidt, P.: The small sample effects of various treatments of truncation remainders in the estimation of distributed lag models. *Review of Economics and Statistics*, 57: S. 387 – 389, 1975.

[181] Schmidt, P.: *Econometrics*. Marcel Dekker, 1976.

[182] Schmidt, P.: Some small sample evidence on the distribution of dynamic simulation forecasts. *Econometrica*, 45: S. 997 – 1006, 1977.

[183] Silvey, S. D.: *Statistical Inference*. Chapman and Hall, 1975.

[184] Sims, C. A.: Money, income and causality. *American Economic Review*, 62: S. 540 – 552, 1972.

[185] Sims, C. A.: Macroeconomics and reality. *Econometrica*, 48: S. 1 – 48, 1980.

[186] Sims, C. A., J. H. Stock und M. W. Watson: Inference in Linear Time Series Models with Some Unit Roots. Working Paper in Economics E-87-1, Standford University, 1987. Hoover Institution.

[187] Spencer, B. G.: The small sample bias of Durbin's tests for serial correlation. *Journal of Econometrics*, 3: S. 249 – 254, 1975.

[188] Spencer, D. E.: Estimation of a dynamic system of seemingly unrelated regressions with autoregressive disturbances. *Journal of Econometrics*, 10: S. 227 – 241, 1979.

[189] Spitzer, J. J.: The Keynesian demand for money function revisted. *Journal of Monetary Economics*, 2: S. 381 – 387, 1976.

[190] Stock, J. H.: Asymptotic properties of least squares estimators of cointegrating vectors. *Econometrica*, 55: S. 1035–1056, 1987.

[191] Theil, H.: *Principles of Econometrics*. John Wiley, 1971.

[192] Wallis, K. F.: Testing for fourth order autocorrelation in quarterly regression models. *Econometrica*, 40: S. 617 – 636, 1972.

[193] Wallis, K. F.: Seasonal adjustment and relations between variables. *Journal of the American Statistical Association*, 69: S. 18 – 31, 1974.

[194] Wallis, K. F.: Multiple time series analysis and the final form of econometric models. *Econometrica*, 45: S. 1481 – 1497, 1977.

[195] Wallis, K. F.: Econometric implications of the rational expectations hypothesis. *Econometrica*, 48: S. 49 – 73, 1980.

[196] White, H.: A heteroscedasticity-consistent covariance matrix estimator and a direct test for heteroscedasticity. *Econometrica*, 48: S. 817 – 838, 1980.

[197] White, H.: Maximum likelihood estimation of misspecified models. *Econometrica*, 50: S. 1 – 26, 1982.

[198] White, H.: *Asymptotic Theory for Econometricians*. Academic Press, 1984.

[199] Wickens, M. R.: The consistency and efficiency of generalized least squares in simultaneous equation systems with autocorrelated errors. *Econometrica*, 37: S. 651 – 659, 1969.

[200] Wolfe, M. A.: *Numerical Methods for Unconstrained Optimization*. Van Nostrand Reinhold, 1978.

[201] Zeckhauser, R. und M. Thompson: Linear regression with non-normal error terms. *Review of Economics and Statistics*, 52: S. 280 – 287, 1970.

[202] Zelllner, A. und F. Palm: Time series analysis and simultaneous equation econometric models. *Journal of Econometrics*, 2: S. 17 – 54, 1974.

[203] Zellner, A.: Estimators for seemingly unrelated regression equations: some exact finite sample results. *Journal of the American Statistical Association*, 58: S. 977 – 992, 1963.

Stichwortverzeichnis

Autorenverzeichnis

www.ingramcontent.com/pod-product-compliance
Lightning Source LLC
LaVergne TN
LVHW081359011026
849161LV00013BA/2853
* 9 7 8 3 4 8 6 2 2 8 3 3 5 *